第七届
世界儒学大会
学术论文集

贾磊磊　杨朝明　主编

文化藝術出版社
Culture and Art Publishing House

主办　Sponsors

中华人民共和国文化部
Ministry of Culture of the People's Republic of China
山东省人民政府
Shandong Provincial People's Government

承办　Organizers

中国艺术研究院
Chinese National Academy of Arts
山东省文化厅
Shandong Provincial Cultural Bureau
山东大学儒学高等研究院
Confucianism for the Institute for Advanced Study, Shandong University
中国孔子基金会
China Confucius Foundation
国际儒学联合会
International Confucian Association
济宁市人民政府
Jining Municipal Government
孔子研究院
The Research Institute of Confucianism

第七届世界儒学大会代表合影

| 领导致辞 |

全国人大常委会副委员长向巴平措出席开幕式

中共山东省委常委、宣传部部长孙守刚在开幕式上致辞

山东省副省长季缃绮主持"第七届世界儒学大会开幕式暨2015年度孔子文化奖颁奖典礼"

中共济宁市委书记、市人大常委会主任马平昌在开幕式上致辞

中国艺术研究院副院长贾磊磊在开幕式上作主旨演讲

孔子研究院院长杨朝明在闭幕式上致辞

| 主题演讲 |

清华大学张岂之教授

北京大学杜维明教授

中央民族大学牟钟鉴教授

澳大利亚邦德大学李瑞智教授

山东大学儒学高等研究院常务副院长王学典教授

西南政法大学余荣根教授

| 会议场景 |

第七届世界儒学大会开幕式

出席开幕式的专家学者

全国人大常委会副委员长向巴平措（下图左一）为2015年度"孔子文化奖"获奖者陈来（下图左二）、董金裕（下图左三）颁奖

| 分组讨论 |

2015年度"孔子文化奖"获奖个人

中国文化的传承者、诠释者——陈来先生

他是我国当代著名的哲学家、哲学史家,是改革开放时代成长起来的儒学研究大家。

几十年来,他在中国文化的园地里默默耕耘,孜孜以求,从夏商周三代文明,一直到现代儒家哲学,上下求索,明体达用,成就非凡。

他好学深思,敏以求之,沉潜于中国哲学,入诸子之堂奥,探百家之精微,向世人揭示了中国古代哲人的精神境界和思想世界。他研究朱熹、王阳明等宋明大儒的著作,达到了极高的学术水准,被誉为当代宋明理学研究的典范之作。

他取精用宏,融会贯通,以多元开放的视野,运用宗教学、人类学、历史学、考古学等学科方法,从夏商周三代文明中探求儒家思想的根源,将中国思想史的起点追溯至殷周之际,阐释了中国古代文明的特殊品格与演进模式,真知灼见,成一家之言。

他知古晓今,与时俱进,对儒学的现代命运有着深切的关怀和责任担当意识,积极回应思想文化界的反传统声浪,守护和阐扬儒学价值传统,理性分析儒学的现代意义和发展方向,建构了"仁学本体论",提出了"仁体和用"、"多元普遍性价值"等新理念,精义披纷,发人深省。

他师出名门,踵武前贤,秉承冯友兰、张岱年等前辈学者的治学风范,考镜源流,辨章学术,穷理析义,实事求是。他笔耕不辍,著述丰富,每一本书都代表着该领域的高端水平,广受学界赞誉。

他潜心研究,倡明儒学,夐夐独造,博洽专精,在自己狭小的书斋里开创出广阔的学术天地,创获良多,成绩斐然。他是中国文化的传承者、诠释者。

2015年度"孔子文化奖"获奖个人

中华文化的弘扬者、推广者——董金裕先生

他是来自宝岛台湾的知名学者、儒学研究专家,是推动中华文化基础教育卓有贡献的教育家。

他研精覃思,博考经籍,致力于儒家文化研究数十年,尤长于儒家经典和宋明理学的研究,造诣非凡,成果丰硕。

他长期浸润在中国圣贤的精神世界,以德润身,平居里和风容与,每遇道义屯蹶否塞之时,亦能挺身而出,侃侃直言,仿佛有孟子泰山岩岩的气象。

他注重中华文化在现代的传承与发展,推动儒学走向社会。他在台湾参与编纂中小学《国文》课本,主持审定《中华文化基本教材》,多方呼吁加大中华文化在中小学课程安排中的比重,让青少年在多元文化的熏陶中,更多地认同中华文化经典中展现的精神与价值观。

他以促进学术的交流与发展为己任。主编《孔孟月刊》、《孔孟学报》,举办经学研习班、国学研究会等活动,为学术交流与发展搭建多种公平有效的平台。他往来于海峡两岸,积极参与各种形式的儒学社团组织,以及儒学国际学术研讨会和文明对话活动,以文会友,以友辅仁,为促进国际儒学社团组织的交流与合作作出了重要贡献。

他服膺孔子,深研儒学,关注当下,紧跟时代,为守护和延续中华文化的命脉,呕心沥血,竭诚奉献。他是中华文化的弘扬者、推广者。

目 录

领导致辞

中共山东省委常委、宣传部部长孙守刚先生开幕致辞 …………………………… 3
山东省副省长季缃绮先生主持"第七届世界儒学大会开幕式暨2015年度孔子文化奖颁奖典礼" …………………………………………………………………………… 5
中共济宁市委书记、市人大常委会主任马平昌先生开幕致辞 ………………… 8
中国艺术研究院副院长贾磊磊先生开幕式主旨演讲 …………………………… 10
孔子研究院院长杨朝明先生闭幕致辞 …………………………………………… 12

获奖感言

2015年度"孔子文化奖"获奖个人陈来先生获奖感言 ………………………… 17
2015年度"孔子文化奖"获奖个人董金裕先生获奖感言 ……………………… 18

主题演讲

中华文化连绵不断与儒学 ……………………………………………… 张岂之　23
儒家的"仁"是普世价值 …………………………………………[美国] 杜维明　30
重铸君子人格　推动移风易俗 ………………………………………… 年钟鉴　33
"君子"和儒家使命 ……………………………………………[澳大利亚] 李瑞智　46
近年儒学研究十大热点报告 …………………………………………… 王学典　83
《孔子文化奖学术精粹》丛书发布辞 …………………………………… 杨朝明　87

学术论文

(按照议题分类，按照姓氏笔画排序)

儒家思想的当代哲学使命

儒家哲学国际化的思考与实践	[美国] 安乐哲	91
儒学思想对越南现代社会的影响	[越南] 阮国生	97
儒家的养民富国思想探析	孙聚友	105
通过马克思主义中国化重构大同儒学	邱文元	114
仁——儒学的核心	宋志明	122
王夫之的《大有》诠释与现实关切	张学智	131
仁学实践论浅说		
——儒家仁学思想的历史发生、推扩开展及其实践论反思	林存光	141
儒家核心价值观与新时代商业伦理建构	杨家珍 房秀丽	149
具有划时代意义的论断		
——学习习近平总书记"四个讲清楚"有感	胡治洪	157
以人类终极价值和终极信仰的共同基础化解文明冲突		
——道哲学的立场	郭沂	162
儒家心学与中国人的精神家园	彭彦华	169
人际关系的和谐之道		
——《尚书·尧典》"五教"之所指及吾人应有的认识	(中国台湾) 董金裕	178

礼乐文化与社会道德

中国古代的"礼法合治"思想及其当代价值	丁鼎	191
韩国重孝思想及其当代启示	王日美	200
论唐代郊庙雅乐的创立与沿革		
——兼论唐代的祭孔礼乐	左汉林	208
民族文化信仰的神圣殿堂		
——孔庙建筑及遗存的文化信仰内涵琐谈	刘振佳	218
从爱到敬："亲亲"、"尊尊"与"孝忠"之道	刘续兵	226
越南与韩国跨文化孝道研究	[越南] 阮玉诗	234
传统"八德"与社会主义核心价值观建设	杨朝明	261
法治中国视阈下礼法传统之价值	俞荣根	271
周公祀典礼文及其祭祀路径	谷文国	280

论台湾地区"儒教文化"对"公民教养"的可能作用
　　——关于孤儿意识、主奴意识之克服的哲学反思………（中国台湾）林安梧 289
论曲阜孔庙传播六艺文化之道
　　——从台北孔庙的成功再生经验谈起………………（中国台湾）林素英 297
诗·礼·乐
　　——论儒家理想人格的辩证生成 ……………………………… 祖国华 305
儒家仁学与人之发展
　　——基于儒学人学的分析 ……………………………………… 涂可国 312
礼教的社会功用与现代复兴 ………………………………………… 韩　星 320
教化视域中的价值观建设 …………………………………………… 程　旺 328
孝道、孔子改制与儒学的现代转化 ………………………………… 曾　亦 336

儒学与国家文化软实力及公共文化空间建构

儒学启示与美利坚合众国的建立 ……………[美国]帕特里克·孟迪斯 344
康有为与现代儒学思潮的关系辨析 ………………………………… 干春松 383
汉语中心性的文化蕴含
　　——以汉字中的"易"、"仁"、"祖"、"是"为例 …………… 王巨川 391
对话、融合与引领：大众文化语境中的儒家文化 ………………… 王钦鸿 399
中国文化的三个预设与新文化运动的宿命 ………………………… 方朝晖 407
孔子之学与人生境界 ………………………………………………… 卢巧玲 415
作为儒家和谐话语的内在超验 ……………[俄罗斯]尼古拉·米古诺夫　凤玲 423
角色伦理：让中国哲学讲中国话的典范 …………………………… 田辰山 429
从公共文化空间的建构浅议企业家文化责任 ……………………… 刘　庆 437
孔子、孔子学院的海外认同与中国文化的对外传播 ……………… 李　艳 446
"言必信，行必果"与中日邦交恢复 ……………………………… 陈　东 454
儒学精髓在治国理政中的价值 ……………………………………… 邵龙宝 464
论儒家"大一统"思想 ………………………………（中国台湾）高秉涵 472
儒学中的普世性价值 …………………………………[新加坡]曾繁如 478

青年论坛

儒家思想在全球一体化格局下的意义与传播 ……[德国]大卫·巴拓识 484
孔子思想在问题解决中的应用 ………………………[日本]史文珍　汪宇 490
儒家乐教思想的价值意蕴论析 ……………………………………… 丛连军 498
精英政治（任人唯贤）的缺点 ………………………[马其顿]冯海城 505
古圣制器与儒家技术思想 …………………………………………… 吕明烜 542

率性与教化
　　——孟荀道德哲学研究 ………………………………………… 任鹏程　552
儒学抑或儒教
　　——儒家传统全球化范式比较研究 …………………………… 李栋材　560
《颜氏家训》的哲学超越及当代意义 ………………………[韩国] 李浩然　567
公共之美：礼与自由、平等的商谈
　　——以《孔子：即凡而圣》为中心的考察 ……………… 杨柳　宋健　577
《论语》"克己复礼"章本意发微 ……………………………………… 萧伟光　586
早期中国哲学中"地"的观念 ………………………………[新加坡] 何　繁　597
《礼记》的祭祖仪式与成德思想 ……………………………………… 黄燕强　617
魏晋南北朝国家祭孔释奠考略 ………………………………………… 常会营　626
儒家思想视域下的公共文化空间构建 ………………………………… 盖立涛　634
儒学作为"文化信仰"的内涵与特质 ………………………………… 董卫国　642
"现当代新儒家"的使命与前瞻
　　——从"波士顿儒家"与全球化下的儒学价值谈起 …（中国台湾）曾暐杰　651

学术综述

世界的儒学
　　——第七届世界儒学大会学术综述 …………………………… 任　慧　663

第七届世界儒学大会学术论文集

领导致辞

中共山东省委常委、宣传部部长孙守刚先生开幕致辞

尊敬的向巴平措副委员长，各位嘉宾，女士们、先生们，朋友们：

时逢9月金秋佳节，丹桂飘香，群贤毕至。海内外知名专家学者相聚在孔子故里，隆重举行"第七届世界儒学大会暨2015年度孔子文化奖颁奖典礼"。我谨代表山东省委、省政府，向尊敬的各位领导、各位嘉宾的光临，表示诚挚的欢迎和衷心的感谢！向获得本年度孔子文化奖的学者，致以热烈的祝贺！向长年致力于儒学研究的中外学者以及长期以来关心支持山东发展的中外友人和各界人士致以崇高敬意和衷心感谢！

女士们、先生们，朋友们：

山东是中华文明的重要发祥地、儒家文化的发源地，历史悠久，文化灿烂，人杰地灵，圣贤辈出，素有"孔孟之乡，礼仪之邦"的美誉，是著名的经济大省、文化大省。近年来，在中央和省委、省政府的正确领导下，山东大力推进经济文化强省建设，经济发展、文化繁荣、社会和谐，各项事业取得全面、协调进步。作为儒家文化的故乡，省委、省政府历来高度重视儒学文化遗产的保护传承，在文化部的大力指导和支持下，积极发挥齐鲁历史文化富集的优势，加强社会主义核心价值体系建设，大力传承弘扬优秀传统文化，开展实施了优秀传统文化传承创新工程，推进曲阜传统文化传承发展示范区建设，为儒学和孔子文化在当代的新发展作出了积极努力。我相信，召开世界儒学大会、颁发孔子文化奖，必将对儒学思想在世界范围内的研究与传播、对不同文明之间的交流互鉴，产生重大而深远的积极影响。

女士们、先生们，朋友们：

孔子所创立的儒家学说是中华文化的瑰宝，也是世界灿烂文明的重要组成部分，无论社会如何变革、如何发展，一代又一代的先哲鸿儒都百折不挠、自强不息、革故鼎新、经世致用，使古老的儒学不断发展并传承至今，成为一门博大精深、璀璨浩瀚，而且贯穿古今、影响中外的宏大社会学科，也成为当今各国各地区各民族公认的化解人类共同危机和冲突的重要思想源泉，他们在世界思想文化史上所作出的伟大贡献不可磨灭、不可替代。

今天，适逢孔子诞辰2566年之际，我们召开第七届世界儒学大会，共同探讨"儒家思想与当代价值建构"，深入研究"儒家思想的当代哲学使命"、"儒学与国家文化软实力建构"、"礼乐文化与社会道德"、"儒家思想与公共文化空间"等重大现实问题、热点问题，就是要缅怀孔子及历代先贤的丰功伟绩、传承儒学宝贵的文化遗产，同时也为推动和引领当代儒学的创新、展示儒学最新成果搭建国际化交流平台，为世界了解中国架起一座桥梁。

女士们、先生们，朋友们：

当前，全球正置身于一个前所未有的变革时代，新事物、新情况、新问题层出不穷。面对这种新趋势和新格局，我们新时期的儒学研究工作者应当增强使命感和责任感，传承先贤优秀品格，汲取儒家文化精华，赋予儒学在当代社会的新内涵、新阐发，引导、启迪各国各地区各民族树立"增进理解、加深友谊、合作共赢、和平发展"的理念，一如儒家所倡导的"天下为公"、"仁者爱人"，求大同存小异，摒弃对立，消除隔阂，共同应对、解决人类所面临的诸多危机与困难。

世界儒学大会是各国各地区儒学研究工作者共同的交流平台，也是儒家文化与世界其他文化交流的重要平台。我们衷心希望大家通过这个开放平台，努力形成思想争鸣、学术切磋、智慧汇聚、心灵沟通的浓厚氛围和生动局面。让我们携起手来，勇于担当，与时俱进，坦诚地开展务实高效的儒学研究、交流与合作，共同做好儒学文化遗产的保护与传承，努力推动儒学在现代社会的应用和创新，为建设人类的共同精神家园，为世界的和平与发展作出积极贡献。

最后，祝第七届世界儒学大会圆满成功！祝各位领导、嘉宾和专家学者身体安康，阖家幸福！在山东度过一个吉祥、愉快的中秋佳节！

谢谢大家！

山东省副省长季缃绮先生主持"第七届世界儒学大会开幕式暨2015年度孔子文化奖颁奖典礼"

尊敬的各位领导，女士们、先生们，朋友们：

大家上午好！今天恰逢中华民族的传统节日中秋佳节。值此美好时刻，"第七届世界儒学大会开幕式暨2015年度孔子文化奖颁奖典礼"现在开始！

在伟大的思想家、教育家、儒家学派创始人孔子诞辰2566年之际，我们在这里隆重召开"第七届世界儒学大会暨2015年度孔子文化奖颁奖典礼"。这次会议由中华人民共和国文化部、山东省人民政府主办，由中国艺术研究院、山东省文化厅、山东大学儒学高等研究院、中国孔子基金会、国际儒学联合会、济宁市人民政府、孔子研究院等共同承办。

本届大会也是2013年11月26日习近平总书记视察山东及孔子研究院、主持召开专家座谈会并发表重要讲话以来，第一次在孔子故里举办的高规格国际性儒学盛会，对于深入贯彻落实习近平总书记重要讲话精神及对山东工作批示精神，加强"孔子及儒家思想研究及传播体系建设"，向世界全方位展示中国当代儒学研究的新成果和国际儒学研究的主导作用，落实"在世界儒学传播中掌握话语权，在东亚文化圈中居于主动"的指示精神，具有重要意义。

本届会议主议题是：儒家思想与当代价值建构。

分议题是：儒家思想的当代哲学使命、儒学与国家文化软实力建构、礼乐文化与社会道德、儒家思想与公共文化空间。

参加今天开幕式暨颁奖典礼的代表有：来自中国内地、香港、台湾，日本，韩国，越南、新加坡、马来西亚、蒙古、埃及、澳大利亚、马其顿、德国、俄罗斯、美国等15个国家和地区、100多个儒学研究机构与学术团体的150多位专家学者，"中日韩青年儒学体验之旅"代表，以及部分儒学研究的列席代表。

出席今天活动并在主席台就座的领导和专家代表有全国人大常委会副委员长向巴平措，山东省委常委、宣传部部长孙守刚，山东省人大常委会副主任宋远方，山东省委宣传部副部长、省文化厅厅长徐向红，济宁市委书记、市人大常委会主任马平昌，清华大学教授张岂之先生，美国艺术与科学院院士、国际哲学学院副院长杜维明先生，中央民族大学教授、世界儒学大会专家委员会副主任牟钟鉴先生。

出席会议的还有各承办单位和曲阜市的有关领导、文化部中央媒体新闻采访山东行"儒学大会专访团"的记者，以及海内外新闻界的朋友。

让我们以热烈的掌声对各位嘉宾的光临表示诚挚的欢迎和衷心的感谢！

女士们、先生们，朋友们：

今天开幕式的主要议程是，孙守刚部长致辞、马平昌书记致辞、贾磊磊副院长代表承办单位作主旨演讲、儒学新成果发布、2015年度孔子文化奖颁奖典礼。

现在请山东省委常委、宣传部部长孙守刚先生致辞。

（孙守刚部长致辞）

请济宁市委书记、市人大常委会主任马平昌先生致辞。

（马平昌书记致辞）

请中国艺术研究院副院长贾磊磊先生代表承办单位作主旨演讲。

（贾磊磊副院长演讲）

女士们、先生们，朋友们：

自2013年成功举办第六届儒学大会以来，海内外广大儒学研究工作者发扬优秀传统，以儒学振兴为重要使命，深入发掘儒学的现实意义和时代价值，努力为国家发展、民族和谐与社会进步提供有益的智力支持，涌现出一大批优秀的具有战略性、前沿性和前瞻性的科研成果。从本届大会开始，为进一步提升会议的学术权威性和影响力，每届都在开幕式上发布国际儒学研究的新成果，总结当今儒学研究成就，推广宣传全球最前沿的研究成果和领军人物。

现在请世界儒学大会专家委员会委员、山东大学儒学高等研究院执行副院长、《文史哲》杂志主编王学典先生发布2014—2015年度世界儒学发展新成果，题目是《国际儒学研究十大热点》。

（王学典发布）

请世界儒学大会执行秘书长、孔子研究院院长杨朝明先生发布《孔子文化奖学术精粹》，介绍历届孔子文化奖获奖个人的学术成就和事迹。

（杨朝明发布）

女士们、先生们，朋友们：

根据《孔子文化奖推选章程》，经孔子文化奖推选委员会评选，2015年度孔子文化奖正式产生，于今天开幕式上揭晓并隆重颁奖。

现在请孔子文化奖推选委员会工作人员宣读颁奖辞。

（工作人员在播音间宣读）

现在我宣布2015年度孔子文化奖获奖者是：

清华大学教授陈来先生、台湾政治大学教授董金裕先生！

（陈来、董金裕从第一排座位站起示意）

请本届孔子文化奖获奖者陈来先生、董金裕先生上台领奖。

（音乐响起，陈来、董金裕上台）

现在恭请全国人大常委会副委员长向巴平措先生为获奖者颁奖。

（向巴平措副委员长上台颁奖，并与获奖者合影）

下面请陈来先生发表获奖感言。

（陈来发言）

请董金裕先生发表获奖感言。

（董金裕发言）

谢谢二位先生！现在我提议，让我们再次以热烈的掌声，向获得本届孔子文化奖的陈来先生和董金裕先生表示崇高的敬意和热烈的祝贺！

女士们、先生们，朋友们：

"第七届世界儒学大会开幕式暨2015年度孔子文化奖颁奖典礼"到此结束！

现在请大家到东门外辟雍广场合影留念。茶歇之后于10：30准时回到这里，由主席团主持大会学术演讲。谢谢大家！

中共济宁市委书记、市人大常委会主任马平昌先生开幕致辞

尊敬的向巴平措副委员长，

尊敬的各位领导、各位嘉宾，女士们、先生们：

  9月的圣城曲阜，惠风和畅，硕果飘香，群贤毕至，方家咸集。在隆重纪念孔子诞辰2566周年之际，第七届世界儒学大会今天开幕了，我代表中共济宁市委、济宁市人民政府，对大会的召开表示热烈的祝贺，向出席大会的各位领导、各位来宾致以诚挚的欢迎！

  济宁素以"孔孟之乡、运河之都、文化济宁"著称，面积1.1万平方公里，人口850万，去年地区生产总值突破3800亿元，地方财政收入335亿元，总量分别居全国地级以上城市第40位、第41位。济宁自古文脉兴盛，先贤圣哲辈出，是中华人文始祖轩辕黄帝的诞生地，孔子、孟子、颜子、曾子、子思子五大圣人的故乡，"三孔"和纵贯全境的京杭大运河是世界文化遗产，拥有国家重点文物保护单位36处，各类文化遗存7000多处，是中华传统文化的重要代表性城市。由孔子创立的儒家学说，不仅是中国传统文化的核心和主干，塑造了中华民族的基本精神品格，而且超越国界，泽润四海，成为整个东方文化的重要标志和世界文化宝库的不朽遗产。济宁人民一直为生活在这方文化圣土上深感自豪，一直以礼敬的态度传承和弘扬优秀传统文化，连续举办了31届国际孔子文化节，发起设立了联合国教科文组织"孔子教育奖"，承办了6届世界儒学大会、3届尼山世界文明论坛。2013年11月，习近平总书记视察济宁并发表重要讲话，济宁迎来文化大发展的春天。在国家有关部委和山东省委、省政府的关心、支持下，曲阜文化建设示范区有望进入国家"十三五"规划并上升为国家战略；教育部、国家汉办继去年在曲阜设立孔子学院总部体验基地后，最近又在济宁举办了世界孔子学院总部理事会；中央组织部正研究在济宁设立干部政德教育基地，中央党校、中国浦东干部学院确定从今年秋季学期开始安排中长期班次学员来我市进行政德教育培训；山东省委确定以济宁为龙头，打造全省儒学人才高地，已面向海内外评选确定了一批儒学大家、泰山学者和尼山学者。

  经世致用、与时偕行是儒学基本的价值追求和内在品格。时代发展到今天，我们研究、传承儒学，目的就是汲取先贤的智慧，开掘儒学的精华，使儒学在当代社会更好地发挥作用。本届世界儒学大会以"儒家思想与当代价值构建"为主题，设立了儒家思想的当代哲学使命、儒学与国家文化软实力构建、礼乐文化与社会道德、儒家思想与公共文化空间等四个分议题，紧贴时代步伐，回应现实需求，彰显了儒学的当代

精神和时代价值。济宁是儒家文化的发祥地,世界儒学大会又使济宁成为新儒学的汇集地,我们既倍感自豪和荣耀,也肩负着义不容辞的责任。我们一定珍视和守护好这方沃土上的优秀传统文化基因,为儒学的传承与创新恪尽绵薄之力;一定珍惜世界儒学大会举办地的荣誉,尽心竭力为大会提供优质服务,为推进儒学的交流与发展,为传承弘扬中华优秀传统文化作出应有的贡献。

最后,祝第七届世界儒学大会圆满成功!祝各位领导、各位嘉宾中秋愉快,身体健康,永佑嘉福!

谢谢大家!

中国艺术研究院副院长贾磊磊先生开幕式主旨演讲

尊敬的向巴平措副委员长，
尊敬的孙守刚部长、宋远方副主任、季缃绮副省长，
尊敬的来自世界各国、各地区的专家学者和嘉宾：

大家上午好！

在儒家创始人孔子诞辰2566年之际，在中华民族中秋佳节来临之时，我们相聚世界历史文化名城山东曲阜，共迎第七届世界儒学大会的召开。在此，我受中国艺术研究院王文章院长委托，谨代表会议的各承办单位和秘书处，对关心、支持世界儒学大会的各级领导、各国专家学者和社会各界朋友表示衷心的感谢！对莅临本次会议的各位来宾表示热烈的欢迎！

自2007年发起举办国际会议以来，世界儒学大会已成功举办了7届8次，先后有30个国家和地区的1260多名专家学者参加了会议，提交论文940余篇，出版了7部由各国专家共同撰写的学术论文集。经过大家9年多的共同努力、齐心建设，世界儒学大会在国内、国际上都产生了积极而广泛的影响，成为会聚海内外儒学研究机构、专家学者以及各界人士的全球性儒学盛会。我们一起搭建了跨地域、跨学科、跨行业的国际儒学研究与文化交流的高端平台，并使其成为中华文化走向世界的重要桥梁，实现了我们决定举办世界儒学大会的既定初衷，我们每个与会者的个体生命也因世界儒学大会而辉映着儒家思想的时代之光。

第七届世界儒学大会是在新的历史起点上召开的一次盛会。2013年11月26日，习近平主席视察了世界儒学大会的承办方之一的孔子研究院，并发表了重要讲话，他指出："孔子研究院承担国际学术交流的职责，要引导人们全面客观地认识历史的中国、当代的中国。"在纪念孔子诞辰2565周年国际学术研讨会上，习主席强调："研究孔子、研究儒学，是认识中国人的民族特性、认识当今中国人精神世界历史来由的一个重要途径。"这是习主席对儒学研究者提出的时代要求。儒学研究只有植根于当代中国、当代世界，才能实现其创造性转化和创新性发展。因此，在广泛征求社会各界和专家学者建议的基础上，本次会议以"儒家思想与当代价值建构"为主题，各位专家学者将在孔孟故里展开深入广泛的对话交流，我们相信一定会取得丰富的学术成果。

儒学是以仁为核心、以和为宗旨、以义为根本的文化价值体系，历经千年的发展衍变，它已经成为一种融哲学、历史、文学、宗教、政治、艺术等为一体的文化巨流。两千多年来，中国社会发生了深刻变化，但儒家的价值观念不仅对我们个人的精神世界产生着深刻的影响，而且也成为我们国家治国理政的重要思想资源。"国无德不兴，

人无德不立。"国家无德难以兴旺，个人无德难以立身。儒学尊崇的孝、悌、忠、信是正心诚意的内在修为；礼、义、廉、耻是道德修养的逐级升华。如果说"孝悌"强调的是为人的宗旨，"忠信"偏重的则是处世的准则；如果说"孝悌"强调的是情感皈依，"忠信"偏重的则是理智的坚守。儒学的这些宝贵精神理念体现的是人类的共同的价值取向。

今天，我们研讨儒家文化的当代意义，意在弘扬和阐发"讲仁爱、重民本、守诚信、崇正义、尚和合、求大同"的文化精神。儒家学说对于我们不仅意味着藏书阁中奉为经典的历史文献，它还寄托着我们中国人对理想社会的美好向往和精神追求。这种具有独特文化魅力的思想是中华民族乃至人类社会宝贵的精神财富。

文化如果不经过时代的转化与媒介的传播，只能是一种传统，而不能成为推动历史和社会发展的力量。弘扬中国优秀传统文化，我们必须对其进行现代性转化。在文化部、山东省政府的领导下，各承办方为办好此次盛会共同努力，通力合作。我们在《光明日报》、《文史哲》杂志设置专版，并联合山东电视台制作了《历届世界儒学大会回眸》专题片，与大众网共建了世界儒学大会网站，利用微信、微博等新媒体平台适时传递大会信息和相关学术动向，对儒学研究进行传播和推广。今年在会议的形式上首次推出"中秋儒学夜话"、青年博士论坛、儒学新成果发布、"中日韩青年儒学之旅"等活动，使高端学术研究与普及推广相结合，丰富了会议期间的活动内容，进一步提升和扩大了世界儒学大会的学术影响力。

从2009年开始，世界儒学大会都会举行"孔子文化奖"颁奖仪式。该奖项是由中华人民共和国文化部和山东省人民政府共同设立的中国儒学研究和推广领域的最高奖项，旨在表彰鼓励世界各地为儒学研究和孔子文化传播作出贡献的团体、个人和非政府组织。为保证评选的公正性、规范性、学术性与神圣性，"孔子文化奖"组织委员会制定了科学严密的推选程序，从推选委员会的专家组成到具体的评选实施方案，从推选委员独立匿名提名到汇总后再次提请推选委员进行选举，都本着公开、公正、公平的原则，评出了经得起历史考验的获奖者。"孔子文化奖"因此得到学术界的高度认可，受到社会的广泛好评。

先生们、女士们，朋友们：

"士不可以不弘毅，任重而道远。"在我们共同的不懈努力下，儒学研究已经取得了丰硕成果，但我们要走的路还很长，让我们继续发扬筚路蓝缕、以启山林的奋斗精神，以关注人类命运共同体的高远视野，密切结合当代中国社会的发展现实，持续做好世界儒学大会的各项工作，为中华优秀传统文化的研究普及和交流传播作出更大贡献！

今天，适逢中华民族传统节日中秋佳节，在此谨祝各位嘉宾中秋快乐，身体健康，万事如意！

谢谢大家！

孔子研究院院长杨朝明先生闭幕致辞

尊敬的各位代表、各位来宾，女士们、先生们，朋友们：

下午好！

昨天是中华民族的传统节日中秋佳节，今天是至圣先师孔子的圣诞日，第七届世界儒学大会历经这么两天，现在即将落下帷幕。本届大会在与会代表的共同努力下，全程充实，有序而富有效率，顺利完成了既定的各项议程，取得了圆满成功！

本届大会围绕"儒家思想与当代社会价值建构"这一主题，设立了"儒家思想的当代哲学使命"、"儒学与国家文化软实力建构"、"礼乐文化与社会道德"、"儒家思想与公共文化空间"四个分议题，将传统与现代紧密结合。共有来自中国内地、台湾、香港、美国、德国、俄罗斯、马其顿、埃及、澳大利亚、新加坡、韩国、日本、马来西亚、越南、蒙古等15个国家和地区的150余位专家学者参加大会，提交正式会议论文140余篇，论文数量、质量均创历年新高。

在两天的会议中，学者们通过主旨演讲、大会发言、分组研讨、中秋夜话，以及会下交流等多种形式，展开了深入而广泛的学术交流，感悟传统，融汇新知，交流思想，达成共识，取得了丰富的学术成果。总体看来，与会学者在重视基础研究、学术规范的前提下，普遍关注儒学、传统文化与现代社会的价值建构问题，恰当、贴切地呼应了本届大会主题，特别是习近平总书记"四个讲清楚"的重要命题和儒家"阐旧邦以辅新命"的文化传统。

本届大会亮点纷呈，引人瞩目。自2009年第二届世界儒学大会以来，"孔子文化奖"颁奖已成为大会最重要的内容之一。6年来，"孔子文化奖"以其专业性、公正性和高端性，已经成为孔子儒学与传统文化研究、传播领域最为权威的奖项，产生了越来越大的国际影响力。本届大会表彰了2015年度"孔子文化奖"获得者陈来先生和董金裕先生，这两位分别来自中国内地和台湾地区的学者，以其卓越的儒学研究和普及功绩荣膺大奖，正是众望所归，实至名归！相信他们的获奖必将进一步提升"孔子文化奖"的权威性和公信力。

作为国际儒学与传统文化研究、传播领域的权威奖项，"孔子文化奖"获得者的儒学研究成果尤为世人关注。为积极宣传"孔子文化奖"，展示"孔子文化奖"的高度、深度，扩大"孔子文化奖"的世界影响，孔子研究院与世界儒学大会秘书处在历届"孔子文化奖"获得者的大力支持下，编辑出版了《孔子文化奖学术精粹》丛书第一辑6卷与《近年儒学研究十大热点报告》、《孔子文化与中国道路——"春秋讲坛"学术讲演录》等最新儒学研究成果，并在本届大会上一起推出，受到与会专家、学者及广大嘉宾的高度好评。其中自今年以来,"春秋讲坛"已经成为世界儒学大会学术讨论的一部分,第一次延伸了世界儒学大会的空间和时间,使得第七届世界儒学大会的学术讲座实质上从 5 月 19 日就正式启动,并将世界儒学大会的影响从学术界扩展到社会普通人群。这些儒学新成果的发布,有效地推动了儒学与传统文化的传播,充实了世界儒学大会的内涵,提升了世界儒学大会的国际影响力。

本届世界儒学大会恰逢乙未年中秋佳节,大会秘书处因时制宜,因地制宜,特地策划了"中秋儒学夜话"活动。在圣地小沂河畔的皎皎月光之下,与会代表品美酒、话儒学、抚今追昔,轻松地展开对话与交流,既丰富了世界儒学大会的活动形式,更让与会代表在轻松愉悦的气氛中放松身心、自如交流,产生了良好的讨论效果,希望这一经历能够给与会者留下美好的回忆。

青年是儒学的希望和未来。为扩大儒学的影响,激发青年学子的学术热情,培养儒学研究与传播的后劲,本届世界儒学大会首次举办"青年博士论坛"活动,为青年学者搭建交流学术成果、近距离接触儒学大家的良好平台。论坛共收到来自国内外各高校的青年博士、博士研究生的近百篇学术论文,既展现了青年学子的儒学研究风采,也反映了他们对世界儒学大会的信任、向往和热情。大会秘书处专门成立专家评审组,对论文进行了认真细致的评选。最后,共有近 40 位青年博士脱颖而出,在"青年博士论坛"中一展风采,为世界儒学大会注入了青春的活力。

值得一提的是,本次大会第一次设立分会场,将"青年博士论坛"设于孟子故里邹城举办。孔孟故里曲阜、邹城两地互动,共话儒学,研讨"孔孟之道",进一步充实了世界儒学大会的文化内涵,扩大了世界儒学大会的影响范围。

本届大会期间还首次举办"中日韩青年儒学之旅"活动。大会依托孔子研究院孔子学院总部体验基地,邀请中、日、韩三国青年儒学爱好者参与大会,以"文化交融、彼此欣赏"为主题,进一步加强各国青年间的文化交流与对话,取得了良好效果。

会议期间还举办了"'高山仰止——历代尊孔诗文书法展'开幕式暨作品集首发式",举办了"陕西西安碑林博物馆向孔子研究院捐赠《开成石经》仪式",也充实了本届世界儒学大会的文化内涵。

女士们、先生们,朋友们:

本届大会的成功举办,标志着世界儒学大会已经成为世界层面上儒学研究、传播与交流的成熟、高端平台。本届大会的成功举办,离不开中华人民共和国文化部、山东省人民政府的正确领导,离不开各承办单位的具体支持,离不开学者、专家的积极参会与研讨,离不开工作人员、新闻媒体和志愿者的辛劳付出,离不开青年学子的踊跃参与和声援,可谓来之不易!在此,我谨代表大会主席团和各主办、承办单位,以及大会秘书处,向关心、支持大会的各位领导、各位前辈,向莅临大会的各位学者、各位嘉宾,向为大会付出辛勤劳动的工作人员、新闻媒体和志愿者,以及广大青年学子,致以最诚挚的敬意、谢意和祝福!

祝愿大家身体健康，阖家幸福，万事如意！让我们共同期待在第八届世界儒学大会上再次相会。

谢谢大家！

第七届世界儒学大会学术论文集

获奖感言

2015年度"孔子文化奖"获奖个人
陈来先生获奖感言

尊敬的各位领导、各位嘉宾、各位朋友,女士们、先生们:

大家早上好!

我知道,有一些获奖者在他们的感言中说,他们从未想过获取这个奖项。但是今天在这里,我想告诉大家,这是我盼望已久的日子,这个奖是我一直心向往之,衷心盼望有朝一日能得到的奖,我要谢谢这个奖的到来!

从20世纪70年代以来,在近40年中,我一直从事于儒学的哲学研究,从前孔子时代追寻儒家思想的根源,到探求宋元明清理学的哲学精神,直到20世纪现代儒家哲学的分析把握,我对儒学的古今发展作了综合的研究。在此基础上,我也尝试在前贤的基础上建构起适合21世纪中国发展的儒家哲学体系。但是,我所做的所有研究工作与成绩,与这个奖的巨大荣誉相比,是微小而不足道的。因为这个奖是以"孔子"命名,是以中国文化的名义,是在孔子的故乡山东曲阜所举办的世界儒学大会上予以颁发的。获得这一奖项是一个儒学研究者所可能期待的最大回报,所以不管他以前或以后获得任何奖项,对于一个儒学研究者来说,"孔子文化奖"必然是他一生中最富有意义的大奖。

为此,我要向设立"孔子文化奖"的中华人民共和国文化部、山东省人民政府、济宁市人民政府、曲阜市人民政府,对"孔子文化奖"评委会及诸评委给予我个人这一无比的荣誉,表达我个人最深切的感恩和致谢!

正如我们大家所知道的,"孔子文化奖"的颁发并非只是对已有研究的表彰,而是更在于鼓励全世界的儒学研究与文化实践,以此来丰富世界文化,促进世界和平,让我们在孔夫子的指引之下,向着这个伟大目标迈进!

谢谢!

2015 年度"孔子文化奖"获奖个人
董金裕先生获奖感言

各位学者专家、老师同学、女士先生们：

大家好！

我很幸运地出生在一个作风开明的家庭，并且在师长朋友的教导切磋下，顺利学习。从小便于长辈教导子弟为人处世道理时，经常引用孔子之言的充满传统文化氛围的环境中成长。就读小学时，学校走廊陈列着许多圣哲英雄的画像及事迹，看了以后就兴起了"有为者亦若是"的心愿。从中学起，更因接触到儒家的经典而"心向往之"。进入大学，在广泛研习儒家思想后，即效法孟子"乃所愿则学孔子也"，立志研究孔学。

几十年来，我将探讨孔学的心得写成了一些文章，并且规划、参与了一些活动，不论在学术研究的向上发展方面、向社会大众宣讲的向外推广方面，或者将传统文化传授给青少年的向下扎根方面，都作出了一些成绩。但这些成绩就如同点滴之水汇入长江大海一般，实在微不足道，更谈不上有什么大贡献，但我确实是全力以赴而不敢稍有懈怠的。

今天承蒙大家的抬爱，将"孔子文化奖"这一特殊的荣誉颁授给我，除了督促我今后在弘扬儒学上更加努力以外，所代表的并不是我个人的成就，而是彰显了台湾长期以来持续传承中华传统文化方面的贡献。其实台湾有很多在儒学的成就上比我丰硕杰出的人物，更应该获得这种特殊的荣誉，我今天只是代表他们来接受这个奖而已，荣耀是属于众多为儒学奉献心力之人的。

经常有人问我，为什么要选择儒学作为教学、研究的对象？根据个人的体验，儒家思想最切合人情事理，也最容易付诸实践，是一种可以在日常生活中如实呈现的哲学，也是一种可以让我们安身立命的精神凭藉。不仅有益于个人，也可以使群体受惠，值得我们身体力行，更值得我们向社会大众宣讲，并传承给年轻的世代，以促进人际关系的和谐、社会秩序的安定。

孔子一生致力于推展教育，并曾表达"老者安之"、"少者怀之"是他的志愿，为表敬仰效法，多年以来我即在行有余力之时，协助偏乡教育以及济老、扶幼的工作。司马迁在表达自己推崇孔子的心情时曾说："虽不能至，然心向往之。"我认为既然心向往之，虽不能至，但是可以尽力而为，因此在获得这一特殊荣誉后，将一如既往，把所得捐助给教育、公益团体，追随孔子的脚步，尽力而为。

最后，敬祝

各位身体健康，精神愉快！

大会顺利进行，圆满成功！

谢谢大家！

主题演讲

中华文化连绵不断与儒学

清华大学教授　张岂之

中华文化源远流长，有五千多年历史，没有中断过，为什么？这要从中国历史文化中去寻找答案。

一、中华文明起源的特殊路径

中华文明起源和西方古希腊不同，在中国，几千年前从氏族社会走向文明社会，保留了旧有氏族组织，在氏族、血缘关系的基础上建立起国家组织。权力与财产按照血缘亲疏分配，君权与父权统一。由此，国家与宗族合为一体，形成了以宗法制度为核心的政治制度体系。周人提出了他们自己的政治伦理范畴：敬天、孝祖和保民，这是中华文化较早的理论基石。

漫长的农耕历史在人们头脑中的折射，构成了中华文化的主题：天道与人道的关系，强调的是天与人的和谐（不是对立，也不是相互排斥），以及人的地位、人的责任和人的特点。孔子说："人能弘道，非道弘人。"[①] 阐述了人有认识和宣传真理的能力，把人的地位提高了。《老子》书中有"无为而无不为"[②]，从自然反观人生，认为圣人立身处世，柔弱似水，谦恭少言，达到"无不为"，把人认识天道的能力作了如实的论述。

自古生活于中原四边的少数民族，一方面他们向外发展受到各种天然屏障和自然环境的阻隔与限制，另一方面中原地区，特别是汉族的文化，对他们有很大的吸引力。于是在历史上，中国四边的少数民族，他们各种重大的政治、经济和军事活动都是向着中原的方向，即黄河与长江中下游流域发展。

---

① 《论语·卫灵公》。
② 《老子》第37章。

二、秦汉时期以汉族为主体的文化共同体形成，使中华文化与民族命运联系在一起

中国历史的春秋（前770—前476）和战国时期（前475—前221）是中华文化"百家争鸣"时期，不同学派的思想观点相反而相成。

公元前221年，秦始皇统一六国后，他有汇合地域文化的理想，没有成功，但"书同文"，文字的统一维护了大国统一和文化的连绵不断。西汉王朝建立后，到汉武帝执政时期，地方分裂势力基本肃清，中国的统一成为当时的大趋势。统一需要有理论的支撑，以董仲舒为代表的公羊春秋学，其中"大一统"思想符合中国历史的需要，被汉武帝采纳，开始确立儒学在百家之学中的主导地位，实际上到了东汉元帝时，即公元前100年左右，儒学才被当时执政者归到"三纲五常"的理论公式中，真正具有了国家意识形态的性质。

"统一"，这是中国古代政治、文化、思想方面的关键词。从历史看，中国的统一是逐渐扩大和巩固的。中国历史上最早出现的国家是公元前21世纪—前16世纪的夏朝①，它的疆域包括今河南、山西和陕西等几省的部分地区。到了唐朝，它已控制了北到黑龙江和贝加尔湖，西到巴尔喀什湖和中亚两河流域的广大领土。到了元朝，包括西藏在内的所有民族和地区都统一在中央政权之下了。

在中国有文字记载的历史中，"统一"始终是主题。中国也曾多次分裂，有很多地方和民族政权，但统一的时间远远超过分裂的时间，"统一"始终是历史的主流。在各民族的交往中，曾经发生多次战争，但和平交往始终是民族关系的主流。历史上为统一做过努力的，除汉族外，还有许多少数民族。

中华文化中的不同思想学派，只有顺应中华"统一"这个主轴，才能长久地为人们所接受，并发挥其教化的作用。儒学之所以能在中国思想文化史上占有主导地位，历久不衰，因为它适应于中国历史统一的客观要求。

中国古代自然科学也不能偏离"统一"这个主轴。例如，北魏郦道元（466或472—527）所作《水经注》就是证明。他生活在南北朝时期，当时中国处于分裂状态。在这种形势下，不少人尊本地政权为正宗。郦道元不是这样，他的科学眼光并未局限于北魏一隅之地，在他的心目中，祖国是包括南北朝的完整中国，因而他的《水经注》表达了对统一祖国的向往，完成了我国古代水文地理学的大综合。

有些外国学者，如英国史学家汤因比与日本学者池田大作，他们的对话集《展望二十一世纪》，其中有这样的评论："中国人比世界上任何民族都要更成功地把几亿民

---

① 夏以后为商（前1600—前1046）、周（前1046—前256），接着是春秋战国时期。

众从政治文化上团结起来。他们显示出这种在政治上、文化上统一的本领,具有无与伦比的成功经验。"

三、中国古代政治文明与中华文化的传承发展

这是一个很大的题目,这里只能论述其中的一两个要点。

中国历史进入战国时期(前475—前221),一种新的政治体制从旧体制中脱胎而出,这就是以皇权为代表的中央集权制度。

这种政体,一方面帝制成为它的核心,另一方面在地方上实行郡县制。郡县的长官不再是世袭领主,而是由君主委派官员直接管理。这有两个重要意义:一是在国家制度中由地域关系取代了血缘关系,使中国由早期的部族国家转化为疆域国家;二是国家管理人员由职业官僚取代世袭领主,使贵族政治转化为官僚政治。在这种体制下,秦和西汉实行郡县两级制,东汉实行州郡县三级制。

君主集权政体在我国漫长的封建社会中有共性,也有个性。比如,西汉时期的君主集权制度与秦代不完全相同,西汉统治者主要实施政治、法律和思想文化的儒学化;汉武帝刘彻在位54年,在他的统治下,中国以文明和富强的政治实体而闻名于世。唐代的君主集权制度不同于西汉,与秦代也有较大差异。唐代除实行科举选拔人才外,还重视思想文化的内外交流,以及境内各民族融合所产生的文化创造力,促进儒、佛、道的发展,将中华古代文化推进到一个新的高度。唐太宗李世民说"以铜为镜,可以正衣冠";"以古为镜,可以知兴衰";"以人为镜,可以明得失"。在两宋时期,伴随着皇权强化与选官制度的完善,以及教育方面书院制的成熟,中华文化(含科学技术)更加普及与深化。辽金元的政治、法律和选官制度各有特色,他们采用了汉民族的治国理政方略。明代君主专制更加强化,而体制的弊端更加突出。至于清代的君主集权制度,曾经使国力得到提升,保卫了中国的疆土,并使文化传承有了进一步的发展。可是从1840年鸦片战争以后,清朝逐渐沦为一个丧权辱国的腐朽政权,面对殖民主义入侵,失去了活力与生机,特别是1898年"戊戌变法"被皇权中的顽固势力扼杀以后,自上而下进行革新运动成为幻想,这就敲响了中国君主专制制度的丧钟。

中国的君主集权制在一定的历史时期内有利于维护中国多民族国家的统一和安宁,特别是其中的科举选官制度扩展了统治集团的社会基础,为不同阶层的人开辟了入仕途径,形成了由下层社会到上层社会的政治通道。科举制度将教育制度与选官制度结合为一个整体,在一定时期和一定程度上保证了上层官员队伍的知识和道德水平。

科举制能够长期实行,一个重要原因是:儒学自始至终是它的思想文化资源;科举制中的每个环节都和儒学密不可分,同时科举制也促进了儒学与时俱进,两宋时期新儒学(即理学)兴起就和科举制有着密切的关系。从宋神宗时起,儒家经学成为科

举考试的主要内容,这个原则长期未变。从中国历史可以看到,儒家经学为不平等社会里的"各色人等"找到了一些平衡点。皇权统治以经学为武器,而民间也以经学作为维系社会关系(含宗法关系、人际关系等)的价值准则。历代的官方版刻经籍、社会启蒙读本、民间乡约村规、家规家教,在思想观念上都同儒家经学有关。这种思想上的凝聚,有利于中华文化的传承发展。

总起来说,在中国漫长的封建社会中,有法制,但它不是"法治"(法治的核心应当是法律面前人人平等)。皇权把法制作为治民治吏的手段,而皇帝及其家族则凌驾于法制之上。正因为如此,同一政治体制在不同的皇帝手里,可以有不同的效果,一治一乱有天壤之别,这充分反映出人治的弊端。明、清之际有些史学家对此有过深刻的论述。这种政治体制不能从根本上解决人民(主要是农民)与皇权及其支柱之间的阶级矛盾,当农民难以生活下去,揭竿而起,这就到了改朝换代的时候。不过朝代的更替未损害中华文化,后一朝代基本上继续使用前一朝代的政治体制,在文化上其主轴仍然是儒家思想学说(少数民族建立的中央政权也是如此)。

四、中华文化的生命力表现在国内各民族相互学习,又善于借鉴、消化外来文化

从中国历史可以看到,中华各民族密切的交往、团聚和统一的过程,也是民族大融合的过程。各民族经过不断的迁徙、杂居、通婚和各种形式的交流,在文化上互相学习,在血统上互相混合,你中有我,我中有你,使各民族、地域间的界限日渐淡漠,而中华民族的共同命运、共同文化和心理特征则随之加深、加强。

中国的主体民族——汉族的形成,就是各民族大融合的结果。早在先秦时期,我国有华夏、东夷、北狄、西戎和百越五大民族集团。古代有舜为"东夷之人",周文王为"西夷之人"的说法[①],华夏族是在夷夏融合中发展起来的。汉族能够在中国历史上起主导作用,不仅是因为人口众多,更重要的是因为它有比较先进的生产方式、比较发达的经济,有连绵不断的中华文化的精神纽带。

我们从中华历史上还可以看到中外文化交流的情况,西汉时开辟的丝绸之路是经济交流之路,也是文化交流之旅。中国的丝绸改变了西方人的穿着,而西域的物产和音乐也改变着中国人的日用习惯和音乐风格。中国的儒学影响了日本、朝鲜的文化发展,南亚的佛教也影响了中华文化。以唐朝"安史之乱"为界,唐朝前期奉行"中国既安,四夷自服"的宗旨,在致力于自身发展的基础上平等对待外域,丰富了中国当时的思想文化。中唐以后,由于丝绸之路被阻,加以内患不断,统治政策趋于保守。

---

① 见《孟子·离娄下》。

时至明、清之际，尽管官方采取了"海禁"政策，民间的海外交往并没有止步。在明代郑和下西洋终止以后，民间通过海上丝路的中外交通日益发达。中国的一些商人和平民，经过海路往来贸易，甚至到东南亚以及世界各地定居，成为今天海外华侨的祖先。他们在维护和发展中国与世界的交往中，为远播中华文化作出了很大贡献。

五、中华文化连绵不断与会通精神

"会通"一词见于《易传·系辞上》："圣人有以见天下之动，而观其会通，以行其典礼。"会通主张思想文化的融合贯通，而不是冲突、对抗。

《庄子·天下篇》说，天下大乱的时候，产生了许多学说，"譬如耳目口鼻，皆有所明，不能相通"，"通"即"会通"。实际上，正如史学家司马迁所说"天下一致而百虑，同归而殊途"①，诸子百家立论有异，但它们也有相同的方面。

从中国思想文化史看，在封建社会中有两次大会通。一次从战国末到秦汉及魏晋时期，约600年，主题是儒家与道家的会通，由此产生了魏晋玄学。

这从《吕氏春秋》一书可看出端倪。该书亦称《吕览》，为战国末秦相吕不韦集合门客编成，被视为"杂家"的代表作，实际是以儒家和道家学说为主，兼论名、法、墨、农、阴阳各家。此书肯定儒学的政治伦理，主张实行仁政，也赞同道家的"人君南面之术"，讲君无为而臣有为的道家观点，体现了儒、道的会通。

还有《淮南子》，汉高祖刘邦之孙刘安被封为淮南王，与门客编撰了此书。其中所说的"无为"，含有老子学说，但也有儒家、墨家以天下为己任、劳作不息的思想内容。不过《淮南子》的基调是以道家思想为主。

魏晋玄学是魏晋时期儒学与道家学说会通所产生的思想文化思潮。玄学（不论是哪个学派）都以《周易》、《道德经》（即《老子》书）和《庄子》为思想资料，称为"三玄"。《周易》阐述事物变易之理，它与《道德经》、《庄子》中关于自然、人生变化的道理相协调，既讲自然变化，又论社会人事的变迁；既鄙视世俗，表现出超然物外的态度，但仍然保持名教传统和对自身利益的重视，企图去论证名教和自然的一致性。

中国思想文化史上的第二次大会通起于唐代"三教并立"（"教"指"教化"），在两宋，特别是南宋理学中完成。在唐代，儒学遇到了严重的挑战，儒学的代表人物想重新恢复儒学的正宗地位，在反对佛、道的同时，又吸取了佛、道的某些方面，开启了后来宋代理学的先河。

儒、佛、道的会通从唐代开始，继续到两宋，约600年。北宋初期有人力主排佛，

---

① 《史记·太史公自序》。

未能成功，会通占了上风。我们从两宋时理学的兴起与发展中可以看到，儒学吸取了佛教宗教哲学的某些论证方法，使其自身的哲学具有思辨色彩，特别是在本体论上有所建树。而佛学的儒学化，使其多数佛教宗派具有了世俗色彩，尊君孝父，能够在中土传承发展。而道教在理论上的探讨与外在修炼方法分离开来，又从佛学和儒学中吸取了理论营养，开始创立了新的道教理论。

"会通"，用南宋时理学家朱熹的话说，就是为儒学寻找"活水源头"，否则就会枯萎凋零。他在诗里写道："半亩方塘一鉴开，天光云影共徘徊。问渠那得清如许，为有源头活水来。"为此，他用了近40年时间，将"三教"会通在以儒学（不是宗教，而是教化）为主的理学思想体系中，成为"新儒学"。

后来在明代中叶产生了王守仁思想，他继承宋代陆九渊心学传统，论述"心即理"、"致良知"、"知行合一"学说，反映了人们要求独立思考的理性要求，在思想界产生了巨大影响。

依据以上的简述，不难看出中华文化的传承发展与思想文化的会通精神不可分。

六、中国古代教育与史学传统保证了文化传承发展

在中国，夏朝距今四千多年，那时已出现了学校。西周时学校制度初具规模，包含"国学"和"乡学"两个系统，春秋时演变为"官学"与"私学"。所谓"私学"就是私人办学。春秋末期孔子办私学，打破西周官学的入学等级性，实行面对社会的开放教育，即"有教无类"，将文化传承作为培养人才的中心任务。孔子把西周文献加以整理作为教材，其中有《诗》、《书》、《礼》、《周易》、《春秋》（孔子根据鲁国史官的记载整理而成，起于鲁隐公元年，终于鲁哀公十四年，前722年至前481年）。因《乐经》失传，故称《诗》、《书》、《易》、《礼》、《春秋》为"五经"，它们是儒学的基本经典，也是面向大众的教材。"经学"一词指解释和阐述儒家经典的学问，其名始见于《汉书·兒宽传》，称重要典籍为"经"，以与一般书籍相区别。经学内容丰富而又庞杂，涉及文字学、历史学、天文历算、鸟兽草木之训释等，在经学中保存了儒学的精华。

还有出现于唐末五代时期的书院，经北宋时期的初步发展和南宋时的突飞猛进，出现了一些著名的书院，如白鹿洞书院、岳麓书院、嵩阳书院、石鼓书院、应天书院等①。这些书院由名师主持，师生之间自由讨论，促进了中国古代学术的创新。

中华文化的连绵不断与史学的繁荣昌盛密切相关。孔子把鲁国史官所作的《春

---

① 白鹿洞书院位于江西省九江市庐山五老峰南麓，岳麓书院位于湖南省长沙市湘江西岸岳麓山，嵩阳书院位于河南省登封市城北峻极峰下，石鼓书院位于今湖南省衡阳市石鼓山，应天书院位于河南省商丘市南湖畔。

秋》整理成有独特思想的历史著作，标志着我国古代史学的开端。战国至两汉是我国古代史学的定型期，西汉时期大史学家司马迁创造了史学的纪传体体例，写出《史记》这样不朽的历史名著。东汉时期，史学家班固把司马迁的纪传体作了一些调整，以纪、表、志、传的体例撰写出《汉书》。《史记》与《汉书》标志着中国史学的成型。魏晋南北朝至明末是中国史学发展的黄金时期，史学成为全面记录中华文化的独立学术部门。由中央政府组织学者，官修史书。唐至宋、元、明，每个朝代都召集学者撰写前一朝代的历史。除正史纪传体不断为史学家使用外，编年体也有很大发展。宋代司马光的《资治通鉴》就是我国第一部较为完善的编年体通史著作。明末清初直至鸦片战争前是我国史学的总结和嬗变时期，史学著作中更加突出了文化传承和创新的历史轨迹。这样完整的史学传统是中华文化得以连绵不断的重要原因之一。

结束语

2011年，中国共产党十七届六中全会召开，结合我国的历史和现实，给"中华文化"一个界说（定义），即"文化是民族的血脉，是人民的精神家园"。党的十八大报告第六部分"扎实推进社会主义文化建设"中，一开始就用了这个界说。

1. 这个界说体现了中华文化（含中华优秀传统文化和社会主义先进文化）的自身特色，不是抄自外国，而是我们自己归纳总结出来的。

2. 它简明扼要，人们容易记得住，有助于对它内涵的理解。

3. 这个界说用"血脉"一词阐述了中华文化连绵不断的历史特点，还强调了在文化中思想、精神、价值观的重大作用。

2014年9月24日，在北京召开的纪念孔子诞辰2565周年国际学术研讨会暨国际儒学联合大会至今已有一年。在这次大会上，国家主席习近平向中外学者提出了这样的希望，他说："中国优秀传统文化的丰富哲学思想、人文精神、教化思想、道德理念等，可以为人们认识和改造世界提供有益启迪，可以为治国理政提供有益启示，也可以为道德建设提供有益启发。对传统文化中适合于调整社会关系和鼓励人们向上向善的内容，我们要结合时代条件加以继承和发扬，赋予其新的涵义。希望中国和各国学者相互交流、相互切磋，把这个课题研究好，让中国优秀传统文化同世界各国优秀文化一道造福人类。"

时代要求我们在对中华传统文化的研究上付出更多的精神劳动，在传承创新上有更多的优秀成果。谨祝第七届世界儒学大会圆满成功！

儒家的"仁"是普世价值

北京大学人文讲习教授　北京大学高等人文研究院院长　杜维明

尊敬的各位嘉宾、学者、朋友：

我接着张教授刚刚提到的"三个认同",提一个观点,也就是儒家的"仁"。面向未来,"何为人"是当今哲学研究的重大课题。轴心时代的文明特别突出了超越突破的问题,也就是说,如果要了解人,就应该要了解天、道、逻各斯、上帝、梵天等超越的实在,在这个基础上反思人。孔子是入世的,他认为,在人群之中,在人的日常生活之中,能够体现人文精神最高的价值。而他所提出来的就是"仁爱"的"仁"。但如果说孔子所代表的只是一个入世的、凡俗的人文主义,我觉得并不全面。儒家的人文精神有相当强烈的自然和天道的面向,所以才有"天、地、人"三才观念的出现。

儒家提出的"仁"是普遍性的,它面向所有的人,不分地域、国家、民族和阶级。所以孔子在提出"仁"的时候,特别彰显了颜回。在他的弟子中,颜回既没有福,又没有寿,又没有禄,非常穷困,从今天崇尚的"富强"价值来讲,可以说是一无所有的。但为什么孔子最赞赏颜回?因为颜回有内在的核心价值,他能够体现人类最光辉的一面,而那最光辉的一面就是仁爱。颜回是唯一的"三月不违仁",而且"一箪食,一瓢饮,在陋巷"也"不改其乐"。孔子说的"克己复礼为仁",是主动自觉的行为。而"我欲仁斯仁至矣",是说我们都有取得"仁"的自由,在这一点上,人人皆是平等的。孔子的学问是"为己之学",他说"一日克己复礼,天下归仁焉",认为一个人的"仁"是"天下归仁"的前提,虽然只是对颜回的回答,但也是面向所有人的。曾子讲"任重而道远",任重是"仁以为己任","道远"是一生的路途。当然,我们说这是君子、是士的理想。可是我今天想要说,只要是人,他的发展都可以达到"天下归仁"的境界。不是只有皇帝,只有知识分子,只有贵族才能做到,而是所有人都可以达到。

有些人认为,这一套思想不过是一种个人修身哲学,局限在私人领域还是可以允许的,但儒家的道德修养和政治哲学、制度建构挂钩,公私不分,是泛道德主义,需要批判。我认为,这是一个片面的了解。从修身、齐家、治国发展到平天下,不是说把公和私混为一谈,而且"仁"的本身,作为个人的自觉,就已经不仅仅是私的,而是开放的、是多元的,它的"己"是"爱人"的,不是封闭孤立的自我。"为己之学"的"己"就是要真正了解人的本质存在。孟子认为,"仁"是每个人都具有的本性,贯穿所有价值,而所有其他的价值反过来都可以丰富"仁"的内容。他建立了一个以性善和王道为基础的治道（仁政）理想。在这个基础上面，我们认同作为一个公共性的、作为一个公民的理性的发展，这是必要的。

我们要解决的问题不只是中国的，物质主义、过分的个人主义、以个人利益为唯一标准、自由成为放任、理性成为一种工具，等等，都是目前世界上普遍存在的问题。面对极端的个人主义，我们并不是要把人从"只对自己好"转化到"只对别人好"，这其实是一种"伪"。我的看法是，要对自己真正地好，也对别人真正地好，真正达到孔子所谓的"己欲立而立人，己欲达而达人"。

很多传统、很多宗教都有它自己特殊的信念，比如不相信"三位一体"就不是基督徒，不相信涅槃也就不是佛教徒，但是我们今天面临的问题是世界性的。作为一个世界公民，作为一个人，对生态环保、贫富分化、世界秩序的解体、恐怖主义等问题都不可能不加以关切。所以，所有的宗教，除了它自己独有的宗教语言，都要创造第二个语言，也就是世界公民的语言。这第二个语言就和儒家所讨论的"仁"有非常密切的关系。

西方强调的普适价值——理性、自由、法治、人权、个人尊严，都是我们要再学习、再发展的人文价值，但这些价值即便都能充分体现，人类的存活还是一大问题。必须在理性之外，开拓出一个同情或慈悲的领域。人权之外，也必须要有责任。法治之外，必须要有礼貌。个人尊严外，要有社会和谐。这些价值之间可以对话。我们有可以向全球传达的核心价值，如同情、正义、责任、礼貌、和谐等。的确，"仁、义、礼、智、信"是几千年来根深蒂固的、塑造中华民族精神素质的道理。我相信也是将来人类共存共生不可或缺的学做人的道理。

世界各国对人权的普遍重视，是从1948年联合国大会颁布《世界人权宣言》开始的。《世界人权宣言》由来自几位重要的法学家共同起草，并经联合国大会审议通过。在草拟《世界人权宣言》中的人士中，中国的代表张彭春发挥了最为重要的作用，他的儒家素养很高。《世界人权宣言》第一句话不知道经过多少个稿本——"人人生而自由，在尊严和权利上一律平等。他们赋有理性和良心，并应以兄弟的精神互相对待"。"良心"是张彭春突显出来的。联合国最核心的精神就在这句话上。四海之内皆兄弟，体现的是人类的兄弟之情。从王阳明的心学来讲，人最核心的价值是良心。所以在这方面，如果我们仔细读《世界人权宣言》，它确实是突出了仁爱，它最核心的价值是仁爱的价值，所有的人都应获得尊重。

仁爱的"仁"，在我看来，和康德把人当人看的精神是一致的。在《孟子》里有各种不同的圣人，表现不同，但有一点相同，即"行一不义，杀一不辜而得天下，皆不为也"①。只要杀一个不辜，你内心最基本的良心就已被摧毁。有一种观念认为，百分之十的人牺牲算什么？我们还有百分之九十呢！这完全和儒家的基本精神相违背。

---

① 《孟子·公孙丑上》。

国际社会应该发扬仁爱之性，每个人应当从社会关系方面推己及人，每个人堂堂正正做到诚信，绝对不做损己损人、损人不利己，或者是损人利己的人。至少要学做一个"经济人"，利己而不损人。最好能再从"经济人"变成文化人，推己及人，甚至做个生态人，不仅关爱人，还关爱这个地球。

重铸君子人格　推动移风易俗

中央民族大学教授　牟钟鉴

一

孔子儒学确立了中华民族核心价值观和基本道德准则，这就是以人为本的"五常"（仁、义、礼、智、信）、"八德"（孝、悌、忠、信、礼、义、廉、耻）。在全面推进建成小康社会和融入全球化事业的今天，它仍然是中华民族的精神纽带和道德基石，当然要有所损益和创新。长期以来，由于反传统的文化激进主义连续不断地猛烈冲击，孔子儒学离我们渐行渐远，传统美德被丑化被丢弃，成了游魂，而功利主义大行其道，使得社会散乱无序，精神家园荒芜杂沓。经过痛苦的历史教训和深刻的反思，主流社会重新认识到传统美德在现代社会的重要性，它乃是文明社会的精神支柱，也是经济社会健康发展的道德保证。科学、民主很重要，但都取代不了民族基础道德，而民族振兴恰恰需要它的支撑。

现在的问题是：如何重建礼义之邦？如何重建道德中国？三件大事要抓住：一是抓好教育，立德树人；二是建好乡社，移风易俗；三是反腐倡廉，清整官德。然而这三件大事都需要一批道德精英去参与去推行，没有他们，美德还是游魂，落不到实处。办好家庭教育、学校教育，都要求家长教师言传身教；改善民间风气，需要有社会贤达垂范引领；建设政治道德，需要有清官廉吏作则带动。而这些道德精英便是孔子儒学着力表彰的君子。这就是孔子所说的"人能弘道，非道弘人"[1]，孟子所说的"使先知觉后知，使先觉觉后觉"[2]。如果不能造就一大批新时代的君子，道德建设是不能成功的。

"君子"从"君"而来。《仪礼·子夏传》："君，至尊也。"注曰："天子诸侯及卿大夫有地者皆曰君。"《说文》释"君"："尊也，从尹发号，从口。"《汉字图解字典》释"君"："会意字，从尹从口，像手执权杖，发号施令。""君"字的本义是有权位的人，古典称之为"国君"、"君王"、"君主"、"储君"、"平原君"、"商君"等。"君"加"子"则用以称呼"男性"、"丈夫"，如《诗经》"窈窕淑女，君子好逑"[3]，

---

[1] 《论语·卫灵公》。
[2] 《孟子·万章上》。
[3] 《诗经·周南·关雎》。

"未见君子，忧心忡忡"①。孔子是中华民族的精神导师和道德大师，他用仁学把周代礼乐制度文化提升为礼义德性文化。在此过程中他创造性地阐发"君"这一词语中的"尊贵"之义，将其意蕴从指向社会地位转而指向道德品质，从而确立了"君子"这一理想人格范式，把中华美德凝结在人的文化生命之中，使"做人"成为中华思想的主题，造就出礼义之统，影响中国两千多年，其功绩是伟大的。先秦时期，孔子、孟子、荀子和《易传》、《礼记》，对君子之德都有大量论述。汉魏以降，直至近代，士林学人推尊君子人格者所在多有，又普及于民间，遂成为久传不绝的民族集体意识。

由于长期以来反孔批儒，当代中国社会讲论君子已经不多了，"君子"成为一个比较陌生、有时成为嘲讽的词汇。但是生活里仍常有正面形象的君子从人们言谈中流露出来，如说"不要以小人之心度君子之腹"、"君子一言既出，驷马难追"、"不要做伪君子、真小人"、"要有君子协定"。虽然人们痛感"小人得志，君子吃亏"，却在内心里仍然尊重君子、嫌弃小人。21世纪以来，君子话题不断升温，兆示着民族文化新的自觉。为什么君子文化有顽强的生命力？至少有两个原因：一是合情合理；二是文明需要。对于个人而言，要获得幸福感，除了生活富裕舒适，还要过得有尊严，既有自尊，又能被尊，这就要做有德君子，不能做缺德小人。小人由于损人利己，得不到别人真心尊重，表面上会有人吹拍，那是势利驱使，背后总是挨骂，其人也难免有所感知，只不过是虚荣心一时的满足而已，不会有内在的快乐。因此人的向善本性和内在尊严感必然鄙夷小人而向往君子，只是被不良风气压抑了这种追求。对于社会而言，要形成良好风气，道德教化必须有层次的差别，标准太高不接地气，标准太低不能引导。古人懂得这个道理，所以设计做人标准是有差序的。顶层是圣人或圣贤，人伦之至，万世师表，社会公认的是至圣孔子、亚圣孟子，还有若干大贤；圣贤是做人最高目标，虽不能至，然心向往之。中上层是有德君子，严于律己，关心他者，受人尊敬，一般人需要努力才可以成为君子，放松自己又会滑落下来。中下层是普通好人或称"众人"，保有爱心，不突破做人底线，同时不事修身，难免有些不良习性。下层是缺德小人，处处计较眼前私利，时常自觉不自觉损害到他人和公共利益，但不至于严重违法，主要在道德舆论上受到责备。最底层是罪人，既无德，又犯法，如偷窃、抢掠、欺诈、杀人、绑架、作乱，必须绳之以法、齐之以刑。如以圣贤要求多数人，失之太高，与生活距离太远，不起作用，或出现伪善。如以好人作为道德标准，失之过低，激励作用不足。古贤之所以大声呼唤有德君子，盖在于君子寄托着中华道德理想，又是可以切实效法的榜样。从今天移风易俗的道德建设而言，宣传"感动中国人物"、"最美人物"，发挥道德导向作用是必要的。同时还要借鉴古人道德教化的智慧，运用祖祖辈辈熟悉的话语，大力倡导做新时代的有德君子，激活人们身上沉睡已久的传统美德基因，使多数好人见贤思齐，不断走近君子境界，使社会上小人逐步减少，也从

---

① 《诗经·召南·草虫》。

而压缩犯罪的空间，我以为这是一种行之有效的社会教化方式，是社会文明发展的内在需要。

现在中国经济社会迅猛发展，面临的最大挑战是道德滑坡，最大的难题是风气的改善。以利益为链条的潜规则成为流行的通则，甚至在文化教育领域也是明规则无力、潜规则有效，正常办事往往需找关系、送礼金，在招生、聘人、评职上发生一系列权钱交易的作弊贪腐案件，屡禁不止，浊风恶习几乎成为司空见惯、见怪不怪的社会性现象，这是最令人担忧的。然而我们无须悲观，败坏风气者毕竟是少数，反感和批评者仍然是多数；风气虽能改变人，人也能改变风气，正气犹在，归根到底还是邪不压正，因为正气代表多数人的利益和追求。改变风气，事在人为，关键在于要有一批先知先觉而意志坚定的君子，迎难而上，开风气之先，做革故鼎新的先行者。事实上道德良知存于人性，每当大的灾害发生，便会出现一方有难、八方支援的动人情景，私欲隐退，德性呈现，小人消匿，爱心君子比比皆是。在公益慈善和社会救助中，好善乐施者层出不穷。北京奥运会以来，志愿者队伍日渐壮大，有为青年纷纷加入，他们践行着一种超出功利的生活，使身心在奉献大众的道德境界里享受着真正的快乐，他们就是滋养新时代君子的群体，寄托着中华民族复兴的希望。社会各界要爱护他们、支持他们，把志愿者的事业做大，这是道德建设中一项重要的工作。

二

孔子儒家的君子论是丰富多彩的，涉及人格养成的方方面面，背后皆有历史人物和事迹作为支撑。若加以归纳，可以构成君子之道的庞大体系，含有层次、纲目的序列。为了显现君子的主要品质，孔子特意将君子与小人对举，用小人的缺德衬托君子的有德。其中最能表现二者差异的有两句话："君子喻于义，小人喻于利"[①]；"君子和而不同，小人同而不和"[②]。"喻"，明晓也。君子从内心里懂得"义"（正义和公益）的重要，以之作为立身行事的准则。小人则处处以"利"（个人私利）作为考量和行事动机，唯有"利"能入其耳、著其心、见其行动。君子小人之区别关键在义利之权衡上，不是口头表白，而是行为宣示。我们可以这样说：君子非义不为，小人唯利是图。在小人看来，君子的道德坚守是愚笨；在君子看来小人的逐利作为是鄙俗，二者几乎没有共同语言，所乐不同故也。由此而引出在处理"自己"与"他人"的关系上，君子能够推己及人、互相尊重，这就是和而不同；小人则要结党营私、唯我是从，必然同而不和。君子以文会友、以友辅仁，和乐与恒持是其常态；小人以利树宗、以

---

① 《论语·里仁》。
② 《论语·子路》。

派谋私，钩心斗角在所难免。我们可以把"义利之辩"、"和同之辩"作为对照君子小人的纲要，纲举则目张，君子之道便能完整显现了。

但是君子与小人之别又是相对的和动态的，不应将其绝对化和凝固化。以义利之辩而言，君子并非不言利，小人求利也并非全然不对，这其间有个分寸的把握问题。孔子说："富与贵是人之所欲也，不以其道得之，不处也。"① 人皆有求富贵、恶贫贱之心，这是人性使然，此乃君子与小人之所同，只是君子见利思义，得之以道；小人见利忘义，得之以非道。例如商人求利乃天经地义，守法诚信者即为君子，违法欺诈者即为小人，君子小人之分不在求利，而在是以义导利还是以利害义。又如维护正当个人权益（如知识产权）并非小人，其作用在于维护法制的尊严，有益于社会正常运行，在此，利即是义。再说社会上并没有固定不变的君子群体和小人群体：君子如怠学不勤、意志不坚，就会下落为小人；小人如能见贤思齐、内省改过，便可上升为君子。君子的标准是确定的，但现实的人是复杂多变的，一人之身而善恶兼具，有的七分君子、三分小人，也有的七分小人、三分君子；或者彼时为君子、此时为小人，只能就事而论、因时而定。孔子认为仁德是君子第一品性，要求"君子无终食之间违仁"②，可知做君子不容易。他一方面视仁德甚高，"若圣与仁，则吾岂敢"③，不敢以仁人自许，更不轻易许其弟子为仁人君子；另一方面又强调只要博学笃志、切问近思，人皆可以有仁德，故说"我欲仁斯仁至矣"④。他把做君子不做小人当作人生的目标，一是要有这种自觉愿望，二是要下学而上达，三是要坚持不懈。这个目标总是立在现实生活的前面，让你看得见却有距离，既亲切，又理想。总之，学做君子是毕生的事，也是经过努力可以做到的事，还是自利利他的事，这是"为己"之学，既能实现成全自己人格的自爱，同时又能爱人，实现人生的价值的最大化，应该成为内在生命的需要，成为一种健康的生活方式。

孔子用君子与小人对举的方式建立了中华文化中道德自律的模式和道德监督的标准，经过后儒的努力，形成强大的民间舆论力量，不断给予道德人物和行为以有力的鼓励、赞美，给予非道德人物和行为以严厉的批评、谴责，这种舆论具有非政治性、非强制性，远远超出士林，弥漫于社区、乡里、家族、行业，成为一种有巨大惯性的观念和话语。君子小人之辩作为文化基因已经积淀在中华民族血脉里，是君子还是小人，无须自判，也不靠宣传，民众的口碑总有公论，这是十分可贵的传统。损坏这一传统，必然带来道德的混乱和社会的失序，使我们吃尽缺德生活的苦头。复苏和发扬这一传统，是道德建设必须推动的事业，又是艰难的事业。它不像制度设计、经济发

---

① 《论语·里仁》。
② 《论语·里仁》。
③ 《论语·述而》。
④ 《论语·述而》。

展那样能够按期实施，它是无形的精神文化，与信仰的重建连在一起，没有捷径，不可操控，只能由以君子自许的有识之士努力加以推动，慢慢引起连锁反应，从量变到质变，由边缘到中心，逐渐形成主流意识。从长远看，这是一项合乎人心的文明事业，会得到社会各界越来越多的支持。

三

君子之德如何表述，并非易事。太简略不足以展示君子文化的丰富内涵，太繁复又会遮蔽君子文化的核心要素。同时，既要认真领略孔子儒学的本旨精义，又要结合现实加以诠释创新。因此，这是一项研究探索的工作。民国三年（1914）冬，梁启超曾在清华大学给学子作过《论君子》的演讲，他认为中国的君子类似于英国的gentleman（即绅士），其国民教育以人格养成为宗旨。事实上这两者有同有异，同在皆注重人格尊严，异在英国绅士有贵族气质、中国君子虽平民可成。梁启超论君子之义，以《易传》乾象"天行健，君子以自强不息"、坤象"地势坤，君子以厚德载物"两句而概括之，乃是精粹之论。所谓"自强不息"，一是指"自励"，"坚忍强毅，虽遇颠沛流离，不屈不挠"；二是指"自胜"，"摈弃私欲尚果毅"，能够"见义勇为"。所谓"厚德载物"，"言君子接物，度量宽厚，犹大地之博，无所不载。君子责己甚厚，责人甚轻"，"然后得以膺重任"。他对清华学子的期望是：将来"为社会之表率，语默作止，皆为国民所仿效"，因此要"崇德修学，勉为真君子"，"异日出膺大任"，"作中流之砥柱"。在梁启超演讲之后，清华大学将"自强不息"、"厚德载物"定为校训，沿用至今。梁氏演讲之前的1889年，因变法而被杀的谭嗣同、林旭、杨锐、杨深秀、刘光弟、康广仁六人被称为"戊戌六君子"；梁氏演讲之后的1936年，因呼吁联合抗日而被囚禁半年多的邹韬奋、沈钧儒、李公朴、王造时、章乃器、沙千里、史良，被称为"爱国七君子"。他们岂止是君子，更是君子的榜样。国难当头方显君子本色。这些志士仁人能够杀身成仁、舍生取义，故受到国人敬仰，赞为君子，视为英杰，鼓舞了成千上万的中国人为中华民族的独立富强而奋斗，可见榜样的力量是无穷的。当代大学者张岱年先生将《易传》论君子之德的"自强不息"、"厚德载物"，提升为中华精神的两个主要侧面，而为社会普遍认同。

今天我们应当有新的君子论，以适应当代中国全面建设小康社会的需要。根据孔子儒家的论述，结合社会现实和个人生活体验，我把君子道德人格概括为"六有"：有仁义，立人之基；有涵养，美人之性；有操守，挺人之脊；有容量，扩人之胸；有坦诚，存人之真；有担当，尽人之责。我认为"六有"能够展现君子的主要品格，内涵相对完整，表述简洁明快，可作为一家之言参与君子文化的研讨。尝试为之。

一曰：有仁义，立人之基。

仁者爱人，义者行宜，乃是做人的基础；用流行的话语说，就是心地善良，行为端正。孔子说："君子学道则爱人"[1]，"君子成人之美，不成人之恶，小人反是"[2]，"君子义以为上"[3]。孟子说："君子以仁存心"[4]，"君子莫大乎与人为善"[5]，"仁，人之安宅也；义，人之正路也"[6]。君子品德的第一要义是要有爱心，即能关心人、尊重人、帮助人，心要保持温度，不能变冷，更不能变黑。人既是个体，又从小在群体（家庭、学校、社会）中长大，除了关爱自我，也必然关爱父母、亲友，再把爱心逐步扩大，推己及人，关爱社会大众，关爱天下万物，这应当是顺理成章的过程。因此，恻隐之心人皆有之，爱人者人恒爱之，并在这种互相关爱中感受幸福；反过来，害人者人恒害之，人在相互损害争斗中感受的是痛苦。人的社会经验能够使互爱成为人的生活需要。仁爱的必然要求是尊重生命、护养生命，不能容忍一切漠视生命、残害生命的行为。那么为什么爱心会丢失呢？人性是善恶混杂的，善与恶会此消彼长：一是个人利益膨胀，遮蔽了善性；二是被社会利益集团所绑架，身不由己；三是被各种极端主义所洗脑，丧失了普爱之心。丢失了爱心，非但做不成君子，也做不成好人，甚至比小人更差，成为罪人。君子的爱心要比普通人多一些，能够成人之美、与人为善，就是多给人一些帮助，尤其在别人急需的时候，能够雪中送炭，不必锦上添花。消解嫉妒心，以助人为乐，以损人为耻，这是君子与小人的本质区别。由于种种原因，人际之间发生对立和仇恨，仁德君子应当以爱的力量尽力去化解，绝不能去延续和加深冤仇。义是仁心在行为上的表现，即维护代表人类文明的社会正义和公共生活准则，行事端庄，合乎公法和道德，不走歪门邪道。一是不以利害义，二是不因私而损公，三是见义勇为、坚守正道。孟子认为，"羞恶之心，义之端也"[7]，君子应当"居仁由义"[8]，就是用仁爱安顿内心，用正义引导行为；这等于居住在广厦之中，行走在光明大道上，自己会感到有尊严而快乐。偏偏一些小人舍安居而就洞穴，弃正路而穿荆棘，自毁做人的根基，为大众所鄙夷，不仅损人而又害己，人格无以树立，前程暗淡，实不足取，却往往难以理喻，大都是由于贪欲太盛，缺少道德理性的自觉造成的。

二曰：有涵养，美人之性。

人有向善之心而无必善之理。人性中有动物性，不经过后天教育和修养不能自发成为文明人，不经过刻苦努力不能达到高尚的程度。中国一向重视道德教化和修身，

---

[1] 《论语·阳货》。
[2] 《论语·颜渊》。
[3] 《论语·阳货》。
[4] 《孟子·离娄下》。
[5] 《孟子·公孙丑上》。
[6] 《孟子·离娄上》。
[7] 《孟子·公孙丑上》。
[8] 《孟子·离娄上》。

形成一套涵养人性、修成君子的理论方法。首先，孔子确立君子人格三要素"仁、智、勇"："君子道者三，我无能焉：仁者不忧，知者不惑，勇者不惧。"① 三者以仁为体，智、勇为用，《中庸》称之为"三达德"，缺其一，人格不能独立，至今亦然。《中庸》还提出"好学近乎知（智），力行近乎仁，知耻近乎勇"，指明修习三达德的着力点，即求智在于好学，体仁在于力行，增勇在于知耻。其次，孔子论述修身的重要和修习君子的目的。《大学》强调"君子有诸己而后求诸人"，因此"自天子以至于庶人，壹是皆以修身为本"，其逻辑是"身修而后家齐，家齐而后国治，国治而后天下平"。有修养的君子，应当是"文质彬彬，然后君子"②，"君子义以为质，礼以行之，孙（逊）以出之，信以成之，君子哉"③，总之，君子应当知书达理、文明礼貌、儒雅方正，有温、良、恭、俭、让的风度。第三，《中庸》指出修身途径："君子尊德性而道问学"，磨炼品德与切磋学问同时并举。其中经典训练是必需的人生功课。中华经典（包括"四书五经"、《老子》、《庄子》、几部佛典、《史记》、唐诗宋词等）积淀着中华文化的基因，内有哲学、有道德、有历史、有文学，是涵养君子人格的人文学苑。当然，也要尽量兼读一些人类各种文明的经典名著。善于吸收前人的美德和智慧，是人生成长的坦途。儒家总结出许多道德修养方法，如"择善而固执"④，"躬自厚而薄责于人"⑤，"见贤思齐，见不贤而内自省"⑥，"君子有九思：视思明，听思聪，色思温，貌思恭，言思忠，事思敬，疑思问，忿思难，见得思义"⑦，"君子戒慎乎其所不睹，恐惧乎其所不闻"⑧，"过则勿惮改"⑨，"下学而上达"⑩，"博学以文，约之以礼"⑪，"存其心，养其性"⑫，"学之经莫速乎好其人"⑬，"涵养须用敬，进学在致知"⑭，"知行合一"，"从静处体会，在事上磨炼"⑮ 等。儒家用在涵养品性上的功夫甚深甚细，因为功夫是深是浅不仅决定一个人素养的高下，还直接影响他做事的质量，先要成己，才

---

① 《论语·宪问》。
② 《论语·雍也》。
③ 《论语·卫灵公》。
④ 《中庸》。
⑤ 《论语·卫灵公》。
⑥ 《论语·里仁》。
⑦ 《论语·季氏》。
⑧ 《大学》。
⑨ 《论语·学而》。
⑩ 《论语·卫灵公》。
⑪ 《论语·颜渊》。
⑫ 《孟子·尽心上》。
⑬ 《荀子·劝学》。
⑭ 《二程集·河南程氏粹言·论学篇》。
⑮ 《王阳明全集·传习录上》。

能成物,这叫"合内外之道"①。而且人性的自我完善,时刻不能放松,不进则退,懈怠放纵就会蜕化变质,这样的教训实在太多了。传统君子修身养性的功夫,在今天都是适用的,只是具体内容上应当有所调整和补充。但人们与"修养"之事久违了,似乎生存在竞争激烈的今天,拼的是能力,没有时间去修养,所以才出现小人增多、犯罪率上升的势头,大家都在承受这种不良状态造成的恶果。爱因斯坦写有《每天的提醒》:"我每天上百次地提醒自己,我的精神生活和物质生活都是依靠别人(包括活着的人和死去的人)的劳动,我必须以同样的分量来报偿我领受了的和至今还领受着的东西,我强烈地向往着俭朴的生活,并且常常为发觉自己占有了同胞过多劳动而难以忍受。"②这是一位君子式的大科学家的肺腑之言,他每时每刻都在自我提醒,不要忘记惜福和感恩,他的品格和修养自觉性比他的相对论更值得我们普通人学习。

三曰:有操守,挺人之脊。

人要有尊严,必须挺直腰板,正气凛然,既不盛气凌人,也不低三下四。《易传》提出"刚健中正"四字,就代表着中华民族不屈不挠、不骄不躁的性格。为此,一要坚守正道,矢志不移,故孔子说:"三军可夺帅也,匹夫不可夺志也。"③《易传》说:"天行健,君子以自强不息。"自强才能先进,不息才能成功。二要谋道不谋食,忧道不忧贫,故人无欲则刚,视节操为大,无私求人。三要经受威权、富贵、贫贱的考验,做到孟子说的"富贵不能淫,贫贱不能移,威武不能屈,此之谓大丈夫"④,为此要"善养吾浩然之气",使其"至大至刚"、"配义与道"⑤,勇往直前而无懦怯之心。有操守并非事事刻板,而是在大是大非面前不能含糊,如曾子所云:"临大节而不可夺也。"⑥志士仁人为了抗击邪恶势力,维护国家和民族的尊严,可以"杀身成仁"⑦、"舍生取义"⑧。如河北易县有狼牙山五壮士跳崖殉国,抗日战争中这样的先烈千千万万,才赢来"千秋耻,终已雪。见仇寇,如烟灭"⑨。相反,五四新文化运动中颇有名气的作家周作人,却因贪图享受,留居日伪治下的北京,受聘担任伪职,卖国求荣,丧失民族气节,堕落成为不齿于中国人的汉奸,永远被钉在历史耻辱柱上。在今日,生活在功利主义泛滥、权钱交易流行、旧习颓风积重难返的现实之中,君子人格强健者,依然可以从容面对各种胁迫利诱而泰然自若;色厉内荏、意志薄弱者随时会被糖

---

① 《中庸》。
② 《爱因斯坦文集》第三卷《我的世界观》,商务印书馆2010年版。
③ 《论语·子罕》。
④ 《孟子·滕文公下》。
⑤ 《孟子·公孙丑上》。
⑥ 《论语·泰伯》。
⑦ 《论语·卫灵公》。
⑧ 《孟子·告子上》。
⑨ 冯友兰撰:《西南联大纪念碑》,见《三松堂自序》,《三松堂全集》第一卷,河南人民出版社2000年版。

衣炮弹所击倒。一些有权有势的人经不住小人的包围、亲友的怂恿，一步一步陷于贪腐的深渊，葬送了前程。拜金主义在小人面前是肆意妄为的魔鬼，而在真君子面前如同随风飘来的恶臭，掩鼻而挥之。孔子说："不义而富且贵，于我如浮云。"① 这就是有操守者的坦然心怀。君子人格的坚强不在离俗独行，而在入世犹清，如莲花"出淤泥而不染"，如莲藕虽有孔而内里不沾尘埃。《中庸》说："君子和而不流，强哉矫！中立而不倚，强哉矫！"君子生活在世俗之中却不随波逐流，更不同流合污，始终不变其节，这才是真正的坚强。当然，君子有喜怒哀乐，有欲望，有畏惧，也会经常出差错，平时与众人无异，只是在关节点上有坚守，绝不越过正义这条线。如荀子所说："君子易知而难狎，易惧而难胁，畏患而不避义死，欲利而不为所非。交，亲而不比；言，辩而不辞。荡荡乎其有以殊于世也。"②

四曰：有容量，扩人之胸。

君子与小人一个重要差别是君子心胸开阔、眼界远大，小人心胸狭窄、眼界短近。孔子说："君子和而不同，小人同而不和。"③ 孟子说："登东山而小鲁，登泰山而小天下。"④ 这是千古名言。人们都生活在同一个时空之中，但每个人所感受的世界，大小却相差悬殊；对每个人而言，心量、视野有多大，世界就有多大。君子的心总是包纳多样、尊重他者、思虑长远，小人的心总是器量狭小、只顾自己、贪图眼前。君子要有容量，主要是三条：一是从文明上说要尊重多彩的文明，善于吸收人类一切文明成果；二是从观念上说要尊重不同见解，包容不同爱好，平等谦和；三是从社群上说要忠厚待人，扬人之美，解人之难。《易传》说："地势坤，君子之以厚德载物。""天下一致而百虑，同归而殊途。"《中庸》说："万物并育而不相害，道并行而不相悖。"先秦经典早就展示出中华"和而不同"的深厚传统，所以中华民族才有多元一体格局，中华文化才有儒、道、佛三教合流以及四教、五教合流的多元通和模式，没有宗教战争和宗教裁判所。当代社会学家费孝通先生提出文化自觉十六字真言："各美其美，美人之美，美美与共，天下大同。"⑤ 它乃是中华"和"文明的当代创新，正在推动中西文化融合、实现民族文化复兴之梦，并成为世界文明交流互鉴的伟大智慧。从世界范围看，只有心胸宽阔的君子式政治家才能实行天下为公，引导人类走向和平。君子的容量来源于仁爱忠恕之道，忠道要求"己欲立而立人，己欲达而达人"⑥，恕道要求

---

① 《论语·述而》。
② 《荀子·不苟》。
③ 《论语·子路》。
④ 《孟子·尽心上》。
⑤ 《费孝通九十新语》"美美与共和人类文明，重庆出版社2005年版。
⑥ 《论语·雍也》。

"己所不欲，勿施于人"①。孔子更看重恕道，认为"恕"乃是"一言而可以终身行之者"②。为什么？因为其精义在于"推己及人"，也就是将心比心。朱熹说："尽己之谓忠，推己之谓恕。"③ 他引程子曰："以己及物，仁也；推己及物，恕也。"④ 儒家认为，人类相爱之道是从自己开始的，只要懂得自己需要爱并能推及他者也同样需要爱，便会产生互爱。你尊重、帮助别人，别人也会尊重、帮助你，因此爱己与爱人是一回事。不仅损人利己会危害他人，就是强迫的单向的爱，即"己所欲，施于人"，也会使爱变成怨和恨，例如把自己的信仰、理念、爱好、意志强加于人，就违背他人也有自信、自尊、自由、自爱，照样损害他人，因此需要尊重、体谅的恕道。只有互尊互信的爱才符合忠恕之道，才是真爱。世界上的许多纷争与冲突，不仅仅缘于仇恨，也由于唯我独尊，以为真理都在自己手里，便强人从己，一意孤行。看来"尊重他者"乃是人类迫切需要学习的一门虽久犹新的功课，君子应当带头。

君子有容量必须与有操守相制约，并非提倡做四面讨好、八面玲珑、无是无非的好好先生，那正是孔子、孟子批评的"乡愿"，谓其为"德之贼"。中庸之道乃是行仁的最佳状态，表现为拒绝极端，坚守中和，以大局为重。君子的容量在日常生活里应展现为兼听与厚德：能虚心听取批评乃至尖锐的批评，真正做到有则改之，无则加勉；能坦然面对别人的不理解和误解，"人不知而不愠，不亦君子乎"⑤；能不计较个人的得失，多关心别人的困苦，"君子周急不继富"⑥。清代"扬州八怪"之首郑板桥所书"难得糊涂"的字幅广为流行，不识者以为是在宣扬明哲保身，而其真意是要人在涉及个人小家利益上糊涂一些，多替下层穷苦民众着想。例如他把家中前代家奴契券烧掉，不留痕迹；购置新墓地中有一无主孤坟，要家人保护好，与家坟一并祭祀；认为农夫以勤苦养天下之人，是天下第一等人，应多加体恤。这样一位"直撼血性为文章"的人在《与舍弟书》中指出："试看世间会打算的，何曾打算得别人一点，直是算尽自家耳。"所以要"去浇存厚"，忠厚待人，不要机关算尽，要把聪明才智多用来帮助有困难的人们⑦。

五曰：有坦诚，存人之真。

儿童天真纯朴，不会说谎作假。及至成人，有的人虽多识却不失赤子之心而为君子，有的人则丧失童心，学会虚伪而为小人。李贽提出"童心说"，倡导有真心做真人，反对假人假事假言假文。儒家看到人性易被不良习俗所异化，因而十分重视君子自觉保持真性的修养功夫。存人之真性在"坦诚"二字。孔子说："君子坦荡荡，小

---

① 《论语·卫灵公》。
② 《论语·卫灵公》。
③ 朱熹：《论语集注》。
④ 朱熹：《论语集注》。
⑤ 《论语·学而》。
⑥ 《论语·雍也》。
⑦ 《郑板桥集·家书》，上海古籍出版社1979年版。

人长戚戚。"① "人而无信,不知其可也。"② 孟子说:"诚者,天之道也;思诚者,人之道也。"③ 荀子说:"君子养心,莫善于诚。"④《易·文言》说:"修辞立其诚。"《礼记·乐记》说:"著诚去伪。"疏云:"诚,为诚信也。"坦诚是君子人格的灵魂,虚伪是道德的大敌,伪君子不如真小人。做君子要求:一要心胸坦荡、光明磊落,不遮遮掩掩,表里不一;二要真诚直率、开诚布公,有话照说,不逢场作戏;三要信实可靠、一诺千金,不有言无行,巧言令色;四要专精执著、百折不回,不三心二意,有始无终。要坦诚就必须励志而无私,才能直道而行,无须欺瞒。这样的君子有自信自尊,也会得到社会的尊重和信任,"为人不做亏心事,半夜敲门心不惊",所以心安理得、心广体健。当然,坦诚不是鲁莽,它须有涵养相润,故君子言行合于礼度,讲究方式与分寸,有经有权,追求动机与效果的统一。坦诚君子是真人,却不是完人,优点缺点与性格特征都显露在外,与之交往不必揣度捉摸,不必防范戒备;君子观点鲜明,不说假话,有益于百家争鸣,共同探讨真理;君子办事务实认真,重诺可靠,受到信任;君子敬业固执,至诚不息,孜孜不倦,可致千里。小人则不然,没有真诚的信仰,以"有用"为真理,遇事先替自己打算,重个人轻规则,见利忘义,损害公德,患得患失,心里藏着一些不可告人的勾当,又要文过饰非、博取虚誉,只好假话连篇、见风使舵、两面三刀、包装自己、戴着面具生活,又生怕别人识破,必然焦虑不宁,如果犯有罪过更是提心吊胆,不得安生。孔子说:"小人比而不周。"⑤ 小人交友往往是势利之交,"以利交易者,利尽则疏;以势交通者,势去则反","唯君子超然势利之外以求同志之勤"⑥。小人交友总想从中得利,故不免冷热无常、貌合神离,所以小人不能享受真友情,得不到人们信任,必然孤独无助。"君子之交淡如水"⑦,并非淡于情义,而是淡于财势,并非淡于心通,而是淡于应酬,这种友情如水之清纯,如水之潺湲,可以终身受用。当代社会生活的市场化、竞争化使得人性中的德与智、德与欲之间失衡,人性受到扭曲,经济人、孤独人、两面人、野性人增多,道德人、和乐人、性情人、文明人减少。但从长远看应当是"齐一变至于鲁,鲁一变至于道"⑧,"君子之德风,小人之德草,草上之风必偃"⑨,我们应当有这个信心。

六曰:有担当,尽人之责。

---

① 《论语·述而》。
② 《论语·为政》。
③ 《孟子·离娄上》。
④ 《荀子·不苟》。
⑤ 《论语·为政》。
⑥ 李贽:《焚书续焚书·论交难》,岳麓书社1990年版。
⑦ 《庄子·山木》。
⑧ 《论语·雍也》。
⑨ 《论语·颜渊》。

君子立志远大，勇于承担重任，有强烈的社会责任心和历史使命感，不愿意碌碌无为，也不屑于在个人小圈子里打转，而要在社会事业中实现人生的价值。孔子说："修己以安人"、"修己以安百姓"①、"博施于民而能济众"②。《大学》将士君子成长之路归序为修身、齐家、治国、平天下，正是体现了孔子宏大的人生理想。宋儒张载提出："为天地立心，为生民立命，为往圣继绝学，为万世开太平"的"横渠四句"③，扩大了士君子肩负的责任，不仅要有修己以安百姓的社会责任，还要有使天地万物正常发育流行的生态责任，还要有传承民族优秀思想的文化责任，还要有建设和谐世界的全球责任。今日我们生活在一个中华民族复兴的伟大时代，能够发挥自己的德才为实现"中国梦"而做贡献是很幸运的，应当挺身而出，担当起一份应有的职责。担当有大有小，都需要一种勇猛无畏、愈挫愈奋的精神，因为每个行业和岗位都会面临开拓创新、不进则退的挑战。曾子提示"仁重而道远"，士君子必须具备"弘毅"的品格，才能"仁以为己任"，才能"死而后已"④。中国是五千年泱泱文明大国，经历了百余年的衰落与困苦，在救亡与启蒙双重奏中实现了独立并大步迈向和平崛起之途。同时面临着其他国家未有的多重挑战的叠加：既要超越传统进入现代，又要超越现代开拓后现代；既要丢弃传统之陈腐、接受西方第一次启蒙运动"解放自我"的理性洗礼，又要创新传统之精华、参与全球性第二次启蒙运动"关心他者"的德性转型。在国内，改革进入深水区，任务艰巨；在国际，环境复杂多变，和平发展与重大危机并存。当此之时，各项事业均需有眼光远大、意志坚强、勇于担纲的士君子出来做开路先锋，带领大家一起前行。汤用彤先生家训："事不避难，义不逃责。"遇有难事勇于承担，追究责任决不推卸，这就是君子精神。我们常见一些小人，总是把困难推向别人，把方便留给自己；把功劳划归自己，把错误抛给别人。君子不仅要有"舍我其谁"的必胜信心和周密运筹的设计，还要能"有过自责"、知错必纠的大家气度和善于反思的智慧。冯友兰先生在抗日战争艰苦岁月里是西南联合大学领导群体的中坚人物，该校培育了大批爱国志士和杰出人才，如《西南联大纪念碑》所言："内树学术自由之规模，外来民主堡垒之称号。"在此期间，他带头上书教育部，抵制统一教材统一考试的规定，又代表 25 位教授写信给教育部，表示不领取特别办公费⑤，这很需要一种无私无畏的气概。他撰写的《西南联大纪念碑》文充满正义情操、爱国热忱，总使读者心潮澎湃、豪气盈身。他于 1948 年从美国返回中国，目的是践行其"阐旧邦以辅新命"的历史责任。新中国成立后，他不断遭到批判，却并不气馁，坚持独立思考与写

---

① 《论语·宪问》。
② 《论语·雍也》。
③ 《张载集·张子语录》，中华书局 1978 年版。
④ 《论语·泰伯》。
⑤ 参见冯宗璞《漫记西南联大和冯友兰先生》，载《走近冯友兰》，社会科学文献出版社 2013 年版。

作，发表了《树立一个对立面》和"论抽象继承"、"思想的普遍性形式"等文章，为中华文化固守一块阵地。"文革"中，他备受摧残，也一度迷路失言。改革开放以后，他敢于解剖自己，在《三松堂自序》中引用《易传》"修辞立其诚"的话，自责"不是立其诚，而是立其伪"，表现出高度自我省察的能力。他在 85 岁到 95 岁的人生最后十年写出 200 万字的论著，给后人留下一部完整的多卷本《中国哲学史新编》，乃是"不依傍别人"和世所公认的具有时代精神的巨著。冯友兰先生不是圣贤，而是有血有肉有成就也有过错但精魂恒在的士君子，他一生经历曲折，却始终保持着一位哲学家有坦诚、有担当的人文情怀和毅勇品格。

结　语

现在社会的发展步伐呈加速度趋势，社会的复杂程度也呈倍增样态。实践证明，社会不缺少专业才智之士，最缺少德才兼备、仁勇双全的君子，没有他们，社会难以克服危机，文明不能和谐发展。我们要突破"君子不器"[①] 的局限，扩大君子发挥作用的范围，而曰"君子能器"。君子不限于栋梁之材，随着社会分工愈益细密，时代呼唤各行各业都有大批君子出来担当重任。我们需要士君子、乡君子、政君子、军君子、商君子、医君子、工君子、农君子、文君子、师君子、艺君子、匠君子、青君子，等等，他们用君子之德发挥众智、众勇、众行的合力，推动社会各领域各阶层各行业树新风、创新业、建新功。梅香缘自苦寒，君子成于艰辛，凡是有困难有奋斗有生气的地方，就有君子。从本质上讲，做君子是合乎人性发育并受到社会欢迎的自然之道，做小人是扭曲人性发育并受到社会责备的退化之途。因此，做君子安心，做小人纠结；做君子快乐，做小人烦恼。提倡君子之德深得人心。全国和各地不断涌现出成千上万的道德模范，在助人为乐、见义勇为、诚实守信、敬业奉献、孝老爱亲等方面作出了令人感动的事迹，其善事义举又都是他们自觉的人生追求，足以证明君子人格扎根之深之广。山东省威海市近年大力推动精神文明建设，倡导以爱心、诚信和社会责任书写"君子之风，美德威海"的篇章，道德新风已在全市劲吹。现有 25 万个志愿者，一千多个志愿者团队，正在用重德守信、赤诚相助的行动服务着社会，使威海日益成为风光美丽、风气美善的"双美"城市，吸引着四面八方的目光。这给了我们信心：只要政府重视、精英先行、大众参与，君子之良风便会渐盛，小人之浊习便会渐衰，礼义之邦必将会出现在我们面前。

（说明："四书五经"已为社会熟知，且版本众多，本文引文边注只标书名与篇名）

[①] 《论语·为政》。

"君子"和儒家使命

澳大利亚邦德大学教授 李瑞智

儒家使命

《论语》由复杂的文言文撰写,记录了古老的历史典故,蕴含着丰富的管理文化,因此传播儒家传统面临着各种不同的挑战。更加艰难的是,近期在文化领域占统治地位的英美传统正采取思想隔离的举措,运用各种不同策略贬低其他所有竞争对手的传统,使之在追求进步过程中变得低人一等,甚至无关紧要。

此外,由于战略原因,此前儒家团体从未把认真教化傲慢自大、误入歧途的外国人看作是一种有利的行为。然而随着中国崛起成为全球重要一员,亚洲的影响力越来越大,这种局面随之发生改变。当前,对全球社区的基本素质加以教育这一需求愈发强烈,正是这些素质逐渐成为定义21世纪特征的标准。只有越来越多人共同认识到什么传统是全世界古往今来最成功的文化和行政传统后,习近平主席提出的"命运共同体"才能够实现。

最近几个世纪,英美传统主导了全球社区,并拥有绝对的权威。因此,上述挑战的一个关键点在于需要明确评估英美传统的优缺点。全球所有地方,甚至在儒家思想覆盖的地区无不受到帝国文化长时间统治,并被各种强制手段要求效忠和信仰,所以要克服挑战不可能不艰难、痛苦。

要对英美的确定性和独断性进行重新评估,可聚焦于一个关键词——它充分体现了儒家政治、行政、战略和其他文化的厚度和深度。对于那些任何没有机会掌握汉语、达到较高语言水平并足以将中国文言文和历史故事作为一种首选休闲读物的人来说,这个词(连同其他许多词语)几乎是无法理解的。

西方很少有人认真关注中国传统教育。在中国,小孩从三岁起就被要求机械地背记文言文。如果意识到这种做法,多数人都可能错误地认为,在当今这种做法不过只是历史的注脚而已。但实际上,这一惯例正在民间生机勃勃地复兴,不光在中国,在世界其他许多华人聚集国家都是如此。

这个词在经典中的经典——《论语》中具有突出地位,甚至是最重要的经典。对该词的鲜明特征、使用和细微差别等方面进行详细品鉴,即可洞察儒家传统向亚洲之外人们提供的机会和挑战。

这个词正是"君子"。尤为重要的事实是,"君子"强调了许多促成社区凝聚力、经济目标、战略优势的品德,还蕴含着儒家传统的其他优点,而这些在很大程度上都被西方宗教、哲学传统所忽视。

为证实上述论断,我们将按照摘要中详细列出的与"君子"一词有关的一系列特点鲜明而又各不相同的品质,逐一对其进行探讨和评估。

"君子"一词没有对应的西方翻译

在西方语言中,没有任何意味深长的古典、文化和历史背景或语境能够准确诠释"君子"一词的含义。若不加以冗长的解释,没有一个词或几个词能够传达它的含义,因此"君子"一词没有对应的翻译。诸如"绅士"或"有品德之人"等普通翻译有可能导致误解或沦为笑柄,因为它们未能传达出汉语的原意,甚至会误导西方的学术同仁。

在某种意义上,这使得"君子"成为汉语和儒家传统的绝佳代表。实际上,汉语中有大量(有人认为数量超过一千个)重要词语都无法准确翻译成西方语言。这意味着,如果缺乏相关教育和经历,西方人是无法理解和想象许多中国文化的。

这也在一定程度上反映了思想隔离的现象,后者被用于巩固和加强西方在实践、思想和价值方面的权威地位。当然,它也带有明显的知识帝国主义特征,但当中国逐渐崛起成为改变 21 世纪格局的决定性力量时,这些帝国主义特征自然变得有些荒诞可笑。

无论在中国还是在西方,作出这种不言自明的论断都比采取有效的补救措施更容易。的确,由于无法对"君子"以及其他许多类似词语进行准确翻译,这为上述的不作为提供了便利,人们还为之谨慎辩护。探索这类问题是不被鼓励的,人们似乎决定在西方学术界和领袖群体中保持某种无辜,甚至是无知。

换句话说,这种传播失败不仅仅是一个翻译的问题,也是晦涩的语言、独特的历史以及悠久的古典文化所带来的必然挑战。在中国文化中,我们往往可以看到连续记载的历史、一致的文化认同、稳定的语言和深刻的认同感,而这都是西方所缺乏的。此外,相对中国来说,西方对政治秩序和进程的意识更加困惑和易变。在某种意义上,这使得西方在断定其当前身份,以及在争取那些不可置疑的"进步"品质方面,变得更加咄咄逼人。

然而在另一种不太明显的意义上,这使得一些塑造和定义当代西方的力量更容易被掩盖。也许这些力量中最关键的莫过于金融。这似乎是推动商业所必需的基本和普遍工具。然而金融力量越来越广泛,复杂的使用则可能遭到忽视。

从建立有限责任公司到建立起源自英国东印度公司的帝国,再到形成一套能够主导其他社会、政治考量以及其他许多因素的经济理论体系，金融力量已经逐步取代了大多数传统的、普遍承认的力量形式。

尽管大学经济课很少讲述（甚至避而不谈）这个事实，所有西方中央银行都已经私人化，即便他们仍然声称自己是国家机构。很少有人对西方金融、政治和思想组织的这一基本特征产生浓厚的兴趣。可以这样说，只有非常少部分金融精英会积极地、热情地思考当前西方文明的这一基本特征。而绝大多数人则不知情、无意识、不积极。

如果上述几段文字对金融力量的简述接近真相，那么消息灵通、思想活跃的金融精英必然会最小化诸如"君子"这样的外来思想的影响，因为后者可以提供一种替代思考方式，并鼓励质询精神。

然而需要注意的是，思想隔离的做法已经传染了金融精英，并确保精英们无法自学"君子"和"小人"的精神，这导致无法翻译的"君子"所囊括的品质和优点脆弱不堪，"小人"的行为和愚笨则大行其道。

"君子"是与众不同、独一无二的汉语表达

"君子"一词拥有有机、整体、本能，以及最重要的现实品质，它显著区别于西方传统和文化的抽象、理性、理论，以及通常基于信仰的品质。一定程度上，这可能是东亚人和西欧人行事的根本区别，尽管东方的仪式、纪律和谨慎掩盖了现实，误导了大多数西方观察者。

这种差别深深改变了人的思想和行为。东亚地区在历史上和当代取得的经济和政治成功表明，东亚方式具有另一种重要的优势，且该优势从西欧人的角度看是难以理解的。

当然，近代西欧力量的盛行似乎传递着一种信息，即其他文化传统在发展动力和生产力方面略逊一筹。这种现象已最大程度上使得思想隔离的惯例最大化。尽管深受儒家影响的亚洲，尤其是中国经济的复苏，已经表明此态度无非是一种肤浅的政治宣传和洗脑，但鲜有对这种局面的讨论和评估。的确，甚至在深受儒家影响的亚洲，许多人仍然处于西方的势力之下。

不过，一些观察者越来越意识到，西方的思想隔离做法已经严重削弱了西方领导人的能力。它是当前承认、理解和响应儒家传统造成的挑战的主要障碍。长期以来对西方传统，尤其是欧洲启蒙运动产生的普适价值的主张和信仰，已经如此深刻地塑造了西方人的思想习惯，一个有力竞争对手的出现近乎是无法理解和想象的。

换言之，西方教育长期重视封闭西方思想。不同于儒家传统的兼容并蓄，西方思想拒绝来自抽象、理性和理论框架之外的任何可能，且因信仰习惯而巩固。即便面临理解亚洲儒家经济体并与之竞争的现实必要性，情况也是如此。更确切地说，他们想

方设法将自己蒙蔽，以免承认西方思想和传统的缺陷。

简单地说，西方社会几乎没有能力适应他们最近几个世纪对其他文化施加的需求。所谓的第三世界为了加入先进、"文明"的世界，需要满足西方强加的要求——精通外国的语言、历史和文化。如果相同的需求转而施加于西方，则这几乎是无法想象的。

"君子"可以启迪教育和经验

《论语》是儒家传统的精华和基本经典，反复阅读它有助于理解那些在整个中国历史中曾鼓舞"君子"们的品质，也就是那些与西方封闭、抽象思想形成鲜明对照的品质。我们很容易在许多当代中国人的日常生活中，尤其在拥有领导责任的人士当中发现这些品质。

在西方语言中，《论语》难以阅读、理解和欣赏。实际上，它可以被看作是一种需要在幼年时且最好以汉语背记的文字，目的是揭示其数世纪以来塑造中国身份的力量。

只有在那时，《论语》第一句的重要性才变得显而易见。只有在那时，一个人才能理解长久以来塑造中国人的简单而根本的必要性，即终身学习和探索已学知识的必要性。这就是"君子"的核心要义，是它激励一代又一代统治者创造了在成就、时间和规模上都无与伦比的文明。

学习知识与实践和检验所学知识之间存在着不可分割的联系，这点尤为重要。它的重要性在于其坚持学习不是假设一个高于实际生活经验和实践结果的权威。它使善于学习的中国人不同于西方知识分子，后者通常只报告他的来源，展示与其论点的合理一致性，从而宣称其权威。

从古希腊时代的哲学家以及他们的超然形式到罗马教会的牧师以及他们有关天神的教旨和教义，从欧洲启蒙运动的思想家以及他们的普适价值，再到当代经济学家以及他们对完美市场的信仰（该市场被亚当·斯密宣称的"上帝无形之手"所支配），西方思想界长久以来都存在一种假设，即存在一种超然的力量和权威。之后，这一假设经煞费苦心的理论结构而得到强化，被用于组织人们，而不是教育人们。

《论语》第一句对检验个人所学知识适用性的重视，确保了中国人学习的完整性，而这正是西方知识分子通常所缺乏的。其结果是，中国君子（往往身居高职、责任重大）所受的启发与普通西方知识分子所受的启发通常截然不同。这一重要区别很大程度上未被西方评论家注意和重视，并总是被那些针对机械、反复学习的跟风批评所迷惑和干扰。

对西方读者来说，要想理解和欣赏《论语》中简洁的汉语措辞是不太容易的。它在一句话中同时表达了诸个人心得——持久学习的回报、长期衡量和评估自我学问的需要、分享这些回报的请求，以及在追求知识的过程中与人相处的乐趣。这是一种如此轻柔而微妙的导语，西方读者们很容易因其微不足道或不值得注意就忽略而过。只有当一个人反复思考在非常小的时候通过机械背诵方式掌握这些话语，它们的影响力、力量和特点才能显现。

这些汉语言语的历史可以追溯到两千多年前，并已成为所有后来中国历史的根基。对于青年人而言，这一事实无疑使这些话语的重要性更加深刻。

同时代的西方经典因其原始语言晦涩难懂，并带有截然不同的腔调和目的。它们通常运用抽象、理论和信仰工具来塑造思想和"真理"，而不是提出有吸引力的邀请以激励学习、发现和成就。

作为塑造一个富有意义、富有成效生活的基础，这部经典著作的第一句堪称无与伦比。长久以来，它定义了家庭、社会和国家治理的特征，这种方式几乎是外人无法想象的，即便在今天发达的西方也是如此。

由于深知教育的基本原理，儒家社会长久以来获益良多。这在现实的挑战中已得到反复的尝试和验证。与此同时，《论语》的开篇之句并不是一种规范，而是一种启迪。

"君子"培育志同道合的关系

从论述教育和经验的根本，到探讨人与人之间（与来自远方、处于不同环境的志同道合之友）分享及提炼个人知识和学问的益处，《论语》的第二句扩大且加深了第一句的启迪作用。随即，对知识的持续探索和理解，以及跨越地域限制的分享，进一步丰富了人的志向。

与此同时，它以另一种方式表达了愉悦和满足，即与远道而来的"有朋"再续友谊。这句的隐藏含义是对学习的衡量，它鼓励游历并分享有关某地或某事的经验与知识（超越任何具体地点限制）。这是一种表达愉悦和满足的含蓄方式，其中的"乐"在于亲自学习新的、未曾探索的事物。它进一步加深了对教育和经验的渴求。

"有朋自远方来"绝不是罕见的经历。提及此事不经意间反映当时成熟的社会和政治环境——一个长期鼓励游历和沟通的环境。它也反映了一种复杂社会意识，即距离并不意味着疏离或敌意，以及政治稳定有利于知识和理解的沟通交流。这些情感在如此重要的经典著作中传递，确保了它们长久以来始终是中国人的根本追求。

此外，这里对同事关系的重视进一步巩固了先前对检验个人学习的重视。对于远道而来的有学问的朋友们，没有什么事情比他们相互比较各自经验以及所学知识更加自然、更具有意义了。

这也表明为了各自的价值，应当鼓励和探索存在的差异，它有利于制止那些利用差异宣扬误会和冲突的现象。可以认为，存在于管理精英们的这种态度至关重要，它可以确保在整个中国历史当中广大地区、广大人民的长久稳定。

这种对与远道而来的老友相互学习而产生的乐趣的认同，为生活、努力和探索的过程增添了重要维度——成熟的人文主义。第一句和第二句以朴实无华的文字彰显了非凡的意义（虽然西方读者也许不了解它的意义），在年幼通过机械背诵方式学习之时，这有助于加强它们的易理解性。

当在只有两三岁时反复背记和掌握文章，前两行的话语便已深刻揭示了整个人类经验的范围和程度。同样，它们也可以确保人们初步了解教育和注重现有知识的目标和价值。此外，在那些从这则关乎生活挑战与回报的导语中受益匪浅的人们之中，它们建立起"共同体"的根本意识。

总之，人们可能会注意到在汉语中常用的"关系"一词通常被翻译成英语中的"联系"（connection），这可能没有联系古典著作中"有朋自远方来"的概念。不幸的是，"关系"现在通常与西方的腐败概念联系在一起，这种用法贬低了其本义。在中国公司中，如果将该词置于其古典著作中的语言背景下，可能导致更高的生产力，因为以"君子"的标准行事可产生更积极的结果。

"君子"不可不谦逊

当西方读者第一次阅读《论语》时，第三句的内容可能更吸引人。此处，这篇伟大的中国传统经典强调，一个有学问、有见识、交往丰富的人，其最高成就不在于寻求公众的认可，而是安心生活于自己的知识成就和能力当中，即使可能遭受社会中其他人的蔑视，甚至攻击。

也许更重要的是，这行文字引入了"君子"一词，含蓄指出了前两句概述的教育、经验和友人关系方面的品质，同时也表明了"君子"之成就离不开谦逊，以及谨慎、自律等美德。

如果任何外国人熟悉受过高等教育或杰出的中国人，那么他们都会在这些人身上发现《论语》这一句产生的巨大而独特的影响。独特的谦逊精神往往与严厉而果断的价值意识息息相关，它以中国人独特的方式体现了这种个人性格。谦逊品质要求人们不露锋芒，掩盖伟大的能力和成就。的确，自1949年以来，中国的领导人充分体现出了这种非凡的品质，即便当他们遭遇到最具破坏力的政治与经济环境时也始终如一。

西方人通常在他们的个性、独立和自我表达中找到满足，而与谦逊品格相伴的内敛特质则为他们带来严峻的挑战。与生俱来的自律和内敛是许多中国人力量和智慧的源泉，而这正是西方人所缺乏的。

当然，"君子"一词与谦逊（而不是教育或友人关系）的直接联系，赋予谦逊品质某种特别的权威和价值，并似乎有些违背直觉。然而这反映了如下事实——中国传统在管理最困难的挑战过程中，利用柔和、谦让的战略，展示了一种独特的智慧。

开篇这三行文字高度概括了君子特征，如阅读英语版的《论语》，是不太容易理解的。如果一个人在上幼儿园之前就努力背记这些具有两千多年历史的文字，那么他需要反复思考这几行文字的影响。

一个小孩在这时可能仅仅是大概了解它们的含义，但几乎肯定意识到这句话的重要性在中国代代相传、脍炙人口。他们会感到自己成为了中国人群体中的一分子，而这个群体源远流长，跨越了时间和地域的限制。

随着小孩的成长和成熟，经验越来越丰富，这些词语必定会出现在他的脑海之中，并对解释和管理生活挑战提供帮助。此外，逐渐成熟的儿童可以通过掌握文言文从而认识到中国的历史，进而探索这些话语对历代先人的影响。知命运之未知，赋予人们谦逊的品格。教育的回报、经验、友人关系皆因谦逊而升华。所有这一切足以使人领略中华文化遗产的博大精深。

"君子"具有精神意义，却无宗教和哲学意义

《论语》精心描绘了"君子"的特征，它具有深刻的精神意义，却没有体现出宗教或思想的特征。孔子承认因面临世界现实需求的诸多挑战，而无法看到揣测另一个世界的特征的价值。此外，《论语》聚焦于对局势和关系的掌握，避免了像西方那样对抽象真相、理性结构和理论命题的探索。

因此，儒家传统的理想产物是那些受过教育、有经验和思维敏捷的统治者，而不是权威的哲学家、牧师、知识分子或经济学家——这些人决定着应以何种形式生活以及如何理解生活。当然，20世纪和21世纪的儒家社会效仿了西方的做法，也曾培育杰出的哲学家、知识分子和经济学家，但不可否认的是，正是默默无闻的统治精英们设计了社会的转型。亚洲的哲学家、知识分子或经济学家发挥的作用要弱得多。他们按照易于理解的"资本主义"和"共产主义"划分，向西方展示他们的社会，同时转移了对一般儒家品质的关注，后者困扰着西方的思想，但造就了持续的经济奇迹。

务实、经过启迪和提炼的管理才能，这一核心品质正是西方民主社会相对缺乏的。现在，西方对平等、自由和无休止、不连贯的选举改革的盲目迷恋，导致社会不断堕落。对"君子"的对立面——"小人"的专注，似乎左右着个人、社会和政治的生活。越来越多关注短期、狭隘、量化的计算，似乎正摧毁全面、流动、直觉和务实思考和评估的能力，而这种能力可免受基于教条和信仰的、对抽象、理性和理论真相的断言。

对某种超然权威的关注和信仰，塑造了西方的行为准则，无论精神的还是世俗的。无论它是否来自古希腊的哲学家，还是来自中世纪罗马的教父或现代西方经济学家，

西方社会总是倾向于寻找精心阐释的知识理论体系和超然的权威，并围绕其组织他们的行为。

儒家思想不窥探其他世界的利益，而只关注当前世界的现实重点，这似乎让人无法相信。然而有人认为，似是而非的理论体系所产生的弱点，导致大多数西方社会受制于经济理论的束缚，并落入遥远的金融家之手。尽管这些金融家相对普通大众更精明或诡计多端，但不可否认的是他们在金融和经济竞争方面显示出的竞争力远低于信奉儒家传统的务实统治者。

务实的儒家统治者具有强大而高尚的精神，他们受教育，拥有丰富的知识，但又绝不是宗教主义分子或知识分子。这些人因其在管理和改善人类和政治环境方面取得的成就而为人所知，受人推崇。

"君子"蕴含独特的治理实用性

"君子"一词可能不具有广泛不同的现代用法，然而对取得持续经济奇迹的儒家社会（这些社会里充满着众多谨慎的统治者和商业精英）表示出一定惊奇的人们，很容易在《论语》有关"君子"的论述中找到这些成就的原因。

人们早已明白，"君子"的特征不同于西方文明中任何同等突出事物。此外，许多中国历史和神话也是如此特别。甚至一个比孔子更早1500多年的中国洪水故事，都聚焦于成功治理和应对威胁社会的自然灾害，它与《圣经》中的洪水故事形成了鲜明而发人深省的对比。

在中国，人们很早就认识到务实管理的重要性，并把这一价值写入了古典著作中，所以我们很难将它与中国古往今来取得的璀璨成就分离开来。

评论中国人重"道"而不重"真理"是一件有趣的事情。尽管并非儒家典籍的重点，但这些典籍巩固了对"道"而非"真理"的探索。的确，《论语》的第一行（强调了以实践探索任何个人所学知识之价值的重要性）是对盲目接受任何事物的风险加以提醒，无论该事物是多么的权威或"真理"。

当然，《论语》第三行对谦逊品格的重视也是一种警示，即不必总是屈服于个人周围世界的不可预测性，并简单地按照现实情况解决生活的优先事项。

家庭作为更大社会和国家机构的榜样，《论语》对源远流长但又不断改变的家规的重视，有助于将行为聚焦在人类对复杂社会交往的基本现实需求上。

毕竟家庭是人类社会的缩影，它有依赖、有竞争、有变化的关系，也有捉摸不透的忠诚。家庭具有无法逃避的现实存在，任何超然的权威或抽象的思想皆无法与之匹配。父亲或母亲具有直接和关键的存在，其作用是其他任何哲学家、教父、知识分子或经济学家都无法比拟的。尽管《论语》中对"君子"的论述通常置于家庭背景之外，但这部经典著作传递出明确的思想——"君子"承担对下一代人的责任。

"君子"与"小人"（典型的西方工商管理硕士？）

《论语》总是通过与"小人"对比，以刻画和解释"君子"。"小人"按字面意思翻译为"small person"或"petty person"可能导致误解。然而如果向一名接受过适当教育的亚洲人说，美国的工商管理硕士培养的正是理想中的"小人"的话，他有可能对该词的用法有更好的理解，甚至会恍然大悟地微笑或颔首。

美国企业往往热衷于短期、狭隘的量化利润工作，而忽视了更广泛、更长远的生产、社会和政治战略。基于过去半个世纪亚洲儒家经济体的相对经济业绩，当与那些哈佛推崇的英语国家经济体对比时，不难得出这样的结论：亚洲的"君子"管理课程在培育充满活力的企业文化方面，具有独特的竞争力和出色的品质，即使部分取得哈佛学位的"君子"也是如此。

要理解这些表面异常的现象，奥秘可能在于，传统和当代西方思想文化都缺乏一种类似"君子"所拥有的抱负。"君子"体现在教育、经验、朋友关系和谦卑方面的儒家修养，以一种直觉、整体和现实的方式，塑造了丰富而富有人文主义的社会以及社会和经济途径。与之对比，哈佛工商管理硕士教育风格的缺陷尤为明显。

在具体企业时间表内，狭隘、无情、短视地关注最大化底线量化结果，不仅将导致对"小人"有限且自私的理解，还会导致一定程度的不理解，尤其是在长期组织大规模群体之时。有一种错误的看法是，认为儒家的"君子"无法作出艰难的决定——这些艰难决定可能会使部分群体和社会处于严重不利的地位或受到伤害。但基于现代历史的角度，这些决定的作出似乎需要对整个社会的战略后果加以深刻、全面的理解。

当代西方降低了对广泛判断和评估的重视，转而在狭隘的公司或金融结构中（通常在更广泛的抽象经济理论框架之中）采取量化方法，这实际上将消除许多关切的重要性，而这些关切可以引起人们对"君子"的重视。

西方企业文化已经系统性地失败了，哈佛的工商管理硕士沦为精英成就的一种象征，其中最明显的例子莫过于在环境和医疗健康领域的失败。在这些领域，意外后果的扩散持续加剧，并将影响到越来越多的人的福祉。这种情况在美国的医疗体系最为显著，一方面，健康和福祉标准不断降低；另一方面，在医疗方面的人均开支却是全球第一。合成药物和侵入式手术无情地推动着财务业绩的最大化。金融界驱动着体系、破坏着环境和人类福祉，最大限度增加"小人"的数量，他们将愈加迷失方向，除非采用儒家"君子"战略。

"君子"包含了中国文化的核心价值

"君子"体现了儒家教育及其实用性、儒家朋友关系的普遍性以及儒家谦卑的重要性。儒家传统还有许多其他鲜明而独特的优点，但长久以来，《论语》前三行集中表现的品质以一种深刻的方式塑造着中国人的特点。也许更重要的是，这些品质似乎对亚洲各经济体从英美帝国秩序之中的成功崛起起到了至关重要的作用。

有人会说，在咄咄逼人的西方技术和抱负面前，这些品质一开始难以充分表现自己。不过，他们最终会发现这些品质有助于探索不同的战略，确认各种方法，以在新的不熟悉的环境下建立优势。现在他们的传统优势已经重新塑造了自己，并持续扩大他们的成功。

由于这一成功并不依赖于对抽象和理论真相的重视，大多数西方观察者难以解释它，也难以制定反制战略。无论在名义上是资本主义者还是共产主义者，"君子"以流动、直觉和务实的方式应对挑战的能力，超出了一般西方评论者的理解范畴，使之难以洞悉儒家亚洲的前进道路。例如，今天的中国既被看作是共产主义者，又被看作是资本主义者。

相应地，如果不意识到西方的思想工具和经济工具大多数都是不相干的，甚至可能引发巨大误解，那么人们就难以理解中国，难以理解更广阔的亚洲地区。在实际中，西方的金融战略家们变得越来越精于纸上的金融手段，而在现实生产力和资源方面，却变得越来越笨拙。与此同时，在政治傀儡及其幕后推手——企业、金融家的权威面前，西方管理阶层变得越来越低效和无能。而在相对呈下降趋势的西方，西方文化本身进一步抑制了任何理解"君子"作用的能力。

不难看出，中国众多无与伦比的历史成就，与"君子"的作用以及这些成就所累积的智慧之间存在密切联系。然而如果没有对中国儒家古典和历史经验加以认真学习，那么接触和理解这些成就将变得困难。西方面临的挑战变成了一种循环——要想理解"君子"的作用和成功，则几乎需要接受"君子"教育，成为一名"君子"。

"君子"解释了中国的经济和政治成功

毋庸置疑的是，中国以及亚洲的经济和政治成功，是实施"君子"教育和践行"君子"之道的产物。西方的抽象和理论是非常肤浅的，尤其是当信仰或信念得到巩固后更是如此；任何接受过中国古典和历史教育并成为"君子"的人都非常容易掌握它。

"君子"不仅有利于形成全面和务实的思想文化，而且有助于理解和避免琐碎的陷阱和干扰——陷阱和干扰正是"小人"的居心和行动。它可以培育更全面、协作的社会意识，并且形成一个需求，即在建设企业和国家之时需要纳入多元化的人才和能力，它有效禁止了对简单底线和成就量化法的依赖。

"君子"或儒家管理者的行事方式是一种务实、反省和战略性的方式，它跳出了对经济和政治理论的关注，也许是在转型21世纪全球秩序过程中的最主要方式。这一点与如下事实同样显著：西方的思想文化和传统本身就是一个巨大的障碍，阻止着人们认清现实。

"君子"意味着摆脱信仰和信念之束缚

在当今世界，成为"君子"的关键是摆脱精神、世俗的信仰和信念的束缚。至少从希腊柏拉图时期开始，西方社会就开始使用信仰和信念以及它超然的形式帮助对人的思想和行为方式进行控制。一旦在一个已知的教义、教条和理论体系中建立起信仰，这个社会的哲学家、牧师、知识分子或经济学家就会创造一个复杂的思想体系，以规定条条框框允许之内的探索活动。

信仰在许多方面较好地服务于西方，它营造了团结的社会。在最近几个世纪，它成为其他国家纷纷模仿和追随的模式，以获得西方标准的物质福利。然而，"君子"借助中国漫长历史的智慧和经验来研究、识别和掌握西方核心世俗信仰的缺陷，尤其是有关政治和经济秩序的信仰。

有趣的是，作为西方构建帝国和全球秩序的主要思想家和战略者，金融家们似乎也已经被他们自己的信仰和信念体系所困禁。他们未能采用任何有效方式对"君子"战略做出回应，而后者已经相继将工业、技术、就业、技艺和贵金属从西方转移到东方。

的确，这些金融家的思想似乎已经陷入最终抽象——法定货币之中。他们专注于积累用法定货币衡量的财富，这已经使他们完全脱离了现实，即财富依赖于人民的能力，依赖于他们识别和响应挑战的能力，以及他们的生产力。

由于痴迷于抽象的量化，这种失败在信仰文化的影响下被进一步加深。信仰文化限制他们承认问题并对问题作出回应，从而变成一种慢性疾病。当然，与大多数帝国末期一样，封建时期的中国自己也曾有此类愚蠢的经历，统治阶级对自己的特权、优越和权威变得盲目自信。正是"君子"最根本的谦卑品质，使中华文明在帝国侵略和政治荒诞中继续存活。

然而，在西方的真理、理论和政治秩序中，"君子"的谦逊和智慧极为罕见。其结果是，西方即将来临的帝国迟暮，有可能比预期的更加痛苦和混乱。尽管数千年来帝国分崩离析的案例在西方历史上并不少见，但是当前西方文明的根基及其思想文化所面临的挑战是前所未有的。

"君子"是中国社会的根基

在西方文明遭遇危机之际，习近平主席提出的"命运共同体"可以应对最严峻的挑战。如果"君子"是中国社会及中国古今成就的根基，那么将深远的文化通过教育传递给西方的学生并不困难。但是如果使用熟悉的西方传播方式，那么中国教育和文化的独特品质将面临巨大障碍。

"君子"是终生奋斗和持之以恒的产物，它通常始于大约三岁时对古典著作的机械学习。这点至关重要，原因如下：

第一，它能确保几乎所有生活经验被一套智慧体系过滤和塑造。而在过去几千年时间里，这套智慧体系一直指导着中国人的生活方式，并具有不同于西方经验的独特思想文化品质。

第二，幼年时期掌握的中国古典著作可形成独特的思想文化品质。其中，思想的流动性和灵活性是西方僵化的基于抽象、理性、理论和信仰的思想传统所难以理解的。

第三，早期的自律学习可营造出一种学习文化，它能帮助"君子"迅速掌握新的、不熟悉的事物，也阐释了在西方理性和理论的结构和形式中的缺陷和限制。

第四，在儿童早期建立起的自律习惯和目标，将形成一种终身专注社会服务、自我教育和实践探索的品质，而这是西方社会难以形成的。

有关早期机械学习古典著作的独特品质、与众不同的思想文化以及无与伦比的管理传统的优点，还有很多可以说，但重点在于，如果没有一支具有相似教育水平的官员和领导队伍，那么很难去理解和匹配"君子"文化中的智慧。中国社会和中国智慧很容易长期"遗忘"那些缺乏熟练掌握中国古代经典的人，而熟练掌握正是通过幼年时期的机械背记获得的。

"君子"突出了西方文化人的无知

英美传统造成的思想隔离现在已经变成劣势和缺陷的罪魁祸首。对知识传统而不是对源自欧洲启蒙运动（最初旨在将统一的西方价值观强加于世界秩序）的普适价值的蔑视和不屑，已经变成一个沉重的负担。

许多几乎无法想象的挑战更加剧了这种现象，包括：1. 承认西方思想文化的严重失败和不足；2. 接受并认真学习古代经典的必要需求，尽管该经典来自一个长期被故意看作是外来的、边缘的文化；3. 采用在幼儿阶段机械学习的教育文化，尽管有时它被广泛误解为一种违背自然规律，不利于年轻人成长的学习方法；4. 将社会秩序的关注点从限制人的思想方式转移到实现和谐相处。

当前，对于西方领导者、管理者和知识分子中间的这些问题，社会还未有效理解。鉴于根深蒂固的思想隔离意识，以及与最近帝国势力的特权和独断有关的傲慢自大，各界不太可能接受探索这些问题的必要性，哪怕是初步接受都是天方夜谭。只有当全球相互关系和权力关系发生根本而深刻的转型，西方人的头脑才可能接纳这种挑战。

这种状况有些悲剧意味，但在帝国暮年时期并不少见，例如在中国历史上就曾有广泛经历并记录。当代的独特特征在于西方力量的全球势力，以及它们促进全球变革的方法。此外，"西方进步"的形式所酿成的后果已经对自然环境以及其中的有机生物造成了有害的影响，且并未付诸适当的智力或政治响应。

即使儒家思想文化鼓励并推动了全球体系所需的主要和大部分改革，它所具有的全面、流动、直觉和务实品质都被其谨慎、自律和仪式所掩盖，因此仍将很大程度上超出西方人的理解范畴。在西方强权和影响力无情地枯竭之际，这必然会产生许多不必要的问题。

"君子"强调了西方金融文化的失败

在西方强权捐客走向衰落但仍负隅顽抗之际，所有人都将从早期教育启蒙中受益匪浅。因此，确认教育和启蒙的主要障碍是非常重要的。尽管上述段落已经概述了西方思想文化根深蒂固的障碍，但也有必要更仔细地审视存在于西方强权结构中的独特障碍。

西方强权从实施金融权威中获得的利益比从实施政治或行政权威中获得的利益越来越多，这一现象愈演愈烈。尽管其许多方面都源自英国，但今天体现最明显的是美国——西方最主要的独断力量。同样的，金融强权腐朽后果最明显的地方也是美国。

其中最明显的例子是全球最低效使用金融资源、最昂贵且最有害的健康产业，最盈利但竞争力日益降低的军事技术产业，以及规模最大、效率最高却最没有营养的农业产业。随着针对政治、行政、教育和健康的评估变得过于简单化，并采用量化手段，这种情况或多或少是无法以系统的方式避免的。

此外，与过去帝国暮年的贵族一样，现在的金融贵族们没有理由对其物质奢华或奢华权威感到不满。他们受困于"真相"的陈规旧习，忽视了那些使其溃败的力量，从而自食其果，导致了金融系统的没落和瓦解，无论是通过自然环境的破坏，还是因为对新兴竞争者品质的无动于衷。

在这些竞争者中，儒家社会是最优秀的，无论是体现在他们对人类弱点和优点的敏锐洞察力，还是体现在他们组织其他人结成友好的联盟。最明显但不独有的例子是金砖五国和上海合作组织的形成，它们注定将边缘化那些1945年后成立的、旨在保持和发展英美传统优势和强权的国际组织。不难发现整个过程都源自儒家的"君子"智慧和经验，它们在中国的主要城市发扬光大，虽占据显著地位却从不排他。

儒家"君子"逐渐掌握了西方金融文化的优点和缺点，自1945年以来取得了一系列重大进展。现在它面临着一个更加严峻的挑战，即对没有儒家文化传统的人们（无论是先进的西方国家，还是落后的新兴国家）进行教育，使之成为艺术、文化和生产力方面的"君子"。同时，它还可以管理和缓冲西方金融文化在全球范围内的分崩离析。

"君子"一词和儒家使命面临的挑战

前文已强调了"君子"的独特品质、"君子"的智慧——是它们创造和促成了一系列的亚洲经济奇迹，以及"君子"在鼓舞和指导全球社会未来发展中的作用。最为重要的是，随着"君子"（有些不情愿地）承担了越来越多的全球责任，它正面临着众多巨大挑战。

最首要的挑战，即本文最后一节的重点，就是提高在儒家社会之外的"君子"的教育水平这一迫切需求。当然，其他国家的人也需要保留并更好地理解他们自己的文化和传统身份，提升自豪感，这其中不可避免地要求人们消除广泛存在的唯经济理念——对量化、短期商业成果的痴迷。

现在看来，此类的全球变革似乎已成为必然，其庞大的规模和宽广的范围也无先例可循。无论对有权势或无权势的人，这都是极其严峻的挑战。幸好，除了"君子"之外，没有其他人、行政和政治文化能更好地评估和应对这些挑战。

不出意料，首当其冲的挑战在于金融贵族们的独断和特权，他们在最近几个世纪以一种非凡的方式主导了世界的变革。在政治、心理、文化和教育方面，他们看起来没有一丝面向未来的准备。毫无疑问，一心专注于金融强权和"自由主义"市场无法充分应对未来的全球化社会。结果，语言和文化相互斗争，由加工食品引起的退行性疾病愈加流行，水供应不断减少甚至消耗殆尽，大型人口聚居点空气污染严重，由不自律的市场力量引起的政治、经济、环境和相关问题层出不穷。

引人注目的是，中国"君子"型的领导阶层已经显示出了掌握西方市场和金融家的能力，然后毅然开始解决贪污和污染问题——这些问题都是商品市场和全球金融市场成功的副产品。

如何教育世界各地的人们在思想文化方面发生根本转变，将变得至关重要，而这一变革将定义新的国际规范。例如，人们会慢慢发觉，与诸如民主、平等和自由等普适价值有关的信仰和神话将很容易导致一个政治阶级的滥用权力，而政治阶级往往更依赖于企业资助，而不是有学问的选民的支持。在日渐加剧的信息战争中，许多问题都因为它们的"民主"标签而得到推广和维护。而在现实中,这将仅仅是保留或助长金融阶层不劳而获的特权,而这些金融阶层甚至还控制着所谓的民主进程。

人在根本上的愚昧性也与上述问题相关。与其说人们被洗脑,不如说人们自年幼就被设定某种经济上的"程序",因此他们在面对各种价值观的时候,很容易受到肤浅信仰的左右,尽管这些价值观在语言层面,而不是在现实层面受到推崇。现代西方社会将所有重要的决策都交给那些承担企业或金融责任的人,而政府、学术界和其他表面上处于社会领导地位的人几乎没有制定行政决定的现实权威。

上述评论强调了部分非常深刻和复杂的问题。此处因篇幅有限无法进一步论述,只能指出当前日益加剧的全球金融危机是金融管理不善的后果,这将有助于营造一个响应如下需求的环境:重新评估已经取得巨大"进步"的掠夺性商业和金融文化。

结　语

在结尾部分有必要对那些给予西方统治者当头一棒的语言、教育和文化挑战予以回顾,同时这些问题也需要被所有还未实质接触儒家传统和文化的人有效地解决。我们很难忽视如下结论:没有其他传统或文化曾经如此深刻地塑造其精神和能量,从而满足人类群体对行政管理的需求,无论规模大小,从家庭到国家再到文明,跨越空间和时间。同样,若不模仿传统的中国教育实践,其他传统和文化背景的人很难掌握这种智慧。目前,这一传统教育实践不仅在中国,而且在世界任何华人聚居的地区都重焕生机,在亚洲更为显著。

然而且不说其他人,对于西方人而言,没有什么事情比从3岁起就开始机械学习中国古典著作更能引起愤慨和嘲笑了。此外,即便现在大量引进这种方法,许多益处也要等到30—40年之后才能显现。

掌握中国古代经典终归是培育"君子"的关键所在,但最初实施其他倡议也是必要的。在此背景下,似乎应当努力将中国大众娱乐推广到尽可能多的观众面前。对于一些持续时间较长的节目,应配备友好的用户翻译。

甚至如《非诚勿扰》这样的大众相亲娱乐节目都能产生巨大的影响力。探索传统的中医疗法、草药和食品,也都将吸引广大的观众。然而,尤其需要聚焦时事、文化对比和评估亚洲经济奇迹的通俗易懂的分析类节目。中国古代戏剧、当代文学和根据中国历史及相关神话改编的电视连续剧也将发挥重要的教育作用。同样,针对全球问题、西方衰退以及快速变革导致的长久不确定性进行深刻、公正的评价,也是非常必要的。与此同时,应当努力利用各类现代电子通信技术,提供简单便捷的方式,帮助人们熟悉中国语言、经典以及上述诸多时事问题。

当前,西方和大多数其他文化缺乏思想工具或理性能力,难以理解"君子"高度发达的管理文化和精神境界,以及儒家传统的许多其他独特品质。该论断看起来似乎有些夸张,但与西方文明在最近几个世纪的论断鲜有区别。也许最重要的区别在于,鉴于儒家人士古今以来取得的成就,这一论断更站得住脚。但另一方面,在向其他文化传递这一现实之时,"君子"的美德和谦卑可能成为障碍。最终,只有更广泛地理解幼年学习中国经典对于培育"君子"的重要作用,这一障碍才能够得到解决。

英文原文:

The "Junzi" and the Confucian Mission

Australia Bond University   Dr. Reg Little

The Confucian Mission

Communicating the Confucian tradition, with its complex of classical texts, long recorded history and remarkable administrative culture, poses a variety of challenges. These are compounded by the fact that the recently dominant Anglo American tradition has practised intellectual apartheid, which has used various tactics to dismiss all rival traditions as inferior, even irrelevant, in the pursuit of progress.

Moreover, for strategic reasons, it has not been in the interests of Confucian polities to seriously educate arrogant and misguided foreigners until recently. However, with the rise of China, and Asia more broadly, to a position of global leadership that situation has changed. There is now a mounting need to educate the global community in fundamental qualities that are beginning to define the character of the 21st Century. President Xi Jinping's "community of common destiny" will only be attainable if there is a growing shared understanding of what is demonstrably the world's most historically and contemporaneously successful cultural and administrative tradition.

A critical element of this challenge relates to the need to evaluate clearly the strengths and weaknesses of the Anglo American tradition that has shaped the global community over recent centuries and that claims a universal authority. This cannot but be difficult and painful after a period when people everywhere, even in Confucian communities, have been commanded by an imperial culture that has demanded their loyalty and belief in a variety of forceful ways.

Much of this re-evaluation of Anglo American certainties and assertions can be achieved by a focus on one critical word that illustrates the richness and depth of Confucian political, administrative, strategic and other culture. This word (together with many others) is almost incomprehensible to anyone who has not had the opportunity to master the Chinese language to the level where China's classics and histories have become something like preferred leisure reading.

Few in the West have paid any serious attention to the character of traditional Chinese education where children are introduced to the rote learning of the Chinese classics from as early as the age of three. If aware of the practice, few avoid the mistake of assuming that this is today little more than a historical footnote. In reality, however, it is a custom that is undergoing a vigorous revival in popularity, not just in China but in many countries where there are significant Chinese minority populations.

A detailed examination of aspects of the distinctive character, use and nuances of one word, which features prominently in the Lunyu, perhaps the central classic, can highlight the type of challenge, and opportunity, posed by the Confucian tradition to peoples outside Asia.

Of particular importance is the fact that this word "junzi" focuses many of the virtues that account for community cohesion, economic purpose, strategic superiority and many other strengths in the Confucian tradition but that are largely neglected by the West's religious and philosophical traditions.

In order to substantiate the above assertions a number of distinctive but diverse qualities associated with the word "junzi" will be examined and evaluated, as detailed in the Abstract.

The word "junzi" has no Western translation

There is no meaningful classical, cultural or historical background or context to give the word "junzi" meaning in Western languages. It has no translation as no word or words convey its meaning without a long explanation. Common translations like "gentleman" or "virtuous person" tend to invite misunderstanding or ridicule because they fail to communicate the intended Chinese meaning and capture misleading Western associations.

In one sense, this makes the word "junzi" an excellent representative of Chinese and Confucian tradition. These are in fact many important Chinese words, some would say more than a thousand, which cannot be translated effectively into Western languages. This means that much Chinese culture remains beyond the understanding and imagination of the Westerner who lacks relevant education and experience.

This is partly a reflection of the practice of intellectual apartheid, which has been used to consolidate and enforce the authority of Western practices, ideas and values. It also has, of course, qualities of intellectual imperialism, which become absurd as China emerges in a definitive role in shaping the character of the 21st Century.

Whether in China or in the West, it is easier to make these self – evident assertions than to take effective remedial action. Indeed, the absence of a meaningful translation for the word "junzi", and many others like it, is a convenience that seems to have been discreetly defended. Exploration of this type of issue is not encouraged and there seems to be a determination to preserve a type of innocence, even ignorance, amongst Western academic and leadership communities.

In other words, this failure of communication is more than an issue of translation, and the challenges posed by a difficult language, a distinctive history and a profound classical culture. The West lacks the continuous recorded history, the consistent cultural identity, the stability of language and the deep sense of identity that is found in China. Moreover, its sense of political order and process is much more confused and variable than in China. In one sense this makes it more aggressive in asserting its present identity and associating it with the apparently unchallengeable virtue of "progress".

In another and less evident sense, however, this has made it easier to disguise some of the forces that have shaped and defined the contemporary West. Perhaps the most critical of these has been finance. This seems to be a seemingly basic and universal tool necessary to facilitate commerce. This would, however, ignore the increasingly pervasive and sophisticated use of financial power.

From forming limited liability corporations, to building an empire starting with the English East India Company, to articulating a body of economic theory that increasingly overrides other social and political considerations and much else, financial power has gradually usurped most traditional and commonly recognized forms of power.

Although rarely, if ever, taught in university economic studies, all Western Central Banks now seem to be privately owned, even as they present themselves as national institutions. Few people take an informed interest in this fundamental feature of Western financial, political and intellectual organization. It can be argued that only a very small financial elite think actively and in an informed manner about this fundamental feature of contemporary Western civilization. The great majority of the population is intellectually uninformed, unaware and inactive.

If the brief outline concerning the power of finance in the above few paragraphs is close to the truth, it would be imperative for the informed and intellectually active financial elite to minimise awareness of alien models like the "junzi", which might feed alternative thinking and encourage questioning spirits.

It might be noted, however, that practices of intellectual apartheid have infected the financial elite and ensured the failure of that elite to educate itself about the "junzi" and "xiaoren". This has left it vulnerable to the qualities and strengths captured by the untranslatable word, "junzi", and trapped in the behaviour and petty follies of the "xiaoren".

The word "junzi" is distinctively and uniquely Chinese

The word "junzi" has an organic, holistic, intuitive and, above all, practical quality that distinguishes it profoundly from the abstract, rational, theoretical and often belief based qualities that are characteristic of Western tradition and culture. In one sense this may be the fundamental distinction between East Asian ways and Western European ways, although the Eastern cultivation of ritual, discipline and discretion disguises the reality and misleads most Western observers.

Thought and behaviour are deeply shaped by this distinction. Moreover, the historical and contemporary economic and political success of East Asia suggests that East Asian ways have other important areas of superiority that are difficult to comprehend from the perspective of Western European thought.

Of course, the prevalence of Western European power in recent times has been used to convey the understanding that alternative cultural traditions are less progressive and productive. This has institutionalized as far as possible habits of intellectual apartheid. While the economic rejuvenation of Confucian Asia, and particularly of China, has revealed this attitude to be no more than a shallow form of political propaganda and brain washing, little comment on or evaluation of this has been tolerated. Indeed, even in Confucian Asia, many people remain under this Western influence.

It has, nevertheless, become increasingly evident to a few observers that this Western practice of intellectual apartheid has seriously disabled Western leaders. It is now a major obstacle to recognizing, understanding and responding to the challenge posed by the Confucian tradition. The long assertion of, and belief in, the superiority and unchallengeable character of the Western tradition and, in particular, the European Enlightenment's universal values has so shaped Western habits of thought that the prospect of a serious rival is close to unthinkable and unimaginable.

In other words Western education has long focused on closing the Western mind. Unlike in the Confucian tradition there is no openness to possibilities outside established abstract, rational and theoretical frameworks, which are strongly reinforced by habits of belief. This is so even when confronted with the practical imperative of understanding and competing with Asian Confucian economies. Rather, all types of obfuscation are resorted to in order to avoid the need to recognise deficiencies in Western thought and tradition.

Put simply, there is close to no capacity in Western communities to accommodate the same demands they have placed on other cultures over recent centuries. The need to master an alien language, history and culture in order to be part of the advanced and "civilized" world, which the West has imposed on the so-called Third World, is something close to unthinkable if reversed and directed to the West.

The word "junzi" inspires education and experience

Repeated readings of the Lunyu, the living seminal and fundamental classic of the Confucian tradition, shapes a sense of the qualities that have inspired the "junzi" throughout Chinese history and that contrast with the West's closed, abstract mind. These qualities are readily recognized in the behaviour of many contemporary Chinese – in daily life, and particularly in positions of leadership responsibility.

The Lunyu is difficult to read, understand and appreciate in a Western language. In fact, it might be seen as a text that needs to be memorized early in life, preferably in Chinese, in order to reveal the power it has exercised over several millennia in shaping the Chinese identity.

Only then does the importance of the first line becomes obvious. Only then can one understand the simple and fundamental imperative that has long shaped Chinese lives, namely the need for lifelong study and exploration of what one has learned. This is the essence of the "junzi" which has long inspired generations of administrators to shape a civilization without peer in achievement, longevity and size.

Of particular importance is the inseparable association of study with practical experience and testing of what one studied. The importance of this lies in its insistence that learning not assume an authority that stands above real life experience and practical results. It sets the learned Chinese apart from the Western intellectual, who often only has to report his sources and show a rational consistency in his argumentation to assert his command.

From the time of Greek philosophers with their transcendent forms, to the Roman church's priests with their doctrine and dogma concerning a heavenly God, to the European Enlightenment's thinkers with their universal values, to the contemporary economists with their faith in a perfect marketplace ruled over by Adam Smith's invisible hand of God, there is a long tradition in the West of assuming a type of transcendent power and authority, which are then reinforced with elaborate theoretical structures that are used to organise less educated people.

The emphasis in the Lunyu's first line on testing the applicability of one's learnings has ensured a type of integrity in Chinese learning that is often absent among Western intellectuals. As a consequence, the Chinese Junzi, often in positions of high administrative responsibility, emerges from a fundamentally different inspiration from that of a Western intellectual. The important distinction has largely escaped the attention and interest of Western commentators, often confused and distracted by fashionable criticisms of rote, or repetition, learning.

It is not easy for a Western reader to appreciate the succinct Chinese phraseology of the Lunyu which expresses in one line the personal discovery of the rewards of persistent study, the need to continually test and evaluate one's studies, the invitation to share in these rewards and the human touch of pleasure in such pursuits. It is such a soft and subtle introduction that it is easy for a Western reader to pass over it as insignificant and worthy of little attention. It is only when one reflects on the impact of these words when mastered by rote at a very early age that their influence, power and defining character becomes obvious.

The fact that these words in Chinese date back more than two millennia and have been fundamental to all subsequent Chinese history cannot but add another dimension to their significance for young minds.

Western classics of the same time are no longer accessible in their original language and have a contrasting tone and purpose. They often use abstract, theoretical and belief tools to shape thought and "truth" rather than to offer an enchanting invitation to inspire learning, discovery and achievement.

As a foundation on which to build a fulfilling and productive life, this first line of a great classic is unrivalled. It has long defined the character of family, community and national administration in a manner that is close to unimaginable to an outsider, even in today's advanced West.

Confucian communities have long benefited from an awareness of the fundamental of education, tried and validated in the context of real life challenges. At the same time, what is offered by the Lunyu in this opening line is not prescriptive but rather is inspirational.

The word "junzi" nurtures collegiality

The second line of the Lunyu broadens and deepens the inspiration of the first line by moving from the foundation of education and experience to the human rewards of sharing and refining one's personal knowledge and attainments in the company of comparably qualified friends from distant and contrasting environments. Immediately, the sense of aspiration is enriched by a sense of continuing discovery and understanding and a sharing of community that reaches far beyond local limitations.

At the same time, it offers another expression of pleasure and satisfaction, this time in renewing association with a friend arriving from a distant place. Implicit in this line is a measure of learning that facilitates such travel and the sharing of experience and knowledge of places and events beyond any specific and limited location. The implicit expression of joy and satisfaction in being able to learn at first hand of new and unexplored matters further deepens the already defined appetite for education and experience.

The casual reference to a friend coming from afar, as a not altogether uncommon experience, highlights a mature social and political environment that has long supported travel and communication. It also reflects a sophisticated sense of community where distance does not imply estrangement or even hostility and where a degree of political stability supports the exchange of knowledge and understanding. The conveyance of these sentiments in such a seminal classic has ensured that they have long remained a fundamental aspiration amongst the Chinese people.

Moreover, this focus on collegiality reinforces the earlier focus on testing the practicality of one's learning. Nothing would be more natural and rewarding than for learned friends coming together from distant locations than for them to compare their experiences and their correspondence with their earlier studies.

This also suggests that differences are to be celebrated and explored for their value. This works as an important barrier to the use of differences to promote misunderstanding and conflict. It could be argued that this attitude amongst the administrative elite has been fundamental in ensuring long periods of stability over vast regions and large numbers of people throughout Chinese history.

The identification of this learning and pleasure with old friends from distant regions gives an important dimension of mature humanism to life, endeavour and exploration. While the first and second lines can seem remarkable in their unexceptional character that can leave a Western reader wondering about their relevance, this serves to reinforce their easy accessibility when learned by rote at an early age.

When repeated and mastered after only two or three years of life, the words of these first two lines cannot but profoundly inform the whole range and extent of human experience. Also, they ensure an early understanding of the purpose and value of educational effort and disciplined focus on mastery of available knowledge. Moreover, they build a fundamental sense of shared community amongst those who have similarly benefited from this introduction to life's challenges and rewards.

In conclusion, one might note that the commonly used Chinese word "guanxi", usually translated "connection", is not unconnected to this ancient classical notion of a friend coming from afar. Unfortunately, it is today often associated with Western notions of corruption, a usage that debases its meaning. It is probably much more productive in Chinese company to place it in its classical context where in the behaviour of a "junzi" it is likely to have strong positive outcomes.

The word "junzi" is synonymous with humility

The third line of the Lunyu is perhaps even more disarming when first encountered by a Western reader. Here is the great formative classic of the Chinese tradition emphasizing that the crowning achievement of a learned, experienced and well-connected man is not to seek public recognition but to live contentedly in the knowledge of his own achievements and capacities, even though these may be scorned, even attacked, by others in human society.

Perhaps, even more important, this line introduces the word "junzi", implicitly identifying the qualities of education, experience and collegiality outlined in the first two lines with this word, while also insisting that such achievements be distinguished by humility, and related virtues such as discretion and discipline.

Any foreigner familiar with highly educated and otherwise distinguished Chinese cannot but remark on the powerful and unique influence of this line of the Lunyu. A distinctive humility, often associated with a firm and resolute sense of value, marks such personalities in a manner that is unique to the Chinese people. Such qualities often mask discreetly great capacity and achievement. Indeed, since 1949, China's leaders have been remarkable for qualities of this kind, even as they have on occasions encountered the most destructive of political and economic environments.

The reserve that usually accompanies this humility poses many Westerners, who find satisfaction in their individuality, independence and self-expression, with serious challenges. They lack the innate self-discipline and reserve that is the source of much Chinese strength and wisdom.

Of course, the direct association of humility, rather than education or collegiality, with the word "junzi" gives this quality a particular authority and value that might seem counterintuitive. This reflects, however, the fact that Chinese tradition displays a unique genius in utilizing strategies that are soft and self-effacing in managing the most difficult of challenges.

The power of concluding the three lines of the opening passage of the Lunyu with a focus on this characteristic of the "junzi" is not easily understood from English language readings of the text. One needs to reflect on the influence of these lines when committed to memory before kindergarten years in language that now dates back more than two thousand years.

A child may only dimly comprehend their meaning at the time but will almost certainly have a sense that the importance of these words is shared with innumerable past generations of Chinese. There is a sense of becoming part of a Chinese community that exists over time and place.

As experience is gathered during the aging and maturing process, these words cannot fail to come to mind and suggest ways of interpreting and managing the challenges of life. Moreover, the maturing child gains access to Chinese history through mastering the language of the classics and can be drawn into a process of discovery of their influence over past generations. All of this creates an awareness of the richness of Chinese cultural heritage at the same time as the rewards of education, experience and collegiality are most fully appreciated by a simple humility that is aware of the uncertainties of fate.

The word "junzi" is spiritual but neither religious nor philosophical

The Lunyu crafts the character of a "junzi" who is deeply spiritual but who cannot be characterised as either religious or intellectual. Confucius confesses to be too challenged by the practical demands of this world to see value in speculating about the character of another world. Moreover, the focus of the text is on the mastery of situations and relationships that avoids the Western search for abstract truths, rational structures and theoretical propositions.

As a consequences the ideal product of the tradition is an educated, experienced and deft administrator, rather than the authoritative philosopher, priest, intellectual or economist who dictates the forms in which live should be understood and lived. Of course, 20th and 21st Century Confucian communities have emulated Western practices and have produced distinguished philosophers, intellectuals and economists but it is the mostly unidentified elite administrators who have crafted the transformation of their societies. The Asian philosopher, intellectual or economist has played a much lesser role. They have presented their communities to the West in terms like Capitalist and Communist that are easily understood, while distracting attention from the common Confucian qualities that trouble Western minds but that have shaped successive economic miracles.

This central quality of practical, inspired and refined administrative excellence is something for which the democratic societies of the West have comparatively little feeling. Rather the West is increasingly seduced by a chaotic fascination with equality, freedom and endless incoherent electoral change. Increasingly, the preoccupations of the "xiaoren", the opposite of the "junzi", seem to command personal, social and political life. The reduction of an ever increasing number of evaluations to short term, narrowly focused quantitative calculations appears to destroy the capacity for holistic, fluid, intuitive and practical thought and evaluation, free from often dogmatic and faith based assertions of abstract, rational and theoretical truth.

The focus and discipline of faith on some sort of transcendental authority shapes much Western behaviour, whether it is spiritual or secular. Whether it is from the ancient Greek philosopher, the medieval Roman priest or the modern Western economist, Western communities seem always prone to look for elaborately expounded bodies of intellectual theory with transcendental authority around which to organise their behaviour.

The Confucian dismissal of interest in other worlds and focus on the practical priorities of this world seems to border on the unbelievable. Yet one might suggest that it is this vulnerability to a plausible body of theory that has left most Western societies at the mercy of economic theories that place power in the hands of remote financiers. Moreover, it seems hard to deny that these financiers, although much more shrewd and astute than the general population, have shown themselves to be less competent in financial and economic competition than the practical administrators of the Confucian tradition.

The practical Confucian administrator works with a robust and refined spirit and an educated and measured intellect but is neither religious nor intellectual. Ultimately, this figure is remembered and esteemed for achievements in managing and improving human and political environments.

The word "junzi" captures unique administrative practicality

The word "junzi" may not command a wide variety of contemporary usages. However, anyone who has remarked with a degree of amazement at the successive economic miracles of communities with varieties of discreet Confucian administrative and commercial elites is likely to see in the identification of the "junzi" in the Lunyu something of an explanation of the source of this achievement.

Already, it should be clear that the "junzi" has a character unlike anything equally prominent in Western civilization. Moreover, much of Chinese history and mythology is similarly focused and distinctive. Even the Chinese story of the flood, which predates Confucius by a millennia and a half, focuses on an essentially administrative and successful response to a natural disaster that threatens the community. It offers a powerful and sobering contrast with the biblical flood story.

It is hard to separate China's remarkable historical and contemporary achievements from this early recognition of the importance of practical administration and the subsequent enshrinement of such fundamental values in the Chinese classics.

It is interesting to remark on the Chinese focus on the "Dao" and not on the "truth". Although not a preoccupation of Confucian texts, they nevertheless reinforce a search for the "Dao" rather than the "truth". Indeed, the first line of the Lunyu which highlights the importance of exploring practically the value of anything derived from one's studies serves to remind against the danger of accepting anything, no matter how authoritative, as the "truth".

Of course, the emphasis in the third line of the Lunyu on the value of humility is also a warning of the need always to yield to the unpredictability of the world around one and simply address the priorities of life as they present themselves.

The focus of the Lunyu on the eternal but ever changing imperatives of the family, as the model for larger community and national institutions, serves also to focus behaviour on basic practical human needs for complex social interaction.

After all, the family is a rich microcosm of human society where dependencies, rivalries, shifting relationships and uncertain loyalties can all manifest themselves. The family has an inescapable practical presence that cannot be matched by any transcendent authority or abstract ideas. The father, or mother, has an immediate and critical presence that can be rivalled by no philosopher, priest, intellectual or economist. While the "junzi" in the Lunyu is generally depicted outside the family context, the general tenor of the classic leaves little doubt about the manner in which a "junzi" would approach responsibilities towards the following generation.

The word "junzi" contrasts "xiaoren" (typical of a Western MBA?)

Frequently, the Lunyu characterises and explains the "junzi" through contrast with the "xiaoren", literally if misleadingly translated as "small person" or "petty person". However, it is possible to gain a better understanding of the use of the word, together with a laugh and a nod of understanding, by suggesting to an appropriately educated Asian that an American MBA is an ideal training for a "xiaoren".

The American business preoccupation with short term, narrowly focused quantified profit works to exclude broader and longer term production, community and political strategies. On the basis of the comparative economic performance over the past half century of Asian Confucian economies, when compared to their Harvard revering English speaking counterparts, it is hard not to conclude that the "junzi" administrative class in Asia has unique qualities of competence and excellence in cultivating a vibrant business culture. This is true even if some "junzi" obtain a Harvard degree.

The secret to understanding this seeming anomaly probably exists in the absence in both traditional and contemporary Western thought culture of an aspiration like that of a "junzi". The Confucian cultivation of education, experience, collegiality and humility by a "junzi" works in an intuitive, holistic and practical manner to shape a rich and humanistic approach to life, society and economy. It makes it relatively easy to identify the vulnerabilities that derive from the Harvard MBA style education.

The narrow, often ruthless and essentially short – term focus of maximizing bottom line quantified results within a specific corporate timeframe leads not only to the limited and selfish understanding of the "xiaoren" but also to a certain incomprehension when organizing large communities of people over long periods of time. It would be mistaken to suggest that the Confucian "junzi" is incapable of hard decisions where some groups or communities are gravely disadvantaged or harmed, but such decisions seem, on the basis of modern history, to be taken with a far more astute and encompassing understanding of the strategic consequences for the whole community.

The West's contemporary reduction of a wide variety of judgements and evaluations to quantitative measures within narrow corporate or financial structures, often within a broader framework of abstract economic theory, effectively has eliminated the relevance of many concerns that might command priority attention of a "junzi".

The systemic failings of Western corporate culture, where the Harvard MBA has become a symbol of elite attainment, are perhaps most evident in the areas of the environment and human health. Here, the proliferation of unintended consequences continue to mount in a manner that threatens the wellbeing of ever larger numbers of people. This is perhaps most obvious in the American health system, where declining standards of health and well-being are accompanied by the world's largest per capita spending on health. Synthetic drugs and intrusive surgery are ruthlessly promoted to maximise financial results. Driving the system, destroying environmental and human well-being and maximizing the number of "xiaoren" is, of course, a financial class that is increasingly disoriented before the strategies of the Confucian "junzi".

The word "junzi" incorporates central values of Chinese culture

The "junzi" embodies the excellence of Confucian education and practicality, the pervasiveness of Confucian collegiality and the importance of Confucian humility. The Confucian tradition has many other distinctive and unique strengths but the qualities concentrated in the Lunyu's first three lines have long shaped the Chinese character in the most profound manner.

Perhaps even more important these qualities seem to have been central to the success of a variety of Asian economies in guiding their rise within an alien Anglo – American imperial order.

One might suggest that these qualities initially struggled to express themselves before the aggressive technology and aspirations of the West. Nevertheless, eventually they found the capacity to explore various strategies and identify means to organize to advantage in a new and unfamiliar environment. Their traditional strengths have now re-established themselves and continue to extend their successes.

The absence of an emphasis on abstract and theoretical truths has left most Western observers struggling to explain this success and develop counter – strategies. The capacity of the "junzi", whether nominally Capitalist or Communist, to respond in a fluid, intuitive and practical manner to challenges escapes the comprehension of the usual Western commentator and inhibits understanding of the processes at work in Confucian Asia. Today's China is, for instance, variously identified as either or both Communist and Capitalist.

Accordingly, neither China, nor the broader Asian region, is readily understood without a recognition that the West's usual intellectual and economic tools are mostly irrelevant and often profoundly misleading. In practice, the West's financial strategists become increasingly wealthy in paper financial measures but increasingly crippled in real productive power and resources. At the same time, Western administrative classes are reduced to increasing ineffectuality before the authority of political puppets and their corporate and financial masters. This Western culture in itself further obstructs any serious capacity to understand the role of the "junzi" in the comparative decline of the West.

It is not hard to relate China's long record of unrivalled historical achievement to the role of the "junzi" and the wisdom accumulated from that achievement. This record of achievement, however, is not readily accessed and understood without a serious education in the Chinese Confucian classics and an accompanying education in China's historical experiences. The challenge to the West becomes circular – to understand the role and success of the "junzi" one almost needs to be educated to be a "junzi".

The word "junzi" explains China's economic & political success

It is effectively explicit in what has already been stated that Chinese, and Asian, economic and political success is a product of the education and work of the "junzi". It also follows that Western abstractions and theories, especially when reinforced with faith or belief, are shallow and easily mastered by someone educated in Chinese classics and history to behave as a "junzi".

Not only is the "junzi" better prepared with a holistic and practical thought culture but the "junzi" is better prepared to understand and avoid the petty traps and distractions that shape the ambitions and activities of the "xiaoren". This nurtures a more comprehensive and cooperative sense of community and the need to encompass diverse talents and capacities in building corporate or national strengths. It effectively prohibits reliance on simple bottom line, quantitative measures of achievement.

In the 1980s much was written in the West about the Japanese model for corporate success. When it emerged as a threat to American authority, means were found to defuse the mounting questioning of American certainties. In the process the 1997 Asian Financial Crisis (AFC) was used to discredit the Asian Economic Miracle and promote the notion of Asian crony capitalism.

The manner in which the "junzi", or Confucian administrator, works in a practical, reflective and strategic manner, which is outside and beyond the focus of seemingly relevant economic and political theories, is perhaps the major phenomena at work in transforming the 21st Century global order. Just as significant is the fact that Western thought culture and tradition is a powerful obstacle preventing recognition of this reality.

The word "junzi" implies freedom from belief and faith

Critical to the achievements of the "junzi" in the contemporary world is a freedom from spiritual and secular belief and faith. Western societies has used belief and faith from at least the time of the Greek Plato and his transcendent forms to facilitate control of the way people think and behave. Once belief is established in a recognized body of doctrine, dogma or theory, the philosophers, priests, intellectuals or economists of the community develop complex bodies of thought designed to dictate acceptable frameworks of exploration.

In many ways this has served the West well, creating coherent communities and in recent centuries serving as a formula for others to emulate and follow in order to achieve Western standards of material welfare. The "junzi", however, calling on the wisdom and experience of China's long history, studied, identified and mastered vulnerabilities in the central Western secular beliefs, particularly relating to political and economic order.

Intriguingly, the West's financiers, who have been the West's major thinkers and strategists in constructing empire and global order seem also to have been captive to their own bodies of belief and faith. They have failed to respond in any effective manner to the strategies of the "junzi", which have successively moved industries, technologies, employment, skills and precious metals from West to East.

Indeed, the thought of these financiers seems to have been trapped in the ultimate abstraction, fiat money. Their preoccupation with accumulating wealth measured in fiat money has totally distracted them from the reality that wealth rests in the capacities of people, their ability to identify and respond to challenges and their productivity.

This failure, due to a preoccupation with abstract quantification, has been reinforced by a culture of belief that has inhibited them from recognizing and responding to problems that were becoming chronic. Of course, China has its own experience of such folly as most End of Empire times are characterized by ruling classes that become too confident in a belief in their own privileges, superiority and certainties. It has been the fundamental humility of the "junzi" that has preserved Chinese civilization at such times of imperial and political folly.

There is, however, little of the humility and wisdom of the "junzi" in Western notions of truth, theory and political order. Consequently, the West's imminent End of Empire is in danger of being more distressful and disruptive than necessary. Although there have been numerous comparatively small Western End of Empire experiences over the past several millennia, the contemporary challenge to the fundamental sense of Western civilization and thought culture is unprecedented.

The word "junzi" is the foundation of Chinese community

It is in the face of the West's civilizational crisis that the challenge of President Xi Jinping's "community of common destiny" may meet its most acute challenges. It might seem that if the "junzi" is the foundation of Chinese community and of Chinese historical and contemporary achievement, it would not be too difficult to communicate this profound culture through education to Western students. However, unique qualities in Chinese education and culture confront major obstacles if familiar Western means of communication are employed.

The "junzi" is the product of a lifetime of striving and focused effort, which ideally begins with the rote learning of the classics around the age of three. This is critical for a variety of reasons.

First, it ensures effectively that almost all life experience is filtered through and shaped by a body of wisdom that has guided the Chinese people over several millennia and that has unique qualities of thought culture that are alien to Western experience.

Second, amongst the unique qualities of thought culture derived from early mastery of the

Chinese classics are a fluidity and flexibility of thought that is difficult to comprehend with the rigidities of the West's abstract, rational, theoretical and faith based thought traditions.

Third, the early practice of disciplined learning creates a culture of learning that equips the "junzi" to master quickly new and unfamiliar material and that illuminates vulnerabilities and limitations in the structures and formalities of Western rationality and theory.

Fourth, the basic habits of discipline and purpose established in early childhood shape a lifetime focused on qualities of community service, self – education and practical exploration that are much less well developed in the West.

More could be said about the unique qualities that link early classical rote learning, a distinctive thought culture and an unrivalled administrative tradition, but the central lesson is that it is profoundly difficult to comprehend and match wits with a "junzi" culture without a cadre of officials and leaders with similar educational preparation. "Junzi", Chinese community and Chinese wisdom are likely to long escape the understanding of those lacking the advanced mastery of Chinese classics that is achieved by early childhood rote memorization of them.

The word "junzi" can highlight cultivated Western ignorance

The Anglo American cultivation of intellectual apartheid has now become a source of weakness and vulnerability. The scorn and dismissal directed at intellectual traditions other than the "universal values" derived from the European Enlightenment, which was originally cultivated as an attempt to impose uniform Western values on a global order, has become a profound liability.

Compounding this problem are a number of almost unthinkable challenges, amongst which are the following. First, is the recognition of serious failings and inadequacies in Western thought culture. Second, is the acceptance of the imperative need to seriously study classics from a cultural tradition that has long been deliberately disregarded as exotic and marginal. Third, is the adoption of an education culture that institutionalizes early childhood rote learning, something widely misrepresented as unnatural and bad for youthful development. Fourth, is the movement of the focus of social order away from constraints on the way people think towards harmony in the way they behave.

At present, there is effectively no understanding of these issues amongst Western leaders, administrators and intellectuals. Given the deep rooted character of intellectual apartheid and the arrogance associated with the recent privileges and certainties of imperial power, there is unlikely to be even an early acceptance of the need to explore these issues. Only a fundamental and extended transformation of global interactions and power relationships may begin to open Western minds to such challenges.

Such a situation has many tragic elements but is not uncommon during End of Empire times, which have been widely experienced and recorded during Chinese history. The unique quality in the contemporary experience is the global reach of Western power and the manner in which it has recently profoundly transformed global realities. Moreover, the consequences of forms of "Western progress" have harmfully impacted the character of the natural environment and organic life within that environment, without an adequate intellectual or political response.

The holistic, fluid, intuitive and practical quality of Confucian thought culture, all masked by discretion, discipline and ritual, will remain largely beyond Western comprehension, even as it inspires major and much needed reforms of the global system. This can, of course, generate many unnecessary problems, even as Western power and influence relentlessly drain away.

The word "junzi" highlights the failings of Western finance culture

All peoples have much to gain from the early education and enlightenment of declining but recalcitrant Western power brokers. It is therefore essential to identify major obstacles to that education and enlightenment. While the above paragraphs have outlined deeply rooted obstacles in Western thought culture, it is also necessary to look more closely at unique obstacles that exist within Western power structures.

Increasingly, it has become apparent that Western power has derived more and more from the exercise of financial authority than from the exercise of political or administrative authority. Although originating in many ways in Britain, nowhere is this more evident today than in the United States, the West's major assertive power. Equally, nowhere are the corrosive consequences of financial power more evident than in the United States.

Amongst the more obvious examples are the world's least productive use of financial resources, most expensive and most harmful health industry, most profitable but increasingly uncompetitive military technology industry and the most large scale and efficient but least nutritious agriculture industry. As more and more political, administrative, educational and health evaluations are reduced to simplistic and generalized quantitative measures this is more or less systemically inevitable.

Moreover, the financial aristocracy, like other End of Empire aristocracies before it, has no reason for discontent about either its material luxury or community authority. Accordingly, it presides over decline and disintegration, locked into stereotypes of "truth" and largely oblivious of the forces combining to bring it down, either through destruction of the natural environment or imperviousness to the qualities of emerging rivals.

Amongst those rivals, the Confucian communities are outstanding, both in their astute understanding of human weakness and strength and also in their capacity to organise others in benign alliances. Most obviously, but not exclusively, this is evident in the evolving BRICS and SCO alliances which seem fated to marginalize the international organizations that emerged after 1945 and that have been focused on preserving and advancing Anglo American privilege and power. It is hard not to see this whole process as the product of the wisdom and inherited experience of the Confucian "junzi", predominantly but not exclusively operating from major Chinese cities.

The Confucian "junzi" has mastered progressively the strengths and weaknesses of Western financial culture, with remarkable progress since 1945. It now confronts the much more daunting challenge of educating peoples with no tradition of Confucian culture, whether advanced Westerners or backward emerging nations, into the arts, culture and practical capacities of the "junzi", while managing and cushioning the disintegration of a globally pervasive Western financial culture.

The word "junzi" and challenges facing the Confucian mission.

Hopefully, the foregoing comments have already highlighted the unique qualities of the "junzi", the wisdom of the "junzi" that has crafted and shaped successive Asian economic miracles and the unique role of the "junzi" in inspiring and guiding the future of the global community. Critically important are the immense challenges that lie ahead as the "junzi" is loaded, rather reluctantly, with ever increasing global responsibilities.

Foremost amongst these challenges and the focus of this final passage is the urgent need to raise the level of "junzi" education in other than Confucian communities. Of course, at the same time other peoples need to be able to preserve and better understand their own cultural and traditional identity and pride. Inevitably, this must involve a move away the widespread exclusive financial focus on quantified, short term commercial outcomes.

The type of global transformation that now seems inevitable is without any precedent in its scale and pervasiveness. It cannot but be highly challenging both for those with and those without power. Fortuitously, there is probably no human, administrative and political culture better equipped to evaluate and manage this challenge than that of the "junzi".

It is no surprise that the initial major challenge exists in the certainties and privileges of the financial aristocrats who have master minded in a remarkable manner the transformations of recent centuries. Politically, psychologically, culturally and educationally they seem little prepared for the future. An almost exclusive focus on financial power and a "laissez faire" marketplace is in no way adequate for the future global community. This will be characterized by contending languages and cultures, a growing epidemic of degenerative disease caused by processed foods, depleted and declining water supplies, polluted breathing air in large population centres and many other political, economic, environmental and related problems generated by undisciplined market forces.

Remarkably, the "junzi" leadership of China has shown the capacity to both master the West's marketplaces and financiers and then begin to address resolutely the problems of corruption and pollution created by success in both merchandise and financial global marketplaces.

It will become critical to educate people in all parts of the world in what is a fundamental shift in the thought culture that is defining new international norms. It is, for instance, only slowly being recognised that the belief and mythologies associated with universal values like democracy, equality and freedom lead easily to abuse by a political class that is more dependent on corporate funding than on the support of informed voters. In an intensifying information war, many issues are promoted and defended on the basis of their "democratic" credentials, when in reality this simply preserves or promotes the largely unearned privileges of a financial class that controls the so-called democratic processes.

Associated with the above issues, is the fundamentally dumbed down character of peoples everywhere who have been, not so much brainwashed, as programmed financially from an early age. This has left them vulnerable to superficial faith in a wide variety of values that are honoured rhetorically rather than in practice. Modern Western societies work to move almost all significant decision making to those in positions of corporate or financial responsibility. Governments, academics and others in apparent positions of social leadership have little real authority to shape administrative directions.

The comments above highlight some very profound and complex problems that cannot be explored further here, except to note that the present mounting global financial crisis is a product of financial mismanagement. This will likely create an environment responsive to the need to revalue the predatory commercial and financial culture that has driven much "progress".

Concluding Comments

In concluding, it is necessary to revisit challenges of language, education and culture that have totally blindsided the recently dominant West. These also need to be addressed effectively by all peoples who have not been substantially exposed to Confucian tradition and culture. It is hard to escape the conclusion that no other tradition or culture has shaped its spirituality and energy so profoundly on the administrative needs of human communities of all sizes, from family to nation to civilization, across both space and time. It is equally hard to see peoples of other traditions and cultures mastering this wisdom without emulating the traditional Chinese education practices that are being revived not only in China but in Chinese and related communities everywhere, but particularly Asia.

Yet for many Westerners, not to mention other peoples, nothing could provoke more indignation and ridicule than the idea of commencing the rote learning of Chinese classics from the age of three. Moreover, even were this to be introduced immediately for large numbers, it would be forty or fifty years before many benefits would become apparent.

Ultimately, mastery of the Chinese classics holds the key to the cultivation of "junzi" but initially other initiatives may be necessary. In this context, it would seem that every effort should be made to take Chinese popular entertainment to as wide an audience as possible. For some length of time this will need to be accompanied by the most user friendly forms of translation.

Even programs like the popular matchmaking entertainment of "Are You the One?" can exercise a powerful influence. Exploration of traditional Chinese therapeutic exercise, herbs and food would also command and hold a broad audience. Of particular need, however, are easily accessible analytical programs focusing on contemporary affairs, cultural comparisons and evaluation of Asian economic miracles. Dramatizations of Chinese ancient and contemporary literature and long television series based on Chinese history and related mythology must also play a critical educational role. Equally, incisive, balanced evaluations of global problems, Western failings and the ongoing uncertainties of rapid change will be needed. At the same time, of course, every effort should be made to utilize modern electronic communications to provide easy and casual ways of becoming familiar with Chinese language and classics and with the various above contemporary issues.

At present, Western and most other cultures lack the intellectual tools or cerebral capacity to begin to comprehend the character of the highly developed administrative culture and spirituality of the "junzi" and many other distinctive qualities of the Confucian tradition. Such an assertion will seem extravagant but it is little different from the assertions of Western civilization over recent centuries. Perhaps, the main difference is that there is more ground for such an assertion when referring to the historical and contemporary achievements of Confucian peoples. Yet, perversely, in some ways the virtue and humility of the "junzi" can even become an obstacle to communicating this reality to other cultures. Ultimately, this may only be addressed effectively through a much broader understanding of the critical role of early childhood study of the Chinese classics in cultivating the "junzi".

近年儒学研究十大热点报告

山东大学儒学高等研究院执行副院长、教授　王学典

中国和平崛起,中国人文社会科学研究也正大规模地朝着本土化转向。从官方到民间,儒学以各种形式"热"遍中国大地。国际儒学研究亦呈现出诸多新气象,"儒耶对话"、"儒学与自由主义的对话"风起云涌,儒家哲学与古典研究中的一些"短板",开始得到重视,各种文化深耕工作正陆续启动。总之,近年的儒学研究正发生深刻变动,显示出一系列热点,值得及时予以归纳和思考。

一、中国共产党正面肯定儒学,马克思主义与儒学的关系引起空前关注

20 世纪的中国是在反传统中度过的。自中国共产党新一届领导集体履职以来,先后就儒学及中国传统文化发表一系列肯定性讲话。其中,习近平 2013 年 11 月视察曲阜孔子研究院的讲话,以及 2014 年 9 月在纪念孔子诞辰 2565 年国际学术研讨会上的长篇讲话,引起学界和社会各界广泛关注。这些讲话着重从儒学资源出发,阐述对当代中国及世界问题的认识,标志着中国共产党人对儒学的认识发生了历史性转变。

中国已经走出剧烈动荡的革命年代,和平崛起的历史任务,内在地要求主流意识形态向更具包容性与建设性的方向演进。以儒学为代表的传统文化,潜移默化地塑造了中国的世道与国情。人心可以看作重塑精神世界与道德秩序的基础性资源。儒学复兴在民间与学界呈星火燎原之势,而正统学者则对此深感忧虑,马克思主义与儒学的关系遂引起空前关注。

二、陆台新儒家之争:不同进路的儒学研究如何共处

2015 年初,澎湃新闻网发布题为《我不认同"大陆新儒家"》的台湾儒家李明辉专访,矛头直指大陆正在出现的"政治儒学",特别是"公羊派儒学",认为其在学理上站不住脚。但因标题指向全体"大陆新儒家",网帖一出,舆论哗然。大陆学者干春松、白彤东、陈明等迅速回应,反唇相讥港台新儒学过分汲汲于现代西方民主、科学,未必切近大陆现实。

实际上"大陆新儒家"与"港台新儒家"各具多面性。如大陆学者李存山就不认同

"政治儒学",台湾学者林安梧则认为"直接拥抱西方现代民主与科学"的儒学思路已然陈旧。张新民教授指出,港台儒家曾反哺大陆思想文化界,大陆新儒家与台湾新儒家理应保有相互了解与尊重的温情敬意,凝聚更多共识和资源重建儒家道统和学统。

三、"政治儒学"渐成气候,"新康有为主义"浮出水面

"五四"以来,儒学和儒家长期被视为所谓"封建主义"意识形态和"君主专制"的帮凶。近年来提出的"儒家宪政"主张,则试图开发传统儒家限制王权的维度,一方面回应西方宪政制度,另一方面突破新文化运动以来形成的思想理论格局。

因晚年倡立"孔教会"而一度饱受批判的康有为,2014 年被重新界定为"返本开新"的标志性人物,学界于是出现了一股"重回康有为"、"新康有为主义"的思潮,"政治儒学"渐成气候。康有为重被提出,与当代社会的信仰缺失密不可分。而回到康有为能否解决中国的问题,蒋庆等人基于儒学资源的政治设计,能否成为中国未来政治制度的选择之一,这些都需要时间来检验。

四、未来的人类社会如何组织:儒学与自由主义对话日趋深入

2015 年,贝淡宁出版《贤能政治与中国道路》、罗斯文出版《反对个人主义》,《文史哲》杂志举办"儒学与自由主义的对话"人文学术高端论坛,儒学与自由主义之间的对话渐次展开。贤能政治与选票政治、国家干预与自由市场、个人主义与社群主义、三权分立与党的领导等方面的思想交锋已成为当下国际政治思想界的重要议题。

儒学能否获得世界性地位成为国际思想界的主流之一,看来只能取决于它与西方占主流地位的自由主义深度对话的成效。在社会主义和自由主义的对话当中,西方自由主义咄咄逼人,而正在展开的儒学和自由主义的对话则胜负难料,未来的人类社会到底按照自由主义的原则还是按照儒家的基本原则来组织更好,目前尚难判断。

五、大批专家走出书斋,民间儒学蓬勃发展

知行合一是儒学的生命。近年来,大批专家走出讲堂与书斋,投身社会和民间。他们推动的"乡村儒学"、"社区儒学",以及各种形式的书院、读经班、国学班、夏令营等,如雨后春笋。这些活动旨在重新激活蕴藏于民间的儒学遗存,进而打造一种长幼有序、兄友弟恭、父慈子孝、温情脉脉、讲信修睦的生活形态。事实上,儒学要想摆脱游魂状态,获得永久性生命力,成为 21 世纪的主导价值观之一,就必须在自己的基本原则基础上创造出一种既融汇平等追求,又高于自由主义的更健康、更符合人

性的生活方式。

六、汤一介、庞朴等世纪学人辞世，儒学研究的过渡时期终结

近年来，刘起釪、姚奠中、宁可、来新夏、吴小如、方立天、田余庆等多位世纪学人陆续辞世，特别是汤一介、庞朴的逝去，意味着儒学研究史上一个特殊时代的结结。这一代学人大多自幼学习传统经典，他们以相对深厚的古典学修养为基础，又接受了西方学术理论的熏陶，在新旧鼎革的时代变迁中，对于儒学经历了一个由质疑与反思到回归与弘扬的过程。他们的学术旨趣与风格路数，介于马一浮、熊十力、梁漱溟等老一代学人与成长于新时期的当代学者之间，前承民国时期的学统，后启当代儒学研究范式。他们既是一代学人，也是一代哲人。在他们离去之后，儒学研究将完全由新一代学者所主导。随着中国的崛起，在汤一介、庞朴等已有研究的基础上，完成人文学术的本土化转向，把儒学研究升华为普世性叙事，乃是时代赋予当今儒家学者的历史使命。

七、中国哲学淡出美国顶尖哲学系，国际哲学学院年会则增设"中国哲学"专场

自 20 世纪中叶冯友兰《中国哲学史》翻译出版以来，包括儒学在内的中国哲学研究开始在密歇根、斯坦福、加州伯克利等美国顶尖哲学系立足。然而随着活跃于 20 世纪 70—80 年代的老一辈中国哲学专家荣休，中国哲学研究逐渐淡出美国顶尖哲学系，据布鲁雅（Brian Bruya）2015 年统计，全美哲学博士项目中仅有 9 位能指导博士学位论文的专职中国哲学学者。儒学在国际哲学界的处境变得更加艰难。

与此同时，随着中国国际影响力的日益增长，包括儒学在内的中国哲学研究，开始在另一个层面引起国际学界更大规模的关注。2015 年 9 月 16—19 日，国际哲学学院（IIP）年会在北京召开，史无前例地增设了"中国哲学"专场。2018 年，五年一届的世界哲学大会将在中国召开，颇具儒家底蕴的"学以成人"命题被选定为大会主题。这些异乎寻常的动向的出现，无疑将促进国际同行对中国哲学特别是儒家哲学的理解与接纳。

八、以十三经为代表的古籍西译更新换代，"文本批判"技术全面升级

150 年前诞生的理雅各《中国经典》（1861—1872）至今仍是西方儒典译注的标准版本，其中或明或暗的基督教因素则越来越令人不安。西方哲学流派对儒学研究与中

国经典意义的"扭曲"问题，也愈发引起中国哲学史专家关注。近年来，《论语》、《孝经》、《中庸》新译本陆续问世，《墨子》、《孙子兵法》等经典翻译亦推陈出新。多数译者基于更自觉、系统的哲学考量，试图更准确地传达中国经典不同于基督教和西方形而上学的思维特质。

在此背景下，德国知名学者瓦格纳（Rudolf G. Wagner）则在其《王弼〈老子注〉研究》中文版序言里指出：西方的中国经典研究与翻译，在技术上与西方古典学仍有较大差距，国际汉学与哲学界理应在借鉴西方"文本批判"技术的基础上，推出堪与西方古希腊乃至圣经研究相匹配的、值得信赖的"批判性版本"。这一倡议正在得到回应，西方的儒典考订与编译技术开始全面升级。

九、儒家德性伦理学已具声势，角色伦理学开始与之争锋

1958年，英国哲学家安斯康（G. E. M. Anscombe）发表《现代道德哲学》一文，认为伦理学应建基于"德性"概念之上，由此促成亚里士多德德性伦理学复兴，并进而发展出休谟传统的德性伦理学、儒家德性伦理学等分支。目前，从德性伦理学角度研读儒学经典，正渐渐成为国际上儒家哲学研究的主导模式。

以罗斯文、安乐哲为代表的部分儒学研究者，则批评"德性伦理学"仍然具有"个体主义"本位，他们提出"角色伦理学"，尝试将儒学对家庭和人伦的重视，与社群主义对集体和关系的强调，熔于一炉。作为自由主义基石的"孤立个体"概念，被认为在哲学上站不住脚，而儒学则被视为"角色伦理学"的基础性资源。

十、儒耶在对话中融合，波士顿学派引人瞩目

中国日益增长的国际经济、政治影响力，不断提振着世界各国了解以儒学为主干的中国传统文化的兴趣。以"对话派"著称的美国波士顿儒学，其"北派"注重儒学与伊斯兰教等东方文明的对话，"南派"侧重儒学与基督教的对话。中国本土对此有热烈回应。近年来，中国大陆、香港等地不断推出高级别的相关学术会议，其中，第一届尼山世界文明论坛即以"儒耶对话"作为主题。以杜维明为代表的儒家学者，着力批评宗教上的排他主义。而一些西方基督教学者则欣赏儒学的"多元主义"倾向，主张打造一种"能够认可多元主义"的新的基督教神学。

山东大学儒学高等研究院　　联合发布
《文史哲》编辑部
王学典　李梅　邹晓东　　执笔

《孔子文化奖学术精粹》丛书发布辞

孔子研究院院长　世界儒学大会秘书处秘书长　杨朝明

尊敬的各位来宾，女士们、先生们：

由中国孔子研究院、世界儒学大会秘书处主编的《孔子文化奖学术精粹》丛书于2015年9月由华夏出版社出版。这套丛书是"孔子文化奖"历届获奖学者杜维明、庞朴、汤一介、牟钟鉴、李学勤、安乐哲等6位先生的学术成果选粹。在此，我们谨代表中国孔子研究院和世界儒学大会秘书处，向"孔子文化奖"获得者致以崇高敬意！

"孔子文化奖"（The Confucius Culture Prize）是由国家文化部、山东省人民政府联合设立的国际性奖项，以表彰、奖励对全球儒学研究和孔子文化传播作出突出贡献的团体、个人和非政府组织。自2009年首次颁奖以来，"孔子文化奖"以其公正性、权威性和在相关领域中的巨大影响力，已经成为孔子儒学和中国传统文化研究、传播领域的最高奖之一。截至2013年9月，已有5届个人和机构获奖，并为海内外各界所广泛认同。

"孔子文化奖"历届机构获奖者——中国孔子基金会、国际儒学联合会、韩国成均馆、汤恩佳先生及其领导的香港孔教学院，以其传承、弘扬、普及儒学的努力和成就，体现了"孔子文化奖"的视野和广度。而"孔子文化奖"的6位获奖学者，则以其深厚的学术功底、崇高的学术造诣和广泛的学术影响，展现了"孔子文化奖"的文化高度和学术深度。

为集中展示"孔子文化奖"历届获奖学者的学术研究精华，树立世界儒学研究的典范，广泛地嘉惠学林后进，有必要以先生们的孔子儒学与传统文化研究为核心，全面、系统地梳理和选辑他们的学术研究成果，采撷其中最为精粹、最为隽永的部分，编选成册，汇为丛书，集中统一发行。

我们的设想很快得到了相关机构、著名学者，特别是华夏出版社和"孔子文化奖"获奖学者们的高度肯定和支持。自2014年初以来，我们即拟订编纂计划和编写体例，并提请"孔子文化奖"获奖学者推荐、确定每册丛书编选人，与我们共同组成《孔子文化奖学术精粹》丛书编委会，迅速开展整理、编选工作。

丛书按"孔子文化奖"获奖学者分册，首批共为6册。每册按丛书总序、作者自序、正文和附录编排。其中，正文以"孔子儒学与传统文化"为核心，按每位获奖学者的学术研究领域和学术理路，拟定栏目；再以每位作者最具学术创见和影响力的观点、短语、概念等作为小标题，广泛选录作者的著作、论文及演讲稿中的本人表述，撷取其创见之精粹,思想之精华,重新编绎成册。附录即作者学术年谱,有助于知人论世,使读者可以更好地与作者沟通,更加全面、深入地认识、把握获奖学者的整体学术成就和学术影响。

融贯古今,大家风范;导夫先路,惠泽后学。6位获奖学者学有专攻,但无不植根传统,思接千载,而又立足当代,关怀现实。他们会通中西,学贵创新;他们治学严谨,不作虚妄之语,堪为学界楷模、后学典范。我们期望,读者通过《孔子文化奖学术精粹》丛书,可含英咀华,品味作者的哲思睿智与传统文化的无穷意蕴,领略当代孔子儒学研究的卓越境界,进而体会"孔子文化奖"的分量。

女士们、先生们,朋友们:

在《孔子文化奖学术精粹》丛书问世之际,我们不禁深切怀念已经仙去的"孔子文化奖"获得者庞朴先生和汤一介先生。哲人其萎,著述永存,必将永久嘉惠学林。

我们真挚、热情地祝福杜维明、汤恩佳、牟钟鉴、李学勤、安乐哲先生,祝愿他们身体康健,寿登期颐,引领我们继续前行!

谢谢大家!

第七届世界儒学大会学术论文集

学术论文

儒家思想的当代哲学使命

儒家哲学国际化的思考与实践

美国夏威夷大学哲学系教授　安乐哲

我于2013年作为一名国家文化部和山东人民政府颁发"孔子文化奖"的受奖者，感到非常荣幸。这篇文章想首先谈谈我对儒家思想作为一个泛亚洲历史现象的思考，然后与儒学同道分享一些关于一批国际学者将儒家思想作为世界文化秩序变革的一种重要全球资源，为儒家哲学国际化事业所做重要努力的信息。

刚刚过去的四分之一世纪带来的广泛进步是十分引人注目的。虽然最近出现世界性经济萧条，全球财富仍以历史前所未有的速度增长。医药进步带来整个世界的历史最高人均寿命；互联网与智能手机革命使世界享受最快信息传递人群的比例奇迹般增长；北非与中东民主运动致使普选与人权理念更被寄予希望。

不过，与当代工业化、全球化过程的不可否认的积极成果一起伴随的，还有财富、收入、资源使用及风险、不平等差距的拉大。人们开始意识到，如气候变化这种殃及全球范围的灾难现象，有人类活动造成之可能；商品制造与消费激增，驱动全球经济发展，同时亦加速恶化环境，包括城市环境、交通发展造成全球传染病蔓延可能；高速增长加大能源消费胃口，造成高风险燃料提取与发电技术被视为国家必需；促进经济和政治活力的条件，变得更与导致不确定因素紧密挂钩。

"全面危机"（Perfect Storm）的形成是成功夹杂着愈加增大的挑战，有几种基本情况可让我们将时事形势视为一个划时代的从技术优先走向重视伦理的转折。一、人类及我们的存在方式，于直接方式上成为导致我们面临困境的共犯；二、这一困境是不按国家或社会边界划分的，而是不管哪国人与什么社会地位，它会殃及每一个人；三、在一系列迫在眉睫的挑战之间存在一种有机联系，致使它们具有"零和"逻辑，也即我们要么全盘解决它们，要么我们一个也解决不得。也就是这些挑战不是个体独立玩家，可一个一个解决的。相反，我们面临的是很大程度上人类加速使之发生的困境，只能由国际社会共同行动，一揽子解决；四、我们发现我们自己碰到的这些困境从未如此难对付，解决它们只能从根本改变人的意愿、价值和行为上下手。

同时难办的是，差异性的大量增加与规模扩大，强力推进着"网络社会"与"全球信息资本主义"。民主理念呼吁尊重个人言论，而与几乎无所不在的拥抱民主理念相结合，却明显缺少一种对尊重与开放加以深思熟虑的健康全球文化。舞台是为加剧人群与价值系统之间的冲突而设立的，所宣扬的都是人权大于主权行为，因此而创造的条件，全是对全球困境解决的不利。于是一个明显的结果是，人们越来越意识到自由主义在全球范围的局限。现在有一种结论性认识，就是要考虑可替代自由主义的其他选择，要超越冷战之后形成的、对世界秩序要么自由要么不自由的二分式对待问题的态度。二分式思维方式在当今仍旧影响着许多国家决策与国际关系，使得要替代自由主义的主张适应了这种形势需要。仅在一代人时间里，亚洲崛起，尤其是中国的崛起，引发世界的经济和政治主导秩序发生了翻天覆地的变化。1989 年以来的 1/4 世纪，亚太经济合作组织（APEC）已发展到包括 21 个亚太国家和的 40% 人口；亚太地区国内生产总值增加 3 倍多，地区内以及与该地区贸易增加 400% 以上。中国经济每年以两位数增长，已超过日本成为世界第二大经济体。预计 21 世纪 20 年代中国将成为世界的最大经济体。

亚洲的发展，更确切说，中国的发展带给全球的影响，正使世界经济秩序和国际关系发生震撼性变化。当然，迄今为止，这些变化依旧在很大程度上夹杂上述所说"全面危机"那种令人不安的动态。不过，经济与政治主导地位重新组合将会为文化变化的可能打开窗口。这是一种需要，即对长期以来由强大自由主义统治的精英世界文化秩序进行挑战的文化改变；尤其是因为自由主义已证明，对待全球性危机、对以公平为题确立世界 21 世纪航向作出承诺，它的表现是无能的。对自由主义挑战，可能会出自例如原住民角度，或出自像基督教、伊斯兰教和佛教的宗教传统。但是在考虑文化资源可能性上还有更应该推荐的，那就是像儒家思想般的，由罗伯特·贝拉提出的所谓"世俗宗教"。

当我们在考虑可用来应对全球困境必需的文化资源时，首当其冲想到的是要摒弃人们熟悉的、个体玩家竞争模式的、只追求一己私利的文化资源，代之以协同合作形式的，加强对跨民族、伦理和宗教的界限协调可能性的恰当文化资源。正像当今为人广为理解的、儒家文化弘扬谦恭与相互依存关系的价值观，它是说，由关系构成的"人"，应是理解为嵌在具有特色、相互性形态关系中的，以及获得它滋养的"人"；这一观念的"人"，与西方人们更熟悉的互不联系的、自决性的，与"自由民主"分不开的个体模式"人"是形成鲜明对照。当代儒家伦理是把道德行为视为植根于深厚、丰富家庭的、社会以及自然的形态特定结构的——它有可能作为挑战和改变国际文化秩序的力量吗？

就历史而言，"儒学"（或许"文人之学"更切合）发源于古代中国一批文人所做的一系列批判性思考；这些人担负的责任是继承和对文化传统的身体力行，将传统资源运用于解决现实的问题，并将常规的文化实践传递给下一代，同时托付他们也同样这么做。随着时间的推移，这样世代代间的、对不断整合的儒家文化身体力行与持续传承，使得它传遍整个东亚的朝鲜半岛、日本和越南，于是儒家文化得以成为一种泛亚洲现象。在此数百年间，它既塑造别种文化，也被别种文化所塑造，最终呈现为一个既有明显差别，又相系不分的大文化家族。

有据可循，亚洲很多人认为，儒家文化对建立新世界文化秩序话语可作出很有价值的贡献。中国和亚洲文化圈对复兴传统儒学都有大量资源投入，都将它作为价值观和思想观念的资源宝库；它随时可作为吸收的源泉，在当代瞬息万变的形势下，将它用于形成自己的应对决策上。中国国内，过去的20年，在大学校园，我们看到的是国学院林立。国际上，在美国及全球最好的高等院校，我们看到的是400多所中国政府资助的孔子学院如雨后春笋般成立。很明显，中国国学界与政界联手，正在向国内、国际大力推广儒家的哲学。

只了解亚洲历史的意向，却不懂得要去理解儒家传统要求人们践行形形色色的复杂角色，这种情况等于，只了解欧洲和美国历史的欲望，却不懂犹太教、基督教和伊斯兰教等所谓的"亚布拉罕传统"，不懂它们是怎样决定与动态地塑造政治、经济、文学、艺术理念和现实，以及它们怎样塑造了基本的社会机制及家庭和学校。

然而儒家思想同西方人习惯定义的哲学与宗教是不相符、不切合的，它是一种生活之道，它是由自己独具特色的思想结构、社会与政治机制及经典思想的传承形态所确定的。尽管它理所当然应算作是哲学，但它似乎在理论上并不支持希腊那种三段论和论辩特点相同的辩证风格。当它表现出一些宗教特点时，却并不包括对超绝主义神性或者不朽灵魂的信仰，而这恰恰是几大世界宗教基本的特性。伏尔泰对这种差异做过研究，他整部的著作与信件都洋溢着对儒家哲学的赞许，将其视为一种自然主义道德，认为儒家哲学基于理性而不基于宗教启示，而且把儒学视为对教会绝对君主与权力的另一种替代性选择。英国汉学家葛瑞汉在对古代希腊和早期中国哲人之间进行对照解释时，将其阐述为是"真理探求者"与"道的探求者"的差别。

孔子是哲学家与教师，他的名字被拉丁化为"Confucius"。他生活、施教和逝去的时代是2500多年以前，他整合的是一个无与伦比智慧遗产的系列，直到今天，仍不失为中国及其他邻国文化与政治的精神活力所在。《论语》中部分章节收录的孔子学生对其生活片段的记载中，对他个人深刻的音容回忆之中，渗透着价值。我们读到的孔子，是他反复地说，他所教给学生的基本上都不是自己的发明，而是古来有之。

其实孔子的"好古"或许有一个原因，即中国语言本身的传统并不把孔子特别地认同为"儒家思想"，而是将他认同于一个文人阶层，是数百年之间赋予中国文化以"儒学"（文人之学）含义。伦敦大学历史学家提姆·巴雷特曾指出，第一次用英文Confucianism一词表达儒学是1836年的英国外交官约翰·弗朗西斯·戴维斯。他就职香港第二任总督，撰写了《中国：中华帝国及其国民概述》（*The Chinese: A General Description of the Empire and China and its Inhabitants*）一书。有理由说，孔子之前，自商代起，已有60代儒家文人；之后从他开始至今，有80代儒家文人。这种情况绝不是西方那种献身于对单一个体天才人物进行研究的传统。儒家思想是世世代代对儒学这一生生不已的活传统的集体智慧运用、评述、诠释，再注活力和再恢复其权威性。

在过去一个半世纪中，儒家思想在中国本土经历了一段价值观剧烈动荡的时期；从五四运动"打倒孔家店"口号到杜维明，几乎是福音教观点的儒教成为要改变世界文化的"第三次儒学浪潮"。"文化大革命"的批孔运动已过去半个世纪，中国政府对待儒家思想的立场，从邓小平改革时期的谨慎恢复，到2014年9月国际儒学联合会在人民大会堂召开的会议上习近平主席的讲话，对儒学给予了铿锵有力的肯定。

现代观点于儒家思想的相反性质，其范围及常显出的激烈性有一部分原因应归于儒家理念和现实历史之间的不一致性。儒家思想在历史上简直太多地被权力拥有者用来加强阶级和性别之间不平等，出现了不少以儒家价值为名、施以压迫性统治的皇家专制皇帝。另外，中国父权制家庭常把"孝"这一复杂思想简化为盲目服从和对成年男性的绝对"忠"。20世纪80年代在新加坡的试验做法，将一种儒教僵化形式抬高为"亚洲价值"象征，将西方自由主义、人权的定义作为文化歧义进行排斥。凡进行对这种歧义的研究将会被整合、加入机构项目计划。

在对待儒家思想的各种观点中，第二种仍很重要的因素是西方学术界对儒家思想态度的历史性质。这一过程始自传教士，或许他们是无意的，却等于是重新建构一套儒家思想的关键哲学语汇，强加了他们自己内容的宗教性，这经常是由于他们把儒家思想作为一种无生命力、次等的基督教形式去进行解释而带来的效果。然而作为对这种情况有效性的一个反应，近代以来人们开始了回归原点的努力，强调儒家理念与价值的明显不同。不过现在又能看到企图重新找回儒家思想本体的后来努力，在这个过程中，代价却又是对其宗教性层面的摒弃，把它简单化为一种"前现代"版世俗人文主义。

2013年7月，传统儒家文化国家——中国、韩国、日本和越南的学者代表云集韩国成均馆大学，会议一致同意成立一个世界儒家文化研究联合会。这次筹备会后，2014年10月，夏威夷大学和东西方中心召开了成立联合会首届会议，议题为"世界文化秩序变革之中的儒学价值"。会议邀集世界各地合作伙伴大学的著名学者，批判性地探索"在一个新兴全球文化秩序下儒家文化的意义与价值"。会议的分议题还有"儒家"文化的当代形态是什么？它的历史缺陷或局限性是什么？它对新的世界秩序会有何种贡献？当代儒家文化须进行怎样改革才能成为一种可促进积极改变的国际文化资源？分议题小组讨论也包括一些热点问题的探索，如社会正义、人权、宗教意识、道德教育等，此外还有一些哲学之外的议题，如可持续性、国际关系及区域主义等问题。我们认为，世界儒学文化研究联合会首届会议就其国际性、时效性及持久性意义方面而言，是史无前例的。此次会议论文集《世界文化秩序变革之中的儒学价值》的书稿已完成编辑，交付夏威夷大学出版社。《东西方哲学》与《中国文化国际交流》两家杂志将出版辑入会议论文的特刊，特刊稿件也已交付出版社。

2016年7月23日至28日，第二届世界儒学文化研究联合会将在胡志明市越南大学召开，议题为"作为当代世界教育哲学的儒学"。

2016 年 6 月至 7 月，"国家人文基金会"将举办以"儒家亚洲"为主题的为期五周的研讨班，由东西方中心亚洲研究发展项目与夏威夷大学承办。研讨班框架层面考虑到地域与历史角度，跨度从公元前 2000 年前商代文化时的儒家发源开始，计划议题将涵盖春秋时期华中地域的中国传统固本整合、汉与魏晋朝代的文化大发展大繁荣、儒家与道、释学派持久不已的碰撞激荡；在这之后，研讨班将追踪公元 3 世纪至 16 世纪儒家思想传入朝鲜、日本和越南之演变，另外还涉及欧洲学界从 16 世纪耶稣教士开始直到 19、20 世纪与世界现代潮流相遇，儒家思想的初始状态及其后来的重建话语。研讨班前四周的议题讨论还有以下特征：涉及作为植根于亚洲的儒家思想学术、宗教、礼仪和典章制度；儒家思想元素如何深入到当时状态的政治、经济、文化艺术活力以及又是如何反过来被这些当时状态的力量所塑造；还有课时专门涉及仔细阅读与课堂有关的儒家经典文本；最后一个星期将围绕儒家与世界现代性碰撞组织案例研究，从中探讨儒学国际化与正在变化的世界文化秩序的关系如何。对儒家文化及价值在东亚社会的传播与融入研究，可提供对这一地区当代活力的重要理解力。虽然儒家传统在很大程度上由于东亚 20 世纪的现代化努力而黯然失色，但现代化努力的效果是一个混合体。怦然的经济增长带来一系列社会、文化和环境问题的挑战。最具喜剧性的是，中国的快速工业化、大规模内部移民潮、加剧的个性化，这些元素汇合在一起，使得出现的道德不稳定现象又反过来刺激对本土传统回归的要求，本土传统被用作对当代困境的回应资源，儒家思想是这一资源的核心要素。虽然处在"后改革"的越南也出现了一种类似的回归传统现象，不过就经济是必需却也是潜在破坏性的市场力量与价值观而言，儒家价值是被作为社会延续性与文化复兴的"半本土"性因素来看待的。在日本，快速的人口老龄化现实对人们提出重要的、传统儒家关心的问题——对家庭、对赡养老人和生老病死的关切。同时社会条件显得越来越适合滋养对传统的再生兴趣，使得为回应当代的问题而重新采用儒家资源成为可能。比如中国对孔子学院事业的经费支持就是中国教育部经办的。简而言之，理解亚洲的儒教过去已成为预测亚洲未来、有效地与那里的多元文化背景的人们对话的一件重要工作。

2015 年 10 月 8 日至 12 日，夏威夷大学和东西方中心将召开"李泽厚与儒家哲学"研讨会，来自中国、日本、韩国、越南、新加坡、欧洲和美国的 20 位学者已经就"李泽厚哲学与儒家思想之交结"议题提交了论文。李泽厚本人将出席研讨会，利用此次会议机会回应学者提出的问题。会议论文将结集并由夏威夷大学出版社出版，作为《儒学文化研究丛书》之一。此次"李泽厚与儒家哲学"会议将用一个上午的时间举行四位李泽厚著作译者研讨会，他们的译稿将作为《儒学文化研究丛书》交付夏威夷大学出版社出版。

2017 年 11 月，已有计划由京都大学与东京大学哲学中心联合召开以"儒家现代性的日本经验"为题的国际研讨会。

这几项学术活动只显示当前世界处于天翻地覆变化的一个症候。很显然，倡导儒家价值观对世界文化秩序的变革将会起重要的作用，我们还需做很多很多事情。

（原文为英语　田辰山编译）

儒学思想对越南现代社会的影响

越南历史研究院研究员　阮国生

一、越南古—中代儒学发展简略

儒家思想伴随着汉字向周边国家如朝鲜、日本、越南等广为传播，对这些国家的文明进化起了重要的作用。儒家思想经过不断的传播与发展，对越南各方面都产生了深刻的影响。儒学在越南的历史进程包括三个主要阶段：第一阶段是从公元初年至10世纪；第二阶段10世纪至近代时期，是儒学在越南的主要发展阶段；第三阶段是近代以后儒学退潮并被西学替代的阶段。本文主要介绍第一阶段和第二阶段——儒学在越南的主要传播阶段和发展阶段。

第一阶段：初始阶段是从公元初年至10世纪

在秦末汉初，时任南海郡尉的赵佗在公元前204年建立了地方割据政权——南越国，自称"南越武王"。在此期间，赵佗把今越南北部地区变为南越国的郡县，从此赵佗在南越国开始传播儒学思想，使南越国地区开始接触儒学，并在岭南地区建立学校，用儒家的诗书礼乐教化百姓。《安南志略》记载："赵佗王南越，稍以礼仪化其民……建立学校，尊仁依义。"① 即在赵佗统治时期开始把儒家的思想介绍到越南。当然，值得注意的是，当时儒家思想的传播是以汉字作为载体，在赵佗时期就推广汉语言文字，在以后的一段相当长的历史时期，越南一直把汉字作为自己的文字，在社会上广泛地运用汉字和汉语，这对中原思想的传播有着非常重要的作用，更有利于儒学思想的传播和推广。《越南历史》记载："自东汉以后，特别是公元2世纪末，汉族的士大夫到交趾的越来越多，儒家思想比过去得到更普遍的传播。儒家的经典《论语》、《春秋》等书在封建政权和士大夫开办的学校里普遍讲授。"② 从东汉的独尊儒术之后，儒学在越南地区得到前所未有的传播，并受到统治者的重视，当然，局限于当时的社会状况，儒学并没有在人民大众中得到广泛的传播，主要是集中在封建统治者内部。

在三国以后，儒家思想继续传播，中原文化和安南之间的交流越来越密切，有的

---

① ［越］黎崱：《安南志略》，中华书局2000年版，第324页。
② 越南社会科学委员会：《越南历史》，人民出版社1977年版，第75—76页。

中原学者和诗人移居安南，为中原文化在安南的传播和后来的文化繁荣做了充分的准备。在这期间出现了像士燮这样的以儒家思想治国安民的儒者。《大越史记全书》卷首记载了安南史学家黎嵩对士燮的评价："士王习鲁国之风流，学问博洽，谦虚下士，化国俗以诗礼，淑人心以礼乐。"即士燮在交趾任职期间，以儒家的礼乐教化民众和陶冶心性。

第二阶段：10世纪至近代时期是儒学在越南的主要发展阶段

越南自10世纪自主独立至近代之前一直使用汉字，同时采用中国的政治体制与政权组织模型来发展自己的国家。这是因为在自主独立的条件下，儒学有助于国家建立正统的思想体系。

隋唐以降，中原地区进入了战乱的局面，安南的吴权迅速崛起，并在公元968年，他在白藤江击败南汉军，越南北部地区正式脱离了中国封建王朝统治。吴权去世，越南北部局面动荡，发生了十二使军之乱。丁部领兴起，首次建立了独立的封建王朝，结束了"十二使君"的混战局面，统一了越南北方，建立丁朝，国号为大瞿越。凿城池、起宫殿、置百官、设六军，成为一个独立的封建君主制的国家。虽然以一个统一的国家出现，但是在前黎朝时期，儒学并没有得到重视，相反，崇扬佛教，甚至僧人涉足政治，例如当时的高僧法顺、吴真流和万行等不仅是高僧，还是朝廷的重臣，在佛学领域取得了重大的成果，同时起了使节的作用。

到了李朝，这种局面有所改观。虽然把佛教立为国教，僧侣参政，甚至皇帝也出家或参禅，并在佛学领域有着高深的造诣，但朝廷已经认识到儒教之于立国的重要作用。史书记载，李太祖崩后，各皇子抢夺王位，朝廷不得已让百官到铜鼓庙参与宣誓会议，宣誓内容为："为人君而不知春秋之义，必蒙首恶之名，为人臣而不知春秋之义，必随篡弑之罪，明王哀王嘉之，谓也。"①这明显是沿袭了儒家的"忠孝"思想，是儒家思想被李朝认为对王朝稳定有益的显例。同时，这一事件也有助于解释为什么到李圣宗朝代（1054—1072），奉祀孔子与七十二先贤的文庙会在升龙京都被正式建立。随后，1075年，李仁宗（1072—1127）首开三场科举考试，预选录取了黎文盛等10人，这对人才的培养和发掘产生了重要的作用，同样对国家的安定产生了积极的作用和深远的意义。1076年，国子监得以建立，朝廷选才士入国子监学习，并由硕儒任教。统治者开始重视儒学思想，并积极推行儒学，作为统治国家的一个重要的方式和手段，对社会进行积极的改革。

至陈代（1255—1400），儒学继续受重视。陈朝建立不久，儒学思想占据统治地位，开始排斥和攻击佛教思想。《大越史记全书》本纪卷六记载："为士大夫者，非尧舜之道不陈前，非孔孟之道不著述。"这在客观上为儒学的进一步发展提供了一个良

---

① ［越］吴士连等：《大越史记全书·本纪》卷二《李纪》，越南社会科学出版社1998年版。

机。1232 年，朝廷开科考试太学生。1247 年定出三魁试卷，1253 年又建立了教授"四书五经"及其他儒家经典的国学。朱文安（1292—1370）是陈代国学祭酒，有非常多的门生，他还被命名为"越南宗儒"，后来入祀文庙。陈朝"学习制度和科举制度越来越有条理和正规化。国家在京城专门为贵族官吏的子弟成立国学院，随后扩大到儒士也可以入学。各路、府、州也逐渐设置了培养官吏的学校。除了公立学校之外，许多儒生还在农村里设立了私塾。科举条例和各种学位得到正式规定"。

至 15 世纪的黎朝，从后黎开始到阮朝中期的 400 年间是儒学在越南的兴盛时期，为取得正统的地位，经历了一个长期的发展过程。到后来对儒学进行本土化和民族化的改造，成为越南民族精神的一个构成部分。科举的发展与推动促进了儒士阶层的形成。其时，京都有国子监、太学院。黎圣宗帝（1460—1497）把国家分为十三道，在平原地区各道建立公学，试行科举。从光顺三年（1462）起，规定三年一试，头年乡试，后年会试。自黎朝起，考中者都深感荣宠，以致有唱名礼节、荣归节，并在文庙有进士题名碑记。此规定一直实行到黎朝末及以后各朝。黎朝特别注重儒家经典的刊行，具体而言，有黎圣宗帝诏谕再刻的《五经官版》，发放于国子监，作为监生学习的范本。黎圣宗采取科举准入的办法来约束人们的行为，他很推崇儒家先道德后文章的观念，于 1462 年制定了《保结乡试例》，规定："听本官及本社社长保结其人实有德行者，方许上数应试。其不孝、不睦、不义、乱伦及教唆之类，虽有学问辞章，不许入试。" 1471 年，他又下令："子居父母丧而妻妾怀孕，以流罪罪之；妻居夫丧，而肆行淫乱，或丧未满，释服从吉，并先通嫁信及娶之者，并以死罪罪之；若居丧服，出现戏场，纵观不避，以流罪论。"[①] 黎圣宗于 1485 年颁布《敦礼义课农桑令》，其中规定"忠信孝悌之人，必用心嘉奖，民皆归厚，而革浇薄奸诡之风"[②]，以弘扬社会道德伦理与等级观念、尊卑秩序。至此，儒家思想得以具体化为法律与法典，儒家思想迅速渗透于社会生活的各个方面。

可以说儒家思想因得到统治阶级的鼓励、传播与宣扬，故在黎朝得以迅速发展，这种势头一直维持到莫代 16 世纪与黎—郑代 17—18 世纪。到了 17、18 世纪，有关儒学经典的论著有了明显的增长，许多儒家学者参与译经工作，其中最具代表性的儒者有冯克宽、邓太滂、黎贵惇、范阮攸、范贵适、吴时任、裴辉璧等人。

阮朝中期，儒学开始衰落。其衰落的原因诸多，学者归纳为以下几点，儒学在越南的衰落是伴随着越南被法国变成殖民地的过程而产生，作为维护封建统治的儒学失去了其社会基础，同时受到了西方国家的资产阶级思想文化的猛烈冲击，以儒学为核心的传统思想观念被西方的思想观念所代替；另外，法国殖民者压制儒学的传播和发展，汉字和喃字被拉丁文所取代，使儒学失去了传播的载体，科举制度的废除等都加

---

① ［越］潘辉注：《历朝宪章类志·刑律志目》，越南历史研究所读书馆藏本。
② ［越］阮朝国史馆：《越史通鉴纲目·前编》，《黎纪》，越南教育出版社 1998 年版。

速了儒学在越南的衰落。

总之，在长达两千多年的时间里，儒家思想经过不断的传播与发展，对越南各方面都产生了深刻的影响。在政治方面，封建统治者把儒教的纲常伦理观念视为治国的根本。在教育方面，儒教成为推动越南封建社会教育发展的动力。在民族精神中，渗透了浓厚的儒教忠孝节义观念。在人们的思维方式、日常生活及风俗习惯中，也无处不体现出儒家思想的影响。越南近代著名的勤王运动领袖潘廷逢说："我国千年来，地非广，兵非强，物非盛，建国之本唯在伦常，君臣、父子而已。"①

二、儒学思想对越南现代社会的作用

1. 儒家的仁政思想对和谐社会的作用

儒家思想在中国有两千多年的历史，它影响着人类生活的方方面面。在精神领域，它是人修身养性立身处世的道德准则；在政治领域，它有自己的施政理想和施政方针。儒家的"亚圣"孟子，早在战国时期就明确提出了自己的仁政理想。

"仁政"学说是贯穿于儒家思想的核心，围绕的就是"民惟邦本，本固邦宁"的原则。实行仁政，让百姓能够安定地生活，最起码满足他们的基本愿望，"使仰足以事父母，俯足以畜妻子，乐岁终身饱，凶年免于死亡"②，这样君主才能为王。在孟子同时代以及孟子之前也有人提出民本的思想，不管出于何种目的，孟子又把民本做了进一步的引申，既然民是国家之本，那么民的地位就高于君王的地位。"民为贵，社稷次之，君为轻。……诸侯危社稷，则变置。牺牲既成，粢盛既洁，祭祀以时，然而旱干水溢，则变置社稷。"③ 这点才是孟子最高的理想。

仁政思想还提出轻徭薄赋，减少战争。在赋税方面，孟子提出"轻赋敛"，认为夏、商、周三代的税收制度较合理，可以效仿。在战争方面，孟子身处战国，认识到了战争给人民带来的苦难，因此他强烈反对掠夺战争，倡导给人民一个和平、安定的生存环境。这再次体现了若施"仁政"，必先"爱民"、"利民"的民本原则，这也是孟子"民本"思想的延伸。这一点对当今社会很有意义和价值。

仁政思想提及与民同乐、尊贤使能的观点。孟子说："为民上而不与民同乐者，亦非也。乐民之乐者，民亦乐其乐；忧民之忧民者，民亦忧其忧；乐以天下，忧以天下，然而不王者，未之有也。"④ 孟子要求国君与民同乐，实际上是对国君腐朽生活的一种限制，以缓和日益尖锐的阶级矛盾。这一思想的影响是十分深远的，它也成为其后开

---

① 越南文学院：《越南诗文合选》，越南社会科学出版社2000年版。
② 《孟子·梁惠王下》。
③ 《孟子·尽心下》。
④ 《孟子·梁惠王上》。

明君主调整国家统治与民众关系的准绳。

儒家思想在长期的历史实践和社会演变中形成了众多优秀的认识和思想,而这些认识和思想又被后来者奉为准则或规范。如:"乐以天下,忧以天下"①的忧患意识,"富贵不能淫,贫贱不能移,威武不能屈"②的高尚品格,"天行健,君子以自强不息"③的奋斗精神,"三军可夺帅也,匹夫不可夺志也"④的坚毅品质,"舍生取义、见利思义"⑤的生死道义观,"士不可以不弘毅,任重而道远"⑥的探索精神,"老吾老,以及人之老;幼吾幼,以及人之幼"⑦的孝德,"其身正,不令而行;其身不正,虽令不从"⑧,"修己安人"、"正心修身"的修身观,以及"临渊羡鱼,不如退而结网"⑨的求实精神等,对于建立和谐的人际关系,加强自身道德修养和公民意识和责任感,构建社会主义和谐社会起到很大的促进作用。

儒家的"人本主义"思想。孔子曰:"天地之间,人为贵。"荀子曰:"人最为天下贵。"孟子曰:"民贵君轻。"在封建社会里,儒家思想仍然重视人的价值,提倡"人本"、"人贵",尽管其目的和含义与现代社会的"以人为本"、"人民至上"的思想和理念有很大差别与不同,但在封建社会的大背景下,儒家的这种思想无疑是一种巨大的社会进步,这种人的理念早于西方"文艺复兴"、"启蒙运动"十几个世纪,这在人类历史上也是屈指可数的先进思想,儒家思想后来在西方国家的广泛传播正是基于这种"人本主义"思想的先进性,这种思想获得了欧洲思想家们的欢迎和重视,成为一种冲击旧制度的法宝,因此中国对世界的贡献是巨大的。儒家思想的人本主义在于人要有"仁"和"义",仁者爱人,推己及人。百事义为先,舍生取义。以"仁"和"义"为支撑的"人本主义"观念使儒家思想更具内涵,更有生机和活力,从而在社会中得以推及并产生积极作用。

2. 儒学思想重视教育

孔子"因材施教"、"有教无类"的教育思想打破了中国封建社会"学在官府",只有贵族才可以接受教育的制度,很难相信维护奴隶主阶级利益的孔子具有这种非常的眼光。孔子的学生中有贵族,如鲁国大夫孟懿子和南宫适都是孔子的学生,但更多的还是平民。据史料记载,孔子的弟子子贡是卫国的商人,颜涿聚当过强盗,子张是

---

① 《孟子·梁惠王章句下》。阮廌是越南民族英雄,世界文化名人以此话作为他的行动指南。
② 《孟子·滕文公下》。
③ 《周易》。
④ 《论语·子罕》。
⑤ 《论语》。
⑥ 《论语·泰伯章》。
⑦ 《孟子·梁惠王上》。
⑧ 《论语·子路篇》。
⑨ 《淮南子·说林训》。

做马匹交易的经纪人。正是由于孔子的"有教无类",才使得这样一些平民、商人,甚至于强盗,受到教育后成为了社会上的显达之士。这对教育大众化和教育平等化无疑是一大贡献,孔子这种教育思想的开天辟地引导了后世教育在下层社会中的逐渐推广,时至今日,这种教育教学理念还在学校开展,这种思想促进了现代社会对创新型、实践型人才的教育和培养,为社会主义现代化建设培养了一批批实用性人才。

孔子很多的教育思想和教学方法及学习态度更是影响深远,成为千百年来读书人效法的原则,如:"温故而知新,可以为师矣。"① "三人行,必有我师焉;择其善者而从之,其不善者而改之。"② "学而不思则罔,思而不学则怠。"③ 等等,其他儒家人士的教育思想如:"玉不琢,不成器;人不学,不知道。"④ "青,取之于蓝而青于蓝,冰,水为之而寒于水。"⑤ "为山九仞,功亏一篑。"⑥ "它山之石,可以攻玉。"⑦ "博学之,审问之,慎思之,明辨之,笃行之。"⑧ "知之为知之,不知为不知,是知也。"⑨ "锲而舍之,朽木不折;锲而不舍,金石可镂。"⑩ 等等,同样成为千古圣训,为历代读书人所推崇。

教育伦理是教育制度、考试制度、教学授业和教师言行必须遵循的道德准则,作为传道解惑、培养人才的根本大法,是一个国家教育兴旺的基因。教育伦理主要包括"有教无类"、"爱无差等"、"一视同仁"、"因材施教"、"独立思考"、"育德为先"、"知行统一"和"至乐向善"八个方面,其中"有教无类"、"一视同仁"、"独立思考"和"因材施教"四个问题,正是选拔优秀学生必须遵循的原则。

3. 儒家思想注重道德

如果说西方文化是"智"型文化,那么儒学思想就是"德"型文化,这一德型表现在政治上也有积极的一面:忠于国家、抵御外来侵略、杀暴君、直谏上,是很值得我们学习的民族精神。

关于个人与社会关系的道德内容在对个人与社会的思考上,以孔孟为代表的儒家是家族社会所孕育出来,并自汉代"罢黜百家,独尊儒术"后,长期占据主导地位的思想派别。该派思想家们一开始就跳出了个人与社会、个人与国家的对立思考,而把群体的和谐作为他们理论的目标和出发点。他们认为,社会安定有序就是道德价值所

---

① 《论语·为政》。
② 《论语·述而》。
③ 《论语·为政》。
④ 《礼记·学记》。
⑤ 《荀子·劝学》。
⑥ 《尚书·旅獒》。
⑦ 《诗经·小雅·鹤鸣》。
⑧ 《中庸·第二十章》。
⑨ 《论语·为政》。
⑩ 《荀子·劝学》。

在。"仁"、"义"、"礼"、"智"、"信"等一系列的道德原则都是为了营造社会的安定和谐。例如，儒家强调"礼"，要求人们的一切言行都要符合礼，以使各个社会成员各就其位、各司其职、各安其分、各奉其事、各得其所、毫不错乱，这样社会自然就会秩序井然、和谐稳定。而"仁"作为儒家思想中的最高道德范畴，主要体现为侍长以"孝"、侍君以"忠"。孝悌是人与人关系的基础，"忠"在某种程度上是对"孝悌"的延伸。作为道德规范的"仁"，还要求人们要以对自己亲人的爱推及对他人的爱，以仁爱之心对待他人，人与人之间要互相关心、互相帮助，以形成一种和谐的人文氛围。

儒家的纲常伦理学说在长期的传播、融化、吸收过程中深深地渗透到越南的社会家庭生活和风俗习惯当中，支配着人们的思维方式和日常行为。越南人认为"孝为百德之首"，在诸般信条中，最重要的莫过于"孝"。儿子对父母要尽孝道，不孝是大逆不道的行为，会受到舆论的谴责和嘲笑。"孝"在越南所受到的维护与推崇与中国相比有过之而无不及，但含义略有不同：越南人把对父母之孝称为"小孝"，把对国家之孝称为"大孝"。"小孝"要服从"大孝"。中国封建社会"忠孝"中的"忠"多指"忠君"，而越南人的"大孝"则指报效国家①。戴可来先生指出："越南接受中国文化的特点，主要是把中国文化加以简化和实用化，以适应越南的国情。越南在学术上形成了一种简化、明快的风格。陈朝的朱文安把中国的四书简化，写成《四书说约》；裴辉璧把明朝的《性理大全》简化为《性理撮要》。史学上，越南史学家从中国学习了简单扼要的编年体来编写他们的正史，如《越史略》、《大越史记全书》、《越史通鉴纲目》等，而且还出现了许多'撮要'、'节要'、'史约'的著作，都体现了这种简化风格。"②

在修身的方法上，儒家首先强调正心诚意，认为一个人有了自我修养的诚意与要求，才具备人生修养的基础。其次，"好学"。"好学近乎知"，"笃信好学，守死善道"，"学"是非常重要的。"好仁不好学，其蔽也愚；好知不好学，其蔽也荡；好信不好学，其蔽也贼；好直不好学，其蔽也绞；好勇不好学，其蔽也乱；好刚不好学，其蔽也狂。"③ 只有通过努力学习，才能很好地修身养性。最后，"践行"。一个人要真正成为一个有良好品格和道德的人，要做到知行合一。虽然说儒家这种主体的道德修养，最终是为了使个人服从社会的需要，但儒家这种注重人的自我观照、自我修养、自我实践的道德原则，没准会成为治疗现代人精神与道德迷失的一剂良药。

---

① 孙衍峰：《儒家思想在越南的传播发展与变异》，载赵丽明主编《汉字传播与中越文化交流》，国际文化出版公司 2004 年版，第 362 页。
② 戴可来：《对越南古代历史和文化的若干新认识》，《北大亚太研究》第 2 集，北京大学出版社 1993 年版，第 103 页。
③ 《论语·阳货》。

三、儒学传统对越南现代社会的消极影响

儒学和传统中的千丝万缕的联系，使得它一方面在历史上发挥了极大的作用，另一方面从法国侵略越南以来，随着越南传统社会的各个不同阶层的解体，又经历了极大的认同危机。

因此，当我们讨论儒家传统能不能继续发展的课题时，至少有三个方面的问题需要作出回应，这都是儒学消极的方面。

第一是民主运动的问题。儒家传统和民主运动是相冲突的，民主运动是建构在一个敌对抗衡的价值意识上，没有敌对抗衡就很难有民主运动。这个抗衡哲学里有一个非常重要的基础，即怀疑主义、怀疑权威、怀疑人性有光辉的一面、怀疑任何压力集团的利他倾向、怀疑任何人的动机。这是一种责任理论，即不谈动机问题，特别重视程序，要依靠程序政治、要依靠法律制约、要依靠在互相抗争中展现出来的新规则。

第二是过分注重道德的作用，法治精神缺乏。儒家文化是道德化治理国家，特别强调人们的素质、觉悟和良心，因而把道德看得比法律更根本、更重要。直到现在，越南的法治建设虽取得了很大进步，但仍缺少法治精神。有法不依、执法不严、违法不究的现象屡见不鲜，实施依法治国方略任重而道远。事实证明，现代社会光靠道德是约束不了一些人的行为的，要形成有法可依、有法必依的法制社会才能更长远地走下去。

第三是过分中庸，不利于改革创新社会。孔子说"叩其两端而竭焉"，如何取其中，没有一定的法则，需要当事人根据当时的具体情况灵活运用。"中庸"和改革创新相矛盾。过分中庸显得畏首畏尾，不能进行改革创新，而失去创新则失去了生机与活力，显然是不合适的。

结　语

从法国侵略越南以后，越南人认为儒家思想比西方文明落后，是使越南亡国的原因之一，所以从此越南人没有依靠儒家思想来建设社会。但是经过千百年的积淀，它已深深植根于越南的民族文化中。这种影响是根深蒂固的，不管所起的作用是积极的或是消极的，都是非常重要的。为了实现越南现代社会的民主、公平、文明目标，越南共产党和越南政府除了依靠马克思主义和胡志明思想为指南针以外，还需要利用并选择儒家积极的东西与现代社会思想进行交流和融合，使儒学思想重新迸发出无尽的生机活力，作为一种社会普遍认可和接受的主流思想有着巨大的生存和发展空间。

儒家的养民富国思想探析

山东社会科学院国际儒学研究与交流中心主任、研究员　孙聚友

儒家思想是以内圣外王为其价值追求的，它主张通过修己而达致安人。修己是实现自身道德的完善，获得经世致用的学识才能；安人则是实现治国平天下的追求。就安人而言，儒家认为，安人具体是由养民富民和富国安邦构成的，二者的关系是相互统一的，富民才能富国，国富才能安民。

一、儒家养民富国思想形成的前提

儒家将安人视为其思想的价值追求，安人是由养民富民和富国安邦构成的，这既是对人类社会活动的本质揭示，也是对历史文化的继承与发展。儒家所推重的历代圣王，无不在安人的活动中作出了卓越的功绩，他们或推进了物质文明的发展，或推进了精神文明的发展，建立了和谐的社会运行秩序，保障了民众的基本生存需求。

孔子在对历史文化的认识中明确地提出了安人的思想，他曾说"修己以敬"、"修己以安人"、"修己以安百姓"（《论语·宪问》）。"安人"和"安百姓"实际上就是"安人"。达致安人的价值追求，在于建构人人安于其位的社会运行和谐秩序，实现人人得以生存的社会保障体制。这一目的实质上就是满足人们的各种需求，既包括物质方面的需求，也包括精神方面的需求。继孔子之后，孟子在对安人目的的认识中提出了仁政的安人思想。孟子生活的时代，整个社会处于动荡混乱无序之中，民众处于水深火热的暴政之中，渴望社会的秩序安定，生存的需求保证，成为人们的普遍追求。孟子的仁政学说正是为了适应社会发展的需求，实现养民富国。他认为，仁政就是以"不忍人之心"行"不忍人之政"。"人皆有不忍人之心。先王有不忍人之心，斯有不忍人之政矣。以不忍人之心，行不忍人之政，治天下可运之掌上。"（《孟子·公孙丑上》）实行仁政，治理天下就是很容易的事情了。孟子认为，仁政是为政者以其不忍人之心，行不忍人之政，就是将仁爱之心，由近及远地推广开去，这样就可以实现安定天下的目的。他指出，仁政的内容就是要做到保民、爱民、养民、富民，满足民众的生存需求，所以"保民而王，莫之能御也"（《孟子·梁惠王上》）。

孟子指出，实行仁政不仅具体表现为保民养民，满足民众的生活需求，而且还表现在实行道德教化，提高民众的道德水平，这样才能保证社会和谐有序地运行，故他说："王如施仁政于民，省刑罚，薄税敛，深耕易耨；壮者以暇日修其孝悌忠信，入以

事其父兄，出以事其长上，可使制梃以挞秦楚之坚甲利兵矣。"(《孟子·梁惠王上》)实现养民安民的仁政，就能够提高民众的道德水平，保证国家政权的稳固。实行保民而王的仁政，就会得到天下士农工商的归附，达致安人目的的实现。他说："尊贤使能，俊杰在位，则天下之士皆悦，而愿立于其朝矣；市，廛而不征，法而不廛，则天下之商皆悦，而愿藏于其市矣；关，讥而不征，则天下之旅皆悦，而愿出于其路矣；耕者，助而不税，则天下之农皆悦，而愿耕于其野矣；廛，无夫里之布，则天下之民皆悦，而愿为之氓矣。信能行此五者，则邻国之民仰之若父母矣。率其子弟，攻其父母，自有生民以来未有能济者也。如此，则无敌于天下。无敌于天下者，天吏也。然而不王者，未之有也。"(《孟子·公孙丑上》)君主能够让天下的士农工商各得其所，不仅能使本国的百姓安居乐业，还能使邻国百姓前来归附，从而扩大统治的基础，统一天下。

　　荀子从君主为政的立场出发，提出了"王道"的安人思想，其内容具体表现为尊君爱民、隆礼重法、强本节用、尚贤使能等方面。他认为，"人莫贵乎生，莫乐乎安"(《荀子·强国》)，追求生存和安宁是人的最大需求。而为政的根本目的就在于实现养民富国的安人目的。要达致这一目的，为政者必须认识到统治者与被统治者的相互关系，实行"平政爱民"的为政之道。他指出，民众与君主的关系就如同马和车、水与舟的关系一样。他说："马骇舆，则君子不安舆；庶人骇政，则君子不安位。马骇舆，则莫若静之；庶人骇政，则莫若惠之。选贤良，举笃敬，兴孝悌，收孤寡，补贫穷；如是，则庶人安政矣。庶人安政，然后君子安位。传曰：'君者，舟也；庶民者，水也。水则载舟，水则覆舟。'此之谓也。故君人者，欲安，则莫若平政爱民矣。"(《荀子·王制》)为政者要充分认识到民众在政权和国家存亡中的地位和作用，只有民众安心于政事，才能实现政权的稳固。他说："有社稷者而不能爱民，不能利民，而求民之亲爱己，不可得也。民不亲不爱，而求其为己用，为己死，不可得也。民不为己用，不为己死，而求兵之劲，城之固，不可得也。兵不劲，城不固，而求敌之不至，不可得也。敌至而求无危削，不灭亡，不可得也。"(《荀子·君道》)为政而不能爱民利民，就会失去民心，得不到民众的支持，而导致国家的覆亡。他说："用国者，得百姓之力者富，得百姓之死者强，得百姓之誉者荣。三得者具而天下归之，三得者亡而天下去之；天下归之之谓王，天下去之之谓亡。汤武者，修其道，行其义，兴天下同利，除天下同害，天下归之。故厚德音以先之，明礼义以道之，致忠信以爱之，赏贤使能以次之，爵服赏庆以申重之，时其事，轻其任，以调齐之，潢然兼覆之，养长之，如保赤子。生民则致宽，使民则綦理，辩政令制度，所以接天下之人百姓，有非理者如豪末，则虽孤独鳏寡，必不加焉。是故百姓贵之如帝，亲之如父母，为之出死断亡而不愉者，无它故焉，道德诚明，利泽诚厚也。"(《荀子·王霸》)要想得到民众的拥护，获得民心，为政者必须除害兴利，厚德明礼，赏贤使能，实行惠民、裕民的爱民政策。能够实行养民的王者之法，就会实现四海之内若一家的和谐局面，就能得到民众的拥护和爱戴。故他说："上莫不致爱其下，而制之以礼。上之于下，如保赤子，政令制度，所以接下之人百姓，有不理者如豪末，则虽孤独鳏寡必不加焉。故下之亲上，欢如父母，可杀而不可使不顺。"（《荀子·王霸》）君主能够做到爱民养民，民众就会归顺君主，这样整个社会才会形成"庶民安政，君子安位"和谐有序的良好秩序，保证管理活动的顺利进行，最终达致"王道"安人管理目的的顺利实现。

儒家的养民富国的思想就是在整个社会中实现物尽其用、人尽其才、近者尽心、远人归附的和谐局面，这也就是《礼记·礼运》篇中所描绘的大同社会。《礼记·礼运》篇说："大道之行也，天下为公。选贤与能，讲信修睦，故人不独亲其亲，不独子其子，使老有所终，壮有所用，幼有所长，矜寡孤独废疾者，皆有所养。男有分，女有归。货恶其弃于地也，不必藏于己；力恶其不出于身也，不必为己。是故谋闭而不兴，盗窃乱贼而不作，故外户而不闭，是谓大同。"大同世界是一个安定和平的社会，在这个社会中，既没有尔虞我诈的阴谋诡计，也没有盗贼和战争，人们过着丰衣足食的太平生活。因此，儒家指出，只有通过实施养民富国的治国方针，才能实现天下为公的大同社会。

二、儒家的养民富民思想

儒家指出，要满足人们的生存发展需求，就要实行养民富民的政策。养民富民是社会运行发展的不可缺少的前提，养民是指保证民众有适宜的生存条件，能够获得生存需求的物质资料。富民是指在养民的基础上，实现民众生活的富裕。儒家养民富民思想的提出，是由于儒家认识到了民众在社会发展中的地位和作用，继承了传统的重民爱民思想。

孔子指出，养民富民，保证民众的生存，是社会管理阶层的重要职责，为政应当"因民之所利而利之"（《论语·尧曰》），保证民众拥有生活和生产的所需求的基本物质资料。要实现养民富民，为政首先要节用爱民，使民以时。他说："道千乘之国，敬事而信，节和而爱民，使民以时。"（《论语·学而》）治理国家，要爱护民众，节约财用，征调民力要适时适度，不可滥用，这样才能保护民众正常地从事农业生产。孔子认为，实现民富，为政要实行薄税敛的赋税政策，以减轻民众的赋税负担。如果实行重赋厚敛，过度盘剥民众，就会造成民众生活的贫困。所以，孔子反对统治者对民众实行横征暴敛的重税行为。《论语·先进》载："季氏富于周公，而求也为之聚敛而附益之。子曰：'非吾徒也。小子鸣鼓而攻之，可也。'"孔子的弟子冉求帮助季氏聚敛财富，盘剥民众，孔子对此十分愤怒，不承认他是自己的门徒。在税收上，孔子主张实行自夏、商以至周代以来传统的什一之税。据《左传》哀公十一年记载，鲁国的执政大夫季康之想将鲁国以丘计算实行的什一之税，改为以田亩计算实行什二之税，派冉有征求孔子的意见。孔子对季康之加重民众负担的做法非常不满,对冉有说:"君子之行也,度于礼,施取其厚,事举其中,敛从其薄。如是则以丘亦足矣;若不度于礼,而贪冒无厌,则虽以田赋,将又不足。且子季孙若欲行而法,则周公之典在;若欲苟而行,又何妨焉!""二"则是什二而税,孔子主张赋税采取周公的什一之税,其意在于强调为政要减轻民众的负担,实现民众的富裕。孔子赞扬郑国大夫子产具有仁德,其重要的原因在于他能够"养民也惠"(《论语·公冶长》)。"惠则足以使人"(《论语·阳货》),为政只有实行养民富民的政策,才能得到民众的支持。

孟子继承了孔子的思想,提出了更为丰富的养民富民思想。他认为,养民是实行仁政的根本基础,他说:"养生丧死无憾,王道之始也。"(《孟子·梁惠王上》)而要保证民众的生存需要,实现养民的仁政,首先要具有爱民忧民之心。这种爱民忧民之心,就是民之"所欲与之聚之,所恶勿施,尔也"(《孟子·离娄上》)。故他主张为政者应当乐民之乐,忧民之忧,"乐民之乐者,民亦乐其乐;忧民之忧者,民亦忧其忧。乐以天下,忧以天下,然而不王者,未之有也"(《孟子·梁惠王上》)。"以善服人者,未有能服人者也;以善养人,然后能服天下。天下不心服而王者,未之有也。"(《孟子·离娄下》)所以孟子指出,追求富贵利达是人所具有的欲望,为政者所具有的富贵利达之心,并不是仁政实现的障碍,重要的是能否将此心与百姓同之。

孟子指出,为政者要做到养民,首先要"制民之产",使民众拥有生存所需的一定私有财产。他说:"无恒产而有恒心者,惟士为能。若民,则无恒产,因无恒心。苟无恒心,放辟邪侈,无不为己。及陷于罪,然后从而刑之,是罔民也。焉有仁人在位罔民而可为也?是故明君制民之产,必使仰足以事父母,俯足以畜妻子,乐岁终身饱,凶年免于死亡;然后驱而之善,故民之从之也轻。"(《孟子·梁惠王上》)如果为政"制民之产,仰不足以事父母,俯不足以畜妻子;乐岁终身苦,凶年不免于死亡,此惟救死而恐不赡,奚暇治礼义哉?"(《孟子·梁惠王上》)民众如果连生存都难以保障,也就不可能去持守践履礼义道德。如何实行"制民之产"?孟子提出了"制民之产"的具体内容。他说:"五亩之宅,树之以桑,五十者可以衣帛矣。鸡豚狗彘之畜,无失其时,七十者可以食肉矣。百亩之田,勿夺农时,数口之家可以无饥矣。谨庠序之教,申之以孝悌之义,颁白者不负戴于道路矣。七十者衣帛食肉,黎民不饥不寒,然而不王者,未之有也。"(《孟子·梁惠王上》)制民之产,就是使百姓有五亩之宅,百亩之田,这样就能以此生产出生存所需的生活用品。保障民众的生存,不仅要制民之产,而且还要减轻赋税,"取于民有制"。如果赋税过重,"为民父母,使民盻盻然,将终岁勤动,不得以养其父母,又称贷而益之,使老稚转乎沟壑,恶在其为民父母也"(《孟子·滕文公上》)。孟子分析了夏商周三代的赋税制度,指出:"夏后氏五十而贡,殷人七十而助,周人百亩而彻,其实皆什一也。"三代的赋税之率都是什一制,但田税最好是实行助法,而不可实行贡法,"贡者,校数岁之中以为常,乐岁,粒米狼戾,多取之而不为虐,则寡取之;凶年,粪其田而不足,则必取盈焉",贡法取数岁之中定为标准，税额固定不变，不能随生产的丰歉作必要调整，这既不利于国家储蓄，也不利于百姓生活。而商代的助耕公田的劳役租税，是最理想的赋税制度，周代的彻法是助法的变通，也是可以推行的。孟子在分析了夏、商、周三代的赋税之制后，主张实行什一之税，"野九一而助，国中什一使自赋"（《孟子·滕文公上》）。孟子强调征收赋税，不可重复征收。他说："有布缕之征，粟米之征，力役之征。君子用其一，缓其二，用其二而民有殍，用其三而父子离。"（《孟子·尽心下》）要实现养民富民的管理目的，就要轻赋税，否则就会导致民众饥寒交加，妻离子散。

制民之产，减轻赋税，就能保障民众的生存，这是实行仁政的前提，是获得民心的基础。如果为政不能保障民众的生存和富裕，就是残民害民的暴政。"庖有肥肉，厩有肥马，民有饥色，野有饿莩，此率兽而食人也。兽相食，且人恶之；为民父母，行政，不免于率兽而食人，恶在其为民父母也？"（《孟子·梁惠王上》）为政首先应当做到养民富民，这样才能为仁政的实行创立必备的条件。故他说："今王发政施仁，使天下仕者皆欲立于王之朝，耕者皆欲耕于王之野，商贾皆欲藏于王之市，行旅皆欲出于王之涂，天下之欲疾其君者皆欲赴诉于王。其若是，孰能御之？"（《孟子·梁惠王上》）做到养民富民，实施仁政，就能得到人们的信服和拥护，进而巩固自身拥有的政权。

荀子继承了孔孟关于养民富民的思想，他不仅重视为政要做到养民富民，而且提出了要发展农业本业生产，促进商业流通，开源节流，强本节用，减轻赋税。

荀子指出，实现养民富民，必须首先强本，也就是要明晓财富的源流关系。他认为，农业是财富生产的本源，而工商业则是末业，"田野县鄙者，财之本也；垣窌仓廪者，财之末也。百姓时和，事业得叙者，货之源也；等赋府库者，货之流也。故明主必谨养其和，节其流，开其源，而时斟酌焉。潢然使天下必有余，而上不忧不足。如是，则上下俱富，交无所藏之。是知国计之极也"（《荀子·富国》）。农业是财之本，仓廪是财之末，农民适时耕种是货之源，按等级征收赋税以充实府库是货之流。要实现社会财富的增加，养民富民，必须发展农业生产。

荀子指出，要实现养民富民的目的，不仅要强本，重视农业生产，而且还要节用，也就是要薄敛赋，轻徭役。他从国家兴衰强盛的角度，强调了薄税轻徭的作用。"成侯、嗣公聚敛计数之君也，未及取民也。子产取民者也，未及为政也。管仲为政者也，未及修礼也。故修礼者王，为政者强，取民者安，聚敛者亡。故王者富民，霸者富士，仅存之国富大夫，亡国富筐箧，实府库。筐箧已富，府库已实，而百姓贫：夫是之谓上溢而下漏。入不可以守，出不可以战，则倾覆灭亡可立而待也。故我聚之以亡，敌得之以强。聚敛者，召寇、肥敌、亡国、危身之道也，故明君不蹈也。"（《荀子·王制》）聚敛财富就是招致寇盗、灭亡国家，而贤明的君主是不会这样做的。薄税轻徭决定着国家的兴亡，为政应当重视养民富民，藏富于民，而不可加重民众的赋税负担。故他说："下贫则上贫，下富则上富……使天下必有余，而上不忧不足。如是，则上下

俱富，交无所藏之，是知国计之极也。"（《荀子·富国》）

荀子主张，为政应当"轻田野之税，平关市之征，省商贾之数，罕举力役，无夺农时，如是则国富矣"（《荀子·富国》），因为"不富无以养民情……故家五亩宅，百亩田，务其业而勿夺其时，所以富之也"（《荀子·大略》），这样既可以减轻力役之征，以免妨碍农业生产，同时也可以使农民专心于农业，保证生产的正常发展。所以荀子反对关市之征和重税厚敛，主张实行什一税率，仅征单一的农业税，按土地的美恶程度和道路的远近划定等级，收取级差赋税。他说："王者之法，等赋，政事，财万物，所以养万民也。田野什一，关市几而不征，山林泽梁，以时禁发而不税。相地而衰政，理道之远近而致贡，通流财物粟米，无有滞留，使相归移也。四海之内若一家，故近者不隐其能，远者不疾其劳，无幽闲隐僻之国，莫不趋使而安乐之。"（《荀子·王制》）为政要关心生产的发展，兴修水利，发展多种经营，山泽禁发有时，以保护生态平衡。

三、儒家的富国安邦思想

儒家的安人外王追求，主张建构人人安于其位的社会运行和谐秩序，实现人人得以生存的社会保障体制。而要实现安人，就要实行爱民保民的仁政德治，达致国力强盛，物质富足。所以儒家认为，实现安人外王，不仅包括养民富民，而且还包括富国安邦。只有国家强盛富裕，民众才能安居乐业。

儒家充分认识到了国家的强盛富裕与安人目的实现的内在关系，指出只有国家强盛富裕，才能安定社会秩序，保证民众生存。孔子认为，国家强盛富裕是实现安民的前提。"子贡问政。子曰：足食、足兵、民信之矣。子贡曰：必不得已而去，于斯三者何为先？曰：去兵。子贡曰：必不得已而去，于斯二者何先？曰：去食。自古皆有死，民无信不立。"（《论语·颜渊》）"足食"是指保证国家有充足的物质财富，"足兵"是指保证国家要有强盛的兵力，"民信"是指为政要得到民众的信任，亦即实现国家富裕，保证国家强盛，得到民心归依，这是治国的三条基本原则。只有实现了国家强盛富裕，才能得到民众信服。民心安定了，社会就会稳定，所以国家强盛富裕是实现安民的重要保证。荀子也认为，国家强盛富裕是实现社会秩序稳定，达致天下统一的重要前提。他指出，治理国家应当促进经济的发展，增加社会财富，这样才能保证民众生活富裕，获得民众信服支持。国家强盛富裕，民众生活无忧，上下俱富，才能保证政权的稳固，社会的稳定。

如何达致富国安邦的管理目的，儒家提出了一系列的方法。

荀子认为，实现国家的富裕是建立在社会分工的基础上的，如果没有社会分工，则社会就不会得以和谐有序地运行发展。故他说："兼足天下之道在明分。掩地表亩，剌草殖谷，多粪肥田，是农夫众庶之事也。守时力民，进事长功，和齐百姓，使人不偷，是将率之事也。高者不旱，下者不水，寒暑和节，而五谷以时孰，是天之事也。若夫兼而覆之，兼而爱之，兼而制之，岁虽凶败水旱，使百姓无冻馁之患，则是圣君贤相之事也。"（《荀子·富国》）社会中的每个人各依其自身的分工，担负起应尽的职责，才能保证社会正常地运转，这是实现国家强盛富裕的前提。

　　实现富国安邦，首先要重视农业生产。所以儒家特别重视农业生产的发展，把农业视为富国富民的根本。要实现农业生产的发展，必须解决土地问题。孟子认为，解决农民的土地问题，在于制民之产。只有农民拥有固产的产业，才能安心从事生产，解决衣食需求。同时要实现农业生产的发展，要保证社会有足够的劳动力。《大学》中说："生财有大道：生之者众，食之者寡；为之者疾，用之者舒，则财恒足矣。"要增加国家的财富，必须要有足够的从事农业生产的人，如果从事生产的人少，而消费的人多，国家的财富就会匮乏。荀子也主张要保证社会有足够多的人从事农业生产，并提出了"众农夫，省工贾"的主张，强调"众农夫，则国富"，"士大夫众，则国贫"（《荀子·富国》）。他认为，农业生产是财货的本源，从事农业生产的人多，就能增加国家的财富，实现国家的强盛富裕。如果从事农业生产的人少，而消费的人多，国家的财富就不会得到增加。

　　儒家不仅重视农业生产，而且强调农林牧渔猎要综合发展，大力生产民众生活所需的各种生活资料，实现国家财富的全面增加。荀子说："土之生五谷也，人善治之，则亩数盆，一岁而再获之。然后瓜桃枣李一本数以盆鼓；然后荤菜百疏以泽量；然后六畜禽兽一而剸车；鼋、鼍、鱼、鳖、鳅、鳝以时别，一而成群；然后飞鸟、凫、雁若烟海；然后昆虫万物生其间，可以相食养者，不可胜数也。夫天地之生万物也，固有余，足以食人矣；麻葛茧丝、鸟兽之羽毛齿革也，固有余，足以衣人矣。"（《荀子·富国》）他指出，土地生长五谷，只要人们善于耕种，就可以收获足够多的粮食、蔬菜、水果；大力发展畜牧业，就可以有足够多的禽畜；保持自然生态的良好发展，就可以实现自然资源的增长。所以保证天地间万物的生长发展，就足以满足人们的生活需求，实现国家财富的增加。

　　儒家指出，要实现保证天地间万物的生长发展，就要保护好自然生态环境，实行养用结合。荀子认为，保护生态环境，实行养用结合，这是圣王之制的重要内容。他说："圣王之制也：草木荣华滋硕之时，则斧斤不入山林，不夭其生，不绝其长也。鼋鼍鱼鳖鳅鳝孕别之时，罔罟毒药不入泽，不夭其生，不绝其长也。春耕、夏耘、秋收、冬藏，四者不失时，故五谷不绝，而百姓有余食也。污池渊沼川泽，谨其时禁，故鱼鳖优多，而百姓有余用也。斩伐养长不失其时，故山林不童，而百姓有余材也。"（《荀子·王制》）草木正在开花结果的时节，刀斧不得进入山林，这是为了不使树木夭折，保证它们的正常生长；水生动物正在产卵的时节，不要用渔网和毒药进行捕杀，这是为了不使各种水生动物夭折，不断绝其生长。春季耕种，夏季耘苗，秋季收获，冬季储藏，不失时机地做好这四件事，五谷就会源源不断地获得丰收，而百姓也就都会有富余的粮食；池塘、沼泽、河流，严守时节的禁令，水生动物就会不断地繁殖增多，百姓的食用就会有剩余；砍伐木材与培育山林，都不失时机，山林就不致荒芜，而百姓生活所需的木材就会有剩余。所以要不断增加国家的财富，保证民众生活所需的生活资料，就要保护好自然生态环境，实现自然资源的持续增长。

实现国家财富的增长，虽然要持守以农为本的政策，同时也不能忽视工商业的发展。儒家指出，无论是从工商业在社会分工中的作用来看，还是从工商业在满足人们生活和生产所需求的物质资料来看，工商业在保证社会的正常运转和促进商品流通中，都有着举足轻重的地位。《中庸》中就把"来百工"——发展工商业，作为治理天下的九条法则之一。孟子也指出，如果没有社会分工合作，没有工商业的存在和发展，整个社会的正常运转，就不能得以实现。如果个人所需的每件东西都要由自己生产出来，这是率领天下的人疲于奔命。荀子虽然主张增加国家的财富要限制工商业者的人数，但他也指出，保证社会的正常运转，满足人们的生存需求，离不开工商业。从事渔业的人能够拥有生活所需的木材，从事狩猎的人能够拥有生活所需的水产，农民不用制造器械就能拥有生活和生产所需的工具，工商业者不用耕田就能获得生活所需的粮食，这都是由社会分工合作，以及商业的流通作用来实现的。基于对商业在社会中的地位和作用，儒家强调为政要实行优惠政策，促进商业的流通繁荣。这是实现国家富裕强盛的重要方法。

国家的强盛富裕与民众的富裕是分不开的。只有实现了民富，才能达致国富，所以儒家强调为政要以民众的利益为重，减轻民众的赋税负担，实现国家的富裕。唐代的李翱就曾具体地分析了薄敛轻税在富国当中的作用，他认为实行轻敛的政策有利于促进社会生产的发展，进而实现国家的富裕。他说："人皆知重敛之可以得财，而不知轻敛之得财愈多也。何也？重敛则人贫，人贫则流者不归而天下之人不来。由是土地虽大，有荒而不耕者，虽耕之而地力有所遗。人日益困，财日益匮，是谓弃天下之时，遗地之利，竭人之财……轻敛则人乐其生。乐其生，则居者不流而流者日来。居者不流而流者日来，则土地无荒，桑柘日繁。尽力耕之，地有余利，人日益富。"（《平赋书序》）重敛本来是为了增加财政收入，但这一目的并不一定能够达到，因为沉重的税赋将会导致人们日趋贫困，以致难以承受，进而社会劳动力大量流失，广大的土地因无人耕种而出现荒芜。即使劳动力不流失，也将会导致劳动生产率的下降，生产的财富数额减少，这样财政收入就会受到影响。如果实行轻敛政策，则社会生产力不但不会流失，而且已经流失的也将会回来从事生产，同时轻敛还能够刺激人们的生产积极性，进而实现社会财富生产的不断发展。所以实行轻敛，表面看来是减少了税赋的数量，但总体看来，税赋能够持续不断地收上来，财政收入的总额是大大增加了。

儒家认为，实现富国的目的，为政者必须持守合于礼义之道的消费行为，防止极端自私而无节制的奢侈和浪费，保证生产和消费的平稳关系。西汉贾谊在提出了要注重增加国家财富的主张后，又特别指出了实现国家财富的增加，必须坚决反对奢侈和浪费。他从当时的农业生产情况出发，认为社会的消费超过了生产所能达到的水平，长此下去就会导致国家的败亡。他说："夫百人作之，不能衣一人，欲天下无寒，胡可得也！一人耕之，十人聚而食之，欲天下无饥，不可得也。"(《汉书·贾谊传》) 多人生产出来的衣物不能满足一人的消费，就会导致天下之人处于无衣受寒之境；从事生产的人少，而消费的人多，就会导致天下的人处于饥饿状态。国家财富的增加，应当保证生产的人多，限制人们过度的消费。如果"生之有时，而用之无度，则物力必屈"，"生之者甚少，而靡之者甚多，天下财产，何得不蹶"(《汉书·食货志上》)。因此，他反对不从事生产活动的末技游民的过度奢侈浪费生活，主张合理地实现生产与消费的平稳关系，防止过度的浪费和奢侈，这是达致富国的重要方法。

儒家的养民富国思想展示了儒家思想的价值追求，这一思想不仅成为历代有为的统治者持守的为政方针，也对整个社会和文化的发展产生了积极的影响作用。继承发扬儒家养民富国思想的精华，对于促进当代社会的进步，构建和谐社会，具有一定的借鉴意义。

通过马克思主义中国化重构大同儒学

曲阜师范大学历史文化学院副教授　邱文元

19世纪末20世纪初，中国从帝制走向共和，儒学的形态也随着社会的进步而发生变化。康有为最早著有《大同书》，对儒家的大同学说加以阐述。和现代新儒家的其他大师相比较，熊十力构筑大同儒学最为努力，他在晚年从大同学的立场出发对孟荀以降的小康儒学进行了严厉的批判。可见与共和时代相适应的儒学是大同儒学，这是绝大多数现代儒家学者的共识。

在五四运动前后，中国第一批马克思主义者放弃了自由主义和实验主义等资产阶级思想，而接受了马克思主义。回顾这段历史，我们发现接受马克思主义的中国先进分子，都是从大同儒学的立场出发的。一百多年马克思主义的中国化，实质上完成了对大同儒学的哲学社会科学的现代诠释。

本文认为马克思主义中国化的必要性在于，从西方哲学社会科学的知识和价值二元化立场出发诠释马克思主义遇到的形式和内容的矛盾，只有借助儒家思想的"一个世界"的世界观，才能够克服。而一旦实现了这种形式上的中国化，马克思主义就和儒家思想融为一体：马克思主义和儒家思想都是普遍真理，前者是在西欧历史文化的特殊语境揭示普遍真理，后者则是在中国历史文化的特殊语境中揭示普遍真理。因此，转换语境的马克思主义中国化，就成了儒家现代形态建构的一条途径。

一、马克思主义中国化的必要性和必然性

西方破裂式路径的柏拉图主义有一个根本性的错误，那就是一种二元论的错误，它把普遍性和特殊性分离开来，导致了思想对现实颠倒了的认识。这种颠倒了的认识的主要表现是，它把归根结底是从现实中得来的认识看作是从彼岸的理念世界来的，不是将其置身于现象中理解，而是把它们放置到一个和现实世界隔离的神圣的理念世界中。

基督教的历史观把这个天国和俗世的二元分裂描述为一个末世论的辩证过程。作为人类祖先的亚当和夏娃最初生活在伊甸园里，一旦被诱惑吃了禁果，获得了自由意志，也就开始了堕落的进程——人类最终便无法自拔，在罪恶中越陷越深。上帝决定让他的独生子耶稣基督来拯救人类，基督的肉身之死赎买了人类的所有罪恶。基督为救赎罪人而死，又复活了回到天堂他的天父的身边；在基督第二次降临的时候，就会

有一场末日审判，把获得了福音的基督徒带往天堂，享受永恒的至福。人类历史就构成了一个否定之否定的辩证过程，伊甸园—堕落—天国。黑格尔的辩证法就是这个圣经历史观的抽象表述。

马克思对欧洲无产阶级革命必然性的阐述也借用了这个否定的辩证法。洛维特认为，无产阶级是替补耶稣基督的"特选子民"，只有解放全人类才能最终解放自己。"因此，资产阶级和无产阶级这两大敌对阵营的最终对抗，与对最后的历史时期中基督徒与反基督徒之间决战的信仰相对应。无产阶级的任务与特选子民的世界历史使命相似，绝非偶然。被压迫阶级的普世拯救功能与十字架和复活的宗教辩证法相对应，必然王国向自由王国的转化与旧的时代向新的时代的转化相对应。《共产党宣言》所描述的全部历史程序，反映了犹太教—基督教解释历史的普遍图式，即历史是朝着一个有意义的终极目的的、由天意规定的救赎历史。"①

但是马克思的共产主义革命的理论却受制于这个否定的辩证法，就产生了形式和内容的矛盾。这个矛盾在研究马克思主义的自由主义学派那里，以迈斯纳为代表，被夸大成马克思主义不可克服的、在决定论和唯意志论二者之间选择任何一方都会导致荒谬结论的矛盾。自由主义者只有非此即彼的形式逻辑的思维方式，恰恰是这个形式逻辑的思维方式本身制造出来这个决定论与唯意志论两极对立的矛盾。

马克思理论中存在的形式和内容的矛盾主要表现在两个方面：一个是马克思对于无产阶级革命条件认识上存在的问题，另一个是马克思对于东方国家和民族的亚细亚生产方式的认识问题。

对于第一个问题，我们首先要问的是无产阶级革命是否必须以资本主义高度发达为条件。我们会产生疑问，既然革命的目的是克服资本主义对人性的异化而使人性得到本然状态的恢复，就不能以更加严重的异化即资本主义的高度发达为条件。

作为资本主义发达的结果，资本对人的统治就从经济和物质的领域扩展到精神的领域，这就导致了资本主义发达国家工人阶级对革命的主观愿望的消失——工人阶级沉湎于经济斗争，丧失了远大的目标，使自己更加彻底地编织进资本主义的逻辑中。

19世纪50年代正在进行《资本论》创作中的马克思还有一个观念也是存在问题的，这就是亚细亚生产方式的概念——马克思不自觉地从亚当·斯密、孟德斯鸠、康德、赫德尔、黑格尔那里继承下来的对亚洲和中国的错误认识。

马克思在创作资本论的时候不自觉地继承了黑格尔的世界历史观念，跟随黑格尔臆想出了人类历史的生产方式的演变进程，即亚细亚的、古典的和现代资本主义的进程。马克思和黑格尔一样，也把东方的中国和印度排除在发展和进步的世界历史之外。20世纪60年代，苏联学者伊柳舍奇金指出："靠不住的、陈旧的、但属于卡尔·马

---

① ［德］洛维特著，李秋零、田薇译：《世界历史与救赎历史：历史哲学的神学前提》，生活·读书·新知三联书店2002年版，第53页。

思手笔的亚细亚生产方式这个概念,其根源是黑格尔的绝对精神的自我认识的特殊的亚细亚阶段。"① 和黑格尔不同的是,马克思正确地解读了黑格尔的精神自由——在马克思看来,不过是生产的物质条件与劳动者的分离。而黑格尔精神自由的历史不过是劳动者无产阶级化和劳动者异化的历史。

按照马克思的论述,亚细亚生产方式主要有三个特征:首先,土地国有制和公社的土地占有制;然后是农村公社长期存在,农业和手工业相结合并成为社会生产和生活的基本组织;第三,政治上是专制主义政权体制。

"在大多数亚细亚的基本形式中,凌驾于这一切小的共同体之上的总和的统一体表现为更高的所有者或唯一的所有者,实际的公社却只不过表现为世袭的占有者。因为这种统一体是实际的所有者,并且是公共财产的真正前提,所以统一体本身能够表现为一种凌驾于这许多实际的单个共同体之上的特殊的东西,而在这些单个的共同体中,每一个单个的人在事实上失去了财产,或者说,财产对这单个的人来说是间接的财产,因为这种财产,是由作为这许多共同体之父的专制君主所体现的统一总体,通过这些单个的公社而赐予他的。"②

在此我们要明确的是,马克思和19世纪西方哲学社会科学一样,对于东方特殊性的强调,是为了确立一种西方历史的普遍性,一种关于进步发展的西方中心主义的话语权利。这就是马克思之所以要对英国在印度残暴的殖民主义在感情上拒绝而在理智上却要肯定的原因所在。"的确,英国在印度斯坦造成社会革命完全是被极卑鄙的利益驱使的,在谋取这些利益的方式上也很愚钝。但是问题不在这里。问题在于,如果亚洲的社会状况没有一个根本的革命,人类能不能完成自己的使命。如果不能,那么,英国不管是干出了多大的罪行,它在造成这个革命的时候毕竟是充当了历史的不自觉的工具。"③

马克思、恩格斯生活在19世纪,他们不知道20世纪末21世纪初的历史学会完全改写一新:东方世界的中国和印度在人类有记载的历史进程中,绝大部分时间都是占据着世界经济发展历史的中心地位的,这个中心地位甚至维持到英国殖民者用卑劣的手段把印度变成殖民地的时候。两千年引领世界经济发展的东方,绝不是停滞和不发展的。

20世纪末21世纪初的历史研究也发现了,中国在过去两千年里经济发展和进步并领先世界其他国家和地区的一个重要的原因,就是因为中国存在着主导性的公有制经

---

① 转引自季正矩《国内外学者关于"亚细亚生产方式"理论研究观点综述》(一),《当代世界与社会主义》2008年第1期。
② 《马克思恩格斯全集》第46卷(上),人民出版社1979年版,第472—473页。
③ 马克思:《不列颠在印度的统治》,《马克思恩格斯选集》第2卷,人民出版社1974年版,第68页。

济（国家对土地的最终所有权）。由于国家的保护，中国的"农村公社"村社长期保留了下来，中国的劳动阶级从来没有被彻底地剥夺劳动条件。不管是在西周的井田制度，还是在商鞅变法后的均田制度下，中国的劳动者阶级总是可以从自己的剩余劳动中获得对自己的生存和劳动条件的维持和改善。这就是中国社会的变易的特点，每一个家庭都可以通过勤劳节俭改变自己，这和彻底被剥夺的古希腊罗马的奴隶，基本被剥夺的西欧中世纪的农奴大不相同。在中国历史上严格的阶级壁垒是不存在的，或者是个人经过自己的努力可以跨越的。但是在近代以前的西方历史上，阶级壁垒是不可能跨越的。中国古代的"公有制经济"主导地位不仅是中央集权国家的物质基础，也是中国劳动者的劳动积极性得到保护的强大保障。这才是中国在过去两千多年里经济总量和经济发展水平都在世界上占据领先地位的根本原因。

我们看到马克思主义在马克思后的发展正是依靠吸收融合"亚细亚的"智慧而实现的，这可能是早年的马克思所想不到的。马克思主义经历了俄国化不成功的中介，在中国得到了中国文化特别是儒家思想的强有力支援，摆脱了西方二元分裂的宗教性文化的羁绊，彻底克服了表述形式和内容的矛盾，完成了马克思主义中国化的发展。

在马克思主义中国化的道路上，俄罗斯的布尔什维克主义起到了十分重要的桥梁作用。这是由于俄国化的马克思主义，即列宁主义，解决了无产阶级在革命进程中自觉性的问题。马克思、恩格斯去世后的第二国际走向了经济主义路线，热衷于经济斗争和工人阶级局部利益的取得，放弃了打碎资产阶级国家机器的暴力革命的路线。列宁从俄罗斯赫尔岑、车尔尼雪夫斯基到特加乔夫的民粹主义传统中汲取了思想和策略，在 1904 年的《怎么办》中提出了建立严密组织和严肃纪律的建党思想，以形成坚强的党组织来向工人农民群众灌输革命的自觉性，在十月革命前的《四月提纲》中又果断地提出了原本属于民粹主义的社会革命党的土地政策，最后赢得了十月革命的胜利。

但是由于俄罗斯化马克思主义的无产阶级革命理论不自觉地受到了东正教文化的救世主义、神秘主义的影响。东罗马帝国被土耳其消灭后，莫斯科大公国成为东正教的重镇，被称为"第三罗马"。俄罗斯人于是成为神选的民族，是各民族的弥赛亚，是唯一负有救世使命的民族。"俄罗斯民族的弥赛亚意识，世代相传，经久不衰，一直是俄罗斯传统文化的一个特征。""20 世纪初的第三国际和世界革命的理想则是革命弥赛亚意识的表现。"[1] 这种宗教性的革命观念误导了俄罗斯的马克思主义者，错误地把欧洲历史和俄国革命的特殊表现形式当作了普遍性的东西。马克思主义中国化的历程，实际上就是和俄罗斯马克思主义的教条主义进行不断斗争的历史。

---

[1] 刘祖熙：《试论俄罗斯文明》，《俄罗斯中亚东欧研究》2005 年第 4 期。

二、道德革命和国家资本主导地位的重建

在已经成功走上复兴道路的今天，我们就有必要把近代中国革命置身于中国五千年的历史发展，也就是中国文明的连续型路径中来考察。在这样的视角下，为资本主义发展开辟道路的"资产阶级革命"就与中国历史无关了。因为中国历史发展的连续型路径对于中国近代历史的变迁有路径依赖的规定性，中国历史的连续型路径排除了私有制下私人资本对经济的垄断，而是保持了国有经济的主导地位。如果资本主义是资产阶级对经济领域的私有垄断，如果中国近代私人资本还远远逊色于国家资本的力量，那么我们就不能说近代中国式资本主义或近代中国的革命是为了资本主义的发展开辟道路。

如果中国革命不是资产阶级革命，那么它应该是什么性质的呢？

西欧语境中的无产阶级革命是要否定世俗性的国家，而实现本来在彼岸世界的价值。由于中国文明的一元化世界观，国家兼具神性和俗性的双重权威，因此中国革命不是要从根本上否定国家，而是要在更加本源的意义上重建国家。现代中国革命和历史上王朝更替的革命虽然有很大不同，却是继承了它的传统而发生的。

中央集权的大一统国家，其主要的职责是管理、服务和保护其统治下的人民。但是在过去两千多年中，大一统国家是通过皇帝家天下的形式实现其中央集权的。秦汉体制的大一统国家，是从宗法制国家到现代人民共和国的过渡形式。它最突出的优点表现在郡县制国家废除了封建贵族制，而通过从读书的士大夫阶级选拔官僚的方式来治理国家和人民。贵族阶级的消失，增强了大一统国家的公共管理职能，很大程度上保护了广大劳动农民的利益和他们的劳动积极性，这是过去两千多年中国经济和社会发展领先于世界各国的根本原因。

此后，中国大一统国家政治的危机就是官僚政治的代理人危机。士大夫阶级作为皇帝和国家依托的治理老百姓的精英力量，是在儒家经典的教导下走向政治舞台的，却在每一个王朝走向崩溃前，走向了试图把国家授予的代理性权力变为世袭性权力的贵族化歧路上去。这就是中国历史的王朝循环，王朝初期建立中央集权的秩序遭到破坏；失去了中央节制的士大夫阶级横征暴敛，导致了人民的流离失所——最后农民起义的熊熊大火，烧掉了皇帝的宝座，也烧掉了贵族化的士大夫阶级的封建庄园。

近代的中国革命继承了古代革命的传统，不是要像西方革命者那样消灭国家，而是要恢复和重建在代理人危机中分崩离析的国家。和古代的改朝换代不同的是，近代的中国革命不再建立家天下形式的集权国家，而是建立由集中起来的人民意志直接统治国家的人民共和国。对于中国革命走向成功至关重要的是，毛泽东把古代儒家士大夫的慎独的道德修养，发展成了服务群众、组织群众（群众路线）的道德革命。

近代中国的道德革命的性质，也可以从中国国家资本主导地位确立的过程中清晰地展现出来。

我们过去有一个对近代史的基本估计，那就是认为如果没有帝国主义入侵，中国会自主地发展出资本主义。这个估计是完全错误的，中国就是没有帝国主义入侵，也不会发展走向资本主义。为什么呢？这是由中国的历史发展的路径依赖所致。中国中央集权国家在古代社会也把经济的权力集中在自己手中。古代经济是农业经济，秦汉以来的国家都是土地直接占有的大户，间接地占有所有土地。作为经营大宗商品的盐铁业，也直接或间接控制在政府手里。

在清朝末年，西方工业经济对中国产生了巨大的经济、政治和军事上的压力。清朝末年的洋务运动就是应对这种压力的对策——向西方学习工业技术和科学知识，开始建立中国的工业化基础。如果我们可以不管建立在不平等条约体系下的外国资本，只比较清末的国家资本和私人资本，我们就会看到，相比较而言，私人资本是远比国家资本弱小的（大部分私人资本的企业必须依附到外国资本和国家资本的身上，才能生存）。从第一次鸦片战争五口通商始，尤其是中日甲午战争失败后，外国资本通过最惠国待遇原则而获得了通商口岸城市的投资自由，这使得外国资本控制了中国的金融和外贸，从而间接控制了中国的国家资本和民间资本的投资。

北洋军阀时期是中央政府对国民经济的控制能力最弱的时候，它还企图通过把自己送到国际资本掌控之下的办法，借助国际资本来吞并和限制民间资本的发展。

1927年建立的南京政府在国家资本控制国民经济的程度上就比北洋政府高得多。南京政府在中国近代历史上最早建立了中央银行制度，专门发行国债，印制纸币。除此之外，南京政府还建立了资源委员会，管理国家对矿业和重工业的投资和开发。1945年日本投降后，中国资本总值为142亿元（按1936年币值计），其中国家资本占54%（战前为32%）[①]；如果以分类计，则国家资本占产业资本总值的64%（战前为22%）[②]，金融资本总值的89%（战前为59%）。[③] 可以说，当时的国家资本已在中国产业资本中占据了优势地位，并在金融资本中占据了压倒性优势地位，反映出国民党历经20余年的经营，已经建立了由国家政权掌控的、可以左右中国经济发展的、集中在官僚经营下的经济体系。

1949年后，新中国通过从国民党政府接收的国家资本和官僚资本就已经使国家建立了对经济的主导地位。近代的国家资本大部分带有买办和官僚资本的成分，成为帝国主义和腐败官僚相互勾结侵吞国家资产掠夺人民财富的工具。近代的国家资本成为中国经济的赘疣和阻碍力量。

中国革命把新中国建立在人民意志的基础上，国有资本成了名副其实的公有制的

[①][②][③] 吴承明、许涤新主编：《中国资本主义发展史》第2版第3卷，人民出版社2003年版，第747、741、752页。

资本。在新中国经历了一段时间艰苦的探索以后，也就是改革开放以后，中国终于走出了一条经济快速发展的中国道路。和 1949 年后 30 多年的计划经济全民和集体两种所有制经济的结构不同，改革开放的中国经济包括了国家资本、民间中小资本、外国资本和个体经济所有的多层次所有制成分，形成了一个变化连续体的经济结构（有机结构）。

  1957 年 7 月，毛泽东提出要"造成一个又有集中又有民主，又有纪律又有自由，又有统一意志，又有个人心情舒畅、生动活泼，那样一种政治局面"的要求。毛泽东提出的生动活泼局面的设想是中国摆脱苏联计划经济的高屋建瓴的设想。以鞍钢为代表的一些国有企业按照毛泽东的指示，探索企业管理，形成了著名的"鞍钢宪法"。1960 年 3 月，毛泽东把鞍钢探索的即"两参一改三结合"（"实行干部参加劳动，工人参加管理，改革不合理的规章制度，工人群众、领导干部和技术员三结合"）的制度，称之为"鞍钢宪法"①，使之与苏联的"马钢宪法"（指以马格尼托哥尔斯克冶金联合工厂经验为代表的苏联一长制管理方法）相对立。只是在苏联解体，共产主义运动遭到重大挫折之后的 20 世纪 90 年代，中国共产党人才彻底摆脱了苏联计划经济的教条主义，建立了中国特色社会主义市场经济的新体制，完全实现了毛泽东充分调动国家、集体和个人各方面的积极性，形成一个生动活泼局面的要求。中国特色社会主义市场经济的巨大优势，在过去 30 多年创造的经济发展奇迹中展现给了世人，不仅改写了世界经济的格局，也改写了世界经济发展的理论。

三、马克思主义中国化与儒学重构

  马克思主义中国化是马克思主义在中国的发展，在这个发展过程中，中国文化尤其是儒学的思想资源被发掘利用，以使马克思主义的普遍真理获得中国化的民族形式。

  为什么要使马克思主义获得中国形式？这是为了克服马克思主义在西方否定辩证法的形式中存在的内容和形式的矛盾。在西方文化的二元世界的世界观中，普遍性和特殊性是分离的，前者属于永恒不变的世界，后者被遗留在现象世界中。马克思在 19 世纪创建的使人类从资本主义异化中解放出来，以恢复本性的革命学说，不可避免地要受到 19 世纪形成的西欧哲学社会科学的自否定逻辑的影响。我们要继承和发展马克思主义，就要和马克思表述其普遍真理而从 19 世纪西欧哲学社会科学借用的形式（自否定逻辑）告别，而用中国历史发展的特殊性形式来表达马克思主义普遍真理。

  马克思主义关于人类历史普遍真理的认识，在古典作家那里，是通过西方历史的特殊性形式来认识和表述的；就如同儒家对人类历史的普遍性的认识，是借助于中国

---

① 《建国以来毛泽东文稿》第 9 册，中央文献出版社 1996 年版，第 90 页。

特殊的历史发展来认识和表述的一样。马克思主义和孔子儒家关于人类历史普遍性的认识，虽然是借助于不同形式达到的，却归根结底是同一个认识。这样一来，马克思主义中国化就是赋予普遍真理以中国形式，这就使得中国化的马克思主义成为儒学现代诠释的一条途径。

马克思主义最初是在把普遍性和特殊性对立的二元化语境中得到阐述的，这种形式的阐述不可避免地造成了内容和表述形式的不相适应，或者说它们之间的矛盾。因此我们要把马克思主义中国化，目标就是把马克思主义在二元化语境中的表述转变为一元化语境的表述，从而使其内容和形式达到和谐一致——实现了这个目标，也就是通过马克思主义中国化而重新阐释了儒学。

孔子和儒家学派的礼学研究了中国社会、政治、经济、文化及其制度的发展演化，解释了中国历史发展的连续型路径依赖的特点。近代马克思主义者把马克思的历史唯物主义应用到中国历史的研究中来，把中国古代思想的观念置身于政治文化制度，进一步置身于特定历史阶段的经济社会结构中来进行研究。通过这样的研究，马克思主义者就对中国历史连续型路径发展的实际，继古代的儒学进行了哲学社会科学的阐释。

孔子、孟子和宋明理学则正确地阐述了普遍和特殊的辩证关系，提出了本体论、功夫论和认识论三位一体的实践理性的思想。马克思主义中国化也就是把源自二元化世界观的自否定的辩证法改造为"一个世界"的世界观中的肯定辩证法。例如关于国家，在中国语境中国家是道德本体的载体，道德本体或善的理念蕴含在国家中，而在西方二元世界的世界观中，道德本体就是超越的上帝和天国，国家只是一种工具理性的概念——要获得超越的价值，就必须从否定国家开始。把马克思的唯物辩证法哲学进行这样的中国化阐释，也就是重新阐释了儒学的实践理性。

马克思的科学社会主义是关于把人类从资本主义异化中解放出来的无产阶级革命的学说。把马克思的科学社会主义中国化，也就是使其摆脱原来就有的二元化或自否定的形式，而通过中国化的或"一个世界"的世界观的改造。共产主义就被阐释为大同理想。前者以西方破裂式路径下资本主义发展带来的无产阶级的普遍贫困为条件，后者则以人的本性（善）可以通过培育而摆脱资本对人性的异化影响为前提。毛泽东领导的中国革命就因此是道德革命，是实现每一个人的自由都获得保障的既有统一纪律又有个人心情舒畅的道德革命。

总而言之，马克思主义之所以被废除帝制建立共和制度的中国人所接受，其目的不过是要借以把儒学改造升级为符合共和制度的大同儒学。

仁
——儒学的核心

中国人民大学哲学院教授　宋志明

孔子思想的核心究竟是一个"礼"字，还是一个"仁"字？曾经是个有争议的问题。那些"左"得可恨的假马克思主义理论骗子，一口咬定就是一个"礼"字，而"仁"不过是孔子为了"复礼"亮出来的"杀人不见血的软刀子"而已。在他们眼里，孔子就是维护礼治的恶魔，就是维护奴隶制的恶魔，就是搞复古倒退的恶魔，简直就是罪该万死！他们硬把孔子同林彪捆绑在一起，大搞所谓"批林批孔运动"。在"左"派当道的氛围中，真正的学者即便不认同他们的谬见，也无可奈何，敢怒不敢言。

最明确地把"仁"看成孔子思想核心的学者当属郭沫若先生，他在《十批判书》中写道："孔子的基本立场既是顺应着当时的社会变革的潮流的，因而他的思想和言论也就可以获得清算的标准。大体上他是站在代表人民利益的方面的，他很想积极地利用文化的力量来增进人民的幸福。""一个'仁'字最被强调，这可以说是他的思想体系的核心。"① 熟悉甲骨文的郭先生在甲骨文中发现了"礼"字，却没有发现"仁"字，他由此断定："仁"是春秋时代出现的新名词，虽不好说是孔子首创，但孔子在《论语》中反复强调，则是不争的事实。郭先生在《论语》中找到九条材料，证明孔子思想体系的核心就是一个"仁"字。

一

诚如郭先生所论，孔子思想体系的核心的确就是一个"仁"字，而不是一个"礼"字。对于孔子来说，礼学是一个如何继承的问题，而仁学才是一个如何创新的问题。在孔子思想体系中，"仁"和"礼"无非是两个基础性观念，但孔子的重视程度毕竟有所不同。"礼"可以说是孔子思想的出发点，但不能说是孔子思想体系的核心，因为礼学并非肇始于孔子。在中国历史上，礼文明出现在前儒学时代，历史比儒家长得多，后者显然不能构成前者的原因。就连孔子本人都承认，周公制礼作乐；自己的责任仅仅在于：如何在新的历史时期开发这种传统的思想资源？如何将其发扬光大？

孔子把礼文明归功于周公，其实是表示对传统的尊重而已，并非是事实陈述。早

---

① 郭沫若：《十批判书》，东方出版社1996年版，第87页。

在周公之前，礼文明已经出现，周公可以说是这种文明的整理者和弘扬者，不能说是创造者。所谓"礼"，泛指社会制度，它是人类历史发展的产物。无论何种社会，人们必须借助某种制度把社会成员组织起来。从这个意义上说，"礼"的历史与人类的历史是同步发生的，并不是哪位圣人心血来潮发明出来的。在古代，广义的"礼"指社会制度，而狭义的"礼"则是指君主制度。我们不能用现代人的眼光苛责古人维护君主制，抵制民主制，因为民主制是市场经济时代的产物。古人并不知道民主制为何物，君主制是他们唯一的选择，世界上任何民族皆无例外。在人类童年时期，选择君主制作为社会组织形式，乃是一种历史的进步。恩格斯在《论封建制度的瓦解和民族国家的产生》中指出，在这种普遍的混乱状态中，王权是进步的因素，这一点是十分清楚的。王权在混乱中代表着秩序，代表着正在形成而与分裂成叛乱的各附庸国的状态对抗。在封建主义表层下形成着的一切革命因素都倾向王权，正像王权倾向它们一样。倘若从现代人的视角指责古人不懂民主制而维护君主制，犹如指责古人不会开汽车只会赶牛车一样荒唐可笑。道理很简单，那时人类只发明出牛车，还没有发明出汽车。

大约在公元前5世纪，也就是春秋末年，中国社会发展进入大变革时期，开始从松散的王国时代向统一的帝国时代过渡。在这种语境中，周天子的权威动摇了，礼文明遇到了危机，形成"礼坏乐崩"局面。对于礼，尤其是周礼，孔子表示认同，申明"吾从周"（《论语·八佾》）。对于当时经常出现的僭越现象，他十分气愤。例如，季氏竟然以大夫的身份动用天子之礼，"八佾舞于庭"。孔子表示抗议："是可忍，孰不可忍！"我们可以说孔子是礼文明的继承者，却不能说他是传统礼制的维护者。他所面临的课题，不是如何维护礼制问题，而是如何找到"礼坏乐崩"原因的问题。经过一番哲学思考，他找到的原因就是：礼的有效性都应当以"仁"为前提、为担保；倘若离开"仁"，单纯倡导礼制，将无济于事。他尖锐地指出："人而不仁，如礼何？人而不仁，如乐何？"（《论语·八佾》）在孔子看来，仁德缺位乃是造成"礼坏乐崩"的根本原因。于是，他的全部哲学思考，便围绕着"仁"字展开。以"仁"论"礼"，这才是孔子的思想特色。孔子对于传统的态度具有两面性：他一方面弘扬传统，另一方面又超越传统，他并不抱残守缺，并不因循守旧。他从"仁"的视角看待"礼"，对周礼作出损益。在他的眼里，"礼"并不仅仅是礼仪条文的总汇，并不是一套死板僵化的规定。"礼云礼云，玉帛云乎哉？"（《论语·阳货》）当然不是。那么，什么是礼的深刻内涵呢？孔子认为其内涵就是普遍的人文精神，就是人之所以为人的本则，用一个字来概括就是"仁"。

据杨伯峻先生统计，在《论语》中"仁"字出现了109次之多，可见"仁"在孔子思想体系中占有极其重要的地位。关于何谓"仁"，孔门师生经常在一起探讨。"樊迟问仁，子曰：爱人。"（《论语·颜渊》）在孔子关于仁的种种说法中，这一条最简洁，也最深刻。所谓"爱人"，也就是主张把他人当作自己的同类来看待，这是一种原始的人道主义思想。"爱人"也就是注重人所共有的最一般的、最普遍的本则。以此沟通人我关系，结成社会群体，谋求共同的发展。孔子在一定程度上突破了狭隘的宗法血缘观念，发现了人的类存在。他承认每个人都具有独立的人格，强调道德意识是人普遍具有的特质，因此主张用仁爱原则协调人际关系，实行所谓"忠恕之道"。所谓"忠恕之道"，从消极的意义来说，就是应当"己所不欲，勿施于人"；从积极的意义来说，就是应该"己欲立而立人，己欲达而达人"（《论语·雍也》）。这样一来，孔子便从"仁"的观念中引申出一套做人的学问，一套与他人相处的学问。他把"仁"视为人的本质规定，主张把自然人（"己"）提升到"真正的人"（即与"己"相对的人）的高度；主张在躬行仁道的道德实践中，实现人的价值，成就理想人格。在他心目中，"真正的人"就是圣贤、君子。

孔子强调"仁"是人的内在品格，是人生价值的源头。人生价值的实现，不取决于外力的提携，而取决于人自身的努力。这完全是一种自觉自愿的理性选择："我欲仁，斯仁至矣。"（《论语·述而》）人在修己求仁时，表现出一种主动性，而无须受什么外神秘力量的规束。"仁"作为人生的最高价值，比人的生命还重要；为此哪怕献出生命也在所不辞，这就叫做"杀身成仁"，叫做"死守善道"。从这种"仁"的视角出发反观"礼"，"礼"只不过是行"仁"的手段而已。"约之以礼"本身不是目的，其目的在于进入"为仁由己"的最高境界。孔子并不否认修己时必须用"礼"加以约束，但更强调修己者应主动地接受这种约束，从而实现自律与他律的统一。如果说"礼"是孔子学说体系的出发点的话，那么"仁"才是其思想体系的核心和实质。从这个意义上说，孔子开创的儒学亦可称为"仁学"。孔子仁学的出发点是"礼"，而落脚点则是"仁"，强调礼的有效性与合理性必须由"仁"来担保。

二

"仁"是孔子思想体系的核心范畴，也是整个儒学的核心范畴。孔子以后，儒家皆围绕着"仁"字做文章，使仁学臻于完善。

理论贡献最大的当属孟子。他在孔子"我欲仁，斯仁至矣"（《论语·述而》）、"性相近也，习相远也"（《论语·阳货》）、"为仁由己"（《论语·颜渊》）等命题的基础上，提出性善论，对仁学在学理上做出系统阐发。孟子把"人之所以为人"者称为"人性善"。在孟子思想体系中，"善"是一种社会的评价尺度。"善"与"仁"同义，略有差异。孔子讲"仁"，说的是道德素质的内在性；孟子讲"善"，说的是道德评价的社会性，意思是相通的。孟子所说的"善"，实则是对于人的社会群体性作出的哲学抽象。孔子所说"性相近也，习相远也"中的"近"，已经有"人性善"的意思，不过尚不明确；孟子提出性善论，方才把儒家的人性论讲清楚了，把儒家仁学讲清楚了。

在孟子思想体系中，所谓"人性善"，并不是事实判断，而是价值判断，意思是说人的本性"应该是善"。在他看来，必须预设"人性应该善"，推行仁政才有根据。"先王有不忍人之心，斯有不忍人之政矣。以不忍人之心行不忍人之政，治天下可运于掌上。"（《孟子·公孙丑下》）"不忍人之心"也就是善心、良心。君王的人性应该是善的，故而愿意选择仁政，愿意施行仁政；百姓的人性应该是善的，故而可以接受仁政，可以接受教化，愿意主动地为善。以"人性善"为前提，君王与百姓相互沟通，共同促成仁政的实施。善心或良心不仅先王应该有，而且每个人都应该有，这就自然而然引出关于普遍的人性的探讨。孟子认为人性本善，人生来就具有向善的能力，孟子称之为"良能"；生来就有合群的道德意识，孟子称之为"良知"。"人之所不学而能者，其良能也；所不学而知者，其良知也。"（《孟子·告子上》）良知良能是万善之源，由此而形成恻隐之心、羞恶之心、恭敬之心、是非之心等四端，由四端而形成四个基本的道德规范即仁、义、礼、智。孟子断言："仁、义、礼、智非由外铄我也，我固有之。"（《孟子·告子上》）由于孟子预设了人性善，确立了内求的价值取向，排除了外求的价值取向；由于孟子预设人性善，对价值的诠释只能选择哲学理路，而不能选择神学理路。

孟子指出，人性善正是人与动物的本质区别。"人之所以异于禽兽者几希，庶民去之，君子存之。"（《孟子·离娄下》）在这里，孟子强调的是"人之所以异于禽兽者"，而不是"人异于禽兽者"。"人异于禽兽者"属于现象上的差异，不言而喻；而"人之所以异于禽兽者"属于本质上的差异，这就不那么容易发现了，故说"几希"。孟子认为，人与禽兽的根本区别，就在于人有求善的意识，而禽兽没有这种意识。人性善是指人所共有的类本性，是相对于兽性而言的；但凡是人，必有人性，必有善性。人向善处走，有如水往低处流。

在孟子那里，"人性善"是从理论上说的，仅仅是一种可能性而已，并不意味着每个人在事实上都是善的。在事实上，由于每个人保留善性的程度不一样，遂形成"存之"和"去之"的差异，从而形成个体人格上的差异，出现君子与庶人之别。不过，这并不能推翻"人性善"的结论。孟子辩解说，山性按道理应该是郁郁葱葱的，可是牛山变得光秃秃的，这岂是山性所致？原本郁郁葱葱的牛山，树木被人砍光，青草被牛羊吃光，才成了现在的样子。同样道理，人性本来是善的，可是由于受到物欲戕害，才背离了善，堕落成小人。基此，孟子强调心性修养的必要性，主张对庶民进行礼义教化，使他们逐渐恢复已失掉的善性。性善论只是说人本该善，即便暂时不善，通过教化也可以重归于善。按照性善论，任何人都是可以教化的对象，都有成为圣人的可能。按照孟子的说法，"人皆可以为尧舜"（《孟子·告子上》）。

孟子接着孔子"为仁由己"的话头讲，讲出人性善，讲"使人主动地为善"的道理，确立他在儒家阵营中"亚圣"的地位，以至于后世有"孔孟之道"的称谓。荀子接着孔子"约之以礼"的话头讲，讲"使人被动地不为恶"的道理，却遭到人们的误解和诟病。许多论者给荀子戴上一顶"性恶者"的帽子，完全站不住脚。荀子的确说过"人之性恶，其善者伪也"，但从未作出"人性恶"的全称判断。"人之性恶"的意思无非是说如果有人不肯接受礼义教化，他便会流于恶。这只是一个假言判断，并没肯定人的本性就是恶。如果认为人的本性就是恶的话，一帮恶人怎么能够组建社会呢？如果认为人的本性是恶的话，将导致对人类社会的失望，将导致一种反社会的思想。荀子作为儒家大师，怎么会有如此想法呢？荀子说"人之性恶"，并不违背儒家仁学，因为他同孟子一样，也预设了"人性应该善"这个前提。倘若不以"人性应该善"为前提，"恶"又从何谈起呢？荀子指陈人性中有阴暗面，但没有否认人性中有光明面。他强调"人为贵"、"人能群"、"人性朴"，都是对人性光明面的礼赞。实际上，荀子与孟子关于人性的看法，大同小异，都没有离开一个"仁"字。孟子认为应然的人性是善的，不否认实然的人性有流于恶的可能；荀子认为实然的人性有流于恶的可能，不否认应然的人性是善的。孟子有"人皆可以为尧舜"的说法，荀子也有"涂之人可以为禹舜"的说法，意思是一样的。那种长期流行的、刻意制造荀孟对立的论调，可以休矣。

《大学》把儒学系统化，提出"三纲领八条目"，被后世儒家看成"入德之门"。纵观"三纲领八条目"，都在围绕着"仁"字做文章。三纲领中的第一条"明明德"中的"明德"，指的就是"仁德"。"明明德"就是把内在的仁德、内在的性善发扬光大；第二条"亲民"，意思就是以仁德为指导，处理好人际关系；第三条"止于至善"，就是把仁德的实现，视为人生的最高境界，视为终极的价值目标；八条目中的"格物"、"致知"、"正心"、"诚意"等四条，都是从仁德内在性的角度讲获得价值知识的四个步骤；第五条"修身"可以看作是对前四个步骤的总括，并且从"知"的层面转到"行"的层面。所谓"修身"，其实就是修"仁"，即把仁德理念付诸人生实践；第六条"齐家"是仁德的第一步推扩，指应用于家庭关系方面的实践；第七条"治国"是仁德的第二步推扩，指应用于基层政权建设方面的实践；第八条"平天下"是仁德的第三步推扩，指造就儒者心目中的理想社会。从"三纲领"到"八条目"，自始至终都没有离开一个"仁"字。

董仲舒讲微言大义，其实就是以经学方式阐发仁学。他综合荀孟之说，创立了"性三品"理论。他指出，有一类人具有"圣人之性"，不待教而能为善，乃是仁德的体现者，乃是普通人的楷模。另一类人具有的"斗筲之性"，气量狭小，业已定型，不可能使他们主动地为善。这种人同圣人正好相反，乃是仁德的背离者。对于这种人，只能采用强硬的手段，迫使他们被动地不为恶。这两种人都是少数；大多数人处在仁德的体现者和背离者之间，具有"中民之性"。对于大多数人来说，接受儒学的教化，可以为善；拒斥儒学的教化，也可以流为恶。显然，董仲舒评判人品高下的尺度，其实就是一个"仁"字。他认为大多数人都有成就仁德的可能；但要想把可能变为现实，就必须不断地修身，去掉对仁德的遮蔽，使内在的仁德发扬光大。在他看来，修身过程同加工稻谷相似。稻谷有外皮，不能直接食用，必须把外皮去掉，才能变成稻米。

大多数人虽不是先天的圣人，但通过修身，也可以成为后天的圣人。

宋明理学家建构的本体论虽有不同，但却有共同的动机：以各自的方式为仁德提供本体论证明。程朱理学的本体论范畴是天理，固然有解释存在的意思，但主要目的还在于解释价值，证明仁德的至上性和普遍性。他们的核心论点是"性即理"，试图从天理论中引申出性善论。程颐说："性即理也，所谓理，性是也。天下之理，原其所自，未有不善。喜怒哀乐未发，何尝不善？发而中节，则无往而不善。"（《河南程氏遗书》卷二十二）"善"的内涵，就是仁、义、礼、智、信等五常。五常虽都是善性的体现，但不是平列关系。五常之中仁为体，其余四者为仁体之发用。程颐说："仁，体也；义，宜也；礼，别也；智，知也；信，实也。"（《河南程式遗书》卷二）显然，他把"仁"理解为儒学的核心。朱熹同其前辈一样，也用天理支撑儒学伦常观念，强调天理"张之为三纲，其纪之为五常"，他把"仁"界定为"心之德，爱之理"，强调仁学"放之四海而皆准，并行万世而不悖"。他同样把"仁"理解为儒学的核心。

陆王心学的本体论范畴是本心或良知，摆脱存在论话语，只讲价值本体论，以"心即理"为核心论点。在陆九渊那里，"心"、"理"、"仁"皆为同等程度的最高范畴。他说："仁，即此心也，此理也。求则得之，得此理也。"（《陆九渊集》卷一）王阳明讲良知，其实就是以"仁"为价值源头。在他那里，良知、明德、仁都是一个意思，都是指价值本体，都是人应当追求的终极目标。"明德是此心之德，即仁。仁者以万物为一体。使一物失所，便是吾仁有未尽处。"（《传习录》中）陆王心学与程朱理学在本体论方面有区别，而对仁德的认同并无区别。

近代以来，儒学虽逐渐失去主流话语权，但仁德观念影响力犹在。谭嗣同把自己著作的题目定为《仁学》。他在新时代对"仁"作出新诠释，强调"仁以通为第一义"，"通之象为平等"。通过阐发"以太—仁—通—平等"的道理，他鼓吹"中外通"、"上下通"、"男女内外通"、"人我通"，讲出与平等、民主、自由等新观念相兼容的仁学，发明一种关于"仁"的谭氏讲法。贺麟说："从哲学看来，仁乃仁体，仁为天地之心，仁为天地生生不已之生机，仁为自然万物的本性，仁为万物一体生意一般之有机关系之神秘境界。简言之，哲学上可以说是有仁的宇宙观，仁的本体论。"[①] 他站在现代哲学的高度，对"仁"作出新阐发，发明了一种关于"仁"的贺氏讲法。

三

由于儒学是中国传统文化的主干，自然成为中华民族价值观的理论基础。"仁"

---

① 贺麟：《文化与人生》，商务印书馆1947年版，第6页。

既是儒学的核心，也是中华民族价值观的核心。一个"仁"字，把古今中国人的精神世界打通了，它是我们无法割舍的精神基因。

儒学倡导仁学，对于搭建中华民族的精神世界具有重大的意义。从哲学人类学的意义上看，任何社会组织必须有一套全体社会成员达成基本共识的主流价值观念和伦理规范，这是每个民族形成所必不可少的文化共识。这种文化共识可以采用宗教的形式来表达，也可以采用非宗教的形式来表达。大多数民族采用宗教的形式，如伏尔泰说，一个民族即便没有神，也要造出一个神来。中华民族则采用非宗教的形式，这就是孔子提出的仁德观念以及以此为核心形成的儒学。儒学是世界上少有的以非宗教的、内在超越的方式安顿精神世界的成功模式（有别于基督教、佛教、伊斯兰教）。儒学有效地组织社会、安顿人生，已形成中国人的文化基因，具有强盛的生命力。它是中华民族凝聚力的核心，有助于提升全体民族成员的文化认同感，有如一条无形的纽带，把大家联系在一起。倘若没有这样一种共识，中华民族就不可能成为世界上最大的民族。

从公元前5世纪孔子创立儒学算起，至今已经有2600多年的历史了。关于儒学的精神实质，学者们有各种各样的诠释，有分歧，也有共识。各种各样的诠释，恐怕各有道理，不好简单地判定孰对孰错。儒学作为国学的主干，其实是一门活学问，不同时代的人有不同的讲法，属于正常现象。我们处在当今时代，应当立足于当下语境，对于儒学做出新的理解，不必受到门户之见的限制。无论今文经学，还是古文经学；无论是汉学，还是宋学；无论是新理学，还是新心学，恐怕我们都不能照着讲，而只能接着讲。所谓接着讲，不是接着哪一种讲法讲，而是接着各家的共识讲。这个共识，就是一个"仁"字。仁学是一个常讲常新的话题，不同的时代可以有不同的诠释，可以有新的讲法。近年来，牟钟鉴先生出版了《新仁学构想——爱的追寻》一书，提出"新仁学"理念。他对"仁"作出创造性诠释，提出"以仁为本，以和为用"、"以生为本，以诚为魂"、"以道为归，以通为路"等新仁学三大命题，提出仁性论、仁德论、仁志论、仁智论、仁礼论、仁事论、仁群论、仁力论、仁艺论等新仁学十大专论。在关于此书的研讨会上，作为对牟先生的回应，笔者谈了自己关于"新仁学"的几点看法。

第一，"仁"作为中华民族价值观的核心，仿佛是一个"点"；立足于这个"点"，在中国讲出一套人生哲学。这套人生哲学的特点在于，凸显价值的内在性，对人生价值明确作出肯定判断；强调每个人都有自我完善的内在根据，从而提供了一种做人的准则，提供了一个安身立命之地。仁学的理论依据是人性善。这是中国哲人关于人性的独特看法，在世界民族之林中，可能绝无仅有。西方基督教认为人是神的堕落，故而生来就有罪，叫做原罪。人来到世间，目的在于赎罪，即洗清罪孽，重返伊甸园。佛教认为人一生下来便落入苦海，落入染污的此岸。人只有皈依佛门，看破红尘，祛除烦恼，跳出轮回，才能重回清净的彼岸。无论"人性罪"，还是"人性苦"，都是对人生自身价值的否定；而人性善则是对人生价值的充分肯定。意识到人性善，有了对于"仁"的自觉，做人便会有一种责任感、一种自信心、一种亲和力和凝聚力。以"仁"为出发点，做人便会有"修身"的内动力，时时刻刻以道德规范自律，按照"人之所以为人"的准则约束自己；以"仁"为出发点，便会找到与他人交往的基础，形成对他人的尊重感，养成与人为善的心态，不至于落入"人跟人像狼一样"、"人以他人为地狱"之类的误区。正因为这个道理，"仁"才是中华民族凝聚力之所在。中华民族由56个民族组成，各民族的宗教信仰可以有不同，但价值共识却是一个"仁"字。在精神世界中，"仁"是56个民族的共同语言。

第二，以"仁"为核心做第一步拓展，引出一个"和"字，在中国讲出一套伦理哲学。"和"是一个关系范畴，至少有两个人，才谈得上"和"；假如只有一个人，无所谓"和"还是"不和"，因为不存在可与之相"和"的对象。如果说"仁"仿佛是一个"点"的话，"和"仿佛是一条线，连接两个要素。"仁"讲的是个体素质，属于人生哲学话语；而"和"讲的是群体诉求，属于伦理哲学话语。最小的群体莫过于家庭，所以"和"必须从家庭说起，在《大学》中叫做"齐家"。家庭成员之间相处，理应贯彻和谐原则。儒家常讲的孝、悌、贞、慈，都关涉家庭和谐。家庭是社会的细胞，家庭关系和谐与否，会影响到整个社会大群体。一个有良好家教的人，走到社会上，在与其他人交往时候，自然也会讲究一个"和"字。儒家常讲的忠、恕、诚、信、恭、宽、让，都关涉社会和谐。围绕着一个"和"字，先讲出家庭伦理，再讲出社会伦理，这就是儒学独特的思路。

第三，以"仁"为核心，做第二步拓展，引出一个"礼"字，在中国讲出一套政治哲学。"礼"间接由"仁"引出，直接由"和"引出。用有子的话说："礼之用，和为贵。"（《论语·学而》）无论是家庭和谐，还是社会和谐，都必须以制度为保障，所以礼的作用必不可少。儒家所说的"礼"是广义的，其中包含着"法"。如荀子所说："礼者，法之大分也，类之纲纪也。"（《荀子·劝学》）"礼"既是伦理哲学范畴，也是政治哲学范畴，对于社会成员具有强制性的约束力。如果说"和"仿佛是一条"线"的话，那么"礼"仿佛是一块"面"，把全社会都纳入秩序之中。"礼"是维系社会秩序的必要设施，舍此社会将陷入混乱。倘若没有"礼"的约束，国将不成其为国，社会将不成其为社会。《大学》所说的"治国"，讲的就是这个道理。作者用儒家的方式给出政治的合法性依据。

第四，以"仁"为核心，做全方位拓展，引出一个"用"字，在中国讲出一套实践哲学。这个"用"指的是"经世致用"，或者"全体大用"。按照朱熹的说法，儒者追求的最高境界，就是"众物之表里精粗无不到，而吾心之全体大用无不明矣"（《四书集注·格物致知传》）。按照《大学》的说法，就叫做"平天下"。从"点"到"线"，再到"面"，乃至"体"，儒学形成完整的理论体系。儒学主张以积极态度处世，以入世精神指导人生实践，以奉献社会为价值取向，教育并鼓舞着一代代华夏子孙发奋进取,在现实人生中成就了无数功业,为中华民族的生存与发展提供了强大的精神动力。仁学培育出无数的志士仁人、无数的民族英雄,他们是中华民族当之无愧的脊梁。

王夫之的《大有》诠释与现实关切

北京大学哲学系教授　张学智

《大有》在王夫之诸卦解释中有重要地位。在写于明亡不久的《周易外传》和晚年的《周易内传》中，对《大有》的阐发皆包含许多精微的思想，其中曲折地反映出他对明代一些重要政治问题的反省。王夫之的《大有》诠释暗含以下几个方面的现实关切：其一，处于弱小、疑阻之地的南明君臣何以自处；其二，明亡后儒者应否隐遁及如何隐遁；其三，肯定和颂扬"有"，褒扬"有"的本体地位、主体地位，借以阐发他在哲学本体论上的重要见解。这些观点代表王夫之作为一个有民族气节、文化担当的哲学家对当世和未来所作的深切思考。

一

王夫之的《大有》阐释从解说卦辞"大有，元亨"开始。王夫之在《周易内传》中说：

> "大有"者，能有众大。大谓阳也。六五以柔居尊，统群阳而为之主，其所有者皆大，则亦大哉其有矣。"元亨"者，始而亨也。群阳环聚，非易屈为己有，而虚中柔顺以怀集之，则疑阻皆消，而无不通矣。此象创业之始，以柔道通天下之志，而群贤来归，速于影响，始事之亨也。众刚效美于一人，《乾》道大行，故有《乾》元亨之德。①

王夫之认为，"大有"的意思是能够保有众大。"大"指众阳而言。《大有》五阳爻，只有六五一阴爻。阴爻而居尊位，象征懦弱之君。懦弱之君何以宰执强梗不易低头之臣？王夫之的答案是，虚中柔顺，善体下情，以此消除臣下的怀疑、阻滞之心，才能使群臣统于自己之下而为之主。也就是说，主上之所以亨通，是因为得到众多能者的辅助。《内传》将此总结为"以柔道通天下之志"，并点明此为创业之始最重要的原则。

同样的意思王夫之在对《同人》卦的解释中也表露得很清楚。《同人》卦也是五

---

① 王夫之：《船山全书》第一册，岳麓书社1996年版，第162页。

阳一阴,不同者在《大有》为六五,《同人》为六二。依一以统众之释例,《同人》亦可象征君臣关系。在解释卦辞"同人于野,亨,利涉大川"一句时,王夫之说:

> "同人"者,同于人而人乐与之同也。刚者,柔之所依,一阴固愿同于众阳;柔者,刚之所安,众阳亦欲同于一阴。凡卦之体,以少者为主。二者,《同人》之主也。柔而得应,无离群孤立之心,而少者,物之所贵而求者也,则五阳争欲同之矣。"于野"者,迄乎疏远,迄乎邱民,皆欲同之之谓。为众所欲同,其行必"亨"。柔非济险之道,而得刚健者乐于同心,则二之柔既足以明照安危之数,而阳刚资之以"涉大川",必利矣。①

意思是《同人》卦的精义在于,只有乐于同人者,人方乐于与己同。以君臣言,二者为相倚关系,君为臣之所依,臣为君之所倚。同人仅六二一阴,虽属劣势,但为众阳所求,故虽危而安。同时六二与九五相应,表示其无离群孤立之心而为众阳所戴。于是君臣同心,一体固结。"同人于野"者,象征君主不仅得到众臣的拥护,而且得到草野百姓的拥护,故其行必然通顺。二之阴柔虽不足以自拔于险难,但得到众多刚健者的同心拥戴,君民共济,大川可涉。王夫之这里强调的是,君臣一心,君民一心,互为依倚,则险难可济。

但他同时指出,所谓"同人",不是乡愿之同,而是君子之同。君子之同者,非容悦诡随,一味迁就,或以利而合,丧失道义。"同人"须以义为原则,在义的前提下求同。故王夫之说:"君子之利,合义而利物也,非苟悦物情而所欲必得也。"②

在对《同人》彖辞"同人,柔得位,得中而应乎乾,曰同人"一句的解释中,王夫之也对此意加以强调:

> 具此三德,故人乐得而同之。二正应在五,不言应刚而言乾者,人之志欲不齐,而皆欲同之,则为众皆悦之乡原矣。唯不同乎其情之所应,而同乎纯刚无私之龙德,以理与物相顺,得人心之同然而合乎天理,斯为大同之德,而非苟同矣。③

所谓"三德",指得位、得中,与乾所代表之天相应。王夫之特别指出,"三德"中之应乎乾最为重要。因为乾代表天,应乎乾即主动将自己纳于天道天理的约束之下,以天理为自己行为的范导。具体到"同人",无天理规范的攒聚,则陷于无原则之滥

---

① 王夫之:《船山全书》第一册,岳麓出版社1996年版,第155页。
② 王夫之:《船山全书》第一册,岳麓出版社1996年版,第156页。
③ 王夫之:《船山全书》第一册,岳麓出版社1996年版,第156页。

交，则为取悦众人的乡愿。只有以天理物情为原则的交往，才是君子之交。

在解释《同人》象辞"文明以健，中正而应，君子正也。唯君子为能通天下之志"一句时，王夫之也指出：

> "文明"非暗私之好，刚健非柔佞之交，君子之同，同于道也。同于道，则"能通天下之志"，而天大同之。小人之所以同天下者，苟以从人之欲。而利于此者伤于彼，合于前者离于后，自以为利而非利也。①

"文明以健"指《同人》、《离》下、《乾》上，离明而乾健。"中正而应"指六二居下卦之中，而与九五相应。故"文明以健，中正而应"指《同人》之六二。此中六二为一卦之主，象征君。王夫之此段解说对君主之如何得臣、得众提出了基本原则：君子之同，非小人之同；同于道，而非同于利；无私之同，而非怀私之同。君子之同，不同于乡愿之同。乡愿之同，是无原则的诡随、讨好以求合于时风众势。君子则独立不倚，一以道义为归；不徒求合于人，而求合于道。不求附于己者多，而求合于己者正；不是出于私己之利益求合于众，而是出于道义之责任，求合公众之利益。王夫之在这样的高要求下，提出了君主何以提高辨别能力，既最大限度地团结同人，又严守道义，不与小人同流合污的艺术，这就是他在解释《同人》象辞"天与火，同人，君子以类族辨物"时所说的：

> 火在天中，以至虚含大明，明不外发，而昭彻于中。人之贵贱、亲疏、贤愚，物之美恶、顺逆、取舍，无不分以其类而辨其情理，则于天下无不可受，而无容异矣。大明函于内，而相容并包，以使各得明发于外，宪天敷治，而赏善惩恶，以统群有。存发之道异，上下之用殊，《同人》、《大有》，君子并行而不悖也。②

《同人》象辞仍就内外卦所象征的事物着眼。《离》下、《乾》上，象征火在天中。火者，明昭；天者，太虚。故火在天中即"至虚含大明"。王夫之就此义发论：至虚含大明，故无有障蔽，中之明照彻于外，人与物之性质、功能、互相关联、价值秩序等各个方面皆别辨清晰。因中心虚廓无窒，故天下物皆一体容受，无有隔碍；因大明函于内，明察人与物之美恶、长短，故能兼容并包。明在天中，又表征智慧以天理为根本准则。在此准则约束下，君仁臣忠，众人效命，以成大美之治。王夫之还提出，《同人》与《大有》，前者主联合志同道合者，敷施发用，后者主积累致大，立于不败之

---

① 王夫之：《船山全书》第一册，岳麓出版社1996年版，第157页。
② 王夫之：《船山全书》第一册，岳麓出版社1996年版，第157页。

地。故两者可以兼取为用，并行不悖。

从这里的解说可以看出，王夫之在南明政权偏安一隅，势危力弱，但又君臣猜忌，党争激烈之时，主张君主虚怀明睿，广泛容受各种不同政治势力和利益集团，和衷共济；臣下则各思报效，展其才情为君所用，而又赏罚分明，建设好的政治秩序。王夫之特别强调象征积蓄力量的《大有》与象征和衷共济的《同人》并行不悖，就是欲在清兵已经控制大局、南明政权苟延残喘于东南一隅的情况下，内部团结一心，消除党争之害，积聚力量，以图后举。而欲达此同的，永历帝的"大明"即虚怀能容、明察形势最为关键。

但王夫之又根据现实政治中君主暗弱、威势不足、为权臣悍帅所劫的现实情况，强调君主不仅要虚中柔顺，明察形势，还要树立威权，刚猛行政。故王夫之认为，与《乾》之"元亨利贞"四美皆具相比，《大有》之"元亨"，尚未达圆满之境。尚有不足，此不足即在主政者缺乏威势与激厉迅奋。王夫之说：

> 众刚效美于一人，乾道大行，故有《乾》"元亨"之德。而不言"利贞"者，无刚断以居中，未能尽合于义，能有众善而不能为众善之所有，则不足以利物。柔可以顺物情，而不能持天下之变，泛应群有，未一所从，则其正不固也。①

王夫之不满《大有》卦之整体势用者有二，其一，《大有》六五，以阴居刚断之位，有窃居阳位之嫌，此不合周易阳刚阴柔、阳主阴从之义。其二，阴不能长居君位而持天下之变。阴虚中柔顺以怀集众阳，消其疑阻，皆事物初始之义。而事物逐渐壮大之时，非阳刚做主行权不能善终。阴初始可以柔顺下人而为众阳所拥戴，但在逐渐壮大的过程中对复杂事变之应对，则非阴柔所能办。阳柔在顺应物情上有其长，而在应对大事变、驾驭大波澜上常刚断不足。故必渐渐失去众人之心，拥戴变为疑阻。这一点王夫之下面的一段话说得很清楚：

> 此卦之德，王者以之屈群雄，绥多士，致万方之归己；而既有之后，宰制震叠、移风易俗之事未遑及焉。君子以之逊志虚衷，多闻识以广德，而既有之余，闲邪存诚、复礼执中之功犹有待焉。盖下学之初几，兴王之始事也。是以六五虽受天佑，而致"易而无备"之戒焉。②

王夫之的这一补充实含深义。众刚效美于一阴，在王夫之看来并非常道。他承认

---

① 王夫之：《船山全书》第一册，岳麓出版社 1996 年版，第 162 页。
② 王夫之：《船山全书》第一册，岳麓出版社 1996 年版，第 162 页。

的是阳刚做主，众阴听命。九五之尊，不容阴长期窃居。众阳效美于阴，乾道藉以大行，只是权宜之计，不能长久。常道须阳刚居中，阴柔顺从。故虽能主持于一时，但不能长久居领袖地位。这也就是《大有》卦辞为何不像《乾》那样直言"元亨利贞"而仅曰"元亨"的道理。

这里王夫之除了表达出对永历政权恨铁不成钢的心理情感之外，还透显出一个重要的情结预设，即他一贯反对的女主、夷狄为天下主。虽然《大有》就卦德、卦才来说是很好的，但以阴为众阳之主，虽"大有"而仍有缺憾，故判之为"未能尽合于义"。"能有众善而不能为众善之所有"，亦暗含众阳终不能雌伏于一阴之下俯首听命，终将有所作为而冲破女主之抚有之意。

二

王夫之《大有》诠释的第二个要点是对明亡之后士人何以自处这一重要问题的讨论。这个讨论是借对《大有》初九的解说展开的。王夫之在解释初九爻辞"无交害，匪咎，艰则无咎"一句时说：

"无交"之害，岂有幸哉！然而可免于咎，则何也？无托而固，不亲而免谪者，其为阳乎！处散地而自保，履危地而自存，遁迹于恩膏之外，傲立于奔走之交，自有其有者，义不得而咎也。①

无交者，远离六五权力中心，孤立而不亲，无有可依托之人；置身于隐微之地，恩惠不被及，又不愿攀援上交，诚弱小无援、不为人知之时。此种形势，可谓艰矣，而艰则无咎。有为之人，处此艰危之地，自我挺立，坚忍不拔，自养其志，自培其能，不希求私幸，不奔走权门。全凭一己之力独立撑持，以克时艰，以待天命之转。这是王夫之所持的儒家士君子处艰危的态度和方法。

王夫之又指出，在此艰危形势下，士人容易走入另一极端：傲岸自得，不为君用。王夫之主张，在清平之世，应该遵循孔子"邦有道，不废"之义，出仕任事，不能做严光、周党之类的隐君子，不为世用，徒博高名。② 所以王夫之在解说初九象辞"《大有》初九，无交害也"一句时说："当大有之世，而居疏远自绝之地，则害君臣之义。"③ 意为"大有"之世为治世，明君理国，正人臣大有为之时。即使在艰危不利出仕之时，亦不能放弃儒者的操守。王夫之对《遁》卦的解释，颇可表明此种志向。如

---

① 王夫之：《船山全书》第一册，岳麓出版社 1996 年版，第 36 页。
② 此二人事迹具见《后汉书》（简体字本）卷八十三，中华书局 2005 年版，第 1865—1867 页。
③ 王夫之：《船山全书》第一册，岳麓出版社 1996 年版，第 164 页。

在解释"遁"卦卦辞"遁亨"时,王夫之说:

> 遁亨者,君子进则立功,退则明道,明哲保身,乐在疏水,于己无不亨;而息玄黄之战,以勿激乱,且立风教于天下,而百世兴焉,于天下亦亨矣。①

这是说,君子审时度势,可以出仕,亦可以遁世。出者建文治武功于当世,遁则明哲保身,栖于山间林下。遁是为了息争斗、远乱离,不徒为保身家性命。故遁非高眠林泉,无所事事,而是息影人间,另图大事,暂退一步,以待后动。在王夫之看来,这样的隐居是以退为进,以隐为显,从道义上说是尽伦尽制的,是行道的一种曲折表现。这样的遁世才能为后世立风教之榜样。另外,此种隐遁是潜龙勿用,苦志锻炼自己,故在隐遁中仍须履礼行义,如出仕建功时一样。他反对的是庄子笔下的隐士,此种人抛弃士人应尽的社会义务,可以说是不见大道的一曲之士。王夫之说:

> 消心于荣宠者,移意于功名;消心于功名者,移意于分义。大人以分义尽伦,曲士以幽忧捐物,古有之矣。道之所不废,则君子亦为存其人矣。然而礼者自履也,行者自型也。合天德之潜龙,行可见之成德,其庶几焉。若夫土木其形,灰槁其心,放言洸瀁,而托于曳龟逃牺之术,以淫乐于琴酒林泉,匪艰而自诧其无交,被衣、啮缺之所以不见称于圣人。②

这一段话大有深意。王夫之认为,在乱世保持名节,实大不易。在小人当权,大道不通之时,忠臣可以抛弃朝中之荣宠,而寻求立功异域,扬名疆场。如果此亦不可得,则暂时隐居。而隐居是权宜之计,不得已之选择。隐居不是逃离人世,可以任意放纵自己,而是隐居之时仍不废伦常位分。此时之位分,主要是君臣之分。不忘君臣之义,不忘对国家应尽之义务,时时准备待机而出,以图报效。这就是王夫之的"大人以分义尽伦"。大人者,儒家士君子之人格;分义者,其职位名分所当尽之义务。尽伦者,尽此伦常关系中所要求于人臣之义务。只要大道尚未彻底崩解,士君子即抱剥时争复、否时争泰之志,不消极沉沦,不绝望放弃。此时士君子应以"乾"卦之"潜龙勿用"以图"见龙在田"为指导自己行为的方针,隐居但履行应有的行为规范,以慎独自我约束,不自我放逸,不自甘堕落。王夫之鄙夷在国家危难时逃避义务,为保身家性命,视弃君臣之伦如弃敝屣的士人。至于《庄子》笔下被衣、啮缺那样的隐士,更为王夫之所不屑。因为这样的隐士在国家清平时即放弃对国家、民族的责任,逃世自得其乐,隐居于山间林下,琴棋诗酒遣日,并以此自高、以此夸耀。这样的隐士是

---

① 王夫之:《船山全书》第一册,岳麓出版社 1996 年版,第 290 页。
② 王夫之:《船山全书》第一册,岳麓出版社 1996 年版,第 860 页。

儒家所不许的。

王夫之在《周易内传》对"遯"卦"遯之时义大矣哉"一语的解释中也说：

> 遯非其时，则巢、许之逃尧舜，严光、周党之亢光武也。非其义，则君臣道废，而徒以全躯保妻子为幸，孟子所谓小丈夫也。非精义乘时者，无由以亨。①

王夫之认为，隐居一道，古今皆有。但隐居有时、有义。巢父、许由亦被衣、啮缺一类人物，其隐居即不合时宜。因为尧舜之时是盛世、治世，有才而不为盛世所用，不以一己为世事尽力，不属逃避便属自私，为君子所不道。而严光、周党一类人，其隐居不但不合时宜，亦不合君臣大义。皆孟子所斥之小丈夫。王夫之反复强调，"遯之时义大矣哉！"非义精仁熟而又善于驾驭时机者，是不能做到进退有据的。

王夫之借《周易》对隐遯之义的阐发有取于程颐。《程氏易传》在对"遯之时义大矣哉"一句的解说中说：

> 遯者阴之始长，君子知微，故当深戒，而圣人之意未便遽已也，故有"与时行，小利贞"之教。圣贤之于天下，虽知道之将废，岂肯坐视其乱而不救？必区区致力于未极之间，强此之衰，艰彼之进，图其暂安。苟得为之，孔、孟之所屑为也。王允、谢安之于汉、晋是也。若有可变之道、可亨之理，更不假言也。此处遯时之道也。②

这段话代表程颐对小人道长之时君子的应对之策，意思是君子于此种苗头初萌时即应及时见出，而深有戒备。不特此也，君子在大道将废之时，必不肯仅全身自保，而思救此危局。当危难浓重之时，救治的办法是不使危难达于极点，力图增强君子衰弱之力，设置障碍遏止危难扩大。假使能图得一暂安局面，君子并不放弃。比如王允之于汉末之危局、谢安之于西晋之危局，皆勉力使之小安以争取扭转大局的有利时机。"遯"卦所讲的是小人势焰正炽君子宜于遯避之时。处此之道，不能消极退避，而要积极挽救。须不舍小善，点滴积累，积渐成大，扭转危局。

程颐的这种识见为王夫之所吸取。他在《周易》阐发中大力表彰君臣大义，贬斥为保身家性命而隐居，就是号召知识分子在明已亡而南明尚在苟延残喘时，积极投身于反清斗争，力图恢复明朝。即使明朝不能兴复，也不为新立的清朝做事，宁可隐居著书。王夫之坚信中华文化不会亡于夷狄之手，坚信中华文化将来必定重光。王夫之

---

① 王夫之：《船山全书》第一册，岳麓出版社1996年版，第291页。
② 程颢、程颐：《二程集》，中华书局1981年版，第866页。

对隐遁之义的阐发，表现出高尚的民族气节和为延续文化命脉而做的切实努力。

三

王夫之以上对于体用理论的阐发，最终落实于《大有》九二爻辞之解释。其中暗含的现实关切是君何以得众和权臣何以自处。王夫之说：

> 然则其义何以见之于大有之二也？大有者，有也。所有者阳，有所有者阴。阳实阴虚，天生有而火化无。二为五应，为群有之主，率所有以实五之虚，二之任也。乃有以实载虚，以生载化，则有群有者疑于无，而与天地之藏不相肖。故推其任于二，而责之备焉，曰，非其积中也，败固乘之，而亦乌能免于咎哉？"无咎"者，有咎之辞，二以五之咎为咎，斯不咎矣。故五以"交如"发志，因二以为功也；以"无备"须戒，内反而不足也。《象传》之以败为戒，岂为二本位言之乎？①

这是说"大有"阐发的是"有"之义。但《大有》的卦象是五阳一阴，按《周易》五为君位、以一统众的解释体例，六五虽阴，但为有所有者，余爻虽阳，但为六五所有者。阴为隐，阳为显。就由用以得体言，体为隐，用为显。阴虚阳实正好印证了由用得体。从上下卦体言，内卦为"乾"，外卦为"离"，"乾"象征天，"离"象征火；天主生，火主化，天所生之有，为火所化而无。但此"无"绝非空无一物，而是在生灭变化状态中。"有"是现象，生灭变化无时或停是本质；"有"为暂时的、可把捉的经验之物，"无"为变化中的、不可把捉的本体中物。就此义说，亦由用以见体。

王夫之还认为，九二与六五为应，余爻则无应，故九二为众阳之主。九二率领五阳以归附六五，其作用为以众阳之实补充六五之虚。而九二爻辞"大车以载，有攸往，无咎"，则九二完全可胜此任。故王夫之对九二此句的注释是：

> 九二刚而居中，为群阳之所附讬，皆唯其载之而行。才富望隆，归之者众，有与五分权之象，疑有咎矣。然上应六五，不居之以为己有，而往以输之于五，则迹虽专而行顺，不得以逼上擅权，挈众归己而咎之。②

从迹象上说，作为主宰者，驾驭众阳之六五形只影单，伤于孤零，为九二所载、

---

① 王夫之：《船山全书》第一册，岳麓出版社1996年版，第863页。
② 王夫之：《船山全书》第一册，岳麓出版社1996年版，第164页。

所化，因而与作为万物本体的丰大、深厚不相配。但六五的高明之处在将己寄托于九二，并责其完成本应由自己完成的职分。九二以六五之咎为己之咎，努力承当，积中以厚，载物以劳，故化咎为无咎。王夫之就此加以评论："诚信之输于五者积于中，则持盈而物莫能伤。后世唯诸葛武侯望重道隆，而集思广益，以事冲主，能有此德。"①意思是望重位尊足以震主而仍披肝沥胆率众臣竭忠尽诚以辅佐幼主，无丝毫篡逆之心者，唯有蜀相诸葛亮能之。但王夫之论证更多的不是忠诚为主之九二，而是作为主宰、本体的六五。他认为六五之所以服众，之所以能使九二率众附己，全在于其虚己待下，胸襟磊落，以信义服人，且能不失其威仪，柔中有刚。由此导致君仁臣忠，不相猜忌，相辅而行，各极其用的局面。王夫之在解释"大有"六五爻辞"厥孚交如，威如吉"时对此义大力发挥：

> "厥孚"，阳自相孚也，故曰"厥"。"交如"，交于五也。五虚中而明于任使，其俯有群阳也，以遁物无违之道，行其坦易无疑之心，众皆愿为其所有。群阳相孚以上交，道极盛矣。而又戒以"威如"则吉者，五本有德威存焉，但众刚难驭，虽大公无猜，而亦必谨上下之分以临之，益之以威，初不损其柔和之量，而无不吉也。②

王夫之在对六五象辞"'厥孚交如'，信以发志也。'威如'之吉，易而无备也"一句的解释中也说：

> 虚中柔顺，乃能笃信于人而不贰。其于物多疑者，必其有成见以实其中，而刚于自任者也。六五孤阴处尊位，抚有众阳而不猜，其信至矣。"发志"，谓感发众志而使归己。"易"，和易近人。"无备"，不防其僭逼也。创业之始，感人心以和易，而久安长治之道，必建威以消萌，"大有"之所未逮，故不足以利贞，而又以"威如"戒之。③

将《外传》与《内传》参合而观，王夫之的意思是很显明的，二与五象征君臣，六五为孤阴，表示君主懦弱势单，其作用在以九二为首的五阳。五为体，二为用，五必靠二为之彰显，二必靠五以为俯宰。互相倚伏，由用以见体的意思十分明显。

这里的解释十分重要的是，君臣互倚输诚为国的意思为王夫之晚年所作的《周易内传》所发，实有对南明史实的反省之寓意在内。王夫之晚年萦绕于心挥之不去的是，

---

① 王夫之：《船山全书》第一册，岳麓出版社1996年版，第165页。
② 王夫之：《船山全书》第一册，岳麓出版社1996年版，第166页。
③ 王夫之：《船山全书》第一册，岳麓出版社1996年版，第166—167页。

明朝因党争而亡，阁臣的争权夺利是罪魁祸首。南明因各种政治势力不和而失去许多恢复之机，各路重要人物的互相疑忌不能精诚合作是败事之阶。王夫之有见于此，借《周易》诠解，对他所希望的君臣关系、君主在危难时应有的作为、权臣对国家的应有态度，甚且士人在国难时的出处大节皆清楚表出。这是他作为一介儒生在明清之际的重要时刻对明亡的反省，对未来文化、政治诸大事的建白。一个欲以学术为国家贡献力量的爱国知识分子的深刻用心于此灼然可见。

仁学实践论浅说
——儒家仁学思想的历史发生、推扩开展及其实践论反思
中国政法大学政治与公共管理学院教授　林存光

自孔子开宗创派、以仁立教以来，有关仁爱、仁道的话语就始终贯穿于儒家的整个理论论说与思想衍生的历史脉络中，在一定意义上甚至可以说儒之为教的实质意义正在于它在历史上建构了一套以仁为核心的话语、理念与实践。尽管在儒家思想不断开展和演化的历史上，关于仁的认识与实践及其二者关系的问题一直是一个既历久常新，而又充满歧义且难以处理的思想议题，但就其基本意涵而言，仁之为仁，其实又是一脉相贯通的，正如钱穆先生所言，仁与礼不同，"礼必随时而变，仁则古今通道"①。当然，仁之为道，自孔孟确立了其基本意涵之后，关于"仁"的思想论域与意义境界亦持续不断地被后儒深化、充实和扩展着。而究其实质，我们似可借用汉娜·阿伦特在《论革命》一书中的一句话来说，关于"仁"的"思想不会是新的，只有实践，只有思想的应用，才会是新的"。② 因此，从实践或实践论的角度来探究和反省儒家仁学思想及其历史形态的开展，也许更能彰显出儒家仁学思想意义的深度和广度及其创造性转化和创新性发展的充分的未来可能性。

一、儒家仁道观念的不断演化与开展及其内在张力与实践特征

众所周知，"孔子贵仁"（《吕氏春秋·不二》），经过孔子的阐释和弘扬，仁之为仁成为一个具有深刻思想内涵的中国文化的核心价值理念。但"仁"字古已有之，它所具有的某些基本道德含义也并非孔子最早提出和阐述，如蔡尚思先生所指出，"言仁必及人"（《国语·周语下》），"出门如宾，承事如祭，仁之则也"（《左传·僖公三十二年》），"杀身以成志，仁也"（《国语·晋语二》），"爱亲之谓仁"（《国语·晋语一》），"克己复礼，仁也"（《左传·昭公十二年》）等③，均已在孔子倡言之前出现。

---

① 钱穆：《论语新解》，生活·读书·新知三联书店2005年版，第83页。
② ［美］汉娜·阿伦特著，陈周旺译：《论革命》，译林出版社2007年版，第45页。
③ 蔡尚思：《孔子思想体系》，上海人民出版社1982年版，第112页。

不过在我看来，将这些散见于历史文献中的"仁"的孤立观念整合为一种条贯系统化的完整思想本身，就是作出了一项具有创造性转化和创新性发展意义的重要贡献。

不过庞朴先生对"仁"字所做的文字学考释工作也可以给我们带来重要的启发，也就是说，从"仁"之字形字义的历史演变，我们可以更好地来认识和理解早期仁道观念的历史发生问题，以及孔子及其后学对"仁"的道德意涵所做的一项非常重要的转化与提升的工作的重要意义与思想贡献。根据庞朴先生的研究，"仁"的古文字形应该是"从尸从二"，尸指尸方，即东夷，"仁"字最初应是指尸方人或东夷民族所特有的一种重视血缘内部亲亲关系的地域性的美德，而"孔子及其后学做了一项非常重要的工作，把这个地区性的美德提升为普遍性的美德；把这个民族性的美德推广为人类性的美德"，因此在孔孟时代，"人们不再用'从尸从二'的写法来表示'仁'，而是采用'从身从心'的写法"，郭店竹简"从身从心"的"仁"字写法的大量出现便是明证，"而'从身从心'则暗示了普遍性、人类性"，"它显然不再认为仁是夷人的德性和尸方的美德，而是任何身体都具有的一种心态"。因此，古"仁"字的"字形的变化"，既"反映出'仁'逐步从地域性、民族性的美德转变成普遍性、人类性的美德"，"也展现了学术思想的演进理路"，特别是"孔子及其后学的重要贡献"，他们"把'仁'字改写为'从身从心'"，并强调"'仁'是普遍性、人类性的美德，应该突破血缘界限，把仁爱的德性施行于全人类"，而《说文解字》所说"从人从二"的"仁"字"只是汉代的写法"，"它本身并不足以说明仁字的原初意义"。①

然而孔孟古典儒家虽然致力于将重视血缘内部亲亲关系的地域性、民族性的美德转变、提升为普遍性、人类性的美德，却并不以排斥和牺牲前者为代价，而是仍然充分肯定基于亲亲关系的孝悌之德本身不仅具有其独立自足的实质性伦理意义，亦能够为培育和涵养普遍性、人类性的仁爱美德提供真正坚实的道德根基。正因为如此，儒家的仁道观念在历史上常常纠结和困扰于重视孝亲之情的伦理特殊主义和张扬一体之仁的伦理普遍主义之间的张力。

如所周知，古今主流的观念多以"爱"来诠释"仁"的基本含义。一般而言，仁者爱人或者说以爱释仁的说法当然没有错，孔子答樊迟问"仁"时也的确曾经明确这样讲过（《论语·颜渊》），并反复申论"爱人"的问题②。而单纯地将儒家之"仁"仅仅理解为情感之爱，却是有问题的。事实上，儒家常常将仁爱的观点由重视亲亲之情、强调亲疏差别的伦理特殊主义推论扩展为"泛爱众"、"仁民爱物"，甚至化育万物群生的伦理普遍主义。

不同于一般流俗性质的姑息偏私的情感之爱，古典儒家之所以将仁爱的观念建立

---

① 庞朴：《中国文化十一讲》，中华书局2008年版，第99—106页。
② 如子曰："道千乘之国，敬事而信，节用而爱人，使民以时。"（《论语·学而》）"君子学道则爱人，小人学道则易使也。"（《论语·阳货》）

在亲亲的情感基础之上，自有其特殊而合理的理由。在古典儒家看来，家庭无疑是基于人类的自然本能与社会生活需要而历史地形成的一种最为重要的制度，它并不必然是培养人的偏私情感的场所，而是作为社会性动物的人的社会化过程的生活起点。毋庸讳言，家庭生活和亲人之间的关系主要是建立在血缘纽带和情感基础上的，但在古典儒家看来，由家庭生活与亲亲关系所塑造的人与人相互依存、共同参与、良性互动的人际关系和生活模式，理应构成整个社会人际关系和生活秩序的坚实根基或理想样板，人的充满情感而又富有理性的人际交往的重要社会能力正是首先在家庭生活中得以培养的，如果国家再为家庭生活提供合理而必要的社会性的生存环境与制度保障，人们便自然可以过上一种富有仁道意义的社群生活，如孟子以井田制为社会经济蓝图的仁政理想就是要促进、构建和保障使人们能够过上一种"出入相友，守望相助，疾病相扶持，则百姓亲睦"（《孟子·滕文公上》）的人道主义的社群生活。

因此，从古典儒家的立场来讲，社会应以家庭为根基，国家有为家庭生活提供政治支持和条件保障的义务，而家之为家和仁道之亲亲，绝非仅仅是指一种局限于亲人关系的狭隘的生活范围及其亲人之间的偏私之亲情，家庭生活与伦理亲情之所以受到古典儒家的重视和推扬，乃在于它能为更广泛的社会生活秩序和伦理普遍主义的人类之爱提供坚实而可靠的基础，反之，儒家也正是从这样一种理论视角来为其以家庭生活和伦理亲情为中心的伦理特殊主义作正当而合理论证的。孔子的弟子有子曰："孝弟也者，其为仁之本与！"（《论语·学而》）爱亲敬长的孝弟（悌）之道构成了仁道实践的基础，也正因为如此，孝弟之为孝弟才不是情感偏私性的。对于这一根基于孝弟亲亲基础的仁道信念和儒家观点，明末清初大思想家王夫之可以说做了最为明确而深刻的阐述，他说："仁莫大于亲亲，非其私之之谓也。平夷其心，视天下之生，皆与同条共贯，亦奚必我父兄子弟之必为加厚哉？此固不可深求于物理，而但还验其心之所存、与所必发者而已。均之为人，必亲其亲者，谁使之然也？谓之天，而天未尝诏之；谓之道，而道亦待闻于讲习辩说之余矣。若其倏然而兴、怵然而觉、恻然而不能忘者，非他，所谓仁也。人之所自生，生于此念，而习焉不察耳。释氏斥之为贪爱之根，乃以贼人而绝其类。韩愈氏曰：'博爱之谓仁。'言博也，则亦逐流而失其源也，博则其爱也弛矣。"① 究其实，"唯斯二者（爱亲、敬长），痛痒关心，良心最为难昧"，根本于此而培养仁义之德性，方能深切著实，故孟子曰："仁之实，事亲是也；义之实，从兄是也。"（《孟子·离娄上》）反之，"若一向在外面去做，却于二者有缺，则是心已不著在腔子里，与自家根本真心相体认，尽著外面推排，都是虚壳子撑架著"，因此，王夫之评之曰："事亲方是仁之实，从兄方是义之实，知斯二者方是智之实，节文斯方是礼之实，乐斯方是乐之实。若不于斯二者尽得，则虽爱以为仁，敬以为义，明察以

---

① 王夫之著，舒士彦点校：《读通鉴论》（下册）卷二十九《五代中》，中华书局1975年版，第905—906页。

为智，习仪以为礼，娴于音律舞蹈以为乐，却都是无实；无实便于己不切，即非心德。孟子立言之旨，大概如此。"(《读四书大全说》卷九《孟子·离娄上篇》)

孝弟亲亲"其为仁之本"，但一种成熟而富有理性的仁道信念的含义及其扩充践行却绝非仅仅止乎孝弟亲亲或局限于孝弟亲亲的狭小范围，在将仁爱的行为由近及远地推广扩充的实践过程中，仁道之爱更多地表现出的是一种富有人道意义的道德的理性精神与公共情怀，孔子所谓"己所不欲，勿施于人"(《论语·颜渊》、《卫灵公》)，"己欲立而立人，己欲达而达人"(《论语·雍也》)，"君子成人之美，不成人之恶"(《论语·颜渊》)，"唯仁者能好人，能恶人"(《论语·里仁》)，曾子所谓"君子之爱人也以德，细人之爱人也以姑息"(《礼记·檀弓上》)，孟子所谓"老吾老，以及人之老；幼吾幼，以及人之幼"(《孟子·梁惠王上》)，"亲亲而仁民，仁民而爱物"(《孟子·尽心上》)等，都体现了一种鲜明的把人当人看的人道主义含义[①]，而且从中可以看出，儒家之仁爱绝非姑息偏私之爱，而是一种情理融贯的德性之爱，是以成就他人德性为指向，以博施济众、天下归仁为终极目标的伦理普遍主义性质的道德信念。而且除了家庭生活的孝弟之道和国家治理的仁政理念之外，孔孟古典儒家所从事的立德育人的私学教育事业对于我们理解他们的仁道理念及其实践特征也是至关重要的，对孔孟而言，教育的根本目的乃在于成就士人君子的理想人格，通过一种人与人之间以仁德修养和仁道理想为共同目标的教学活动或交往理性行为来促进和推动彼此美德善行的培养与实践，故曾子曰："君子以文会友，以友辅仁。"(《论语·颜渊》)

由上可见，古典儒家的仁道理念不仅在内涵上试图将伦理特殊主义的孝弟之道与伦理普遍主义的人道原则连贯结合起来，使之相互促进和彼此强化，而不是将它们割裂对立起来，更为重要的是这一联贯结合乃是一种不断充实实现和推广拓展其范围的实践过程，就此而言，仅仅以爱释仁并不足以充分说明和彰显儒家仁道理念所特有独具的理论内涵与实践特色。而继孔孟古典儒家之后，儒家仁学思想或仁道理念的内涵与意境被后世儒家学者不断加以阐释、充实和扩展。不过在儒家仁学思想或仁道理念之意涵演化的历史过程中，也始终存在着某种内在张力，譬如关于仁孝先后的实践抉择的疑难或在孝亲与爱他、伦理特殊主义与伦理普遍主义之间进行行为选择的价值紧张与道德困境，对仁之体与仁之量的不同理解，以及仁之为体究竟是指仅仅指向他人的博爱情感，还是指必须加以自我实现的天赋德性等。但就其实践论意义的次第顺序而言，历史上的儒家又大都强调自家庭之孝亲开始，而逐渐由近及远地不断扩充践行仁道的范围，推己及人乃至于最终达到以天地万物为一体的高远境界。

在儒家仁道观念于后世的不断演化和开展过程中，无论是宋明儒者所张扬的"浑然与物同体"之高远的神秘境界，还是清儒所强调的"必有二人而仁乃见"的"社会性的道德"，都必须见诸行动而实践地加以实现才具有其真实的意义，而且在实践上都

[①] 郭沫若：《十批判书》，科学出版社1956年版，第88页。

必须遵循推己及人、由近及远、不断推扩实现的次第顺序，这才是儒家意义上仁之所以为仁的根本特征所在。故程、朱虽然对仁之体、量的理解不同，但他们都认为仁乃孝弟之本根，反之，孝弟乃为仁、行仁之本始。他们之所以强调作为天德本性的仁为包括孝弟在内的人类一切德行的本和根，乃是因为仁之为仁，体现的是一种即内在即超越性质的伦理普遍主义的终极根源，说到底，仁的践行乃是人之为人的天德本性的自我实现。然而在具体实践的过程中，因为对于生活在现实人伦关系中的我们来讲，"孝弟较亲切"或"孝弟至亲切"，所以行仁或仁道的推行与实践才需要"先自孝弟始"或"当自孝弟始"，乃至"亲亲长长，而后次第推去，非若兼爱之无分别也"（《朱子语类》卷二十）。只有以仁为根、为本，行仁之以孝弟为本、为始，乃至由亲亲而仁民而爱物之一脉贯通，才是顺理成章之事，正所谓"仁是根，恻隐是根上发出底萌芽，亲亲、仁民、爱物，便是枝叶"（《朱子语类》卷一百一十九）。反之，若不以仁为根、为本，而是根本倒置，即将仁爱直接植立在孝弟之行的伦理特殊主义的根基之上，那么不仅孝弟之行本身将不可避免地滋生出这样一种流弊，即孝弟之为孝弟乃是纯粹出于一种世俗亲疏之别的狭隘的偏私情感，而且以此为根、为本便不可能由亲亲的范围而真正推扩出去，乃至将己之仁爱施及于陌生的他人与宇宙万物，仁民、爱物之道德行为的践行便是不可能的。总之，依宋明儒者之见，孝弟不以仁为根、为本，爱亲之行将变成一种无源之水、无本之木性质的狭隘的偏私之爱，反之，行仁不以孝弟为本、为始，仁爱之德亦将变成一种无源之水、无本之木式的架空虚说。

除了行仁"当自孝弟始"之外，儒家仁爱的实践性特征还体现在必须就与我相交接者而施之，如孔子尝自述其志曰："老者安之，朋友信之，少者怀之。"（《论语·公冶长》）对此，清初大儒王夫之有极深刻而精当的阐述，他说："不知者务恢廓以言其大，即此便极差谬。如以人之多少，功之广狭分圣贤，则除是空虚尽、世界尽、我愿无尽，方到极处，而孔子之言，亦眇乎小矣。繇此不审，乃有老者、朋友、少者'该尽天下人'之一说，迹是实非，误后学不浅。"（《读四书大全说》卷四《论语·公冶长篇》）依船山之见，儒家仁爱不同于"蔑差等以直情而径行"的墨家"兼爱"之精神、韩愈"博爱"之空论以及释氏"慈悲"之情怀，既非"但见一孺子，便痛惜怜爱，忍禁不住，骨与俱靡"的"妇人之仁"（《读四书大全说》卷八《孟子·公孙丑上篇》），亦非"溺爱不明而陷于恶"的"呴呴之爱"（《读四书大全说》卷九《孟子·离娄上篇》。但儒家仁爱的实践必须基于对"心之德，爱之理"加以深切的身心体验，把心著在腔子里，然后再基于自身对于爱亲敬长之义的最真挚切实的感受和体验，由近及远、由亲及疏地不断加以推扩施行，功之大小虽有异，但一出于公正笃实之德性，非架空虚说者之玩弄光景。

总而言之，不管古来儒者仁道观念的意涵如何演化及其在实践上的合理次序如何规定，问题的关键仍然在于，他们主要是在官僚君主制为支配和主导、以纲常礼教或伦理名教为核心价值的等级社会秩序下来思考仁爱之道及其践行问题的。如果说严格的统治者与被统治者之间的政治等级划分，使得属于不同等级的特定群体的个体之间不可能彼此认同，等级制度和组织"使人们无法同情其他人"①，那么儒家仁民爱物的仁道理念在实践上便不可避免地遭遇到这样那样的道德困境，像晋惠帝竟于"天下荒乱，百姓饿死"之际而发问"何不食肉糜？"（《晋书·惠帝纪》）的心智蒙蔽，像清初思想家黄宗羲所批评"以我之大私为天下之大公"者的为君之害（《明夷待访录·原君》）的政制困局，像唐甄所斥责天下难治者"非民也，官也"而官无心于惠民乃至"攘民者不多人，忘民者遍天下"（《潜书·柅政》）的治官情状，像戴震所掊击"尊者以理责卑，长者以理责幼，贵者以理责贱，虽失，谓之顺；卑者、幼者、贱者以理争之，虽得，谓之逆。……人死于法，犹有怜之者；死于理，其谁怜之"（《孟子字义疏证·理》）的理学流弊，皆足资为证。正唯如此，康有为、谭嗣同辈倡言博爱、平等之仁道理念，首以破除家国阶级种族之界限和纲常名教礼制之祸害为前提。不过康氏虽极力推言孔子太平大同至平、至公、至仁之义，而在实践上仍然坚持亲亲、仁民、爱物之先后次序，故曰："孔子之道有三：先曰亲亲，次曰仁民，终曰爱物。其仁虽不若佛而道在可行，必有次第。乱世亲亲，升平世仁民，太平世爱物，此自然之次序，无由躐等也，终于爱物，则与佛同矣，然其道不可易矣。"（《大同书》壬部《去类界爱众生》）尽管如此，康、谭等人对孔子太平大同之教义的阐发却开启和引领了儒家仁道思想的现代转向，而随着中国现代化进程持续不断地发展，无论其理论含义，还是其实践形式，儒家仁道理念必将在新的社会政治—历史文化语境下有其思想意义与实践形态的新开展。

二、仁学实践论：儒家仁学思想的新开展

近年来，对儒家仁学思想的梳理、阐释和发扬越来越受到学者们的高度关注，一系列有关儒家仁学思想的重要论著相继问世，但依余浅见，儒家仁学思想的新开展，必须基于对儒家仁学思想史之演变历程的整体考察与系统观照，而且应从仁学实践论的进路推进和深化儒家仁学思想的新开展，以实现其在当代的创造性转化与创新性发展。

所谓"仁学实践论"，即是指一种"生活、实践底观点，应该是认识论底首先的和基本的观点"（毛泽东《实践论》）的理论观点，是仁学的知行合一观。仁学之为仁学，其根本意义所在，不仅仅在于从解释学的角度将所有仁学的实践问题转变成"情感与态度的表达"，也不仅仅在于从哲学理论的观点肯定和发扬"仁体"，而在于它必

---

① ［美］乔治·H·米德著，赵月瑟译：《心灵、自我与社会》，上海译文出版社1992年版，第279、283页。

须能够指导人的行动而见诸实践。道德在实行,而不在说教,当然,实行不是盲目的纯经验主义的行为,唯义理明,实践才会有方向和力量,然而也唯有见诸实践,义理才能更加昌明而令人信服。正如南宋思想家叶适所言:"笃行而不合于大义,虽高无益也;立志不存于忧世,虽仁无益也。"(《赠薛子长》,《水心文集》卷二十九)因此仁之为仁,唯修之、践之、行之而后为仁,"抽象的观念只有在特殊之中实践才有意义"①。朱子曰:"孔门弟子如'仁'字'义'字之说,已各各自晓得文义。但看答问中不曾问道如何是仁,只问如何行仁;夫子答之,亦不曾说如何是仁,只说道如何可以至仁。……想是仁字都自解理会得,但要如何做。"(《朱子语类》卷四十一)"但要如何做",这便是如何实践的问题,但前提是对"仁"字"都自解理会得",而不是盲目地做,而且,亦不只是"晓得文义"之后直接去做,问题的关键在于在"晓得文义"之后,还必须要深入思考和探究"如何行仁"、"如何可以至仁"的问题,通过实践而使仁道的信念和理想不仅落于实际,而且使其义理更加显豁而令人信服。否则不知"如何行仁"、"如何可以至仁",不知如何正确而恰当地行仁、至仁,则只会败坏仁道的信念和理想,如"爱之欲其生,恶之欲其死"(《论语·颜渊》)、"巧言令色"(《论语·阳货》)之类,徒滋迷惑而"鲜矣仁",非仁者之"能好人,能恶人"(《论语·里仁》)可比。故如牟宗三先生所说:"自孔、孟立教即已解行双彰,有本体有工夫,扣紧实践以明道理。"②"扣紧实践以明道理",此正是儒家仁学之为仁学最吃紧处。

无论是陈义高远的神秘境界,还是平常浅近的日常道理,都只能在实践中才能得到实现,都唯有在实践中才能真正体验和领悟到它所可能遭遇到的现实的道德困境与义理困惑,譬如程、朱极力主张推行仁道"当自孝弟始",但他们又岂不知"后世骨肉之间,多至仇怨忿争,其实为争财"呢?解决问题的关键并不在于仅仅靠对孝弟的宣传说教便可以化解这一骨肉之间的仇怨忿争,而是要"使之均布,立之宗法,官为法则无所争"(《河南程氏遗书》卷十七)。而依孟子之见,更重要的则是统治者必须担负起保障民生的政治责任和义务,实行制民恒产的王道仁政,使人民首先过上不饥不寒而有保障的生活之后,再"谨庠序之教,申之以孝悌之义"(《孟子·梁惠王上》),如此才能真正顺理成章地导民向善。

在实践中直接面对各种各样的利益纷争、道德难题和义理困境,并努力寻求通过一种正当而合宜的方式方法来创造性地应对和化解它们,这是仁学实践论的题中应有之义,也是最能彰显仁学实践论之理论意义的根本途径,也唯有从这一仁学实践论的视角才能真正推进和深化儒家仁学思想之在当下的创造性转化和创新性发展。"仁"既是一种道德情感的人类之爱,更是一种富于道德理性的美好德性,在爱与德性之间

---

① [美]包弼德著,刘宁译:《斯文:唐宋思想的转型》,江苏人民出版社2001年版,第290页。
② 牟宗三:《从陆象山到刘蕺山》,吉林出版集团有限责任公司2010年版,第337页。

必须维持一种适当的平衡才是真正意义上的儒家之仁，而且儒家之仁唯有与义、礼、智相配而行才能臻乎完备而止于至善。正唯如此，孔孟才不主张"以暴易暴"，才不语"怪，力，乱，神"(《论语·述而》)，才献身于私学教育事业以培育人的良心与德性，才反对强权统治和刑政控制，才主张道德教化和礼义引导。

儒家之仁学不仅仅是一种思想观念的东西，而是一定要指向生活实践的，仅仅做本体论的肯定，而不做实践论的省察，难免会流于一种玩弄光景的空谈戏论！因此，宋明儒者在阐发心性之仁体的同时，还特别重视和强调笃实践履的功夫问题。在今天，儒家的仁学思想和仁道理念，作为激发人们行动的道德理想，作为指引人们进行个人的德性修养、社群的伦理生活和国家的治理实践的人道理想，仍然必须要在修、齐、治、平的生活实践中不断地开展和呈现。大体而言，在当下，儒家仁学思想的新开展仍然需要从家庭之孝亲开始，而在以下几个主要的实践方向上加以推扩拓展，譬如在政治上力行保障、改善民生之惠民、安民、富民的仁政实践，在教育上力行以德育人、立人达人而诲人不倦的仁道实践，在经济生活中力行诚信待人、"己所不欲，勿施于人"的恕德实践，在国际交往中力行公平正义、以德服人、协和万邦的道义实践，乃至在对待天地万物上力行亲近自然、善待万物、天人协调的一体之仁的生态实践等。总而言之，儒家的仁学实践论必须向人们明确指示出实践的门径或进路，必须能经受住实践的检验和考量，才能真正彰显出其现代的价值和意义。

儒家核心价值观与新时代商业伦理建构

山东工商学院儒商研究院院长、教授　杨家珍
山东工商学院人文与传播学院副教授　房秀丽

随着科学技术和社会经济的发展,世界呈现出信息化、国际化、多元化的趋势,中国市场经济逐渐融入到国际经济发展的进程中,这既是一个机遇,也是新的挑战。这种挑战不仅在经济方面,而且也体现于伦理文化领域的道德挑战。人们的价值观发生了多维度变化,特别是对利益格局、商业竞争、社会责任的认识发生了混乱。在利益驱使下,部分企业的道德自律性正在丧失,见利忘义、挥霍浪费、诚信缺失、破坏自然等问题日益突出,造成整个社会经济生活的道德失范现象,侵害着社会和人们的生命财产安全。面对如此挑战,我们的社会制度以及企业管理制度理念与市场经济的伦理要求仍存在较大的差距,其中最显著的差距是敬业精神稀缺、契约机制薄弱、信誉意识不足,商业伦理问题已成为中国经济发展的一大问题,构建新时代商业伦理已成为社会关注的焦点。

商业伦理是指任何商业组织或生产机构,以合法手段从事经营活动时应该遵守的伦理准则,即要求各种组织在生产经营活动中建立正确的价值观和良好的企业文化,规范商业活动中的行为方式。[①] 那么如何用伦理道德来引导规范经济生活,构建适应中国新时代市场经济体制下的商业伦理呢?依据美国经济学家道格拉斯·诺斯的"路径依赖"[②] 理论,中国市场经济体系的建立离不开传统文化这一历史背景,以儒家文化为核心的传统文化千百年来沉积在中华大地上,影响着中国人的心理和行为,对中国市场经济的发展将起着积极或消极的作用。本文试图从儒家核心价值观与市场经济运行的视角,从以义取利、仁者爱人、诚实守信、忠恕之道、正己修身、自强不息、以和为贵等七个方面探讨儒家核心价值观与新时代商业伦理的构建。

---

① ［美］艾尔伯特:《转型的中国如何加强商业伦理建设》,《商界名家》2004 年第 2 期。
② 路径依赖(Path‑Dependence),又译为"路径依赖性",它的特定含义是指人类社会中的技术演进或制度变迁均有类似于物理学中的惯性,即一旦进入某一路径(无论是"好"还是"坏"),就可能对这种路径产生依赖。此方面的开创性研究是道格拉斯·诺斯,他指出,"人们过去作出的选择决定了他们现在可能作出选择的范围",人们一旦选择了某制度,就好比走上了一条不归之路,惯性的力量会使这一制度"自我强化,让你轻易走不出去"。参见 ［美］道格拉斯.C. 诺思著《经济史中的结构与变迁》,上海三联书店、上海人民出版社 1994 年版,第 1—2 页。

一、先义后利、以义生利的经营价值观

谈到现代商业精神与儒家伦理的关系，我们首先会想到义利问题。一般看来，"重义轻利"代表着儒家的价值取向，而追逐利润是现代商业活动的根本目的，基于此，有些学者就认为儒家与现代商业精神水火不容，"儒商"是一个不能成立的概念。其实这是一个误解，现代市场经济需要讲究商业道德、市场秩序，而儒家十分强调利民惠民思想，对利益的两面性有着清醒的认识。孔子明确提出"饮食男女，人之大欲存焉"（《礼记·礼运》），"富与贵，人之所欲也；贫与贱，人之所恶也"（《论语·里仁》），肯定人的自然生理需求及与此相关的追求财富与地位的正当性，但孔子也谈道："放于利而行，多怨。"（《论语·里仁》）提出"以义制利"，将人们对物质利益的追求纳入到伦理规范中来，从而使经济活动接受伦理规范的制约。"君子义以为上"（《论语·阳货》），"义以为质，义而后取"（《论语·宪问》），都强调见利思义、先义后利，不损人利己，通过正当的手段获取财富。孔子不仅讲以义制利，先义后利，强调利益应接受伦理规范的引导和制约，还进一步提出"以义生利，利以平民"（《左传·成公二年》）的著名命题，从国家政治与经济生活的高度涉及了义利如何统一和良性循环的问题。

市场经济环境下，作为经济实体的企业是以利润最大化为目的，如何实现企业利润最大化？有些企业利用不正当手段获取利益，逐利忘义，使得企业异常短命。李嘉诚曾说："我首先是一个人，然后才是一个商人。"也就是说追求利润必须适度、合乎人道，这样才能带来相应的利润。企业要成功地经营，最重要的是确立经营理念，恰当处理好"义"与"利"的相互关系。从建设民主、富强、文明的国家出发，应做到"先义后利"、"以义生利"，在追求自身经济效益之时，还应承担企业的社会责任，即对员工、消费者、社区和环境负有相应的责任，强调要在生产过程中对人的关注，树立起新时代商人的文明形象，取信于民。

二、仁者爱人、以人为本的伦理价值观

"仁"是儒家伦理的精华，"仁"的基本含义是爱人，"仁者爱人"强调的是个体对全体的责任和贡献，体现的是博爱，从大处着眼，为社会大众谋福利。儒家认为人性本善，主张德治，用"仁爱"对人进行管理，注重情感交流和下属的归属感。孔子的学生樊迟请教"仁"时，孔子回答说："爱人。"（《论语·颜渊》）孟子也说："仁者，爱人。"（《孟子·离娄下》）而当仁用到管理上时，孔子又把它具体化为"恭、宽、信、敏、惠"五项人格特质与外在行为标准，即所谓的"恭则不侮，宽则得众，

信则人任焉，敏则有功，惠则足以使人"。2000年前孔子的"仁爱"对我们今天社会都有着更加实际的意义，若企业领导者能够做到"恭、宽、信、敏、惠"这五点，对成功经营企业有莫大的助益。

企业经营的根本目的是为了人，企业经营的成败取决于人。无论在何种时代，企业管理的中心永远是人，现代商业伦理建设的构建也不例外，我们在进行商业伦理构建过程中，完全可以把儒商"仁道"思想纳入到商业伦理中来。现代商品经济是人、财、物的运作过程，而核心是人，要妥善解决所有者、管理者、员工、消费者、竞争者等多方的关系，应当尊重人、信任人、发展人、为了人，这是企业经营过程中的基本人文精神。坚持"仁者爱人"，对内就会满足员工物质和文化方面的需求，激励员工的内在力量，发挥他们的主动性和创造性，就会在企业内部建立通力合作、团结共赢的价值准则与利益关系格局，对外在面对消费者时就会把产品质量、优质服务放在第一位，讲求信誉、回报社会，树立良好形象，从而提高知名度、信誉度，增进企业经济效益和社会效益。

三、诚实守信、重礼守法的交往价值观

"信"在《论语》中出现了24次之多，"言必信，行必果"，"听其言而信其行"，"人而无信，不知其可也"。作为儒家最重要伦理规范之一的诚信既是人安身立命的依托，也是对人的社会属性最准确把握，它由内在的忠诚不欺而发，显为外在的讲求信用。孟子把"诚"作为天之道，"思诚"视为人之道，《中庸》将"天下之至诚"看作经纶天下、参赞化育的根本。儒家"诚"的概念隐含着忠信、笃敬、正直等品质，在贸易交往中，诚信被儒家视为对人的信任，荀子称讲信誉的商人为"良贾"，反之则斥为"盗贾"，表达了对不讲诚信奸商的反感与痛恨。因此，北宋周敦颐强调"以诚为本"，认为"诚"是"五常之本，百行之源"①，不仅视诚为"五常"之德的根本，更是社会各行各业正常运转的基础。"礼"是儒家伦理的基本规范，与重视内在感通作用的"仁"相比，"礼"是外在的伦理框架，泛指各类以道德规范为内在主导的典章制度与风俗习惯，在传统社会中起着和谐人际关系、安定社会的作用。孔子说，"不学礼，无以立"（《论语·尧曰》），"非礼勿视，非礼勿听，非礼勿言，非礼勿动"（《论语·颜渊》）。儒家认为"礼"是社会成员共同遵守的行为准则和规范，相当于我们今天的"法"，一个人不学礼、不懂法是不能在社会上立身处世的。

现代市场经济是信用经济和法治经济，是"诚信"和"法治"规范下的有序的经济，因此，诚实守信、遵纪守法是企业发展的"软实力"，是现代管理的核心要求。坚

---

① 周敦颐撰，徐洪兴导读：《周子通书》，上海古籍出版社2000年版，第32页。

持诚信对内可以和谐企业内部人际交往，对外可以加深和持久化企业之间的合作。作为外在的制度规范"礼"，是社会必须遵守的普遍准则，对构建社会的和谐秩序起着不可替代的作用。对组织内部而言，现代企业必须制定适用于本企业的行为规范，用礼乐节制人的内心活动，规范其外部行为，让"礼"成为企业员工自觉行为的机制，进行自我管理。对组织外部而言，"礼"是现代企业经营活动中需要自觉遵守的行为规范，现代企业竞争复杂激烈，只有尊"礼"守"法"，才能实现共存共荣、和谐发展。我们应该把儒家的诚信精神和礼乐观念的文化基因延伸至现代经济社会，建立重视契约、自觉守法的价值观念与诚信体系，着眼于企业的长远发展与社会的持久健康，将诚信为本、遵纪守法一以贯之，企业才能在市场角逐中立于不败之地。

四、忠恕之道、宽以待人的处世价值观

儒家非常重视人际交往中的忠恕之道，曾子说："夫子之道，忠恕而已也。"（《论语·里仁》）朱熹在《论语集注》中对此解释为："尽己之谓忠，推己之谓恕。"① "忠恕"是儒家调节人际关系的一贯之道，分为两个方面。一为"恕"道，也是"忠恕"之道最基本的方面。"恕"者，"如心"之谓，引申为宽恕及对他人的包容，这是被孔子特别强调的最基本方面。子贡曾问孔子有没有可以终身行之的一个字，孔子明确回答，"其恕乎，己所不欲，勿施于人"。在孔子看来，自己不想要的就不强加给别人，这是人终其一生应遵守的准则。"恕"道在《大学》中被更加明确表达为"絜矩之道"，也即"所恶于上毋以使下；所恶于下毋以事上；所恶于前勿以先后；所恶于后毋以从前；所恶于右毋以交于左；所恶于左毋以交于右"，"是故君子有诸己而后求诸人，无诸己而非诸人。所藏乎身不恕，而能喻诸人者，未之有也"。作为有道德之人，应严于律己，自己先具备美德，然后才要求别人具备；自己没有恶习，然后才能批评别人；自己心中没有"恕道"，却要要求别人实行"恕道"，这是不可能的。可见儒家的"恕"道是将心比心，严于律己，宽以待人，以己度人，推己及人的道德规范。忠恕之道的第二个方面是"忠"，"忠"就是"尽己"，即尽心竭力、公而无私，是对人对事的真诚态度。如果说"恕"是"忠恕"之道的消极方面，那么"忠"就是积极方面。曾子说："为人谋而不忠乎？"（《论语·学而》）孔子说："夫仁者，己欲立而立人，己欲达而达人。"（《论语·雍也》）"忠"是讲人要心存忠厚，把自己固有的仁心发动起来，在了解自己需求的基础上积极地将心比心，推己及人。这比起前面所说的"己所不欲，勿施于人"应该是更进一步的思想，它不只是个人的道德修养，而是表明一种对于社会负有的责任，是在社会关系中，推广自己的仁心仁德，不仅要造就自己，同

---

① 朱熹：《四书章句集注》，中华书局1983年版，第72页。

时要造就别人，要造就社会。

儒家的"忠恕"之道是一种严于律己、宽以待人并在此基础上谋求最大限度的帮助与成就他人的道德规范与生活智慧。将此种智慧运用于现代经济生活中，利于各个经济主体之间的相互理解和谅解，同时也利用他们合作共赢、共谋发展。如果在商场中，人人都懂得这个"恕道"的价值，并且实行它，就可以消除人与人之间的隔阂，就可以化解人与人之间的某些不必要的矛盾，就可以消除很多的商业欺诈与不正当竞争行为及由此带来的两败俱伤。所以孔子说："恕道"是"可以终身行之"的一种道德规范，也是当今经济生活中应当遵循的一条道德底线。而"忠道"则能在市场经济中起到更积极的作用，推动更多的经济合作。"己欲立而立人，己欲达而达人"，追求和谐共赢、共同发展的理念，应该与全球经济一体化和谐共生，密不可分。因此，忠恕之道在市场经济下并不过时，而且更应该隐含在政策、法律和制度的制定之中。

五、修身正己、德才兼备的领导价值观

孔子说："政者，正也。子帅以正，孰敢不正。""其身正，不令而行；其身不正，虽令不从。"（《论语·子路》）高度强调了领导者自身素质与严格自律的作用。儒家认为只有贤人才能成为领导者，这些人最重要的素质是"德"，其次是"才"，而真正的领导者应是德才兼备。一个领导者的权威主要来自其人格魅力，儒家十分强调领导者的人格影响力，要求领导者经过修身，提高自身道德品质，从而影响他人行为。因此，儒家反复论证"身正而令行"的关系，要求领导者严于律己、为民众作出表率。同时孔子强调"恭则不侮，宽则得众，信则人任焉，敏则有功，惠则足以使人"（《论语·子罕》），即领导者要谦恭宽容，放低自己的位置，以开放、包容、谦恭的姿态接纳四方，以坦荡、快乐、积极的心态温暖周围的人，做事勇敢果断，为他人谋福，这就是领导者的个人道德修养。

一个强大的组织需要一个优秀的领导，现代企业经营要求领导者宽宏大度、胸怀坦荡、严于律己、宽以待人、言而有信、行事有效、惠及他人，这样才能使组织增加向心力、凝聚力和员工归属感。国外许多管理学家对领导者及其工作进行了深入的研究，加拿大管理学家亨利·明茨伯格在其《经理工作的性质》一书中谈到了管理者的十种角色，他认为企业形象代言和激励下属是领导的主要工作。美国管理学家德鲁克在《有效的管理者》一书中指出有效的管理者首先应管理好自己。这些都与两千多年前孔子"正己正人"的思想不谋而合。现代儒商李嘉诚就对自己的日常管理工作规划为勤、俭、创新、诚信、高效、持重、统筹决策、了解下属等八个要点，其中贯穿着对人宽恕、责己极严的领导观念。世界上许多成功企业的领导都是坚持以身作则、诚信待人、仁爱为本，通过创设良好文化氛围，吸引人才、留住人才，激发员工工作积

极性和创造力。

六、自强不息、敬业乐群的工作价值观

儒学是一种深具现实关怀意识与担当感的人生哲学，它提倡自强不息、刚健进取的精神。孔子力倡"知其不可为而为之"的担当感，《易传》高标"天行健，君子以自强不息"的进取意识，《大学》树立"修身、齐家、治国、平天下"的人生理想，孟子独标"生于忧患，死于安乐"的人生警示，都表现出儒家的积极进取的人生态度。"成己成物"（《礼记·中庸》）、"立人达人"（《论语·雍也》）、"立德立功立言"（《左传·襄公二十四年》）、"苦其心志，劳其筋骨"（《孟子·告子下》），这种成就感与担当精神需要一种自强不息、勤勉上进的忧患意识，诚敬负责的工作态度以及和而不同的协作精神。儒家一方面倡导勤奋进取的担当感，另一方面倡导诚敬守职、"宁俭勿奢"的自律精神。"敬"是严肃、谨慎、敬畏，是一种因敬畏天命而对天命所赋予之生命负责的精神，并延伸至对自己的工作、职业负责任的态度。孔子的"尽人事知天命"（《中庸》），"修己以敬"、"居处恭，执事敬，与人忠"，曾子"战战兢兢，如临深渊，如履薄冰"（《论语·泰伯》），产生了中国人的"天职"观念。在中国式敬天、畏天、履行职分的精神下，形成了"诚敬"的做人态度与工作态度。与这种负责诚敬品性相联系的是"宁俭勿奢"的自律精神，孔子讲"奢则不孙，俭则固，与其不孙也，宁固"（《论语·述而》）。儒家不仅讲"敬业"，而且重视"乐群"，即重视群体的协作精神，主要体现在儒家自始至终所强调的和谐精神上。《尚书·大禹谟》讲"正德，利用，厚生，惟和"，孔子讲"礼之用，和为贵"（《论语·学而》），《中庸》讲"致中和"，都是对和谐精神的表达。儒家的这种"和谐"，并非放弃原则的求同，而是"君子和而不同，小人同而不和"（《论语·子路》），强调在坚守原则基础上的和谐与合作，反对小人以利益相勾结。

经济发展需要勤奋、节俭、诚信、负责、合作等经济伦理，要求企业经营者有一种坚忍不拔的毅力和勤勉上进的精神。儒家提倡敬业乐群的工作态度和自强不息的进取意识，正与现代的企业家精神相互融通。现代企业的经营是在正常市场经济秩序的约束下，进行健康而有效的竞争，根本上是人才的竞争，员工忠于职守、勤奋努力、团队合作、勇于负责，企业才能提高产品质量，树立良好的社会形象。与西方文化建立在个人价值基础上重视自由竞争的文化特质不同，儒家文化精神更重视以家庭为基本细胞的群体价值，要求人们勤奋和睦、敬业乐群、相互协调及对企业的忠诚、奉献、责任。儒家这种由家庭之爱升华出来的重视集体的价值观，将对塑造现代市场经济条件下企业员工的归属感、集体荣誉感及合作精神，促进企业内部的凝聚力有着重大意义。

七、以和为贵、和气生财的经商价值观

"和"是儒家伦理思想的基本内容,《礼记》中指出"和也者,天下之达道也",孔子强调"礼之用,和为贵"(《论语》),孟子更是敏感地指出"天时"与"地利"之外"人和"的巨大价值。中国自古就有"和气生财"的经商理念,"家和万事兴"是中国人的信念和追求。我国"和"文化博大精深,从企业经营的角度可以概括以下三点:一是在"仁爱"的基础上强调"泛爱众",以仁爱为核心构建和谐感通的人际关系和社会秩序。"泛爱众"的观点,要求企业管理者在以人为本的理念下关心每一位员工的利益与情感需求,增强员工对企业的认同和归属感,激发员工的创造性和主动性。二是主张"天人和谐",在尊重自然、爱护自然的基础上,与自然和谐相处;儒家十分重视人与自然的和谐关系,董仲舒明确提出"天人之际,合而为一"①,成为两千年来儒家思想的一个重要观点。三是主张"和而不同",提倡"和谐"、"双赢"的竞争观。"和而不同"强调包容和求同存异,强调企业管理者与所有员工人格上的平等,强调包容所以员工的个性差异,这些都与最现代的企业管理理念相合,同时也是符合东方道德价值取向的基本准则。在儒家思想中"和"是市场竞争"赢"的法宝,"和"的理念有利于引导企业树立正确的竞争观。

以儒家"和为贵"、"和而不同"、"天人合一"为主轴的"和"文化价值观,是建设现代中国商业伦理价值体系的方向。在企业内部,要培养全体员工的团队协作精神,精诚合作、开拓进取,为实现企业目标形成强大的"合力"。对企业外部,把尊重自然、维护人与自然的协调发展作为最高的道德旨向,立足企业、社会和自然的协调关系,促进三者和谐发展,让企业自觉担负起环境保护的责任,实现人与人、人与社会、人与自然的"和谐共生"。同时应用"和而不同"、"和气生财"的思想,在市场竞争中以和气友善的态度处理企业经营过程中遇到的问题,注重不同经营者之间的互利合作,力求获得和谐共赢的局面,实现"和则众"的经营目标。

从一定意义上讲,人的创造性劳动和经济发展速度很大程度上是由人的道德素质所决定,而商业伦理具有导向功能、凝聚功能、规范功能、激励功能,在现代企业经营中具有重要的作用。商业伦理的建立一方面要依靠法律法规通过制裁或奖励的方法得以推行,以建立"最低限度的道德"维护社会秩序;另一方面要不断提高公民个人的修养素质,以增进人与人之间的关系提高生活质量。因此,通过他律以评判是非、惩恶扬善维护社会的公平和正义,通过自律内化为理想、人格和良知来激励自身对道德的追求和实践,只有这样才能形成社会文化和行为的自觉。具体而言,建立社会主

---

① 苏舆:《春秋繁露义证》,中华书局1992年版,第288页。

义市场经济条件下的新的商业伦理,需要从宏观、中观和微观三个层面上采取措施:在宏观层面上,合理设计中国市场经济伦理总的指导思想,从中国优秀传统文化中寻求道德源泉,以解放和发展生产力、消除剥削和两极分化、实现共同富裕为终极追求,实现人的自由而全面发展;在中观层面上,应当提供一个有利于企业主动承担社会责任、自觉恪守社会伦理规范的社会环境,促使企业主动加强自律行为,强化责任和诚信观念,树立正确的商业价值观,建立现代企业制度和新的商业伦理规范,加强企业商业伦理的社会监督;在微观层面上,企业要将商业伦理精神外部化和规范化,形成企业内部的各种管理制度,加强高级管理层和员工商业伦理教育,引导人们树立正确的商业伦理观,养成良好的经营行为,不断提升自身的道德素养,并且将这些观念自觉落实到日常工作中去,关心消费者的需求,提供优质的产品和服务。

总之,现代商业伦理的构建具有传承性和延续性,儒家文化源远流长,在中国这个以人情为纽带、重视人伦的社会中,吸纳儒家伦理思想的精髓,以重塑新时代的商业伦理,是我国商业伦理构建的必由之路。对现代市场经济来说,儒家核心价值观为其提供了可以利用的宝贵资源,是一个有益的文化源头和智慧宝藏。但要真正构建起以儒家核心价值观为主体的现代中国商业伦理体系,并在中国乃至世界推广,还需要我们在实践中一点一滴地去构建、培养、创造,还需要政府、学校、企业、社会进一步挖掘、辨别、提炼、应用,更需要一批儒者志士的身体力行。让我们群策群力、共襄善举,为构建和谐社会而不懈努力!

具有划时代意义的论断
——学习习近平总书记"四个讲清楚"有感

武汉大学中国传统文化研究中心教授　胡治洪

习近平总书记于 2013 年 8 月 19 日在全国宣传思想工作会议上的讲话中指出："要讲清楚每个国家和民族的历史传统、文化积淀、基本国情不同，其发展道路必然有着自己的特色；讲清楚中华文化积淀着中华民族最深沉的精神追求，是中华民族生生不息、发展壮大的丰厚滋养；讲清楚中华优秀传统文化是中华民族的突出优势，是我们最深厚的文化软实力；讲清楚中国特色社会主义植根于中华文化沃土、反映中国人民意愿、适应中国和时代发展进步要求，有着深厚历史渊源和广泛现实基础。"同年 11 月 26 日，他在山东曲阜孔子研究院座谈会上又重申了"四个讲清楚"并有所展开。联系到中共十八大以来的近三年间习总书记在国内外各种场合发表的关于弘扬中华优秀传统文化的一系列论述，可以认为"四个讲清楚"乃是他纵观古今、统览中外、高瞻远瞩、审时度势、深思熟虑的结果，具有重大现实意义和深远历史意义。

一

对于中国传统文化，特别是儒家传统文化，中共早期领导人如陈独秀、王明等曾承续晚清以降的反传统思潮，并基于西化或俄化立场而给予猛烈抨击和全盘否定，陈独秀鼓吹"最后觉悟之最后觉悟"，王明标榜"百分之百的布尔什维克化"，都对中国传统文化造成极大伤害，但这种错误倾向在成熟的中国共产党人那里得以纠正。毛泽东在《反对党八股》中批评"所谓坏就是绝对的坏，一切皆坏；所谓好就是绝对的好，一切皆好"的形式主义思想方法，实质上就是批评全盘反传统和全盘西化，这一点，从他在《新民主主义论》中明言"所谓'全盘西化'的主张，乃是一种错误的观点"，可以印证。毛泽东在中共六届六中全会的政治报告中指出："我们这个民族有数千年的历史，有它的特点，有它的许多珍贵品。对于这些，我们还是小学生。今天的中国是历史的中国的一个发展；我们是马克思主义的历史主义者，我们不应当割断历史。从孔夫子到孙中山，我们应当给予总结，承继这一份珍贵的遗产。"他还提出"剔除糟粕，吸收精华"（《新民主主义论》）、"批判继承"（《在延安文艺座谈会上的讲话》）等文化主张，这些思想都是具有合理性的。他撰写的《祭黄帝文》更是明确表达了对于民族先祖的崇高敬意及其踵武遗烈的坚定意志。不过这些合理的文化思想未能被毛泽东所坚持和落实,他在晚年发动的"文化大革命",实际上重蹈了全盘反传统的故辙,经过"破旧立新"、"批林批孔"、"评法批儒"、"与传统观念彻底决裂"等一波接一波的运动,中国传统文化,特别是儒家传统文化沦为万恶的渊薮和已陈之刍狗,遭到亿万民众口诛笔伐,被弃之如敝屣,其负面影响至今犹存。

中国传统文化,在此仅就儒家传统文化来说,却绝不是万恶的渊薮和已陈之刍狗。儒家传统文化尽管存在着时代局限,粘附着历史污垢,但在根本上则是汲汲于导人向善的道德文化,这种道德文化对于中华民族乃至整个人类具有恒常的价值。儒家坚信人化生于至善的道德本体,秉具本然善性,通过护持本心、刊落习气、惺惺不昧、终生不辍的修养功夫,便可将日益完美的德性呈现于家国天下;只有所有人或多数人都将自己的德性呈现出来,家庭才可能和睦,社会才可能和谐,世界才可能和平,宇宙才可能和美。基于这种道德理想主义信念,儒家在启沃人的道德主体性和道德自信心,孔子说:"为仁由己,而由人乎哉?"(《论语·颜渊》)"我欲仁,斯仁至矣!"(《论语·述而》)孟子阐扬"人皆可以为尧舜"(《孟子·告子下》),其旨归就是要使人类通过道德自觉和道德实践而实现家齐、国治、天下平的道德社会。近代以来,儒家道德文化在西方强力文化的冲击下遭到挫折,致使信奉道德文化的中华民族一度落入"人为刀俎,我为鱼肉"的悲惨境地,这当然应由重道轻器、重德轻力的儒家末流承担某些责任,应以反思和弥补,但给中华民族带来灾难的主要原因显然在于西方列强凶恶的民族性。然而国人却往往将灾难的主要原因归于儒家传统,从而认定道德文化已经腐朽落后、不周世用,必欲彻底抛弃之而改奉西方推行的"丛林法则",这实质上是将强权当作公理,以野蛮取代文明!时至今日,随着西方强势而遍及世界的"丛林法则"导致非道德甚至反道德的世风愈演愈烈,人心卑劣,物欲横流,戾气弥漫,暴力公行,罪恶充斥,社会混乱,生态破毁,难以为继!当此之时,儒家道德文化的恒常价值日益凸显出来,受到越来越多国民的尊崇,乃至被西方有识之士所肯认,例如数十位诺贝尔奖得主于 1988 年在巴黎宣布:"人类要生存下去,就必须回到二十五个世纪以前,去汲取孔子的智慧。"所谓"孔子的智慧"就是道德智慧。完全可以说,只要人类还想生存延续下去,就决不可能抛弃道德;只要人类还讲道德,儒家传统文化就决不会过时!

二

习总书记接续成熟的中国共产党人的合理的文化思想并有所损益,基于对中国传统文化的辩证把握,着眼于中国和世界突出的现实问题及其新的趋势,以"四个讲清楚"的言说方式,作出了对于中国传统文化的一系列英明论断,这在中国共产党的历史上是具有划时代意义的。

习总书记的第一个论断是:"每个国家和民族的历史传统、文化积淀、基本国情不同,其发展道路必然有着自己的特色。"这是以放眼世界的宏大视域,基于每个国家和民族的发展道路都由其独特的历史传统、文化积淀、基本国情所决定这一具有普遍性的社会历史规律,实际上表明了中国的历史传统、文化积淀和基本国情乃是当今以至未来中国发展道路的决定性条件。这个论断的深刻涵义在于,具有五千年悠久历史和灿烂文化的中华民族,必然永远保持自己的独特性;中华民族虽然一贯乐于并善于学习任何异质文明的一切长处,但过去不曾、现在不会、将来也决不可能全盘归化于任何异质文明;具体到当下境况来说,中华民族决不可能全盘西化或全盘美化,这并不是某些人的主观意志,而是融贯于整个民族的深层文化心理所规定的。

习总书记的第二个论断是:"中华文化积淀着中华民族最深沉的精神追求,是中华民族生生不息、发展壮大的丰厚滋养。"这是从中国文化史的纵深向度,精辟地揭示出中华民族的先圣先贤先民们以无数世代的殚精竭虑、艰苦奋斗,创造并积累了源远流长、博大精深、灿烂辉煌、独具一格的中华文化;而中华文化又为中华民族的生存延续、兴旺发达提供了优裕而亲和的物质家园和精神家园以及取之不尽、用之不竭的物质和精神资源。习总书记所说的中华文化所积淀的中华民族最深沉的精神追求,集中载录于《易》、《书》、《诗》、《礼》、《春秋》诸元典以及《论语》、《孟子》等经籍,诸如自强不息(《周易·乾·象》),厚德载物(《周易·坤·象》),各正性命、保合太和、首出庶物、万国咸宁(《周易·乾·彖》),可久可大、开物成务、知周万物、道济天下、乐天知命、安土敦仁、继善成性、富有日新(《周易·系辞》),"克明俊德,以亲九族;九族既睦,平章百姓;百姓昭明,协和万邦"(《尚书·虞书·尧典》),"德惟善政,政在养民"、"正德利用厚生"、"惟精惟一,允执厥中"(《尚书·虞书·大禹谟》),"民惟邦本,本固邦宁"(《尚书·夏书·五子之歌》),"非知之艰,行之惟艰"(《尚书·商书·说命中》),"周虽旧邦,其命维新"(《诗经·大雅·文王》),"民之秉彝,好是懿德"(《诗经·大雅·烝民》),格致诚正、修齐治平、明德亲民、止于至善(《礼记·大学》),至诚尽性、成人成物、辅赞化育、与天地参(《礼记·中庸》),天下为公、世界大同(《礼记·礼运》),三世进化、升平太平(《春秋公羊传》),武以止戈(《春秋左氏传》),孝悌为本、仁者爱人、己立立人、己达达人、己所不欲勿施于人(《论语》),富贵不淫、贫贱不移、威武不屈、王道仁政(《孟子》),等等,所有这些都体现出中华先哲的洞见,规定了中华民族的精神方向,构成中华文化一以贯之的母题。由此昭示于国人的是,对于先圣先贤先民们以德慧力命凝成的、滋养了一个繁衍于广宇悠宙之中的伟大民族的中华文化,应该保持敬爱和谦逊的态度,当然可以在真正了解的前提下进行合理的批评和扬弃,但决不可以妄加鄙薄,更不容许肆意诋毁乃至恶毒谩骂!

习总书记的第三个论断是:"中华优秀传统文化是中华民族的突出优势,是我们最深厚的文化软实力。"关于这一点可以从两个方面来理解。其一,中华优秀传统文化对于解决中华民族内部存在的问题具有良好的效用，例如提升国民道德水平，安顿民众身心，抵制邪教和外来敌对思想的侵蚀，启发生态保护观念，抑制贪欲和物化，培育慎独意识以遏制腐败之风，促进两岸关系良性互动，增进海外华人的认同感，加强中华民族的凝聚力，等等。在这些问题上，中华优秀传统文化的作用可能比政治、经济和法律等手段还要有效，具有"润物细无声"的无形而巨大的力量。其二，中华优秀传统文化在中外交流场合具有独特魅力，是展现中华民族道德风范、和平性格以及高度文明，向世界宣示中国的本来形象、吸引外国人士向往中国的最佳媒介，是中国在国际议题中能够完全主导话语权的独特手段。在国际交流中，中华优秀传统文化既可以直接获取有形资产，又可以获取比有形资产更加宝贵的无形资产，例如对方的信任、尊敬、友谊乃至某种程度的认同或归依，这些都有助于化解针对中国的对抗力，从而实实在在增强中国的综合国力。而中国国力的增强将有助于改变近代以来西方推行的戕天役物、弱肉强食的"丛林法则"，从而有益于人类的生存和延续。

习总书记的第四个论断是："中国特色社会主义植根于中华文化沃土、反映中国人民意愿、适应中国和时代发展进步要求，有着深厚历史渊源和广泛现实基础。"这是指出中国现实政治制度的历史根据、民意根据和时代根据。仅就历史根据来说，社会主义在中国传统中具有久远而深刻的思想渊源。熊十力先生曾说："《大易》有《比》与《同人》，社会主义原于此也。"他又根据《周礼》构画的土地国有、产业国营、经济均平、政治民主等制度而指出："夫《周官》一经，创明社会主义与民主主义"，"实行社会主义，犹须参证此经"。他还说："孔子明其所志曰'老者安之，少者怀之'，明是社会主义，以养老、育幼由公共团体负责，与《礼运》不独亲亲子子适合。"（均见熊氏著《论六经》）如果说熊先生对经典的理解和诠释只是一家之言，那么《礼记·礼运》所描绘的"大道之行也，天下为公，选贤与能，讲信修睦。故人不独亲其亲，不独子其子。使老有所终，壮有所用，幼有所长，矜寡孤独废疾者皆有所养。男有分，女有归。货恶其弃于地也，不必藏于己；力恶其不出于身也，不必为己"的大同社会，以其包含着公有、和谐、有序、博爱等社会主义的基本原则，确凿无疑地证明了社会主义理想在中国传统中根深蒂固、源远流长。《礼运》"大同说"由于康有为、孙中山、毛泽东等伟大人物的演绎、推崇或关注，对于现当代中国社会政治产生了不可忽视的影响。中国现实政治制度当然遵照科学社会主义原理，并广泛借鉴世界各国政治制度中具有社会主义性质的做法，由此体现其时代性；但也同时从固有文化中吸取丰厚资源，从而具有传统性；而主要由于具有传统性，使中国人民感到熟悉和亲切，中国现实政治制度才获得广泛和深厚的民意性。

三

中国传统文化，特别是作为其主流的儒家文化，犹如一条源远流长的长江大河，在它的发展过程中，虽有曲折或歧出，但"青山遮不住，毕竟东流去"，最终必将回归它的固有进程。在历史上，作为中国传统文化主流的儒家文化曾因印度佛教自东汉初期的传入而发生近千年的曲折或歧出，以致出现"儒门淡泊，收拾不住"的局面，但在两宋之际，儒家文化终于包容吸收并扬弃了佛学的本体论、心性论、认识论而恢复为中华文化主流。近代以降，强势的西力东侵、西制东扩、西学东渐又使中国传统文化发生更加严重的曲折或歧出，甚至一度危及中华民族的生存，由此导致国人对西方文化的震慑与惊羡，同时对固有传统的怀疑、批判以至否定，具有历史的必然性和一定的合理性。但中国传统文化决不应、也决不会因此就成为断潢绝港，而必将在包容吸收并扬弃西方文化，主要是其科学理论和技术成就以及政治学说和制度安排的基础上得以复兴。这是一项承先启后的民族伟业。习总书记的"四个讲清楚"，从中国独特的发展道路、中华民族的生存延续、中华文化的伟大作用以及现实制度的历史根据等方面，高度肯定了中国传统文化的正面价值，不仅对于中国共产党人重新认同中国传统文化具有划时代意义，而且对于矫正近代以来中国传统文化的曲折或歧出具有划时代意义。按照习总书记"四个讲清楚"所指示的方向，全面、深入、准确、充分地阐发中国传统文化精华，在包容吸收并扬弃西方文化的前提下回归中国固有传统，中华民族才可能实现以文化复兴为核心的全面复兴。而以文化复兴为核心的中华民族全面复兴，必将对世界和谐与人类福祉作出较大的甚至更大的贡献。任重道远，贵在弘毅！

以人类终极价值和终极信仰的共同基础化解文明冲突
——道哲学的立场

首尔国立大学人文学院哲学系教授　郭沂

当今世界的主要趋势有二：一是现代化；二是全球化。

现代化始于西方，并随着西方的扩张，蔓延于全球，拉开了全球化的序幕。从此以后，现代化便与全球化交织在一起，同步进行。也就是说，世界范围内的现代化是在全球化的过程中展开的。

如何评价这两个主要趋势？

大致地说，现代化给我们带来的积极影响，最明显的是极大的物质享受，其次是制度建构，即民主制度的确立与推广。现代化所导致的最大挑战是精神的失落和由此导致的人的异化，其次是个人主义的泛滥。

全球化给我们带来的积极影响主要是扩大了人们的视野，促进了人类文化的融合与发展。它给我们带来的最大挑战是价值冲突。这里所说的价值冲突，是指不同层次的人类共同体所持不同价值观的冲突，表现为不同族群、国家乃至文明之间的冲突。由于文明是最高层次的人类共同体，当然也是人类价值观的最高体现，所以其中最为突出的，就是为美国学者亨廷顿教授所津津乐道的文明的冲突。

毫不夸张地说，化解文明冲突是当今人类所面临的最严峻的问题。本文以为寻得不同文明的共同价值基础，不失为化解文明冲突的根本途径。

一、价值的本原

站在道哲学的立场上，世间的一切，当然包括人类价值，皆来自作为宇宙之本原、世界之本体的道体。道体是一个超越的和绝对的本体世界，它无边无际、无穷无尽、无所不包、不生不灭，是一个绝对的"大全"和一切存在者之母。

历史上种种作为宇宙本根、世界本原的范畴，不管是《易传》的"易"，儒家的"天"，还是道家的"道"，都是哲学家们先由物观道，再以道知物，然后"上下察也"得出来的。换言之，他们所构建的超验世界，归根结底，源自经验世界。不过他们对这些范畴只是笼统地肯定，而没有对其构成做进一步的分辨。在我看来，经验世界可以归纳为三种基本元素，它们是物质、价值和知识。由此推知，道体界也由三种基本元素构成，我分别称之为值、气和理，统谓之"三元"。值是"价值元"，乃价值的存有、意义的存有。气是"质料元",乃质料的存有,为物质世界的本原,也就是古人所说的气之本体。理是"形式元",乃理则的存有、知识的存有。其中,理无自体,而是寓于值和气之中的,故分为两类。一类与值相对应,乃值所含之理,可谓之值理。如作为一种价值,仁本身属于值,但仁之为仁,当有其理,此即值理。另一类与气相对应,乃气所含之理,是自然界的法则、规律,即古人所说的"物理",可谓之气理。

三者的特性各有不同。值是至真、至善、至美的,或者说是纯真、纯善、纯美的。气本身虽然是无所谓真、善、美或假、恶、丑的,但又包含着导致真、善、美和假、恶、丑的可能性。虽然理本身也是无所谓真、善、美或假、恶、丑的,却包含着真、善、美和假、恶、丑之理则。

在道体界,值、理、气是永恒的,也是自在的、散在的。自其永恒性而言,可分别谓之"恒值"、"恒理"、"恒气"。从其自在的、散在的状态而言,即是"无极"。恒值、恒理、恒气三者相搏聚形成太极,也就是被现代天体物理学家称为"奇点"的原始原子。宇宙由太极裂变而成,就是说太极是宇宙万物的直接源头。所以道犹如母体,太极就像母体孕育出来的卵子,而宇宙则是由卵子演变而成的孩子。当太极演变为宇宙万物以后,它自身便存在于宇宙万物之中了。这样,太极便有两个层面,一是作为万物产生者的太极,是为本原太极;二是万物所具的太极,是为次生太极。

二、价值的获得

次生太极,就是万物之性。太极本由值、理、气三者组成,故作为次生太极的性,亦存在三类,即值之性、理之性和气之性。

万物对气之本体的禀受是千差万别的,亦即万物的气之性是千差万别的。荀子将万物分为四类,可分别称为有气之物(矿物质)、有生之物(植物)、有知之物(动物)和有义之物(人)。笼统地说,所谓性就是各种事物所具有的各种素质的总和。其中最能代表一类事物的本质并以之同其他事物相区别的素质,我称为"本质的性",其他素质则为"非本质的性"。有生之物的本质的性体现在生命中,有知之物的本质的性便体现在动物之心中,而有义之物的本质的性则体现在人心中。在这个意义上,甚至毋宁说这些不同层次的素质,就是不同事物的性。非生命是诸如水、火等非生命物质的气之性,生命是生物的气之性,动物之心是动物的气之性,人心则是人的气之性。因此,所谓兽心就是兽性,人心就是人性,心即性也。万物气之性的不同直接决定了值之性的差异,甚至可以说气之性与值之性是相应的、同构的。在荀子据以分辨万物的四种素质中,气、生、知皆非价值,只有义才属价值。荀子认为,只有人才能发现价值,这其实意味着只有人才具有值之性。万物气之性和值之性的差异,决定了其理之性的不同。概而言之,有气之物、有生之物、有知之物和有义之物皆具有各自的、处在不同层面的气理性，但唯有作为有义之物的人才拥有值理性。

因此，在道哲学看来，价值构成人性中最本质的部分，是人类所独有的，任何人生而即有。

每个人对气之本体的禀受是千差万别的。气之性的差异决定了人人值之性和理之性的差别。因此，在人类中，每一个个体的先天禀赋是色彩斑斓的，世界上不存在先天禀赋完全相同的两个人，就像不存在完全相同的两片树叶。这是否意味着有的人天生就是善人，有的人天生就是恶棍呢？关于这个问题，让我们回到值、理、气三者的善恶特性来讨论。如果单从值性和值理性来看，一方面，人性是至真、至善、至美或纯真、纯善、纯美的，这是圣人和芸芸众生之所同。另一方面，受作为"器量"的气性之所拘，人人所秉之值性和值理性又有大小、多少、强弱等差别，这是圣人和芸芸众生之所异。据此，虽人性皆美，然美亦分大小，或如大海之美，或如江河之美，或如溪流之美，或如露珠之美。

如果单从气理和气理性来看，则人性本身虽无所谓善恶，却蕴含着善恶的机理与为善、作恶的可能性。一方面，人人都有气性和气理性，故人人都有为善、作恶的可能性。这是圣贤与芸芸众生之所同。另一方面，人人的气性和气理性千差万别，故人人为善、作恶的可能性亦千差万别。顺其自然情势、禀气之清者，其为善的可能性最大，作恶的可能性最小，故成圣最易；得气之浊者，其为善的可能性最小，作恶的可能性最大，故多为愚、不肖，成圣最难；占绝大多数的普通人，则居于二者之间。这是圣贤与芸芸众生之不同。因此，气禀本身虽无所谓善恶，但隐含着行善作恶之机缘和功用。不同的气禀在行善作恶中所起的作用有所不同，有的更容易导致行善，而有的则更容易导致作恶。至于最终导致行善还是作恶，那就取决于后天的习染和教育之功了。今仿王阳明四句教，将气性和气理性的善恶问题归结为以下四语：无善无恶性之体，可善可恶性之用；趋善趋恶赖气禀，为善去恶靠教化。

三、价值的呈现与发现

包括值性的人性是内在的，如果没有心的参与，它就不会发挥任何作用。

人心既然为性的实际承载者，那么我们说人兼备气之性、值之性和理之性，事实上可以具体落实为心兼备气之性、值之性和理之性，或者说心具一太极。太极在万物即为性，而心即性，故毋宁说心本身就是太极。以性言，心含值之性、理之性和气之性三类；以心言，则心含值之心、理之心和气之心三类。其中，只有气之心是主观的、能动的、具有知觉功能的，我们可称之为主观心、主宰心、能动心或知觉心。而值之心和理之心是客观的、自在的，我们可称之为客观心、自在心。800年来，中国哲学史的最大问题是程朱"性即理"与陆王"心即理"之争。我以为，程朱的"性"就是陆王的"心",二者都是指我所说的客观心,而程朱和陆王两派一致把客观心当作理。因此,"性即理"和"心即理",除了名称之异外,是没有什么实质区别的。

以现代科学的观点看,所谓知觉心,就是大脑以及整个神经系统。它有三种基本功能,可以分别用"知"、"情"、"意"三个概念来表达。

知是知觉心的认识功能,它包含三种形式,我分别称之为"认知"、"感知"、"觉知",三者的主体可分别成为"认知心"、"感知心"、"觉知心"。认知是对理世界,包括恒理、太理、理之性、理之心的认识,是心对事物的理则和知识获取的方式。感知是对气世界,包括恒气、太气、气之性、气之心的认识,是心对事物本身的物理和生物特性的感触方式。觉知是对值世界,包括恒值、太值、值之性、值之心的认识,是心对宇宙价值和生命意义的体验、感悟和了解的方式。

也就是说,从心的角度,这种对值世界的认识其实就是心对价值的发现。从性的角度,则为值之性的呈现。值之性是内在的,其实现,比借助于心,必呈现于心,而这个呈现过程,便是心对值之性的发现过程。在这个意义上,值之性的呈现和心对值之性的发现是一个问题的两个方面。

万物之性的不同决定了万物之目的和存在之意义有所不同。对各类事物而言,尽其非本质的性为低级目标,尽其本质的性则为高级目标。如果说高级目标决定事物的意义的话,那么有气之物的意义在于实现其作为物质的存在,有生之物的意义在于实现其植物生命,有知之物的意义在于实现其生物生命,有义之物的意义在于实现其价值生命。显然,对于人来说,价值生命决定着生命的意义,是生命存在的高级形式,而生物生命本身无所谓真善美和假恶丑,不具有价值,所以是生命存在的低级形式。

觉知能够达到值世界的不同层面和高度,这就决定了价值生命本身也是存在不同层次的。觉知的最高目标是达至值世界的本原形态即处在道体无极状态的恒值并与之相契合,从而获得生命的最高自由、最高自在、最高快乐、最高满足、最高安顿。我把这种状态称为生命巅峰状态或巅峰体验。可以说,它体现了生命的根本意义和终极关怀,是人类真正的精神家园。可见觉知的不断追求是精神不断解放的过程。

这种以最高自由、最高自在、最高快乐、最高满足、最高安顿为特征的生命巅峰状态或巅峰体验,从觉知所能达到的值世界的层次而言,为值世界的最高层次,表现为终极价值。

终极价值应该包含哪些内容呢?我们知道西方人提出的真、善、美三个价值观念已为世人所普遍接受,但正如钱穆先生所说:"其实此三大范畴论,在其本身内涵中,包有许多缺点。第一,并不能包括尽人生的一切。第二,依循此真善美三分的理论,有一些容易引人走入歧途的所在。第三,中国传统的宇宙观与人生观,亦与此真善美三范畴论有多少出入处。"① 我以为真、善、美三大范畴仍然是达到生命巅峰状态各种

---

① 钱穆:《人生十论》,广西师范大学出版社 2004 年版,第 8 页。

途径所体现的价值,而不是生命巅峰状态本身所体现的价值。换言之,它们并不是价值的最高形式,并不是终极价值。

生命巅峰状态本身所体现的价值是什么呢?我用一个"安"字来表达。《说文》:"安,静也。从女在宀下";"宀,交覆深屋也。象形。"段玉裁改"静"为"靖",谓"此与宁同意"。徐锴系传:"安,止也。从女在宀中。"《尔雅·释诂下》:"安,定也。"《玉篇》:"安,安定也。"可见"安"字的本义是家中有女人,因而安宁、安静、安定、安心、安顿。这当然是站在男子的角度说的。由于生命巅峰状态是人类真正的精神家园,故我用"安"字来表达处在这一精神家园中人们精神的最高自由、最高自在、最高快乐、最高满足、最高安顿等状态。这才是价值的最高形式,这才是终极价值。

因此,我将价值的三大范畴扩大为四大范畴:真、善、美、安。其中安与真、善、美不在同一个层面上,而是凌驾于真、善、美之上的终极价值。

至于目前流行的"核心价值"这个概念与"终极价值"有所不同。我以为所谓核心价值就是一个社会或一个时代,为了满足某种需要或达到某种目的而形成的主体价值。当这种需要得到满足或这种目的得以实现,这种核心价值也就随之隐退。这就是说,核心价值随着时代的推进而变动不居。但是当一个社会进入稳定状态,不存在特殊的需要和目的之时,终极价值就会兼核心价值之职。也就是说,对任何社会来说,核心价值或可有可无,但终极价值是不可或缺的。如果由于某种特殊的原因,一个社会的核心价值压倒甚至替代了终极价值,那么这个社会就会失去灵魂,就会迷失方向。正因如此,一个文化系统的核心只能是这种文化的终极价值。在历史上,终极价值虽然有所损益,但其基本精神却是一以贯之的,此所谓"天不变,道亦不变"。

觉知所达到的值世界其他层次所表现的价值,诸如伦理价值、社会价值、政治价值等为一般价值。

信仰是人们对其所持人生真谛的坚信与景仰,是生活意义的源泉,也是行为准则的根据。当觉知一旦实现这种以最高自由、最高自在、最高快乐、最高满足、最高安顿为特征的生命巅峰状态或巅峰体验,它必然促成对生命根本意义的坚信与景仰,这表现在文化形态上,便是终极信仰。至于觉知所达到的值世界其他层次所表现的信仰,如对某种主义、学说和事物的坚信与景仰,为一般信仰,由此也可以在一定程度上得到心灵满足。由金钱或物质崇拜所获得的心灵满足,便是极其短暂和微弱的。不过终极信仰又往往表现为某种主义和学说。这样的主义和学说,当然属于终极信仰的范畴。依此,信仰实含广、狭二义,狭义的信仰为终极信仰,其广义兼涉一般信仰。我们这里所要讨论的便是狭义的信仰,即终极信仰。

获得终极信仰和终极价值,或者说觉知达到生命巅峰状态的途径大致可以分为五种:一是自心了悟的路径;二是各种身心修行的路径;三是道德的路径;四是审美的路径;五是神灵的路径。其中第一种路径是人心无所凭借、直截了当地对道的彻悟和洞察，是最高超的体道路径。第二、三、四种路径虽然分别借助于修行、道德和审美，但仍然是依恃人心自身的认识能力。第五种则主要靠外力的作用，是在依恃人心自身的能力无法达到巅峰状态的情况下不得不采用的路径，是不得已的办法。

在现实生活中，这五种路径是互相包容的，尽管不同的人群会有不同的侧重。一般说来，利根之人易于采用第一种路径，其次采用第二、三、四种路径，而对于普通大众来说，则采用第五种路径更为便捷。神灵虽然不是高超体道路径，却是最为广泛运用的体道路径，这就是神灵的重要价值之所在。

如此，根据获得路径的不同，我们可以把信仰分为恃人信仰和恃神信仰，或者说非理性信仰和理性信仰两种基本类型。具体言之，人类通过前四种途径所达至的信仰，所依恃的人自身的力量，是理性，故可称为恃人信仰或理性信仰；通过第五种途径所达至的终极信仰，所依恃的是外在的神，是非理性，故名之曰恃神信仰或非理性信仰。

恃人信仰和恃神信仰分别体现了人文价值和宗教价值。

四、价值的文化形态

终极价值和终极信仰在各个文化系统中有不同的表现形式，可谓异彩纷呈，春色满园。

首先，各种人生学说和生命体验对五种路径各有倚重。大致地说，自心了悟的路径和身心修行的路径为儒、道、释三家所并重。不过对儒家来说，道德的路径显得更为重要。至于审美的路径，向来为诗人、文学家、艺术家所青睐。而基督教和伊斯兰教，则对神灵的路径情有独钟。因而就各大文明系统的情况看，除审美的路径为各种文明所并重之外，中华文明侧重于前三种路径，印度文明侧重于前两种路径，西方文明和伊斯兰文明则以最后一种路径为主。

其次，由于各个文化系统有着不同的宗旨、特质和经历，所以那些同持恃人信仰或同持恃人信仰的文化系统，在信仰的表达方式上，也不尽相同，甚至相差甚远。

不过值得强调的是，人类信仰的表现形式虽然千差万别，取决于它们达到生命巅峰状态的路径不同，其最终的目标则是一致的。好比从不同方向爬同一座山，虽然路径不同，但最终所达到的是同一个顶点，正所谓道通为一。只不过各家对这同一个顶点称谓不一，晚年孔子谓之易，后儒谓之天，道家谓之道，佛教谓之真如，基督教谓之上帝，伊斯兰教谓之真主，如此等等，其实一也。《易》曰："天下同归而殊途，一致而百虑。"

例如，在儒家学说中，达到终极价值的途径可以用"道"字来概括。道是事物的规律、原理、准则，是人当行之道，是行为准则，也就是人道。所谓"道统"，就是古往今来的圣贤探寻、继承、弘扬人类当行之道和终极价值的传统，是中国远古人文精神和孔子以来儒家道德精神薪火相传的系统，是中国文化生生不息的命脉。

我以为道与道统作为儒家终极价值及其传统的形成具有普遍意义。虽然各种文明的价值观不同，但其终极价值无不最终落实于一套行为准则，也就是人当行之道。

道体是无限的，是一个取之不尽、用之不竭的价值源泉。正像儒家从中发展出儒家之道并形成其道统一样，世界上所有价值体系都从中得出各自之道并形成其道统，道家、佛教、基督教、伊斯兰教，乃至当今盛行的自由主义，等等，都各有其道及其道统。到目前为止，形形色色的超越概念，诸如儒家的"天"、道家的"道"、佛学的"真如"、西方的"上帝"，等等，无不是各种文化系统站在自己的立场上从不同角度对道体的体认，最终它们无不落实于各自所持的人当行之道来指导人们的行为。所以，我将人类达到终极价值的途径笼统地称为"道"。

总之，世界各个民族、各种文明拥有共同的本体基础、共同的人性基础和共同的生命体验基础，这意味着拥有共同的终极价值基础和共同的终极信仰基础，这正是化解包括文明冲突在内的各种价值冲突的充分条件。

儒家心学与中国人的精神家园

中国孔子基金会 彭彦华

一、缘　起

习近平在 2013 年 11 月考察山东曲阜文化时强调指出，中华优秀传统文化是中华民族的突出优势，中华民族伟大复兴需要以中华文化发展繁荣为条件，必须大力弘扬中华优秀传统文化。党的十八大报告提出："文化是民族的血脉，是人民的精神家园。"

作为文化工作者，需要首先进行文化反省与文化自觉，即要对本民族文化的内在特征及其现代意义等问题有一个深刻全面的认识。笔者认为，从根本上讲，中国文化是一种追求人生"内在超越"的生命文化。在中国文化看来，"心"蕴涵了所有的生命潜能和宇宙奥秘，"内求于心"、"反求诸己"式的修行，乃是实现人生价值的根本途径，即通过个体的内在修行，实现精神与人格的彻底转换，在古人那里称为变化气质、超凡入圣或明心见性。无论是从目的、内容还是方法上看，中国文化都可以说是一种内学或"心文化"。心文化不是一种典型的宗教，却处处闪耀着神圣的光辉和终极关怀的宗教精神，流露出一种极高明而道中庸，即入世而出世的超越气质。这种寓神性于人性的内向品格和还彼岸于此岸的自觉意识，正是中国文化绵延千古而不绝的重要原因。中国文化的这一精神在历史上曾铸就了无数超拔伟岸的人格和铁骨铮铮的民族脊梁。

历史发展证明：一个民族的振兴或崛起，首先是民族心的振兴或崛起，其次才是器物和经济的崛起。民族心的振兴是民族全面振兴的内在动力。靠什么振兴民族心？靠的是内化于民族心的共同理想和价值追求，靠的是民族主权意识下的文化自觉，靠的是民族开放意识下的汲取人类创造的一切文明成果的正确心态。

我们知道，宗教的意义在于终极关怀，给人提供精神家园与心灵慰藉，以满足人的归属与超越需要，进而解决人生当中的有限与无限、当下与永恒以及此岸与彼岸的矛盾问题。人是一种矛盾性的存在，在其有限的此生当中总会去追问和追求永生与不朽。与哲学、艺术、道德、科学相比，宗教在实现生命安顿方面可以说是别具一格。宗教一般是以信仰的方式，也就是通过对至高无上的神或救世主的崇拜皈依，祈求其护佑与恩典，以获得现世幸福或死后的拯救。人是无助或注定有罪的，只能向神顶礼膜拜，等待他的救赎。在人与神之间永远有着一道不可跨越的鸿沟，神处于彼岸，无所不知、无所不能、宰制一切，也主导着我们的命运。

然而在中国文化中，无论是儒家、道家还是佛教，都不存在一个全知全能的救世主，人与神、此岸与彼岸之间也没有一条不可逾越的界线，所以中国文化之中并不存在一种典型或传统意义上的宗教，但这并不意味着中国文化没有对于神圣与终极关怀的追求，恰恰相反，中国文化蕴含着深厚的宗教精神和圆融的超越智慧。因为在中国文化的视野中，神性就寓于人性之中，彼岸就存在于此岸世界。人若迷失了自己的真心本性，就是一个凡夫俗子，而一旦返归此真心本性，他就是神圣。在中国文化的语境中，无论是圣人、真人、神人，还是佛菩萨，就其本义而言，乃是人性所能达到的一种至高圆满境界，而不是什么神秘莫测、高不可攀的救世主。正如孟子所描述的："可欲之谓善，有诸己之谓信，充实之谓美，充实而有光辉之谓大，大而化之之谓圣，圣而不可知之之谓神。"（《孟子·尽心下》）所谓的善、信（真）、美、大、圣、神，不过是修行的不同阶段或境界而已，而且每个人都可以经由自己的修行而达到。每一个凡人，都怀有圣胎道种，都怀揣无尽宝藏。这正是人之可贵的根源。人在本性上不必崇拜任何偶像，那些古圣先贤只是给我们树立了一个榜样，指明了一个方向，而最终的成就还是要靠自己的努力。

这样，中国文化就打破了凡圣之间、人神之间的绝对界限，也抹平了世俗与宗教、此岸与彼岸、出世与入世之间的裂隙。人可以也应该去追求神圣和不朽，却不一定要去出家或隐居，因为对于真正的修行人来讲，处处是道场，时时在修行，饮食起居、接人待物，都可以成为修道成道的契机。这就是《中庸》所说的"道不可须臾离"，老子讲的"和光同尘"（《道德经·五十六章》）、"被褐怀玉"（《道德经·七十章》），也是禅宗所谓的"不离世间觉"、"平常心是禅"，这就赋予了日常生活以神圣的意义与诗意的光辉。每一个人，无论他多么卑微和贫贱，都可以过一种有尊严有意义的生活，都可以生活在庄严、安详与平和之中。处于什么样的位置做什么样的事并不重要，重要的是以什么样的"心"去做人做事，这就是中国哲学所讲的本体、功夫与境界的圆融或"惟精惟一"。王阳明回答其学生关于"惟精惟一"的提问时，曾回答"博学、审问、慎思、明辨、笃行者，皆所以为惟精而求惟一也"①，这就是阳明说的领悟道心要精益求精、专一其心。中国文化非常看重"一"的境界，"一"就是一体、完整性，就是《周易》所说的"一致而百虑，殊途而同归"。无论是天人合一、体用不二，还是此岸与彼岸的圆融，其实都折射出中国文化的一个基本理念：这个世界在其最深刻的根源处是完整一体的。这既是可以亲证的宇宙人生真相，也是所有价值、道德和人生幸福的源头，真善美圣在这里相遇。这是智慧的领域，是一条内在超越的道路，而且注定要自己走完，没有任何神明、权威可以依赖。这样，中国文化因其对偶像崇拜和

---

① 王阳明：《王阳明全集》，上海古籍出版社1992年版，第13页。

"一神教"意识的淡化,就避免了封闭与僵化,也完全可以超越宗教与文化之间的对立。体现在现实中,就是要人过一种完整、自在、逍遥的生活,做到无人而不自得,而不应把修行与日常生活割裂来看。

所以,中国文化推崇神圣却不盲目崇拜鬼神,包含宗教精神却不执著于信仰的形式。所谓的鬼神,即使有也是不究竟的,人可以通过修行而达到与其相通甚至超越其上的境界。《易》云:"夫大人者,与天地合其德,与日月合其明,与四时合其序,与鬼神合其吉凶。先天而天弗违,后天而奉天时。天且弗违,而况于人乎?况于鬼神乎?"(《易·文言》)《中庸》也期许人可以达到"赞天地之化育,与天地参"的境界。这既超越了各种宗教与意识形态之间的冲突,也超越了人与神之间的隔膜,化解了宗教教条可能给信众带来的恐惧与压抑。

《尚书·大禹谟》中有这样的一段论述:"人心惟危,道心惟微,惟精惟一,允执厥中。"这就是后来儒家所说的"十六字心传",认为其中包含着儒学的真谛。《易经·复卦》,亦有"惟精惟一"之意象,李光地对此有案语:"'天地之心',在人则为道心也,道心甚微,故曰'《复》,小而辨于物。'惟精以察之,惟一以守之,则道心流行,而微者著矣。"他断言:"尧舜相传之心学,皆于《复》卦见之。"(《周易折中·卷九·象上传》)我国心学形成于先秦时期,发展于两宋时期,明代阳明心学代表着高峰时期,近代以来心学处于复兴时期。人心是世界上最大的谜。只有破解人心之谜,面对世界万象及社会诸多问题才不至于"头痛医头脚痛医脚"。儒家"心学"在中国古代自成体系,学术气息浓厚,传承脉络清晰,影响既深且远,今天仍有新儒家在致力于复兴儒家心学。

二、儒学对"心"的界定

"心",传递着儒家的精神,维系着儒学的根基。儒学将"心"界定为"天人合一"之心,即天地之心;"内圣外王"之心,即人之为人之心;责任之心,即担当之心。

1. "天人合一"之心,即天地之心。这是儒学认识与处理天人关系的思想基础。儒家认为"心"源于天,是天所给予人的,天地万物皆统一于心。儒学形上之心叫作道心,道心所秉为人的"天地之性"(超越本性),其原初的经验显现就是仁,而由仁演化出德行的依据即为"理"。所以孟子说:"仁义礼智根于心。"(《孟子·尽心上》)陆九渊说:"盖心,一心也;理,一理也。至当归一,精一无二。"[①]"天人合一"思想就是心的内在超越性与超越的内在性统一。"内在性"指人的内在精神,如仁、神明

---

① 陆九渊:《与曾宅之》,《陆九渊集》卷一,中华书局1980年版,第4—5页。

等。体现在保持"赤子之心",以"仁存心"、以"礼存心",以百姓之心为心;"超越性"指宇宙存在的根据或宇宙本体,如天道、天理、太极等。体现在仁心便是道心,行仁心就是遵天道,心即理,理即心。《尚书·大禹谟》中的"道心",是指得道、体道、合道之心,即与天地万物相通相合之心,也就是"道"在人"心"中的落实与贯通。"人心"是指人受后天环境熏习而形成的浅层意识之心,它在现实中表现为人的感知、思虑、情欲、拣择等心理活动。儒家讲"性相近,习相远","性"相当于人与生俱来的本性或"道心",人人相同且本善;而"习"却是后天形成的习性或"人心",其善恶智愚交杂且人各有别。

"天地之心"一语,出于《易经·象传·复》:"复,其见天地之心乎?"但尚未与"人"直接联系起来。《礼记·礼运》明确了人在宇宙中的哲学定位,第一次提出人是天地之心的观念。儒家认为天地之心为"生"为"动"。"故人者,天地之心也,五行之端也,食味别声被色而生者也。"意思是说,天地本无心,然人则有心。天地之性,曰"诚",天地之德曰"生",人取天地之性之德而为自己立心。天地之心即哲学上的本心,主体之心,心学的"良心"。古代"天地"一词并不专指自然界,《易传》中提出了一个天地人的"三才"宇宙模式,表明古人倾向于把天、地、人看作一个整体。天高地厚,人居其中。"天地"就是"天地之间"的意思,既包括自然界,也包括个体之人和人类社会。如东汉著名的古文经学大儒荀爽(128—190)认为"阳气初九,为天地心",虽未明说天地之心为"生",但所言"万物所始",已含有"生"意。阳起当然为阳动,总体是"动而生"之意。这一解释,虽不那么具体,但在儒家易学史上是有开创性的,对后代易学有很大影响。把天地之心释为"生"、"动"的代表人物是程颐。他诠释说:"一阳复于下,乃天地生物之心也。先儒皆以静为见天地之心,盖不知动之端乃天地之心也,非知道者孰能识之。"(《周易程氏传》卷三)张载认为"天地之心惟是生物"(《正蒙·诚明》)。他所提出的"为天地立心",就是为社会建立一套以"仁"、"孝"等道德伦理为核心的精神价值系统,即"能使天下悦且通"的"立天理"之心,从而使"天下"(社会)普遍接受仁孝之理等道德价值。明末清初大思想家王夫之提出了"人者天地之心"的命题,认为人是天地万物中的根本。"自然者天地,主持者人。人为天地之主,主必以心,故曰人者天地之心。"意思是说天地之性之德,就是人之心。人心即是天地之性之德的彰显和体现。

2. 内圣外王之心,即人之为人之心。这是在区别人与神、与动物的基础上,从学理上探讨道德伦理在人性善方面的形而上根据,标志着儒学对人之为人的高度自觉,对人之为人特质的清醒认识。因为"人是五行之秀气",万物皆禀五行之气而生,惟人独得其秀气,为天下"万物之灵",是"万物中最贵者",故能为"天地之心"。孔子曰:"天地之性人为贵。"(《孝经·圣治章第九》)荀子说:"人有生有气有知亦且有义,故最为天下贵。"(《荀子·王制》)董仲舒说:"惟人独能为仁义。"(《春秋繁露·人副天数》)欧阳修说:"人者,天地之心,万物之灵也。"(《欧阳修集·附录四

·记神清洞》）王阳明说："故曰：人者，天地之心，万物之灵也。"（《王阳明集补编·卷五·年谱附录一》）陆九渊说："天地之性人为贵，人为万物之灵。人所以贵与灵者，只是这心。"（《朱子语类·卷一百二十四·陆氏》引）可见儒学之人心根本不同于动物之心，动物之心只是一团血肉，是其躯体的有机组成部分，只有生理功能，而没有思维、辨别、判断是非功能。人心则是人之本心，在孟子处是"仁，人心也"。在阳明处则是视听言动之心，即"内心合外物以启觉，心乃生焉"之心。是身之主宰之心，如陆象山所说"宇宙便是吾心，吾心即是宇宙"的本体之心。孟子认为，人的本质就存在于德性之中。德性即人的本质或本性。"无恻隐之心，非人也；无羞恶之心，非人也；无辞让之心，非人也；无是非之心，非人也。"（《孟子·公孙丑上》）

再进一步讲，在儒家看来君子是一个积极的弘道者，一方面他们需要不断地"修己"，另一方面他们在学有余力之际又出来做官以使百姓安乐，实现有道之治，也就是"修己以安人"（《论语·宪问》）。这也正是君子对"道"追求的内、外两个方向。内，就是内在的修身养性，成就君子人格和圣人人格，也就是内圣。外，就是对外部世界生命和社会民生的关怀，也就是外王。"修己"体现了孔子"君子"的道德自觉性，而"安人"则体现了孔子"君子"的社会责任感和历史使命感。修己之极致即内圣，安人之极致即外王，君子人格不仅是道德完美的人，而且追求事功、外王，实现治国、平天下的理想。

《大学》经文中提出的"三纲八目"被看成儒家思想体系和个人进德修业的指导纲领。其中的三纲"明明德"、"亲（新）民"、"止于至善"将本体、功夫和境界融为一体。"明德"是指人人本具有的光明德性即"道心"，但其受到后天习气的蒙蔽，所以要经过修养功夫恢复其本有的光明，这就是"明"明德。在此基础上，还要推己及人，引导更多的人日新其德，革新其心，彰显其固有的明德，是为"新民"。这其实也就是儒家推崇的修己安人、内圣外王，"明明德"是由"修己"的功夫而达到"内圣"的境界，"新民"则是由"安人"的德行而达到"外王"的功业，如果这两者都做到了圆满并实现统一，就是最高的"止于至善"境界。

诚然，人内在的生命价值必须通过个体的修行才能得以实现，这就是中国文化的另一个重要特点，即强调实践，强调知行合一或本体、功夫与境界的融合。它是一种带有东方"神秘"色彩的修证实践，试图通过某种身心体验活动实现生命的转化和对宇宙真理的领悟。中国文化注重的不是逻辑推演或理论体系的建构，而是对天地大道的直觉与亲证。作为东方独特的实践方式，修行的本质是通过一系列内心证验的方式达到以心契道、天人合一和超凡入圣的境界。大道玄微，隐于形上，无相无迹、无声无臭，超越感官经验和言语名相，非"人心"所能及，唯有冥心内求、回光返照，才能对其进行直接地心证。儒、道、佛等各家的修证方法尽管多样，但有一个共同的要领，那就是由"人心"返归"道心"，用古人的话讲就是"人心死道心活"或"心死神活"。

在"三纲"之后,《大学》接着说:"知止而后有定,定而后能静,静而后能安,安而后能虑,虑而后能得。物有本末,事有终始,知所先后,则近道矣。"这个知止、定、静、安、虑的修养过程,其实就是一个返观内照、由"人心"返"道心"的过程。然后《大学》又阐述了"格物、致知、诚意、正心、修身、齐家、治国、平天下"的"八条目",明确提出了儒家的修行次第与目的。最后总结说:"自天子以至于庶人,壹是皆以修身为本。"这里的"修身",从上下文的阐述来看,其实质是"修心",是一种精神涵泳与人格养成的过程。"修身为本"理念的提出,既强调了儒家修学的重点和基础,也显示出其对于实践精神的重视。所有的理论知识、学问,最后都必须落实在行动中加以运用和体验,都要沉淀为学者的人格。与此相应,《中庸》也将为学的阶段与层次概括为"博学之,审问之,慎思之,明辨之,笃行之",同样把"笃行"作为修学的最后阶段,就是在学有所得之后还要努力践履之。其实后来孟子的养"浩然正气"和王阳明的"知行合一"都可以看作这一理念的继承与发展。

3. 责任之心,即担当之心。这在于探索并确立道德责任心建立的根据。首先,在于明确人之为人的伦理道德责任。任何理智健全的人必须对自己的行为负责。秉承天地之道、天地之心的人,要养吾之浩然之气,做顶天立地的大丈夫。孔子曰:"为仁由己,而由人乎哉?"(《论语·颜渊》)"我欲仁,斯仁至矣。"(《论语·述而》)"仁以为己任,不亦重乎。"(《论语·泰伯》)孟子曰:"君子所性,仁义礼智根与心。"(《孟子·告子上》)"恻隐之心,人皆有之;羞恶之心,人皆有之;恭敬之心,人皆有之;是非之心,人皆有之。恻隐之心,仁也;羞恶之心,义也;恭敬之心,礼也;是非之心,智也。仁义礼智,非由外铄我也,我固有之也,弗思耳矣。"(《孟子·告子上》)不断扩展人的"四端",以养成君子圣人性格。其次,明确社会责任。在孔子看来,君子是可以"大受"之人,"君子不可小知,而可大受也;小人不可大受,而可小知也"。(《论语·卫灵公》)"可以托六尺之孤,可以寄百里之命,临大节而不可夺也。君子人与?君子人也。"(《论语·泰伯》)二程曰:"人与天地一物也,而人特自小之,何耶?"(《河南程氏遗书》卷第十一)在理学家看来,人于天地之间,虽藐然七尺之躯,却担当着全部的道义。孔子强调君子要有承担责任的精神和勇气,能客观地认识到自己的不足和别人的优点,在与人发生误解或矛盾时,君子自然是反省自己言行中的不足。"君子求诸己,小人求诸人。"(《论语·卫灵公》)《礼记》里有段话很能说明这个道理,《礼记·射义》篇中说:"射者,仁之道也。射求正诸己,己正而后发,发而不中,则不怨胜己者,反求诸己而已矣!"认为射箭的道理就是仁德的道理,射箭时先要求端正自己的姿态,站得端正、要领正确才发箭,发箭后射不中,不会埋怨比自己优胜的人,反过来探求自己射不中的原因!为此,君子总是奋发努力,要求各方面做到最好,事情做得不好,要从自身探求原因,予以检讨和改善。而且知错能改:"君子之过也,如日月之食焉:过也,人皆见之;更也,人皆仰之。"(《论语·子张》)人心原本如同一面镜子,是一尘不染的虚透灵明。只因在私心的作用下或被物欲的驱使下,使原来虚透灵明的心蒙上了一层灰尘,出现了斑斑锈迹,使之失去了光泽。未被后天所染之心是天心,被后天所染之心则是人心。人心不古,说的就是这种情况。"学问之道无他,求其放心而已矣。"(《孟子·告子上》)"学问之道"就是求仁为善之道。"求放心"就是把放失的善心重新找回来。己欲立而立人,己欲达而达人。做到对自己负责,对他人负责,对家庭负责,对社会负责。

三、心学：儒家思想最基本的"硬核"

性如朗月,心若澄水。儒家之心学是全部儒学思想最基本的"硬核",其他方面都是心学的延伸和展开。阳明说:"君子之学,惟求得其心。"① 心学就是强调主体自我的儒学,突出自信、自强、自律、自为,追求自我实现。"心学"的本质就是追求"内圣外王"价值取向,寻求理论根据和修养方法的哲学。

心学发端于春秋战国时期的孔子和孟子,孔子率先发现了人的自我,创立了以"仁学"、"礼学"为核心的原始儒学,提出了"心安"与不安的心性问题。孟子继承发展了孔子学说,比孔子更为突出地把心性之体表露出来,最先注意到心的作用。认为孔子所谓"仁",归根结底是人之心:"仁,人心也。"(《孟子·告子上》)"性"根源于"心","君子所性,仁义礼智根于心"。(《孟子·尽心上》)根源于人心的性,只要尽心便能知性:"尽其心者,知其性也;知其性,则知天矣。"(《孟子·告子上》)由此确立了儒家心性之学的基本理念。《孟子》一书使用"人心"、"民心"、"不动心"、"尽心"、"心思"、"恻隐之心"等高达121次。儒家心性论的最初建构者是思孟学派,传承谱系是：由孔子到曾参,由曾子到子思,由子思到孟子,其学术传承孔子有《论语》,曾参有《大学》,子思有《中庸》,孟子有《孟子》。

心性之学到了宋代,由北宋程颐开其端,南宋陆九渊大启其门径。李颙把陆九渊比作接续孟氏之后的第一人。"先生在宋儒中,横发直指,一洗诸儒之陋;议论剀爽,令人当下心豁目明;简易直捷,孟氏之后仅见。"② 陆九渊不仅"发明"出"本心",更重要的是他对此体作了大致轮廓的描述："心之体甚大。若能尽我之心,便与天同。"③ "此理塞宇宙"④,"此道之明,如太阳当空,群阴毕伏"⑤。宋代理学各学派都细致入微地谈论心性问题,有"无事袖手谈心性"⑥ 之说。心性之学成为理学的代

---

① 王阳明:《紫阳书院集序》,载《王阳明全集》卷七,上海古籍出版社1992年版,第239页。
② 李颙:《二曲集》,中华书局1996年版,第49页。
③ 陆九渊:《象山语录》,上海古籍出版社1992年版,第33页。
④ 陆九渊:《象山语录》,上海古籍出版社1992年版,第16页。
⑤ 陆九渊:《象山语录》,上海古籍出版社1992年版,第4页。
⑥ 颜元:《存学编·学辨一》,《颜元集》,中华书局2009年版,第51页。

名词。

　　心学集大成者王阳明首度提出"心学"二字,王阳明序《象山全集》曰:"圣人之学,心学也。""至先生始拈'致良知'三字,以泄千载不传之秘。一言之下,令人洞彻本面,愚夫愚妇,咸可循之以入道,此万世功也。"① 阳明心学的经典表述即是著名的四句教:"无善无恶心之体,有善有恶意之动,知善知恶是良知,为善去恶是格物。"② 良知是心之本体,无善无恶就是没有私心物欲的心,是天理,是无善无恶的,也是我们追求的。当人们产生意念活动的时候,把这种意念加在事物上,这种意念就有了好恶,符合天理者善,不符合天理者恶;良知虽然无善无恶,但却自在地知善知恶,这是知的本体;一切学问、修养归结到一点,就是要为善去恶,即以良知为标准,按照自己的良知去行动。发动良知是为了发现良心,确立本体;发现良心,是为了发挥良能;发挥良能,是为了重建世界。至此心学开始有了清晰而独立的学术脉络。心学最不同于其他儒学的地方,在于其强调生命活泼的灵明体验。因此,民国时期陈复提出"心灵儒学",并为之注解。由此可见,严格意义上的"心学"产生于明代中叶,是儒学在新的社会条件下的新发展,一直延续到清代,对中华文化有着深远的影响。

　　儒家心学是入世治学,是修身功夫之学,是内圣外王之学,是政治观的人性论基础。王阳明是中国古代历史上少有的名副其实的"真三不朽"人物。阳明心学是炼心的学问,是"乾坤万有基"的学问。阳明赠蔡希颜诗云:"悟后六经无一字,静余孤月湛虚明。"③ 在江西《书汪进之太极岩》云:"人人有个圆圈在,莫向蒲团坐死灰。"④ 咏良知示诸生诗云:"个个人心有仲尼,自将闻见苦遮迷。而今指与真头面,只是良知更莫疑。""人人自有定盘针,万化根源总在心。却笑从前颠倒见,枝枝叶叶外头寻。""问君何事日憧憧,烦恼场中错用功;莫道圣门无口诀,良知两字是参同。""无声无臭独知时,此是乾坤万有基。抛却自家无尽藏,沿门持钵效贫儿。"⑤ 王阳明之所以将国人宏大而细腻的心理图谱精确地描绘出来,就是要传达一条真理,即一切战斗都是心战,内心的强大才是真正的强大。"心即理"告诉我们要相信自己,倾听内心,树立起强大的主体意识。其次,炼心的目的也不是成为圣贤一了百了。内圣是体,外王是用,阳明心学是一种信仰哲学,而信仰只有被实践时才有意义。王阳明融三家之长,却归宗于儒家,提出振聋发聩的"知行合一",就是要强调内圣外王,将心性之学转化为卓越的事功。

　　《传习录》中说:"圣人好比黄金,其贵处只在纯度,不在斤两。""内圣"足以为

---

① 李颙:《二曲集》,中华书局1996年版,第49页。
② 王阳明:《传习录·下》,《王阳明全集》卷三,上海古籍出版社1992年版,第117页。
③ 王阳明:《送蔡希颜诗》。
④ 王阳明:《书汪进之太极岩诗》。
⑤ 王阳明:《咏良知诗》,《王阳明全集》卷二十,上海古籍出版社1992年版,第790页。

人的存在世界和意义世界提供精神动力。心力无法估量，它可以排山倒海。得民心者得天下，失民心者失天下。心力源于道德信仰的自信心。

首先，表现为生命的意志力，一个有信仰的人，必定是对生命、生活的目的意义有着自觉认识和对未来充满希望的人，不管在生命过程中遇到什么样的艰难困苦，都能够勇敢面对，凭借百折不挠的顽强精神和坚忍不拔的意志力，战胜困难。为坚守信仰的价值取向，平时可以洁身自好，出污泥而不染。关键时刻可以挺身而出，宁死不屈，直至献出自己的宝贵生命。

其次，表现为人心的凝聚力，就是使人或事物聚合到一起的力量。俗话说，浇花浇根，交人交心。凝心聚力道理亦在于此。古人曰："敬神以虔敬为本，爱民以实惠为先。"关切现实民生的安身之命，关注改变现状，足以将社会人群千差万别，厘厘种种所思所想，凝聚到一个绝大多数人都认同的大方向上，必将产生巨大的凝聚力。

再次，表现为向心力，即指心服口服，内心归服。这是暴力所无法达到的。暴力压服的结果只能是口服心不服，明服暗不服，伺机寻求报复。用禁锢思想的办法，也无法让人心服口服，其结果只剩下没有思想的躯壳。利用中国传统道德的"善"经过现代改造，足以成为促进人际关系的强力黏合剂，形成"相亲力"。人人对社会怀有善感，社会就充满了亲情、友情、爱情和同情。和谐社会就有了源自人心的保证，社会长治久安也就有了牢固的心理基础。

而现代社会的一个基本特征是见物不见人、重外不重内、工具理性消解价值理性。这必然导致对"心"或精神的漠视，对本源或存在完整性的遗忘，以及心灵的压抑与人性的扭曲。加之传统宗教与人文精神的失落，最终导致人类精神家园的残破，精神流浪、心灵漂泊、无家可归，神圣感、意义感、敬畏感和归属感沦丧。这是导致现代社会各种冲突与危机的主要原因，也是现代主流文化与中国传统文化的根本差异。从这个意义上讲，中国文化在应对现代社会的各种挑战尤其是在重建人类精神家园的过程中理应发挥更大的作用。

党的十八大报告再次强调"注重人文关怀和心理疏导，培育自尊自信、理性平和、积极向上的社会心态"，唯有改变现代人的生活方式和文化理念，解决人们的精神家园、安身立命以及终极关怀等根本问题，才是治本之策。而这也正是中国文化、儒家心学大有可为的地方。笔者愿赋一副联语作结：

　　道在通变，重研孔孟明心性；
　　学以致用，再振炎黄塑家园。

人际关系的和谐之道
——《尚书·尧典》"五教"之所指及吾人应有的认识

台湾政治大学中文系名誉教授　董金裕

一、前　言

《尚书·尧典》记载舜被众人推荐给帝尧，在接受帝尧的各种考验后，能不负使命，曰：

> 慎徽五典，五典克从。纳于百揆，百揆时叙。宾于四门，四门穆穆。纳于大麓，烈风雷雨弗迷。①

因而深受帝尧的赏识信任，命其摄理天子之政。及至帝尧崩殂之后，舜即被诸侯拥戴为帝，为因应治理天下的需要，开始设官分职，而任命契担任司徒：

> 帝曰："契，百姓不亲，五品不逊，汝作司徒，敬敷五教，在宽。"②

在以上两则引文中分别提到"五典"、"五品"、"五教"，其所指究竟为何？历来有不同的解释。经比较各种说法，笔者认为三个词语密切相关，而以"五教"所指即为五伦之教，用来表示教化的要务，涵盖面较广，代表性也较强，而且明白晓畅，应属最为适切。

两千多年以来，五伦之教始终为国人所服膺重视，然则从近代开始，即陆续有人对之产生质疑，以为其义过于狭隘，不足以尽伦理之全部，不断地提出新的伦理观。说者纷纷，然而是否能掌握到五伦之教的真谛？对于伦理的维护是否真正有所裨益？则颇令人怀疑。

本文即针对上述问题，首先探究"五教"的真正意涵，以为所指应为五伦之教。

---

① 旧题孔安国传，孔颖达疏《尚书正义》，台北艺文印书馆，1985 年影印嘉庆二十年江西南昌府学开雕《重刊宋本尚书注疏附校勘记》，第 34 页。
② 旧题孔安国传，孔颖达疏《尚书正义》，台北艺文印书馆，1985 年影印嘉庆二十年江西南昌府学开雕《重刊宋本尚书注疏附校勘记》，第 44 页。

其次则检视前人质疑于五伦之教者，举其较有代表性的两人，并概述其说法。最后阐述吾人对五伦之教应有的认识，并借此对各种质疑加以澄清。用意乃在揭示五伦之教的真谛，期望大家能珍惜重视，并透过各种途径让国人充分明晓，进而落实于日常生活当中，继续发挥其作用。

二、五教之所指——五伦之教

对于《尚书·尧典》中的"五典"、"五品"、"五教"，历来有两种不同的说法。第一种说法属于《尚书》注疏系统，孔安国传于"慎徽五典，五典克从"下云：

> 五典，五常之教，父义、母慈、兄友、弟恭、子孝。①

于"五品不逊"下云：

> 五品，谓五常。②

于"敬敷五教"下云：

> 布五常之教。③

据此，则"五典"即"五教"，指父义、母慈、兄友、弟恭、子孝。至于"五品"，则孔颖达疏云：

> 品，谓品秩，一家之内尊卑之差，即父、母、兄、弟、子是也。教之义、慈、友、恭、孝，此事可常行，乃为五常耳。传上云五典克从，即此五品能顺。上传以解五典为五常，又解此以同之，故云五品谓五常。其实五常据教为言，不据品也。④

---

① 旧题孔安国传，孔颖达疏《尚书正义》，台北艺文印书馆1985年影印嘉庆二十年江西南昌府学开雕《重刊宋本尚书注疏附校勘记》，第33页。
② 旧题孔安国传，孔颖达疏《尚书正义》，台北艺文印书馆1985年影印嘉庆二十年江西南昌府学开雕《重刊宋本尚书注疏附校勘记》，第44页。
③ 旧题孔安国传，孔颖达疏《尚书正义》，台北艺文印书馆1985年影印嘉庆二十年江西南昌府学开雕《重刊宋本尚书注疏附校勘记》，第44页。
④ 旧题孔安国传，孔颖达疏《尚书正义》，台北艺文印书馆1985年影印嘉庆二十年江西南昌府学开雕《重刊宋本尚书注疏附校勘记》，第44页。

可见"五品"乃是品秩，即尊卑上下之等级而言，所指为父、母、兄、弟、子。"五典"与"五教"意涵相同，所指为此五种尊卑上下之等级所应遵循的常道，即父义、母慈、兄友、弟恭、子孝。

按此种"五教"之说，据孔颖达疏，系本于《左传》，据《左传·文十八年》载云：

> （舜）举八元，使布五教于四方，父义、母慈、兄友、弟恭、子孝，内平外成。①

以上孔安国传、孔颖达疏之说，为孙星衍《尚书今古文注疏》所承继，于"五典克从"下注云：

> 郑康成曰："五典，五教也。"②

疏云：

> 郑注见《史记集解》。……五常之教，《春秋左氏》文，《十八年传》云："父义、母慈、兄友、弟恭、子孝"。③

于"五品不逊，汝作司徒，敬敷五教，在宽"下注云：

> 马融曰："五品之教。"郑康成曰："五品，父、母、兄、弟、子也。"④

疏云：

> 马注见《史记集解》，郑注同。……《郑语》史伯曰："商契能合和五

---

① 左丘明传，杜预注，孔颖达疏：《左传正义》，台北艺文印书馆 1985 年影印嘉庆二十年江西南昌府学开雕《重刊宋本左传注疏附校勘记》，第 353—354 页。
② 孙星衍：《尚书今古文注疏》，台北广文书局 1975 年元月三版，第 23—24 页。
③ 孙星衍：《尚书今古文注疏》，台北广文书局 1975 年元月三版，第 24 页。按"郑注见《史记集解》"者，《史记·五帝本纪》裴骃集解："郑玄曰：'五典，五教也。'"台北艺文印书馆 1966 年影印乾隆武英殿《史记》刊本，第 33 页。
④ 孙星衍：《尚书今古文注疏》，台北广文书局 1975 年元月三版，第 48 页。

教，以保于百姓者也。"注云："五教，谓父义、母慈、兄友、弟恭、子孝也。"①

综合以上所引，包括《左传·文公十八年》，汉代之孔安国、马融、郑玄，《国语》三国吴韦昭注，《史记》南朝宋裴骃集解，唐孔颖达，以至清朝的孙星衍等人，皆以为"五教"指父义、母慈、兄友、弟恭、子孝。

"五典"、"五品"、"五教"的第二种说法见于蔡沈《书集传》，于"慎徽五典，五典克从"下云：

> 五典，五常也，父子有亲，君臣有义，夫妇有别，长幼有序，朋友有信是也。②

于"五品不逊"下云：

> 五品，父子、君臣、夫妇、长幼、朋友，五者之名位等级也。③

于"敬敷五教"下云：

> 五教，父子有亲，君臣有义，夫妇有别，长幼有序，朋友有信，以五者当然之理而为教令也。④

其所谓"五品"同样是就尊卑上下之名位品级而言，但所指为父子、君臣、夫妇、长幼、朋友。"五典"的意涵也是与"五教"相同，但所指为父子有亲、君臣有义、夫妇有别、长幼有序、朋友有信。亦即其所谓的"五品"、"五典"与"五教"，所指皆与第一种说法有别。

按蔡沈之说乃是本于《孟子》，《孟子·滕文公上》云：

---

① 孙星衍：《尚书今古文注疏》，第 48 页。按"马注见《史记集解》，郑注同"者，《史记·五帝本纪》裴骃集解："郑玄曰：'五品，父、母、兄、弟、子也。'"又："马融曰：'五品之教。'"台北艺文印书馆 1966 年影印乾隆武英殿《史记》刊本，第 38 页。又按"《郑语》史伯曰云云"者，《国语·郑语》："商契能和合五教，以保于百姓者也。"韦昭注："五教：父义、母慈、兄友、弟恭、子孝。"台北九思出版社 1978 年版，第 511—512 页。
② 蔡沈：《书集传》，台北世界书局，2015 年 3 月一版第九次印刷，第 4 页。
③ 蔡沈：《书集传》，台北世界书局，2015 年 3 月一版第九次印刷，第 8 页。
④ 蔡沈：《书集传》，台北世界书局，2015 年 3 月一版第九次印刷，第 8 页。

> 人之有道也，饱食暖衣，逸居而无教，则近于禽兽。圣人有忧之，使契为司徒，教以人伦：父子有亲，君臣有义，夫妇有别，长幼有序，朋友有信。①

所谓"使契为司徒"者，显然是就《尧典》所载设官分职，使契"敬敷五教"之事所作的解说。

除《孟子》以外，蔡沈又依据了《中庸》及其师朱熹之说。《中庸》云：

> 天下之达道五，……曰君臣也，父子也，夫妇也，昆弟也，朋友之交也，五者天下之达道也。②

朱熹《中庸章句》云：

> 达道者，天下古今所共由之路，即《书》所谓五典，《孟子》所谓"父子有亲，君臣有义，夫妇有别，长幼有序，朋友有信"是也。③

另朱熹《白鹿洞书院学规》④ 一开头即云：

> 父子有亲，君臣有义，夫妇有别，长幼有序，朋友有信。右五教之目，尧、舜使契为司徒，敬敷五教，即此是也。学者学此而已。⑤

不仅明白指称《尚书·尧典》所载"尧、舜使契为司徒，敬敷五教"者，即为父子有亲，君臣有义，夫妇有别，长幼有序，朋友有信，并谓"学者学此而已"，将此五者定为教学的唯一目标。

以上两种说法皆以为"五典"即"五教"，"五品"则指五种品秩等级。但第一种说法将"五教"定为父义、母慈、兄友、弟恭、子孝；第二种说法将"五教"定为父

---

① 朱熹：《孟子集注·滕文公上》，《四书章句集注》，台北大安出版社 2005 年 8 月第一版第五次印刷，第 360—361 页。
② 朱熹：《中庸章句·第二十章》，第 37 页。
③ 朱熹：《中庸章句·第二十章》，第 39 页。
④ "学规"原作"揭示"，揭之楣间以示诸生。后亦有作"教条"或"学规"者，一般多作"学规"，此据朱熹著，陈俊民校订《朱子文集》作"学规"。台北财团法人德富文教基金会 2000 年 2 月初版，第 3730 页。
⑤ 朱熹著，陈俊民校订：《朱子文集》，第 3730—3731 页。按：原文为直排，故称"右五教之目"，现改为横排，理解时宜改称"上五教之目"。

子有亲，君臣有义，夫妇有别，长幼有序，朋友有信。两种说法都在解说《尚书·尧典》的文句，也都有其依据，究以何者较为适切？试分析如下：

一为第一种说法所述人伦局限于家庭之内，第二种说法则以家庭为主，并由家庭推展及于社会、国家，层面较为广泛。

二为第一种说法较不易看出人伦的相对应关系，所谓父义、母慈皆针对子而言；子孝则针对父、母而言；兄友、弟恭则以兄针对弟，弟针对兄而言；彼此的对应关系并非十分严整。第二种说法中的父子、君臣、夫妇、长幼、朋友，则父针对子，子针对父；君针对臣，臣针对君；夫针对妻，妻针对夫；长针对幼，幼针对长；朋友互相对待；彼此的对应关系相当严整。

三为在传统的习惯上，皆以父涵括母，以兄弟涵括姊妹，以子涵括女，第一种说法将父、母分开论述，虽并无不可，但为何兄弟与姊妹、子与女则不分开论述，却又将兄、弟分开论述？

四为第一种说法最早出于《左传·文公十八年》，但《左传》云："（舜）举八元，使布五教于四方。"则布五教者为八元。第二种说法最早出于《孟子·滕文公上》，明言布五教者为契，与《尚书·尧典》之说完全相符，可信度较高。

五为后世论及人伦关系者，少有采纳第一种说法之人，绝大多数皆依从第二种说法。

综上所言，笔者以为《尚书·尧典》之"五教"所指应为五伦之教，即父子有亲、君臣有义、夫妇有别、长幼有序、朋友有信是也。①

三、对五伦之教的检讨

自《尚书·尧典》提出"五教"之说以来，五伦之教始终为国人所服膺遵循，在

---

① 五伦的次序，主要有四种：1.《周易·序卦》："有天地，然后有万物；有万物，然后有男女；有男女，然后有夫妇；有夫妇，然后有父子；有父子，然后有君臣；有君臣，然后有上下；有上下，然后礼义有所错。"王弼、韩康伯注，孔颖达疏：《周易正义》，台北艺文印书馆1985年影印嘉庆二十年江西南昌府学开雕《重刊宋本周易注疏附校勘记》，第187—188页。又《礼记·昏义》："男女有别，而后夫妇有义；夫妇有义，而后父子有亲；父子有亲，而后君臣有正。"戴德编，郑玄注，孔颖达疏《礼记正义》，台北艺文印书馆1985年影印嘉庆二十年江西南昌府学开雕《重刊宋本礼记注疏附校勘记》，第1000页。据此，其序为夫妇、父子、（兄弟）、（朋友）、君臣，此以自然发生之先后为序。2.《孟子·滕文公上》："父子有亲，君臣有义，夫妇有别，长幼有序，朋友有信。"第360页。据此，其序为父子、君臣、夫妇、长幼、朋友，已可见父权、君权之提升，但仍以父权居上。3.《中庸》："曰君臣也，父子也，夫妇也，昆弟也，朋友之交也。"第37页。据此，其序为君臣、父子、夫妇、昆弟、朋友。至此君权已凌驾于父权之上矣。4.《荀子·王制》："君臣、父子、兄弟、夫妇，始则终，终则始，与天地同理，与万世同久。"杨倞注，王先谦集解：《荀子集解》，《新编诸子集成》，台北世界书局1972年10月新一版第二册，第104页。据此，其序为君臣、父子、兄弟、夫妇、（朋友），则夫妇已退居兄弟之后了。

历史上也确实发挥了促进人际关系的良好互动，使社会祥和的功效。不料近代以来，随着国势的日渐陵夷，民族自信心大失，以为传统文化皆属糟粕，鄙而弃之唯恐不及，五伦之教因而大受排斥，被认为乃是一种吃人的礼教，必欲去之而后快，少有能平心静气以审视之者。

在此一边倒的挞伐声中，颇为难得的是，仍然有少数人对五伦之教抱持肯定的态度，只不过在肯定之余，也对五伦之教提出批评。以下即就所知，举出较具有代表性的贺麟①、李国鼎②两位先生之说如下：

（一）贺麟《五伦观念的新检讨》③

此文写于对日抗战，作者任教于昆明西南联合大学时期。其文首先肯定五伦的作用，曰：

> 五伦的观念是几千年来支配了我们中国人的道德生活的最有力量的传统观念之一。它是我们礼教的核心，它是维系中华民族的群体的纲纪。

接着表明他的态度是：

> 我们要分析五伦观念的本质，寻出其本身具有的意义，而指出其本质上的优点与缺点。……我们批评五伦观念时，第一，乃是只根据其本质，加以批评，而不从表面或枝节处立论。……第二，我们不从实用的观点去批评五伦之说，不把中国之衰亡不进步归罪于五伦观念，因而反对之；亦不把民族之兴盛之发展，归功于五伦观念，因而赞成之。……第三，不能谓实现五伦之观念之方法不好，而谓五伦观念本身不好，不能谓实行五伦观念之许多礼节仪文须改变，而谓五伦观念本身须改变。这就是不能因噎废食，因末流之弊而废弃本源的意思。第四，不能以经济状况生产方式的变迁，作为推翻五伦说的根据。

所指虽然共有四点，但第二点为"不从……"，第三点为"不能谓……"，第四点

---

① 贺麟（1902—1992），字自昭，四川省金堂县人，毕业于清华大学，曾留学美国、德国。先后任职于北京大学哲学系、中国社会科学院哲学所，为现代新儒家早期代表人物之一。
② 李国鼎（1910—2001），生于南京。毕业于中央大学，留学英国，抗日战争爆发后，毅然放弃学业返国，先后任职于武汉大学物理系、中央研究院天文研究所。后在台湾任"经济部长"、"财政部长"。
③ 贺麟：《文化与人生》，台北地平线出版社1973年10月初版，第13—22页。以下多处引文皆出于该文。

为"不能……",故作者实际上仅就第一点"只根据其本质"加以考察,认为五伦观念包含下列四层要义:

1. 贺麟强调:"五伦说特别注重人,而不注重天(神)与物(自然),特别注重人与人的关系,而不十分注重人与神及人与自然的关系。""在种种价值中,五伦说特别注重道德价值,而不甚注重宗教、艺术、科学的价值。"所以他主张"我们不妨循着注重人伦和道德价值的方向迈进,但不要忽略了宗教价值、科学价值,而偏重狭义的道德价值,不要忽略了天(神)与物(自然)而偏重狭义的人"。

2. 贺麟指出:"五伦观念认为人伦乃是常道,人与人间这五种关系,乃是人生正常永久的关系。""五伦说反对人脱离家庭、社会、国家的生活,反对人出世。"但他认为"这种偏重五常伦的思想一经信条化、制度化,发生强制的作用,便损害个人的自由与独立。而且把这五常的关系看得太狭隘了、太僵化了、太机械了,不唯不能发生道德政治方面的社会功能,而且大有损害于非人伦的超社会的种种文化价值"。

3. 贺麟发现"就实践五伦观念言,须以等差之爱为准。故五伦观念中实包含等差之爱的意义在内。'泛爱众而亲仁','亲亲,仁民,爱物',就是等差之爱的典型的解释"。因而对此甚表肯定,"就五伦观念所包含的各种意义中,似乎以等差之爱的说法,最少弊病,就是新文化运动时期以'打倒孔家店'相号召的新思想家,似乎也没有人攻击等差之爱的说法"。

4. 贺麟认定"五伦观念之最基本意义为三纲说,五伦观念之最高最后的发展,也是三纲说。而且五伦观念在中国礼教中权威之大,影响之大,支配道德生活之普遍与深刻,亦以三纲说为最。三纲说实为五伦观念之核心,离开三纲而言五伦,则五伦只是将人与人的关系,方便分为五种,比较注重人生、社会和等差之爱的伦理学说,并无传统或正统礼教之权威性与束缚性"。

以上撮举贺麟原文,以见其说的大要,从中可以看出他对五伦已有相当程度的认识,但似乎也有些颇为严重的误解。对此,本文将于下一节中对其见解提出笔者的看法加以澄清。

(二)李国鼎的第六伦说

1981年3月15日,李国鼎应社会学社之邀,以"80年代社会学者面临的挑战"为题,分析台湾30年来因经济发展,已使传统"五伦"的道德规范在工业社会中遭遇到种种困难,因而提出"第六伦"之说,作为新的道德准绳,期使素昧平生的第三者能同居于被善意关怀和关爱的地位。

同年3月28日,李国鼎又发表《经济发展与伦理建设——第六伦的倡立与国家现代化》一文[①],将其构想更完整地陈述。

---

① 台北《联合报》1981年3月28日。以下多处引文皆出自该文。

该文在对提出其构想的背景作了说明之后，李国鼎表明他要提出第六伦的原因乃是在于"尽管我们是一个文明古国，礼义之邦，一向重视伦理，然而我们对于个人与陌生社会大众之间的关系，则缺乏适当的规范"。"因此，我们需要在传统的五伦之外，再建立第六伦。"接着指出"什么是第六伦？第六伦就是个人与社会大众的关系，也就是……群己关系"。

为此，他将第六伦与五伦分为行为准则、利弊表现、道德范畴、社会背景四个方面加以比较：

1. "五伦的行为准则属于特殊主义（particularism），即仅适用于特殊对象的准则，例如父慈子孝只适用于父母子女之间。第六伦的行为准则属于所谓一般主义（universalism），即大家都适用同样的准则。"

2. "故以五伦为特色的人际关系所表现的优点为亲切、关怀，缺点则是偏私、脏乱。以第六伦为特色的人际关系的优点是公正、秩序，缺点则是冷漠、疏远。"

3. "五伦属于私德的范围，第六伦属于公德的范围。"

4. "五伦的社会文化背景是经济活动和社会结构简单的传统社会，第六伦的社会文化背景则是经济活动和社会结构复杂的现代社会。"

由于李国鼎在台湾曾担任过经济部长、财政部长，对于台湾产业的转型、经济的发展贡献很大，所以他的讲词及专文分别见报以后，立即引起了很大的反响，表示支持者有之，根据其说推衍者有之，但也有提出批评者，基本上都显现了大家对伦理的重视。其后曾任辅仁大学校长的李震神父发表了《论精神污染与道德建设》[①]，在肯定第六伦之余，认为第六伦忽略了人与天（神）的关系，因而主张于第六伦之外还需建立第七伦。继李震神父之后，又有人提出第八伦、第九伦、第十伦……到最后总共出现了二十几伦[②]，反倒模糊了焦点，不如第六伦说受到比较普遍的重视。

对于李国鼎提倡的第六伦说，以至于之后诸人陆续提出的第七伦等说，是否可以成立，本文将在下一节中提出笔者的看法，与贺麟之说合并讨论并澄清。

四、对五伦之教应有的认识

以上列举贺麟、李国鼎两位先生的检讨，可见他们都认为五伦之教尚有所不足，因而试图补充以求弥缝。然则五伦之教是否确实有所不足，而有待补充弥缝？似有很大的商榷余地。其实只要建立对五伦之教的正确认识，则上述的疑惑即可不辨自明。以下仅就所知提供四点看法，以助大家建立正确的认识。

---

① 台北《益世杂志》1981 年 5 月第八期。
② 在 1981 年，大陆因"文革"结束不久，且两岸信息亦不甚畅通，并未见有人加以响应。但随着改革开放日久，对传统文化的日益重视，近年来已有人据其所见提出新的伦理观。

（一）五伦之教并非解决所有伦理问题的"万灵丹"

按五伦之"伦"字的意义，《说文解字》云："伦，辈也。从人仑声。一曰道也。"① 段玉裁注曰："军发车百两为辈，引申之，同类之次曰辈。……郑注《曲礼》、《乐记》曰：'伦犹类也。'注《既夕》曰：'比也。'注《中庸》曰：'犹比也。'……《小雅》'有伦有脊'，传曰：'伦，道。脊，理。'《论语》'言中伦也'，包注：'伦，道也，理也。'按粗言之曰道，精言之曰理，凡注家训伦为理者，皆与训道者无二。"② 以军队发车百两（辆）作为比喻，称同类（军车百辆）排比（排列）时有其次序条理为辈，故"伦"有条理之意；又理即道，"故"伦有道理之意。另"伦"字从人仑声，从人，表示其意与人有关。"仑"为声符，《说文解字》云："仑，思也。从亼从册。"③ 段玉裁注曰："思与理义同也，……凡人之思必依其理，伦、论字皆以仑会意。聚集简册，必依其次第，求其文理。"④ 依形声多兼会意的原则，"仑"字也有条理之意。综上所述，"伦"字与人相关，又有其次序条理，意指人同居共处时应有的次第，共同遵循的道理。

"伦"之所指既然是人同居共处时应有的次第，共同遵循的道理，则五伦所讲求者乃是人际关系的和谐，诚如贺麟所说："五伦说特别注重人，而不注重天（神）与物（自然），特别注重人与人的关系，而不十分注重人与神及人与自然的关系。"⑤ 超过此人际关系者，如李震所讲人与天（神）关系的第七伦，或赵耀东所讲的劳资伦理、消费者伦理、科技伦理（尊重智慧财产权）及环境伦理（公害防治）等⑥，以至于近年大陆学者所提的网路伦理、邦交伦理等，皆非五伦之教所讲求者。固然上举的各种伦理都值得我们重视讲求，但并不在五伦之教所着重的人际关系上面，应该别求解决之道，而不能视五伦之教为解决所有伦理问题的"万灵丹"，而于发现某种伦理一旦有所欠缺或产生问题时，即归咎于五伦之教。

（二）不能以曾发生流弊认定五伦之教有偏失

人类所营者为群居的生活，人际关系是否和谐，对于群体的发展影响至为重大，

---

① 许慎撰，段玉裁注：《说文解字注》，台北黎明文化事业公司 1978 年 11 月四版，第 376 页。
② 许慎撰，段玉裁注：《说文解字注》，台北黎明文化事业公司 1978 年 11 月四版，第 376 页。
③ 许慎撰，段玉裁注：《说文解字注》，台北黎明文化事业公司 1978 年 11 月四版，第 225 页。
④ 许慎撰，段玉裁注：《说文解字注》，台北黎明文化事业公司 1978 年 11 月四版，第 225 页。
⑤ 贺麟：《文化与人生》，台北地平线出版社 1973 年 10 月初版，第 13—22 页。以下多处引文皆出于该文。
⑥ 曾在台湾担任经济部长的赵耀东，于 1985 年 11 月 30 日，应邀在《工商时报》成立七周年的系列演讲中，以"在转捩点上赢的策略"为题，发表演讲，主张建立所举四种伦理。台北《中国时报》1985 年 12 月 1 日第 2 版。按依以上所述"伦"字的意义，严格而论，李震所讲的第七伦、赵耀东及近年大陆学者所举各种伦理，似皆不宜称为"伦理"，因并非属于人际关系也。但由于皆与人有关，姑且按照提出者之意，仍然称为"伦理"。

是故每个朝代无不重视五伦之教。但重视是一回事，是否能掌握其精神，以及如何推动又是一回事，如果对五伦之教的认识欠正确，或推动五伦之教的方式有偏差，就很容易造成各种流弊。有了流弊即要探讨造成的原因，并且设法补偏救弊，而不是反过来怪罪于本源，以为五伦之教一开始即有偏失。

按五伦之教所讲求的人际关系，不论是父子、君臣的上下关系，或者是夫妇、长幼、朋友的平辈关系，都是相互的对待，绝无一方面对另一方面做片面要求之意。故父慈而子孝，君使臣以礼而臣事君以忠，夫妇各有其分际职责，兄友而弟恭，朋友皆以诚信相交，是就五伦的本质而言，实建立在双方互相尊重的基础之上而无偏颇失衡。

就历史发展的事实而言，五伦之教确实曾造成不少的流弊，但事出有因，不能谓此乃五伦之教必然的发展。其实贺麟在检讨五伦时曾提到其所持的态度有四点，其中第三点为"不能谓实现五伦之观念之方法不好，而谓五伦观念本身不好，不能谓实行五伦观念之许多礼节仪文须改变，而谓五伦观念本身须改变。这就是不能因噎废食，因末流之弊而废弃本源的意思"。以这样的标准来看，贺麟所讲五伦观念的四层要义中，第二层所指"这种偏重五常伦的思想一经信条化、制度化，发生强制的作用，便损害个人的自由与独立。而且把这五常的关系看得太狭隘了，太僵死了，太机械了，不唯不能发生道德政治方面的社会功能，而大有损害于非人伦的超社会的种种文化价值"。第四层为"五伦观念之最基本意义为三纲说，五伦观念之最高最后的发展，也是三纲说。而且五伦观念在中国礼教中权威之大，亦以三纲说为最"。①将五伦之教流为信条化、制度化，发生强制的作用；以及五伦观念发展为绝对的关系，只做片面的要求的三纲说；归为五伦观念的要义。其实与其"不能因噎废食，因末流之弊而废弃本源"的态度，是自相矛盾而不能成立的。至于李国鼎所说以五伦为特色的人际关系，"缺点则是偏私、脏乱"，以及"五伦属于私德的范围"。同样是以偏概全，以末流之弊而废弃本源，也是不能成立的。②

---

① 贺麟认为由五伦说发展为三纲说有其逻辑的必然性，因为五伦说"这些人伦关系，都是相对的、无常的，如此则人伦的关系，社会的基础，仍不稳定，变乱随时可能发生。故三纲说要补救相对关系的不安定，进而要求关系者一方绝对遵守其位分，实行片面的爱，履行片面的义务"。如其所言，岂非所有相对的关系，最后必然发展为绝对的关系，人们最后将不会有相互尊重、平等对待之事？按五伦说之所以演变成为三纲说，系受法家、阴阳家思想的影响而来，并非五伦说的必然发展。但此非本文探讨的重点，故在此不进而申论。又按贺麟第二层要义所指的"信条化、制度化，发生强制的作用"，"把五常的关系看得太狭隘了，太僵死了，太机械了"，都是因为他认为五伦说必定发展为三纲说的错误看法所造成。按任何一种学说，一旦"信条化、制度化，发生强制的作用"，或把它"看得太狭隘了，太僵死了，太机械了"，必然会发生流弊，但不能据此而认为该学说一开始即有偏失。

② 李国鼎并未说明以五伦为特色的人际关系，与"偏私、脏乱"的缺点有何必然的关联。以其所持的立场观之，则他认为以第六伦为特色的人际关系，"缺点则是冷漠、疏远"，是否确实？固有待商榷。然既有其缺点，如果因有流弊而废弃本源，岂不是根本就不能提倡第六伦？

（三）五伦之教的五伦乃列举，既属列举即可类推

人际关系十分复杂，难以殚举，五伦其实乃是举其比较普遍者作为代表，并非仅是此五伦而已。以家庭为例，除却父（母）子（女）、夫妇、长幼（兄弟姊妹）关系以外，还有诸如伯叔子侄（女）、叔嫂、妯娌、堂兄弟（姊妹）等各种关系，可谓繁不胜举，但都可以类比为父子、夫妇、长幼关系，亦即五伦所述的五种关系，乃是列举。既然是列举，当然可以类比而推展其范畴。

举例而言，传统社会对于师生关系一向极为重视，五伦之中并无师生之伦，如师生的年龄相去较多，则可依"一日为师，终生为父"的原则，类比为父子之伦；或者因"闻道有先后，术业有专攻"，师生的年龄相距不大，则可依"亦师亦友"的原则，类比为长幼之伦或朋友之伦。如不以此类推，岂非就会误以为传统文化并不重视师生的伦理？

对于五伦另有一种错误的理解，以为五伦中的任何一伦都是"一对一"的关系，所以五伦所维系者为私人的道德。① 李国鼎认为五伦是属于私德的范围，原因即在于此。其实除夫妇之伦以外，传统社会因生育率高，所以父（母）对子（女）、长幼（兄弟姊妹）之间都属"一对多"的关系。更何况除家庭伦理以外，五伦还包括社会伦理、国家伦理，则在社会上的朋友之间，在国家内的君对臣（可扩展类比为主管对部属）之主从关系，也都是"一对多"的关系。因此五伦就不是纯然属于私德的范畴了。

五伦既然是可以"一对多"的关系，也并非纯属私德的范畴，则个人（己、一）与团体（群、多）的关系也可以包含在内，则所谓第六伦的群己之伦，其实也可以由五伦类推而得。②

（四）五伦之教合乎情理，重在化民成俗

五伦作为各种人际关系所应遵循之道的代表，其中父子、夫妇、长幼三伦属于家

---

① 李国鼎提出第六伦之说以后，引起很大的反响，吴惑（曾任台湾大学校长的孙震先生之笔名）曾发表《群己关系——为第六伦命名》，建议将第六伦称为"群己之伦"，并指出五伦关系为"一对一"的关系。台北《联合报》1981 年 3 月 18 日。另韦政通的《伦理思想的突破》也说："由于传统伦理是以家庭为中心的，因此伦理关系限于一对一的关系，道德的实践也是一对一的，对父母要尽孝，对国君要尽忠，夫妇要相敬，朋友要守信，……所以这些规范只是'维系着私人的道德'。"台北水牛图书出版事业有限公司 1990 年 8 月再版，第 8 页。
② 李国鼎有感于"我们对于个人与陌生社会大众之间的关系，则缺乏适当的规范"，因而提出第六伦之说，"期使素昧平生的第三者，能同居于被善意关怀和关爱的地位"。用心颇为可取，但他又认为"以第六伦为特色的人际关系……缺点则是冷漠、疏远"。既有冷漠、疏远的缺点，则想要达成他所期望的目标，岂非自相矛盾？我们非常认同对陌生人要善加关怀照顾，但此等作为与五伦的意涵，以及是否提倡第六伦并无必然的关联。

庭伦理，由此而向外推展到社会而有朋友之伦，更推展到国家而有君臣之伦，所注重的即为"推"字，因此在处理各种人伦关系中，最强调推己及人。盖人与人之间的关系，有亲疏远近之分，为促进人际关系的顺利推展，在实践之时必须由近及远，由亲而疏，循序渐进，绝对不可躐等，所谓"老吾老以及人之老，幼吾幼以及人之幼"，即是这种道理的显现。

此种逐步扩展的推爱方式，亦即因人情之亲疏远近而有厚薄轻重的等差之分，其实最合乎人情事理。贺麟就明白指出："五伦观念中实已包含等差之爱的意义在内。""儒家对人的态度大都很合理，很近人情，很平正，而不流于狂诞（Fanatic）。"[①] 而且发现尽管在新文化运动时期，以打倒孔家店相号召的人，也没有攻击等差之爱者。就是因为这种推爱的方式合乎人情事理，所以才容易践行而发挥其功效。

按《尚书·尧典》记述舜任命契为司徒时说："契，百姓不亲，五品不逊，汝作司徒，敬敷五教，在宽。"可见五伦之教所重乃在化除"百姓不亲，五品不逊"的疏离现象，所以必须以宽宏的胸怀敷布五伦之教。其用意即在于以盈科而后进、宽厚包容的心态，来教化百姓，逐步形成良风美俗，使尊卑上下的各种等级，都能谨守其分际而各安其位，社会群体也就可以维持和谐的关系，以健全发展。

结　语

《尚书·尧典》记载帝舜为使百姓相亲睦，尊卑上下各等级皆有其顺序，乃任命契担任司徒以敬敷五教。但五教所指为何？历来有不同的说法，本文于列举异说之后并详作比较，认为应以"父子有亲，君臣有义，夫妇有别，长幼有序，朋友有信"此五伦之教为确诂。

五伦之教自提出以后即为历朝历代所遵奉，对于人际关系的和谐确实发挥了很大的作用。不料近代以来，在民族自信心逐步丧失以后就迭遭批评。难得的是仍有肯定其功效，但也有提出检讨者，本文以贺麟、李国鼎为例，介绍其看法，以见对五伦之教质疑的一斑。

为了回应质疑，本文以"两破"（破除误解）：1. 五伦之教并非解决所有伦理问题的万灵丹。2. 不能以曾发生流弊认定五伦之教有偏失。以及"两立"（建立正确的认识）：1. 五伦之教的五伦乃列举，既属列举即可类推。2. 五伦之教合乎情理，重在化民成俗。期望有助于大家对五伦之教正面看待，进而珍视此可贵的民族文化遗产，努力推行，以守分乐群，敦本善俗。

---

① 贺麟：《文化与人生》，台北地平线出版社，1973年10月初版。

礼乐文化与社会道德

中国古代的"礼法合治"思想及其当代价值

山东师范大学齐鲁文化研究院教授　丁　鼎

在中国传统文化体系中,"礼"与"法"是国家治理的两大基石,二者相辅相成,共同对社会秩序发挥着调节、约束的功能。

"礼"是指规范社会、人生的典章制度和行为规范。"礼"产生于氏族部落时期一些具有原始宗教性质的活动。后来,随着人类社会的发展,"礼"的内容逐步扩大化、系统化,人类社会生活其他方面的礼节仪式也逐步被纳入"礼"的范畴,并最终发展成为中国古代维持社会、政治、伦理秩序,巩固等级制度,调整人与人之间各种社会关系的规范与准则。"法"产生于礼之后,是从"礼"中衍生出来的,故《管子·枢言》云:"法出于礼。"[①] 礼被赋予了强制力便是法。"礼"是一种社会道德教化工具,"法"是一种事后的惩罚措施。正如《大戴礼记·礼察》所说:"礼者禁于将然之前,而法者禁于已然之后。"[②]

在周公制礼作乐后的"礼治"时代,"法"作为礼治体系的一个组成部分而存在。礼治体系最大程度地发挥了道德教化的作用,而法(刑)则在礼治的框架之内对社会的违礼行为发挥着约束和惩戒作用。春秋战国至秦代是"法治"形成和确立的时代。这一时期"礼坏乐崩",礼、法分离。原本附属于"礼"的"法"日益得到统治者的重视,并逐步获得了独立的发展时机,并最终发展成为秦王朝的统治思想。

"礼"与"法"虽然经历了从夏、商、周三代到春秋战国时期由"合流"到"分流"的变化,但在中国古代社会数千年的发展中却始终不离不弃。二者之间的关系既是对立的,又是统一的。"礼"与"法"之间既有斗争的一面,又有相辅成成的一面。历代统治者往往采用礼法互补的方式进行社会治理,凭借礼的精神教化力量强化法的镇压职能,依靠"法"的强制力推行"礼"的规范。这种"礼法合治"思想甚至成为我国古代的社会治理思想的范式。这种"礼法合治"的思想范式对我国古代数千年的社会发展产生了重大而深远的影响。有鉴于此,我们拟在本文中对我国古代的"礼法合治"思想进行一番考察和探讨,并探寻其中所蕴含的对于我们现代国家治理的当代

---

① 黎翔凤:《管子校注》(上),中华书局2004年版,第246页。
② 王聘珍:《大戴礼记解诂》卷二,中华书局1983年版,第22页。

价值。

一、中国古代"礼法合治"思想产生的思想基础与历史演进

(一)"礼法合治"思想产生的思想基础

由于史阙有间,对于夏商周时期的"礼法合治"思想难以具论。从现存文献资料来看,春秋战国时期已经奠定了坚实的"礼法合治"的思想基础。

春秋战国时期,法家逐步从儒家中衍生出来。法家虽然源于儒家,且法家与儒家在主张大一统、维护君权、维护社会等级制度方面并不对立,但儒、法两家关于礼与法、德与刑的关系却有着各自不同的价值判断。在治国方略的选择上,儒家主张"礼治",而法家推崇"法治"。早期儒、法两家关于"礼治"与"法治"的碰撞、交锋和论战,为后世"礼法合治"思想的形成奠定了基础。

实际上,儒家创始人孔子虽然极力推崇礼治、德治,但在他的思想中已经蕴含着"礼法合治"的思想基础。孔子说:"道之以政,齐之以刑,民免而无耻;道之以德,齐之以礼,有耻且格。"[①] 由此可知,在孔子的思想认识中,作为治国的工具,除了礼之外,还有刑。这里所谓的"刑",实际上就是法。类似看法,在许多先秦儒家文献中都有所体现,如《礼记·明堂位》就说:"礼、乐、刑、法、政、俗,未尝相变也。"[②]《礼记·乐记》又说:"故礼以道其志,乐以和其声,政以一其行,刑以防其奸。礼、乐、刑、政,其极一也,所以同民心而出治道也。"[③]《荀子·成相》说:"治之经,礼与刑,君子以修百姓宁。明德慎罚,国家既治四海平。"[④] 可见"礼法合治"的思想一直是儒家经典的基调。

但以孔子为代表的儒家所倡导的"礼法合治"思想并不适应春秋战国时期"礼坏乐崩"的形势,因而难以得到当时君王的青睐。而法家所倡导的"法治"思想却备受关注,甚至大行其道。法家的代表人物如李悝、商鞅、韩非等,重视法律的作用,强调使用严刑峻法治国,与儒家提倡的"礼治"或"礼法合治"的思想大异其趣。法家思想尤其为秦国所推崇。不过,秦王朝虽然凭借法家的富国强兵战略而统一天下,但却二世而亡。秦的短命使得汉朝统治者认识到面对错综复杂的社会矛盾,单靠严刑峻

---

① 邢昺:《论语注疏》卷二,影印阮元校勘《十三经注疏》本,中华书局1980年版,第2461页。
② 孔颖达:《礼记正义》卷三一,影印阮元校勘《十三经注疏》本,中华书局1980年版,第1492页。
③ 孔颖达:《礼记正义》卷三七,影印阮元校勘《十三经注疏》本,中华书局1980年版,第1527页。
④ 王先谦:《荀子集解》卷一八,中华书局1988年版,第461页。

法，难以维持国家的长治久安，于是便试图寻找新的治国方法。经历了汉初黄老之学短暂的统治之后，汉武帝最终确立了"罢黜百家，独尊儒术"的治国方略，使儒学一举成为两千多年中华文明的主流思想。由此，儒家所提倡的"礼法合治，德主刑辅"的思想才真正被统治者贯彻到治国之中，并发展成为一种轮廓清晰的政治实践。

（二）"礼法合治"思想的历史演进

虽然早在春秋时期，以孔子为代表的儒家学派就已经奠定了"礼法合治"的思想基础，但直到汉武帝时期"礼法合治"作为一种社会治理模式才得以确立。此后，"礼法合治"作为一种社会治理模式一直在我国古代各个历史时期得到不同程度的实践和调整。如果把我国古代"礼法合治"的社会实践看作一个长期的历史运动，那么，在一定意义上可以说这个历史运动是一个"由法家造就其躯体"、"儒家赋予其灵魂"的运动[①]。

如果说孔子所谓"道之以政，齐之以刑"是我国古代"礼法合治"思想的基石，那么战国时期的"礼下庶人"，"刑上大夫"则开启了"礼法合治"时代的到来。战国末期的荀子既"隆礼"又"重法"，突出了礼法并重的思想。荀子要求将"礼"法律化，从而引法入礼，把体现奴隶主贵族利益的旧礼改造成维护新兴地主阶级利益的新礼。

虽然儒家的"礼法合治"思想至西汉武帝时期才为主流社会所接受并得以全面付诸社会实践，但在西汉初期所奉行的"黄老之学"实际上也在一定程度上为"礼法合治"的社会实践作出了很大的贡献。汉初的黄老之学是道家的一个派别，它是在道家思想的基础上吸收了儒、法、阴阳等学派的思想而形成的派别。黄老之学在政治上最主要的特点是清静无为，主张因俗简礼、宽刑简政、刑德并用、轻徭薄赋、与民休息。汉初最早根据黄老思想理政的是政治家曹参。曹参任齐相时曾请教于治黄老之学的胶西盖公。盖公将无为而治的黄老思想概括为"治道贵清静而民自定"[②]。曹参用黄老术治齐九年，齐国大治。曹参于惠帝二年继萧何为相国，又把黄老之术这套治国方略推行于全国。后来，继曹参为相的陈平也"本好黄帝、老子之术"[③]。汉初执政的文帝、景帝及窦太后都程度不同地尊崇黄老之学。应劭《风俗通义·正失》载："文帝本修黄、老之言，不甚好儒术，其治尚清静。"[④]《汉书·外戚传》则说："窦太后好黄帝、老子言，景帝及诸窦不得不读老子尊其术。"[⑤] 需要注意的是，汉代初年的国家治

---

① 陈顾远：《中国文化与中华法系》，台北三民书局1969年版，第201页。
② 司马迁：《史记》卷五四，中华书局1957年版，第2029页。
③ 司马迁：《史记》卷五六，中华书局1957年版，第2062页。
④ 王利器：《风俗通义校注》卷二，中华书局1981年版，第96页。
⑤ 班固：《汉书》卷九七（上），中华书局1962年版，第3945页。

理虽然表面上是以黄老之学为指归,但实际上是在黄老思想框架下兼用儒、法的治国之术,也就是礼、法兼用。因为一方面黄老之学本身就吸收了儒家和法家的一些治国思想,另一方面黄老无为而治的社会实践也为儒家、法家治国理念的发展预留了空间。

到了汉武帝时期,以董仲舒为代表的新儒家顺应时代要求登上历史舞台。董仲舒首先提出统一思想、独尊儒术,同时在阴阳思想的指导下提出以德治为主,德刑兼备的治国思想,亦即以礼为主、礼法结合的治国方略。他说:"天道之大者在阴阳,阳为德,阴为刑;刑主杀而德主生。"① 他认为君主遵循天道治国,就必须实行德治。所谓"德治"实际上就是儒家所倡导的礼治。礼治主要有两方面的内容:其一是行教化。董仲舒说:"圣人之道,不能独以威势成政,必有教化。"② 他认为教化就像堤防一样维护着社会纲常伦理。如果堤防毁坏,必然伦理溃败,奸邪横行,"是故教化立而奸邪皆止者,其堤防完也;教化废而奸邪并出,刑罚不能胜者,其堤防坏也"。③ 因此帝王"南面而治天下,莫不以教化为大务"。④ 教化的目的是教育引导社会各阶层认可并服从儒家倡导的纲常伦理。其二是施仁政。他要求统治者要尽可能防止社会两极分化,以免形成严重的贫富对立。统治者应该使"民财内足以养老尽孝,外足以事上共(供)税,下足以畜妻子极爱"⑤。因为只有通过实行仁政,保障民众的基本生活需求,才能维护社会秩序的正常运转。

董仲舒主张"德治"与"礼治",但并不排斥"法治"(刑罚)。他主张礼法结合、德主刑辅。当然,在董仲舒的"礼法合治"思想中,礼与法二者的地位不是均等的,而是"德主刑辅",就是以礼治为主,以法(刑)为辅。他认为治理国家应该"大德而小刑"⑥,"务德而不务刑"⑦。董仲舒"礼法合治,德主刑辅"的思想得到汉武帝的认可,并被确立为汉王朝官方正统思想。此后,汉王朝的治国方针基本上就是以"礼法合治,德主刑辅"为圭臬。

汉王朝所奉行的这种"礼法合治"的社会治理思想为后世历代王朝所沿用,甚至形成一种传统的治国理政范式。唐高宗时期,由长孙无忌、李勣等在隋代《开皇律》和唐初《武德律》、《贞观律》基础上修订而成的《永徽律疏》(即传世的《唐律疏议》)集中体现了"礼法合治、德主刑辅"的治国理念。《唐律疏议》是传世的我国古代最早、最完整的一部成文法典。本法典最重要的特色就是"一准乎礼"⑧!所谓"一

---

① 班固:《汉书》卷五六,中华书局1962年版,第2502页。
② 董仲舒:《春秋繁露》卷一一,中华书局1975年版,第387页。
③ 班固:《汉书》卷五六,中华书局1962年版,第2503页。
④ 班固:《汉书》卷五六,中华书局1962年版,第2503页。
⑤ 班固:《汉书》卷二四(上),中华书局1962年版,第1137页。
⑥ 董仲舒:《春秋繁露》卷一一,中华书局1975年版,第400页。
⑦ 董仲舒:《春秋繁露》卷一一,中华书局1975年版,第400页。
⑧ 张廷玉等:《明史》卷九三,中华书局1974年版,第2279页。

准乎礼"，一方面是指本法典的编撰以儒家倡导的"礼教"作为立法的指导思想；另一方面是指在法律实践中的定罪量刑也以"礼教"为依据和标准。它总结了汉魏晋以来立法和法律实践的经验，不仅对主要的法律原则和制度作出了细致的解释与说明，而且尽可能引用儒家经典中有关"礼"的论述作为律文的理论根据。正如《唐律疏议》卷一《名例》所讲："德礼为政教之本，刑罚为政教之用。"①在唐律体系中，为礼所肯定的便是合法的；礼所不容许的，即为法令所禁止的。

唐律的编纂完成说明自汉代开始以来，"礼法合治"的思想和实践历经数百年的演化过程，至唐代臻于完善，基本上实现了"礼"与"法"的合一、法律规范与道德规范的统一。唐律的"一准乎礼"，是中华法系与其他法系相区别的主要特点。

"礼法合治"思想在宋明时期得到进一步发展和完善，在宋明理学的影响下形成了理学法律观。理学法律观认为礼与法是"天理"的派生物，其实质都是"天理"的外在表现。如二程说："万物皆只是一个天理，己何与焉？至如言'天讨有罪，五刑五用哉！天命有德，五服五章哉！'此都只是天理自然当如此。"②朱熹则说："礼者，天理之节文，人事之仪则。"③"礼字、法字实理字。"④他们从理学的视角说明了礼、法（刑罚）与天理的内在联系。此外，朱熹还在《论语集注》中解释德、礼、政、刑关系说："子曰：'道之以政，齐之以刑，民免而无耻；道之以德，齐之以礼，有耻且格。'愚谓政者，为治之具。刑者，辅治之法。德礼则所以出治之本，而德又礼之本也。此其相为终始，虽不可以偏废，然政刑能使民远罪而已。德礼之效，则有以使民日迁善而不自知。故治民者不可徒恃其末，又当深探其本也。"⑤显然，在朱熹看来，德与礼是治国的根本，实施德、礼，人们就会自觉地守法，迁善远罪；而政、刑则相对说来处于"末"，即处于辅助的地位。

二、中国古代"礼法合治"思想的社会功能

"礼法合治"的思想与实践在中国古代社会治理中发挥了巨大功用。约略说来，"礼法合治"思想的实践主要有如下三方面的社会功能：

（一）教化功能

伦理教化功能是"礼法合治"最主要的社会功能之一。正如《礼记·经解》说：

---

① 长孙无忌等：《唐律疏议》卷一，中华书局1983年版，第3页。
② 程颢、程颐：《二程集》卷二（上），中华书局1981年版，第30页。
③ 黎靖德编：《朱子语类》卷六，中华书局1986年版，第101页。
④ 朱熹：《晦庵集》卷四八《答吕子约》，景印文渊阁《四库全书》第1144册，台湾商务印书馆1986年版，第436页。
⑤ 朱熹：《四书章句集注·论语集注》卷一，中华书局1983年版，第54页。

"夫礼禁乱之所由生，犹坊止水之所自来也。故以旧坊为无所用而坏之者，必有水败；以旧礼为无所用而去之者，必有乱患。……故礼之教化也微，其止邪也于未形，使人日徙善远罪而不自知也，是以先王隆之也。"[1]"礼法合治"的教化功能主要体现在教育和引导人们从最基本、最常见的社会生活行为开始，按照儒家经典规定的行为模式来确立个人的生活方式，个人行为要严格遵循礼法划定的标准。"礼法合治"思想为人们的社会生活构筑了一张不可逾越的、疏而不漏的恢恢"天网"。这张网由礼与法交织而成，内礼外法，既是对社会成员自身的严格要求，又是对社会集体的约束。在"礼法合治"思想的严密和全面的控制和统治之下，社会个体的人性和自由不可避免地会受到限制和压抑。但我们也应该看到，"礼法合治"的控制网络通过其教化功能可以在较少使用暴力强制手段的情况下，使社会各阶层的人们能够心悦诚服地把生存欲望保持在礼、法限定的安全范围内。这样就有助于全社会形成共同的伦理道德观以及统一的价值判断准则，使社会各阶层在日常生活中自觉地规范自身行为，使之符合"礼"与"法"的要求，从而化解各种社会矛盾，调节各种社会关系，使具有不同利益诉求的社会各阶层、各群体能够最大限度地和平共处于一个矛盾而又统一的社会之中。

（二）政治功能

我国古代历代统治者不仅依靠军事的强制力量来维护和巩固社会秩序，而且更多地把"礼法合治"作为一种政治手段用于社会治理。具体说来，就是首先利用一整套礼仪制度对人们的日常生活进行限制和规范，依靠"礼"来维持"尊尊亲亲"、"尊卑有序"的社会秩序。然后再辅之以"法"的强制力来维护和推行"礼"的实施。通过"法"的强制性来贯彻和推行"礼"的规范，从而通过"礼法合治"，达到维护和巩固社会统治秩序的目的，也就是使社会各阶层的成员自觉地或被强制地处在一个上下有等、尊卑有序、贵贱有别的等级体系中。

"礼法合治"思想的政治功能不仅表现在统治阶级对下层民众的管理上，还表现在对统治阶级自身的约束上。统治者在利用"礼法合治"思想加强对社会成员思想监控、行为调控的同时，其自身也不可避免地会受到"礼法合治"思想潜移默化的影响和规范。一方面，统治阶级为了维护"礼法合治"思想的权威性，因而在施政上要尽可能遵循"礼"与"法"的规则，不敢过分随意妄为；另一方面，当统治阶级严重违反"礼"与"法"的规范要求时，往往会受到社会其他阶层的批评和反对，甚至是暴力反抗。因此，"礼法合治"思想在一定程度上也起到了限制君权、保障下层民众部分政治权利的作用。在"礼法合治"的政治格局中，统治阶级与被统治阶级在"礼法合

---

[1] 孔颖达：《礼记正义》卷五〇，影印阮元校勘《十三经注疏》本，中华书局1980年版，第1610页。

治"思想引导下，找到双方权利与义务的"平衡点"，有助于整个社会政治格局保持一种动态的稳定。

（三）法律功能

在"礼法合治"的国家治理模式之下，"法"（刑）据礼而制，"法"（刑）的制定必须与"礼"的指导思想相统一。国家制定法律时往往将"礼"所要求的内容直接法律化，"礼"的施行受到国家法律的保障。"礼"寓于"法"之中，看似无形，却时刻发挥着巨大的约束力，这一点突出表现在对婚姻、家庭关系与继承制度以及其他一些伦理关系的规定上。例如法律规定婚姻的成立必须遵循同姓不婚、父母之命、媒妁之言的规定，婚姻的解除也必须符合"七出""三不去"的原则，这些规定和原则原本均出于"礼"，后来转化为法律条文，更增强了其强制约束力，并对中国古代社会生活产生了持久而深远的影响。

"礼法合治"思想在家法族规的实施上作用尤为明显。家法族规既是"礼"在家族管理中的应用，也是传统法律的重要组成部分。家法族规的一些内容，本身就是"礼"。古代许多家法族规不仅体现了"礼"的精神，而且得到了"法"的认可和确认，从而大大增强了其权威性与控制力。一旦出现了违背家法族规的情况，轻则要受到"礼"的谴责，重则受到"法"的制裁。礼、法与家法族规的统一，一方面提升了家法族规的地位，另一方面丰富了"礼法合治"思想的内容。

总之，中国古代"礼法合治"思想的实践有着特殊的机制：法律与礼相融合，礼与法律相促进，形成中国古代社会特有的约束机制。"礼"的规则融进国家刑法之中，施行受到国家法律的保障，体现和发挥着法的约束作用。

三、中国古代"礼法合治"思想的当代价值

（一）"礼法合治"思想对社会主义核心价值观建设的启示

我国古代"礼法合治"思想可以为当代社会主义核心价值观的建设提供宝贵的历史借鉴。实现中华民族伟大复兴的"中国梦"，必须要有中国人自己的价值观，也就是要有中国特色的社会主义核心价值观。习近平总书记指出："人类社会发展的历史表明，对一个民族、一个国家来说，最持久、最深层的力量是全社会共同认可的核心价值观。核心价值观，承载着一个民族、一个国家的精神追求，体现着一个社会评判是

非曲直的价值标准。"① 要培育有中国特色的社会主义核心价值观，必须挖掘和研究先人留传给我们的文化遗产，继承和发扬中华优秀传统文化。而"礼法合治"思想正是中华优秀传统文化的重要内容之一。"礼法合治"思想不仅在社会治理中发挥了重要作用，其中所蕴含的许多思想观念，如"以民为本"的观念、"和为贵"的精神、"为政以德"与"德主刑辅"的思想等，都是我们今天所倡导的"富强、民主、文明、和谐，自由、平等、公正、法治、爱国、敬业、诚信、友善"24字社会主义核心价值观的天然基因。当下，我们应该重温中国传统"礼法合治"思想的流风余韵，借鉴世界其他国家和民族具有公认价值的法律文化的有益资源，端正对待礼与法的态度，协调礼与法之间的关系，将二者有机地统一起来，并将其运用到核心价值观的建设之中。只有这样才能培育出有中国特色的社会主义核心价值观，从而实现社会和谐稳定，国家长治久安。

（二）"礼法合治"思想对社会主义法治建设的启示

2014年10月，召开的中国共产党十八届四中全会审议通过的《中共中央关于全面推进依法治国若干重大问题的决定》提出的总目标是建设中国特色社会主义法治体系，建设社会主义法治国家。该《决定》指出："国家和社会治理需要法律和道德共同发挥作用。……既重视发挥法律的规范作用，又重视发挥道德的教化作用，以法治体现道德理念、强化法律对道德建设的促进作用，以道德滋养法治精神、强化道德对法治文化的支撑作用，实现法律和道德相辅相成、法治和德治相得益彰。"② 这说明依法治国必须处理好法律与道德之间的关系。法律与道德之间的关系，实际上也可以看作"法"与"礼"的关系，因为在某种意义上可以说德与礼是相通的：礼是外在的行为规范；德是内在的符合"礼"的道德情感和价值观念。"礼"是维护社会秩序和良好风气的基本准则。道德建设要通过礼来落实。礼是社会风气、文明程度的标尺。

在中国古代社会治理体系中，往往礼法并用，以礼施法减少了推行法的阻力，以法作为"礼"的保障措施又增强了礼的约束力，通过礼法合治保证国家机器的有效运转，从而达到治理国家、实现社会稳定的目的。在道德与法律的关系中，法律是社会治理的底线，法律的判决是解决矛盾的最终方式。但一个和谐的社会决不能仅仅依靠法律的强制力，还要有道德（礼）的教化和约束。在社会主义法治与和谐社会建设过程中，我们应该充分认识到法律的实施有赖于道德的支持，道德是法律实施的内在心理基础。法律是道德建设的支柱，道德发挥作用需要法律的强制力做后援。道德与法律相辅相成。因此，依法治国必须重视德治（亦可谓之礼治），坚持法律和道德建设的

---

① 习近平：《青年要自觉践行社会主义核心价值观——在北京大学师生座谈会上的讲话》，载《人民日报》2014年5月5日。
② 《中共中央关于全面推进依法治国若干重大问题的决定》，载《人民日报》2014年10月29日。

协调发展。

（三）"礼法合治"思想对我国国家治理模式和治理能力现代化的启示

2014年10月13日，中共中央政治局就我国历史上的国家治理进行第十八次集体学习。习近平总书记在主持学习时强调："我国古代主张民惟邦本、政得其民，礼法合治、德主刑辅，为政之要莫先于得人、治国先治吏，为政以德、正己修身，居安思危、改易更化等，这些都能给人们以重要启示。治理国家和社会，今天遇到的很多事情都可以在历史上找到影子，历史上发生过的很多事情也都可以作为今天的镜鉴。中国的今天是从中国的昨天和前天发展而来的。要治理好今天的中国，需要对我国历史和传统文化有深入了解，也需要对我国古代治国理政的探索和智慧进行积极总结。"① 习近平总书记的这一讲话揭示了当代中国推进国家治理体系与治理能力现代化的举措基于深厚的历史文化底蕴。一个国家想要维持稳定的社会秩序，必须选择一套适合本国国情的社会治理模式。中国古代用"礼法合治"思想来治理社会的成功经验，对于我们现代化国家治理无疑具有宝贵的参考借鉴价值。我国古代"礼法合治"思想中固然存在着许多过时、落后的思想因素，如等级观念、对"三纲"的过分强调等，但其提倡礼治与法治并举、道德与法律并重的治国思想和治国模式值得我们认真地总结和批判地继承发扬。

"礼法合治"是中国古代思想家和政治家们经过长期实践而总结形成的一套治国模式。在"礼法合治"思想的影响下，中国古代社会维持了长久的稳定状态，由此可以得出结论："礼法互补可以推动国家机器有效地运转。"② 目前我国全面深化改革进入到"深水区"，社会转型进入关键期，在社会治理方面也出现了许多前所未有的新问题、新挑战、新困难。无疑，我国古代"礼法合治，德主刑辅"的治国思想会对我国当代国家治理模式和治理能力现代化提供宝贵的政治智慧和法律资源，促进社会政治、经济、文化的和谐发展，从而促进我国全面建成小康社会，实现伟大复兴的"中国梦"。

---

① 《习近平在中共中央政治局第十八次集体学习中强调：牢记历史经验历史教训历史警示，为国家治理能力现代化提供有益借鉴》，载《人民日报》2014年10月14日。
② 张晋藩：《中国法律的传统与近代转型》，法律出版社1997年版，第34页。

韩国重孝思想及其当代启示

曲阜师范大学历史文化学院教授　王曰美

韩国可以说是"儒学样板国家","儒家文化国家的活化石"。近些年来,我一直从事韩国儒学的研究,并以"中国儒学与韩国社会"为题获得了国家社科基金的后期资助。在研究的过程中,我发现韩国是一个特别重视孝道的国家,在科学技术突飞猛进、新旧文化激烈碰撞的21世纪,韩国在传承弘扬孝道文化方面有许多值得我们借鉴的地方。

一、韩国政府对"孝"的大力弘扬

早在20世纪六七十年代,伴随着社会经济的快速发展,以及西方个人主义、拜金主义、享乐主义观念的宣扬和老龄人口的增加,传统的孝道在韩国现代社会面临着严重的挑战,孝道文化渐渐褪去了其原有的光环,而孝道文化的消解使得整个韩国社会出现了诸如家庭失和、犯罪率上升等道德伦理滑坡的一系列严重的社会问题。针对这一现象,韩国民间的一些有识之士和团体发起了"孝道文化推广运动",并根据时代发展的要求对"孝"道文化不断创新和泛化,赋予了孝道文化新的内涵与意义,把韩国传统的"养老、敬老、爱亲、祭祖"的孝道内涵创新为"孝道七大理念":实践敬天爱人思想;孝敬父母和师长;关爱儿童、青少年学生;爱家;爱国;热爱大自然,保护环境;爱近邻,服务全人类。韩国孝运动团体总联合会会长崔圣奎先生认为:这七大理念具有"通教、通念、通时"的"三通"特征,即"孝是超越宗教、宗派对立而将之融为一体的通约性价值;孝是超越不同理念和思想差异的普遍性精神;孝是超越不同时代和空间的永恒性文化"①。2005年2月10日,韩国《中央日报》与京畿文化财团共同举办的"孝意识"调查结果显示,韩国是儒教国家中孝思想内在化最好的国家,家族纽带意识最为强烈,而解决日益复杂的韩国诸多社会问题的根本出发点在于"孝"。②"如果没有孝,社会就会遭遇高离婚率、零出生率等深刻的危机问题,就

---

① [韩]崔圣奎:《孝就是希望》,韩国孝运动团体总联合会宣传册2007年版,第8—16页。
② [韩]崔英辰著,邢丽菊译:《韩国儒学思想研究》,东方出版社2008年版,第408—409页。这次调查的对象是首尔和京畿地区的1000名韩国男女。调查结果如下:"您是否认为赡养父母是子女的责任和义务",86%同意;"尽孝道能使家庭和睦团结",80%同意;"父母比配偶重要",51%同意。这充分显示了孝在韩国社会中的价值地位之高。

会日益呈现出分裂的现象。孝是社会统合的捷径，也是社会发展的捷径。"① 显然，韩国把孝的内涵无限放大了，借助了儒家"推己及人"的思想，"移孝为爱"，实际上已经变成了以孝为中心的核心价值体系，其内容却又具有了一些现代性的特征，如"热爱大自然，保护环境"就是现代环境伦理思想的体现，"爱近邻，服务全人类"则具有了某种国际主义的普适性价值。

韩国政府也特别重视"孝道文化推广运动"，2007 年 7 月，世界上第一部关于"孝"的法律——《孝行奖励资助法》在韩国国会高票获得通过，这是"孝文化"发展史上具有里程碑意义的标志性事件。崔圣奎先生在《孝行奖励资助法》的序言中指出："孝是五千年以来我们民族力量的源泉，也是拯救家庭、社会和国家的原动力。孝是最韩国化也是最世界化的文化……没有人会反对孝，但非常令人遗憾的是，我们都认可孝的必要性，但在实践中我们的社会却并不尽如人意。老龄人口一直在增长，但我们对老人的敬重和孝却越来越少。"

韩国的《孝行奖励资助法》是一部奖励法。该法第二章第四条规定："保健福利部部长，与相关中央行政机关的首长每五年一次共同协商制定孝行奖励基本规划。"基本规划包括四个方面：

1. 对孝行教育进行鼓励。该法第二章第五条规定："国家及地方自治团体努力在幼儿园、小学、中学、高中进行孝行教育；国家及地方自治团体努力在婴幼儿保健所、社会福利机构、终生教育机关、军队等地方进行孝行教育。" 2. 对行孝之人进行表彰和资助。该法第三章第十条、十一条规定：对那些孝行突出的子女要及时进行表彰，国家和民间团体对于孝行突出赡养老人的国民可以资助其部分赡养费用。3. 向孝行突出者的父母等长辈提供居住设施。该法第三章第十二条规定：国家或地方自治团体向与子女共同居住于一套住宅房或住宅区域内的父母等长辈提供具备与之相应的设备和功能的居住设施，以此表示奖励孝行行为。4. 对民间孝道推广团体国家将提供支持和资助。该法第三章第十三条规定："国家及地方自治团体对从事孝行奖励工作的法人、组织或个人，可以补偿其必要费用的一部分或者全部，而且也可以适当支援其相关的工作。"②

从《孝行奖励资助法》的这些具体规定我们可以看出，该法正文的内容全部都是如何奖励孝行的计划和措施，并且奖励措施非常具体，切实可行，具有很强的可操作性。这与世界上其他各国在涉及赡养老人的民法、婚姻法的相关规定，以尽义务、惩罚为主形成了鲜明的对比。如我国的《老年人权益保障法》在涉及赡养老人的问题上，主要采取的是"惩罚"性质的规定，基本没有奖励。也就是说，这些法律的绝大多数条款都是在强调老年人的权益保障和晚辈对其养老之义务，并没有规定尽了义务

---

① ［韩］崔英辰著，邢丽菊译：《韩国儒学思想研究》，东方出版社 2008 年版，第 409—410 页。
② 韩广忠、肖群忠：《韩国孝道推广运动及其立法实践述评》，《道德与文明》2009 年第 3 期。

之后应该得到相应的奖励资助的措施。反之，若公民或者组织不尽赡养老人的义务，那么法律就可以追究其责任，重的还会定罪。这样就使得民众普遍缺乏积极主动的法律参与意识，就算有部分条款涉及奖励方面的内容，但也只是笼统地提一两句，并没有规定具体的奖励措施，很难实行。很明显，我们的法律属于消极层面上的惩罚法，韩国的《孝行奖励资助法》属于积极层面上的奖励法。该法为了加强社会对"孝"的关注和鼓舞激发子女"孝"的意识，第二章第九条规定：把每年的10月份规定为"孝之月"。在"孝之月"将由韩国政府和自治团体出资组织一系列的孝行推广宣传活动，以加强全社会对孝道文化的推崇与弘扬。

由于韩国举国上下重视"孝道"，在经济和文化生活中也出现了花样繁多的"孝道"产品，这也是韩国孝道的一大特色。每逢中秋、春节等重大节日，韩国厂商都争先恐后地推出孝敬老人和父母的产品。如一套精美的点心盒上印着一个"孝"字；西瓜经过特殊处理，上面隐约显出一个"敬"字，或"顺"字等。进而韩国政府又提出了"文化立国"的国策。韩国政府认为，西方文明在鼎盛期过后，开始显露出一系列弊端，为探索和创建新文化，不仅要挖掘儒教等传统文化的精髓，而且要把文化产业发展成为拉动经济发展的新动力。韩国在推行"文化立国"的国策中，最成功的经验之一，就是挖掘儒教的精髓，把传统文化的背景融入到现代生活之中，闯出了一条具有韩国特色的"孝子产业"新路。韩国的电视剧更是把儒家的"孝"发挥到了淋漓尽致的地步。近年来，随着韩国电视剧、流行歌曲的大量引入，我国出现了一股"韩国大众文化热"，刮起了一股强劲的"韩流"。在年青一代的中国学生当中，韩国就是"现代与时尚"的代名词。《大长今》、《来自星星的你》、《人鱼小姐》等一部部的韩国电视剧用它们生动细腻的拍摄手法反映了韩国社会家庭成员之间的礼仪尊卑、长幼有序、手足情深。在有着相似文化背景的亚洲国家和地区赢得了大批观众的喜爱，收视率屡创新高。这些生活细节令我们中国观众感到似曾相识，因为这些本来就是我们儒家文化的内容。剧中的情节之所以让我们感动，产生共鸣，就是因为我们和韩国有着相似的文化背景，说到底就是儒学的八德核心：孝、悌、忠、信、礼、义、廉、耻。其中尤以"孝"的宣扬更为成功，故韩国政府形象地称这一产业为"孝子产业"。

为了大力弘扬孝道，形成尊老养老的良好社会风气，韩国历届总统每到年初时都要邀请400名孝子、孝妇到其居住的青瓦台做客。这些孝子、孝妇都是全国范围内通过层层筛选选拔出来的。一些大企业，每年也在本企业内选拔30—50名孝子、孝妇，给予他们丰厚的物质奖励。韩国法律明文规定，对于和父母一起居住5年以上的房屋，遗留给子女，税金可减免90%。[①]

即便在体育运动中，也会刻意设立"孝子项目"，以彰显韩国的孝道民族文化传统。

---

① 《儒家思想在韩国》，载《光明日报》1995年12月15日。

正是"孝"文化的大力宣扬和践行，使得韩国人普遍认为，一个人连自己的父母都不孝敬，更不可能期盼他对国家尽忠、对公司尽力、为朋友"两肋插刀"了。因此，韩国人都把给父母行孝与为国（公司）尽忠紧密联系起来，并逐渐在社会上形成了强大的舆论力量：一个人如果不孝敬父母，不管你的能力有多大，业绩有多突出，是绝对不能得到提拔和重用的，身边的同事也不会把你当朋友，即"不孝者"是无法在社会立足的。可以说，孔子的教诲、儒家的思想犹如宗教的教规被韩国国民所遵循。正如韩国对外的宣传材料《大韩民国》中所写："儒教的箴言，成为知识与道德生活的强大推动力，儒教的伦理规范，则根深蒂固地深入韩国人的灵魂，使韩国人比中国更笃信儒教。"①

二、中国政府应加大弘扬"孝"文化的力度

"孝"是中国文化的"根荄"②。孝道思想是中国传统美德的根本和伦理思想的核心，亦是践行各种善行的起点。我国是儒家文化的发源国，但韩国却成为当今世界上公认的"儒学样板国家"、"儒家文化国家的活化石"。韩国在儒家文化继承与弘扬的某些方面（如对"孝道"的尊崇和弘扬方面）已经远远地走在了我们的前面，这种"墙内开花，墙外香"的现象不能不引起我们这些社会科学工作者的冷静思考与深深自责。

尤其是自20世纪80年代以来，伴随着改革开放的不断深入，中国人民的物质文明得到了很大的提高，但精神文明建设与物质文明建设相比却有些滞后了。中国现代社会对待老人的道德缺失现象与日俱增，出现了诸多老无所依、老无所靠的不孝现象。有些家庭存在着嫌弃老人，甚至遗弃老人的现象。老人成了家中的保姆，一旦年老体衰，就被冷落甚至遗弃。有的老人在子女之间"轮"，奔走于几个子女之间，轮流食宿，没有了尊严。有的老人在子女单位分配住房时，被子女拉来帮忙申请住房；一旦新房到手，很快就被推出门外。有的老人甚至不堪儿女的虐待而自杀。中华民族几千年来所尊奉的"孝悌忠信、礼义廉耻"的传统美德被无情的拜金主义所取代，这些"丑陋不孝"现象与中国世界文明古国、儒家文化的发源地的国际地位格格不入，也与中国共产党十八大提出的"弘扬中国优秀传统文化，构建社会主义精神文明家园"的大政方针背道而驰。

据有关部门统计，截至2011年底，中国60岁及60岁以上老年人口达到1.8499亿人，占总人口的13.7%，未来3年内会升至2.21亿，中国已经快速步入到了老龄化社

---

① 大韩民国海外公报馆编印：《大韩民国》，一念出版社1983年版，第237页。
② 梁漱溟：《中国文化要义》，学林出版社1987年版，第307页。

会阶段，养老问题突显①。据有关部门预测，2040 年中国老年人口的比例将与发达国家水平接近。21 世纪后半期，中国将承受 15 亿人口规模与人口严重老龄化的双重压力。由于中国人口多，底子薄，国家整体的经济实力与实际生活水平与发达国家相比还存在着一定差距。这种国情决定了中国社会还不能完全负担起照料老年人的全部任务，要使老年人老有所养，老有所乐，还需要我们在一定时期内保持家庭养老的优良传统。

为了弘扬传承优秀的"孝"文化，中国政府近年来做了很多有益的工作。2012 年 6 月 26 日，全国人大常委会首次审议的《老年人权益保障法》（修订草案），将有较大争议的"常回家看看"精神慰藉条款列入其中②；某些地方政府将"忠于家庭、孝顺父母"的条款列入官员考核的标准之中；北大、人大等高校将考生是否孝敬父母列为自主招生的重要考察项目。各种传媒对新时期涌现出来的孝敬父母、忠于国家的模范人物做了一系列的跟踪报道，在社会上产生了积极的影响。全国各地开展了"十佳孝贤"、"十大杰出孝子"、"十佳孝星"等的评选，并在多地举办了"孝文化"论坛，重编"新二十四孝"故事等活动。2013 年、2014 年，中国中央电视台大型公益活动"寻找最美孝心少年"吸引了全国数亿观众的目光，无数观众被"孝心少年"的事迹和精神所深深感动，全社会掀起了倡导孝亲善行，致敬道德楷模，弘扬社会主义核心价值观的强大舆论正能量，被主流媒体誉为"为社会擎起了道德标杆"。更有某些机构立下 5 年内培养百万中华小孝子的宏愿，等等。这些措施对于引导全社会形成一种敬老孝亲、民德淳厚的好风气不无益处。但有的活动却流于形式，空喊口号，失之于武断。而孔孟所倡导的"劳而无怨"、曾子的"耘瓜受杖"，以及后世某些腐儒所宣扬的"君叫臣死臣不得不死，父叫子亡子不得不亡"的愚孝愚忠教条，均为消极落后、违背人性的观念，需要我们区别看待，加以扬弃。

三、韩国弘扬孝文化的启示

中韩两国都是有着悠久历史、灿烂文化的国家，且儒家思想在两国有着极深的影响。伴随着经济全球化和国家现代化的进程，怎样弘扬以孝文化为核心的传统文化，构建人类和谐精神文明家园是两国面临的亟待解决的焦点问题。

---

① 成积春主编：《孔子与儒家文化》，内蒙古人民出版社 2011 年版，第 107 页。
② 中华人民共和国主席令第七十二号：《中华人民共和国老年人权益保障法》已由中华人民共和国第十一届全国人民代表大会常务委员会第三十次会议于 2012 年 12 月 28 日修订通过，自 2013 年 7 月 1 日起施行。《中华人民共和国老年人权益保障法》第十八条规定："家庭成员应该关心老年人的精神需求，不得忽视、冷落老年人。与老年人分开居住的家庭成员，应当经常看望或者问候老年人。"

1. 社会习俗方面。加强国民对民族传统文化的认同感、自豪感，倡导全民积极参与到保护、传承民族传统文化的各项活动中来。民众的积极参与是弘扬、保护民族传统文化的根本保证。在儒家思想的影响下，中韩两国民众都特别重视家庭生活，所以通过家庭生活传递的儒家思想不再是专业学术思想，而成了世俗的、普及性极高、影响性很大的文化。可以说儒家思想的百姓化、生活化才能使儒家思想更具生命力。春节、中秋节、清明节、端午节是中韩两国最重要的传统节日。春节和中秋节是团圆祭祖的最重要节日，中韩两国都会出现千万人以上的回乡潮，子女们无论离家多远都会尽可能地赶回父母身边，祭祖团圆，以尽孝心，否则会被世人视为不孝。而清明节则是缅怀先祖，修缮墓地的节日。中韩两国的端午节虽然时间一致，都是农历五月初五，但却有着诸多的不同。中国端午节吃粽子、饮雄黄酒、戴香包、赛龙舟、纪念屈原等习俗，在韩国的端午节习俗中已经不存在了，只有插艾蒿、以菖蒲水洗头的风俗在韩国有所延续演变，也就是说，端午节流传到韩国后，逐渐加入了韩国本土的民众信仰和农时活动，渐渐演变为韩国端午祭了，其中以江陵端午祭最负盛名。江陵端午祭从"谨酿神酒"起，到送神止，长达一个月的时间。其中祭祀山神、巫俗、演戏、游艺等是其主要内容。2005 年 11 月 25 日，韩国申报的"江陵端午祭"被联合国教科文组织正式确定为"人类口头和非物质遗产代表作"。

韩国"江陵端午祭"申遗的成功在中国学界及舆论界掀起了轩然大波，激愤者有之（认为韩国人抢了我们中国的东西），无奈者亦有之（认为我们对自己的传统文化不够重视）。我觉得韩国人想干什么是他们韩国人的事，我们中国人应该怎样应对挑战与机遇则是我们中国人的事。保护和传承自己优秀的文化遗产，口号喊得再响也没有多大用处，重要的是让我国民众发自内心地认同自己的文化。眼下我们最需要做的是对自己的传统文化给予应有的温情与敬意，并拿出传承保护的有效行动来。与其与别人大打口水战，还不如实实在在地干几件普及弘扬咱们优秀传统文化的具体事情。

2. 学校教育方面。十年树木，百年树人。百年大计，教育为本。以儒学为核心的优秀传统文化是中韩两国的文化根基，要想把我们的文化之本发扬光大，加强国民对民族传统文化的认同感和凝聚力，就应该从孩子抓起，利用学校教育，结合各种喜闻乐见的宣传方式（如编制歌谣、歌曲、故事、舞台剧、电视剧、电影等），倡导全民认识保护传承民族传统文化的重要意义。这方面，韩国做得更好一些。

韩国至今还保留有历代传承儒教、祭祀孔子与儒学圣贤的地方，有 234 所乡校和 186 所书院。他们在这里专门设有"忠孝教育馆"，开展有关儒学的各项学术活动，对学生进行经书教育和孝行宣传活动。"孝是韩民族的传统，也是民族的固有思想"，"儒学思想影响有多深，孝思想就有多深"，"韩国不仅以孝为最高德目、伦理基础，且始终以孝为教育的指导方针"。① 乡校还承担着地区传统生活文化中心的功能，定期举办各种中小规模的传统婚礼、传统成年礼等传统仪式，每年都邀请老人举办耄老宴，并表扬孝行者和善行者，目的是让青少年亲身体验孝道家族精神和忠诚爱国主义，为地方居民提供实践传统儒教礼节的标准，使一般韩国人能够体会到儒教生活方式与儒教的价值理念。每到中小学生的寒暑假，韩国各地学校都会举办各种"忠孝教育"讲座，向学生宣传"忠、孝、礼"等传统伦理道德。很多韩国小孩子胸前都挂着一块牌子，牌子的正面是父母像，背面是孝敬父母的名言警句和种种规定，叫做"孝行牌"。韩国妈妈每天晚上要求孩子看看"孝行牌"，再想想自己做得怎么样。所以，韩国人从小就认为孝敬老人、赡养父母是一种神圣的义务。一旦哪个不尽孝者被曝光，他将被世人唾弃与排斥，再也无法立足于社会了。即使在步入比较发达的工业化阶段的今天，"孝道"伦理在韩国社会仍然焕发着勃勃生机与活力，渗透践行于社会生活的方方面面，对韩国经济的腾飞和社会的安定和谐发挥着强大的文化张力，从而受到世界各国的关注。

  3. 法律制度方面。为了弘扬传统孝道，形成尊老养老的良好社会风气，韩国政府努力建立完善的法律体系以保障"孝"道伦理的传播和践行。正如前面提到的韩国政府在法律和政策上给予"孝子、孝妇"很多实实在在的物质奖励和看得见、用得上的优惠政策，制定实施了《孝行奖励资助法》，设立"孝子企业奖"，等等。

  需要我们特别注意的是，孝道伦理观念甚至反映在韩国法律的某些条款中。如韩国刑事法第 9 章 151 条关于"窝藏犯人与亲族关系"的特例规定：对于窝藏或帮助犯了罚款和罚款以上罪的犯人逃避的人，将处以三年以下的劳役或 15000 元以下的罚款。但是如果窝藏的是你的亲族、户主或同居的家族，则可以免去上述的处罚。再如韩国刑事法第 10 章第 155 条关于"毁灭罪证与亲族间关系"的特例规定：（1）对于凡是毁灭、隐匿、伪造、捏造他人刑事事件或劳役事件的有关证据的人；（2）对于窝藏或帮助犯了刑事事件或劳役事件的有关证人逃避的人，都将处以 5 年以下的劳役或 25000 元以下的罚款；（3）对于以谋害被告人、嫌疑犯或劳役嫌疑犯为目的而犯了以上两项罪的人，则处以 10 年以下劳役。但是如果上述三项中所窝藏的是你的亲族、户主或同居的家族，则可以免去上述各项处罚。而在关于杀害罪的刑法条款中则恰好与此相反，即对于杀害亲族、户主或同居家族的犯人的判罪，要重于杀害非亲族关系的犯人。姑且不论这些法律条款是否合理，但它确实充分体现了孝道在当今韩国社会中的地位。所以很多学者说，韩国人现在是思想上西洋化，而在感情上则仍然是儒教传统的 ②。

  家家有老人，人人都要老。实践证明，儒家的"孝智慧"直到今天对于中韩两国

---

① 金益诛：《韩国的孝思想》，瑞文堂出版社 1979 年版，第 89 页。
② 楼宇烈：《儒学在现代韩国》，《传统文化与现代化》1998 年第 1 期。

乃至全世界仍然具有历久弥新的时代意义和借鉴价值。我们应当认真总结历史上以孝治国的思想和方略，从中汲取正反两方面的经验和教训，本着学以致用、知行合一的原则，并结合当今国际国内实践进行创造性地转换重塑和批判性地继承发扬，不断发掘和利用人类创造的一切优秀思想文化成果，为更好地造福于中韩两国人民提供一份具有民族特点的文化担当。

论唐代郊庙雅乐的创立与沿革
——兼论唐代的祭孔礼乐

中央财经大学文化与传媒学院教授　左汉林

郊庙雅乐是在朝廷举行的各类祭祀活动中使用的乐曲,包括了歌、乐、舞等艺术类型。唐朝对郊庙祭祀活动非常重视,郊庙雅乐演出成为朝廷最重要的带有明显政治性的音乐活动。学界对郊庙雅乐和郊庙歌辞的研究不甚重视。如萧涤非先生认为魏晋以下的郊庙歌辞多是"无聊之作","颂德歌功,句模字拟,虽协金石,吾不谓之乐府矣"。①罗根泽先生撰《乐府文学史》、杨生枝先生撰《乐府诗史》,对唐代的郊庙歌辞均存而不论。②任半塘先生的《唐声诗》所着重在于辞、乐、歌、舞,"志在披荆斩棘,垦拓荒宇"③,但对唐代的郊庙歌辞也未予讨论。实际上,历代郊庙雅乐和郊庙歌辞是时代政治的直接反映,从中多可考证时代之变迁、政治之变化。从文学上看,也并不是所有的魏晋以下的郊庙歌辞都出于模拟。可以说,郊庙雅乐和郊庙歌辞自有其意义。唐代的郊庙雅乐从初创到大备,经历了一个相当复杂的过程。本文将对此过程进行描述,对唐代郊庙音乐活动和郊庙歌辞的特征予以总结,并对唐代的祭孔礼乐进行讨论。

一、初唐前期礼乐制度的初创与完成

初唐前期包括唐高祖、唐太宗和唐高宗三个时期。唐高祖武德时期是唐代郊庙雅乐的继承期。这个时期,在隋代郊庙雅乐的基础上,唐朝廷承袭建立了自己的礼乐制度。唐太宗贞观时期对唐代郊庙雅乐进行了集中创制,唐代的郊庙雅乐在这个时期达到基本完备。此后,唐高宗时期又对郊庙雅乐进行了补订。

(一) 武德时期的乐府制度与郊庙歌辞

武德时期,唐朝廷全面继承了隋代的乐府制度和乐工、乐曲。李唐初建,其郊庙雅乐(包括七部乐)几乎就是隋代音乐的全面移植。在音乐制度方面,内教坊的建立

---

① 萧涤非:《汉魏六朝乐府文学史》,人民文学出版社1984年版,第10页。
② 罗根泽:《乐府文学史》,东方出版社2012年版,第152—228页;杨生枝:《乐府诗史》,青海人民出版社1985年版,第434—538页。
③ 任半塘:《唐声诗》(上),上海古籍出版社2006年版,第14页。

是武德时期的重要举措，内教坊成为贯穿整个唐代的音乐机构。① 在乐工方面，这个时期的朝廷乐工基本就是隋代的乐工，但高祖李渊赦免了他们的贱籍，使他们成为具有平民身份的乐工。

1. 武德时期对隋代郊庙雅乐的承袭

唐代以太常寺为中心的乐府制度在武德时期已经建立。李渊率军在大业十三年（617）攻破隋之大兴城，但隋代朝廷的乐府机关，包括乐工和乐器，受到的冲击很小，基本得以完整保留。因此，唐代太常寺实际上就是在隋代太常寺的基础上建立起来的。高祖武德年间已经有祭祀太庙和天地诸神的祭祀活动，但所使用的基本都是隋代礼制和音乐。到武德九年（626），高祖才把制礼作乐提上日程，命太常少卿祖孝孙修定雅乐，但这年的六月发生了玄武门之变，到八月高祖就禅位了。雅乐的修定，要到太宗贞观二年（628）才基本完成。

2. 武德时期的郊庙歌辞

武德时期，因朝廷无暇制礼作乐，其郊庙音乐和郊庙歌辞几乎全部承袭自隋代，乐工也大多是隋代乐工。唐代有多少郊庙歌辞直接承袭自隋代已经难以确考。唐代的郊庙歌辞在两《唐书》的《音乐志》、《礼乐志》中记载相对完整，那些"不详所起"的郊庙歌辞，推测多是直接承袭自隋代的歌辞。可见在整个武德时期，无论是乐府制度还是乐府诗都建树较少。

（二）贞观时期郊庙歌辞的集中创制

贞观年间是大唐雅乐的集中创制期。唐代的雅乐制定开始于武德九年（626），完成于贞观二年（628）。完成雅乐制定的是由隋入唐的音乐家祖孝孙，他制定大唐雅乐用了将近3年的时间。同祖孝孙一起参与雅乐制定的还有起居郎吕才、协律郎张文收等，王长通、白明达也曾参论乐事。祖孝孙制定了一套名为"十二和"的音乐，又复原了已经失传的旋宫之法，并制定了唐代的文舞和武舞。

1. 贞观前期雅乐歌辞的撰写

雅乐已定，撰写雅乐歌辞的任务是由朝廷重臣完成的。当是贞观二年（628）雅乐制定完成之后就开始了歌辞的撰写，到贞观六年（632）歌辞撰写陆续完成。就文献所见，贞观前期（贞观六年之前）主要撰写了以下雅乐歌辞：

(1)《唐祈谷乐章》（3首）。
(2)《唐夕月乐章》（3首）。
(3)《唐祭神州乐章》（3首）。
(4)《唐祭太社乐章》（3首）。

---

① 关于内教坊的相关情况，参见左汉林《唐代的内教坊》，《文史知识》2013年第3期，第72—76页。

（5）《唐享先农乐章》（4首）。

（6）《祀圜丘乐章》（8首）。

（7）《唐祭方丘乐章》（5首）。

（8）《唐明堂乐章》（3首）。

（9）《唐蜡百神乐章》（3首）。

（10）《唐雩祀乐章》（3首）。

（11）《唐朝日乐章》（3首）。

（12）《唐享太庙乐章》（21首）。

（13）《唐五郊乐章》（20首）。

可见贞观二年（628）大唐雅乐制定之后，到贞观六年（632）歌辞撰写陆续完成。贞观前期的雅乐创制是唐代首次完整系统的制礼作乐活动。

2. 贞观后期雅乐歌辞的撰写

太宗朝的雅乐歌辞撰写主要集中在贞观前期。贞观后期（贞观六年之后）撰写的郊庙歌辞较少，仅有以下数首：

（1）《太庙裸地歌辞》（1首）。

（2）《宗庙九德之歌辞》（1首）。

（3）《唐享隐太子庙乐章》（5首）。

（4）《唐享隐太子庙乐章》（2首）。

由以上可知，贞观初年是唐代郊庙雅乐创制的高峰，太宗朝的大部分雅乐创制于贞观六年（632）之前。在音乐方面，完成唐代雅乐的是祖孝孙等人，祖孝孙在乐律方面亦有贡献。在歌辞方面，唐代的雅乐歌辞大多由魏徵等大臣撰写。贞观后期，根据朝廷需要，又撰写创作了少量郊庙歌辞。

（三）高宗朝对郊庙歌辞的补订

永徽元年（650），太宗的第九子李治继位，是为高宗，在位35年。在此期间，对唐代的郊庙雅乐又进行了补订。高宗朝新撰的郊庙歌辞较少，主要有以下两组：

（1）《唐享太庙乐章》（5首）。

（2）《唐享先蚕乐章》（5首）。

可知高宗朝郊庙歌辞的撰写数量很少，基本属于补订性质。

可见初唐前期（即太祖、太宗、高宗时期）是唐代礼乐制度的初创和基本完成时期。武德时期是唐代郊庙歌辞的承袭期，贞观时期是唐代郊庙歌辞的集中创制期和基本完成期，永徽时期是补订期。

二、武则天时期郊庙雅乐的新变

武则天时期,郊庙歌辞的创作迎来太宗朝之后的又一个高潮。本文将武则天当政分成两个时期:嗣圣元年(684)到天授元年(690)九月前为第一阶段,此时武则天掌握权力,但皇帝还是中宗和睿宗,这个时段本文称之为"武则天前期"。天授元年(690)九月到神龙元年(701)正月为第二阶段,此时武则天自己登上帝位,这个时段本文称之为"武则天后期"。武则天之后,中宗李显和睿宗李旦先后登上帝位,本文把他们也放在这个时期一并考察。

(一)武则天前期的郊庙歌辞

武则天时期的郊庙歌辞创作主要集中在前期,即嗣圣元年(684)到天授元年(690)九月前。武则天时期的郊庙歌辞很多是为其篡唐做准备的。这个时期的郊庙歌辞创作主要包括以下乐章:

(1)《唐大享拜洛乐章》(14首)。

(2)《唐享昊天乐章》(12首)。

(3)《唐明堂乐章》(11首)。

(4)《唐武氏享先庙乐章》(1首)。

武则天欲篡唐,注重符瑞,以造作舆论,故有《唐大享拜洛乐章》(14首)。拜洛的同时又祭祀上天,故又有《唐享昊天乐章》(12首)。武后造明堂,故有《唐明堂乐章》(11首)。武后专权,立崇先庙以享武氏祖考,故有《唐武氏享先庙乐章》。可见武则天前期的郊庙歌辞,多与其篡唐活动有关。

(二)武则天后期的郊庙歌辞

武则天后期,即天授元年(690)九月到神龙元年(701)正月,郊庙歌辞创作较少,只有一组,即《唐武后享清庙乐章》(10首)。此组乐歌当作于天授元年(690)九月。武则天革命成功,郊庙歌辞撰制遂少。此乐章用于祭祀武氏七庙。武氏称帝,自然要祭祀武氏宗庙,所以这组歌辞实际上仍然与武则天建周的政治背景有关。

(三)中宗时期的郊庙歌辞

武则天退位之后,唐中宗李显登上帝位,其在位时间为从神龙元年(705)到景龙四年(710)。这个时期的郊庙歌辞主要有以下数首:

(1)《唐享太庙乐章》(14首)。

(2)《唐享章怀太子庙乐章》(5首)。

(3)《唐享懿德太子庙乐章》（5首）。

(4)《唐韦氏褒德庙乐章》（5首）。

(5)《唐祀昊天乐章》（10首）。

中宗时期，复周为唐，故废武则天时期的郊庙歌辞而撰制新词。《唐享太庙乐章》（14首）是废武氏太庙而重新恢复李氏太庙后所撰制的辞章，《唐祀昊天乐章》（10首）则是重新撰写的祭祀上天的乐章。这个时期韦后专权，故有《唐韦氏褒德庙乐章》（5首），用于祭祀褒德庙的礼仪中，以赞美韦氏祖先。此时，被武则天杀害的章怀太子李贤、懿德太子李重润得以昭雪，并陪葬乾陵，故撰写了《唐享章怀太子庙乐章》（5首）及《唐享懿德太子庙乐章》（5首）用于祭祀活动。

（四）睿宗时期的郊庙歌辞

睿宗在位的时间为唐隆元年（710）六月到延和元年（712）八月，计两年两个月。睿宗时期的郊庙歌辞创作主要有以下数首：

(1)《唐享节愍太子庙乐章》（5首）。

(2)《唐仪坤庙乐章》（12首）。

(3)《唐仪坤庙乐章》（2首）。

(4)《唐祭方丘乐章》（3首）。

睿宗时期祭祀昊天上帝，有司议请设皇地祇位。此属天地同祭，故续撰《唐祭方丘乐章》（3首）。睿宗为其皇后立仪坤庙，故有《唐仪坤庙乐章》（12首）及《唐仪坤庙乐章》（2首）。按睿宗昭成顺圣皇后窦氏生玄宗及金仙、玉真二公主，睿宗时期李隆基为太子，故为其立庙实有母以子贵之意。李隆基继位之后，迁昭成皇后祔太庙睿宗室祭祀，是升其母神主于太庙。此外，节愍太子李重俊为中宗之子，曾率左羽林大将军李多祚矫制发左右羽林兵杀武三思等，兵败出逃被杀。睿宗为其昭雪，故有《唐享节愍太子庙乐章》（5首）。

综上可知，这个时期实际上是太宗朝之后又一个郊庙歌辞创作的高潮期，特别是武则天前期和中宗时期，创作了较多的郊庙歌辞。可见郊庙歌辞虽然歌辞拟古，文学性不强，但其政治背景及其所包含的政治意义却耐人寻味，郊庙歌辞乃是朝廷政治的直接反映。

三、盛唐时期的郊庙雅乐创作

在盛唐时期，唐代进入全盛时期，郊庙歌辞创作也体现出新的特点。这个时期虽然朝廷建立了教坊和梨园，将雅乐和俗乐分开，但作为朝廷正式礼乐机构的太常寺依然保持了很大的规模。考虑到盛唐时期国家富足、天下太平的境况，此时期的太常寺可能在规模上还有所扩大。在郊庙雅乐方面，玄宗朝在全面继承的基础上对唐代雅乐进行了修订和更建。

（一）盛唐时期的郊庙雅乐

玄宗朝在雅乐创制方面颇有建树。在玄宗朝，因为大唐雅乐已基本完备，因而并没有大规模撰制和改造大唐雅乐，但根据需要陆续创制了一些大型雅乐。

1. 开元年间的郊庙雅乐

开元年间，主要创制了下列郊庙雅乐：

（1）《唐享龙池乐章》（10首）。
（2）《唐享太庙乐章》（25首）。
（3）《唐祭汾阴乐章》（11首）。
（4）《唐祀圜丘乐章》（10首）。
（5）《唐禅社首乐章》（8首）。
（6）《唐封泰山乐章》（14首）。
（7）《唐释奠文宣王乐章》（5首）。
（8）《唐雩祀乐章》（2首）。
（9）《唐让皇帝庙乐章》（6首）。

唐代的第二组祭孔礼乐，即《唐释奠文宣王乐章》（5首），就创制于这个时期（论述见后节）。

2. 天宝年间的郊庙雅乐

天宝年间，主要创制了下列郊庙雅乐：

（1）《唐祀九宫贵神乐章》（15首）。
（2）《唐德明兴圣庙乐章》（7首）。
（3）《唐太清宫乐章》（11首）。

可见在开元、天宝年间，朝廷根据需要创制了不少郊庙雅乐。

（二）盛唐时期郊庙雅乐的特征

本文认为玄宗朝郊庙雅乐有以下特征：

第一，《龙池乐》是这个时期最有特点的雅乐。在内容上，这组乐歌主要歌颂玄宗的祥瑞，乃是玄宗即位之后创制的歌颂新朝新帝的最有代表性的乐舞。

第二，玄宗朝在郊庙雅乐方面的成绩不大，这主要是因为前代创制的郊庙雅乐已基本完备，故不需全面撰制新乐。但是玄宗朝撰制了一些重要的郊庙乐章。如开元七年（719）由张说重新撰写了《享太庙乐章》，开元十一年（723）由韩思复等撰写了《唐祭汾阴乐章》。开元十一年（723）撰制了《祀圜丘乐章》等。祭祀天地和太庙是朝廷大祀，这些重要乐章在玄宗初期都被重新撰写。

第三，《封泰山乐章》是唐代仅存的封禅乐章。唐高宗亦曾封禅泰山，在封禅活动中当有乐歌，可惜没有流传。玄宗朝开元十三年（725）所作《封泰山乐章》，使我们有机会知道唐代封禅泰山歌辞的具体情况。

第四，《太清宫乐章》是唐代崇尚道教、推尊老子的产物，也是现存的唐代最早的祭祀老子的乐章。

第五，从时间上看，玄宗时期郊庙歌辞创作主要在开元年间。到天宝年间，郊庙歌辞的创作渐少。

总之，尽管初唐时期的郊庙歌辞创作已经相当完备，但盛唐时期亦非毫无作为，而是继续创作了一些规模较大的郊庙乐舞。

四、中晚唐时期的郊庙歌辞创作

唐代的郊庙歌辞创作在初盛唐时期已经基本完成，中晚唐时期的郊庙歌辞创作数量极少，主要集中在代宗宝应和德宗贞元年间。

（一）肃宗朝的郊庙歌辞创作

肃宗朝是一个动乱的时代，从现存的文献来看，这个时期几乎没有什么郊庙歌辞创作，推测朝廷举办的各类祭祀活动只是使用先朝旧词。①

（二）代宗朝的郊庙雅乐创作

代宗朝的郊庙歌辞创作也处于低潮。从宝应元年（762）到大历十四年（779），代宗在位十八年。十八年中前期主要是平叛，后期主要是平复战争的创伤。因此，代宗朝也基本没有时间和精力致力于礼乐建设。代宗朝留下的郊庙歌辞只有《唐享太庙乐章》（11首），作者为郭子仪等。（该乐章中代宗以后部分为后代续作）

（三）德宗朝的郊庙雅乐创作

德宗时期没有创作大型的郊庙乐舞，只是创作了一些不太重要的乐舞：
(1)《唐昭德皇后庙乐章》（9首）。
(2)《唐祀风师乐章》（5首）。
(3)《唐祀雨师乐章》（5首）。
(4)《唐释奠武成王乐章》（5首）。

---

① 肃宗时期留下的所谓郊庙歌辞只有李白的一首《天马歌》。此诗《乐府诗集》以为郊庙歌辞，实际上唐代郊庙仪式中并不演唱《天马歌》，这首诗显然只是对汉乐府的模拟。

(5)《唐享文敬太子庙乐章》（12 首）。

德宗朝的郊庙歌辞主要有以上数首，这些歌辞均不属于重大的制作。

德宗之后的中唐阶段，尚有顺宗、宪宗、穆宗、敬宗等，郊庙歌辞几无流传。而中唐之后的晚唐时期，唐朝国势衰微，朝廷虽然保留了太常寺等礼乐机构，但在郊庙雅乐创作方面却几无建树。①

可见与初盛唐时期相比，中晚唐时期是郊庙歌辞创作的萧条和低潮期。此一方面缘于初盛唐郊庙歌辞创作繁荣，朝廷祭祀所需的郊庙歌辞大体完备，另一方面则缘于中晚唐时期国势的衰微。

五、唐代的祭孔礼乐

据上节可知，唐代的祭孔礼乐出现在初盛唐，主要有两组：一为《唐释奠文宣王乐章》（5 首），一为《唐享孔子庙乐章》（2 首），略考如下。

（一）唐代的两组祭孔乐章考略

1. 《唐享孔子庙乐章》（2 首）

此歌辞亦作者不详。据《旧唐书》卷三十《音乐志》及《新唐书》卷十五《礼乐志》，此组乐章当作于武德七年（624）或贞观年间祭祀孔子庙时，用于享孔子庙的仪式中。

2. 《唐释奠文宣王乐章》（5 首）

此歌辞作者不详。据《旧唐书》卷九《玄宗本纪》及《新唐书》卷十五《礼乐志》，此乐章当作于开元二十七年（739）。据《唐会要》卷三十五"褒崇先圣"条，此是追谥孔子为文宣王时制作的赞颂孔子的歌辞，用于释奠文宣王的礼仪中。

（二）从祭孔乐章看孔子地位在唐代的变化

由以上可见，孔子在唐代的地位变化经历了以下几个阶段：

第一阶段：武德二年（619）在国子学立周公孔子庙，主要祭祀的是周公，孔子只是配祀。在武德七年（624）高祖祭祀时，祭祀的对象是周公，且周公是先圣，孔子的地位远不及周公。

第二阶段：贞观二年（628），根据房玄龄等人的建议，升孔子为先圣。孔子的地位提高。贞观四年（630），州县皆作孔子庙。孔子的地位继续提高。

---

① 关于中晚唐郊庙歌辞的情况可参见孙晓晖《唐代太常乐章研究》，《云南艺术学院学报》2001 年第 4 期，第 16—21 页。

第三阶段：贞观十一年（637），以孔子为宣父，作庙。贞观十四年（640）太宗参与祭孔仪式。贞观二十一年（647），以左丘明等22人陪享。

第四阶段：开元二十七年（739），以孔子为文宣王，并由三公持节册命。在孔庙中孔子改为南面坐，十哲等东西列侍。二京之祭祀孔子，牲用太牢、乐用宫县、舞用六佾。州县祭祀孔子，牲以少牢，但不使用乐舞。

可见孔子的地位在初盛唐时期处于不断上升之中，一开始是从祀周公，然后依次升格为先圣、宣父、文宣王。武德或贞观时期的祭孔乐章只有两章，而到开元年间则增至五章，这正是孔子地位提升的一个表征。

六、唐代郊庙歌辞的特征

郊庙歌辞是郊庙祭祀雅乐这种歌、乐、舞综合艺术形式的一个组成部分，也是独具特色的乐府诗。唐代郊庙歌辞模拟和继承了前代郊庙歌辞的写法，在内容上歌功颂德，在风格上庄重典雅，也体现出鲜明的时代性和独特的文学性。

（一）唐代的郊庙歌辞大量采用新诗体

唐代的郊庙歌辞在写法上大量采用五言和七言的新诗体，而不是仅仅局限于传统的四言诗。唐代郊庙歌辞总体上四言诗较多，这是出于对前代郊庙歌辞的模拟，也是自《诗经》中"颂"诗起就形成的文化传统。但是五言诗和七言诗流行于唐代，郊庙歌辞也受到了这些新诗体的影响。

（二）唐代郊庙歌辞的产生往往伴随着丰富的文学活动

唐代郊庙歌辞的产生，往往伴随着规模巨大的郊庙祭祀活动，而与郊庙祭祀活动相伴的往往是形式多样的文学活动。郊庙祭祀活动中伴随的文学活动，如献诗、献赋、诗文应制等，在一定程度上推动了唐代文学的繁荣和进步。

（三）唐代的郊庙歌辞承担着重要的礼仪和文化职能

郊庙歌辞的产生是艺术生产的一种，它有着强烈的目的性，它要实现的是礼赞天地祖先、沟通人神、乞求鬼神降福的目的，而不是文学意义上的"艺术性"。从这个角度看，我们不能单纯从文学角度看待郊庙歌辞，而应看到其所承担的重要的礼仪和文化职能。

（四）唐代的郊庙歌辞本身也体现出一定的文学性

唐代的郊庙歌辞有的庄重典雅，有的平易轻快，有的则表现出"隆重典丽清快安闲的格调"①。可见唐代的郊庙歌辞本身也具有文学意义，同时唐代郊庙歌辞也体现了唐代乐府诗内容和风格的多样性。

总之，郊庙歌辞不仅有着丰富的文化意义，也有着不可轻视的文学意义。

综上所述，武德时期是唐代郊庙雅乐的承袭初创期，贞观初年是集中创制和基本完备期，高宗时期是补订期，武则天时期是巨变期，盛唐时期是恢复重建期，中唐和晚唐时期是衰落期。具体说来，唐代郊庙雅乐的创制有两个高潮时期：一在太宗贞观前期，一在武则天时期。唐代郊庙雅乐的创制与沿革，与唐代政治的关系极为密切，也对唐代的诗歌创作产生了影响。

祭孔礼乐是唐代郊庙歌辞的组成部分。孔子的地位在初盛唐时期处于不断上升之中，一开始是从祀周公，然后依次升格为先圣、宣父和文宣王。武德或贞观时期的祭孔乐章只有两章，而到开元年间则增至五章，这也是孔子地位提升的表现。

唐代郊庙歌辞模拟和继承了前代郊庙歌辞的写法，同时也体现出鲜明的时代性和独特的文学性。唐代的郊庙歌辞在写法上大量采用五言和七言的新诗体，而不是仅仅局限于传统的四言诗，说明尽管唐代郊庙歌辞在形式上总体拟古，但依然受到唐代诗歌风气的影响。唐代郊庙歌辞的产生往往伴随着献诗、献赋、诗文应制等丰富的文学活动，这些文学活动对唐诗的繁荣有一定的推动作用。唐代的郊庙歌辞也承担着重要的礼仪和文化职能。最后，作为唐代乐府诗的一个类别，唐代的郊庙歌辞本身也体现出一定的文学性。

---

① 殷海卫：《论唐代河洛诗人群体的应制诗》，《南昌大学学报》2014 年第 5 期，第 133—140 页。

民族文化信仰的神圣殿堂

——孔庙建筑及遗存的文化信仰内涵琐谈

济宁学院儒学与地域文化研究传播中心教授　刘振佳

一

人们到曲阜，具体说就是到孔庙来，要来看什么？或者说他们想看什么？我一直觉得这是个值得深思的问题。

翻开浩瀚的孔庙历史卷宗，可以发现历史上前来观瞻敬祭孔庙的代不乏其人。不同的人进孔庙，不仅目的不相同，而且他们所看到的内容自然也相去甚远，所谓各取所需，各有心得。帝王在这里看到的是"扶持纲常百代陈，天将夫子觉斯民。帝王师法成隆治，兆庶遵由臻至淳。道统常垂今与古，文明共圣而神。功能遡自生民后，地劈开天第一人"[1]。他们为了巩固自己政权的统治而来，在此所能看到的自然是扶持社稷纲常以及觉民隆治的政治法术。

历史学家们在这里看到的是"高山仰止，景行行止，虽然不能，心向往之，然余读孔氏书，想见其为人"[2]。他们为了寻求历史的至高境界以及表达崇高敬仰而来，所看到的必然是孔子至圣先师在历史上的岿然高度和历史风范。文学家们在这里看到的是"孔子孔子，大哉孔子！孔子之前，既无孔子；孔子之后，更无孔子！孔子孔子，大哉孔子！"[3]。他们为了寻找生命情怀的历史源头和心灵寄托而来，在此看到的自然是一个站在历史峰巅光芒四射的伟人形象和高远意境。

旧时一般人虽也能来曲阜，但因为当年的孔庙完全对外封闭。他们只能站在曲阜巍峨的城墙外或者川流不息的大街上，从远处眺望神圣孔庙殿宇，而无法看到内里的建筑格局，他们所看到的只能是"曲阜停骖岂浪游，直寻泗水到源头，细看墨迹存秦汉，翘望文斗射斗牛"[4]。他们是为了寻求一点历史见识或者生活好奇而来，在此看到的是曲阜城里那些经历了几千年依然文光四射的秦砖汉瓦，还有就是孔庙上空那缥缈

---

[1]　（清）爱新觉罗·胤禛：《祭文庙诗》，见《曲阜县志》。
[2]　（汉）司马迁：《史记·孔子世家》。
[3]　（宋）米芾：《孔子赞》，此诗有石碑，镶嵌于孔庙圣迹殿西墙。
[4]　（明）范辂：《谒圣庙》，此诗有石碑，镶嵌于孔庙西斋宿东墙，门南第二石。嘉靖八年（1529）十二月二十七日，范辂书。

无际的神妙文气。

仔细查看曲阜历史典籍，千百年来，真的少了能够站在庙宇中的露台上，或者置身院落杏坛的古亭中，或者徘徊在青砖铺地的甬道上，或者望着长天云卷云舒、看着眼前香烟缭绕陷入深思的哲学家。当然会有思想家来到曲阜，但因无法进入孔庙，在"得其门者或寡矣"的前提下，他们只好怀着"茫茫太宇秋千顷，耿耿初心月一弯。拜罢祠前赋归去，海滨邹鲁武夷山"①的遗憾，也许是心里暗自心虚胆怯的缘故，终于仰望高耸巍峨的大成殿和威武雄壮的古松树，深感思想和思维的肤浅，长叹一声夺路而去。

世界上所有的庙宇都是宗教文化的产物，没有宗教信仰便不会有庙宇的存世传承，这是历史的定律。古人认为："庙，貌也，先祖形貌所在也。"②由此可知，孔庙作为一座孔氏家族的家庙和历代王朝的国庙，就是一座供奉祭祀孔夫子神灵的专祀庙宇，无疑是一座宗教文化信仰的历史载体，是中华民族几千年巫祝祭祀文化的具体延伸和历史展现。其内涵就是"观天之神道，而四时不忒，圣人以神道设教，而天下服矣"③。在古人看来，上天具有高远弘深的神圣性，使人不能不对其产生出莫名的畏惧和敬仰情怀。一方面世间圣人以其至高智慧将此天地原理用于民众教化，另一方面圣人本身就是一种实施社会教育的形象载体，从而在理念上建构出一种以"神道"实施社会教化的文化观念。孔庙既是源于原始社会祭祀文化的具象实存，又是综合实施"圣人设教"的经典场域。

只是孔庙与其他宗教庙宇比起来，尽管将孔夫子供奉其中，并非是一座供奉人格神灵的庙宇，而是一座人间世庙，一座供奉人的庙宇。也就是说，孔庙中的所有供祭人物，曾被后人添枝加叶地美化或丑化，但是他们绝对不是用神化方式凭空想象臆造出来的超现实人物，他们都是历史上真实存在的人，史书对于他们都记载得清清楚楚。因当年"子不语怪、力、乱、神"④，主张"务民之义，敬鬼神而远之，可谓智矣"⑤。所以孔庙中为了强调历史的严肃与严谨，悬挂在大成殿门两边的楹联，甚至将"鬼"字头上那一撇活活地砍掉，即使是微不足道的细节，也讲究无可辩驳的历史真实性。即使如此，"斯文今未衰，灵爽炯不隔"⑥。孔庙神灵和神明灵光绝对不可忽视，正像雍正皇帝所看到的那样，它就是一个"圣而神"的圣人庙宇，所以有清一代才能够从康熙皇帝开始，雍正、乾隆等人才会在孔庙中向孔夫子施以三跪九叩大礼，表达自己至高无上的敬仰和信仰情怀。孔庙将华夏民族宗教信仰表达得既具体深刻，又集中完整。

---

① （明）雷鲤：《建安雷鲤谒庙》，《阙里志·艺文志》卷二十。
② （汉）刘熙：《释名》卷五《释宫室》，《影印文渊阁四库全书》第 221 册，第 409 页。
③ 《周易·象辞》。
④ 《论语·述而》。
⑤ 《论语·雍也》。
⑥ （清）施润章：《谒夫子庙》，《曲阜县志·艺文志》。

也就是说，人们进入曲阜孔庙之中，表面上你没有感觉出它是一次宗教之旅，但是当你真正置身其中，观瞻拜谒那些千年圣物以及孔庙中的建筑设置，还有文化遗存，已经非自觉性地完成了另一种宗教体验，不知不觉地在此寻找和印证了你内心深处的一种"信仰"情怀，向民族宗教信仰的本体又大大地迈出了一大步，这便是儒家信仰的体验境况，其感受和领悟的精髓就在于平常性，在于生活化的"志于道，据于德，依于仁，游于艺"①。观瞻与体味，若能够从中感受到了"日日新，又日新"的心境，体会到了活性生命的实际拓展与新变眼界，便是人生意义最好的选择和高扬，所谓"极高明而道中庸"。儒家的信仰理念绝对不仅仅是一种知性或理性训导，通过庙宇建筑和文化遗存予以敬祭与体验，或许会得之更真。

二

那么孔庙到底向我们展现出了怎样的信仰内涵呢？从更大的空间上看，孔庙并非像其他宗教庙宇那样，选择建造在深山老林之中，或者选择远离人间烟火之地。它就建造在人员稠密的城镇村落之中。庙宇的院墙也绝对不像其他宗教庙宇建得又高又重，它的墙头和平常人家的院墙差不多，或许为了更好与现实融合相处，增加民间俗常感，还会专门留有几个又透又露的栅栏门，让人们从外面瞟一眼，就可以看到院中的一切，由此体验到一种特殊的人间生活意趣。

庙宇都是通过其中的建筑和景观塑造，逐渐诱导人们澄怀味象，想象和体会物象背后的信仰深质。就像佛家寺庙所有建筑遗存背后都指向天国极乐世界，就像道观所有建筑遗存背后都指向仙界得道逍遥，就像基督教堂所有建筑遗存背后都指向上帝永恒爱意。它们都是道体合一，精髓不二。孔庙同样也是一种"道体合一"建筑构成，其原理表达与其他庙宇的方式基本相似。明代钱唐说："孔子以道设教，天下祀之，非祀其人，祀其教也，祀其道也。"② 华夏民族之所以修造孔子庙宇建筑，将孔子供奉其中，制定相应的祭祀典仪按时致祭，其核心主旨并非是祭祀孔子其人，祭祀孔子只是孔庙祭祀的表层，或者说只是它的外在展现方式，祭祀更深的质里还在于"弘道"，所谓"人能弘道"③，孔庙里有孔子所建立的深邃教化义理，孔庙建筑就是阐释和宣扬孔子背后那个更为深邃"道"的外在形体。

孔庙中的"道"到底是什么？我曾在很深的夜晚从阙里街上走过，发现孔庙中绝对不会产生出其他宗教庙宇瘆人的感觉，尽管孔夫子就端肃地坐在大成殿里。因为它是一座人庙、一座纪念先哲庙宇，再加上殿宇内外""、"万世师表"等特定命题的渲

---

① 《论语·述而》。
② 《明史·钱唐传》。
③ 《论语·卫灵公》。

染和诱导，所以置身其中，你的思维和想象，还有感受和体会，所有的神明和神圣意味，逐渐与"人"的现实认知和生命感觉融合在一起，内心所生成的可能和必然内在抽象"神"性意蕴，如果用传统儒家的话来概括的话，只能是"人者，仁也，合而言之，道也"。此中蕴含着深邃的"道"，也就是人的仁性问题。告诉我们孔庙与其他宗教庙宇最大的不同，就在于所展现的文化意向和追求别具文化意向，它不是要将人们引向超现实的天国世界或者具体的人格神灵，而是直接引向现实"人"应该也必须具有的"仁"的原理性和精神境界，以此引导人们建构别一种现实人生的崇信与敬仰。也就意味着假如你能够相信大成殿里坐着的这个人，那么你一定会相信"斯文在此"，相信他所揭示的世间大道真理，相信孔庙建筑和遗存背后都指向的那个大写"仁"字。

将孔庙中的文化信仰概括为"仁"或"仁道"，在于孔庙的建筑艺术和文化设置中"仁"的意韵无处不在，"仁"不仅灌注在庙宇的所有方面乃至细节，还清晰地构成孔庙内部一个潜在的"仁"道文化系统，被渲染成孔庙之上一种弥漫浓郁的"仁"道氛围，甚至成为孔庙历史上特有的"仁"性传神阿睹。也就是说，曲阜孔庙这一浩大的古建筑群，用完整而又系列的建筑群体，运用各种实与虚相间的手法，再加上那些数不清的文化遗存，综合立体化序列化向人们展现诠释出儒家"仁"的信仰真谛，堪称是建筑艺术哲学和诗意表达的典范。

因为如此，《汉鲁相乙瑛请置百石卒史碑》记载孔庙建造起始："孔子作《春秋》，制《孝经》，删述五经，演《易·系辞》，经纬天地，幽赞神明，故特立庙，褒成侯四时来祠。"[1] 认为孔子创造出了删述五经等光辉文化业绩，后人"故特立庙"。这种说法不无道理，后来元代党怀英《重建郓国夫人殿记》以此为依据，补充说："吾夫子出，著述六经，实纲而纪之，以垂宪百代，故后世推尊，以为人伦之首，而阙里旧宅，四方于是观礼。"[2] 在他们看来，孔子不仅编整了"六经"典籍，在此基础上，孔子还制定出了后世人推尊的"人伦之首"社会纲纪，创建了"孝悌也者，其为仁之本与"[3] 的人间至理，这才是人们在孔子旧宅基础上建造庙宇的深层原因。所以，才会有人前来观礼寻道，表达敬仰之情。从一开始，孔庙就是基于或围绕着"人伦之首"、也就是所谓的"仁"道所建造出的教化场所。

如果对孔庙的建筑格局做一具体分析的话，更可以见出孔庙整体建造结构和文化遗存对于儒家"仁"性原理的清晰描述和形象确证。人们进孔庙一般会从最南端的神道开始，那一段被称之为"神道"，向我们告知神灵之道的同时，也暗示进入孔庙需要

---

[1] 此碑简称"乙瑛碑"，现珍藏于孔庙汉魏碑刻陈列馆。
[2] 《阙里文献考》卷三十四，《艺文三》。
[3] 《论语·学而》。

有此神圣情感的酝酿过程。步入"仰圣门"①，穿过"金声玉振"坊，便可见庙门口是高举的"棂星门"，"棂星"即"灵星"，也就是"天田星"，为上天星宿之一。具体就是所谓"象天之体"，"棂星门"设在此处，就是用它来指向和象征着"上天或天道"的原理性，以此表明孔庙整体建筑是以"上天"开篇，上天以及天道，便是孔子庙宇的来源和起点，是孔庙存世的根本理由与依据。正如牟宗三先生所说："孔子的'仁'实为天命天道的一个'印证'。"② 儒家的天理、天命观念是人们思考孔庙的基础，更是孔庙建筑及遗存形而上的核心内涵，孔庙中的"仁"性文化内质，是以天道为起始而形成的宏深建构。

走过"棂星门"之后，就是那道厚实的"太和元气坊"，它直通"时圣门"，"太和"是指天地、日月、阴阳会和之气。所谓"保和太和，乃利贞"③，说明孔庙之所以为孔庙，孔子之所以为孔子，之所以具有此"时圣"气象，就在于打通了天与地的涌流通道，正是在天与地的一体存在和共性原理基础上，孔子构建起了他的仁爱学说。然后经过"时圣门"、"弘道门"、"大中门"、"同文门"等，这些门的设置便象征着孔子将"天地之道"一步步落实为"人道"学说，孔子就是天地之道的弘道者、守中者、同文者。一直到那座高耸入云的"奎文阁"，它将此前孔子所有的文化业举以标志性建筑做了汇聚与归结，就像宋代理学对孔子极其儒家思想所做的至高的哲学提升概括，孔子的文化丰功伟绩以及思想理论堪称经天纬地之"道"与"理"，所谓"仁者，爱之理，心之得也"④，因为"仁""道"一体，才能够像奎文星一样"文""统"垂世。

奎文阁之后的"大成门"与孔庙的核心殿宇"大成殿"相连接，这绝对是一个别有深意的称谓选择。《孟子》中曰："孔子之谓集大成者，集大成者也，金声而玉振之也。"⑤ 其中一个"集"字和一个"成"字，清楚地说明"大成殿"不仅是一个建筑名称，还是一个文化集合概念，即孔子上承数千年历史，"则合众小成而为一大成"⑥。从过程上说，大成殿是孔子一生集合历史上各种既有成说的创构实践；从结果上说，大成殿是孔子提炼生成的一个更为博大弘深的"仁"学体系。所以学术界才会公认孔子及其儒学的核心是"仁"，人们才会用"大成"来标识孔子，选择大成殿坐落在孔庙建筑群的正中间，让它作为庙宇的心脏和灵魂，让它成人们膜拜孔子的建筑核心主体，所以大成殿不仅表明孔子是一个历史上的大成之人，壮丽辉煌崇高巍峨的大成殿，

---

① 此门原为"仰圣门"，明代嘉靖年间，山东巡抚胡缵赞书写"万仞宫墙"石额镶嵌于门上，现"万仞宫墙"匾额为乾隆皇帝题写。
② 牟宗三：《中国哲学的特质》，上海古籍出版社1997年版，第32页。
③ 《易·乾·象辞》。
④ （宋）朱熹：《论语集注·学而》。
⑤ 《孟子·万章下》。
⑥ （宋）朱熹：《孟子集注》。

还是孔子所创造"仁"学思想的立体书写与深度象征。

三

孔庙大成殿核心区域对"仁爱"信仰做了较为完整的诠释和体现。首先,儒家"仁爱"信仰具象为大成殿的后面那座供奉着孔子夫人亓官氏的"寝殿"。尽管这其中有家庙的原因,但是孔庙毕竟还是"国庙",还是民族的"文庙",人们竟然将孔庙中的"寝殿"作为所有孔庙的定例,显现出与其他宗教庙宇决然不同的文化特色。世界上的任何宗教庙宇都不会让自己的妻子儿女与自己一起受享,只有华夏民族的孔庙,才有这样的结构与设置。流散在各地的文庙,有的将其改为"明伦堂",取其"存天理,明人伦"之意;有的还将其改为"憩息室"(陕西旬阳文庙),虽然名称不同,但是其内在蕴涵和义理与曲阜孔庙相一致。也从义理上深刻阐释了儒家"君子之道,造端于夫妇,及其至也,察乎天地"①的基本理念,世间的人伦关系不仅是人生的第一关系,还是最深刻的天地原理之所在,所以一些讲究的人家,称夫妻之事为"仁道"。所谓"仁之实,事亲是也","仁者,人也,亲亲为大",证明孔子及其儒家所建构的信仰就是建立在人性原理之上,寝殿及其结构对这一儒家核心理念做了最为经典的阐述。

其次,儒家"仁爱"信仰还体现为大成殿左右家族性的格局设置。除了寝殿以外,孔庙的核心区域还辟有若干个小的建筑单元,拱卫在大成殿的左右。在大成殿的西面,建有一组供奉孔子父母叔梁纥和颜徵在的院落和殿宇;在大成殿的东面,建有一组供奉上六代祖的院落和殿宇。也就是说,孔庙中不仅有妻子儿女陪祭,还专门让自己的家族亲人与自己一同受享后世烟火,以此彰显出其宗族性伦理取向,祭人与祭祖相系,人与祖融为一体。世界上的其他庙宇,不仅没有亲人的影子,也更不会出现家族一大帮子人一块享受供奉,只有中国传统儒家,才会作出这样的血缘追踪和祖亲回溯,才会有这样深的伦理情怀和家族意识。清楚地向世人传达出孔子"君子务本,本立而道生。孝悌也者,其为人之本与"②的本意。孔庙中所设计出的家族空间,用一个直观具体的完整氏族"仁"性群团结构,向世人证明庙宇文化的另一个深层意旨,这里蕴含着"为仁之本"的考量,就是让一代又一代人走进孔庙,与其说是在此供祭先圣孔子,不如说是供祭"孝悌"为载体的"仁"道观念更为切题。

再其次,儒家"仁爱"信仰设置成为大成殿院落人生价值意义的设置和建造。大成殿前巨大的院落和两边的两庑,这里所有的景观和设置绝对不是像其他宗教庙宇为

---

① 《中庸·费隐章》。
② 《论语·学而》。

上天结构的描述和再现,而是人世间独特历史和生活景观的平面展开与陈述,不仅会在院落的中心位置专门设置建造出一个杏花纷飞、芳香四溢的杏坛,以此展现出孔子光耀千秋的"杏坛设教"业绩,称颂他不仅仅是创办私学更是扩展为整个社会教化的独特历史贡献,展现出民族"至圣先师"独特的生命价值意义,同时还在院落的两边建造出长长的两庑,用以供奉历史上有独特贡献的先贤先儒,其更深的内涵意旨,则是庙宇在社会横向推崇褒扬仁德基础上,又从历史纵向上,用历史"道统"对孔夫子巨大历史贡献予以具体历数和展示。

在儒家看来,人的至高价值意义,不仅活着的时候应该被人称颂赞赏,死后也应为人所怀念记忆。就像至圣先师孔子,活着的时候称之为"圣人",死后更是被推崇至超绝的历史高度。因此才会有大成殿前的院落结构和特定氛围,当洁白的杏花在枝头摇曳的时候,每每会使人想起《国语·晋语》的话:"为人者,爱亲之谓仁;为国者,立国之为仁。"想到《论语·雍也》中的那段经典:"夫仁者,己欲立而立人,己欲达而达人,能近取譬,可谓仁之方也已。"它们就是孔子一生的真实描述,即老人家穷尽自己的一生,创辟私学教授学生,开启儒流传世,推进了民族文明历史进程,堪称是践行和实现了世间至高的"恕道",以己所立立起他人,由此立起了一个民族、立起了一种历史、立起了一个至高的"仁"道。孔庙大成殿前的院落,让我们真切感受到孔子的仁性完德人格。

第四,儒家"仁爱"信仰被拓展为大成殿前面"庙学合一"成人教育传统。中国封建社会所奉行的"庙学合一"制度就是从孔子本庙开始。黄初二年(221),魏文帝曹丕不仅对孔子后裔赐以封爵、食邑,令鲁郡修起战乱毁坏的孔庙,还于其外广造屋宇以居学者。① 之所以会将孔庙与学校合在一起,就在于"文庙"这一命题。在儒家的视域中,"文"绝对不是一个逼仄的命题,它是人生在世自然生命之外的另一半,"文"是人之为人的本质所在,唯有"文"才能够使人成为真正的人,也才能够通达和实现"仁"化境界。因此,孔庙同时附着于学校设置,表明学校绝对不仅仅是知识教育学习的场所,而是针对人生所施行的整体性"成人"之教的举措,所谓"文之以礼乐,亦可以成人也已"。

古代的学校重点实施"礼乐"教育。所谓"礼乐以造士",因孔子说过:"人而不仁如礼何?人而不仁如乐何?""仁"不仅是礼乐的深质内涵,还是它所追求的终极目标。将学校设在孔庙之中,便可由此形成一种更深层的沉潜涵养性教育,所谓"夫欲敦教化厚人伦美风俗,必自学校始。学校崇祀孔子,附以先贤先儒,使天下之士,观感奋兴,肃然生油然动其效法之念,其典至巨,其意甚深"②。其敬畏之心,不仅会使人获得更深的礼乐文化体验,还能够对其形而上的"仁性"内涵萌生出无以复加的敬

---

① (晋)陈寿:《三国志》卷二,《魏书·文帝纪》。
② (清)庞钟璐:《文庙祀典考》。

仰情怀。所谓"修己以敬",人生没有敬仰情怀,绝对难以获得仁性的真谛,难以获得仁爱的本真体验。

第五,儒家"仁爱"信仰被刻树为国家的政治昭告和礼法制度。以清代为例,从康熙大帝到雍正王朝,再到乾隆之世,他们都在孔庙中留下了情真意切的孔子庙堂碑。康熙二十三年十一月十七日,康熙驾幸曲阜,在孔庙里"上行三跪九叩礼",在此后所撰写的《大清皇帝御制阙里至圣先师孔子庙碑》一文中不仅指出"故曰仲尼之道,一天道也",还"深惟夫子师道所建,百王治理备焉"。[1]雍正皇帝虽然没有来过曲阜,但是因为大火之后需要重建孔庙,雍正八年十二月撰写的《御制重修至圣先师孔子庙碑》中指出:"朕惟上帝垂佑烝民,笃生至圣先师孔子,以仁义道德,启迪万世之人心。"并表示尊崇孔子,"正所以钦若昊天"。乾隆皇帝曾九次至曲阜朝圣,在乾隆十三年第一次东巡至曲阜,照样行过三跪九叩大礼之后,所撰《躬诣阙里孔子庙庭碑》中写道:"天何言哉,圣人是申,立人之极,曰义与仁。"因为如此,"习圣人之教,而不克施之实政者,非善学也"。他们祖孙三代在孔庙里看到和悟出了更深的一层,就是孔庙所蕴含的仁义道德对于"实政"具有无可替代的重要作用,这才是他们设立祭祀制度跪拜敬仰的真正原因。

第六,儒家"仁爱"还幻化为庙宇上空那些悠然自得地飞翔的鸟儿们。据有关专家说,曲阜孔庙堪称是鸟儿们的天堂,它们之所以会在这里毫无顾忌地繁衍生存数千年,就因为孔子那句名训"弋不射宿"[2],即绝对不能用绑着长线的箭来射杀那些正在住宿的鸟儿,因为晚间鸟儿住宿的时候,或许正是和幼鸟们享受天伦之乐的时候,这时如果射杀它们,不仅最伤天伦,也最不仁道。因为孔子的这句训诫,孔庙便有了不打鸟的古老习俗。这里成了天人和谐相处之地,成了单纯鸟儿们的生活乐园。孔庙中的鸟儿用自己久远生活历史,当然还有那些供它们栖息的"岁寒然后知松柏之后凋也"松树一起,向我们诠释出孔庙"民胞物与"的至高"仁道"蕴涵。

综上所述,孔庙整体性展现出了儒家的信仰观念,它本源于华夏民族古老的"天道"观,孔子及儒家将其引向并化为"人道"。在某种意义上,孔庙所蕴涵的信仰也可以称之为"天人之道";在更深的理论层次上,孔子选择并创构出一个更具体的概念范畴予以作表述,那就是"仁"字,"仁"是一个涵括着天人、涵括着此岸彼岸、涵括着人生所有方面一个宏大的文化观念结构,它最终内化为整个民族的至高文化信仰,孔庙的文化信仰内涵及其建构传播方式,对于今天重构民族文化信仰具有重要的借鉴意义。

---

[1] 此碑坐落于孔庙的十三御碑亭院落。
[2] 《论语·述而》。

从爱到敬:"亲亲"、"尊尊"与"孝忠"之道

孔子研究院副研究员　刘续兵

儒家重孝悌之道,既因"立爱自亲始"、"立敬自长始",① 注重家庭、家族的血亲伦理;更因"君子之于物也,爱之而弗仁;于民也,仁之而弗亲。亲亲而仁民,仁民而爱物"②。孝悌之道影响国家治乱,关系社会和谐,对于中国传统礼制来说,这种由内而外的推演,来源于"亲亲"、"尊尊"的核心理路。正如张寿安先生所说:"'亲亲'、'尊尊'作为儒家礼秩的两大基石,从思想上言,儒家的规范理论与社会稳定都得恃此二脉在运作时取得平衡,才能成立。……一部礼学思想史,包括经典诠释、历代律令、礼制改革,在相当程度上,可以化约为'亲亲'、'尊尊'的论辩史。"③

一、"亲亲":从母到父

孝悌之道并不自儒家始,因为自人类诞生以来,"亲亲"、"尊尊"就成为血缘伦理的产物和结果。《仪礼·丧服传》:"禽兽知母而不知其父。"原始时期的人类也并未超越这种动物属性,以纯粹的血缘关系结合而成的氏族社会,起初自然以母系为社会主导者,人们只知其母,不知其父,"走婚制"决定子女由母亲而不是由父亲来抚养。原始的"孝道",不过限于"母与子(女)"之间,此时当然不能成为普遍的伦理、社会和政治的原则。这个时候,"亲亲",只能是亲其母。

《礼记·郊特牲》:"男女有别,然后父子亲。"随着血缘关系与生产关系的适应和结合,人类由从母而居,过渡到从父而居,婚姻关系由不确定到确定,家庭观念逐步产生,遂有男女之别、男女之防,于是子知其父,父亦知其子。在此前提下,才可能有父子之"亲"。"亲亲"原则就此完成了从"母"到"父"或者说从"母"到"父母"的过渡。正如《礼记大传》郑玄注:"亲亲,父母为首。"

同样道理,"尊尊"原则也经历了从"尊母"到"尊父"的演变过程。因为"父,至尊也",所以《礼记·丧服传》规定,子女要为父服"斩衰",乃最高等级的服丧礼仪。

---

① 《孔子家语·哀公问政》。
② 《孟子·尽心上》。
③ 张寿安:《十八世纪考学考证的思想活力——礼教论争与礼秩重省》,北京大学出版社2005年版,第86页。

可以说，人类社会的发展状况到这个时候应该是大体一致的。然而至少从周代开始，中国与西方社会的演进路径相比，发生了不同方向或者说不同模式的转变。虽有"殷尚质、周尚文"之说，但"周监于二代"，对前代已经有较好的总结和定型。

费孝通先生指出，在西方，人与人之间的关系以"团体"进行划分，这种社会生活格局，可称之为"团体格局"。"团体格局"讲求"平等"意识，突出"权利"观念，体现出很强的组织性。而在传统中国，则呈现为另一种"差序格局"。社会生活中，人与人呈现为重叠交错的网络，以血缘或地缘关系为纽带而延展出一个个"同心圆"体系，其中心的势力越强，这个"同心圆"的层次和范围就越广，与其他"同心圆"的交错重叠也就越多。① 这种传统至少在西周时期就已经成熟。周的体制是严格意义上的"封建"，也就是"封邦建国"，按血缘、宗族的亲疏远近来进行分封。其基本模式就类似于一个"同心圆"，周天子居于中间最核心之处，也就是"中国"，这里是当时"天下"的中心；向外延伸则是周王的兄弟，血缘关系上越亲近的，离这个中心越近；反之则离这个中心较远；最远处的，当然就是所谓的"夷狄"，没有任何血缘的关系，缺乏"礼"文明的呼应。在这种格局中，"道德"以私人关系为基础，依据血亲关系的亲疏远近相区别。"家"的成员既包括亲子，也包括沿父系关系传递的亲属，于是扩大而组成氏族、家族。

这样的政治结构融合了三种原则：一是"亲亲"，以父系的血缘关系区分远近；二是"尊尊"，使这种亲疏远近的关系同时也体现为政治上、地位上的等级差别；三是"贤贤"，社会的治理不能只靠"亲亲"、"尊尊"，贤能者治国有道，是需要依靠的另一群体。当然，"贤贤"在一定的时候还可以表述为"尊贤"，与"尊尊"有相通之处。

春秋时期，大一统的社会开始瓦解，"道术将为天下裂"②，这三个原则也就随之而分化。相比之下，儒家更崇尚"亲亲"；法家更严明"尊尊"；而墨家更注重"贤贤"。众所周知，儒家的取向在很大程度上塑造了此后中国人的政治德性，强化孝道，以"亲亲"为主，兼有"亲亲"、"尊尊"二义——亲父亲母，但二者之中以父为至尊，母从于父。

二、"尊尊"：从孝到忠

《尚书·伊训》："立爱惟亲，立敬惟长。始于家邦，终于四海。""亲亲"是家族内部的原则，"尊尊"则是宗法社会的要求。宗族有"大宗"，有"小宗"——共始祖

---

① 费孝通：《乡土中国》，生活·读书·新知三联书店1985年版，第32页。
② 《庄子·天下》。

者为"大宗",同高祖者为"小宗"。在家庭、家族、"小宗"内部,家长也就是父亲,对于子女、家人,是至高无上的"尊",这种"尊"的合法性显然来源于"亲",来源于血亲关系。而"小宗"家族又需从属于"大宗",也就是说,在这里"亲"必须从属于"尊"。《礼记·丧服四制》:"门内之治恩掩义,门外之治义断恩。""门内之治"就是家族宗族内部同族之间的"亲亲之情",仁爱高于义理,可以"父子相隐"①,可以"父子之间不责善"②。"门外之治"就是从宗法宗族推延出去的社会政治"尊尊之理",义理高于仁爱。家族之内,以恩为主;庙堂之上,以义为尚。

其实在家族内部,"亲亲"与"尊尊"是同时存在的,父权、夫权的统治地位,嫡与庶、"大宗"与"小宗"的分别,都体现了"尊尊"原则。嫡子、宗子因"亲亲故尊祖,尊祖故敬宗"③,为同族之人所共尊,故可以统率诸弟。兄弟之情,由此转化为君臣之义。"尊尊,君为首",而"公、诸卿、大夫有地者为君"。④从宗族而论,宗子即君;从国家而论,君即宗子。孝悌之道也就扩充为君臣之道,由"孝"自然延伸为"忠"。"其为人也孝悌,而好犯上者,鲜矣;不好犯上,而好作乱者,未之有也。"⑤ 有人问孔子,你为什么不出仕为政呢?孔子说,只要孝顺父母、友爱兄弟,并能把这种风气影响到政治上去,这就是参与政治了啊。为什么说只有做官才算是从政呢?⑥ 孔子很自然地把"孝"与"忠"、把"齐家"与"治国"联系在了一起。

值得注意的是,"尊尊"原则体现出了社会关系中的"差等",但并不是"不平等"。正如孔子所说:"仁者,人也,亲亲为大;义者,宜也,尊贤为大。亲亲之杀,尊贤之等,礼所以生也。"⑦ 儒家承认世间存在差等,但又为种种差等作出了独具特色的解释。譬如,君臣与父子相比,父子序列优先于君臣序列。假如君主和父亲的丧事一同出现,可以放弃君主的丧事,但不能放弃父亲的丧事。处理的先后顺序是:先为父亲治丧,再为君主治丧。《郭店楚简》明确说:"为父绝君,不为君绝父。"

在人与人之间的各种关系之中,要求"父慈、子孝、兄良、弟悌、夫义、妇听、长惠、幼顺、君仁、臣忠"⑧。显然这是一种对君臣、父子双方都有约束力的权利和义务关系。孔子所谓"君君臣臣、父父子子"的意思是:君要像个君,臣要像个臣;父要像个父,子要像个子;各安其位,各尽其责。从原始儒家的君权、父权中,推不出后世"三纲说"等绝对专制的理念来。恰恰相反,原始儒家的观念是"圣道"高于君

---

① 《论语·子路》。
② 《孟子·离娄上》。
③ 《礼记·大传》。
④ 《礼记·大传》郑玄注。
⑤ 《论语·学而》。
⑥ 《论语·为政》:"子曰:《书》云:'孝乎惟孝,友于兄弟,施于有政。'是亦为政,奚其为为政?"
⑦ 《孔子家语·哀公问政》。
⑧ 《礼记·礼运》。

命，信仰高于权位，所以孟子有"民为贵，社稷次之，君为轻"① 的民本思想，荀子有"从道不从君，从义不从父，人之大行也"② 的道德原则。

三、"孝悌"：从爱到敬

从血缘亲情中生长出来的仁爱观念，再外推一步，就是"忠恕之道"。其基本精神是将心比心、推己及人，也就是孟子所说"不忍人之心"③。看到孩子要掉到井里了，来不及去思考，来不及想该不该去救，也不想有没有危险，也不想他爹娘跟我关系好不好，有没有得罪我；也不想我救了这个孩子，政府会不会给我发见义勇为奖金——第一个反应是伸手赶紧去抓住孩子的衣服，这就是"不忍"。由此孟子推出"四心"说，即"恻隐之心"、"羞恶之心"、"辞让之心"、"是非之心"，作为"仁"之"四端"，也就是"仁义礼智"。孟子所言，实质上就是人区别于动物、人之所以为人的根本特征，故可称之为"人性"。

孝悌之道，体现的是最根本的"人性"。这种"人性"中，最重要的两种情感是"爱"和"敬"。前者源于"亲亲"之情，后者则出于"尊尊"之义。晚明学者黄道周说：

> 父则天也，母则地也，君则日也。受气于天，受形于地，取精于日，此三者，人之所由生也。地亦受气于天，日亦取精于天，此二者，人之所原始反本也。故事君、事母，皆资于父。履地就日，皆资于天。二资者，学问所由始也。……母亲而不尊，君尊而不亲。以父教爱，而亲母之爱及于天下；以父教敬，而尊君之敬及于天下。故父者，人之师也。教爱、教敬、教忠、教顺，皆于父焉取之，……爱、敬、忠、顺不出于家而行著于天下。④

黄道周强调了"父"的地位和作用，认为"亲亲"和"尊尊""皆资于父"，因为"母亲而不尊"，"君尊而不亲"，而"父"可以"教爱"、"教敬"。也就是说，"亲亲"乃"尊尊"之基础和根本，"父"成为由"孝"到"忠"的桥梁津渡，儒家视野中的政治治理模式也就是家庭血缘伦理的扩展和延伸。不论是在家庭伦理中，还是在社会关系里，"亲亲"和"尊尊"不可分割。"尊而不亲"，最终只能导致"不孝不忠"、"无亲无尊"，造成社会、家庭以及人与人之间关系的异化，必然会发生伦理道

---

① 《孟子·尽心下》。
② 《荀子·臣道》。
③ 《孟子·公孙丑上》。
④ （明）黄道周：《士章第五》，《孝经集传》卷一，清文渊阁《四库全书》本。

德的危机;这种后果不论是在历史上,还是在今天的现实中,都已屡见不鲜。"亲而不尊",则难有基本秩序,无法、无力"齐家",更谈不上"治国、平天下",最终也不能保持"亲"的存在和延续。

以孝悌之道而论,"亲亲"和"尊尊",也就是"爱"与"敬",始终是一个整体,不可分割。孔子认为,孝有不同的层次,体现"亲亲"与"尊尊"以及"爱"与"敬"的不同层面。

第一个层次是"孝养"。"事父母,能竭其力",使其衣食无忧。这是最低的层次,但已体现出"亲亲"之情。在这个基础上,也就能做到"事君,能致其身;与朋友交,言而有信"①。

然而"至于犬马,皆能有养"。你养匹马、养条狗,也能让它吃得饱、住得安。"不敬,何以别乎?"② 孟子说得更清楚:"食而弗爱,豕交之也。爱而不敬,兽畜之也。恭敬者,币之未将者也。恭敬而无实,君子不可虚拘。"③ 爱而不敬,就像是养宠物一样,只不过与养鸡养羊纯为吃肉相比,多了一点点感情色彩而已。《礼记·坊记》:"小人皆能养其亲,君子不敬,何以辨?"其义互证。所以要从内心对父母有"敬心",所谓"色难"④,做到和颜悦色。这是第二个层次——"孝敬"。

更高标准的"孝",则是"父母唯其疾之忧"⑤。这句话历来有两种解释:一种断句为:"父母,唯其疾之忧。"这个"其",理解为父母,也就是说,对于父母,儿女们最担忧的是他们身体不好;另一种解释,中间没有逗号,这个"其",理解为子女,意思是说作为一个孝子,应该在各个方面都做得很好,成为一个"君子",以自己优秀的道德修养和行为表现让父母放心,对自己引以为豪。一个人各方面都做得很好、很出色了,那么除了生病,就没有什么事可以使父母担心忧愁了。我们更赞同后一种理解,这种孝是一种更高层次的境界:让父母放心。正如"父母在,不远游,游必有方"⑥,就是这个意思。

"君子",原本是"君之子"的意思,就像"公子"、"王孙",就是"国公之子"、"王侯之孙"。根据古代宗法制度的要求,天子、诸侯和有封邑的大夫都可称为"君","君之子"长大后要接"君"之位,从小就要进行理想和人格的规范教育,自然成为德行修养上的楷模。后来,"君子"一词引申为有道德、有地位之人的统称。从这个意义上说,子女成为了有道德、有地位的"君子",他的父母也就成为了"君",所谓

---

① 《论语·学而》。
② 《论语·为政》。
③ 《孟子·尽心上》。
④ 《论语·为政》。
⑤ 《论语·为政》。
⑥ 《论语·里仁》。

"立身行道，扬名于后世，以显父母"①。这种理解及其指导下的为人处世行为，是子女对父母"孝"的更显著的体现，也就是孝的第三个层次——"孝显"。

我们身边不乏这样的例子。很多老父亲、老母亲，都以自己的或从政、或经商、或求学的儿女为荣，孩子们有身份、有地位、有成就的时候，老父、老母以之为自豪，他们自己也在人们面前备受尊重，整天精神抖擞、身康体健。但晴天一声霹雳，子女如果突然被"双规"、被免职、被判刑，他们马上就会精神崩溃，觉得羞于见人，健康情形也每况愈下，这显然是"孝显"的反面典型。

孝的境界到此为止了吗？还没有。父母如果有错误怎么办？因为他们是父、是母，要"孝敬"、要"孝顺"，就不敢劝谏吗？或者因为他们犯了错误，就不管其"尊"的地位，可以随意批评吗？都不行。因为相对于孝，有一个更高的评价标准，那就是"道"，以此来判断这个行为是否合乎道义。不去劝谏，就会陷父母于不义，实际上在更大程度上违反了"亲亲"原则；而犯颜直谏，又会于父母为无礼，直接触犯了"尊尊"义理，所以应该"事父母，几谏"②，委婉劝谏。这叫"孝谏"，也就是孝的第四个层次。

对父母是如此，对君主、对上级官员更不能唯上、唯命是从。"从道不从君"，意味着超越了对具体君主个人的忠诚，把作为整个君主秩序与文化象征的"君道"，而不是君主个人，奉为终极权威和忠诚的目标。这就是所谓"移孝为忠"，移"亲亲"为"尊尊"。

中国人有一种"大生命观"。一方面不把自己的生命仅仅当作个人的，而是把自己看成祖先生命的延续，将来子孙还会延续自己的生命。所以"生，事之以礼；死，葬之以礼，祭之以礼"，这才是"无违"，不违礼。③ 父母去世了，要定期祭祀，尽其哀情，深念其恩。所以孔子主张"三年之丧"，从这种主张本身可以看到对父母"爱"和"敬"的程度。有人反对说，"三年之丧，期已久矣。君子三年不为礼，礼必坏；三年不为乐，乐必崩。旧谷既没，新谷既升，钻燧改火，期可已矣"④。确实，从人情来说，取法一年之四时，万物之春生、夏长、秋收、冬藏，服丧以一年为期并不是说不过去。如荀子所言："天地则已易矣，四时则已遍矣，其在宇中者莫不更始矣，故先王案以此象之也。"⑤ 但是从这种认识中，我们只能看到对父母的自然亲情，这种"爱"还没有能够上升到"仁"的高度，因此还达不到"敬"的层次。就像很多人对自己的父母、对自己的妻子都有爱，但爱有偏私，程度有所不同。对亲人都是如此，

---

① 《孝经·开宗明义》。
② 《论语·里仁》。
③ 《论语·为政》。
④ 《论语·阳货》。
⑤ 《荀子·礼论》。

对其他人更是这样。曾亦先生以为,"仁"与"爱"有相同也有不同,"仁虽不离爱,而爱亦不足以尽仁"①。孔子从"子生三年,然后免于父母之怀"来论证"三年之丧,天下之通丧也"②,好像说服力不是很够。荀子认为这是出于礼法"加隆"的需要。对于夫妻、兄弟,出于"亲亲"之"爱",服丧以一年为期;而对于父母、祖父,因"尊尊"之"敬",可"加隆"至三年。三年之丧者,"称情而立文","立中制节"③,中道也。孔子的孙子子思子后来完美地解释了孔子"三年之丧"的主张——对于仅讲求自然亲情之爱的"小人"来说,三年之丧时间确实长了些,"不至焉者,跂而及之";对于衷情有爱且对父母尊敬深沉的"君子"来说,一年之丧时间确实短了些,"过之者,俯而就之"④。所谓"三年之丧,二十五月而毕,哀痛未尽,思慕未忘;然而服以是断之者,岂不送死有已,复生有节也哉"⑤?

另一方面,每一代人都有自己的人生理想和奋斗目标,即使这一代人的理想实现不了,但坚信后代一定是会实现的。就像"愚公移山",即便自己完不成,但"子子孙孙无穷尽也",总有一天会把山搬走。很多人自己可能没有文化,却都尽可能要让儿女有文化,望子成龙,望女成凤,希望他们将来有出息。所谓"不孝有三,无后为大",这就到了孝的最高境界。"无后为大",并不是说传宗接代、繁衍生命最大,更不是生儿子最大,而是说要把祖先创立和传承的"道"继承、弘扬下去,不使文化断根,不使道统灭绝,这是后人对祖先最高层次的"孝道"。

结　语

在"仁爱"的基础上,儒家特别强调"敬畏"。孔子说:"君子有三畏:畏天命,畏大人,畏圣人之言。小人不知天命而不畏也,狎大人,侮圣人之言。"⑥ 君子"三畏"中,"畏天命"是其中的核心理念,有了这个基础,此后的"畏大人"和"畏圣人之言"才能成立。既要敬畏"天命",也要敬畏能够实证天命的"圣人"与"圣人之言",它们其实不是并列的,而是"三位一体"的关系。正是这种敬畏天命的观念,使儒家有了比较浓厚的宗教情怀,有了一份人性和理性的色彩。

因为"敬",我们才会有所为;因为"畏",我们才会有所不为。在这里,"敬"起到了沟通"天道"与"人道"的作用。陈来先生把朱子的"敬"归纳为五个方面:

---

① 曾亦:《孔子改制与儒家之孝道观念》,见吴飞主编《婚与丧:传统与现代的家庭礼仪》,宗教文化出版社2012年版。
② 《论语·阳货》。
③ 《荀子·礼论》。
④ 《礼记·檀弓》。
⑤ 《礼记·三年问》。
⑥ 《论语·季氏》。

一是"收敛",二是"谨畏",三是"惺惺"(内心警觉),四是"主一"(纯一),五是"整齐严肃",总体上偏重于"内在心性"。① 而黄道周说:"知爱、知敬,能孝、能弟,降于天之谓命,授于人之谓性。何以为性?性,知敬者也。敬深而入畏,敬性之人,视民如宾,使臣如客。"② 有了"敬",就从"爱"的基础上前进了一步,从敬天地、敬祖宗,到敬父母、敬自身,再到敬君上、敬庶民,"内圣"与"外王"就此打通。③

---

① 陈来:《宋明理学》,辽宁教育出版社1991年版,第178—179页。
② (明)黄道周:《榕坛问业》卷十五,清乾隆十五年(1750)刻本。
③ 参见杨毓团《论晚明黄道周礼秩重建的学术理路——基于"孝本"意识的礼学建构》,《合肥工业大学学报》(社会科学版)2012年8月。

越南与韩国跨文化孝道研究

越南胡志明市国家大学教授　阮玉诗

一、理论与现实基础

（一）理论基础

从词源的角度看，"孝"字是一个人背着自己的父母行走的形象。"孝"字主要分两部分：上部为"老"之省，指老人；下部为"子"，指小辈。陶维英的《汉越词典》将"孝"解释为由衷地敬重自己的父母。"孝"是儒家思想重要的伦理之一。它和"忠"、"义"共同构成了越南及东亚社会家庭关系中的行为准则。

儒士崇尚"孝道"。《论语》云："弟子入则孝，出则悌。"意思是"善者在家里一定要孝顺，尊重长辈"。

传说孝"源自尧舜制定的德行"。《说文解字》中"孝"的意思是"善事父母"。孔子的学生曾多次询问老师关于"孝"的问题。作为社会道德和良好伦理的标志，"孝"的范畴和影响局限于家庭。西汉年间，治国体系建成，礼仪制度昭明，作为社会道德重要标准之一的"孝"受到大力推行。

"三纲五常"中也定义了"孝"的概念。在"三纲"中，以"孝道"为表现形式的家庭层级关系（父母与子女之间的）的重要思想随处可见。《里仁》中也定义了"孝"。"孝"和"悌"规定了每个家庭或宗族中的等级秩序，有力维护了可持续的社会秩序。孔子曾经说："宗族称孝焉，乡党称弟焉。"《大学》中，古人用"孝"表达"尊严"，规范以"治国平天下"为己任的君子们的行事标准。《中庸》以"孝"建设中立世界。《孟子》中，孔孟关于"孝道"基本含义的论述都是围绕于家庭的层面。

但是随着历史的变迁，"孝"含义已经拓展为"行仁"。求仁者得仁，他们总希望自己成为对社会有用的人。此外，他们对万物表现出无限的怜爱，正如先贤说的"仁民爱物"。因此广义上说，"孝"已经演化为"仁"。明朝年间，特别是朱元璋实行"孝制"以后，谨遵"移孝为忠"或者"忠先于孝，孝服从忠"的箴言，将"孝"与"忠"联系起来。

儒家传统中，"孝"的特征同每个家庭的实际社会生活相关，相较于其他许多范畴，没有特别的规则。"家有家规，所以不同的环境、地区和历史时期，行'孝'方式也不同。"这反映出不同阶层、民族和国家,无论是否受到儒家思想的影响,"孝道"的观念都是多元的。

世界上民族不同,哲学各异,"孝"的观念也就完全不同。在对希腊和印度神话学中乱伦母题的研究中,印度学者 K. Ramanujan 发现东西方在"生命树"的描述中存在出入。在西方,"生命树"是笔直的,树根象征家庭出身(父母),树梢代表子女,总能够达到其时代的新高度。而东方的生活方式完全相反,树根在上,树梢在下,其哲学观就是子女要在父母的庇护下成长。

在东方,尤其是那些受中国文化影响的国家,"孝"的观念,除了区域共同特征外,也表现出诸多不同。即使是儒学这样的社会正统思想也会表现出不同的形式,例如,越南重视"正直",中国重视"忠孝",韩国重视"恭顺",日本重视"忠勇"。导致这些区别的因素有很多,但最重要的因素也许是不同的自然社会环境造就了各个国家不同的经济文化形式、观念和文化性格。

(二) 现实基础

说起韩越之间的文化关系,从前的作者通常都强调相似性,诸如历史的宿命、传统社会意识、天人理念,但这些论述没有准确体现两种文化的根本特性。从文化类型学的角度看,不同的经济文化起源使两种文化清晰地呈现出不同的起点。

1. 越南是东南亚热带季风性气候国家,其经济文化基础主要是水稻栽培。说起越南传统文化,研究者指的一般是北越地区,在那里,越南人(京族)是优势群体。事实上,古越南人就聚居在这一地区,在封闭自治的村庄里过着农耕生活。

从历史的角度看,越南文化经历了三大文化时期:(1)本土文化形成期,从史前到公元前 111 年赵佗统治北越;(2)同中国、印度交锋冲突与文化交流期,其中同中国文化的交流最深远(从公元前 111 年至今);(3)同西方文化的互动期(从十五六世纪至今)。

因良好的自然条件(地形、土壤、气候)和特定的社会历史条件,越南文化起始于东南亚传统农耕文明的核心带。这是三大和谐因素相互作用的必然产物:(1)气候温暖、河道纵横的怡人生存环境;(2)以采集—农耕为生的南亚语系居民安定的品性,这些人后来演化为现代越南人;(3)水稻栽培为主的农耕生活。这种阴性文化类型学或多或少受外界,尤其是中国的儒学和西方文明的影响。

上述条件影响着越南重要文化特征的定义,直接影响着对传统文化中"孝道"的直观理解,包括集体主义、和谐互动、趋向"阴"的文化本质等灵活多元的文化。

2. 韩国地处朝鲜半岛南端,相较于越南,其地形条件较差,国土以山地为主(约占 70%),还有淤积不厚的狭长海岸平原,常遭淹没。韩国位于温带,夏天比较凉爽,冬天寒冷。这样的自然条件构成了韩国传统经济社会形态"农牧双存"(mixed farming and herding)的特点。

不同于越南有 54 个民族，韩国的民族构成相对单一（几乎都是朝鲜族）。民族单一性容易形成意识、观念、文化表现方面的共识和统一特性。

韩国和越南经历过类似的历史和社会状况，但又有各自的特点。两国的历史可以分为三个阶段：（1）本土文化的形成；（2）抵制中国文化影响的时期；（3）重获独立与文化发展的时期。但是越南受中国支配长达近 10 个世纪，而整个朝鲜半岛，尤其是韩国受支配的时期约 3 个世纪，这表明韩国受中国直接影响的时间要短一些，所以国家复兴和发展的时间要长一点。在现代化进程中，韩国起步较早，所以在应对"孝道"等家庭关系问题方面有更丰富和行之有效的经验。

文化性格方面，两国都崇尚与自然和谐共生，但在社会意识感的性质特征、思维方式、情感道义联系和社会性质等方面存在很大的差别。

尽管韩国和越南都重视社会意识，但出发点不同。越南人生活在封闭的农村，突出表现为社会集体主义，韩国人尊重等级制的氏族生活。韩国人更善于分析思考，综合、分析左右逢源，而越南人一般善于抽象思维，这同传统的集体水稻栽培有很大关系。因此，越南人重情，韩国人则求情理融洽。

在文化本质方面，越南社会在横向（集体主义平等）与纵向（基于儒学的等级制）之间表现得模棱两可，而韩国则大胆地坚持社会等级制（纵向）。在《文化透视：看越南人和台湾人的婚姻》一文中，作者 Phan Thu Hien 在比较越南和中国台湾的社会特征时强调越南的社会发展是"横向的"，而台湾是"纵向的"。作者的论述同我们对韩越社会的对比分析完全契合。

在同中国的文化互动交流方面，韩国和越南一个主动，一个被动。以儒学为例，韩国的学习态度相对主动、系统，而越南却很被动，他们不是通盘吸收，而只汲取对自己有用的内容。

二、越南的孝道观

（一）越南孝道的起源与演变

历史书中没有明确记载越南传统孝道形成的时间和状况，但是通过跨学科研究，我们依然能够确定其至少在 Van Lang-Au Lac 时代文郎瓯雒时代（前 700—前 300）就已存在。那时，母系社会逐步演变为父系社会，核心家庭结构得到完善，道德关系增强（这在东山铜鼓的装饰图案中都有所体现：东山公社、父母子三重奏、三鹿形象，等等）。据 Pham Duc Duong 描述，古越南人从内陆移居到河内地区开发三角洲平原，母系社会庞大的多代家庭瓦解，"分化为核心家庭"。

该时期的传统孝道还通过许多神话传说渗透进来，诸如方粽和圆粽的传说（兰柳王子和方粽、圆粽)、枚安暹的传说(西瓜的传说)、山精水精的传说(美侬公主遵从父王安排)、媚珠仲始的传说(国王安阳王杀死了自己的女儿媚珠,因为她不忠不孝),等等。尽管这些神话传说的起源要从长计议,但是它们一定程度上反映了古代的社会规范。

该时期关于传统孝道还有一个更鲜活的例子,就是祖先崇拜。没人知道这一传统始于何时,但至少从百越时期古越南人就开始祭祖了。类似的,按照武琼、乔富在《岭南摭怪》中的记载,雄王三世的女儿仙蓉,一个18岁的美丽姑娘,她不想结婚,而想遍游天下。在宗族村落褚村,住着一个渔民的儿子叫褚童子。他家的房子不幸失火,除了给父子留下一条编织腰带,什么家当都没留下。年迈生病的父亲在弥留之际要求儿子保管好这根腰带,但是他没有这么做,他用腰带遮盖病逝的父亲。

社会现实方面,文郎瓯雒时期的越南先祖们大都是稻民,为了应对天灾横祸(洪水、旱灾、虫灾)和社会问题(盗窃、侵略等),他们奉行高度的农村集体主义。社群关系的运行基于核心家庭关系,代际间的道德伦理长期以来仍然是家庭关系的支柱。孝道就是在此基础上形成的,并在儒家思想渗入越南之前就已存在。

因此,孝道源于越南现实的农耕生活。由于生活在封闭的乡村和从事水稻栽培,孝道既讲究等级,又倾向于平等的原则(横向)。《汉书》记载:"骆越之民,父子同川而浴。"就性质而言,这时的孝道纯粹出自民间,普遍存在于每个家庭,没有任何的理论基础。直到越南从汉代中国广泛吸收了儒家思想之后,才有了鉴别和评估孝道的标准。

在汉族统治的数千年里,孝道被理论化,并与"三纲五常"等社会伦理标准相联系。孝道从家庭走向了社会,从民间进入庙堂。实际上,不经过深入的分析,就会误认为越南最初从中国接受了"孝道"。实际上,中国的孝道观有其理论意义,它改变了封建时期越南土生土长的民间孝道。两种文化资源的融合,使越南的传统孝道完全处于本土文化的特色体系中,形成了自己的特色。

(二)越南孝道观的特点

正如董进宇所说,孝道通常同实际的社会家庭生活相连,所以家庭和社会的结构性质也直接影响着孝道的性质。

传统越南大体是一个横向社会,家庭利益被置于村落的共同利益中,因此孝道常被其他社会思想家的分支体系"束缚"。

首先,由于"仁"(作为纽带),"孝"意欲与正直统一起来。家庭关系(孝道)支撑着社会关系(正直)。公共约定发挥关键作用,强烈影响着每一名成员的生活方式,所以家庭中也有社会感受。孝与正直并行不悖,两者有共同的价值观——仁。越南人普遍认为,孝顺的孩子都是正直的,他们都有同情心,能同社会和谐相处,自然也尊重爱戴自己的父母。当有人要生育时,人们会说:"不管是男孩还是女孩,孝顺正直的孩子就是好孩子。"

其次,"孝"与"忠"统一。在中国,"忠"与"孝"处于两个不同的层面(国家层面、氏族/家庭层面),而在越南两者得到了很好的统一。大孝的思想最早出现在15世纪学者阮鹰送父亲阮飞卿至中国入狱的典故中。阮飞卿教诲他:"孝事父母是小孝,孝事国家是大孝;儿子,你要守大孝。"心存孝道者需先敬大孝。历史上,越南人民抵御外族侵略,都是为了捍卫大孝。实际上,越南的孝道同爱国主义密切相关,都体现了对祖国的深情厚爱。

此外,越南的传统文化,以大孝(爱国)为纲,将孝道与忠诚、正直相统一。这样的多元化组合是完全合理的,它源自越南人内在的个性特点,包括集体主义、尊重和谐的本质、阴柔之性、多元性与灵活性。所以,越南的孝道不是极端的等级性品格,在现实生活中并没有表现出过分的严苛。

历史上,越南的孝道表现出多元合成的本质。首先是最初的内部功能同外部儒学理论框架的结合,其次是普通大众同官僚阶层之间的链接与合成。

同任何其他东亚国家一样,越南正经历着现代化进程所带来的深刻变化,这些变化直接影响着家庭结构和伦理美德的多维变化。当代越南人依托小孝与大孝的并立,维系了孝道的内涵,促进了孝道的发扬。同样,中国人不得不承受近几十年的以经济发展为重的政策和"独生子女政策"带来的许多挑战,所以中国人也提出了类似问题。

国内的多样性方面,在孝道的实际表现和意义发挥方面,北越和中越要大胆一些,而南越就相对保守一些。作为新开辟的地域,南越是移民者的家园,他们主要生活在核心家庭中。为了调整适应新的生活环境,他们实际上也改变了社会思想。因此,那里的孝道往往简单化、大众化、多样化。南越人很少将孝道同忠诚、正直、和谐统一起来。尤其是,他们对孝道有自己的理解,往往将孝的理念融入家庭的范畴。例如,湄公河流域的妇女认为嫁给中国台湾人和韩国人是天经地义的事情(主要是出于孝道),在这里,大孝的观念不再重要,大众更接受多元文化主义观念。

为体现孝道在生活各方面的影响,本文将研究范围限定在两个典型领域:宗教和风俗。

宗教方面,越南人的孝道深刻表现为与不同精神信仰或民间宗教的和谐一致。孝道是祖先崇拜、母神信仰和国祖崇拜的基础。出于综合思维和神秘心理,越南人崇拜祖先不仅仅是为了履行孝道,也是为了祈求好运。尽管裹着儒家理论的外衣,民间的孝道却融入了佛教与道教的哲学思想,成为将这两种地区性宗教引入越南的基本戒律之一。在像高台教、和好教等新兴的宗教中,孝道仍然是其核心理论。在基督教的仪式上,越南信徒要完成的两项最基本的任务就是崇拜上帝和祖先。实际上,越南人这种同宗教活动相关联的孝道源自人们兼收并蓄的灵活的思维根基。在可容忍的范围内,越南孝道的分散化属性正在广泛拓展(因为它突破了家庭的框架),但是它原先的层级性并没有消失,它只是受到了精神因素而非社会层级的激发。

在风俗方面，孝道在人生大事习俗和传统节假日中表现得尤为突出。在人生大事习俗方面，人们通过在婚礼上敬奉父母的仪式、葬礼上对逝者灵魂救赎的仪式、祖先纪念日等形式来表达孝道。同时祖先崇拜仪式也是所有传统节日的基本内容，其中蕴含着许多社会伦理教育的优秀价值观。比如持续至少两周的农历新年就充分蕴含着孝道的内涵，人们会在农历新年前举行坟墓装饰仪式，在腊月三十邀请祖先回家，过年期间会每日侍奉祖先等。端午节，祖先崇拜也是一项核心仪式。人们认可孝道思想，所以才会通过民间活动履行孝道。除了阮朝（1802—1945）的《采梅佳丽》（*Tho Mai Gia Le*），没有一部典籍对祖先崇拜仪式作出过规定。

总之，越南传统孝道的鉴别和落实，都是建立在综合性、灵活性、农村集体主义之间相互作用，以及稻农社会的基础之上的。孝道的理解和践行形式灵活多样。

三、韩国的孝道观

（一）韩国孝道的起源

整个朝鲜半岛，尤其是韩国的文化传统源自"农牧"生活方式，注重家庭和世系联系。

由于恶劣的自然条件，韩国人为了生存和发展要尽力克服困难。此外，由于靠近传统帝制国家——中国，对来自这个大国的政治文化影响的关切一直都是韩国大事，仅次于自然挑战。这些因素都有助于塑造世界上勤勉、忍耐品性和饮恨的品格。

在生活方式的选择上，不像越南人生活在由非世系成员构成的农村，韩国人往往更喜欢家庭多代群居生活。因如上所述自然条件严峻，韩国人不得不调动资源，互相帮助，与世系成员共享物产。所以，相比较越南的农村大众生活，韩国文化更重视世系团结。

越南作家 Tran Thi Thu Luong 提道："崇尚博爱的韩国文化有非常鲜明的特征：以爱为本，与自然和谐相处，思想敏锐细腻。"作者强调"这种以爱为本的精神首先体现在对家庭的爱"，"家庭意味着幸福"，因此，"那些脱离家庭的人是最不幸福的"。韩国人低估了基本家庭成员间的关系，包括同代成员以及代际成员之间的关系。韩国和亚洲的观众不会忘记《医家兄弟》（1997）、《水晶鞋》（2002）、《搞笑一家人》（2006）、《传闻中的七公主》（2006）、《我爱上了朋友的姐姐》（2007）、《皇室家族》（2011）、《亲爱的》（2012）、《我的女儿》（2012）等韩国电影中家庭团聚（团圆）的画面及其暗含的家庭观念。越南人为了通过韩国电影推广家庭观念，甚至将电视台播放的电影《搞笑一家人》更名为《家庭第一》。著名作家 Tran Ngoc Them 认为"在韩国文化中，家庭不仅仅是社会细胞，而是整个社会的主导因素，家庭主义是韩国人真正的'信条'"。中国学者费孝通曾用"熟人社会"一词描述世系社会,而"熟人社会"是由那些来自同一血统的人组成的。韩国当然是由"熟人社会"（家庭主义的"孵化器"）主导的国家。在中国南部地区,只有直系亲属,而在中国的北方地区却存在各个独立家族生活在同一个村落的情况。在韩国,显然是直系亲属,它是家庭主义的根源。韩国社会显然是孝道形成和发展的理想环境。孝道传统反过来会对巩固家庭道德和社会层级带来影响。显然,韩国社会的发展模式同越南非常不同。

由于韩国人与中国文化交流大力互动,尤其是儒学的传入,孝道获得了更多的哲学内涵,变得更加透彻稳固。就有关韩国孝道而论,本土元素同来自中国的异质观点之间相互作用、相辅相成。

历史上,自三国时期起,韩国社会就很快建立了阶级制度。朝鲜王朝时期,由两班贵族（yangban）、中民（jungmin）、平民（sangmin）和贱民（cheonmin）组成的四级社会对韩国等级制度的形成产生了深刻的影响。Tran Thi Thu Luong 写道:"（韩式）等级文化的本质不仅仅表现在上层下层阶级或穷富的划分或行为上,还表现在具体的规则上:下层必须完全服从上层,相反,上层有义务尊重和保护下层。"

（二）韩国"孝道"的实质

韩国社会重视家庭主义和世系等级,将其视为形成和培育传统孝道的基础。在公共生活中,韩国人完全服从自己的长辈,表现为子女服从父母、妻子服从丈夫等,大力维系家庭等级。韩国有句俗语:"喝凉水时也要守规矩（等级）。"这表明"顺从"和"等级"表现在生活的方方面面。世系文化包含了家庭文化。受世系传统力量的影响,"孝道"的思想和践行从家庭层面延伸至世系层面并最终正式成为国家层面的概念。在韩国社会,家庭等级在延伸至世系层面后,仍然得到维系、发扬,甚至强化。换句话说,韩国的孝道思想是纵向推广和执行的,而越南则是横向的。韩国的孝道倾向于等级化,而越南则倾向于"去"等级化。

反过来,国家要高于宗族。国家层面上,韩国人尊崇道德行为的"忠"。在韩国,"忠"显然是建立在"孝"的基础之上的,用孝来培育忠诚,培养忠诚。从这个角度说,韩国的"忠"源于"孝"和越南的"大孝"（孝人民）源于"小孝"（孝父母）,两者之间是有相似之处的。但是韩国的"忠"带有等级性,因为它是从等级为本的"孝"发展而来的,所以韩国的"孝"也可以理解为"敬"或者"顺"（还包含"忠"、"孝"和"责"）,而越南受多世系集体主义影响,其"孝道"是"忠诚爱国"和"正直"品格的统一。

在韩国各个年龄阶层中,孝道思想深入人心,"孝"被视作家庭和传统社会人际关系的基础。子女,不管年龄多大,在老人眼中永远都是小子。显然,不管什么情况,父母总是正确的。不孝的子女会受到社会的谴责。对男人来说,"不孝"之罪有六个,前几个都涉及"不顺从"和"抛弃"父母。(1) 懒惰、不顺从父母；(2) 嗜酒好赌、抛弃父母；(3) 拜金、溺爱妻子；(4) 好色、抛弃父母；(5) 喜欢暴力、杀害良民，使父母蒙羞或陷其于危险境地。(6) 不能生育儿子。对女人来说，最大的"不孝"就是辜负父母，尤其是公婆的期望。(不顺从公婆、不能生育儿子、通奸、猜忌、身陷丑闻、有遗传疾病、盗窃等。)

直接通过家庭评价个人，这是韩国人一直以来的习惯。在称呼方面，他们习惯称呼姓氏，如"李氏之子"、"金氏之女"，等等，以示家庭孝道和道德联系。

韩国的孝道是对一般人生哲学与道德规范清晰地双向妥协。下层阶级尊重上层阶级；上层阶级保护下层阶级，为他们作出牺牲。在越南，这种道德观也得到认可，渗透到南越之后，仍然很严格。金在恩曾经说过："如果日本人能够为了自己的国家牺牲生命，那么韩国人往往可以为了家庭幸福牺牲自己。"在当今的韩国，大规模的传统家庭正在被以夫妻关系为核心的核心家庭体系所取代。家庭关系正在从纵向（晚辈与长辈之间）向横向（同代之间）显著转变。这一变化在那些信奉西方个人主义教育的一代人里表现得尤为突出，从而使传统的道德关系逐渐松散。但是 Tran Ngoc Them 在他的文章中引用了韩国学者的研究结果，表明"在韩国社会，集体主义仍然得到维系并同个人主义共同存在发展"。

历史上，韩国的孝道最初的一些特征同儒家孝道的本质非常契合，在被高度概念化以后，就有了完整的哲学体系，所以韩国人往往能恰如其分地理解孝，行孝道。这就是韩国的孝道同越南传统孝道思想的根本区别。在越南，乡村集体主义平等中存在等级，这两个因素（等级和平等）在相互作用中彼此相消、共存。

为了解读韩国文化中的这一问题，本文以下部分将对两大领域的一些特定案例进行分析研究。这两大领域即宗教和风俗，汲取了较多的孝道哲学。

韩国人用"孝"字来培育忠诚和骑士风度。韩国的儒教法则主要是通过祖先崇拜和等级原则，着力开展基于家庭的孝道教育。实际上，在韩国，祖先崇拜被视作孝道的核心内容。

在宗教构成方面，可以看到孝道同民间宗教之间没有密切的关系，或者说在一定程度上，和越南一样，孝道和民间宗教之间的结合是模糊的、不清晰的。例如，韩国的儒学某种程度上受到中国官场文化的直接影响，因此它大力奉行官僚价值观而非大众美德。韩国的传统宗教如果有什么融合的话，那就是儒教、佛教、道教以及萨满教的大融合。

在人生礼仪习俗方面，婚礼、寿礼和葬礼都是强烈和充分表达孝道重要性的仪式。对韩国人来说，单身是大"不幸"、大"不忠"，因此，"无后"是老年人最担忧的事情。历史上，韩国的婚俗极为复杂，"可能要耗时多年才能完成"。韩国人很重视风俗，认为风俗表达了家庭和社会的道德标准，因此风俗很少被简化（除了现在一些为新生儿举办的仪式）。他们认为一次迁就、百次迁就，结果整个家庭等级体系都会被打乱。在婚礼上，祖先崇拜以及向父母表示诚挚的敬意或者感谢仍然是重要的活动，韩国人希望他们的孩子明白他们的幸福不仅仅是对他们自己而言，也是整个家庭和宗族的幸福。越南的情况则完全不同，在越南，结婚旨在满足村民的共同需要，其次才是满足家庭的愿望和夫妇的渴望。在韩国，由于世袭继承的思想深入人心，婚后"无后"是最大不敬的罪过之一，即使是生育女孩，仍被视作为失敬。这种观念在古越南时期也同样出现过，只是没有那么极端，尤其当人们信奉一句话："无论是男孩还是女孩，只希望他/她是个正直、本分、善良的孩子。"

祝寿是子女向父母表示敬意的重要仪式。历史上，当祖父母或者父母60岁时（古代天文历法的干支纪年中一个循环的收尾之年），他们会受到诚挚的邀请参加一场特殊的寿礼。韩国作家 Lee Kwang－kyu 认为，在韩国，庆祝60岁大寿是最重大的人生仪式之一，所有的晚辈和亲戚要恭敬地聚拢在他们身边，为他们祝寿。韩国人重视这种风俗，因为通过实际生动的风俗有助于教育人们坚持长久的孝道。

韩国的葬礼同样不失庄重。人们通过为逝者组织仪式的形式来评价晚辈们的孝。献祭、裹盖寿衣和下葬等仪式进行得一丝不苟，以维护规则，实现两个基本目的：救赎逝者的灵魂、对生者进行伦理教育（包括孝道）。在墓址选择方面，韩国人很重视风水，因为他们希望为去世的先辈们选择一处"梦堂"之地。生活中，邻里间为了争夺"梦堂"墓址，经常发生争吵、冲突，甚至斗殴。除了在南越，一些风俗被缩短简化，这些仪式和类似的含义在越南文化中也同样能找到。葬礼后3年内，韩国人总是表现出痛苦和折磨，反省罪过，因为他们觉得自己不孝，没有让父母活着。而越南人会志哀一到三年（取决于不同的地域和宗教），但是他们不会自我折磨，因为他们坚信生死是阴阳轮回的两个方面。越南人常说"竹子变老了，幼牙往往会出现"抑或"生寄死归"。

韩国的农历新年，又称"春节"，清明节（正月初五）以及中秋节也都是基于孝道的风俗。春节的时候，在祭祖仪式之后，必须向老人敬祝寿礼。儿孙们轮流磕头，祝愿祖父母健康长寿。韩国的春节祝寿仪式逐渐成为传统孝道的具体表现，为世界不同国家人民的广泛推崇。春节一过，所有韩国人要去祭拜祖先，清理装饰祖坟（类似于中国的清明节）。但是相比较而言，越南人并没有将清明节作为重要习俗，因为他们每年都举办逝者纪念日。韩国的中秋节（Chuseok，秋夕节）是第二大孝道节，因为节日里所有仪式的核心价值观就是家庭团圆、敬重长辈、家庭等级。所以，秋夕节也称为韩国的家庭感恩节。第三个孝道节就是重阳节，那些还没机会探望父母/祖父母和祖坟的人会在这一天回家。

韩国长久的传统家庭体系正在被注重夫妻关系或年青一代的核心家庭体系所取代。受信奉个人主义的西方现代教育的影响，这一变化在下一代人群中表现得尤为突出，使传统道德关系逐步消亡。但是，作家 Tran Ngoc Them 在文章中引用了韩国作家的结论，结论表明"韩国的集体主义和个人主义仍然得到维系，并共存发展"。总之，高度等级制社会建立在标准家庭主义的基础上，韩国的孝道体现了规范和纵向标准（Y

轴），维护了韩国良序社会和等级制度从古至今的可持续发展。

结　论

　　越南和韩国尽管有着相似的历史社会背景，但是不同的种族起源和生态条件使两国文化呈现出截然不同的特点。尤其是前者心中倾向于集体主义平等（或者说等级消解），因为它建立在纵向的社会基础上；后者以崇尚家庭主义的社会为基础，总是试图维系和促进家庭和社会的等级。

　　尽管两国文化有着相同的正统意识形态，都尊崇儒家思想，但是不同的社会文化，使越南和韩国的孝道传统截然不同。在越南，孝道本着社会公正与情感依赖（怜爱）的精神，与忠君思想（爱国主义）、正直、孝悌相统一。而在韩国，家庭和社会道德建立在孝道的基础上，认为孝道是以等级精神为基础建设国民道德的起源。

英文原文:

FILIAL PIETY ACROSS TWO CULTURES VIETNAM AND KOREA

Nguyen Ngoc Tho[①]

1. The Theoretical and Factual Basis

1.1 Theoretical Basis

In term of etymology, "Filial Piety" 孝 derives from the image of a person carrying his/her father (or mother) on his back in the road. "Filial Piety" basically has two parts: "the old person" refers the old person on the world's top and the child "child" refers the youngers, (being) at the world's bottom (Ly Ngac Nhi 1997: 267). According to Dao Duy Anh's *Sino-Vietnamese Dictionary*, filial piety means wholeheartedly honoring one's parents. Filial piety is one of important ethics of Confucianism. Along with Loyalty (忠), Benevolence (义), Filial Piety (孝) builds the human's behavior rules in Vietnam's and East Asia's social and family relationships.

Filial Piety is greatly appreciated by Confucian scholars. Analects said "弟子入则孝, 出则悌", meaning "Good man must be filial at home, must respect the superiors".

According to Chinese legend, Filial Piety "originated from virtue defined by Yao Shun" (Wu Zhong Yi in 2010: 24). According to *Shuo Wen Jie Zi* 说文解字, *filial piety* means "serving parents". Confucius's students had many times asked their master about the filial piety. Being a symbol of social morality and fine ethics, the scope and effect of filial piety is limited inside the family space. At Western Han Dynasty, when the apparatus of the governing state had been completed and the formality regulations was promulgated, the filial piety was strongly applied as one of the important norms of social morality.

The obligations in Three Basic Relations (Sangang 三纲) and Five Constant Virtues (Wuchang 五常) also defined the concept of filial piety. As one of Three Basic Relations' obligations, the important spirit of hierarchical family relationships (between parents and chil-

---

[①] Ph. D., University of Social Sciences and Humanities, Vietnam National University - Ho Chi Minh City, Vietnam.

dren) presented through filial piety has easily been perceived. Filial piety is also defined by Humanity (Wu Zhong Yi in 2010: 24). Filial Piety, along with brotherhood harmony/esteem, specifies the hierarchical order in each family or each clan, greatly contributing to maintain the sustainable social order. Confucius once said: "宗族称孝焉，乡党称弟焉" (Filial Piety should be treasured in family relationships and harmony/esteem should be cherished in the village ties). In *Daxue Classic* (大学), the ancient used Filial Piety to express Dignity and regulate the standards of a gentleman with the target of governing the nation and conquering the world. Book on *Doctrine of the Mean/Chung Yung* (中庸) used Filial Piety to establish a neutral world. Book on *Mencius* quoted Confucius and Mencius comments, in which the basic meaning of filial piety is only revolved around family sphere.

However, along with the history, significance of filial piety has been expanded into "practicing humanity 行仁". The persons streasuring on humanity get humanity, always have aspiration being useful for the community. Moreover, they have an immense compassion for all things, as the ancients referred "being clement to people who love beings 仁民爱物". Thus, in the broader sense, Filial Piety has been developed into Humanity 仁. At Ming Dynasty, the Filial Piety has related to the Loyalty, especially when Zhu Yuanzhang applied the Filial Piety policies, respected the motto "移孝为忠 turning Filial Piety into Loyalty" or "Filial Piety is the first factor of the Loyalty, to shape the Loyalty 忠先于孝，孝服从忠" (Shu Dagang 2010: 40 – 50).

Characteristics of the filial piety in Confucian tradition are tied to practical social life of each family, so they don't have a special regulation compared with many other categories. "Every family has a style of family tradition; therefore, the filial piety was differently performed in different circumstances, regions and historical eras (Dong Jin Yu 2010: 3). This reflects the diversity of Filial perception of the different classes, in different ethnic groups and different nations whether receiving the influence of Confucian ideology or not.

Therefore, the Filial conception is completely different according to different philosophies owned by different peoples of the world. In a study of incest motif in Greek and Indian mythologies, Indian author K. Ramanujan (2006) identified the existence of differences between the Oriental and Occidental life trees. In the West, the life tree is upright. The tree's root is symbolyzing the family background (parents), while the children are the treetop, always reaching new heights of their era. Meanwhile, the Oriental life style is totally opposite, with the root on the top falling down to treetop below. In this philosophy, the children are always lurking behind or in the shadow of their parents.

In the East, particularly the countries under the Chinese cultural influence, the conception of filial piety also shows many differences besides the common features throughout the region.

Even the nature of orthodox ideology in society as Confucian is presented diversely (such as Righteousness is treasured in Vietnam, while Loyalty – Filial Piety in China, Obedience – Respect in Korea, Loyalty – Bravery in Japan (Nguyen Ngoc Tho 2010). Those differences were originated from many factors, but perhaps most importantly from that the natural and social environment has shaped the diversity of economic – cultural forms as well as the conception and the cultural personalities of each nation.

1.2 The Factual Basis

When discussing the cultural relations between Vietnam and Korea, the former writers usually emphasize the similarities, such as the fate of history, the ideology of traditional societies, the conception of the universe and human beings; however those remarks do not reflect appropriately the fundamental nature of these two cultures. Being observed under the perspective of cultural typology, the two cultures show up clearly their different starting points created by two different types of economic and cultural origins.

(1) Vietnam is a tropical monsoon country in Southeast Asia which the economic – cultural foundation mainly bases on paddy – rice cultivation (Tran Ngoc Them 2001). When considering Vietnam's traditional culture, researchers refer to the Northern Vietnam region where the Vietnamese (Kinh) is the dominant group. As a matter of fact, ancient Vietnamese people inhabitated in this region, applied the agricultural lifestyle and lived in closed and autonomous villages.

To historical dimension, Vietnam's culture underwent three major cultural periods, including ① the period of local culture formation which is recognizing from the prehistoric to BC 111 when Zhao Tuo invaded North Vietnam; ② the period of disputing and cultural exchanging with China, India in which cultural exchanges with China is the deepest (from BC 111 to present); and ③ the period of interaction with Western culture (from XV – XVI centuries until the present time).

With rather fine natural conditions (such as topography, soil, climates) and specific historical - social conditions, Vietnam's culture has originated in the heart of traditional Southeast Asian farming civilization. This inevitable product is made out of the mutual interaction of three harmonious elements, including ① the convenient living environment with the warm climate and rivered terrains, ② the static quality of the gathers – farmers of Austro – Asiatic residents who have developed to be the modern Vietnamese; and ③ Paddy – rice agricultural life. This *yin* cultural typology has been more or less modified from outside, especially from Confucianism in relation with China and from the influence of Western civilization.

The above conditions have impacted on defining the important features of Vietnam's cultural characteristics, directly affecting the perceptive notion of filial piety in traditional culture, including the collectivism, the interaction with harmony, yin – oriented essence, synthetic and flexible culture. (see also Tran Ngoc Them) (2006)

(2) South Korea is located in the southern Korean peninsula, having worse terrains compared with Vietnam. There's a majority area of rocky hills (~ 70%) and a narrow less silted coastal plain, often submerged. South Korea lies in the temperate belt, being relatively cool in summer and cold in winter. Those natural conditions defined the nature of "mixed farming and herding 农牧双存" in Korea's traditional economic – social form.

Unlike Vietnam with 54 ethnic groups, South Korea is relatively homogeneous in terms of ethic ingredient (almost Koreans). The ethnic homogeneity easily creates the consensus and uniformity characteristics of the consciuousness, concept and cultural performances.

Both Korea and Vietnam were experiencing the similarities of historical – social conditions, but each country had its own nature. There were three phases in both national history, consisting of ① the formation of local culture; ② the period of being against Chinese cultural influence, and ③ the period of re – independence and cultural development. However, Vietnam has been under the Chinese domination by nearly 10 centuries, while South Korea in particular (the entire Korean peninsula in general) had been about three centuries. This difference reflects that the time South Korea received direct influences from China is shorter, so the time for recovery and national development is longer. During the process of modernization, the Koreans have been on the way earlier, so the experiences in controlling the new challenges among family relations, including the filial piety, are richer and more effective.

In cultural personalities, both nations appreciated the harmonious attitude with nature, but there was quite different in nature and characteristics of the community aware sense, in thinking styles, in emotional moral ties and social nature.

Though both Korean and Vietnamese value the community awareness, the starting points are different. While Vietnamese show the prominent social collectivism since they have performed their lives in the rural closed villages, Korean respect the clan – based life which is inherently hierarchical. While the Vietnamese have got the generally abstract mind which strongly associated with the traditional collectivistic paddy – rice cultivation, the Korean are more capable of analytical thinking and somehow the harmony between the synthetic and analytical sources. As a result, the Vietnamese are more sentimentalistic while the Korean want the harmony of sentimentalism and rationalism. (see Tran Ngoc Them 2010)

In regarding the cultural essence, Vietnamese society demonstrates the ambivalent relationships between horizontal (the collectivistic equality) and vertical (the Confucianism – based hierarchy) while Korea bold in social hierarchy (vertical). In the article *The Cultural Perspective of Vietnam – Taiwanese Marriage*, author Phan Thu Hien (2010) when comparing social characteristics between Vietnam and Chinese Taiwan has emphasized that Vietnam's social development is on the "horizontal axis" while Taiwan's the "vertical axis". This comment of the author is entirely consistent with our analysis in the case of comparison between Vietnamese and Korean societies.

In relationship with China, South Korea and Vietnam stood at two active and passive edges in dealing with the cultural exchanges through interaction. Confucianism as an example, Koreans are relatively active and systematic in learning attitude while Vietnamese is rather passive, they absorb only what they need rather than the whole. (Tran Van Doan 2002: 82 – 88)

2. The Perception of Filial Piety in Vietnam

2.1 *Origins and Development Process of Filial Piety in Vietnam*

There's no historical book clearly noted the time and the circumstance appearing the Filial Piety tradition in Vietnam. But, in the interdisciplinary approach, we can still determine its existence at least from the era of Van Lang – Au Lac (文郎瓯雒时代, BC. 700 – BC. 300). At that time, the society gradually moved from a matriarchal to patriarchal axis, as well as the nuclear family structure got improvements and the moral relationships was strengthened (showed by decorative patterns on the surface of the Dong Son drums: Dong Son Communal House, trio of father – mother – son, three deers and others (see also Tran Ngoc Them 2001). Pham Duc Duong (2000: 63) stated that as the ancient Vietnamese people transferring from the midlands to exploit the plain deltas around Hanoi, the model of great multiple – generation family of matriarchy disssolved and "smashed into the nuclear families".

The tradition of filial piety this period is also an endosmosis through series of legends and myths, such as the legend of square and round – shape rice cakes (Lang Lieu Prince and Banh chung – banh day), Mai An Tiem legend, Son Tinh – Thuy Tinh legend (My Nuong Princess obeyed her father king's arrangement), My Chau – Trong Thuy legend (King An Duong Vuong killed his daughter My Chau because of her disloyalty and filial piety – breaking), etc.. Though the origins of those legends and myths need to be further discussed, they all partially reflect the ancient social norms.

A further live evidence for Filial Piety tradition this period is the ancestor worship. No one knows when it started, however, the ancient Vietnamese performed this cult but the at least at the Bai Yue 百越 period (see Tran Ngoc Them 2001). Similarly, according to Vu Quynh – Kieu Phu in *Linh Nam Chich Quai* (岭南摭怪/ *Lingnan Zhi Guai*), the 3rd Hung King's beautiful 18 year – old daughter named Tien Dung did not want to get married, but was interested in travelling all over places. There was the lineal village of Chu 褚, where the fishermen's son named Chu Dong Tu (褚童子) was living. Unfortunately, his house was on fire, leaving no wealth except a fabric loincloth for both father and son. The old, sick father before closing his days asked the son to keep the loincloth; however, the son didnot serve himself, he used the loincloth to cover his dead father. (see Tri Buu 2014)

In regarding the social reality, Vietnamese ancestry at Van Lang – Au Lac period were mainly the paddy – rice farmers mainly living in high rural collectivism since they had to deal with the unexpected disasters (floods, drought, pests) as well as social challages (thieves, invaders etc.). Community relations are prerformed basing on the nuclear family relation, in which the moral ethics between the generations over time remained the backbone. Filial piety had been formed on that basis and had existed before the Confucian ideology penetrated into Vietnam.

Thus, Filial Piety derived from the reality of farming life in Vietnam. It is both hierarchical and bias towards the principle of equality (horizontal axis) due to the enclosed village – based living settlements and the paddy – rice cultivation. *Han Shu* (汉书) noted: "The Luo Yue civils, that father and son have bath in the same river..." （骆越之民，父子同川而浴）. In regarding the nature, the Filial Piety this time was purely popular, existing in every family without any theoretical basis. Therefore, there was no criteria or standard to identify and assess Filial Piety until the Vietnamese adopted extensively Confucian ideas from Han China.

Through thousands of years under Han's domination, the Filial Piety has been theorized, associated with the social ethic criteria such as the obligations in three core relations and five constant virtues. Filial Piety steps out from the family to society and transfers from a folk status to the mandarin nature. In reality, without in – depth analysis, one might make mistake that Vietnam originally received "filial piety" from China. In fact, the Chinese filial piety concept plays the theoretical role which has modified the locally – born popular filial piety tradition when Vietnam went on the process of feudalism. Being mixed by two resources, the tradition of filial piety in Vietnam has its own characteristics, being entirely in the system of Vietnam's cultural characters.

2.2 *The Characteristics of the Filial Piety Conception in Vietnam*

As above mentioned by Dong Jin Yu (2010: 3), the Filial Piety is associated with practical life of the families within society generally, so the nature of filial piety is also influenced directly from the structure and nature of family and society.

Traditional Vietnam is generally a horizontal society, family interests were placed in the common interests of the village. Therefore, Filial Piety was bound by many sub – systems of other social thinkers.

Firstly, Filial Piety means to be reconciled with Righteousness due to Humanity (as a link). Family relationships (Filial Piety) are drawn on social relations (Righteousness). Communal conventions play the key role, which strongly affect the living way of each members, so families are shared by society feelings. Filial Piety is in parallellism with Righteousness; both Filial Piety and Righteousness share the common value – Humanity. In Vietnamese popular thinking, a filial child is a righteous one who has got compassion, harmony with social space, of course including compassion and respects his parents. When someone is going to have a child born, people say: "Whether daughters or sons, those who are both filial and righteous are more valued."

Sewcondly, Filial Piety reconciles with Loyalty. While Loyalty and Filial Piety exist at two different levels in China (national level, clan/family level), they strongly unified in Vietnam. The concept of Great Filial Piety emerged early at 15th century in the story of the scholar Nguyen Trai seeing off his father Nguyen Phi Khanh to China's jail. Nguyen Phi Khanh has taught him that "Filial Piety towards parents is only the Minor Filial Piety (小孝), while towards the nation, the homeland, the country it becomes the Great Filial Piety; and son, you have to bear on the Great Filial Piety (大孝)" (see Phan Ngoc 2001). Those who have Filial Piety in mind should esteem the Great Filial Piety in the top priority level. During history, the Vietnamese have defeated all the forgeign invaders to protect this Great Filial Piety. As a matter of fact, Filial Piety in Vietnam is strongly attached with patriotism, deeply getting engaged with love toward the Fatherland.

In addition, Filial Piety in Vietnamese cultural traditions is united in Loyalty and Righteousness under the main platform of patriotism (大孝). This pluralistic combination is entirely logical since it stems from the inherent personality characteristics consisting of: the collectivism, the harmony – esteemed essence, the yin nature, the synthesis and flexibility. As a result, Filial Piety in Vietnam is not the extreme hierarchical virtue, it is not too squeamish and harsh in practical life.

Historically, Filial Piety in Vietnam has shown the essence of multi – dimensional synthesis. The first combination comes from the originally internal function and the external Confucian theoretical framework. Secondly, it is the link and the synthesis between the popular people and the mandarin class.

Like any other East Asian countries, Vietnam is currently witnessing the profound changes in the process of modernization which directly impact on family structure and multi – dimensional changes of moral virtues. The modern Vietnamese can take advantage of the coexistence of Minor and Great Filial Pieties to preserve and promote the significances and the widespreading of Filial Piety. Similarly, the Chinese also posed similar questions since they have to bear so many challenges of the policy focusing on economic development and of the "one child policy" in recent decades. (Dong Jin Yu 2010: 3)

In regarding nationwide diversity, Filial Piety is bold in practical performances and significance in Northern and Central Vietnam whereas relatively sparing in Southern Vietnam. As the newly – exploited land, Southern Vietnam is the homeland of migrants who are mainly living in the nuclear family scale. The social thought is actually changed as they have to adjust to fit the new living environment. As a result, Filial Piety tends to be simplified, democratized and diversifed. The Southern Vietnamese rarely place Filial Piety in the important conjunction with Loyalty, Righteousness and Harmony. Especially, they tend to encapsulate the notion of Filial Piety in family scale in which has their own view on Filial Piety. For example, the Mekong River Delta ladies take it easily to get married with Taiwanese and South Korean men (mainly because of filial piety), no longler is the concept of Great Filial Piety (大孝) significant while the sense of multi – culturalism more popular.

In order to demonstrate the impacts of filial piety in all aspects of life, the paper limits the survey in two typical fields: religion and customs.

In religion, Vietnamese Filial Piety demonstrates deeply the reconcilation with diverse spiritual beliefs or popular religions. Filial Piety is the foundation of the familial ancestor worship (祖先崇拜), Mother Goddess belief (母神崇拜) and national ancestry worship (国祖崇拜). With synthetic thinking and mystical mind, the Vietnamese worship their ancestors for not only the performance of filial piety but also the desire of luck. Though covered by the Confucian theoretical outskirt, the popular filial piety has shown its fusion in philosophical ideas between Buddhism and Taoism, become one of the basic precepts to bring these two regional religions into Vietnam. In the new religions such as Caodaism (高台教) and Hoahaoism (和好教), filial piety is still a centered theory. In Christian ceremonies, God and ancestral worship are considered as the two basic tasks of Vietnamese believers. As a matter of fact, Vietnamese Filial Piety associated with religious activities stemmed from the foundation of synthetic and flexible mind by and for the folk. Within its tolerance, the decentralization nature of Vietnamese filial piety is expanding widely (because it passes beyond the family framework), however, its original hierarchy doesnot disapear, it is merely stimulated by mental/spiritual factors rather than social hierarchy.

In customs, Filial Piety is most evident in the life – cycle customs as well as traditional festivals and holidays. In the life – cycle customs, Filial Piety is taken as the lodestar throught the rites of venerating parents in marriage ceremony, rituals concerning the salvation of the deads' soul in funeral rituals and ancestral anniversaries etc… Meanwhile, ancestor – worshipping rituals are the core basis of all traditional holidays which carry a full range of good values of the social ethic education. For instance, The Lunar New Year Festival lasts at least 2 weeks which contains fully the Filial Piety significances, such as the ritual of tomb decoration before the Lunar New Year, inviting ancestors coming back home on the 30th of Lunar December (腊月三十) and daily serving ancestors during the New Year holiday. In the Dragon Boat Festival (端午节), ancestral worship is also the center ritual etc. The concenpt of Filial Piety is perceived in the popular way; therefore, the perforamances are also based on popular activities. There has been no classical record regulating the rituals of ancestral worship, excepting the book *Tho Mai Gia Le* under Nguyen Dynasty (1802—1945).

In summary, the tradition of filial piety in Vietnam was identified and implemented under the interaction of synthecity, flexibility and rural collectivism and on the basis of a purely paddy – rice agricultural society. Filial piety is understand and performed in the diverse and flexible way.

3. The Perception of Filial Piety in Korea

3.1 *The Origin of Filial Piety in Korea*

The cultural tradition of Korea in particularly, and the Korean Peninsula in general, originates from the "agricultural – along – with – nomadic" lifestyle with the emphasis on ties of family and lineage.

Given the poor natural conditions[①], the Korean people have tried their best to overcome the challenges for survival and development. Additionally, since the location is close to the traditionally imperialistic China, concerns over political and cultural influences from this giant state has been always on the list of the Korean's priorities, only after the challenges of the nature. These factors have contributed to shape the characteristics of laboriousness and patience, ranked among the top in the world, as well as their hatred – swallowed characteristic. (see also Tran Ngoc Them 2010)

In choosing the way of organizing the lifestyle, the Koreans are inclined to prefer gathering families – generations rather than living rural villages of non – lineage members like in Vietnam. With the above – mentioned harsh conditions, the Koreans have to mobilize their resources, tend to assist each other and share the output among members of the same lineage. As a result, Korean culture highlights the feature of lineage solidarity in comparison to Vietnam's

---

① The majority of the land is rocky mountains, and other unfavorable conditions consisting of long – lasting winter, low rainfall, low quantity of alluvium, etc.

rural popularity. Vietnamese writer Tran Thi Thu Luong (2011) noted that "Korean culture imbued of humanity with quite outstanding characteristics: love – based, harmony with nature, sensitive and delicate mind". The author emphasized that "love – based spirit is firstly the love toward one's family" and "family means happiness", therefore "those decomposed from a family endures the worst unhappiness". The Koreans underestimate the relationship between basic family members including the members of the same generation and between generations together. Korean and Asian viewers are not to forget the images of family union (re – union) and family values implied in the Korean films *Medical Brothers* (1997), *Glass Slipper* (2002), *The Unstoppable High Kick* (2006), *Famous Princesses* (2006), *Tie a Yellow Ribbon* (2007), *Royal Family* (2011), *Darling* (2012), *My Daughter* (2012), etc.. The Vietnamese people, for the sake of promoting family values through Korean film, even changed the film *The Unstoppable High Kick* into *The Family is Number* 1 (Gia dinh la so 1) in Vietnamese TV channels. The famous writer Tran Ngoc Them (vanhoahoc.edu.vn) stated that "in the Korea culture, family is not simple a cell of society, but rather, it becomes a dominant factor of the whole society, it's really a "tenet" – the familism 家庭主义". Chinese writer Fei Xiaotong 费孝通 (quoted in Tran Thi Thu Luong (2011) used the term "Society of acquaintances 熟人社会" to describe the lineage – oriented society and the "Society of acquaintances" is composed by all those who have shared the same bloody system. Korea is certainly the country where the "society of acquaintances" – "the incubators" of familism, dominates (see also Lee Kwang – kyu (2003: 133 – 141). In South China, there are only lineal relationships, where as in North China exist the relationships of separate lineages in a shared rural atmosphere (Ma Guoqing 1999: 107 – 111). In Korea, that is obviously the lineal relationship, which is the seed of familism (see also Lee Kwang – kyu 2003: 133 – 141). It is clear that Korean society is an ideal environment for filial piety to be formed and grow up. Its traditions, in turn, have impacts on consolidating family morals and social hierarchy. Apparently, Korean society has been developing in the rather different mode in comparison with the Vietnamese society.

Since the Koreans strongly interacted with Chinese culture, especially since the introduction of Confucianism, filial piety has gained more philosophical significance, which makes it more lucid and firmed. The interaction between indigenous elements and foreign arguments originated from China in the case of Koreans' filial duty strongly support to each other.

In history, Korean society soon established class mechanism since the era of the Three Kingdoms. At the period of Choseon Dynasty 朝鲜, a 4 – class society consisting of nobles (yangban 两班), the middle class (jungmin 中民), commoners (sangmin 平民) and those of humble background (cheonmin 贱民) was surely a strong influence on forming the emphasis on hierarchy in Korea. Tran Thi Thu Luong (2011: 61) wrote: "the soul of the hierarchical culture (Korean style) does not only lay in the upper – lower or rich – poor classification or behavior but also in the concrete regulation: there must be the complete obedience of the lower class toward the upper class, in return, the upper class are responsible for respecting and protecting the lower class".

3.2 The nature of Filial Piety in Korea

Korean society highlights familism, lineage hierarchy and takes them the foundation for shaping and nuturing filial piety tradition. In terms of organizing communal life, family hierarchy is strongly maintained since the Koreans perform the complete obedience toward their superiors such as the children toward their parents, the wives toward the husbands etc. The Koreans have a saying: "keep order (hierarchy) even when you drink cold water", which indicates that submissiveness and hierarchy are always present in every aspect of life. Lineage culture covers family culture. By and for the power of lineage tradition, the concept and performance of filial piety is expanded from family level to lineage level and finally officialzed at the national level. In Korean society, the family hierarchy continued to be maintained, promoted and even strengthened when expanded to lineal scale. In other words, the concept of filial piety in Korea was promoted and implemented in vertical direction while Vietnam in horizontal axis. Korea's filial piety is inclined to hierarchy, whereas Vietnam's has a tendency to go on hierarchical decomposition.

The nation, in turn, is higher than lineages. The Koreans respect the ethic "Loyalty" in their behavior at national level. Significantly, "Loyalty" in Korea is built up on the foundation of "Filial Piety". The later is used to nurtire and educate the former. From this perspective, we can point out the similarity between the development of "Loyalty" from "Filial Piety" in Korea and the concept Great Filial 大孝 (filial to the whole people) originating from 小孝 (filial to parents) in Vietnam. However, Korean "Loyalty" carries hierarchical feature since it has been developed from the hierarchy – based "Filial Piety". As a result, "Filial Piety" in Korea is also understood as "Respectfulness 敬" or "Obedience 顺" (also including "Loyalty 忠", "Filial Piety 孝" and "Duty") compared to the Vietnamese style of "Filial Piety" mixed between Loyalty – Patriotism and "Integrity" in the context of multi – lineal collectivism in Vietnam.

Among Korean generations, there exists an absolute concept of filial piety. Filial piety is considered a basis in relationships between human beings in a family and traditional society. Children, although at any age, are only "kid" (小子) under the elders' eyes. Significantly, the parents are always right in any cases. Undutiful children are condemned by society. For men, undutiful crimes consist of 6, in which the firsts are related to not obedient to their parents and abandoning them (1) *Being lazy*, *disobedient to parents*; (2) *Being addicted to gambling and alcohol*; *abandon parents*; (3) *Fond of money*, *indulge wife and children*; (4) *Being lustful*, *abandon parents*; (5) *Being fond of violence*, *kill good people*, *make parents endangered or ashamed*; (6) *Being unable to give birth to a son*). For women, biggest crimes are disappointing parents, especially their parents – in – law. (*disobedient to parents – in – law*, *unable to give birth to a son*, *adulterous*, *jealous for ill – fonded reasons*, *involved in scandals*, *having hereditary diseases*, *stealing*, *etc.*)

The Koreans maintain a habit of evaluating an individual directly through his family. In forms of address, they have a tendency to address by family name, such as "the Li's son", "the Kim's daughter", etc. as an indicator of filial and moral ties in a family. (see also Tran Ngoc Them: vanhoahoc. edu. vn)

Korea's filial piety is regarded as a very clear two – way compromise of normal philosophies and morality. The lower class respects the upper class; the latter protects and sacrifices for the former. This is still acknowledged the morality in Vietnam, yet does it remain strict when penetrating Southern Vietnam. Kim Jae Un (1991: 134) once remarked: "If the Japanese can sacrifice his own life for his country, a Korean tends to sacrifice himself for the happiness of his family" (see also Tran Ngoc Them: vanhoahoc. edu. vn). At current Korea, the large – scaled traditional family is being replaced by nuclear family system which focuses on the relation between of the husband and the wife. There is a significant shift from the vertical direction (between the older generations to younger generations) to the horizontal one (the same generation). This change is proven clearly in the generation who are highly embracing the influence of individualistic Western – style education, making the traditional moral relation gradually looser. However, in his article Tran Ngoc Them (vanhoahoc. edu. vn) cited the Korean writers' research findings to show that "in Korean society, the collectivism is still being maintained, along with it, the individualism is still parallel existence and development".

Historically, filial piety in Korea at the dawn has some characteristics which quite fit the nature of Confucian's filial piety, when it is highly conceptualized, the Koreans have got a complete philosophical system; therefore, they tend to understand and perform in perfect appropriateness. This is the fundamental difference in comparison with traditional notions of filial piety in Vietnam. In Vietnam, there is a hierarchy in a rurally collectivistic equality, these two factors (hierarchy and equality) both eliminate and coexist under the mutual interaction.

In order to approach this issue in cultural aspect in Korea, the rest part of this paper analyzes some specific case studies from two significant fields which absorb more filial piety philosophy: religion and customs.

The Korean used the word "Filial" to educate Loyalty and Chivalry. The code of Korea

Confucianism mainly focuses on family – based filial piety education through ancestor worship and hierarchical principles. As a matter of fact, the ancestor worship is considered the central foci of filial piety in Korea.

In regarding to religions' composition, one can see that filial piety is not closely associated to the popular religions[①], or at a certain level, the combination is vague and unclear as in the case of Vietnam. For example, Korean Confucianism is somehow directly influenced by mandanrin Chinese culture; therefore, it has performed strongly the mandarin values rather than the popular virtues. If there is a fusion among Korean classical religions, it has been the general synthesis of Confucianism, Buddhism, Taoism, and shamanism.

In life – spanning customs, marriage, longevity and funeral ceremonies are the ones which express strongly and fully the significance of filial piety. For Korean people, singleness is the great "unfortune" and "disloyalty", therefore, no – children is one of the top concerns of the seniors. Historically, Korean marriage custom is extremely complex, "it may take many years to complete" (Lee Kwang – kyu, 2003: 188). Korean people attach much importance to custom which is considered it as an expression of moral standards of family and society. Therefore, the custom is rarely simplified (excepting some rituals for newly – born child in modern time). They believe that a compliant manner will allow compliant manners and as a result all hierarchical system in family will be upset. In wedding ceremony, worship of ancestor and expression of sincere respect or gratefulness toward parents are still important activities, the Korean expect their children to understand that their happiness is not only for their own but also for the family and the lineage. It is quite different to the case of Vietnam, where marriage aims to meet common needs of villagers before the desire of the family and aspirations of couples (Tran Ngoc Them 2001). After marriage, the "heirless" status is one of the biggest disrespectful sin[②], even when they give birth to a daughter, they are still considered disrespectful sin due to concept of hereditary succession deeply rooted in the Korean's mind. This concept similarly appears in old Vietnam but at the lesser level, especially when people exhort themselves by a proverb "no regarding son or daughter they are, the only wish is to get a righteous, dutiful and virtuous child"[③].

Celebration for longevity is an import ceremony for the children to manifest their respect for parents. Historically, when grandparents or parents turn 60 (ending year of an Oriental Zodiac

---

① Ancestor worship excluded.
② According to Confucian philosophy, there are three big disrespectful sins of a married man, the heirless is the third one.
③ Gái mà chi, trai mà chi, sinh ra có nghị a có nghì thì hơn.

circle of ancient cosmology), they are cordially and victoriously invited to join a special longevity ceremony. Korean writer, Lee Kwang – kyu (2003: 194), considered longevity celebration on the 60th birthday as one of the most important one among the rites of passage in Korea. All descendants and relatives respectfully gather by side and wish them longevity. This custom is treasured by the Koreans because it contributes to educate people the long – lasting filial piety under a vivid and effective custom.

Funeral ceremony in Korea is no less solemn. Descendants' filial piety will be evaluated through the way of organizing ceremonies for the deceased. Ceremonies of sacrificing, shrouding and burying are very meticulous, which preserve the rules to ensure two basic functions: the salvation of the deceased's soul and ethic education among the alive people (filial piety included). Elements of fengshui (pungsu 风水) in burial sites are much treasured by the Koreans since they wish to select a ground ontaining "myeongdang" element (myeongdang 梦堂) to offer their deceased ancestors (Lee Kwang – kyu, 2003: 197 – 198). In civil life, there have bee quite a lot of arguments or conflicts between the neighbors, they even fight each other for the sake of getting the myeongdang burial site for their ancestors. The rituals and similar meanings can be found equally in Vietnamese culture, excepting Southern Vietnam where the custom is simplified and shortened. Within 3 years after the funeral, the Koreans always show the torment and suffering, the sin self – consciousness since they think they are too undutiful to keep parents alive (Lee Kwang – kyu 2003: 199). Meanwhile, the Vietnamese are still mournful for 1 to 3 years (depending on every region and religion), however, they are not self – torment since they strongly believe that life and death is two sides of yin – yang circulation. The Vietnamese say: "when the bamboo get to be old, the young sprout appears, usually" or "the other – world the eternal world of all, this secular is just the temporary 生寄死归".

The Korean Lunar New Year festival, also called Spring Festival, the tomb – visiting Festival (5th of first lunar month) and Mid – Autumn Festival are also the filial piety – based customs in Korea. At Spring Festival, the ceremony of wishing longevity toward the seniors after the ancestral offering rituals is compulsory. Children and grandchildren, in turn, kowtow to and wish their grandparents longevity and good health. Longevity – wishing ritual in the Spring Festival in Korea has gradually become a concrete symbol of filial piety tradition which is popularly appreciated by peoples around the world. The right after the Spring Festival requests all Koreans to practice ancestor worship by cleaning and decorating the ancestral graves (similar to Qingming Festival in China). However, in comparison, the Vietnamese don't make the Tomb – visiting Festival an important rite since they organize anniversary of the deceased annually. Korean Mid – Autumn Festival (Chuseok 七夕节) is practiced as the second biggest filial holiday since family reunion, respects and family hierarchy are the core values of all rituals.

Therefire, Chuseok is also known as Family Thanksgiving Day in Korea. The third filial festival goes on Double Nine Day which is for those who still have not got a chance to visit parents/grandparents and ancestral graves yet are taking advantage of this day to go back home. (Lee Kwang – kyu 2003: 206)

Long – lasting traditional family system in Korea is being replaced by the nuclear family system which focuses on the tie between husband and wife or transfers the focus from the older generation to the younger generation. This change is evident to next generation receiving impacts of Western modernized education which give prominence to individualism, making the relationship of traditional morality gradually lost. However, in his article, the author Tran Ngoc Them (vanhoahoc. edu. vn) has quoted the results of the Korean author who shows that "collectivism in Korea, in company with individualism, is still being maintained, is still co – existing and developing". In short, the kind of high hierarchical society is built on the foundations of normative familism, filial piety in Korea demonstrates the norm, vertical standards (y – axis), contributes to sustainability of hierarchy – well – ordered society in Korea from the past to the present.

4. Conclusion

Originating from different contexts of racial origin and ecological conditions, in spite of sharing similarities of historical – social contexts, Vietnamese and Korean cultures both have got quite different characteristics. Specially, while the former has a tendency to reach collectivistic equality (or hierarchy decomposition) in mind since it has been built on a vertical social foundation, the latter always try to maintain and promote family and social hierarchy on the basis of a society treasuring familism.

Given the two different types of society and culture, traditions of filial piety in Vietnam and Korea also have got important differences, though these two cultures share the same orthodox ideology as Confucianism. In Vietnam, filial piety is harmonized with the thought of being loyal to the king (patriotism), with integrity, with senior – junior order (悌), on the spirit of communal equality and sentimental attachment (Compassion). Meanwhile, in Korea, familial and social morals are based on filial piety, which is considered the origin to build national morals on the spirit of hierarchy.

Reference:

1. CaiFanglu (2010), "The thought of Filial Piety and the harmony of modern society",

Confucianism renaissance and modern society, Sung Kyung Kwan University International conference proceeding, Seoul.

2. Chrales K. Amstrong (2002), *Korean society: civil society, democracy and the state*, London: Routledge.

3. Dong Jin Yu (2010), "Extended and practical significance of Filial Piety", *Confucianism renaissance and modern society*, Sung Kyung Kwan University International conference proceeding, Seoul.

4. K. Ramanujan (2006), Indian "Oedipus" (Phan Thu Hien translated), *Legend and Literature*, VNU – HCM Publishing House.

5. Kim Jae Un (1992), The Koreans: Their Mind and Behavior (translated by Kim Kyong – dong). – Seoul, Kyobo Book Centre.

6. Korean National Commission for UNESCO (2004), *Korean philosophy: its tradition and modern transformation*, Hollym.

7. Le Kwang – kyu (2003), *Korean traditional Culture*, Jimoondang.

8. Luong Thu Trung, *Filial Piety in Countryside*.

9. Ly NgacNhi (1997), *Discovering the origin of Han scripts*, The Gioi Publishing House.

10. Ma Guoqing (1999), *Family and social structure of China*, Wenwu Publishing House.

11. Nguyen Ngoc Tho (2010), "Confucianism and Vietnamese Cultural Characteristics", *Confucianism renaissance and modern society*, Sung Kyung Kwan University International conference proceeding, Seoul. Printed in China and the world, Vol. 3, Jilin University, China, 2014.

12. Nguyen Ngoc Tho (2014), "Hallyu and contemporary Vietnamese culture", *Journal of Chonbuk University*, July, 2014.

13. Pham Duc Duong (2000), *Vietnamese culture in Southeast Asia context*, Social Sciences Publishing House, Hanoi.

14. Phan Ngoc (2001), *Vietnamese cultural identities*, Literature Publishing House.

15. Phan Thi Thu Hien (2010), "Vietnam – Korea international marriage under the perspective of cultural studies", *Proceeding of International Conference on Vietnam – Taiwan cultural comparison*, National Chengkung University.

16. Shu Dagang (2010), "Filial Piet" in Ming dynasty and the popularity of Xiaojing – Filial Classic", *Confucianism renaissance and modern society*, Sung Kyun Kwan University International conference proceeding, Seoul.

17. Tran Ngoc Them (2001), *Discovering Vietnamese cultural identities*, Ho Chi Minh Cit-

y Publishing House.

18. Tran Ngoc Them (2006), *Vietnamese cultural personality*, VNU – HCM.

19. Tran Ngoc Them, "The role of familism in Korea: from tradition to modern time", www. vanhoahoc. edu. vn.

20. Tran Thi Thu Luong (2011), *Korean cultural characteristics from tradition to modern time*, Tonghop Publishing House HCM city.

21. Tran Van Doan (2002), "The ideological essence of Vietnamese Confucianism", *Confucianism in Vietnam*, VNU – HCMC Publishing House.

22. Tri Buu (2014), "Filial Piety", http://www. daophatngaynay. com/vn/van – hoa/vu – lan/13979 – chu – hieu. Html (6/8/2014).

23. Wu Zhongyi (2010), "Confucian values and the future of Filial Piety", *Confucianism renaissance and modern society*, Sung Kyung Kwan University International Conference Proceeding, Seoul.

24. Xalotintuc, "Watching father – in – law having dinner, a Vietnamese bride was evicted", http://tintuc. xalo. vn/00504441618/Chong_ cam_ nhin_ bo_ chong_ mot_ co_ dau_ Viet_ bi_ duoi_ khoi_ nha. Html.

传统"八德"与社会主义核心价值观建设

孔子研究院教授　杨朝明

中共十八届三中全会刚刚闭幕不久，习近平总书记就来到山东视察，专门到孔子故里曲阜考察孔子研究院，举行专家学者座谈会，发出了大力弘扬优秀传统文化的重要信息，中国由此坚毅而自信地开启了在实质意义上构建时代新文化的步伐。在山东时，习总书记特别提到修道立德的重要意义，指出"国无德不兴，人无德不立"。此后，习近平总书记的一系列讲话，尤其关于传统文化的论述，都表达了大力弘扬传统文化、建设中国核心价值体系的坚定决心。如果说习总书记的这些论述是一篇大文章，那么这句话其实就是这篇大文章的标题，是这篇大文章的灵魂。我们认为，对于修身做人而言，中国传统的"八德"（即孝、悌、忠、信、礼、义、廉、耻）具有历久弥新的价值。

一、为什么要讲"德"

"国无德不兴，人无德不立"，内涵十分丰富。国家无德难以兴旺，个人无德难以立身。看起来这只说国家和个人，实际却包含了由大而小、从整体到个体的许多方面，包括了诸如"企无德不盛"、"家无德不旺"等许多意涵，警醒任何集体和个人都不能无"德"，不可失"德"。

民间有句骂人的狠话，叫做"王八蛋"，据说是"忘八德"的讹传。中国自古重德，"孝、悌、忠、信、礼、义、廉、耻"这些观念早已深入人心，"八德"不齐就为人所不齿。对那些不忠不孝、没有信义、粗暴无礼、寡廉鲜耻的人，往往斥之以"忘八德"。还有一种说法，因为在"八德"中，"耻"列于最后，无耻之人被骂为"王八蛋"，就是忘了"第八德"。这些说法或者是后来的附会，但"话糙理不糙"，它显示了历代对"德"的重视。

什么是"德"？说起来"德"很抽象。不过《说文解字》说得很容易理解："德，升也。"德有登高、攀登的意思。这就不复杂了，人有了德，便不再是"俗人一个"，就进步了，就与原来不一样了。

在古籍中，"德"有时与"得"相通，有的注解说"德者，得也"。中国传统的人文教育要"止于至善"，《大学》说："知止而后有定，定而后能静，静而后能安，安而后能虑，虑而后能得。"人知道努力方向，明白走向哪里，才能神定心静、踏实安宁、思虑周全，才会有"得"。人生不迷茫，就能登，就能得，就具有了"德"。

"道"与"德"可合成一个词，即"道德"。"道"与"德"本来也有分别。"道"无言无形，却承载一切，只能用思维意识去感知它；"德"则用来昭示"道"，有德的人顺应道，按照自然、社会、人生的需要去做人做事。

正像老子的著作被称为《道德经》一样，孔子的《论语》、《孔子家语》等也可以说是孔子的"道德经"，其中所谈的也是"道"与"德"的问题。孔子常说"修道"与"立德"的问题。孔子说："夫道者，所以明德也；德者，所以尊道也。是以非德，道不尊；非道，德不明。"[①] 这话说透了"道"与"德"的关系。为什么"善恶到头终有报"？为什么"多行不义必自毙"？仁、义是"人道"的要求，人不仁不义，必定不会有好结果。只有遵道而行，德行才好。

春秋末年，孔子认为"天下无道"、"礼坏乐崩"。"道"就是价值体系，"天下无道"意味着价值观混乱、是非观扭曲。"天下无道"时，德行的好坏就失去了标准，人们纷纷跨越是非界限，令人咋舌的"缺德"现象频频上演。

"德"不"明"，则"道"不"尊"，就意味着失去了应有的价值体系，长此以往，后果就极其严重。孔子说："虽有国之良马，不以其道服乘之，不可以道里。"[②] 马是良马，若不遵循驾车之道，也不会顺利前行。治国同样如此，"虽有博地众民，不以其道治之，不可以致霸王"[③]。国家地大物博，人口众多，如果治理无"道"，国家就不会真正强大。

"道"实在太重要了，古代思想家都重视它。国家有治理之道，为人有处世之道。"道"是我们时刻都离不开的东西，就像无论大事小事都有"好"与"不好"的标准。《庄子》说，"道"就在人的日行坐卧之间。《中庸》也说，如果可以离开它，那它就不是"道"了。我们遵"道"而行，便就是"德"，我们德行的好坏、高低，要看与"人道"契合的程度。因此，我们不妨"把普通岗位当成道场"，把工作看成"修炼"。这样要求自己，肯定就是有"德"的人！

"道"要求人们有"德"，人"德行"的好坏就得到了"道"的检验。在自己的道场上，每个人都是舞者，都是表演者。人有没有"格局"，有没有"气象"，人生"目标"对不对，"结果"好不好，都由"德"所决定！

二、"八德"是怎样形成的

2002 年春，在香港古董市场偶然发现了一件有近 3000 年历史的青铜器"遂公

[①] 《孔子家语·王言解》。
[②] 《孔子家语·王言解》。
[③] 《孔子家语·王言解》。

盨"。上面的铭文不足百字，却出现了6个"德"字，是专门论述"德治"的政论，这件国宝当时被誉为"金文之最"。

以前我们无法想象，几千年前的青铜铭文，竟然主要在说"有德于民"，为百姓做实事。而且其中的"德"内涵宽泛，要求人们修身养性，做人"齐明中正"，孝顺父母、兄弟友善、婚姻和谐，注重对祖先和神灵的祭祀，要求君王、官吏顾念黎民百姓。

铭文以大段文字阐述"德"与"德政"，著名历史学家李学勤先生说这是"周人尚德"的实证，还表明当时关于"德"的思想已经相当丰富，相当系统。其实早在尧帝时期，就有了"克明俊德"的观念，认为只有明德，才能亲睦九族、平章百姓、协和万邦。

为了修道立德，古代早就有了"训语"。"训"就是教训，用以教训来者，警诫后人。古籍提到"训语"、"遗训"、"训典"之类的概念，无非是要人们"观其废兴"、"知废兴者而戒惧"。与这些训诫相关，西周形成了深厚的重德传统，《逸周书》中有"三德"、"五德"、"九德"等概念。除《尚书》中说到了"九德"，《逸周书》的好几篇都说到了"九德"。它们从不同角度立说，德目也不相同，但都与后世的"德"之间都有紧密关联。那时，"仁、义、圣、智、信、孝、慈"等概念已被普遍使用，各种"德"都围绕这些概念铺陈阐发。

在总结前人的基础上，春秋时期的思想家继续凝练提升，认识更加全面、系统、严谨。

从全面性上看，德目的数量很多。《国语》提到了"敬、忠、信、仁、义、智、勇、教、孝、惠、让"，即"十一德"。《左传·昭公二十六年》说："君令臣恭、父慈子孝、兄爱弟敬、夫和妻柔、姑慈妇听，礼也。"《孔子家语·礼运》则说："父慈、子孝、兄良、弟悌、夫义、妇听、长惠、幼顺、君仁、臣忠，十者谓之人义。"用词有个别差异，都是就人的不同社会身份而言。

在概括、凝练方面，管子较早提出了"四维"的概念。《管子·牧民》篇说："何谓四维？一曰礼，二曰义，三曰廉，四曰耻。礼不逾节，义不自进，廉不蔽恶，耻不从枉。"他强调说："四维张，则君令行。""守国之度，在饰四维。""四维不张，国乃灭亡。"他还说："国有四维，一维绝则倾，二维绝则危，三维绝则覆，四维绝则灭。"这是从国家层面上着眼的。

战国时期，人们更为关注君臣、父子、兄弟、长幼、夫妇这些社会关系。《郭店楚墓竹简》中有"六德"说，即"圣、智、仁、义、忠、信"。又说："父圣，子仁；夫智，妇信；君义，臣忠。圣生仁，智率信，义使忠。故夫夫，妇妇；父父，子子；君君，臣臣。此六者，各行其职而讪谇蔑由作也。"与君臣、父子、夫妇、昆弟、朋友等"五教"或"五伦"相比，"六德"紧紧抓住了夫妇、父子、君臣三个方面。

战国中期，孟子提出了仁、义、礼、智"四端"之说。《孟子·公孙丑上》说："无恻隐之心，非人也；无羞恶之心，非人也；无辞让之心，非人也；无是非之心，非人也。恻隐之心,仁之端也;羞恶之心,义之端也;辞让之心,礼之端也;是非之心,智之端也。"孟子学于子思之门人,他的学说是对郭店楚墓竹书中子思学派思想的继承与发展。与管子的国之"四维"说相比,孟子的人心"四端"说直接关注人自身的属性。孟子的思考更为深刻,他从思考"人之所以为人"的修养问题出发,希望人们明心见性,放大善性。

无论是"六德"还是"四端",所论都是中国早期思想家探讨的中心话题。此后的很多论述大多上承孔子而加以发挥,后来影响深远的仁、义、礼、智、信"五常"正脱胎于此。从"四维"、"六德"到"四端"、"五常",虽然角度不同,却都为"八德"的出现做了充分准备。

到宋代,人们对儒学与社会改良的认识更为清晰。他们更加注重自身修养,注重向人心"内求",同时也从社会结构出发,立足于"中国"文化立场,更注重个人、家庭对于国家和谐稳定的关系,有一种挥之不去的家国情怀。

最晚从北宋真宗时期,人们已经将孝、悌、忠、信、礼、义、廉、耻连用,天禧年间的杨亿(字大年,974—1020)有《杨文公家训》,其中说:"童稚之学,不止记诵。养其良知良能,当以先入之言为主。日记故事,不拘今古,必先以孝、弟、忠、信、礼、义、廉、耻等事,如黄香扇枕、陆绩怀橘、叔敖阴德、子路负米之类,只如俗说,便晓此道理,久久成熟,德性若自然矣。"此后将"孝、悌、忠、信、礼、义、廉、耻"并称连用的越来越多,有的称其为"八德",有的称其为"八行"或者"八端"。

与杨文公以"八德"为涵养良知良能的方式相近,人们都视"八德"为治国平天下的"教化之道"、"修身之要"。南宋时期,朱熹在《漳州龙岩县学记》中两次说到"孝、悌、忠、信、礼、义、廉、耻",认为这是修己安身的"圣贤之学",人们踏踏实实地按照"八德"去做,就会"身无不修"。明代大儒王阳明的《训蒙大意示教读》也强调"教以人伦"的重要性,认为不能仅关注于记诵词章,希望"以孝、悌、忠、信、礼、义、廉、耻为专务"。

三、怎样理解"八德"

从"八德"的形成可以看出,它们虽然有一定的并列关系,但也可以分为两个层面:"孝、悌、忠、信"为第一个层面,即正心诚意的内在修为;"礼、义、廉、耻"为第二个层面,是个人修为的外化,是修身的体现。二者紧密相连,是递进的关系。

如果细致探究,在"八德"之中,"孝"与"悌"、"忠"与"信"、"礼"与"义"、"廉"与"耻"意义相邻相近,可分别组成一组概念,而且它们同样层层递进,有内在的关联。"八德"实际是一个有机的整体。

1. 孝悌

人来到这个世界，首先得到的是父母的悉心呵护以及兄长、姐姐等人的照顾，没有父母的生养和兄姊的扶持，就没有自己的一切。人之为人，"人之所以异于禽兽"，必须理解和感恩这种关爱与照拂，如果连这一点都做不到，就失去了做人的前提。因此，子孝于父、弟敬于长是做人的第一要义。

孔子晚年，鲁哀公认为孔子教导自己很多、很完备了，可是要从哪里具体开始做起呢？孔子给他开出了良方说："立爱自亲始，教民睦也；立敬自长始，教民顺也。教之慈睦，而民贵有亲；教之以敬，而民贵用命。民既孝于亲，又顺以听命，措诸天下，无所不可。"① 因此，孔子当年施教，"先之以诗书，导之以孝悌"②。

"立爱自亲始"，这话极其重要。孔子说："仁者人也，亲亲为大。"③ 人有仁德才算是"人"，做人最基本的就是"亲亲"。在这样的逻辑起点上，孔子儒家展开论述，中国传统伦理大厦也由此筑牢了根基。"为仁"便是修身，修身需要"恕道"，需要推己及人。由"亲亲"而"不独亲其亲"、"老吾老以及人之老"，进而"爱众"、"爱物"。

由此，我们读懂了孔子。人"敬其所尊，爱其所亲"④，才能社会和睦、人心和顺。培养爱、敬之心，就要从孝悌着手。

2. 忠信

在"孝悌"之后，孔子接着就讲"忠信"。《论语》记载孔子的话说："弟子入则孝，出则弟，谨而信"，后来《弟子规》总结为"首孝悌，次谨信"。"谨信"与"忠信"意思相同。

如果说"孝悌"是讲做人，"忠信"则是讲做事；如果说"孝悌"讲情感，那么"忠信"则是讲理性。"忠"是无私，尽心竭力；"信"是诚实，真心诚意。

理解"忠信"，"忠"是关键。如果仅仅把"忠"理解为臣下对于君上的忠心，则是将它的内涵看得太狭隘了。"忠"字从"中"从"心"，是说一定要把握"中"，把握"度"，不偏不倚，不"过"亦不可"不及"。

孔子从卫国返回鲁国，路过大河时，发现河水十分凶险，可偏偏有一位壮年男子竟从那里渡河，而且成功地从对岸游出。孔子感觉奇怪，于是问他缘故。那人说："始吾之入也，先以忠信；及吾之出也，又从以忠信。忠信措吾躯于波流，而吾不敢以用私，所以能入而复出也。"⑤ 原来他就是顺遂波流之性，而不敢逞一己之"私"。这便

---

① 《孔子家语·哀公问政》。
② 《孔子家语·弟子行》。
③ 朱熹：《四书章句集注》，中华书局1983年版，第28页。
④ 朱熹：《四书章句集注》，中华书局1983年版，第27页。
⑤ 《孔子家语·致思》。

是"忠信"！

孔子弟子子张向老师请教，到底怎样做才能处处通达，到哪里都能行得通。孔子告诉他六个字："言忠信，行笃敬。"① 孔子认为，人应时刻将"忠信"、"笃敬"装在心中，指导行动，否则在哪里都行不通。

3. 礼义

人修身是为了适应社会，处理好与他人、集体、国家乃至与自然环境的关系，做一个"社会的人"。为此，人应该把自己放在社会中，遵守社会规范。《礼记·冠义》说"人之所以为人者，礼义也"，这里的"礼义"，指礼的内涵。

怎样修"礼义"呢？中国古代非常注重"成人"教育。所谓"成人"，就是具备人的内涵的人。《左传·召公二十五年》中说："人之能自曲直以赴礼者，谓之成人。"人能"自曲直"表现在"赴礼"上，这就具备了正确的价值观，符合"礼"的要求。这个"礼"就是指礼义，即"礼"的本质内涵。

人之成人，要从最基本的行为做起，所以《礼记·冠义》说："礼义之始，在于正容体，齐颜色，顺辞令。容体正，颜色齐，辞令顺，而后礼义备。以正君臣，亲父子，和长幼。君臣正，父子亲，长幼和，而后礼义立。"

在谈到儒者的行为方式时，孔子说"忠信以为甲胄，礼义以为干橹"②，以忠信为盔甲，把礼义当盾牌，具有忠信的修养，遵守社会的礼义，人的修身功夫就差不多了。所谓"器利则事成"，一个人把礼义作为器具，做事才成效可期。"礼义"可理解为礼的本质，也可理解为"礼"与"义"。

在"八德"中，"礼"与"义"是分别说的。"礼"是指具体的仪式或者规则，"义"则是与之相适应的、适宜的做法。孔子曾说："礼者，理也；义者，宜也。"广义地讲，"礼"是德与法的有机统一，内涵极其丰富宽泛。作为"八德"之一，"礼"则有道理、规章与法则之意。"义"则是"事之宜也"，人们按照该做的去做就是"义"。

孔子、孟子都十分重视"礼"与"义"。孔子说："谁能出不由户？何莫由斯道也？"③ 孔子用"出必由户"来说明人遵循社会规范的必要性、合理性。比如观察一个人，只要"视其所以，观其所由，察其所安"④，人也就无法隐藏真实的自己了。孔子说的"所由"，就是看你走阳关大道，还是热衷于歪门邪道、旁门左道。孟子也发挥了这个意思，说："夫义，路也；礼，门也。惟君子能由是路，出入是门也。"⑤ 他认为，

---

① 《论语·卫灵公》。
② 《礼记·儒行》。
③ 《论语·雍也》。
④ 《论语·为政》。
⑤ 《孟子·万章下》。

人行走时从路上走，出门从门里过，自然而然，天经地义，人人都应如此。

4. 廉耻

所谓"廉耻"，即廉操与知耻。人修礼义，才有廉耻可言；对于国家治理，"廉耻"二字十分重要。所以《淮南子》说："民无廉耻，不可治也。非修礼义，廉耻不立。"

从字的本义讲，"廉"指堂屋的侧边、棱角，比喻正直、刚直、廉洁、廉正、廉明，有节操、不苟取，指品行端方而有气节的人。"耻"为耻辱、可耻，指内心里的羞愧感、羞辱感。明礼义，知廉耻，才有行为界限，从而循礼而动，否则就是不廉，就是耻辱。

中国早期特别重视为政者的廉耻教育。孔子说："凡治君子，以礼御其心，所以属之以廉耻之节也。"① 管理"君子"时，首先用"礼"驾驭其思想，在具体管理细节上融入"廉耻"观念。

"君子"的本义是对统治者和贵族男子的统称，它的本义与引申义之间的联系，明确昭示了一个重要的道理：对于为政的人，因为责任大，所以要求高；既然是尊贵的人，就应该是高尚的人。

以前有"刑不上大夫"的说法，人们以为这是贵族享有特权的证据，其实不然。孔子与弟子冉有讨论过这一问题。孔子说得明白，这不仅不是什么特权，恰是对"古之大夫"的更高要求。大夫行为不廉，罪名是"簠簋不饬"；淫乱而男女无别，罪名是"帷幕不修"；欺骗君上、心不忠诚，罪名是"臣节未著"；软弱无能、不胜任工作，罪名是"下官不职"；违反纲纪，罪名则是"行事不请"，都是从正面说明该怎样做。之所以故意讳言，就是为使之"愧耻"。

还有，如果大夫所犯罪行属于五刑范围之内，就让他们自己前往宫阙请罪，而不让官吏捆绑牵引凌辱他们；犯了重罪，则接受君命北面跪拜自杀，也不派人揪按而刑杀。这样，虽然"刑不上大夫"，而大夫仍"不失其罪"。

四、"八德"与"明理"

在时代上，"八德"的出现、流行与理学的形成、兴盛正相一致。正如"理学"是"儒学"的更高形态那样，"八德"也是儒家道德学说的更好凝练。

理学因宋儒多言"理"而得名，他们甚至把"理"作为宇宙的本体来看待。从"天"的角度，理是一个生生不息的过程；从"人"的角度，理就是超越一切之上的君臣、父子之理。为学之道，不过是"存天理，去人欲"，变化人的气质，恢复人的

---

① 《孔子家语·五刑解》。

义理。

在广义上,"礼"就是"理","明礼"即"明理",所以孔子说"礼者,理也"。与佛家讲修行以使内心"慈悲"类似,儒家讲修身正是"穷理正心"的过程。从先秦到宋代,人们所谈的"理"实际上是与"欲"相对的那个概念,就是人应遵循的天道规则、人伦法则。

人刚出生时都天真无邪,但随着年龄的增长,对外部世界开始产生了认知,慢慢出现了"好"与"恶"的情感。"外边的世界很精彩",人容易被外物所"化"。如果这种"好"或"恶"的情感无所节制,就有可能滑向危险的边缘。这个用来节制人欲的东西,其实就是"礼",它可以用来把握"人欲"与"天理"之间的平衡,以防止"人化于物",防止"灭天理而穷人欲"。

理学又称为"道学",所谓"道"就是"中道"。它源自孔子以前圣贤们对"人心"与"道心"关系的思考。人们早就认识到:"人心惟危,道心惟微,惟精惟一,允执厥中。"[①] 那个"中"十分重要,它是"人心"和"道心"、"人情"和"人义"、"天理"和"人欲"之间最好的把握、最佳的"度"。孔子儒学的思维深度与高度,其实也体现在这个"中"的思想里。

人都具有两重属性:人是"自然的人",都有喜怒哀乐,都有七情六欲;人又是"社会的人",拥有不同的身份,扮演不同的角色。如何处理自己作为"自然人"与"社会人"的关系,怎样处理"我想怎样"与"我该怎样"之间的矛盾,就成了为人、谋事的关键,这正是"人欲"与"天理"的关系。儒家教人明理,从"发乎情,止乎礼"开始,要人克己守礼,遵从社会原则。

人不明理,往往后果严重。那些作奸犯科的人,说到底都是不知理、不守礼者。孔子认为,有些人作奸犯科、胡作非为,乃"生于不足","不足生于无度",这就是"不知节"。人明理知足,好恶有节,才不会无所节制。礼就是为了保证社会的正常运行。

在社会治理方式上,孔子分成"以德教民"、"以政导民"两种境界,"以政导民"需要"以刑禁民"相配合。当然,政治实践不是简单化的,这些治理往往综合使用。这些关系处理得好,方略恰当,效果会更理想。如果仅仅"道之以政,齐之以刑",人就可能"免而无耻"。毕竟法律不是万能的,它只是道德的底线。虽然不违背法律,但可钻法律的空子。如果"道之以德,齐之以礼",人们知道自己走向哪里,懂得修养的境界,才会"有耻且格"。

人只有明理,才能"知其所止"。"知止"是修身的目标,人知所"止"就有了明确的是非观,就明白了哪些可以做,哪些不能做。可见"有耻且格"建立在民众知荣辱、明是非的基础之上,建立在民众素质大大提高的基础之上。"有耻且格"这四个

---

① 《尚书·大禹谟》。

字,是孔子的追求,是儒家的向往,是社会治理的境界。没有民众的"明理",这种境界是不可能达到的。

五、"八德"历久弥新

20世纪20年代,著名学者柳诒徵撰文指出:"今日社会国家的重要问题,不在信孔子不信孔子,而在成人不成人,凡彼败坏社会国家者,皆不成人者之所为也。苟欲一反其所为,而建设新社会新国家焉,则必须先使人人知所以为人,而讲明为人之道,莫孔子之教若矣。"[①] 他说的话虽然已经过去近百年,但今天依然具有重要的现实意义。孔子儒学教人修德做人,正如一位西方作家所说:"在孔子学说的影响下,伟大的中华民族比世界上别的民族更和睦和平地共同生活了几千年。"[②] 从孔子到今天,虽然社会发生了很大变化,但孔子所确立和阐述的很多价值观念仍然是我们的立足点。

从"八德"的形成及其内在关联看,它已融入了古代中国思想精英关于德性问题的全部思考。我们不宜动辄说"道德是束缚人的枷锁","圣人"可不是来教训人的。"八德"之中含天理,"八德"之中有人意,它是武装自己的盔甲,是防身护身的盾牌,是为政做人的底气。不论是谁,"八德"都不可须臾离身。

不同历史时期会有重点不同的道德要求,有的时候,人们也思考在"旧道德"的基础上建构"新道德",但万变不离其宗,"八德"所深深蕴涵的道德之魂却不能离弃。近代以来,有人主张以"孝、悌、忠、信"为基础,吸收西方近代道德,建构中国道德;有人确立"礼、义、廉、耻"这"四维"的地位,发动新生活运动。这仍然看到了"八德"的价值与意义。

也有人特别强调时代的变化,试图在传统"八德"的基础上进行改进。孙中山、蔡元培等人就曾提出了"忠、孝、仁、爱、信、义、和、平"所谓"新八德",因为它调整了"孝"与"忠"、"家"与"国"的位置,以表示民族和国家高于家族的观念,被誉为中体西用、中西道德精华融合的"杰作"。

其实,现代"国家至上"观念与以人为本、重视家族并不矛盾,且不说中国的"邦国"观念本身就有发展变化,仅就传统的"教孝即教忠"的思维方式,就足以告诫我们不宜将"家"与"国"对立。更何况道德的时代性受到道德本质的制约,不论何时,人与人相处的根本原则都不应改变,正因如此,孝、悌、忠、信、礼、义、廉、耻"八德"才成为历久弥新、相对稳定的道德规范。

进入新时期以来,与经济发展相适应,中国从全新的角度进行道德建设,提出了

---

① 柳诒徵:《论中国近世之病源》,《学衡》1922年3月第3期。
② [英]贡布里希:《写给大家的简明世界史·一个伟大民族的伟大导师》,广西师范大学出版社2009年版,第96页。

爱国主义、集体主义以及个人品德、职业道德、家庭美德、社会公德等。我们在国家、社会和个人不同层面提出社会主义核心价值观，建构与当今人际关系相协调、与建设小康社会相适应的新伦理、新道德。这是继承前人道德智慧，推陈出新发展道德，在修养方式和道德追求上，与传统"八德"血脉相连的直接体现。修好"八德"，提升个人素养，就能讲仁爱、重民本、守诚信、崇正义、尚和合、求大同，自觉认同和践行社会主义核心价值观。

今天进行道德建设，需要与社会的全面进步相适应，需要与社会的公平与正义相一致。优秀传统文化是今天中国特色社会主义建设的丰厚文化土壤，"八德"是最具代表性的中华传统美德，已经沉淀为中华民族的精神基因，构成我们中华民族独特的精神标识，成为历代中国人"最深沉的精神追求"，因此我们不能淡忘"八德"的历程，应该继续讲好"八德"的故事。

法治中国视阈下礼法传统之价值

西南政法大学教授　俞荣根

一、中国古代法是一种礼法

人们习惯于以法治、人治来判别中华古代法律文化哪些是精华哪些是糟粕，并认为法家是讲法治的，儒家是讲人治的。

其实先秦儒法两家的分歧并不是人治与法治的对立，秦汉以后的中国法律史也并不存在一条人治与法治斗争的主线。实际上，法家的极端君主专制主义正是一种典型的人治。因此，用人治、法治的观点来评述儒法两家，来描绘中国古代法律和法文化的历史，来区分哪是精华哪是糟粕，实在是不恰当的。①

从文献记载看，夏、商、周三代的法律形式是"礼"与"刑"。"刑"即刑罚②。刑依赖礼而存在，在礼之中。所以"三代"之法，法在礼中，礼外无法，是中国古代礼法体制的原生态样式。

"礼法"这个词首见于《荀子》③。在古代中国，"礼法"是秉承天道人情的根本大法。它既是最高法、正义法、统率国家法律、法规和家族规范，又是具体法、有效法、实施中的法。"礼法"制度相似于现今的宪法和法律制度，也是主要的行为规范。"礼法"意识就是法律意识、规矩意识。这种礼法文化为孔子和孔子创立的先秦儒家所继承和发扬。

春秋战国时代，"法"、"刑"、"律"、"宪"、"令"等法律形式登上政治舞台④，呈现出礼与法、礼与刑分离趋势。法家学派发挥"礼法"中刑和罚的一端，提出"信赏必罚"、"严刑峻罚"、"轻罪重罚"、"专任刑法"⑤式的"以法治国"，结果是秦帝

---

① 参见拙著《儒家法思想通论》第二章，广西人民出版社1998年修订版，第28—130页。
② 《慎子·逸文》："斩人肢体，凿其肌肤，谓之刑。"
③ 《荀子》书中"礼法"凡三见：《修身》篇："故学也者，礼法也。"《王霸》篇："礼法之大分也。""礼法之枢要也。"
④ 如《左传·昭公七年》"仆区之法"、《左传·昭公二十九年》"被庐之法"、《韩非子·外储说右上》"茅门之法"，又称齐国有《七法》、楚国有《宪令》、韩国有《刑符》、魏国有《魏宪》、赵国有《国律》、秦国有《秦律》，特别是魏文侯师李悝集诸国法而撰《法经》六篇，商鞅入秦后又"改法为律"。
⑤ 《汉书·艺文志》中，班固称法家"无教化，去仁爱，专任刑法"。

国昙花一现的辉煌。

经过一番挫折和探索,刘汉政权重拾礼法文化。这时的儒家思想与先秦儒家有所不同,它综合了法家、阴阳家等思想成果,创造性地回归中华礼法文化传统。

汉代开始复兴的礼法体制具有礼律融合的特征。其"律",指汉《九章律》、隋《开皇律》、唐《永徽律》、宋《刑统》、明《大明律》、清《大清律例》之类的历朝正统刑律,史称"正律"。律(刑律)以礼为指导,礼入于律、融于律,法史学界通称"礼法合一"。不过,礼仍然单独存在,而且是制度性、规范性的存在,这就是"律外有礼"。

以唐朝为例,唐太宗李世民先制《贞观礼》,再定《贞观律》。唐高宗永徽二年(651)编成《永徽律》后,于显庆三年(658)修成《显庆礼》130卷,并亲自为序,颁行中外。唐玄宗开元年间(713—741)又新编《大唐开元礼》共150卷,集礼典之大成,为后世之典范。

明朝亦如是,朱元璋在洪武四年(1371)率先修成《大明集礼》,再于洪武三十年(1397)颁行《大明律》。清王朝仍承袭这一传统,乾隆元年敕修《大清通礼》50卷,乾隆五年(1740)重修《大清律例》。

还有大量的家礼、家训、宗规族法、乡规民约等民间"活法",它们依礼而定,由律保障,成为无处不在、无时不有的"无法之法",是古代礼法社会秩序的"压舱石"。

在礼法体制中,礼典的地位高于刑法典。礼典首先要解决的是一代王朝的正统性、合法性的问题。[①]

将以上所述作个简单的小结,有这样四点:

1. 中国古代法制是以儒家思想为灵魂的礼法体系,中国传统法文化是一种礼法文化;

2. 如果一定要以什么治来区分战国秦代的儒、法两家,比较适合的说法是坚持礼法之治与毁弃礼法、独任刑罚之治的区别;

3. 法治、人治是西方政治法制文化中的话语方式,后来发展成为现代政治文明的一种价值标识。中国古代法律史上未出现过法治与人治相对立的思想体系和制度体系,用法治与人治对立的思维方式和标准去描述中国法文化史,去区别它的精华与糟粕,是不适宜的;

4. 中华礼法传统中蕴涵着"良法善治"和现代法治的文化营养。

---

① 关于礼法体制中的政治统治正当性、合法性问题,参见拙文《法先王、合法性与儒家王道政治伦理》,《孔子研究》2013年第1期。

二、追求"良法善治"的中华礼法文化

"法治中国"建设的目标所向,就是实现现代政治文明的"良法善治"。如何实现"良法善治"?其中一条就是应当汲取五千年中华传统礼法文化提供的智慧。

阐析并从中提取礼法文化的"良法善治"经验是一个大课题,非这篇小文可以容纳,下面抛出的只是些引玉之砖。

其一,关于"德主刑辅"和"为政以德"

"德主刑辅"是古代礼法文化的治国基本方略。孔子论曰:"道之以政,齐之以刑,民免而无耻;道之以德,齐之以礼,有耻且格。"① 经儒家的长期推动,"导德齐礼"、"德主刑辅"成为礼法制度的首要原则。

"为政以德"也源于孔子:"为政以德,譬如北辰居其所而众星共之。"② "为政以德"包括两个方面的含义:一是"为政"者要有德,二是"为政"者要实行"德政"。"德政"就是"仁政"。"德政"的内容须与时更新,"德政"的本质万古不易的,那就是人民的福祉。古代"德政"的最高境界是"民本",包括"导德齐礼"、轻徭薄赋、省刑慎刑、对民"富之""教之"、使民有恒产、优待老弱病残,等等。今天"德政"的最高境界则是"民主"、"自由"、"人权"和"法治"。

"德政"的前提是为政者自身要有德,要端正。"政者,正也。"③ 为上不正,焉能正人?从这个意义上说,"为政以德"的本意是正"官风",扬"官德"。这是礼法传统"善治"留下的一种智慧。

现代法治的底线有两条:一是有良法,二是得到上下一体遵行。法治中原本含有要求负责立法、执法、司法的"为政"者应有很好的政德,也要求广大守法者有道德素养。从这个意义上说,国民的道德是法治的基础,而少数"为政"者的官德则是基础的基础、关键的关键。所以不正官德,难正民德。

在礼法传统中,无论在理论上,还是立法和司法实务上都强调德礼与政刑相向而行。故有"礼之所去,刑之所取"④ 的说法,凡为道德所不齿的行为,一定是法律上不予支持,且应受惩处的。反思我们的一些法律、法规及政府规章,就存在道德与法律打架的弊病,甚至客观上为所谓的"依法缺德"行为开绿灯,严重伤害了中华传统

---

① 《论语·为政》。
② 《论语·为政》。
③ 《论语·颜渊》。
④ 《汉书·陈宠传》。

美德①。一项法律或政策如果有意无意地毁弃道德，必是恶法。

其二，关于"为政在人"、选贤任能和科举取士

"为政在人"也是孔子首先提出的②。选贤任能则一直是古代礼法体制中实现"善治"的基本方略。

"为政在人"不是不要法律，而是在已有法律和制度的前提之下强调选好人用好人。搞法治不是不重执政者的道德，注重为政之德不等于搞人治，古代如此，现代也这样。

孔子的"为政在人"和孟子的"徒善不足以为政，徒法不能以自行"③的思想，经过后儒的总结提升，形成一种"任人"与"任法"结合的治国方略。历代比较重视人才的选拔，至隋唐形成"科举取士"制度，历经1300年之久。其间产生出700多名状元、近11万名进士、数百万名举人。历史上诸多治国安邦的名臣、名相，有杰出贡献的思想家、文学家、艺术家、科学家、外交家、军事家等，大都出自这些状元、进士和举人之中。孙中山称赞其为"世界各国中所用以拔取真才之最古最好的制度"。他设计"五权宪法"制度的"考试权"，就汲取了科举制的优长。美国著名学者顾立雅认为，科举制度是"中国对世界的最大贡献"，其影响的重要性要超过物质领域中的四大发明。④

中国古代科举法律制度不仅有严格的实体正义规则，而且有看得见的程序正义细则，从而形成公开考试、公平竞争、择优录取的人才选拔制度。清末废科举以后，关于官员的选拔制度一直未能建立和健全。旧堤毁弃，新坝未筑。失去这一传统的恶果，不仅是人才竞争的制度化通道不畅，更严重的是对知识、知识分子的轻视、傲慢，甚至仇视。

---

① 如实行30多年的计划生育法律法规，规定汉族人一对夫妇只生一个孩子，离婚后再婚一方未生育者可再生一孩；再如各地各单位的福利分房和拆迁安置法规与政策，一个户口只分一套房子，离婚后变两个户口原则上可得两套房子，如此等等，客观上制造出不少离婚、假离婚，鼓励了"依法缺德"行为。
② 《中庸》："哀公问政。子曰：'文武之政，布在方策。其人存，则其政举；其人亡，则其政息。……故为政在人。'"
③ 《孟子·离娄上》。
④ 1964年，顾立雅在《亚洲研究》期刊上发表论文，指出：中国对世界文化的贡献远不止造纸和火药的发明，现代的由中央统一管理的文官制度在更大范围内构成了我们时代的特征，而中国科举制在建立现代文官制度方面扮演过重要角色。可以明确地说，这是中国对世界的最大贡献。参见彭靖：《从科举制度看中国文化软实力项目的形成与发展——与关世杰教授商榷》，《学术界》2013年8月总第183期。

其三，关于"义利之辩"与古代行政、经济活动原则

孔子关于义利关系的名句妇孺皆知："君子喻于义，小人喻于利。"① 有人以为，搞市场经济就要大胆抛弃儒家陈腐的义利观，敢于言利，敢于争利，"只有向钱看，才能向前看"。

何谓"义"？何谓"利"？简言之，一切不符合"仁义"之利便是"利"，一切符合"仁义"之利则是"义"。在现实生活中，离开功利的"义"是不存在的，如果发生"义"与"利"的矛盾，只能是公利与私利、民利与君利、他利与己利、全局的长远的利与局部的眼前的利之类的矛盾。这里，维护公利、民利、全局的长远的利就是"义"；而损公肥私的私利、与民争利的君利、损人利己的己利、为谋局部的眼前的小利而不顾全局的长远的大利者，则是"利"。

回到孔孟的义利观上，其实他们不是无的放矢，其着力点有二：

一是通过"义利之辩"，告诫时君世主重视民利，处理好民利与君利的关系。孔子对老百姓主张实行"富之"的政策，提出"因民之所利而利之"②。二是通过"义利之辩"，提高为政者的道德修养，做个"君子"。孔子说："不义而富且贵，于我如浮云。"③ 孟子说"富贵不能淫，贫贱不能移，威武不能屈"，才配称"大丈夫"。④

"重义轻利"是传统礼法制度的一大基本原则。它要求国家在法律和政策的顶层设计上重视民生，轻徭薄赋、让利于民；要求官员克俭自守、廉洁奉公，对不义之财，毫发不取。可以说，"重义轻利"，是国家和国民财富增值的经济伦理底线原则，也是制定民生法律和政策一条铁则，是我们这样非政教一体民族拥有的优质文化资源。

其四，关于"诚信"与古代民商事活动原则

近现代民法学称"诚实信用"为"帝王法则"。中华礼法传统极重"诚信"，其礼法的价值可从形而上和形而下两个层面来展现。

首先，从"诚"的形上层面，即法哲学来说。《中庸》提出"至诚者"才能立法。⑤ 这里蕴含着这样的法价值观：只有至诚的圣人，才能知天道，才能创制符合天道的良法。"法自君出"是帝制时代的社会现实，它意味着有位即有权立法。《中庸》认为这样不对，以"德"来修正它，明确提出："虽有其位，苟无其德，不敢作礼乐焉。"这是一种颠覆性的立法理论创新：德、位兼备才能制礼乐，才能立法。显然，

---

① 《论语·里仁》。
② 《论语·尧曰》。
③ 《论语·述而》。
④ 《孟子·滕文公下》。
⑤ 《中庸》："唯天下至诚，为能经纶天下之大经，立天下之大本，知天地之化育，夫焉有所倚？"

《中庸》追求的是良法。

其次,从其形下层面来说,"诚"就是在生活实践中恪守诚实不欺的"诚信"原则。中国民谚的"货真价实"、"童叟无欺"、"真不二价"都体现了民间对"诚信"原则的遵奉。

中国古代没有民事成文法典,不等于缺乏民商事法律规则,更不等于民商事活动中缺乏诚信原则。古代社会以血缘家庭为单位,由礼法制度作规范,民商事活动以契约为载体,交易成本最为节约且效率很高。在这样的社会中,不是没有智慧来制定民商事法典,而是具有了不需要制定繁琐的民商事法典的智慧。这正是礼法传统的力量。

其五,关于中刑与慎刑、恤刑的刑事法原则

中道,很早就被运用到法的领域。《尚书》的《吕刑》篇说,审断案件应做到"中正"①。孔子强调刑罚要符合中道:"刑罚不中,则民无所措手足。"②"刑罚中"含有三层意思:一是适用刑罚要"中正",定罪准确,无冤无滥,不枉不纵。二是要"中和",用中刑,既不故意加重,也不故意减轻,不轻不重,罚当其罪。三是要"时中",决狱量刑还要依政治、经济、社会情势等主客观条件不同而有所权衡,这叫做"刑罚世轻世重,惟齐非齐"③。

慎刑是针对滥刑、泛刑、刑罚万能主义、刑罚迷信主义讲的。刑罚关涉人的生命的生杀予夺,要慎重。儒家主张仁政,认为刑罚尽管为治世所不可或缺,却也是不可滥用的。

恤刑,古人称之为"哀矜折狱",是针对酷刑、苛刑而言的。它体现了古代的刑罚人道主义精神。恤刑有法内、法外之分。法内的如矜悯老幼、病残、笃疾、孕妇等。法外恤刑是非制度、非常规的措施,但代有所闻,不绝于缕。④

其六,关于"无讼"和"调处息讼"

《论语》中的"听讼,吾犹人也,必也使无讼乎"一章⑤有各色各样的译解和评述,其实"听讼,吾犹人也",是说审理案子,我孔子也跟别的审判者没有两样,只能

---

① 《尚书·吕刑》:"刑罚世轻世重,惟齐非齐,有伦有要。罚惩非死,人极于病,非佞折狱,惟良折狱。罔非在中,察辞于差,非从惟从,哀敬折狱。明启刑书胥占,咸庶中正。"
② 《论语·子路》。
③ 《尚书·吕刑》。
④ 《后汉书·卷六十三》记载,汉时有个叫虞延的地方官,每年腊月、伏天两季,就释放囚犯回家,囚犯都感恩戴德,都会按期而还。又,《旧唐书·卷八十五》载,高祖武德年间,有个叫唐临的任万泉县丞,县狱内有轻囚数十人,会当春雨播种时节,唐临召集囚犯令归家耕种,并约定到期回归系所,"囚等皆感恩贷,至时毕集诣狱"。
⑤ 《论语·颜渊》。

按照规定的审案程序依法处断。"使无讼",并非不准告状,或压制诉讼,而是依据法律,融合情理,公正办案,使亏理无情违法者知耻而退。这里面包含通过各种渠道的调处息讼在内。

"无讼"是古代中国重要的礼法传统。传统社会的中国人是不大喜欢打官司,"但存夫子三分礼,不犯萧何六尺条"。在农耕时代,同姓聚族而居,是个熟人社会,"一场官司十年仇",不打官司是一种理智的选择。不过,民间纠纷不可避免,纠纷的解决主要不是靠诉讼,而是靠调解。古代县级以下基本上是宗族、村社自治。无处不在的宗族祠堂组织、村社保甲制度具有强有力的调解功能。

历史上,对"无讼"精神曲解者有之,作假者有之,瞒上欺下者有之,压制者有之,做表面文章、搞形式主义、政绩工程者更是大大有之,但这些并不能掩蔽"调处息讼"的价值。它为民众提供了一种解决纠纷的"非诉讼"途径选择,减少"累讼",以最小的经济成本和社会成本换得经济活动和社会生活秩序的修复与正常化。古代的"调处息讼"制度就是古代中国的"非诉讼纠纷解决方式"[①]。

三、回采传统、融合中西,圆梦"法治中国"

清末以后,中华法系走向衰亡。一百多年来,我国持续不断地移植西法——英、美、法、德、日和苏俄的法理念、法价值、法制度、法条款。移植在一定时期是不可避免的,也是必要的。但也不可否认,这一领域几乎成了苏俄、欧美法学理论和法制模式的试验地。移植是要促进创制,不能代替创制。一个国家的文化传统、文明模式和伦理价值体系决定和影响着当下的法治体系和治理模式,决定和影响它的民主进程、民主方式和质量。换言之,现代民主法治作为一种制度和机制,需要文化内核的支撑,需要道德文明的基础。没有这些基础的承载和依托,民主法治就只是空中楼阁。

然而,近一个多世纪来,我们有太多的菲薄传统,厚诬古贤,对传统文化有太多的破坏、误解和遗忘,"文革"几乎将中国传统文明彻底摧残,直白地说,当下"良法善治"建设中的一块短板是传统文化的缺失。

---

① "非诉讼纠纷解决方式",英文简写为 ADR(Alternative Dispute Resolution),作为一种民事诉讼制度以外的非诉讼纠纷解决程序或机制模式,受到世界各国的重视。ADR 的共同性特征及价值为:(1)程序上的简易性和灵活性。(2)在纠纷解决基准上的非法律化。(3)纠纷解决主体的非职业化。(4)运作方式的民间化或多样化,其中民间性占据绝大多数,同时兼有司法性和行政性。(5)纠纷解决者与当事人之间的关系是水平式的或平等的,包括仲裁在内的 ADR 程序中,中立第三人并不是行使司法职权的裁判者(法官),当事人的处分权和合意较之诉讼具有更重要的决定意义。(6)纠纷解决过程和结果的互利性和平性(非对抗性)。参见范愉主编《ADR 原理与实务》,厦门大学出版社 2002 年版,第 1 页。

以人们熟悉的许霆案①为例。这一案例闹出的动静不小，其实对于广州中院一审判决许霆无期徒刑的程序正当性，当时的法律界和社会舆论并没有提出质疑②，但广大民众众口一词，认为量刑太重。有趣的是，一向强调程序正义的法律人也同样认为审判有违实体公正而表示"不能接受"③。这就很能说明中国人重视实体正义的心理期待和价值判断。正是许霆案唤醒了中国人对自己民族数千年传统司法文化的记忆，这也许就是许霆案的标本意义。

在中国人看来，当程序正义与实体正义矛盾冲突的时候，服从实体正义是天经地义的。在这一点上，从普通百姓到受过专门法律训练的法律人，没有什么不同。原因无他，由于中国的法律人和普通民众生活在共同的中华法系的礼法传统文化环境里，受着共同的法律文化和法律正义观念的熏陶，即便是拥有丰富的法律知识，也不能改变这种文化基因。

许霆案说明我们不应当抛弃也无法抛弃先辈们创造和传承的传统，"法治中国"建设需要中国传统文化的滋养。

"全面依法治国"和建设"法治中国"的法治体系的提出，标志着中国民主法治已发展到革命性的转型时期——从革命法学和法制转型为治理法学和法制，从移植法学和法制转型为特色法学和法制。法治建设再不能靠移植西方法律这样一条腿走下去，必须加上另一条腿，这就是回采法的传统，发掘中华礼法文化的智慧。

新的中华法系的创建理当尊重两个传统：一是一百多年来引进、移植西法的传统，以及我们探索社会主义民主法制建设和依法治国建设的传统；二是中华民族五千多年历久不衰的古老礼法传统。前者是新传统，后者是老传统。我们传承的新、老两个传统都是人类文化轴心时代④发展的成果，它们在中国大地上的碰撞、汇合，展现出中西文化和法系的风云际会的美好场景。环视全球各大文化体，谁具有这样千载难逢的熔两种不同文化和法系于一炉的舞台和机会？只有我们中国。

---

① 2006年4月21日晚至22日凌晨，山西籍青年许霆在广州利用自动取款机的故障，超额刷卡取走了17.5万元。2007年11月20日，广州市中院认定许霆盗窃金融机构罪成立，判处无期徒刑，剥夺政治权利终身，并处没收个人全部财产。许霆一案在互联网上得以广泛传播，其定性和判决引发了社会各界包括众多法学界、律师界人士的热烈关注，舆论普遍认为量刑过重。后广东省高院以"事实不清，证据不足"为由裁定发回重审。2008年3月31日，广州市中院重审判决，以盗窃罪判处许霆有期徒刑5年，并处罚金、追缴违法所得。广东省高级人民法院终审维持了一审判决。
② 苏力：《法条主义、民意与难办案件》，《中外法学》2009年第1期。
③ 这类批评很多，可参见陈瑞华《许霆案的法治标本意义》，《南方周末》2008年1月17日。
④ 德国哲学家、精神病学家卡尔·雅斯贝尔斯在1949年出版的《历史的起源与目标》中说，公元前600年至前300年间是人类文明的"轴心时代"，这段时期是人类文明精神的重大突破时期。在轴心时代里，各个文明都出现了伟大的精神导师——古希腊有苏格拉底、柏拉图、亚里士多德，以色列有犹太教的先知们，古印度有释迦牟尼，中国有孔子、老子……他们提出的思想原则塑造了不同的文化传统，也一直影响着人类的生活，决定了今天西方、印度、中国、伊斯兰不同的文化形态。这些轴心时代所产生的文化一直延续到今天。

中华文化从轴心时代一直延续至今，没有间断。这在所有轴心文明中绝无仅有。在经过百多年西方文化的全方位冲击之后，国人提高了文化创新的自觉和自信。创新将在两个方面同时展开：一为折中，一为融西。折中是对自身的文化和法系传统进行现代化的反省和批判，正本清源，酌古斟今；融西是对西来的文化和法系传统，进行吸收和消化，融会贯通，化西为中。这个过程将是漫长的，但必定是光明的。它的结果便是新的中华法系的创建，便是中国特色社会主义法治国的成功。

周公祀典礼文及其祭祀路径

孔子研究院助理研究员　谷文国

引　言

周公制礼作乐对中国古典精神的形成及发展产生了巨大的影响，为后人仰慕不已。然而作为儒家元圣的周公，并未在后世帝国祀典中享有与其身份等同的礼节。从史料中梳理并把握周公祀典的礼文及其祭祀路径变迁，对于理解周公及其祀典在思想史上之地位与价值有重要的意义。

一、文献所见周公祀典礼文

周公殁后，成王赐之以天子礼乐祭祀，礼文隆盛。礼文即祭祀外在呈现出的规制，是衡量祀典等级的重要标准，不仅直接反映了祭祀对象之地位与身份，也是判定其祭仪是否合乎国家礼典的准绳。周公祀典之礼文除了《礼记》与《诗经》之中略有所载之外，尚可比照后世孔庙释奠礼之礼文，原因即在于后世帝王致祭周公多下诏"依孔庙礼仪"。但从史料记载可知周公祀典之简略与疏漏，远不足以比拟孔庙仪典之繁复与厚重。

据《礼记》所载："昔者周公有勋劳于天下。周公既殁，成王、康王追念周公之所以勋劳者而欲尊鲁，故赐之以重祭。外祭则郊社是也，内祭则大尝禘是也。夫大尝禘，升歌清庙下而管象，朱干玉戚以舞大武，八佾以舞大夏，此天子之乐也。"[1] 孔子曾谓："升歌清庙，示德也。下而管象，示事也。古之君子不必亲相与言也，以礼乐相示而已，此大飨之乐也。"[2] 大尝禘既可以舞八佾，则显然是天子礼乐，绝非一般人所能享用。

> 清庙升歌，先人功烈德深也，故欲其歌之也……以歌祖宗功德，盖所以

---

① （元）张存中：《论语集注通证》卷上，"禘自既灌而往章"。原文出于《礼记·祭统》。
② （宋）陈旸：《乐书》卷一百五十三，"登歌上"。

使之不忘本也。①

这种天子之礼毫无疑问即是当时莫大之国典，而用之于周公及周公庙者，其旨在于表周公德性、功业之高，由此亦可见早初周公祀典规格之隆盛。《诗经·閟宫》谓之"春秋匪懈，享祀不忒"，即是要鲁国世世祀周公以天子礼乐而不容懈怠之意。

鲁国国君此后祭祀周公即以天子礼乐。《礼记·明堂位》载："鲁君孟春乘大路，载弧韣，旗十有二旒，日月之章，祀帝于郊，配以后稷，天子之礼也。"描述的即是周公行天子祭礼之情实。《礼记·明堂位》亦载：

> 季夏六月，以禘礼祀周公于大庙。牲用白牡，尊用牺象山罍，郁尊用黄目，灌用玉瓒大圭，荐用玉豆雕篹，爵用玉琖仍雕，加以璧散璧角，俎用梡嶡。升歌清庙，下管象，朱干玉戚，冕而舞大武，皮弁素积，裼而舞大夏。

天子礼乐不仅从一个侧面凸显了周公德业之彪炳，也足以衬托周公在鲁国国家祀典中之最高地位与身份，远非后世周公祀典所能比拟于万一。

另据《诗经》所载，周公祀典"秋而载尝，夏而楅衡。白牡骍刚，牺尊将将。毛炰胾羹，笾豆大房"②。秋尝本是天子之祭（详见《礼记·明堂位》）。朱熹谓："成王以周公有大功于王室，故命鲁公以夏正孟春郊祀上帝，配以后稷，牲用骍牡。"③ 郊祀上帝亦天子之礼，白牡即祭祀周公所用之牲，亦是殷牲，于鲁国太庙中行此仪典。后人云：

> 殷尚白，非天子之宗庙不用白牡，犹周尚赤，非天子之宗庙不用骍刚。周公以人臣不可及之功，故祭得用天子之骍刚，所以优其功。然又不可以忘人臣之分，故以白牡，所以正其分也。④

既从君臣之分的角度点明了骍刚、白牡在礼典中的地位象征，又从个人角度出发为周公祀典的规制作了合情合理的辩护。虽然祭之以天子礼乐，但其表达的仍无非是祖先祭祀所蕴涵的孝道精神。

孔子谓："郊社之礼，所以事上帝也，宗庙之礼，所以祀乎其先也。明乎郊社之礼，禘尝之义，治国其如示诸掌乎。"（《中庸》）则凸显出了郊禘礼在国家治理中占据

---

① （宋）陈旸：《乐书》卷一百五十三，"登歌下"。
② （宋）朱熹：《诗集传》，凤凰出版社2010年版，第281页。
③ （宋）朱熹：《诗集传》，凤凰出版社2010年版，第282页。
④ （宋）卫湜：《礼记集说》卷六十四。

的重要地位，带有鲜明的国家政治效能之色彩。清康熙二十八年（1689）议准：

> 周公庙设赞礼生二十名，庙户十户，佃户十户。题定仪注：一祝版，用白纸墨书黄纸镶边一；供品：礼神制帛一，白磁爵三，圆降炷香一，细黄速香一筋，以上由太常寺预备；羊一，豕一，果品五，酒尊一，以上由地方官备办。一行礼仪节与告祭岳渎同。①

概而言之，亦不过少牢之礼而已，规制显然不甚高上。既与西周初年之祀典情况不可同日而语，亦与历来帝王下诏所谓"一如孔庙礼仪"名实不副。

汉高帝刘邦过曲阜曾以"太牢之礼"祀孔子于其墓。太牢之礼自古乃是"天子社稷"之祭（《礼记·王制》），以牛为牲（后人亦有认为具备牛、羊、豕三者为太牢之说），在古代祭祀中居于最高之等级，足见孔子所受待遇之隆重。降及元代，孔子犹然是与三皇、社稷"通祀天下而得祀者"②。规格如此之高，周公祀典根本不能望其项背。直至明代洪武年间，朱元璋（1328—1398）依旧"以太牢亲祀孔子于国子学"③，可见孔子祀典作为国家祭礼一直沿袭至明代而不变，地位之隆盛毋庸赘言。明洪武十一年（1378），定孔子释奠祭器礼物，正位：犊一，羊一，豕一，笾豆各十，登一，铏一，簠簋各二，酒尊三，爵三。④ 虽然以犊代牛，但仍是太牢之礼，视周公祀典高出甚远。清康熙行幸曲阜特行尊师重道之礼，入庙（孔庙）而躬亲九拜仪。⑤ 也即三跪九拜之礼。秦汉以来，尚无人出其右者。反观周公庙，康熙二十三年（1684），帝御龙袍衮服诣周公庙上香，行一跪三拜。⑥ 两者之间的差距不仅悬殊，而且等级分明，充分彰显了后世帝王对周公与孔子及其仪典的不同态度。这种态度不仅折射出两者祀典在帝国国家中的地位，也反映了后人对周公与孔子历史功德高下之判的心理倾向。

周公祀典的礼文尽管代有不同，却都源自帝国政府的主动选择和推行，代表着国家层面的价值取向和文化追求，对于世俗风气与人文精神的塑造有着极为重要的作用。周公作为圣人得到后世帝王的祭祀，无疑是出于文化与政治两个层面的考虑。帝国政府将周公祀典列为国家礼典，既是对圣人的礼敬，也是对圣人之道与圣人之教的推崇。而二者所具有的尺度性价值成为帝国统治所奉行的"一以贯之"之道，实现了明德与新民在"止于至善"意义上的统一。

---

① 《山东通志》卷十一之六，《国朝周公祀典》。
② （元）郑玉：《师山集》卷五，《续绩溪县三皇庙记》。
③ （明）李之藻：《頖宫礼乐疏》卷一，《圣朝厘正疏》。
④ （明）夏良胜：《中庸衍义》卷三。
⑤ （清）孔毓圻等：《幸鲁盛典》卷十三。
⑥ 《钦定大清会典则例》卷八十二。

二、周公祀典的两条路径

历史上周公的祀典基本上是沿着两条路径展开的：一个是家族的祭祀，或者可以称之为私人祭祀，源自周公姬姓族人之后代对其的祭祀，其本旨在于追慕先祖的功绩德行，属于祖先祭祀，体现的是孝道精神；另一个则来自外部，也即公共祭祀，主要基于历代政府对周公的推崇和奉祀，体现为后世所称的释奠礼。这在本质上是对圣人及其圣人之道的表彰，属于圣人祭祀，体现的是文教精神。这两者共同构成了周公祀典的主要内容与方式。

（一）祖先祭祀意义下的周公祀典

史载周公殁后，葬于毕，长子伯禽于鲁地奉其祀。成王以周公有大勋劳于天下，命鲁公世世禘祀周公于太庙。成王命鲁得郊祭文王。鲁有天子礼乐者，以褒周公之德也。①

《礼记》载：

> 成王……命鲁公世世祀周公以天子之礼乐。②

后人辨之甚严，以为昔者周公有勋劳于天下，成王赐之重祭升歌清庙，下而管象。不过使之施于周公庙而已。是所以赐周公非赐鲁。礼记者彼然而言之，岂为知礼意哉。③

简单地说，以天子礼祭祀周公于周公庙则可，若祀鲁公伯禽及以下诸公于其世室则不可。据史料可知，鲁国有太庙，即周公庙，专为奉祀周公之场所。又有"鲁公之庙，文世室也；武公之庙，武世室也"④。世室即世世不毁之意。准此，则所谓"周公而上，王礼可也……周公而下则僭矣"⑤。

《礼记·明堂位》载："季夏六月，以禘礼祀周公于太庙。牲用白牡，尊用牺、象、山罍……而天下大服。"⑥ 依郑玄之注，"禘礼"是大祭之意，即祭始祖所自出之

---

① （汉）司马迁：《史记·鲁周公世家》卷三十三，中华书局2012年版，第1523页。
② （清）孙希旦：《礼记集解》卷三十一，明堂位第十四，第842页。
③ （宋）陈旸：《乐书》卷三十三。又卷七十三曰："盖周公有王者之勋劳，其祭之也报以王者之礼乐。故用之周公庙则可，用之鲁国则僭矣。"
④ 《礼记·明堂位》。
⑤ （宋）李觏：《盱江集》卷三十四，《常语下》。又卷二《礼论第七》谓："鲁以此（天子礼乐）祀周公可也，岂及其余哉。"
⑥ （清）孙希旦：《礼记集解》，第844页。

祖于太庙，而以始祖配之。此处则详载禘礼祭祀周公之具体节文，可见成王命鲁国祭祀周公以天子礼乐所言不虚。王国维先生《今本竹书纪年疏证》载："九年春正月，有事于太庙，初用勺。夏六月，鲁大禘于周公庙。"① 此处"禘礼"同上所述，可见祀典周公规模之大与规格之高。不过自鲁国为楚考烈王所灭之后，鲁国对周公的祀典想必也随即告终。《礼记·王制》载："天子七庙，诸侯五庙，大夫三庙，士一庙，庶人祭于寝。"② 鲁既绝祀，庙制自然亦不可保，也就无从论及周公祀典。然而后世帝王多有称颂周公文武之功之人，亦常施恩泽及于周公之后，无论封爵抑或赐地，都旨在使周公祭祀不绝于后。虽蒙帝王之恩，但主事祀典的仍然是周公后人，亦可视为祖先祭祀。

史载，汉平帝元始元年（1），封周公后公孙相如为褒鲁侯，孔子后孔均为褒成侯，奉其祀。③ 又"汉平帝元始元年，丙午，封鲁顷公之八世孙公子宽为褒鲁侯，奉周公祀"④。此为周公后裔得封侯祭祀周公之记载。只不过褒鲁侯食邑于南阳郡，远离鲁国故城曲阜，史料有缺，亦不知是否有周公庙之建制以作为奉祀之所。平帝元始三年（3），"改殷绍嘉公曰宋公，周承休公曰郑公。"⑤。二者皆以殷周二王之后奉祀先王，显然并无周公之后得封。

史载王莽（前45—23）始建国元年（9），"莽封黄帝、少昊、颛顼、帝喾、尧、舜、禹、夏、商、周及皋陶伊尹之后皆为公、侯，使各奉其祭祀"⑥。惟不见封周公后之记载。《汉书》载王莽大封古代帝王之后，周公后姬就得封褒鲁子。⑦ 恐以此得奉周公祀，然亦不详其祀典之实。此后千余年间，不见有周公之后奉祀周公之记载。唐高祖时虽博求周公之后，然终未能赐以官爵。⑧ 周公奉祀之情况亦由此概可想见。

降及北宋祥符年间，"真宗适鲁祀孔子……敕中书门下追封周公为文宪王，令曲阜建庙祀之。仍令有司备仪礼择日册名若东野氏得以公裔沾一命备祠官。"⑨

清朱彝尊（1629—1709）称之为"一表之门闾而已"，可见周公后世之奉祀情状之简略不备。清康熙年间，圣祖仁皇帝幸鲁，方才命周公七十三代孙东野沛然为世袭

---

① 王国维：《今本竹书纪年疏证》，第85页。
② （清）孙希旦：《礼记集解》卷十三，第343页。
③ （汉）班固：《汉书》卷十二，中华书局2012年版，第351页。
④ （宋）司马光：《资治通鉴》卷第三十五，第1155页。参见《汉书》所载，则封周公侯为褒鲁侯，则是不同之人。
⑤ （宋）司马光：《资治通鉴》卷第三十六，第1166页。
⑥ （宋）司马光：《资治通鉴》卷第三十七，第1196页。胡三省注：山遵为褒谋侯，奉皋陶后。伊玄为褒衡子，奉伊尹后。周后卫公姬党更封为章平公，独不见周公后之封爵，不知何故。
⑦ （汉）班固：《汉书》卷九十九，第4105页。
⑧ （清）朱彝尊：《曝书亭集》卷三十三，《上山东巡抚张公书》。
⑨ （清）孔毓圻等：《幸鲁盛典》卷十二。

五经博士，奉祀周公。① 朱彝尊称颂不已，谓之"百王未行之典"，"不朽盛事"。② 足可以想见史上周公祀典衰败之状。上谕援引四氏（即曾、颜、仲、孟）例加封爵，又拨给祀田，周公庙亦借此得以修葺。③ 高下之判，了然于心。清《皇朝通典》又载："元圣周公后裔二人……各掌奉其先世之祀。"④ 这虽仍然是祖先祭祀之路径，只不过奉祀周公不得不借助于帝国政府的扶持与奖掖，而且尚需比照四氏典仪，终究是一种无奈。

（二）圣人祭祀意义下的周公祀典

周公祀典的另外一条路径可以称之为"公共祭祀"，即视周公为圣人，由历代政府予以祭祀，夹杂有某种政治色彩，以释奠礼的形式呈现于历史。周公以先圣的形象呈现于世，因其传圣人之道而得到异姓国家的祭祀。这种祭祀时有帝王亲临，但基本上皆是由命官致祭，令周公庙所在官府操办。而且这种祭典仅施行于曲阜周公庙，其余岐山、洛阳二处并未"一体均沾"。

《礼记》载："凡始立学者，必释奠于先圣先师，及行事，必以币。凡释奠者，必有合也。有国故则否。郑氏曰：先圣，周公若孔子。"⑤ 此为周公作为先圣祭祀之始。不过何者为先圣、先师，以及如何祀之则引起了无数纷争。依东汉郑玄（127—200）注："有国故，若唐、虞有夔、伯夷，周有周公，鲁有孔子，则各自奠之，不合也。"⑥ 意谓各自于其国内而祀其先圣，不必为之一同。孙希旦说："先圣先师非一国之所得，天子与列国虽各有学，而所祀先圣先师则同，岂有各自奠之者乎？"⑦ 这是在孔子已独享天下通祀后之看法，先圣先师都归于孔子，故不可各自奠之，已无争讼之处。

虽然如此，后人犹有持郑注之说者。如，古者立学必行释奠之礼，天子诸侯皆亲临之。周人祀周公，鲁人祀孔子为先圣。"⑧ 这与唐代孔颖达之说并无二致，然其予以分别毕竟道出了个中情实，即周公当由其后人祭祀，孔子则可由异姓通祀。这种务必将二者分开的想法显然是孔子独尊于天下以后之事，显示出后人在这个棘手问题上的武断思考。

---

① （清）孔毓圻等：《幸鲁盛典》卷十二。
② （清）朱彝尊：《上山东巡抚张公书》。
③ （清）王士祯：《池北偶谈》卷四。《皇朝文献通考》卷二十五载："拨给周公后裔东野氏祭田五十顷，以曲阜附近州县无粮地给之。"且例免差徭。
④ 《皇朝通典》卷三十二。
⑤ （清）孙希旦：《礼记集解》卷二十，《文王世子第八》，第560页。
⑥ （清）孙希旦：《礼记集解》，第561页。
⑦ 《礼记注疏》，第561页。
⑧ （宋）余靖：《武溪集》卷六，《康州重修文宣王庙记》。

东汉明帝永平二年（59），朝廷明定国学郡县祀圣师周公孔子。① 此时之周公显然以圣人的身份出现，并且地位要远高于孔子。宋魏了翁（1178—1237）说："自汉儒始有先圣先师之说……先圣之庙终汉之世不出阙里。考诸史亦未有释奠之文，不知记礼者何从受之。永平二年始诏郡县道行乡饮于学校，祀周公孔子，则先圣之祠有出于阙里者矣。然犹未有作庙之文也。"② 如其所言，此时仅是于学校行释奠礼祭祀，并未有庙制之说。至于祀典细节更难以详考。

唐代武德年间，唐高祖李渊始建周公庙于国子学，四时致祭。③ 武德七年（624），唐高祖幸国子学亲临释奠，以周公为先圣，孔子配。此恐是沿用汉以来之制。但明白以孔子配周公，则显得尤为特立，不知出于何种考虑。这也为后人争辩二人之地位埋下了伏笔。

贞观二年（628），唐太宗（598—649）罢祀周公，以孔子为先圣，以颜回配，④ 这种反动显然是针对唐高祖时的礼制而言。虽然高宗永徽（650—655）中复以周公为先圣，孔子为先师，但旋即复又回到太宗之际所设之制，仍以孔子为先圣。区别惟在周公依别礼，归王者之统，配享武王。⑤ 而其原因则不过是"成王年幼，周公践极，制礼作乐，功比帝王，所以禹汤文武成王周公为六君子"⑥。自此将周公挤出学校所行祀典之外，不再享释奠礼，自然也无秩祀可言。正如明代邱濬（1421—1495）所说："隋制祀先代王公……文王武王于沣渭之郊。周公召公配。"⑦ 而此后"孔子稳居文庙享主之首的地位，名列国家祀典之中，未曾动摇"⑧。

可见从唐以后，周公祀典已经依王者之礼，不再祀于国子学。而所谓王者之礼，更不知是何规制，有何典仪了。此后但见地方书院于周公时有致祭，依释奠礼，其影响则已显然不能和孔子相比。

北宋真宗大中祥符元年（1008），宋真宗幸鲁，方追封周公为文宪王，立新庙。⑨ 史载："真宗亲为之赞，立石庙中，春秋委官致祭，历代因之。"⑩ 但致祭仅限于鲁地周公庙中，并未推行于全国而通祀天下。明代邱濬说："自唐以前并祀周公而以孔子

---

① （清）孙承泽：《春明梦余录》卷二十一。"东汉明帝永平二年，躬养三老五更于辟雍，令郡县通行乡饮酒礼于学校，皆祀圣师周公孔子。"
② （宋）魏了翁：《鹤山集》卷四十九，《潭州州学重建稽古阁明伦堂记》。
③ （清）潘相：《曲阜县志》卷四，第7页。转引自黄进兴《圣贤与圣徒》，第38页。
④ （宋）欧阳修：《新唐书》卷一五，中华书局2013年版，第373页。
⑤ （宋）王溥：《唐会要》卷三十五，第637页。
⑥ （宋）王溥：《唐会要》卷三十五，第636页。
⑦ （明）邱濬：《大学衍义补》卷六十二，《治国平天下之要·秩祭祀》。
⑧ 黄进兴：《圣贤与圣徒》，第41页。
⑨ （元）脱脱：《宋史》卷七，真宗二。又卷一百五载："周公旦追封文宪王，建庙兖州。春秋委长吏致祭。"
⑩ 《大清一统志》卷一百三十。

配。自后而专祀孔子而周公无庙，诚阙典也。后世宜为建庙于鲁地，一视孔子。有司岁祠用释奠仪。但不通祀于天下。庶于报祀之典为称。"① 然而周公建庙不仅未能"一视孔子"，且远不如孟子祀典之隆盛。历代虽时有帝王遣官致祭，周公庙仍然未能摆脱衰败的命运。除鲁地周公庙外，元代曾于陕西歧阳书院祀文宪王，"命设学官。春秋释奠如孔子庙仪"②。这种"春秋释奠如孔子庙仪"在周公庙举行似乎已是莫大的恩宠了，但果真如孔子庙仪想而可知其未必。明代宪宗成化二十二年（1486），"诏曲阜县每岁以春秋仲月致祭周公庙，仍置洒扫户四户"③。

此后，明朝武宗正德十三年（1518），诏赐周公庙祭田一顷，并置祭器。神宗万历元年（1573），诏遣尚宝寺丞张孟男诣曲阜致祭周公庙，④ 并有敕文，此外之情实则不可或知。

明代的周公庙际遇似乎要过于之前，但与孔子庙相比则相形见绌。自宋朝封周公为文宪王之后，历代因之。明孝宗年间（1488—1505）则忽有陡生之变。史载曾有"革其（周公）旧有之封号，止以太师称之"⑤ 之事，影响十分深远。到了弘治二年（1489），山东兖州府知府赵兰陈表六事，其一即有请复周公旧有封号之乞，赵氏以为"周公制礼作乐，前代尝加谥文宪王。今一例革其旧有之封号，止以太师周公称之，恐名爵不足以副功德之实。乞会议复旧"⑥。

不知结果如何。但更让人匪夷所思的是竟然还有士人议请祀周公于孔庙之事。据清汪琬（1624—1691）记载，时有"请祀周公于孔子庙者。公独以为不然。疏言周公制作，前代比诸帝王，今既配享武王于庙，礼数隆重。若复祀诸文庙之中，于礼为亵，非尊崇之德也"⑦，真是无言以对。降及清朝，顺治初年便下诏鲁地周公祀典依明旧制，此旧制当亦是春秋致祭。康熙二十四年（1685），诏给周公庙祭田五十四顷，仍拨佃户十户，耕种洒扫户十户以供庙庭使役。⑧ 若相较于明代，似乎诏赐之盛要远过于彼。不论出于怀柔抑或是推崇，周公庙所享用的祀典都要远过其他几朝。这固然出于帝国政府的诏赐，周公后代的上表乞求也颇有助于改善周公庙的祀典情况。周公后代东野沛然曾上奏道：

> 臣祖周公，以元圣之德，制作经纬，固与孔子并列久矣。今祠宇颓坏，

---

① （明）邱濬：《大学衍义补》卷六十二。又见秦蕙田《五礼通考》卷一百二十三，《古礼》。
② （明）宋濂等：《元史》卷三十三。
③ 《山东通志》卷十一之六，《历朝周公祀典》。
④ 《山东通志》卷十一之六，《历朝周公祀典》。
⑤ （明）俞汝楫编：《礼部志稿》卷八十五下，《崇祀备考》。
⑥ （明）俞汝楫编：《礼部志稿》卷八十五下，《陈孔庙四仪》。
⑦ （清）汪琬：《尧峰文钞》卷二十一，《诏议大享殿合祀礼疏言》。
⑧ 《山东通志》卷十一之六，《历代周公祀典》。

拜谒寂寥，主鬯仅以青衿，祭田不及百亩，不惟不能并尊于孔子，且不得比肩于颜曾孟仲。乞念传道之功，稍加优隆。①

由此可以看到周公庙的后世遭遇是何等不堪。东野沛然的奏词绝非言过其实，通过历代周公祀典的规格与待遇自然可以知晓。值得欣慰的是，康熙二十八年，"议准周公庙设赞礼生二十名，庙户十户，佃户十户题定仪注"②。这种规格在之前是未始有过的，从赞礼生的角度而言，可以说是真正"一如孔庙仪礼"。这进一步完善了周公祀典的制度，也进一步提高了历来祀典周公的规制。

事实上，对于帝国政府而言，祀典周公目的在于推行一种普遍化的价值原则与伦理规范，不仅表彰那些毕生口诵言行圣人之教的儒家学者们，也敦促那些普通民众向圣人之教靠拢。尽管周公祀典有时间和地域及规格的限制，但它本身所关心的不是外在的形式，乃是如何让这种普遍化的价值原则和伦理规范有效地分布在整个国家中，用直接教化或潜移默化的方式使人们和睦相处，使他们相互之间分享他们能向其他人和社会以及国家提供的价值，并最终促成整个国家、社会的内在统一。

---

① （清）孔继汾：《阙里文献考》卷十八。转引自黄进兴《圣贤与圣徒》，第46页。
② 《山东通志》卷十一之六，《历代周公祀典》。

论台湾地区"儒教文化"对"公民教养"的可能作用
——关于孤儿意识、主奴意识之克服的哲学反思

台湾慈济大学宗教与人文研究所 林安梧

一、台湾地区政治社会转型最难克服的是"主奴意识"

台湾地区正由原先的"传统威权社会"转型为"现代公民社会",此与其文化教养、通识养成密切相关,但最难克服的是"主奴意识"的悲情①。

(1)大体说来,从20世纪80年代起,台湾地区逐渐由"传统威权社会"转型为"现代公民社会",这是华人自有历史以来又一次大的变局,这变局可以置于近100年来华人历史社会总体大变迁下来理解,亦可以单置于台湾近70年来的发展来理解。

(2)1945年以前,台湾地区虽已有一定的现代化成分,但仍不免为殖民地所囿限,仍不免其"主奴意识"的限制②。日本是主位,而中国台湾是奴位。其实这主奴意识是从清代就逐渐形成的,从"中央"与"边陲"的关系转为"主位"与"奴位"。

(3)1945年之后,国民党当局统治下的台湾地区虽已非殖民地(国民党当局当然不是外来政权),但国民党当局之统治仍不免其外来性,台湾民众仍不免处在主奴意识的氛围之中。主奴意识所形成的悲情,是台湾民众当前所最难克服的困局。

(4)换言之,台湾地区一直奋力在争取其存在的"主体性",而却一直陷溺于"主奴意识"的氛围下来思考,即如现在的台湾地区虽极力地要摆脱"主奴意识",但仍只置于主奴意识下做奴位对立面的抗争来思考问题,这样的"主体性"之争取仍然是艰辛而困难的。

(5)台湾民众长久以来处在"遗民"与"移民"的心灵不安下,原先"中央—边陲"意识转为"主奴"般的思考,特别在日本殖民50年中的"主奴意识",本极为不

---

① 林安梧:《台湾、解咒:克服主奴意识、建立公民社会》,台北黎明文化出版社2004年版。
② 关于主奴意识,盖有取于黑格尔的《精神现象学》所说的主奴辩证,青年马克思也对此有所论述。20世纪,我因研读法兰克福学派而上溯青年马克思的思想,因此于此多有着墨。我于《台湾文化治疗》有此论。又有关此论可参见刘同舫《从显性到隐性的主奴辩证法:〈精神现象学〉与〈一八四四年经济学哲学手稿〉关系注解》,《哲学研究》2014年第1期,第16—19页。

易克服。如此，在海峡两岸的情势变迁上，如何"两端而一致"地达到共识本极不易；一旦有个风吹草动、蛛丝马迹，台湾民众极力想克服的"主奴意识"又会杯弓蛇影般地出现，而"主体性"的渴求就会愈加强烈。

（6）这样的"主体性"意识之渴求仍不脱其原先的"主奴意识"之格局，顶多只是作为对立面的抗争而已，对于"主体性"的建立仍然是艰辛的，特别是对现下须去转型而构造的现代公民社会进程反成了最大的障碍。

（7）如何摆脱"遗民"（宰相有权能割地，孤臣无力可回天）的"悲情意识"，如何摆脱"移民"的"枯寂意识"，如何摆脱长久以来的"主奴意识"，让台湾地区由"传统威权社会"进入到现代公民社会，这须在文化教养上下一番大功夫，即恰当的台湾地区历史之认识与文化认同。①

（8）有真切之台湾历史认识与文化认识，方能真切地克服"主奴意识"，克服"遗民"的"悲情意识"，克服"移民"的"枯寂意识"，才能真切地进一步从"台湾之子"返为"华夏之子"，如此，两岸才可能永远和平。

二、"血缘性纵贯轴"与威权社会之构成

台湾地区"传统威权社会"是由血缘性纵贯轴、"党国"威权加上其意识形态及原先的儒道佛文化传统而构成的。

（1）"血缘性纵贯轴"是以"血缘性的自然连结"为背景，以"宰制性的政治连结"为核心，以"人格性的道德连结"为方法所构成，这三个连结的顶点是"父"、"君"、"圣"，而血缘性纵贯轴可以说是这三者的统合。②

（2）这是由"五伦"（父子有亲、君臣有义、夫妇有别、长幼有序、朋友有序）之转为"三纲"（君为臣纲、父为子纲、夫为妇纲）；由先秦之落为秦汉以后，由"宗法封建"之落为"帝皇专制"而构成的。

（3）这样的构成是由"父子轴"为主导的伦常规范转而以"君臣轴"为主导的伦常规范。值得注意的是，君臣关系逐渐由"主从"关系转而为"主奴"关系。秦汉以来，中国传统的道德教化从原先强调的主体互动感通，逐渐转为主奴式的封闭性教条，即我所谓的"帝制式儒学"。

（4）当然，除了"帝制式儒学"向度外，原先就有的"批判性儒学"与"生活化儒学"仍然有其民间的强旺力量。除了"主奴式的封闭教条"外，经由生活伦常之润

---

① 林安梧：《化"悲情"为"慈悲"，转"业力"为"愿力"：为台湾当前政局做一历史哲学的反思》，该文于 2003 年 11 月 3 日发表于《联合报》副刊。
② 林安梧：《"道德与思想之意图"的背景理解：以"血缘性纵贯轴"为核心的展开》，《本土心理学研究》1997 年 6 月第 7 期，第 126—164 页。本节所论，其理论多本于此。

泽，调适而上遂于道的生活化儒学，一种主体际的生活感通之儒学丰姿是极为强旺的，它与道家、佛教交融成极为丰厚的民间心灵土壤。

（5）台湾地区的传统威权社会除了"血缘性纵贯轴"的结构外，它似乎有所跨出，它也强调"契约性的社会连结"、"委托性的政治连结"，但囿限于"党国"威权体制及其意识形态，因而在民主政治及社会的转型上是极为缓慢的。不过，值得注意的是，正因为它的缓慢，而使得台湾地区有着更为稳定的发展，台湾地区的民间社会力量也因此得以蕴蓄成熟。

（6）"党国"威权时代所高喊的五大信念——"主义、领袖、国家、责任、荣誉"，充分地阐明了当时社会的特质何在，但值得注意的是，国民党将三民主义与传统中国文化接续起来，又在国际的脉动下发展经济，因之连带地也促进了政治的迈进、社会的生长，此中最重要的调节性力量是传统中国文化。

（7）传统中国文化一方面落实民间，继续着"天、地、君、亲、师"的老传统，另外则与民间的宗教宫庙结合起来，成为民间社会重要的精神资源。当然，制式的教育里，中国传统文化仍然有一定的成分，特别在价值观的养成上，它扮演着相当重要的角色，直到近些年来才逐渐淡化。

（8）"党国"儒学虽不免其封闭性，但总的来说较诸帝制式的儒学，它显然活化了许多；在国民党治下，儒学的生活性极为强旺，它的批判性虽犹有未足，但仍可以做一形而上的保存，而不至于被摧残，当代新儒学能有如此之学术成就与此密切相关。

（9）随着"政治正确"的误导，使得中国文化传统在台湾地区的价值逐渐为人所忽视，加上"党国"威权已然瓦解，台湾地区不免会陷入某种失序之中，但调节力的减弱更是值得忧心。特别是2000年，政党轮替后，台湾地区定然得迈向民主宪政与公民社会，而调适的力量更为需要，但现在又远不如以前，这是值得注意的。

三、"人际性互动轴"与现代公民教养之构成

"现代公民社会"是由人际性互动轴、社会契约及其普遍意志而构成的。

（1）"公民"不同于帝皇专制下的"子民"，也不同于自然状态下的"天民"；"子民"是在君臣轴为核心之伦常架构而有的思考，而"天民"则可以是回到人伦孝悌，也可以是归返自然天地这样的思考；"公民"则不只是落在"天理之公"而说的"公"，而是落在"社会之公"的"公"，是 civil society 义下的"公"。①

---

① 林安梧：《后新儒学的社会哲学：契约、责任与"一体之仁"——迈向以社会正义论为核心的儒学思考》，台北：《思与言》2001年12月39卷第4期，第57—82页。

（2）可以说台湾地区从20世纪90年代起开始由传统威权社会朝现代公民社会转型，"公民"之"公"不再是"党国"威权之公，不再是民族之公，而是"公民社会"之"公"。这样的"公共意识"之长成是极为艰辛的，因为它得由原先的"血缘性纵贯轴"转为"人际性互动轴"，从原先的"知耻伦理"转为"责任伦理"，从原先的"气的感通"转为"话语的论辩"，从原先的"人伦道德的生长传递"转为"人际权力的理性规约"；它得跨出"血缘性的自然连结"而进到"契约性的社会连结"，它得瓦解"宰制性的政治连结"而缔建"委托性的政治连结"。

（3）"人际性的互动轴"不同于"血缘性的纵贯轴"之为隶属的格局，而转为"对列的格局"，因此原先的"纵贯的道德创生论"系统亦要转化为"横摄的道德认知论"系统。当然，"横摄的道德认知论"仍然可以置于"纵贯的道德创生论"系统下来思考它是如何转出的。

（4）"转出"一语可以是一"理论逻辑次序"的安排，亦可以是一"历史发生次序"的厘清，亦可以是一"实践学习次序"的置定。阐明现代公民社会之长成实可以接续于中国传统文化之儒学传统，如牟先生之提出"良知的自我坎陷已开出知性主体，并以之涵摄民主科学"，这是理论逻辑次序的安排；叙述西方公民社会如何发展而成，这是一历史发生次序的厘清；正视台湾地区如何一步一脚印，从"党国"威权体制逐渐解开，伴随而生的是活络的社会资源，又是如何由传统的"波纹型结构"转为"捆材型结构"，如何由地方派阀政治逐渐转为具有公民意识的民主宪政，这当属实践的学习次序。

（5）一个恰当的"人际性互动轴"的现代公民社会在当前的台湾地区虽隐然有成，但仍不免其紊乱；解开了"党国"威权统治，连带的传统的伦常也被解开了，传统威权社会的次序松绑了，人的"自我"陷入严重疏离的个体性之中，而误以为此疏离的个体性之"我"乃是一切公民社会、民主宪政的基础。民间一句趣言说"民主就是你的事我通要管；自由是我的事你通不要管"①，正标明这样的意识状态。

（6）相对于这种"杨朱"式的个人主义，作为对立面的一端的"墨子"式的"江湖侠义"之集体主义亦方兴未艾，它与原先的地方派阀、黑道、金权等结合在一起，彼此相"挺"（"挺"原是闽南语的转音，它有"曲意回护"的意思），就像江湖兄弟饮酒，一饮而尽，方为痛快。所谓"乎干啦"（闽南语）一句歌词正表现了江湖情义，甚至是黑道恩义的伦理性思考。

（7）有别于"杨朱"式的个人主义，有别于"墨子"式的集体主义，台湾地区的"社区意识"在历史的推移、当局的促进下，近10年来已有相当可观的成绩。民间社团林立，文教公益基金会如雨后春笋，原先本已极为发达的民间宗教、宫庙团体亦逐

---

① 林安梧：《从血缘性纵贯轴到人际性的互动轴——"建立社会新伦理、促进中国现代化"的一个反思》，台北：《现代化研究》1996年4月第6期，第16—24页。

渐转型为财团法人、宗教法人，以及其他相关具有现代公共性的组织，社区的公共空间（图书室、游戏室），守望相助的组织，乃至车位的规划，等等，可以看到"社区意识"已成为现代台湾社会文化的主流。

（8）最明显的是实施"垃圾分类"的成功，正可以视为"公共意识"已提升到一相当水平。盖垃圾本为事务之末，现在大家能对它如此关注，连带地大家逐渐正视此中的"公共性"；而"分类"的活动正显示我们已逐渐由"无分别相"的思考逐渐走向"分别相"的思考，连带地公共话语空间的要求也愈来愈多，所谓的"公共论述"将日渐茁壮，"公共意识"将日生又生。由人际性的互动轴而开启的契约型的社会逐渐长成，而完善社会的普遍意志亦逐渐展开其效用。

（9）显然，敦亲不如睦邻，"爱你的邻人"已不是口号，而逐渐落实；人们逐渐在血缘性的自然连结外，以契约性的社会连结开始新的构造方式，并在此中长成一崭新的人格性的道德连结，摆脱君臣伦的控驭、跨过父子伦的压抑，回到夫妇伦的常道、朋友伦的互信、兄弟伦的性情，这里正预示着后新儒学的"仁学"可能。那不再是去问如何的"由内圣开出新外王"，而是"由新外王而涵化出新内圣"来。

四、儒道佛传统是台湾的心灵土地，是极重要的调节性机制

儒道佛文化传统可以说是台湾地区最重要的心灵土地，是台湾地区迈向现代化进程中最重要的调节性机制。①

（1）台湾地区的现代化并不是原生的，而是衍生的，是来自资本主义核心国家的带动下所衍生出来的；相对于原生型的资本主义化的现代化，台湾是经由一"实践的学习次序"所逐渐生长而成的。儒道佛的文化土壤所形成的调节性机制成为迈向现代化极为重要的精神背景。

（2）依韦伯（Max Weber）所论资本主义精神与基督新教伦理有着极为深切的"选择性的亲近性"（selected affinity），甚至可以说基督新教伦理是西方近代资本主义发达的心源动力；韦伯甚至反论中国之所以未出现近代的资本主义，正与我们的儒道佛文化相关，但这个论点已有反例，难以为证。不管韦伯之说如何，儒道佛文化在台湾地区迈向资本主义化、现代化的过程有着极为重要的调节性力量，此已是不争的事实。

（3）儒道佛文化之作为调节性的机制，而不是作为现代化的心源动力；儒道佛文化并没有开启一原生型的资本主义，但在全球资本主义化、现代化的过程，它却起着

---

① 林安梧：《从"新儒学"到"后新儒学"的发展：环绕台湾现代化进程的哲学反思》，《中山大学学报》（社会科学版）2006年46卷第3期，第6—11页。

调节性的作用。"亚洲四小龙"的经济奇迹可以置放在这样的文化基底来理解,台湾地区是一极具典型的代表。

(4) 依此而言,我们可以发现文化本质主义的缺失,我们实宜经由一约定论的立场来思考,以多元、差异、包容、融通来面对全球化的问题。以往站在本质主义的方法论下,彻底的反传统主义、传统主义适成为同一个对立面的两端而构成一个整体。在历史的进程中,它已然被扬弃。

(5) 反传统主义者认为中国文化传统本质上就妨碍现代化,应予铲除,这样才利于现代化;而传统主义者则将传统做一本质主义式的调适而上遂于良知之体,再由良知之体开出知性主体来涵摄民主与科学。台湾地区的现代化发展证明了传统儒道佛文化并不妨碍现代化,也不是如何的由儒学的良知之体自我坎陷以开出知性主体来开出现代化。

(6) "方法论上的本质主义"(methodological essentialism)是中国近现代文明发展的主调之一,在中国大陆曾因此而造成严重的损害,台湾地区因为这样的思考仍只是知识界与学术界的高阶论争,至于民间文化的生长、宫庙的香火传递、经典的讲习生化活化,亦无一日终止,就在这样的"点滴工程"里,它虽未明示对于本质主义的批驳,实者已逐渐瓦解了本质主义,而较接近于"方法论上的约定主义"(methodological conventionalism)。

(7) 近一百多年来的中国,近数十年来的台湾地区,一直在问如何处理"传统"与"现代化"的接续问题;尤其在台湾地区,"如何由传统开出现代化"几乎成为任何社会学者、人文学者都要去关注的问题,而且对于这样的问法亦从来不产生疑问,其实这个问题问得并不好,应该问的是"在学习现代化的过程中,传统要如何重新调节互动,而有新的发展"。

(8) 若以"体用"这个概念范畴来说,并不是"中体西用",也不是"全盘西化",也不是"西体中用",而是"中西之体互为体,中西之用互为用,即用显体,承体达用,体用一如"。尤其值得注意的是,这里所说的"体"仍然只是约定主义下的"体",是总体之体,而不是一复然绝待的形上之体。

(9) 以新儒家为例,去问如何的"由内圣开出新外王",台湾近五十年来的发展,反证了这问法的不当,因为这根本不是如何"由内圣开出新外王"的问题,而是在"新外王"的学习过程中,重新调理"新内圣"的问题。以前的"旧内圣"是在宗法封建、帝皇专制、"党国"威权下而生长成的,而"新内圣"则将在亲情伦常、公民社会、民主宪政下而生长成的。①

---

① 林安梧:《后新儒学对后现代的反思——从"公民儒学"与"仁恕思想"起论》,澳门:《南国学术》2014年第4期,第105—111页。

五、儒道佛三教与现代公民教养有其互动相生相长的可能

经由儒道佛三教传统的治疗，可以使华人的公民社会有一崭新的风貌，在个体与群体之间取得一平衡点，在崭新的天地中长养其自己。①

（1）儒道佛三教加上其他宗教，包括基督教、伊斯兰教、其他少数民族之宗教信仰，以及民间宗教等信仰所形成的调节性机制，形成了台湾地区整个历史社会总体的心灵湖泊，它可作为一心灵水位的升降调节。

（2）佛教的"我，当下空无"之"般若治疗"，让人的生命归返坐标的原点，无所挂碍；再者，又结合了业力轮回的观念，落实为一种福报的行动，形成民间实践的趋力。

（3）道家的"我，归返天地"之"存有治疗"，让人的生命回到总体之根源，而有一无分别的销融，因之而有一天地之常的调节，以及"为而不有"的洒落。

（4）儒家的"我，就在这里"之"意义治疗"，让人的生命当下真存实感，经由一主体的自觉，才念即觉、才觉即化，即知即行，达乎"一体之仁"的境地。

（5）我们可以说经由心灵意识的回归与纯化，业力才执束缚的解开，如此才能让生命回归到天地自然场域之中，任其自然，即此自然便有一调节性的力量；依此调节性的力量而发出一主体之自觉，当下承担，知行不二。

（6）台湾民间对于儒道佛或者并没有如上所述自觉的认知，但心灵深处却是"礼佛学道常儒心"的，它所形成的调节性机制，对于台湾地区迈向经济现代化已起到了相当的调节性作用，而现在则正为政治民主化、社会公义化的过程提出其治疗性的作用。

（7）值得注意的是，治疗性的作用有其结构性的层面，亦有其调节性的层面，往者经济现代化多属调节性的作用，而这波政治社会共同体的变迁则属结构性的作用。尤其在现代化之后，更是预示着整个结构性的大调整，这样的调整不只是我们如何从传统走向现代化的过程，而更是在现代化之后面对崭新的问题，好好去思考一崭新的政治社会共同体的可能。

（8）这也就是说，我们将重新站在台湾地区前现代、现代、后现代交织的紊乱现象下，深入反思，并重新唤醒儒道佛的治疗学思维，重新思考一结构性的长成问题，不再是以西方的政治社会共同体的结构为摹本，而是一如我们的生活世界、我们的历史社会实况，经由具体的真存实感，提到理论性的反思，而长出自家的结构来，缔造

---

① 林安梧：《"儒道佛"·"生活世界"与其相关的"意义治疗"》，南京：《江南大学学报》2011年第5期，第5—16页。

我们自家特色的公民社会。

（9）儒道佛文化传统将不只是狭义的心性修养，也不只是往昔一般的调节性作用而已，它的意义治疗将是结构性的，深入到社会总体的底蕴，并进一步在公民社会的长成过程中有所调适，进而有崭新的可能。换言之，并不是由儒道佛所形成的心性论为核心，再去开出所谓的公民社会，不是"如何的由内圣开出新外王"，而是在这公民社会长成的过程中，相与为体，互为其用，互动融通，而有一崭新的可能，是"在新外王下而调理出一新内圣"来。如前所说，这不再是本质主义的全体性思考，而是一种约定论式的点滴工程思考。

论曲阜孔庙传播六艺文化之道
——从台北孔庙的成功再生经验谈起

台湾师范大学教授　林素英

一、前　言

东南亚以及东北亚的汉字文化圈国家建有孔庙（或称"文庙"、"夫子庙"等）者极多，即使意大利、法、德、英、美、俄等国，亦有类似的基地。① 其中，曲阜孔庙之历史最悠久，目前是全世界最大之孔庙。台北孔庙占地仅有曲阜孔庙的1/7，也非台湾地区最早的孔庙，然而却是大成至圣先师奉祀官在台湾地区的唯一主祀地，且数十年来都以孔德成参与规划的释奠仪节祭孔，② 因此最具有正统性与特殊性。尤其在"台北市孔庙历史城区观光再生计划"以后，台北孔庙对于弘扬孔子文化与促进儒学文化传播更具重要意义，因而是曲阜孔庙推动与传播六艺文化之重要参考坐标。尤其在如今倡导要以儒家思想治国之时，如何善加利用孔庙之特殊文化空间以引领六艺文化，最值得期待。

二、"即之也温"的台北孔庙新风貌

台北市第一座孔庙创建于清光绪六年（1880），乃知府陈星聚利用建筑城垣的结余款，在城南门内（今台北市立教育大学及北一女中一带）建筑台北府文武庙。甲午战败，清廷割让台湾给日本。不久，孔庙被拆除，改建日语学校及第一高等女学校。

（一）"台北市孔庙历史城区观光再生计划"之缘起

台北不再有孔庙，这让地方仕绅深感遗憾。1925 年，地方仕绅陈培根、辜显荣、黄赞钧三人联名筹组重建圣庙，1939 年完全竣工。原本属于民间的大龙峒孔庙，有鉴

---

① 骆承烈：《文物古迹》，孔德懋主编：《孔子家族全书》，辽海出版社 1999 年版，第 310—324 页。
② 1968 年"教育部"成立"祭孔礼乐工作委员会"，由蒋复璁担任主任委员，方豪、王宇清、庄本立、孔德成分别担任礼仪、服装、乐舞、祭器四研究小组负责人，以明代礼仪为本，共同制定释奠礼。制定后，再经试行、改进，缩短时程为 60 分钟，于 1976 年正式施行至今。

于尊孔重道乃国家大事，且孔庙之维护费庞大，主事者遂于 1971 年将孔庙捐给政府，改由台北市政府管理。隔年正式成立"台北市孔庙管理委员会"。① 2009 年因该建筑老旧，遂于郝龙斌市长任内，向"观光局"提出"台北市孔庙历史城区观光再生计划"。该计划乃以孔庙为主，整合周边保安宫、四十四坎遗址、文昌祠、老师府等观光资源，再连结大龙峒夜市美食生活圈，发挥在地特色，打造新文化观光据点。计划通过后，经改善软硬体工程以及周边交通，于 2011 年以新面目与世人见面。

（二）现行台北孔庙的业务内容

根据台北市孔庙儒学文化网，重要类项有：认识孔庙、参观资讯、最新信息、儒家贤哲、儒学思想、影音专区、儒学资源、历史文物、寓教于乐、交流园地，数位展览内容极为丰富，只要透过电脑连线，即可进行老少咸宜的知性之旅，增进对孔子及儒学内容之理解，提高人民的文化素养，极具社会教育价值。倘若对特定内容有兴趣，还可根据所提示的内容再行深入研究。同时为配合古代入学拜师之礼，恢复古代春、秋二季的祭拜先师大典，使民众实地体悟祭典之庄严与至圣先师有教无类之精神。相较于曲阜孔庙，台北孔庙虽小，却是"小而美"，文化内涵丰富、精致而具吸引力。

根据《台北年鉴 2011：特别报道 1》，再生后的台北市孔庙为重塑儒道文化，所举办的活动主要有：

与礼仪相关的活动：定期在大成殿举行"古礼祭典仪式展演"，使观众熟悉祭典；办理"儒家风格体验活动——君子茶礼"，体验茶文化及敬师谢师礼；透过"高中登科祭：书福道"活动，结合"书"与"礼"，鼓励学子立志成为君子。

开办文化研习活动：办理"儒道及传统文化研习活动"，带领中外人士认识相关文化；推出"儒道及 E-Learning 数位典藏、故事游戏软体制作开发"，提高一般人的学习兴趣。

规划文化体验活动：透过"六艺体验活动"、"汉字文化体验学习活动"及"孔庙情境剧或行动剧"，使参与者融入情境，以体会儒学与大龙峒之美。

同时为发展国际观光，特别招募、培训具有中外文语言专长（英、日、韩、法）的学生或社会人士，成为多声道之"文化大使"，提供多元导览服务。同时，台北市还结合中华经典文化教育协会、台湾瀛社诗学会、诗歌乐舞创意剧团等团体，与孔庙长期合作推动儒学文化发展，借由举办儒风讲座、儒风体验营等活动，使儒家文化更普及，并借由开拓国际观光广为传播儒学。为配合观光产业需要，还有"儒道特色餐饮研发"，如"欺君子鱼"、"阳货馈豚"等儒家菜；"纪念品与文物开发制作"，如"论语围巾"、"子曰书包"等文创商品，都相当受瞩目，最重要的是此特色产业不夹杂市侩色彩。

---

① 台北市孔庙资料，请参见该管委会网站 http://www.ct.taipei.gov.tw/zh-tw/Home.Html。

（三）孔庙再生计划成功之条件与局限

要弘扬孔子文化，首先要使民众愿意走近孔子，理解、亲近孔子。唯有先理解孔子，才可能好好传播孔子文化，提升广大社会群众之文化素养。因此如何使"望之俨然"的古板孔老夫子变为"即之也温"的现代君子，就是儒家文化能否进入人心的重要关键，然后才能从其严正无邪佞的言谈中吸取智慧之结晶。此次台北孔庙能因再生计划而成功展现新风貌，道因于当时之市政府重视此事，能结合现代科技动画设计、博物馆展览专业、文创事业及相关教育学术团体提供支援，以从事软硬体之更新。然而文化必须永续发展，因而还有待日后政府能否多与民间携手合作。尤其最关键处，乃在有效充实影音专区的内容，应考虑如何推陈出新地展现六艺文化之内涵。

占地小是台北孔庙无法跨越之局限，以致六艺体验之设计大打折扣。又因为开放自由体验，以致大家最感兴趣、使用率最高之驾驭体验区，最容易机器故障，所以如何有效管理也有再努力的空间。然而从参观人数明显增加，孔庙所举办各项活动也日益增加等状况，都说明截至目前为止是成功的。文化之成果无法要求立竿见影，需要时间慢慢涵咏、发酵，更需要相关单位能有长远之眼光，不能急功近利。

三、曲阜孔庙的古今对比与六艺文化之实践

曲阜孔庙始建于孔子殁后之次年（前478）。至三国魏晋时已隳坏不堪，于是魏文帝曹丕大加整顿扩建。此后，历代各有兴衰与扩建，至明代已达于极盛而成为定制。① 不过地位最特殊者，仍为始建之孔庙。

（一）始建之曲阜孔庙具特殊地位

始建之曲阜阙里孔庙，据《孔子世家》所载，乃孔子弟子为纪念孔子，遂以其故居为庙，且奉其生前衣、冠、琴、车、书于其中，因此地方虽小，却独具历史意义。刘邦以太牢祭孔之处，正是此历经二百多年的孔庙，此后，孔子逐渐受帝王大臣崇敬，诸侯卿相常有先谒孔庙再赴任所之现象。司马迁适鲁，"观仲尼庙堂、车服、礼器，诸生以时习礼其家"，深深慨叹"天下君王至于贤人众矣，当时则荣，没则已焉。孔子布衣，传十余世，学者宗之。自天子王侯，中国言六艺者折中于夫子，可谓至圣矣！"可见原始孔庙因孔子曾经居于斯，且有遗物留存，故最能供世人凭吊孔子，可以揣想孔子以《诗》、《书》、《礼》、《乐》教导学生之情形。当司马迁前往观览之时，还有"诸生以时习礼其家"之感人情形，致使其徘徊流连不忍离去。

---

① 骆承烈：《文物古迹》，对阙里孔庙历代兴修情形有扼要记录，第123—141页。

司马迁特别标榜"孔子以六艺世其家"以成就孔子之不朽，其要义有三：其一，凸显太史公具有卓越之文化史观，从孔子对世界文化所造成之影响可见一斑；其二，凸显《诗》、《书》、《礼》、《乐》、《易》、《春秋》等经典教育，与礼、乐、射、御、书、数之六艺文化关系密切；① 其三，凸显中国文化之永续发展关键，在于对六艺文化之实践与传播成效。

（二）重新重视儒家文化下的曲阜文化发展

近二十多年来，大陆地区重新审视中国传统文化之价值，特别看重以孔子为主的儒家思想文化，选择孔孟故乡为发扬优秀传统文化之重点地区。其中，与文化关系较密切者，乃中国孔子研究院及孔子文化园区的设立。孔子研究院自 1996 年 9 月 28 日起，分三期工程进行，至 2009 年全部竣工，工程浩大，先后接待一大批国家领导人及世界各地儒学界、建筑界朋友，尤其是举办"大哉孔子"、"孔府精品文物"、"世界孔庙"、"铜板圣迹图"、"金版四书"、"全国名家书画"等重要文物展览。同时还编撰《20 世纪儒学研究大系》、《中华伦理范畴丛书》前十卷、《大哉孔子》、《中国儒学入门》等图书，开通"中国孔子研究院网"以加强学术交流，并先后前往澳大利亚、新西兰、欧洲等八国以及中国台湾地区，举办"大哉孔子"展览，更与韩国儒道会、日本斯文会以及其他各省儒学团体包括台湾地区的中华孔孟学会等学术团体建立友好关系，② 成效颇高。

有关孔子文化园区之设立，秉持十七大"弘扬中华文化、建设中华民族共有精神家园"的精神，实现山东省"大力实施孔子文化品牌带动战略，打造以曲阜为中心的鲁文化集聚区"之要求，打造曲阜市以"三孔"大中轴线向新区延伸之文化产业园区。园区内设置孔子博物馆、孔子文化广场、文化体育公园、大成桥及沂河景区等重大文化项目，借以提高曲阜之文化产业规模、质量与水准。③ 然而此庞大规划，虽以文化产业园区为名，其实乃以旅游产业为发展重点。固然旅游也是广义文化中的一小区块，然而由于处处强调产业发展、推展国际观光旅游，非仅丧失曲阜过去农村朴实的影子，也悖离孔子讲求质朴务实之理念，因为属于精神层次的"软实力"文化，才是文化的核心，才真能感动人心、震撼灵魂。

根据报道，中共中央总书记习近平于 2013 年 11 月 26 日造访孔子研究院。当时杨

---

① 有关"六经"与"六艺"之关系，参见林素英《"人道"思想探析——以〈性自命出〉与〈礼记〉相关文献为讨论中心》，2011 年 10 月，在中国人民大学主办的"机遇与挑战：思想史视野下的出土文献研究"国际学术研讨会上宣读的论文。林素英：《从"礼乐"的分合与特性论〈性自命出〉"道"四术或三术的迷思——兼论相关学者的研究方法》，《文与哲》第 25 期，第 193—216 页。

② 详参中国孔子研究院网站。

③ 《国家文化产业示范区——曲阜新区文化产业示范区》，《人民网》2012 年 9 月 6 日。

院长即向习总书记提出学习儒家思想,是稳定社会、安定民心,提高公民道德之重要途径,随即获得习总书记明确表态,认为"国无德不兴,人无德不立",不仅高度重视弘扬传统文化之工作,且希望将曲阜打造成文化的"首善之区"。习总书记还希望杨院长继续思考,如何使此曲阜的人成为文质彬彬之君子。① 因此如何发挥曲阜之文化底蕴,让此地居民确实践履"诚于中而形于外"之真精神,而不流于口号或形式,就是最需具体努力的目标。

虽然孔子研究院弘扬儒家思想文化之绩效已相当高,不过其工作内容与实际成效明显偏向学术研究与推广,对于广大的社会大众,不免隔靴搔痒。如此偏向学院式的研究发展,并无法具体凸显孔子传播六艺之教的神圣与伟大,也难以融入社会大众的日常生活,使人民成为举止文雅的仁人君子。因此,要打造曲阜成为文化"首善之区",还要从厚植文化的根下手,设法多增加社会大众接触、实践六艺文化之机会,从具体实践中学习如何成为温文有礼的君子。

四、曲阜孔庙开辟六艺体验区有助于培养君子之德

1992 年,中美合资在曲阜开始建设"孔子六艺城"之大型娱乐城,于 1993 年 9 月开始营业,以诠释孔子的六艺之教。该六艺城之设计,虽也以孔子所倡导之礼、乐、射、御、书、数为引线,运用现代声、光、电之高科技,结合音乐、美术以及宏伟建筑,构筑一融合娱乐、趣味、历史、知识以及旅游美食之大型多功能旅游城,不过,该城乃因应现代人旅游而设计的商业旅游城,难以使人感受文化薪传意义。对忙碌的现代人而言,六艺城可提供极大的方便,使购票入内者可以在极短的时间内,观览孔子一生的重要片段,看到孔子周游列国的辛酸。但是观众在观赏之余所深受震撼的,仍是现代科技巧夺天工之造景,很难萌生对孔子忧国忧民、有教无类精神之感佩,也无法兴起承担文化之使命感。这份对于文化传承之强烈感受,仍应由具有特殊文化底蕴之曲阜孔庙来担当,才能恰当烘托六艺之教的深刻意涵。

台北孔庙再生成功之因素固然不少,不过能在极有限之空间提供六艺体验互动区,是相当关键的原因,使观众不再制式地停留在儒家刻板的印象,再加上能充分利用空间办理各项与六艺文化相关之活动,让孔庙更有亲和力与生命力。最可惜的则是因为台北孔庙场地小,以致六艺体验互动区有许多无法施展开。反观曲阜孔庙,占地足足有 7 倍之多,若能妥为利用这些深具文化底蕴之空间,则效果更佳,更具社会教育意义,可直接教导民众进入神圣空间应有的礼仪。重点略述于下:

---

① 详见"华夏经纬网"2014 年 9 月 28 日,取材自《齐鲁晚报》之报道。

(一)"六艺"之教旨在培养仁人君子

《周礼·地官》之最高长官大司徒主要施行"十二教",并配合本俗以安万民与悬象教法之社会教育模式,积极以"乡三物"实施全民教育:

> 以乡三物教万民而宾兴之:一曰六德,知、仁、圣、义、忠、和;二曰六行,孝、友、睦、姻、任、恤;三曰六艺,礼、乐、射、御、书、数。……以五礼防万民之伪而教之中,以六乐防万民之情而教之和。

社会教育乃以养德行孝为本,以六艺为本,希望从礼、乐之教进行人格教育,从射、御、书、数的技艺教育,培养从事各行业的基本技能,使其成为术德兼修、文武兼备之人。李塨更指出:

> 《周礼》教民,一曰六德,有圣、忠、和,犹是四德而分其名也;一曰六行,内有睦、姻与恤,五伦所推及也;一曰六艺,及于射、御、书、数,又礼乐兵农之分件也。三者总名曰物,言心性非精,礼乐非粗,只此物也。
>
> 夫古人之立教,未有不该体用、合内外者,有六德、六行以立其体,六艺以致其用,则内之可以治己,外之可以治人,明德以此,亲民以此,斯之谓大人之学。①

透过李塨言简意赅之说明,可知六艺乃兼含六德、六行于其中,即用显体、体用一如、内外合一,养成"诚于中而形于外"的仁人君子,达到《论语·述而》"志于道,据于德,依于仁,游于艺"之境地,成为文质彬彬的文化人。

(二)曲阜孔庙"六艺"体验区应注重发挥其文化内涵

六艺之教应包含以书数成知、以射御养勇、以礼乐修仁之精神内涵,体验区内也相应规划为三区,提高社会大众对六艺之认知,增进实践六艺之能力,呈现知、仁、勇三达德的内涵:②

1. 以书数成知

书数之教,乃以语文与数学的工具学科为主的知识教育,它属于一般智力,既是

---

① (清)戴望:《颜氏学记》卷4《恕谷一》,台北广文书局1975年版,第224页;卷7《恕谷四》,第362页。
② 六艺之教的内涵意义,参见林素英《〈周礼〉的礼教思想——以大司徒为讨论主轴》,台湾师范大学《国文学报》2004年12月第36期,第1—42页。

通才教育的基础，也是学习任何专门知识的工具学科。

此部分的体验可以透过数位科技之助，设计富有趣味性的自我学习软体，协助社会大众从"六书"简单的文字构造原理增进学习效率，理解语文世界的有趣与文化创造之优美，鼓舞读书明理、增广见闻，愿意勤于学习经典教育。"九数"之教则攸关疆界划分、国家赋税、土地分配、粮食交易等国家社会大事之实施，包含空间规划、建筑设计之运用，也与逻辑思考直接相关，因而在体验区内宜透过各种有趣的空间变化与数的连结，设计益智游戏软体，使参与者从具体操作中学习"数"艺之教与生活之连结。

2. 以射御养勇

有关射、御之教的呈现是六艺之教体验区最具魅力之重点实验区。台北孔庙受限于场地，无法真正透过"五射"与"五御"之实际内容，以达到宣扬武勇之德的效果，因此更寄望曲阜孔庙能以"化整为零"之方式，规划每一射与御之活动空间，打造真正的体验区。要善加利用空间，在曲阜孔庙好好规划"五射"与"五御"的适当场所及相关人力。同时也因为这两部分最需要安全防护措施，所以更能指道体验者必须严格遵守秩序。

所谓"五射"，郑玄引郑司农所言，乃白矢、参连、剡注、襄尺及井仪五种射法。"五射"的技艺必须纯熟精湛，而与《射义》相呼应："射者，仁之道也。射求正诸己，己正然后发，发而不中，则不怨胜己者，反求诸己而已矣。"务必使习射者深刻体悟"射者，进退周还必中礼，内志正，外体直，然后持弓矢审固；持弓矢审固，然后可以言中，此可以观德行"之道理。因此曲阜孔庙应先培训一些具有"五射"能力之人才，在示范表演射之技艺外，且能协助体验者实地行射。即使参观者无法人人亲自体验，也可从旁观之过程间接感受武德与君子的关系。

"五御"（五驭）为驾驭车马之技艺，郑玄于《周礼·地官·保氏》引郑司农所言，乃指鸣和鸾、逐水曲、过君表、舞交衢及逐禽左之御车方法。"五御"（五驭）之动作都极为协调、优雅，其平时应勤加锻炼，以臻纯熟精湛。驾驭车马之技术不但关系追逐擒获禽兽之能力，也与车战时能否成为保家卫国、顶天立地之大丈夫具有密切关系。

综合上述"五射"以及"五御"（五驭）所载，可见其技艺已达到《庄子·养生主》所谓"技进于道"之层次，尤其配合《大戴礼记·保傅》"居则习礼文，行则鸣佩玉，升车则闻和鸾之声，是以非僻之心无自入也。在衡为鸾，在轼为和，马动而鸾鸣，鸾鸣而和应，声曰和，和则敬，此御之节也。上车以和鸾为节，下车以佩玉为度，……行以《采茨》，趋以《肆夏》，步环中规，折还中矩，进则揖之，退则扬之，然后玉锵鸣也"所载，则驾驭车马之技巧已由技艺之术而入于君子之道的呈现，此即"六艺"称为"道艺"之义。

3. 以礼乐修仁

礼乐乃透过各项礼仪制度而进行，因此由春官之大宗伯总掌"五礼"之事，掌建邦之天神、人鬼、地示之礼，以佐王建保邦国，且与大司徒五礼六乐之事密切结合。由于"五礼"与"六乐"之内容包罗万象，不适合在孔庙言之过详，应将重点放在祭祀先师之释奠礼，吸引社会大众参与。由于释奠礼必须使用数量庞大的礼器与乐器，因此亦可借由现代科技帮忙，设计自我学习软体，使大众多认识行礼所需的用器，能多辨别其型体、功用及发音等。最重要而有趣的则是尽可能定期进行佾舞之教学，使有兴趣之学员透过佾舞之学习，真正感受何谓庄严肃穆、中正平和之稳定力量，以修持平稳之心性，有助于养成君子人格。台北孔庙运用科技辅助，使进入特定空间者得以进行佾舞互动，不但增加趣味，也能彰显孔庙祭礼的特色，可资效法。

当然，孔庙是神圣空间，因此必须规划好行走动线，区分可观赏而不可碰触之区域以及可实地体验之区域，且应分配适当的场地维护人员切实执行任务。处理好先备条件外，还要分配人员引导观众进入神圣空间时，应以庄严肃穆之恭敬态度，严格遵守秩序，动作斯文有礼，说话轻声细语，使人一踏入孔庙，就在具体实践礼仪，则孔庙将成为最好培养仁人君子的文化空间。

结　论

要想从根本打造文质彬彬的仁人君子，必须仰赖大有作为的政府做长期的投资，将资源用在关键处，千万不能急功近利，如此才有可能在数十年后大大提高民众的文化素养。硬体的改造，只要财力够，不出 10 年，必有惊人之改变，然而人文素养之提升、社会价值观之改变，累积 30 年之努力并不算太长，因此若无深谋远虑者推动深耕文化，则无以为功。

既然习总书记已提到"国无德不兴，人无德不立"之关键问题，也希望将曲阜"首善之区"的人打造成文质彬彬之君子，则善加利用曲阜孔庙特殊之文化空间，使其真正负起传播六艺之教的神圣任务，才是上上之策。为落实文化生根，也应考虑孔庙门票收费之问题，最好能制订曲阜居民以及各级学生免费之办法，鼓励学生多多亲炙孔庙，即使不能完全免费，也应有特别优惠之措施，以达推广六艺文化之目的。文化是精神生活之展现，不能以有形之盈亏论成效。

在孔子故居重现孔子教学最注重的六艺活动内容应是恢复固有优良传统文化的重点项目，也是凸显以儒家治国之重要指标。希望在不久的将来，能看到文化深耕之计划切实被考虑与执行，则重返文化大国不再只是梦想，而是可以期待的理想。

诗·礼·乐
——论儒家理想人格的辩证生成

吉林师范大学马克思主义中国化研究中心　祖国华

引　言

塑造理想的道德人格是儒家伦理学的主要任务之一，张岱年认为"重人生不重知论"① 是中国思想的一大特色，不同于西方文化的重智传统，中国文化将重心放在人伦社会中人的塑造和养成之上。西周开始，天、帝的神秘性、绝对性旁落，周人逐渐认识到了"人"的意义，开始立足于人伦关系而不是人神关系来思考人的本质问题，从而奠定了中国传统伦理文化的开端。儒家将基于人伦文化的"道德"作为人的本质与存在方式，对人进行应然设计，而道德修养则是成就人的关键。可以说，整部儒学就是一部完整的人学，重视道德理想人格的设定，追求圆融和谐的道德境界，探索适合传统人伦社会秩序的"成人之道"② 是儒家思想的主题。

儒家主张"尊德性而道问学"（《大学·中庸》），培养道德习性，"学"是主要方法和途径。通过"下学"可以提升道德修养，达致圣人理想之境。而学之内容则是"六艺"，即《诗》、《书》、《礼》、《乐》、《易》、《春秋》六部经典，或谓礼、乐、射、御、书、数六种技艺。诗、礼、乐不仅是孔子对弟子进行教育所依据的经典，也是学者必须掌握的知识、技艺和技能。在儒家的教育思想体系内，"游于艺"的前提和依据是"志于道、据于德、依于仁"（《论语·述而》），道德养成是根本，诗、礼、乐之教则是修身立德的途径。

将"兴于诗，立于礼，成于乐"作为成人之道来解释，还必须理解儒家对人的界定，"仁者，人也"（《礼记·中庸》），"仁者爱人"（《孟子·离娄下》），具备人与人之间相亲相爱的情感是人之为人的本质。而在亲疏有别、亲亲有等的伦理情感之上，儒家建立了具有等级性的伦理秩序，从而成为中国伦理文化的基本特征。由此，梁漱溟先生认为，中国以"伦理组织社会"③，在伦理社会中，人们"相与之情厚"④，由家

---

① 张岱年：《中国哲学大纲·序》，江苏教育出版社 2005 年版。
② 杨谦：《理想人格与成人之道——孔孟人格论再议》，《道德与文明》2004 年第 4 期，第 23 页。
③ 梁漱溟：《中国文化要义》，上海世纪出版集团、上海人民出版社 2003 年版，第 133 页。
④ 梁漱溟：《中国文化要义》，上海世纪出版集团、上海人民出版社 2003 年版，第 155 页。

庭的兄弟、父子之情推至社会人人之情，即"社会关系建筑在情谊之上"。① 儒家将情感视为人作为天地之最贵者的标志和组织人伦社会的基础，而道德情感的生发和养成则是在伦理社会中为人和成人的根本。诗、礼、乐以情感为核心，以培养道德情感为目的，经由"诗"之人性情感启发、"礼"之人性情感节制、"乐"之道德情感的自由生成的否定之否定的辩证过程，儒家的理想人格得以实现。

一、诗：人性情感的启发

孔子缘《诗》以为教，成就孔门诗教，孔子所谓"诗教"并不是狭义的《诗》教、《诗经》之教，而是利用"诗"的情感因素，启发人性情志，对人进行道德教育。"兴于诗"，包咸将其注为："修身当先学诗。"在诗、礼、乐的人格养成过程中，诗居首位，原因在于诗可以言志。《毛诗序》有言"诗者，志之所之也，在心为志，发言为诗"，可见"志"是人的内心真实情感，而"诗"则是情感的抒发和表达，所以诗三百篇从根本上就是抒情言志的文艺表达形式，其中包含着丰富的情感内容，是自然天性、本真性情的真诚表露。正如孔子对诗的认识，《颂》体现平正之德，《大雅》体现盛隆之德，《小雅》表达忧虑和怨恶，《国风》表达普纳之情，② 有简单情绪的表达、人伦情感的抒发和政治情怀的寄予。"心之忧矣"（《魏风·园有桃》），"维以告哀"（《小雅·四月》），"将母来谂"（《小雅·四牡》），皆通过诗的形式表达内心的忧虑、怀念、感伤、愤怒、喜悦等情绪。《诗》中不但描写男女之恋、父子之亲、君臣之义、夫妻之爱、朋友之谊等真诚而热烈的人伦情感，还表达了讽谏、忧患、悲悯的政治情怀，《小雅》注重对政治时局的批判和谴责，《节南山》、《正月》、《十月之交》表达贵族士大夫对政治的忧患与惋惜，《魏风·硕鼠》则表达了劳动者对政治的愤怒与反抗。

"《诗》教是一种感性艺术教育，它涉及艺术从内在诉诸人的情感规律，……因此比其他五教的理性教育更有生存的理由和发展的空间。"③ 诗教如何把握人的情感规律，情感又如何在诗教过程中培养和生发出来？对此孔子认为"诗可以兴，可以观，可以群，可以怨"（《论语·阳货》），所谓"兴"，《说文解字》有言："起也。"朱熹注为"感发志意"（《论语注》），孔安国释为"引譬连类"（《论语注疏》），孔颖达解释"兴者，起也，取譬引类，起发己心"（《毛诗正义》）。"兴"是一个动态的过程，通过对诗中的具体形象、个别事件进行类比、联想、感悟，"举一反三"、"闻一知十"、"触类旁通"，感染、触发、开启人的情感和意志，孔子引用《诗经·卫风·淇

---

① 梁漱溟：《中国文化要义》，上海世纪出版集团、上海人民出版社2003年版，第137页。
② 黄克剑：《孔子"诗教"论略》，《哲学动态》2013年第8期，第52页。
③ 中国诗经学会：《诗经研究丛刊》第三辑，学苑出版社2002年版，第116—117页。

奥》中的"如切如磋，如琢如磨"，启发学生对"贫而无谄"、"富而无骄"（《论语·学而》）的认同；引用"巧笑倩兮，美目盼兮，素以为绚兮"（《诗经·卫风·硕人》），启发弟子领悟"仁先礼后"的道理（《论语·八佾》），利用诗对情感的启迪和生发作用，引起人们对道德理念的领悟和认同，是儒家诗教育人的重要方式。"可以观"，郑玄曰："观风俗之盛衰。"朱熹曰："考见得失。""观"是情感生成后，主体基于这种情感对诗歌之意的考量，并从中考察"人之心迹"①、风俗利弊、政治得失，可是说，"诗"之"观"使得主体的情感突破有感而发的被动性，真正内化为主体的内在精神构成，主体可以以其为基础反观其外，反思自我。"可以群"，在于通过诗歌实现人心的感通，跳出个体与诗情之间的交流，获得由此及彼、由近及远、由己及群的共通性情感，习得具有普遍性意义的人伦交往之道。"可以怨"则是排遣内心的郁结和怨恨，通过内心情感的真实、自由表达实现中正平和的心境。可以说，诗之"兴"、"观"、"群"、"怨"意在表明诗可以表达并激发人的纯真性情，涵养人的意志情感，从而为儒家理想人格的塑造提供生动的内在动力。

"夫子盖言诗三百篇，无论孝子、忠臣、怨男、愁女皆出于至情流溢，直写衷曲，毫无委托虚徐之意。"② 这些真诚恻坦之情意是否是一种正当的伦理情感表达，是否能激发人们的好善恶恶之心？这是儒家以诗为教必须面临的问题。道德离不开情感因素，但又不同于情感，必须符合理性规范，诗中之真情悁意如何成为道德情感，"诗三百，一言以蔽之，曰：'思无邪。'"（《论语·为政》），儒家并不否认诗中表露喜怒哀乐、爱恶忧惧等情感的真实性，而是对诗中的情感予以范正，表现在诗中的情感应具有社会性、普遍性的特征③，符合传统社会家国同构的社会组织模式和宗法血缘人伦关系亲情化、等级化的特征。同时儒家还指出诗之情感应"温柔敦厚"，"《诗》之失愚"、"温柔敦厚而不失愚"（《礼记·经解》），"温柔敦厚"不仅是《诗经》对君子之德的塑造，同时也是保证诗之情感不流弊失偏的标准。"温柔敦厚"强调中正、温和，诗中情感不是情绪的无限发泄，而是"直而不倨，曲而不屈；迩而不逼，远而不携；迁而不淫，复而不厌；哀而不愁，乐而不荒；用而不匮，广而不宣；施而不费，取而不贪；处而不底，行而不流。五声和，八风平；节有度，守有序"④。通过中庸、柔和的情感表达，实现情感互通，培养颜色温柔、性情温和、言行中庸的理想人格。

孔子诗教在其理想人格养成中发挥着重要的作用，基于情感的自然天性，在情感交流、人心感化的过程中升腾出向善恶恶、亲亲尊尊之情，诗教是一种情感教育，以情感人，以情动人，这是儒家置诗于"六艺"之首的原因所在。然而不可否认的是，

---

① 黄克剑：《孔子"诗教"论略》，《哲学动态》2013年第8期，第52页。
② 程树德：《论语集释》，中华书局1990年版，第67页。
③ 杜汉生、徐自清：《"思无邪"与儒家伦理教育》，《湖北大学学报》2004年第5期，第31页。
④ 杨伯峻：《春秋左传注》（第三册），中华书局1990年版，第1164页。

诗之情感在缺乏规范制约和理性引导的情况下，也不免带有任意性和冲动性，即使在一定程度上同西周宗法伦理社会背景相吻合，依然缺乏强大的道德约束力，不是系统的、规范的、稳定的道德品格，而只是一种道德意识的萌发。

二、礼：秩序理性的确立

由诗生发出来的情感，应该注入理性因素，并由礼来约束和规范，才能成为一种合理的情感表达和具有积极意义的道德情感，即所谓"发乎情，止乎礼义"（《毛诗序》）。孔子曰："不知礼，无以立也。"（《论语·尧曰》）正因为有礼的存在才去除了人性情感的随意性，成就"仁者，人也"（《礼记·中庸》）的人性根基，为儒家理想人格的达至提供了可能性。徐复观先生有言："所谓立，乃是自作决定，自有信心，发乎内心的当然，而自然能适合外物的合理趋向，亦即是自己能把握自己而又能涵融群体的生活。要达到这种生活，只能靠情感与理性相谐，以得情理之中的礼的修养。人的修养的根本问题，乃在生命里有情与理的对立。礼是要求能得情与理之中，因而克服这种对立所建立的生活形态。……礼所以得情与理之中，实即是以理制情，使情在理的许可范围内发抒，……久而久之，情随理转……完整的生命，便在这一修养过程中升进。"① 礼是一种道德理性，通过以礼抑情、缘情制礼实现情感与理性的交融，从而塑造有至诚情感、坚定意志、理性智慧，并且行为合礼的圣人君子。由此，孔子要求"克己复礼"（《论语·颜渊》），"礼"之所以具备被依循、被遵守的合理性就在于其"以道导欲"、"以理戒欲"，以道德理性和行为规范引导人的情感和欲望，避免人之情、欲流于恶、流于乱，所以"礼者，因人之情而为之节文"（《礼记·坊记》）。诗动于口、感于心，使人情不自禁；礼则节制私欲，文饰情感，使人既情志丰裕，又文质彬彬。

礼之于内为节制，之于外则是制度、规范和客观秩序，这是"礼"得以发挥节制作用的外在依据。可以说诗中之情是相对具有个性的个体情感，而经由礼之规范的情感则去除了原始性、无序性而上升为具有合理性、秩序性的社会情感，所以作为修养过程来讲，"礼以行之"（《论语·卫灵公》）、"进于礼乐"（《论语·先进》）对于"自然人"向"社会人"的转化具有决定性意义，符合儒家在社会性意义上界定"人"与"成人"的本质要求，这便是"不学礼、无以立"（《论语·季氏》）的内涵所在。而这个过程的实现根源在于礼作为制度、秩序、准则和规范而存在，"《礼》者，法之大分，类之纲纪也"（《荀子·劝学》），"礼"是中国古代社会的典章制度、风俗习惯、社会规范和道德准则，不仅是社会政治秩序的安排和体现，也是个人做人、做事、处

---

① 徐复观：《徐复观文集》（第二卷），湖北人民出版社2009年版，第99页。

理人际关系的礼仪和礼貌。"礼"具有普遍性,是群体性的、一般性的准则要求。礼在中国传统社会之所以具有这样广泛性的意义,是因为建基于"亲亲之杀、尊贤之等"(《礼记·中庸》)的宗法血缘等级社会,"礼"通过明晰"君臣、父子、夫妇、兄弟、朋友"为核心的人伦关系来区分人的亲疏远近、长幼尊卑和等级贵贱,并在此基础上,确立了不同的身份义务和角色责任。安伦尽分、安分守己、恪尽职守、尽职尽责,行君臣之礼,知父子之别,明长幼之分,遵夫妇之道,守朋友之义是礼对每一个社会成员的共性要求。所以,礼是社会生活的客观秩序,是外在于人的制度和规范,对于个体修养和人格养成具有他律性的作用,使个体情感、欲望、心志的表述符合人伦准则、社会秩序和礼制规范。

人为何认同"礼"?守礼如何成为自觉?"礼"之于理想人格的养成如何由外在他律而实现内化的自律?原因在于"礼"之形成本于性情。《性自命出》云:"礼作于情,或兴之也。"① "礼称情而立文"(《礼记·三年问》),王先谦引郑玄曰:"称人之情轻重而制其礼也。"(《荀子集解·礼论》)所以人之情是制礼的依据,礼则是人情的合理表达。礼所反映的人情,大体有三种。其一,敬重之情。"敬重"是一种重视、恭敬、警惕、谨慎的情感态度,最初是原始初民的祭祀心理,由于对神秘事物的无知,早期人类在祭礼中表现出相当的虔诚与崇敬。经由周公制礼作乐,孔子及后儒的努力,人们在"礼崩乐坏"之后对生存境遇进行反思,逐渐认同礼制秩序,对礼的恭敬之情由内而生。礼作为社会秩序、外在制度和法律规范能够使人们安之若素并主动服膺,就在于得到了道德主体思想情感的支持,可以说"敬"是礼的精神实质②,这种恭敬于礼的情感不仅是道德自觉的原初状态,也是使礼得以生动而不流于形式的内在动力。其二,"人伦之爱"。礼是一种差等的伦理秩序,这种秩序表现了基于人与人之间有区别的情感需求。其中,亲子之爱是最自然、最真诚、最热烈的血缘亲情,礼中规定了养亲、敬亲、居常、侍疾、顺亲、谏亲、丧亲与祭亲的孝亲之礼,也包括慈爱子女之道,无不彰显出亲子之间本真的自然亲情。血缘亲情之上而形成的具有亲疏、远近的夫妻、朋友、君臣等人伦情感的表达,礼中皆有明确的区分和规范。其三,社会情感。突破人与人之间有差别性的情感,社会成员普遍具有的对他人、对集体的情感。孟子所言:"心之所同然"(《孟子·告子上》),"恻隐之心,人皆有之"(《孟子·告子上》),人之为人,彼此之间有需要、依恋、同情、喜欢、关心、爱护的情感诉求,人与人之间能够结成群体、社会,原因也在于此,所以孔子有言:"克己复礼为仁,一日克己复礼,天下归仁焉。"(《论语·颜渊》) 克服了私心、将心比心,内心具有了仁爱的情感,也就符合了礼。所以,礼是缘情而生,因情而制的。虽然是一种外在的规范,但却符合了人的内在情感需求,人们是可以在修养过程中自觉遵礼、守礼的。

---

① 李零:《郭店楚简校读记》,北京大学出版社 2002 年版,第 106 页。
② 肖群忠:《中国道德智慧十五讲》,北京大学出版社 2008 年版,第 269 页。

三、乐：仁德意境的养成

礼虽因情而生，但却因为对"情"的文饰而成为绝对的规范，具有了强制性的特点，从外在方面对人的行为进行伦理道德的约束和规范，缺少了内心的道德体认，所以守礼者因异于礼而感受到自我本性的限制与压抑，无法达到"从心所欲"的自由之境，故需要一种与之相补充的可以调和礼的强制性的感化人心的力量，这便是"乐"。"乐由天作，礼以地制。过制则乱，过作则暴；明于天地，然后能兴礼乐也。"（《礼记·乐记》）对此，徐复观先生认为："礼乐并重，并把乐安放在礼的上位，认定乐才是一个人格完成的境界，这是孔子立教的宗旨。"① 所以单纯凭借"礼"的作用很难实现儒家所追求的理想人格境界，圣人之境的实现要通过乐来完成。"乐作用于人的内在世界而不是外在的行为，因此它比礼的作用更深刻。你可以强迫一个人强颜欢笑，但是不能令他感到愉悦。礼可以使我们按照一定的规范去做，却不能使我们心悦诚服。"②

那么人格如何在乐中完成？首先在于乐之生发机制。"音之起，由人心生也。人心之动，物使之然也。感于物而动，故形于声。声相应，故生变；变成方，谓之音。比音而乐起之，及干戚羽旄，谓之乐。乐者，音之所由生也，其本在人心之感于物也。"（《礼记·乐记》）心感于物，情为心动，乐由情生，所以，"夫乐者乐也，人情所必不免也"（《荀子·乐论》）。乐源于人的本真情感，是人情志、心意的真实表达，加之，人同此心、心同此理，因此可以在人与乐之间产生共鸣，并感化人心。其次，乐之情感具有鲜明的道德理性特征。乐所表现的情感并不像诗中情感那样多元、随意，先王制礼作乐，不是简单地为了满足人们的耳目之欲，而是要敦伦人心；乐之情感抒发不是民众个体情感的抒发和简单的汇聚，具有和谐伦理秩序的指向性目的，符合伦理道德的情感表达。"乐者，通于伦理者也"（《乐本》），"德音之谓乐"（《魏文侯》），"乐者，德之风"（《说苑·修化》），"乐者，德之华也"（《乐记·乐象》），乐应该是道德情感的自然流露，对德的情感体认和理性认同始终贯穿在乐之中。所以乐之为教，并在诗、礼、乐之中具有最重要的地位，就在于乐与德性的圆融一体，乐在感动人心之时，也能进行人格培养和道德教化。最后，乐之情感具有化育的功能。"穷本极变，乐之情也"（《乐论》），如果"'穷本'是指'乐'深深地触动人生命中的情欲根源，使人直接感受到乐曲的精神和意境，……'极变'就是'乐'直接触动人的生命根源，

---

① 徐复观：《中国艺术精神》，华东师范大学出版社2002年版，第3页。
② 转引自刘延福《论荀子与儒家礼乐观的情感轮转向》，《湖南师范大学学报》2014年第1期，第108页。

使人本恶的情欲随着韵律的变化而得到疏导和转化"①。儒家以"乐"化育本质上是"缓慢渐进，氤氲化生"的内化外现过程。"乐"对理想人格养成的功用一方面通过自然情性、德性情感的表达，对人的内心世界产生深刻的影响力，"诗言其志，歌咏其声也，舞动其容也"（《乐记》），在儒家音乐理论中，诗配以曲和舞形成乐，"文以琴瑟，动以干戚，饰以羽旄，从以箫管"，诗、歌、舞一体之乐的感染力相对于诗而言更直接、更全面、更生动。人们在多维、立体的情境中，通过和谐的韵律激荡人的情绪，内心平和，安宁愉悦，产生人与人生、生活、感情、世界等一切高尚事物的美的通感。一方面通过以乐节情、以乐导情对人的情感和心灵进行疏导和净化，"乐又下感于人，善乐感人，则人化之为善"②。乐可以潜移默化地感发人的善心，不断滋养人的善念，"'艺术之情'凑泊上良心而来，化得无形无迹"③，仁和中正之德得以渐生。所以，"情见而义立，乐终而德尊"（《礼记·乐记》），孔子赞其"尽美矣，又尽善也"（《论语·八佾》），由此，乐之教育使得儒家理想人格在审美境界和道德理想境界的双重维度上得以完成。

"成"即是"圆融"④，乐教所要达到的目标就是审美与道德的理想人格境界。乐因人感物动情而生，情源自于性，如果将性中之善挖掘并发挥出来就是仁，君子、圣人正是以得仁行仁为快乐。其中既有审美愉悦感，也包括道德幸福感，是"乐"与"仁"的完美融合。乐是艺术形式、仁是道德品质，二者具有同样的"和谐"本质。"八音克谐，无相夺伦"，"大乐与天地同和"（《礼记·乐记》），"乐者和同"（《荀子·乐论》），音律和谐、乐和天地、乐和人心，音乐生发人对生命以及世界和谐的感悟和体认，激发出人们追求心性修养的无限潜能和动力。而"仁"从亲子之爱到推己及人；从恻隐同情到仁者爱人，从克己复礼到仁民爱物；从身心和谐到天地合一，无不体现着"和"的本质。仁之为人的本质通过乐的形式表现出来，乐之外在形式充满着仁之人性意蕴，二者浑然天成，"超越了语言、时空之障，感化天地宇宙，达到了沟通人与人、天与人的生命境界，而这种生命境界恰恰就是孔子所孜孜以求的'仁'之至境"⑤，人超越了自然境界、功利境界、道德境界而进入了天地境界⑥，深悟为人之道、人伦之理，既能尽人之性，又事天、乐天，在宇宙人生中超越"有限"，突破"有我"，进入到"无限"、"无我"的自由状态。

---

① 鄢爱红：《试论荀子乐教与成人之道》，《孔子研究》1999 年第 4 期，第 68 页。
② 郑玄注，孔颖达等：《礼记正义》阮元校刻.《十三经注疏》，中华书局 1980 年版，第 1535 页。
③ 徐复观：《中国艺术精神》，华东师范大学出版社 2002 年版，第 19 页。
④ 徐复观：《徐复观文集》（第四卷），湖北人民出版社 2009 年版，第 25 页。
⑤ 张明：《"成于乐"：孔子"仁"境的诗性呈现》，《中国文化研究》2009 年夏之卷，第 122 页。
⑥ 冯友兰：《三松堂全集》（第四卷），河南人民出版社 1986 年版，第 551 页。

儒家仁学与人之发展
——基于儒学人学的分析

山东社会科学院文化研究所所长、研究员　涂可国

"仁"是儒学核心之核心,是儒家伦理的基石,更是儒家道德哲学的灵魂,孔学有时被归结为仁学。近年来在儒学创新性发展的时代背景下,学术界诸多同道致力于会通儒释道等传统文化资源并吸收西学养分,从多种维度、多个层面对儒家"仁"与仁学进行新阐发,甚或构建新仁学。牟钟鉴先生和陈来先生可谓其中的杰出代表。牟先生以一种强烈的社会责任感和学术使命感推出了《新仁学——爱的追寻》①,本书一方面阐发了"以仁为体,以和为用;以生为本,以诚为魂;以道为归,以通为路"的三大命题,另一方面提出了"仁性论、仁修论、仁德论、仁志论、仁智论、仁礼论、仁事论、仁群论、仁力论、仁艺论"十论。陈来先生的《仁学本体论》② 在承继古典儒学的仁论、道体论,接续近代中国哲学本体论的基础上加以综合创新,将儒学的仁论建构为系统的仁学本体论。

笔者曾经在《儒学与人的发展》③ 一书中旨在从人的发展角度观照和透视儒学的结构、特点和价值,以建构较为系统的儒学人学。受到牟钟鉴先生新仁学和陈来先生仁学本体论的启发,本文立足于儒学人学,引入"人的发展"参考框架,就儒家仁学从特定角度进行挖掘和阐发。笔者将首先揭示"仁"的丰富内涵,指出儒家所倡导的"仁"是己他两爱的统一;其次阐述仁的地位与作用,讲明儒家所言说的"仁"是一种全德之称、是总德目,也是总的道德原则;再次阐明仁的基本特点,指出儒家之"仁"是差等之爱与普遍之爱的合一;最后从人的发展角度探究儒家仁学的当代意义,认为儒家的仁爱思想,不仅可以为个人人格操练提供深厚的伦理基础,也可以为构建良好的人际关系提供重要的行为规范和原则,还能够为人成德成善提供方法途径。

一、"仁"的丰富内涵:己他两爱的统一

毫无疑问,儒家所讲的"仁",其本质规定就是爱人。孔子在回答弟子樊迟问

---

① 牟钟鉴:《新仁学——爱的追寻》,人民出版社 2013 年版。
② 陈来:《仁学本体论》,生活·读书·新知三联书店 2014 年版。
③ 涂可国:《儒学与人的发展》,齐鲁书社 2011 年版。

"仁"时就说："爱人。"孟子也讲："仁者爱人。"(《孟子·离娄下》)朱熹则将"仁"界定为"爱之理，心之德"(《四书章句集注·论语集注》卷一)。然而，人就其存在形态而言有个体、群体和类之分，就个体而言又可分为己他两种对象。这里必定有一个问题凸显出来，即"仁"是不是仅仅限于爱他人、爱群体的利他主义？是不是包含指向个体自身的自爱成分？

显而易见，孔孟仁爱思想更为凸现他爱或爱他人。在孔子看来，"仁"首先是"孝亲"，也就是从孝顺父母、敬爱兄长开始，因而有子才说"孝弟也者，其为仁之本与"(《论语·学而》)。之所以说"相亲相爱"是仁的本义之一，就在于孔子之"仁"是由前代的"血亲之爱"发展而来。清代段玉裁在《说文解字注》释"仁"说："独则无耦，无耦则相亲，故仁字从人二。"这也表明"仁"是一种人与人的互爱关系。孔子之后的儒家进一步阐发了"爱自亲始"的观念。《中庸》说："仁者人也，亲亲为大。"孟子认为"亲亲，仁也"(《孟子·尽心上》)。当然，"仁"不仅仅限定于"爱亲"，它要求由此出发根据推己及人的方法，施爱于其他人，这就是《论语》所讲的忠恕之道："己所不欲，勿施于人"(《论语·颜渊》)、"己欲立而立人，己欲达而达人"(《论语·雍也》)，以达到"泛爱众，而亲仁"，以及孟子所说的"亲亲而仁民，仁民而爱物"(《孟子·尽心上》)。这些无不表明儒家的"仁"是一种协调人与人之间关系的利他主义道德规范。

不过，"仁"是不是也是调节个人与自身关系的伦常呢？是不是也蕴含着自爱的成分呢？是不是只能像程朱理学那样理解为"公"呢？当前，学界陈来、黄玉顺、曾振宇等同仁都肯定性地阐明了儒家之"仁"包含着自爱的意蕴，笔者深表认同。道德的本质规定性之一就是舍己利他，儒家之"仁"作为一个重要道德原则无疑要求克己舍己，这就是"克己复礼为仁"、"杀身成仁"。客观地讲，孔孟儒学并未明确肯定仁包含自爱，这导致绝大多数人认为仁主要是指向他爱。然而也有一些证据表明，儒家的"仁"蕴含着自爱的意思。一是《论语·颜渊》中孔子有一句话"爱之欲其生，恶之欲其死"。如果像张曙光所解释的那样既爱己之"生"，又爱人之"生"[①]，并且把"仁"等同于爱，那么仁就应包含自爱了。戴震反对朱熹仅将"仁"释为"私欲净尽"的观点，而认为"仁者，生生之德也。……一人遂其生，推之而与天下共遂其生，仁也"(《孟子字义疏证》卷下《仁义礼智》)。二是荀子曾经明确讲过"仁者爱人"(《荀子·议兵》)、"仁者必敬人"(《荀子·臣道》)为王道之本，但同时也指明"仁者自爱"(《荀子·子道》)。三是郭店楚简中"仁"的本义是"心里存着自己"。这表明"仁爱"建立在对自己痛痒、喜怒关切的基础之上。不论是《礼记·表记》中孔子所讲的"中心憯怛，爱人之仁也"，还是孟子所说的"恻隐之心，仁之端也"(《孟子·公孙丑上》)，都表明同情之心乃是仁的心理情感根基，而同情之心正是对他人疾

---

① 张曙光：《自爱·仁爱·正义》，见丁冠之等主编《儒家道德的重建》，齐鲁书社2001年版。

苦引起自己产生同一感受的切身体验。四是《孔子家语·三恕》记载:"子路见于孔子,孔子曰:'智者若何?仁者若何?'子路对曰:'智者使人知己,仁者使人爱己。'子曰:'可谓士矣。'子路出,子贡入,问亦如之。对曰:'智者自知,仁者自爱。'子曰:'可谓士矣。'子贡出,颜回入,问亦如之。对曰:'智者自知,仁者自爱。'子曰:'可谓君子矣。'"由此可见,孔子认为仁爱不仅是爱他人,还应包括人的自尊、自立、自重、自强及自爱。

二、"仁"的地位作用:全德之称

在儒学系统中,"仁"是总德目,也是总的道德原则,它差不多统摄所有的德性品格和行为规范,许多伦理范畴和命题正是从"仁"引申出来的。孔子在回答"仁"的提问时,从不同角度和层面作了界定,充分展现了"仁"的丰富多样性。《论语》讲:

> 子张问仁于孔子。孔子曰:"能行五者于天下为仁矣。""请问之。"曰:"恭、宽、信、敏、惠。恭则不侮,宽则得众,信则人任焉,敏则有功,惠则足以使人。"(《论语·阳货》)

可见恭、宽、信、敏、惠五种德目隶属于仁德。孔子还认为刚强、果断、质朴、谨慎最接近于"仁":"刚、毅、木、讷近仁"(《论语·子路》)。他的弟子子夏还强调"博学而笃志,切问而近思,仁在其中矣"(《论语·子张》)。同时,其他一些重要道德范畴如勇、孝等也被孔子纳入"仁"之中。当然,最重要的是孔孟儒学把"仁"视为礼义这两大主要范畴的根本和核心。可以说,孔子建构了一种仁本礼用的伦理关系结构。一方面,"克己复礼为仁",遵循"礼"可以算作"仁";另一方面,"人而不仁,如礼何?"(《论语·八佾》)缺乏仁德,"礼"显得无意义。从某种意义上说,"仁"是人的一种道德行为(善行)内容,而"礼"则是此种行为的方式(状态)方法。孟子所讲的仁宅礼门从一定意义上正确揭示了"仁"对"礼"的统摄作用,它同孔子仁学一样,展现的是一种引仁入礼、以仁释礼的理路。

在孔子那里,"仁"虽然没有达到"博施于民而能济众"的圣人境界,但它又是具有较高标准的道德,并非所有德行均可归于仁。孔子在回答樊迟问仁时,认为"居处恭,执事敬,与人忠"(《论语·子路》)为仁,可是他又指出"令尹子文三仕为令尹,无喜色;三已之,无愠色。旧令尹之政,必以告新令尹"(《论语·公冶长》)只是"忠",尚不是"仁",说明在孔子看来,并非一切"忠"都可称为"仁"。他还明确指出:"仁者必有勇,勇者不必有仁。"(《论语·宪问》)"仁"是人应当做的行为要求,而"克、伐、怨、欲不行"只是正当的行为,故此,孔子也不轻易许人以

"仁"。

孔孟儒学尽管均致力于纳义入仁，仁义并举，以义补仁，以义体仁，但是如果说对"仁"与"义"的制约关系，孔子的论述还不够明晰的话，如果说孔子更为重视仁礼并用的话，那么曾子、孟子则更为凸显仁义并举。且不说曾子更多仁义并提①，即便是孟子，他不但创设了固定的仁义礼智"四德"义理结构并把"仁"置于首位，由他所提出来的"恻隐之心，仁之端也；羞恶之心，义之端也"（《孟子·公孙丑上》）、"仁，人心也；义，人路也"（《孟子·告子上》）、"仁，人之安宅也；义，人之正路也"（《孟子·离娄上》）、"居仁由义，大人之事备矣"（《孟子·尽心上》）等论断则表明，"仁"是"义"的根源，"义"从"仁"那里获得了自身的规定性，依"义"而行，就可达至"仁"。可见"仁"是一切道德规范和美德的总称②。

历代儒家之所以贵仁、尚仁、重仁，不仅在于他们出于把"仁"规定为全德之称的考量，还在于其把"仁"视为人的心性内在道德情感③，对其社会地位和社会价值从不同方面作了阐发。撇开孔子所讲的"唯仁者能好人，能恶人"（《论语·里仁》）不论，这里仅就孟子的仁学加以简要说明。在孟子看来，"仁"既可以外化为"仁政"而"可使制梃以挞秦楚之坚甲利兵矣"（《孟子·梁惠王上》）、"治天下可运之掌上"（《孟子·公孙丑上》），还可以作为道德修养和道德践履的要义而成就"大人"品格："居仁由义，大人之事备矣"（《孟子·尽心上》）；尤其是孟子惊世骇俗地提出了"仁者无敌"（《孟子·梁惠王上》）的命题，在他眼里，只要实行"仁政"，就可战胜一切实行"暴政"的敌人。

三、"仁"的基本特点：差等之爱与普遍之爱的合一

儒家之"仁"是否倡导差等之爱，到底如何评价差等之爱？从孟子一直到今天一直是聚讼不已的问题。墨家非议儒家之"仁"是"亲亲有术，尊贤有等"（《墨子·非儒下》）。胡适、任继愈等先生认为儒家之"仁"主张"爱有差等"，旨在"严格维护宗法血缘关系"。黄裕生同样明确批评道："甚至连'仁'这个最高原则本身都不可能具有普遍性（因为它没有非经验的绝对根据）。"因此，它所倡导和维护的那种"亲爱

---

① 据有的学者考证，《曾子》十篇仁礼并用有两次，而仁义并提则有六次。
② 虽然不同儒家人物对各种德目强调各有不同，如曾子更为重孝，荀子阐述最多的是礼，明清时期流行孝、悌、忠、信、礼、义、廉、耻"古八德"，可这并不能根本改变"仁"在儒家伦理中的核心地位。
③ 董仲舒和程朱不仅从道德形而上的维度把"仁"界定为"仁心"，还将"仁"视为"公心"。譬如，董仲舒指出："霸王之道，皆本于仁。仁，天心，故次以天心。爱人之大者，莫大于思患而豫防之。"（《春秋繁露·俞序》）；《二程集·河南程氏遗书》卷十五云："仁之道，要之只消道一个公字。"

只是一种特殊之爱,而不是普遍之爱"、"爱有等差,这是儒家伦理学中最荒诞、最黑暗的思想,它在理论上导致整个儒家伦理学陷于相对主义和特殊主义,从而否定一切绝对的普适性伦理法则;在实践上,则给实践——践履原则的过程留下了灵活的巨大空间,直至一切保证正义的绝对原则都丧失掉规范作用"。①刘清平也指出,由于孔孟儒学强调"父慈子孝"、"事亲从兄"、"孝亲为大"等血缘亲情团体性的本质根据和至上地位,导致它压抑限制人们遵守法律正义和任人唯贤等普遍准则。

实际上,儒家的仁爱既是一种特殊主义伦理规范,也是一种普遍主义伦理原则,是差等之爱和普遍之爱的统一。一方面,儒家所倡导的"仁"的确是一种具体的、特殊的人间之爱,主要体现在三个层面:(1)作为一种全德之称,"仁"蕴含着三纲五常这样用以调节个人性关系的角色道德,充分展现了君臣、父子、夫妇、朋友之类个人性关系的行为要求;(2)儒家之"仁"凸现人际关系的亲疏远近(以个人自我为中心),尤其是讲究"孝亲为大","孝弟也者,其为仁之本与"(《论语·学而》),强调血缘亲情的本根性;(3)儒家之"仁"往往同强调上下、长幼、尊卑等差序的"礼"和名分结合起来,这也在一定程度上强化了儒家仁爱差异化的特殊主义色彩。另一方面,儒家之仁爱又具有普遍主义伦理规范之特质。第一,作为总德目的"仁",不仅涵盖诸如"孝悌"之类的特殊伦范,同时还包括"义"、"信"、"智"、"恭"、"敬"之类适用于不同人际关系的道德规范,孔子弟子子夏还提出了"四海之内,皆兄弟"(《论语·颜渊》)的理念;第二,儒家之仁在继承血亲之爱的基础上倡导把爱的对象扩展到广泛的人际关系,主张根据推己及人的忠恕之道,做到"泛爱众"(孔子)、"博施于民而能济众"(孔子)、"亲亲而仁民,仁民而爱物"(孟子)、"老吾老以及人之老,幼吾幼以及人之幼"(孟子)、"天下万物一体之仁"(程朱)等博爱思想;第三,儒家提倡个人的修己、为己、克己(自爱)服从服务于社会大爱(修齐治平),力主"杀身成仁""舍生以取义",从而实现仁义的社会理想。

早在先秦百家争鸣时期,墨家就批评儒家仁爱过于狭隘,夷子甚至提出"爱无差等,施由亲始"的观念,认为一个人可以像爱兄之子一样爱邻之子,从而主张无差别地"兼爱"所有人。据此,孟子驳斥墨家的"兼相爱"是"二本"(《孟子·滕文公上》),是"无父无君"。而以黄裕生、刘清平等人为代表的当代学者则指斥儒家的"仁爱"(尤其是"亲爱")会抑制公平、正义、法制等普遍原则的践履,限制人的个体性存在和社会性存在的发展,始于"孝亲为大"的"推恩"同普遍之爱之间会产生深度悖论。在笔者看来,儒家之仁爱作为一种特殊主义的有差等之爱既有其合理之处,也有其不合理之处。合理之处是:它充分而又准确反映了中国宗法血缘关系发达的社会现实,即使到今天有差等的血亲之爱仍是人间之爱的普遍形态;儒家的血亲仁爱对于推动和维护自古至今家庭的和谐、稳定和发展发挥着极为重要的作用,就是现代化

---

① 郭齐勇主编:《儒家伦理争鸣集》,湖北教育出版社2004年版,第952页。

社会也需要父慈子孝、兄友弟恭这样的家庭伦理风范；有人类天生的同情心（恻隐之心）和普遍人性（人同此心，心同此理）作为文化心理基础，完全可以根据"施由亲始"、"推己及人"的基本原理，实现由亲亲之爱扩展至普遍之爱（泛爱众）；在一般情况下，亲人之爱同普遍之爱并不产生矛盾，二者完全是可以并行不悖的；最为重要的是，孝亲之爱不仅是普遍仁爱的出发点，也是培养后者的文化心理基础，不仅较为现实，较为符合人之常情，也是实现人类大爱的本根，正如朱熹所言，孝悌如同树木之有本根，如此方始枝叶繁茂，仁民爱物从孝悌做起。儒家仁爱的不合理之处是：在血亲之爱同泛爱众之间产生矛盾时，由于它强调前者的至上性，就可能牺牲普遍之爱，这就在一定程度上遏制正义、忠恕、法则、诚信等普遍伦理规范的践行；墨家的"兼相爱"虽然没有完全顾及到人际之间的血缘亲情关系，使其缺乏现实根基。正如王阳明在《传习录》上说的："墨氏兼爱无差等，将自家父子兄弟与途人一般看，便自没了发端处。不抽芽，便知得他无根。"但墨家的兼爱道德境界，显然要高于儒家的仁爱（这就不难理解"大义灭亲"受到人们的推崇），也容易同当代的普遍主义伦理相整合。

四、儒家仁学的当代意义：推动人的发展

正是在儒家仁学的长期影响下，传统中国形成了尚仁的文化精神，这一重仁精神文化对个人发展已经并将继续产生广泛而深远的影响。

（一）为个人人格操练提供深厚的伦理基础

在儒家看来，仁者虽达不到圣贤境界，但同君子人格一样，是一种具有较高德性的人格范型，儒家从多个方面为建构仁者风范提供了思想指导。首先，儒家认为"仁"是主体内在的心性，它植根于人先天固有的不忍人之心之上，并指出亲亲作为"仁"的表现是人的天性，是人区别于禽兽的本质规定性，它来源于自然界的"生生之德"。宋明理学家更是断言人天生即具有仁心、道心。这些将有助于提升人们培养仁性品格的自觉性和自信心。其次，孔孟儒学把仁看成是全德之称，是贯穿于礼义智信、恭宽敏惠、忠孝廉耻等各种德目的灵魂，各种具体德目是对仁道这一儒家人道原则的展开、补充和表现，这就意味着任何具体德性修养如循礼、守义、知耻、守静、孝养等均在一定意义上是对仁德的修炼、提升，从而从不同层面型塑人的仁德人格。犹如孔子所说："能行五者（恭宽信敏惠）于天下，为仁矣。"（《论语·阳货》）其次，儒家仁学以其鲜明的时代特色和强有力的思想观念范导人心。像仁者爱人、杀身成仁、仁者无敌等理念极大地震撼人心，激励无数中国人以弘道气魄去修身齐家治国平天下，成为为人所景仰的仁人志士。同时，诸如"惟仁者能好人，能恶人"（《论语·里仁》）、

"君子而不仁者有矣夫，未有小人而仁者也"（《论语·宪问》）。这些鲜明的伦理标准，具有强烈的实践指向性，引导人们去恶扬善，比照着仁者君子理想磨砺自己。最后，儒家仁道借助于特殊的社会机制去培养人的仁德。这些机制不仅包括由孟子极力倡导的仁政实践和王道政治，还包括各种社会慈善事业、公益活动，也包括各种蒙学读物和家训，籍于此，逐渐使人的仁爱情怀得以生长养成。

（二）为构建良好的人际关系提供重要的行为规范和原则

如果说墨家倡导的是兼爱，基督教倡导的是博爱，那么儒家的仁爱就是泛爱。这种泛爱不仅内在地蕴含"泛爱众"，还包括自爱、爱人和爱物，这种泛爱是调节人际关系的重要规范。首先，只有真正的自爱才能爱他人，才能处理好己群关系。如上所述，荀子直接指出"仁者自爱"，显然这是对孔孟仁学的发展，他把爱的范围扩展到主体自身。作为仁德体现的自爱决非自私自利，也不是杨朱式的消极为我主义，而是个人对自身生命、才智、身心、需要等的珍惜、重视，既包括修己、克己、成己（《中庸》说："成己，仁也。"），也包括爱己。贺麟先生在谈到儒家五伦观念内含的等差之爱时讲到：

> 等差之爱的意义，不在正面的提倡，而在反面的消极的反对的排斥等差之爱。非等差之爱，足以危害五伦之正常发展者，大约不外三途：一、兼爱，不分亲疏贵贱，一律平等相爱。二、专爱，专爱自己谓之私，专爱女子谓之沉溺，专爱外物谓之玩物丧志。三、躐等之爱，如不爱家人，而爱邻居，不爱邻居，而爱路人。又如以德报怨，也可算在躐等之爱范围内。①

显而易见，儒家仁爱框架下的自爱并不是专爱，而是合理的自爱（在一定意义上含贵生）。一个人自爱并不全属于个人私事，也不仅仅属于个人性进取道德，它同样牵涉到己他关系，也算是一种协调性道德。因为只有真正的自爱，如康德所说的重视生命、发展才智，他才有资格、条件和能力去爱亲人、爱社会的人。其次，儒家仁道中的爱人精神直接会促进人际关系的改善。仁爱可以用孟子"亲亲而仁民"来概括，包含爱亲人和爱一般人，这两者都体现了一种利他主义精神。毋庸赘言，夫妻之间的恩爱、父子之间的慈爱、兄弟之间的关爱（兄弟之情）等是维护家庭和睦、稳定、幸福的精神动力。由于每个人都会遇到困难、危险、灾害、挫折等，需要他人的关爱、帮助、关怀，因而爱人会给予他人以温暖，促进彼此之间关系的提升。同时，人与人之间有时会产生冲突、矛盾，这更需要一种张载所说的"民吾同胞"仁爱情怀去加以协调。在一般情况下，爱亲与爱他人并不存在冲突和矛盾，况且它们均具有利他本质规

---

① 贺麟：《文化与人生》，商务印书馆1988年版，第55页。

定性，彼此之间可以互相转换，因而儒家的差等之爱是合理的，也符合人之常情。只是在特定情境下两者会产生不可两全的矛盾，儒家的"亲亲为大"会同爱人、泛爱众产生所谓的"悖论"，甚至会牺牲社会正义，这时如若执意坚守等差之爱会使人走向以家族本位为内容的自私自利（个人主义）。再次，儒家仁道中的爱物理念会改善人的生存处境。孟子的仁德包含亲亲、仁民和爱物三个层次，由此可见儒家并不是强势人类中心主义者。到了宋明时代，张载把"仁民爱物"进一步发展成为"民吾同胞，物吾与也"（《张载集·正蒙·乾称》），程颢也提出了"仁者，以天地万物为一体"（《二程集·河南程氏遗书》卷二上）的一体之仁说，朱熹也认为"仁者，天地生物之心"（《朱子语类》卷五十三《孟子三·公孙丑上之下》）。人之爱物不仅可以促进天人和谐、生态平衡，改善人的生态环境，同时由于物是人与人之间的中介，如何占有、分配、使用"物"直接关系到同代之间及代际之间关系的走向、性质，如果出于仁心而合理合法地爱物，就会保持和促进人的社会关系融洽发展。

（三）儒家的仁爱思想能够为人成德成善提供方法途径

儒家不仅提出了行仁的道德要求，还指明了许多为仁之方，如孔子及其弟子的忠恕之道、能近取譬、中道而行，《中庸》的"絜矩之道"，孟子的存心养性、推恩，王阳明的致良知、发明本心、四句教，等等。应当说，遵循这些古训是每个人修养仁性的重要门径。孔子讲"仁者安仁，智者利仁"（《论语·里仁》）。尽管智者把行仁当做取利的手段而非出于内在的道德自觉，只有仁者才基于固有的仁心、仁性将履仁作为行动的目的，但是儒家毕竟推崇"仁且智"的道德人格，因而为仁之道就是致力于培养"仁且智"的道德品性。孟子不光如上所述依据孔子的忠恕之道阐发了"亲亲而仁民，仁民而爱物"（《孟子·尽心上》），以此培植人的成德之心，他还指明"不忍人之心"是仁的端始，同情心是践仁的本根，因此，日常生活中只要看一看所作所为是否心安，就是养仁的方法。孟子认为齐宣王不忍杀掉一头活牛正是因为他心中有不安、不忍，故他说："无伤也，是乃仁术也，见牛未见羊也。"（《孟子·梁惠王上》）更进一步，人要培养仁爱之心，就要在社会实践中反复历练，就要在善行中提升自身仁爱的境界，就要在行动中加强自身修养。正如《中庸》所说："好学近乎知，力行近乎仁，知耻近乎勇。"

礼教的社会功用与现代复兴

中国人民大学国学院教授　韩　星

一、何谓礼教？

何谓礼教？《现代汉语词典》说礼教是指"旧传统中束缚人的思想行动的礼节和道德"①。《古代汉语词典》说礼教指"关于礼制的教化"②。其实古代"礼"有狭义和广义之分，狭义的"礼"指礼仪，狭义的"礼教"指礼仪教化，与"乐教"并提；广义的"礼"指礼乐，广义的"礼教"指礼乐的教育、教化。本文即在这个意义上使用"礼教"概念的。

二、礼教是文明进化

中国礼教传统源远流长，起于古代圣人使人自别于禽兽，也即自觉与动物界区分开来，走上文明之路。礼乐是重要的教化基本方式之一。人能好礼、行礼，是人区别于动物的基本标志。《孟子·滕文公上》："人之有道也，饱食、暖衣、逸居而无教，则近于禽兽。圣人有忧之，使契为司徒，教以人伦：父子有亲，君臣有义，夫妇有别，长幼有序，朋友有信。"人之所以为人，就在于吃饱饭、穿暖衣，有了空闲时间还要有教化，不然就会堕入动物界。《荀子·非相篇》："人之所以为人者，非特以二足而无毛也，以其有辨也。夫禽兽有父子而无父子之亲，有牝牡而无男女之别。故人道莫不有辨。辨莫大于分，分莫大于礼。"人之所以成为人，并不只是因为他们有两只脚而身上没毛，而是因为他们能够自觉地把自己与动物区别开来。那禽兽有父有子，但没有父子之间的亲情；有雌有雄，但没有男女之间的分别，而之所以为人之道，就在于能够把自己与动物区别开来。因区别就形成了名分，因名分而有礼教。"为礼以教人"就是圣人制定了礼来教化人，要让百姓懂礼、行礼、守礼，这样就会使人自觉地区别于禽兽，从野蛮走向文明。

---

① 中国社会科学院语言研究所词典编辑室编：《现代汉语词典》，商务印书馆 2002 年增补本，第 772 页。
② 《古代汉语词典》编写组：《古代汉语词典》，商务印书馆 2005 年版，第 958 页。

三、礼教能圆满人生

从个体来看，通晓礼乐，以礼践行是一个人立足于社会的根本，孔子云："不学礼，无以立。"（《论语·季氏》）《论语·泰伯》载子曰："立于礼，成于乐。""礼"可以使人立足于社会人生，"乐"可以成就人圆满的道德品质，这就是孔子讲的为学与修身的次第。《礼记·礼运》亦云："夫礼，先王以承天之道，以治人之情。故失之者死，得之者生。诗曰：'相鼠有体，人而无礼。人而无礼，胡不遄死？'"一个人如果不守礼而胡作非为，其破坏力就像老鼠一样，还不赶快去死？说明"礼"是关乎人的生命价值存在的基本依据。

礼乐教化通过各种各样的礼仪活动传播一种人生观、价值观，实现对人的教化。《礼记·内则》把一个人的生命划分为不同阶段，每个阶段都有不同的任务，通过不同的礼仪让人们明白自己的人生责任和义务。如冠礼，古代"二十而冠，始学礼"，20岁是学习和践行华夏礼仪的开始。《礼记·冠义》说："凡人之所以为人者，礼义也。礼义之始，在于正容体、齐颜色、顺辞令。容体正、颜色齐、辞令顺，而后礼义备。以正君臣、亲父子、和长幼，君臣正、父子亲、长幼和，而后礼义立。故冠而后服备。服备而后容体正、颜色齐、辞令顺，故曰：冠者礼之始也。""冠礼"就是成年礼。通过"冠礼"将家庭中毫无责任的"孺子"转变为正式跨入社会的成年人。成年了，你再不是一个孩子，你的一言一行、一举一动都要像个成年人，要正确处理君臣、父子、长幼的关系，只有能履践孝、悌、忠、顺的德行，才能成为合格的儿子、合格的弟弟、合格的臣下、合格的晚辈，成为各种合格的社会角色。人生礼仪当中更被重视的是婚礼。"礼本于昏"。古时于黄昏举行，取其阴阳交替有渐之义，故称。在阴阳五行、神道设教的观念里，女子属阴，黄昏是"阳往而阴来"，婚礼的一切都合着迎阴气入家的含义。在《礼记·昏义》篇对中国古代的婚礼的形式及意义有着较为详细的描述："昏礼者，将合二姓之好，上以事宗庙而下以继后世也，故君子重之。是以昏礼纳采、问名、纳吉、纳征、请期，皆主人筵几于庙，而拜迎于门外。人，揖让而升，听命于庙，所以敬慎重正昏礼也。"古代婚礼有六：纳采、问名、纳吉、纳征、请期、亲迎几个环节，前面五个环节都要到祖庙去祭祀占问的，贯彻着神道设教、天人合一的理念，对于婚姻、家庭的稳定，孝敬父母等传统的继承和发扬都发挥了重要作用。

总之，礼教的目的就是要让人在礼仪形式中懂得做人的道理，更好地完成人生的责任和义务，塑造高尚的人格，完成健全的人生。

四、礼教能陶养性情

人具有动物性，人也有情欲，而人之所以为人，就在于人不像动物一样放纵自己的情欲，而是通过道德礼义节制自己的情欲。礼乐的制作，乃是置根于人内在的性情，并不是像近代以来人们误解的是压抑人性人情。儒家认为，礼乐有"称情立文"的功能。《荀子·礼论》云："三年之丧，称情而立文，所以为至痛极也。齐衰、苴杖、居庐、食粥、席薪、枕块，所以为至痛饰也。"丧礼一方面要让人们的哀痛之情得以宣泄，另一方面又要通过礼仪使情感的宣泄不至于太过度。《礼记·礼运》认为，圣人的职责就是通过礼仪引导人们调节情感，所以说："故圣王修义之柄，礼之序，以治人情。故人情者，圣王之田也，修礼以耕之。"《礼记·三年问》："三年之丧，何也？曰：称情而立文，因以饰群，别亲疏贵贱之节，而弗可损益也。"郑玄注："称情而立文，称人之情轻重，而制其礼也。"说明制定丧礼的规定是按照生者与死者的感情深浅来确立的，而感情的深浅是由彼此关系的亲疏决定的。《礼记·礼运》说："夫礼，先王以承天之道，以治人之情。"礼乐之义，要在其"因人之情而为之节文"（《礼记·坊记》），故能作为与人伦日用密合无间的生活样式而化民于无迹。《史记·礼书》："缘人情而制礼，依人性而作仪"，是说礼仪是按照人情人性制作的。《全唐文·卷九十七》也说："夫礼缘人情而立制，因时事而为范。""礼教"的关键在于以礼节制、以乐调和人的情感，不使人因为过分情欲放纵而堕入动物界，再就是《毛诗大序》所说的"发乎情，止乎礼义"，《中庸》所说的"喜怒哀乐……发而皆中节"。梁漱溟说："在孔子便不是以干燥之教训给人的；他根本导人以一种生活，而借礼乐去条理情意。"①"大兴礼乐教化，从人的性情根本处入手，陶养涵育一片天机活泼而和乐恬谧的心理。"②

欲者，欲望、嗜欲，与情有密切关系。《荀子·正名》说："欲者，情之应也。"怎么对待欲望？荀子在《乐论》中明确地说："先王之制礼乐也，非以极口腹耳目之欲也，将以教民平好恶而反人道之正也。"古代圣王为什么要制作礼乐，先王制礼作乐，目的不是为了尽量满足人们口腹耳目的欲望，而是用礼乐来教导民众，使好恶之情得到节制，从而回归到人生的正途上来。荀子更重视礼义的作用。他说："人生而有欲，欲而不得，则不能无求；求而无度量分界，则不能不争；争则乱，乱则穷。先王恶其乱也，故制礼义以分之，以养人之欲，给人之求，使欲必不穷乎物，物必不屈于欲。两者相持而长，是礼之所起也。"（《荀子·礼论》）由此可知，荀子认为人们制礼义的目的之一就是控制人欲，以调整人欲与物质之间的矛盾，以此避免社会的混乱。

---

① 梁漱溟：《东西人的教育之不同》，马秋帆编：《梁漱溟教育论著选著》，人民教育出版社1994年版，第11—12页。
② 梁漱溟：《人心与人生》，《梁漱溟全集》第三卷，山东人民出版社2005年版，第596页。

五、礼教能治国理民

从春秋时期人们对礼的治国安邦的重要性及作用就有普遍的认识。《左传·昭公五年》记载的晋国女叔齐说,"礼"是"所以守其国,行其政令,无失其民者也"。在他看来,"礼"是国家的政治生命所系,其根本在于维护国家的稳定,使政令畅达,社会安定,民众归服。类似的认识在当时极为普遍,如晋国的叔向说:"礼,政之舆也;政,身之守也。怠礼失政,失政,不立,是以乱也。"(《左传·襄公二十一年》)"古之治民者,劝赏而畏刑,恤民不倦,……三者礼之大节也,有礼无败。"(《左传·襄公二十六年》)郑国的子皮说:"礼,国之干也。"(《左传·襄公三十年》)晏婴有一段话对"礼"的治国作用作了精辟的阐释,他说:"君令臣共,父慈子孝,兄爱弟敬,夫和妻柔,姑慈妇听,礼也。"(《左传·昭公二十六年》)他认为礼不仅能够调理人际关系,还能够治理国家的动乱,维系政权的稳固。当齐景公问有何良策可以挽救姜齐政权的倾危时,晏婴回答说:"唯礼可以为之。"并认为,只要施行了礼,就会"民不迁,农不移,工贾不变。士不滥,官不谄,大夫不收公利"(《左传·昭公二十六年》)。这一席话说得景公连称"善哉",并说:"吾今而后知礼之可以为国也。"显然,齐景公一改过去对"礼"的轻慢态度,认识到了"礼"作为治国安民的重要意义。

孔子在礼崩乐坏的时代,打破了"礼不下庶人"的传统,主张对所有人"齐之以礼"(《论语·为政》),即以"礼"作为社会公共生活的准则约束人们,做到"非礼勿视,非礼勿听,非礼勿言,非礼勿动"(《论语·颜渊》),以维护社会的秩序和正义。《孔子家语·贤君》载鲁哀公问政于孔子,孔子回答说:"省力役,薄赋敛,则民富矣;敦礼教,远罪疾,则民寿矣。"孔子认为要治理好一个国家,除了省力役、薄赋敛外,还主张通过礼教,使老百姓远离犯罪,这说明了礼教在当时的政治法律功能。"是故夫礼,必本于天,殽于地,列于鬼神,达于丧祭射御冠婚朝聘。故圣人以礼示之,故天下国家可得而正也。"(《礼记·礼运》)礼至高无上,人一定要有礼,人无礼不如去死,礼表现在丧、祭、射、御、冠、婚、朝、聘等礼仪上,国家因为礼而可以大治。《礼记·曲礼》所说:"夫礼者,所以定亲疏,决嫌疑,别同异,明是非也。……道德仁义,非礼不成;教训正俗,非礼不备;分争辩讼,非礼不决;君臣上下、父子兄弟,非礼不定;宦学事师,非礼不亲;班朝治军、莅官行法,非礼威严不行;祷祠祭祀、供给鬼神,非礼不诚不庄。是以君子恭敬撙节退让以明礼。"礼是决定亲疏、判断嫌疑、分别异同、明辨是非的,是道德的标准、教化的手段、是非的准则,是政治关系和人伦关系的名分定位体系,是人神沟通的宗教性体系,具有威严的法律体系,故而可以对社会各方面发挥整合作用,发挥治国理民的功能。对此,孟德斯鸠认识到:中国的立法者"把宗教、法律、风俗、礼仪都混在一起,所有这些东西都是道德，所有这些东西都是品德。这四者的箴规，就是所谓礼教。中国的统治者就是因为严格遵守这种礼教而获得了成功。中国人把整个青年时代用在学习这种礼教上，并把一生都用在实践这种礼教上。文人用之以施教，官吏用之以宣传，生活上的一切细微的行动都包罗在这些礼教之内，所以当人们找到使它们获得严格遵守的方法的时候，中国便治理得很好了"。①

六、礼教能维系道德伦理

春秋时期人们还把礼作为修身做人的基本规范和要求，礼被逐渐强化了伦理道德涵义，常以礼释"孝"、"让"、"忠"、"信"、"恕"等。如"孝，礼之始也"（《左传·文公二年》）；"忠信，礼之器也。卑让，礼之宗也"（《左传·昭公二年》）；"礼，所以观忠、信、仁、义也"，"先后大小，顺也。跻圣贤，明也。明、顺，礼也"（《国语·周语上》）；"信以守礼"（《左传·成公十五年》）；"让，礼之主也。……世之治也，君子尚能而让其下，小人农力以事其上，是以上下有礼，而谗慝黜远，由不争也，谓之懿德"（《左传·襄公十三年》）；"恕而行之，德之则也，礼之经也"（《左传·隐公十一年》）。这样一来，礼教使中国人在思想道德上对自己有了约束，有了底线。

礼教对社会成员的道德教育融于生活之中，通过礼仪、礼节、仪式进行教化，使之成为一种日常的行为习惯，从而在不知不觉中促进道德的形成。《孔子家语·五刑解》引孔子说："明丧祭之礼，所以教仁爱也。能教仁爱，则服丧思慕，祭祀不解人子馈养之道。丧祭之礼明，则民孝矣。……朝聘之礼者，所以明义也。义必明则民不犯，故虽有弑上之狱，而无陷刑之民。斗变者生于相陵，相陵者生于长幼无序而遗敬让。乡饮酒之礼者，所以明长幼之序而崇敬让也。长幼必序，民怀敬让，故虽有斗变之狱，而无陷刑之民。淫乱者生于男女无别，男女无别则夫妇失义。婚礼聘享者，所以别男女、明夫妇之义也。男女既别，夫妇既明，故虽有淫乱之狱，而无陷刑之民。"通过不同的礼仪形式，可以教化人们懂得仁爱、孝敬、道义、敬让，处理好各种人伦关系。

《礼记·经解》在说明礼的作用时指出："故以奉家庙则敬，以入朝廷，则贵贱有位；以处室家，则父子亲兄弟和；以处乡里，则长幼有序。故朝觐之礼，所以明君臣之义也；聘问之礼，所以使诸侯相尊敬也；丧祭之礼，所以明臣子之恩也；乡饮酒之礼，所以明长幼之序也；昏姻之礼，所以明男女之别也。"通过朝觐、聘问、丧祭、乡饮酒等一整套礼仪仪式来养成人与人、人与群体、群体与群体之间的伦理关系。

《论语·学而》："有子曰：礼之用，和为贵。先王之道，斯为美。小大由之，有所不行，知和而和，不以礼节之，亦不可行也。"礼在应用的时候以实现和谐为最高境

---

① 《中国印象——世界名人论中国文化》（上册），广西师范大学出版社2001年版，第42页。

界，古代圣王治国平天下之道就集中地体现在这方面。但不能事无大小都用礼而不用乐来实现"和"，需要礼与乐相互配合。因为礼是区分亲疏远近、尊卑贵贱，其基本功能是讲究名分，节制各等级身份及其行为，使行为符合礼的规定，所以本质是"分"；乐是源于天地万物的自然和谐，统一人们的心理感情，使之和顺。礼乐的作用不同，礼主要是控制、规范、归化人们的行为，乐主要是宣泄、疏导、调整人们的情感。当然，如果一味地为和而和，一团和气，不以礼来进行约束，也是不行的。所以这里的"和"就是"和而不同"的"和"，而不是没有任何差别的同和，不是毫无原则的苟合。

七、乐教的特殊功能

与"礼教"密切联系的是"乐教"。"乐教"指用乐进行陶冶、教化人民。《礼记·乐记》云："乐也者，圣人之所乐也，可以善民心。其感人深，其移风易俗，故先王著其教焉。"人心原有对乐感的需求，在此基础上立教就能够感人至深，进而移风易俗，这便是"先王立乐之方"的出发点。《礼记·经解》："广博易良，乐教也。"音乐对人们的教化又不同于政治伦理，它具有潜移默化的特点，它通过音乐的艺术美感，把和人们的欲望相关的好恶等情感导向礼义，达到善民心、移风俗的目的。中国传统常以"礼乐"并称，为"礼乐文化"。"礼"是人生行为的外在规范，"乐"则是人类心灵情感的内在和乐。《乐记》谓："乐由中出，礼自外作。""乐也者，动于内者也；礼也者，动于外者也。"历史上"乐"比"礼"出现得更早，在古代可以分为"乐"（yuè）和"乐"（lè）两个读音，也有互相联系的两个意思。"乐"（yuè）是指儒家的"乐教"。儒家创始人孔子对诗歌、音乐等艺术活动一直抱有浓厚的兴趣，很重视诗教和乐教，认为一个人的学习，应该"兴于诗，立于礼，成于乐"（《论语·泰伯》），即以音乐为其学习的最后完成，把乐教作为育人的终极教育。他还赞颂《韶》乐"尽善尽美"，并以此为"乐教"的最高境界。"乐教"不仅仅是今天的音乐教育，而是与礼仪配合承担着更多的人文教化责任。"乐教"进一步深化是"乐"（lè），是快乐的乐，是达到了发自心中之乐的"乐道"境界。孔子提倡"仁者之乐"，认为道德上的充实，人生境界的提升，才是真正的快乐。《论语·雍也》载子曰："一箪食，一瓢饮，在陋巷，人不堪其忧，回也不改其乐。贤哉回也！"何晏集解引孔安国曰："颜渊乐道，虽箪食在陋巷，不改其所乐。"说明颜渊所乐在道。

八、礼教的现代复兴

秦汉以后儒家倡导的"礼教"被统治者纳入政治体制之中，一方面起到了治国理民的积极作用；另一方面到了明清以后在专制政治中起到过巨大的作用，它制定了宗教生活、政治生活、社会生活，乃自私人生活的一切规范。

到了"五四"新文化运动中国历史发生了天翻地覆的千古奇变，礼教成为当时新派人物激烈批判的对象。1919年11月，吴虞在《新青年》6卷6号发表《吃人与礼教》一文，把"吃人"与"礼教"这两个看来对立的概念醒目地提取出来，并列在一起。又举出历史上种种吃人的实例，之后都归结到礼教的残酷本质上来。结尾大声呼吁道："孔二先生的礼教讲到极点，就非杀人吃人不成功，真是残酷极了——到了如今，我们应该觉悟！我们不是为君主而生的！不是为圣贤而生的！也不是为纲常礼教而生的！甚么'文节公'呀，'忠烈公'呀，都是那些吃人的人设的圈套，来诓骗我们的！我们如今该明白了！吃人的就是讲礼教的！讲礼教的就是吃人的呀！"这就把吃人和礼教两者直接画了等号。

在此后至今的近百年当中，"礼教"不断被妖魔化，变成了上自党政干部、知识分子，下至工农商兵，众所周知的贬义词。"文革"时礼教更是被砸得粉碎，连礼教中有价值的"礼仪"、"礼节"、"礼貌"也被否定得一干二净，而把"打、砸、抢"作为一个革命战士的革命行为，"文革"之后却要从"您好、对不起、谢谢"这些基本的礼貌语言抓起。今天中国人普遍地缺乏基本的文明礼貌，已经在国内外造成了不好的影响。

笔者觉得现在更需要的是辩证地认识传统的礼教思想，不能再继续从政治的视角看问题，全盘否定，要看到礼教在历史上的积极作用和正面价值，要把儒家礼教思想与历代统治者维护其统治地位的制度化礼教区分开来。封建礼教是从儒家礼学思想中脱胎而来，但又和儒家礼教思想有区别。早期的儒家思想有丰富的礼教思想，更强调礼教内在精神价值——仁。封建礼教是秦汉以后统治者利用儒家思想实行统治的重要手段，是儒家思想在落实到政治实践过程中一种变异形式。而且退一步讲，即使是封建礼教，也不是一无是处。今天，在中华民族走向伟大复兴的历史时刻，也需要重新认识礼教，呼唤礼仪教化。

今天如何复兴礼教？我以为应该从以下四个方面着手：

第一，加强礼学研究，摆脱近代以来对礼教的偏见和误解、误读，正确认识礼乐文明的源远流长，博大精深。再通过礼学研究，对礼教、名教与儒学的关系有清楚的认识。儒学和礼教、名教的关系是学术思想和社会存在的差别。礼教作为社会存在，广泛地影响着人们的生活，礼教还仅仅是社会存在中的基础，名教则是社会存在的上层建筑。儒学在传统社会被名教和礼教用作意识形态和立法基础，几乎成了名教和礼教的灵魂，三者相互依存。然而历史上儒学正常的发展遭到了异化。名教和礼教并不按照儒学的原则展开，二者之间有紧张的矛盾。20世纪的文化批判和革命，彻底扫荡了礼教和名教、儒学。在这场批判中，儒学承担了名教的很多罪责。① 因此，今天在儒学研究已经取得了重大进展，硕果累累的情况下，学界应该对礼教正本清源，对名教辩证分析，对民间的礼乐复兴给予支持和指导，同时推动国家在适当的时候和条件成熟的情况下重建礼乐体系。

第二，对学生从洒扫应对做起，教育其基本的礼仪礼貌。中国传统礼教是生活小事上养成良好的习惯，无论官学、私塾还是书院都有制订学规、学则、须知，规范学生日常言行，形成良好的行为习惯，习惯成自然，进而形成高尚的品德。这种生活化、日常化的礼教，成为中国人的一种生活方式，成为全方位的渗透式的道德教育，无处不在，潜移默化，达到养成人格的目的。中国最早的学规《弟子职》，就讲弟子事师、受业、馈馔、洒扫、执烛坐作、进退之礼，类近今之"学生守则"，非常细化，可操作性非常强。后来演化为《弟子规》，当今民间推广《弟子规》已经形成热潮，对青少年文明礼貌的提升发挥了显著的作用。

第三，对成人从百姓日用补课，行礼乐教化，移风易俗。通过学校教育，社会教化，化民成俗，改变社会风气，培育善风良俗。"君子如欲化民成俗，其必由学乎！"（《礼记·学记》）"教以言相感，化以神相感。有教而无化，无以格顽；有化而无教，无以格愚。圣人在上，以《诗》、《书》教民，以礼乐化民；圣人在下，以无体之礼、无声之乐化民。"② "教"和"化"兼重，"教"是前提，是条件；"化"是为了形成风俗，让民跟着为善。

第四，通过礼教中的祭祀礼仪培养人们的敬畏之心。孔子主张必须虔诚地祭祀："祭如在，祭神如神在。子曰：'吾不与祭，如不祭。'"（《论语·八佾》）这里强调的是对祭祀对象的尊崇以及自身的崇敬之心，至于被祭祀之鬼神是否存在倒是次要的。祭祀不只是一套礼仪形式，而是致诚敬于鬼神以通死生之界限，使幽明不隔，古今同在。儒家对于鬼神问题采取存而不论、敬而远之的态度。但鬼神之情，则感而遂通；诚则相感，思则相通。临祭之时，致诚敬以感格神灵，则神灵下降，宛如活现于我之前。通过祭祀礼仪教人要有所敬畏，有所敬畏则不敢胡作非为。

---

① 崔锁江：《儒学不同于礼教论》，中国孔子网 http://www.chinakongzi.org/whcy/cyll/200705/t20070519_2161185.Htm。
② 魏源：《默觚下·治篇》；魏源：《默觚：魏源集》，赵丽霞选注，辽宁人民出版社1994年版，第80页。

教化视域中的价值观建设

北京中医药大学马克思主义学院　程　旺

以超越而内在心性本体为根基,儒家教化思想重在本体对实存的转化过程,落实到社会生活层面,教化则表现为达到一种本于人性的移风易俗的社会教化。① 不同方向对"教化"的理解、衡定和运用往往会出现分歧,"教化"观念返本开新式的阐扬及落实,在当代还有很长的路要走。当代价值观的建设问题,就鲜明凸显出儒家"教化"观念的积极意义和必要性。

一、从"强化"、"内化"到"教化"

梁启超先生论"新民",以"采补其所本无而新之"与"淬厉其所本有而新之"②为格准,这里的"新"主要指价值观方面的更新,这提示价值观的倡导亦可分为两类:一种是本还未有的,贞辨、勾稽出来以弥补当下之不足;一种是已经有的,萃取、提炼出来使之以更为集中、明确、规范的形式为当下所见。两者分别在未然的与已然的、显性的与隐性的、变动的与固化的等方面体现出不同的侧重。与此两类面向相应,以往价值观建设潜存着两大理论误区,"淬厉本有"一般诉诸"强化"说,"采补本无"类的则有赖于"内化"说,两说长期以来被大家所熟知并普遍接受,但"教化"观念所蕴蓄之"转变"、"保持"、"普遍化"等理论特质,对此富有针砭解蔽之效。"强化"带有较强的目的性,意在提升人的某一方面的素质,使之掌握某一方面的技能,其实施方式甚至会诉诸近乎机械性的训练和操作来获取专业性的突破。某一方面的"强化",其实也意味着其他方面的限制和遮蔽,而人生的活力是在生命的整全结构中得到孕育,这需要转向"教化",立足于人的存在整体性,揭示文化的深层意义,实现人的自然素质全面升华而不丧失任何东西。另一个严重误区是所谓的"内化"说。如列宁在这方面的典型论述:价值意识只能从外面灌输、依靠实践的亿万次重复巩固

---

① 李景林:《教化视域中的儒学》,中国社会科学出版社 2013 年版,第 10—13 页。
② 梁启超:《新民说》,辽宁人民出版社 1994 年版,第 7 页。

成意识中逻辑公理等观点①，在我国就产生过深远影响。"内化"内含的逻辑是依据某种给定的理由、标准来指导自身的行为实践，主张将外在的观念"化"到个体内在生命里面，其实施方式表现为由外而内的说教、灌输、植入。不管这一外在观念是否合乎人性，"内化"对价值主体潜移默化的占有都不是出于主体的自由选择，并未在价值平等交互意义上先在地给价值主体留出应有的审思余地。"内化"的结果是重复性操作而在某些给定的方面被驯化、符合相应的规范并最终形成某种习惯，往往与自身人格独立性产生冲突而导致人格的多样性。真正的自由选择则应以人性为根源，反躬内求，依据自身良知、理性的指引而自由作出抉择，挺立起人的价值信念，建立合乎自身的价值秩序，由内应外而内外圆融，主体的精神或情感生活亦在此存在过程中得到相应的转化。以此"教化"的方式，与听从外在标准，由外化内而内外相斥的"内化"形成鲜明对比。

不诉诸外力的制约，而从思想上进行自我规范和引导，使价值观念成为主观意志自身法则的体现，才合乎价值观生成展开之精义。价值观对从个体到社会，乃至民族、国家的发展，都具有重要的导向意义，若不能以正确的方式提出并指引贯彻和落实，很可能会流于教条化、口号化、形式化，无法真正建立内在认同，更不用说长久维持。若由此过度偏执，落入不明就里、强制接受等窠臼，引起民众的排拒和误解，更为得不偿失。相反，经由"本立而道生"的"教化"之路来建立价值观，体现主动、自发机制下达致的活力化、生机化的一体相成，在个性化完成基础上实现其应有的创造性和共通性，同时可对被动、机械、规训机制下达致的表层一致的同质化、平均化予以针砭和规避。

二、"顺个体而遂成"

当前，"社会主义核心价值观"是中国的主流政治话语。《人民日报》近期发表评论员文章提出核心价值观建设要"架起核心价值内化于心、外化于行、教化于众的桥梁"，使之成为当代中国精神世界的"价值公约数"。② 这一观点指出了价值观建设中需要教化的一面，并明确了价值观乃从"心"到"行"的立体结构。另一方面，"价值公约数"的提法有启示意义，指明核心价值观应该在中国人的精神世界具有相对较高的认可度，并提出要争取成为"最大公约数"，即可以建构起共同的认可，或曰普遍

---

① 列宁："社会主义意识是一种从外面灌输到无产阶级的阶级斗争中去的东西，而不是一种从这个斗争中自发地产生出来的东西"，"阶级政治意识只能从外面灌输给工人"。（《怎么办》）"人的实践经过亿万次的重复，在人的意识中以逻辑的式固定下来。这些正是（而且只是），由于亿万次的重复才有先入之见的巩固性和公理的性质。"（《哲学笔记》）
② 任仲平：《凝聚当代中国的价值公约数》，《人民日报》2015 年 4 月 20 日第 2 版。

的认同。那么如何才能实现价值观的普遍认同？此问题里面包含两个层面，即何谓真正的认同？真正的认同如何具有普遍性？

就存在个体的角度，"认同"首先需"在共在的形式中实现并认出自己"①，在普遍性、共在性的领域中自觉体贴、心明其义，实有诸己地将自身个体性加以保存。经此认同，实存以贯通于普遍性、共在性价值的自身个体性进行内在奠基，从而获得个体价值的转变和升华；这不仅呈现了个体性自身的超越性意义，而且使得共在性价值在个性保存的基础上，证成自身的普适性，并在个性化内实现有效的落实。由此，上述两个问题其实是相通的，对价值观的自觉认同，已将价值的普遍性内蕴其中，认同的实现即普遍性的价值经由存在个体性落实开来的过程。所以价值观认同之建立，体现为存在个体（主体）自身体认下的自觉主动的全幅敞开，而非在某些外力强制下的条件性接受。儒家政治实践之律则亦从中豁显："道之以政，齐之以刑，民免而无耻；道之以德，齐之以礼，有耻且格"（《论语·为政》），正是强调为政导民一定要以引生民众的主体自觉为目的，而非停留于强力威慑下的"表面屈从"或"假性认同"；"有耻且格"表明真正的认同是在自我心性反思的基础上为价值的再生提供本原性的内在力量。故儒家政教中价值观的认同培养，须直下肯定"存在的生命个体"的首出意义，在"物各付物"、"以人治人"的意义上"顺个体而遂成"。②

从发生机制上看，价值观的认同在教而化之的存在实现过程中建立起来。具体来说可从以下几个层面加以理解：首先，"认识你自己"，找到人性的根本，找到自己存在的家；其次，经由内在基础对价值观念进行自由抉择；再次，获得价值观念的可欲性和现实性。这要求价值观应是可能的、自由的、可欲的。在儒家看来，为仁由己，欲仁则仁至，反身而诚，唯一可以不受外力影响的本己可能性，即内心可自作决定的为"仁"与否；仁、义、礼、智、圣等心之欲求在君子属之性而不视为命，味、色、声、嗅、安逸等感官欲求在君子视为命而不属之性，因为前者所求在于"我"，后者所求在乎"外"，性命分立表明自由的实践理性一定抉择于自作决定的人之本性，而非受限于外在条件的外在物欲；在此仁义的澄明中显示出人性的本真面貌，则人之自由意志体现为存在性的事实，人性亦是具有先天内容的实在性；人性（仁义与善端）在实证基础上展现其可欲性和现实性，人之价值观念由此确证其充实的内在本原，打开其美、大、圣、神层层提升的共通性意蕴。

可见价值观建设根本即在价值主体确立内在的本体依据，挺立起人性的自信，从生命本体层面搭建个体自我与普遍性文化观念之间的深层呼应，体用一源、内外一如，教化实现着主体实存对价值观的自由贞定和内在认同。"教化之流，非家至人说"（《汉书·匡衡传》），教化视域的价值观培育，如春风化雨，细微自然，使规训、说

---

① 李景林：《在进与止之间保持张力》，《社会科学报》第1383期第5版。
② 牟宗三：《政道与治道》，吉林出版集团2010年版，第111—112页。

教、聒噪的方式发生本质转变,"其止邪也于未形,使人日徙善远罪而不自知也"(《礼记·经解》),声色规范性被消弭于无形,在潜移默化中积淀对价值观的认同感。以连续养成、内在自发、自觉维护为特质,价值观的启蒙、导向之本性,在此认同感基础上新生为内在动力化的启蒙和具有普遍性的导向。

三、"由仁义行"

"教化之所以必要,则在于启发理性、培植礼俗而引生自力。"① 梁漱溟先生此言即意在点明教化以引生主体自身本具之动力为关怀,"不假强制而宁依自力",积极于教化,为整个价值观系统提供根源性的动力保障。"原泉混混,不舍昼夜。盈科而后进,放乎四海,有本者如是,是之取尔"(《孟子·离娄下》),在此本原性动力的觉知和推动下,付诸实行可达到一个极致的境界。所以从倡导到践行,从观念到行动,即知即行,知行一贯。儒家教化成就的"知行合一"观有三个层次:知而欲行,知而能行,知而必行。知是涵着行的知,行是内具知的行;知之而后行之,行之以完成知之。在此意义上,教化的价值观属于"真知行",未有知而不行者,知而不行只是未知。② 其理由即在于真知乃源于人所本具之良知良能,不学而知、不虑而能,可自作主宰而发出应有之行,是自由为自身立法的自力行为。孟子特别以"由"来刻画儒家此一鲜明的价值实现方式。《孟子·离娄下》:"舜明于庶物,察于人伦,由仁义行,非行仁义也。"《孟子·离娄上》:"仁,人之安宅也;义,人之正路也。旷安宅而弗居,舍正路而不由,哀哉!"在孟子看来,仁义即人之为人的根据和本性,是不依据任何外在条件的纯粹实践理性法则,即由乎自己的自我肯定的道德价值;相应的实现过程即"由仁义行,非行仁义,则仁义已根于心,而所行皆从此出。非以仁义为美,而后勉强行之,所谓安而行之也"③。"行仁义"把"仁义"作为外在的规矩来服从、执行,实则仁义形著于内心,而自然著见于外,发之于行为,不过是"由仁义行",表现为自觉而又自由的"德之行"。对于言非礼义、不能居仁由义者,孟子视之为"自暴自弃",程子解释道:"人苟以善自治,则无不可移者,虽昏愚之至,皆可渐磨而进也。惟自暴者拒之以不信,自弃者绝之以不为,虽圣人与居,不能化而入也。"④ 也就是说,价值观践行的根本保障还在于通过教化实现对价值观的认同,并提供内在的坚定动力。

---

① 梁漱溟:《中国文化要义》,学林出版社1987年版,第213页。
② "知而不行",在行动哲学中可诉诸意志软弱理论来说明,但"知而不行"并不对"知行合一"说构成挑战,因为二者乃不同理论层面的言说,在"知"、"行"的内在意蕴上有不同的规定。"知行合一"被强调为"真知行"、"知行本体"等,正是对相应的意义转换的区分。"知行合一"表达不过是内教而外化的知行一体之观念。
③ 朱熹:《四书章句集注》,中华书局1983年版,第294页。
④ 朱熹:《四书章句集注》,中华书局1983年版,第281页。

教化陶铸的价值观践行，首先为其指明基本的落脚点，即从自身德性的昭明做起；教化的动态生成性，使其内蕴着照应全体之关怀，由此落脚点可见"明明德于天下"之直指全提；不过，这一价值之展现，包含着细致的工夫节目于其中："古之欲明明德于天下者，先治其国；欲治其国者，先齐其家；欲齐其家者，先修其身；欲修其身者，先正其心；欲正其心者，先诚其意；欲诚其意者，先致其知；致知在格物。"（《大学》）经过一系列教化工夫的历练，收归自身以映照全局，充实自我、扩充自我，逐步推展开价值观践行的丰富效验和广大理境："物格而后知至，知至而后意诚，意诚而后心正，心正而后身修，身修而后家齐，家齐而后国治，国治而后天下平。"（《大学》）故在培育和践行结合的一面观之，"教化"亦可分开来讲——教之和化之。就个体而言，内教而外化，即所谓德不可掩，"诚于中而形于外"；驯致社会层面，自教而教他，即所谓先觉觉后觉，"修己以安人"。但分说并不代表分立，两者仍是内在相关之一体——教而不化则非其"教"，真正的"教"必能有相应之"化"境；化不由教则非真"化"，未有化而不由乎教者。教而必导向化，化由乎教而入，彰显着价值观培育与践行之间的必然性。内有所本，外有所化，教之以行，化而育成。由教而化，即可视为价值外显、切实以行的表现。

四、美教化以正风俗

"富强、民主、文明、和谐；自由、平等、公正、法治；爱国、敬业、诚信、友善"，社会主义核心价值观 24 个字包含着国家、社会、公民三个层面的内容，彰显出主流文化以治国理政为导向的价值观意识，但同时也应看到在思维方式和意义模式上还隐含着可待探索的余地。

1. 思维方式的调节和转向。今日培育核心价值观的出发点无疑是积极的，提出的时机符合历史发展的进程与规律，体现出历史理性的充分自觉。不过，就提出过程中在个体立场的独立性层面的思考看，具体说即对社会成员安身立命之内在需要的考量上，还有再省思的空间。问题原因在于其诉诸自上而下的单向度思维方式，主要从国家、社会立场来建构价值观，而与之相呼应的自下而上向度未得到有效展开。"政"本身可以成为指导、引领人生信念和生活方式的有效途径，只是它必须在"教化"的意义机制上，因循从道统传承、制度设计到文化心理各层次综合演生的历史逻辑，"从治统之外选择根基于社会的价值观并对之加以调整，而不是以行政政策方式由上而下加以推行，才是确立具有社会性、人民性价值观的有效方式"①。自上而下的价值观筹划，离不开人民性的社会基础来施展效用，即使是"采补其所本无"的新价值，亦须

---

① 陈赟：《儒家传统复兴与国家治理精神重建》，《人民论坛·学术前沿》2013 年第 8 期。

在与民众整体具有共通感的前提下方成其"新（民）"；单从政教管控、制度设计的角度来建设价值观，可能会在推行中失却个体源发的精神动力，错失价值观在社会性和人民性方面的应有追求。价值观能否扎根于社会民众之中、与民众生活水乳交融，是其能否作为有生命力的源头活水来发挥精神维系、价值指引之功效的不二标识。牟宗三先生透辟地指出："教亦是顺人性人情中所固有之达道而完成之，而不是以'远乎人'，'外在于人'之概念设计，私意立理，硬压在人民身上而教之。此为'理性之内容表现'上所牵连的政治上的教化意义之大防。所以亦是一个最高原则，不能违背此原则而言教。"①

2. **价值要素的组合关系需引起重视。**从国家、社会、公民三个层面的划分定位看，主要属于政治性话语体系，以政策性的规划、设定为主要推行方式，价值要素之间的逻辑关联未凸显出足够的理论必要，易滑向模块化、平铺式的技术性组合形式。儒家讲有厚有薄、有始有终，要本末分明、先后有序，强调在各价值要素之间确立内在有机的逻辑关联，以凝聚价值观的整体性和系统性。更重要的是，这样可促使各价值要素进入有序的推进模式。教化观念于此提供着相应的秩序推衍原则——忠恕之道。从人最切己、最诚实的本心、欲求出发，由内而外、推己及人地循序推展开人我、物我以至人人、人物。"忠"所关注的"沟通"，同时涵括着"己所不欲，勿施于人"的限制性，以各自"差异"之肯定为前提，因其之性、因其之宜而使之自立、自成，避免了"立人"、"达人"秩序推展过程中直接、随性的价值任意。"忠恕之道"达致一个尊重差异、个性完成基础上的互通与共通，这样从个体到社会、国家的价值观展开，各价值要素就不是单列的而是关联一体的，价值秩序的推衍就不是随意的而是本末贯通的。

3. **价值秩序的环节有待进一步充实。**传统教化观念下的价值秩序，在个体的"修身"和社会、国家层面的"治国"、"平天下"之间，还有"齐家"的环节。就公共治理层面看，"家"在前提意义上显得至为关键——"天下之本在国，国之本在家"（《孟子·离娄上》）。这个道理儒家讲得再透彻不过了："所谓治国必先齐其家者，其家不可教而能教人者，无之。故君子不出家而成教于国……"（《大学》）"立教之本不假强为，在识其端而推广之"，"家齐于上，而教成于下"②，在人生最切近、最自然的情感生活的温润中，"家"以孝悌和人伦为个体教化立定根基，并由之为社会蕴蓄着"亲亲而仁民"的文化能量，构成国家安定和平的意义纽结。作为育成个体并联结社会、国家的基本单位，"家"构成价值展开过程中不可或缺之"中介"。"家"的缺失无疑会在价值秩序的推展上造成相应的难度和阻力。当代价值观建设不应无视这一点，应让家庭走出幽暗地带，重建为当代的基层价值共同体。

---

① 牟宗三：《政道与治道》，吉林出版集团 2010 年版，第 118 页。
② 朱熹：《四书章句集注》，中华书局 1983 年版，第 9 页。

五、明德新民而止于至善

　　将价值观培育与道德培养割裂开来，重社会政治价值，轻个人道德培养，是近代以降价值观建设的一个通病。教化观念则主张重视道德培养，尤其是个人道德方面不能忽视。个人道德一般分为个体性的基本道德和面对社群的公德。今日社会主义核心价值观的个人性价值观，"爱国、敬业、诚信、友善"，主要是涉及作为国家公民的政治公共性层面，"诚信"、"友善"虽属德目，也主要从公德层面提出，对私德层面未加深究。其实，公德、私德的划分也只是一种方便说法，就道德之本性说，德之为德，"一方面，莫不与'道'相关，因而无不具有普遍性的意义，完全沉没于个体化的'德'并不存在。另一方面，所谓公德、义务、责任之类，亦莫不与内在的个体修养和实质性的情感生活相关而在其行为上显示出其特殊性和具体的落实"①。这也是为何梁启超在宣扬公德建设后，未睹成效，反增流弊，推本溯源，重新郑重呼吁"欲铸国民，必以培养个人之私德为第一义；欲从事于铸国民者，必以自培养其个人之私德为第一义"②。职是之故，重视道德培养，将道德作为价值观的基础，不唯不能缺少私德培育，还应以之为更为根本的基础，价值观建设和道德培养方可在自本自根的意义上合力并育。

　　与此意大致相合，陈来教授指出，"讲道德、遵道德、守道德，都是强调要落实在个人身心实践上的道德"，"中华美德的继承转化，这些主要是就个人道德和个人道德修养的内容来讲……要落脚在个人的基本道德上"③。他还提出在"核心价值观"之外，应注重"中华美德体系"的建设④，这对当代价值观建设不无启示意义。进一步看，我们还要分析价值观建设与道德培养之间应如何建立起有机互动。价值观与道德培养，在各自实现机制上并不是异质、互斥的，两者一致以"教而化之"为根本的实现途径和方式；在教化机制下两者不再简单是两个平列体系，而成为有着紧密逻辑关联的意义整体；具体说，道德培养构成着价值观形成的内在基础，而价值观则应在德性基础上来展开。儒家提出五达道、三达德的价值系统，最终还是要落脚于"所以行之者一也"（《中庸》）。朱子解释道："一则诚而已矣。达道虽人所共由，然无是三德，则无以行之；达德虽人所同得，然一有不诚，则人欲间之，而德非其德矣。"⑤ 内在的德性基础成为价值观成立乃至实行的赋义基础，这里的"一"就是"诚"，缺少诚的

---

① 李景林：《教化的哲学》，黑龙江人民出版社2005年版，第492页。
② 梁启超：《新民说》，辽宁人民出版社1993年版，第163页。
③ 陈来：《中华传统文化与核心价值观》，《光明日报》2014年8月11日16版。
④ 陈来：《仁学本体论》，生活·读书·新知三联书店2014年版，第464—469页。
⑤ 朱熹：《四书章句集注》，中华书局1983年版，第29页。

德性自觉，"智、仁、勇"的价值系统就无法是其所是、呈显自身本有之规定，五达道就更无从谈起；《中庸》其后讲"凡为天下国家有九经"，同样强调"所以行之者一"；其他如文行忠信、仁义礼智、礼义廉耻等价值系统亦然，无不应本于教化的德性自觉。实现德性自觉的路径有两个，一个是觉之，逆觉体证，自省自觉；一个是养之，礼乐交合，安顿感通。两方面交互共进，但须知不管是自诚明还是自明诚，总是诚明一体，不可两厥的。价值观的养润，对内在基础的凸显，起着夹持扶养的积极促进作用；内在的德性觉悟，反过来亦巩固、坚定价值观的培养和建设。两者建立起体用一如的连续性，形成良性的互动机制。本此，价值观的空壳化、虚无化现象亦可得到根治。

通过成就自我并关联社会民众、开展治国理政以敦民化俗，"教化"观念表征着中国传统价值理念的基本实现方式。以"修己安人"为本质特征，"教化"的价值实现强调每一主体都找到人之为人的内在根据，挺立起自身教养的本原，以此为根基生发出内外一贯、持续坚定、共同相应的价值观念；教化以行，即形诸价值观的凝聚和倡导，在思想范导和文化认同方面发挥引领作用。总的说来，教化视域中的价值观呈现为一个具有内聚力和向心力的动力化生成系统，良知承载而生发认同，内外贯通而日生日成，明德新民而止于至善。循此以进，"君子可得闻大道之要"、"小人可得蒙至治之泽"，最终达至"治隆于上，俗美于下"（《大学章句·序》）、"各正性命，保合太和"（《易传·文言》）的教化之效是可以想见的。"善政不如善教"，现时代的历史形势下，如果我们不想堕入"逸居而无教"的无道与失范，承续"富而后教"的教化传统，既可"以养民情"，又得"以理民性"，似已成为历史关头的必然选择。

孝道、孔子改制与儒学的现代转化

同济大学哲学系教授　曾亦

孔子改制之说，乃公羊家的一贯主张。至晚清，康有为颇张大此说，盖欲假孔子改制之名，而变有清一代祖宗之法，乃至中国数千年之法。然而此说甫经提出，即受谤于士林。其后，变法百日而败，而持孔子改制之说者，亦鲜有其人矣。虽然公羊家改制之说，多以"损周文益殷质"而明其义，其实质不过立足于旧传统之渐进改良而已。至康氏变法失败，现代中国遂一意走上了急风骤雨似的革命道路。

20世纪70年代末以来，邓小平倡导改革，标志着现代中国回归渐进改良的道路，当此之时，学界对于公羊家提出的孔子改制之说，应该予以更冷静的思考。今且就孝道一端，重新考察康有为及公羊家提出的改制问题。

一、孝道之内涵：尊尊与亲亲

孝道乃一血亲间之伦理原则，本来不过施于家庭内部而已。然儒家素重孝道，亲亲而仁民，仁民而爱物，孝道遂越出家庭伦理之范围，至于一切社会、政治之原则，亦莫不视为自孝道之所出。《论语》曰："君子务本，本立而道生。孝弟也者，其为仁之本与！"此即以孝为"本"也。大概自汉以后，古代政治皆标榜以孝治天下，盖基于孝之为"本"的地位。虽然，孝道最为儒家所推崇，然实不起于儒家，殆自生民以来，孝道此一血亲原则即已确立。不过，考诸其他民族，实未有如中国这般重视孝道者。

上古之时，人类主要依据血缘而相抟聚，此时孝道之所施，颇为狭隘，不过限于母子之间而已，更未能成为一普遍的社会、政治原则。《仪礼·丧服传》云："禽兽知母而不知其父。"其实，非独禽兽如此，且对人类而言，最初群居而群婚，子女亦常不知其父。其后，人类因别婚姻而异居焉，此时氏族内部之通婚，恒为禁忌，子女不过依母氏而居，唯知亲母，而不问其父。今犹有土著颇存其遗俗，或可由此推知上古人类之情形。

《礼记·郊特牲》云："男女有别，然后父子亲。"此语颇能反映人类更晚近时候的情况。盖人类由从母而居，进而至于从父而居，女子出嫁之前，或未能别男女，至其婚后，则有男女之大防。此时子知其父，父亦知其子，如是而生父子之亲。否则，男子若不能确信其子为其所生，如何能亲之爱之？因此，对男子而言，唯其亲生，始能亲其所生矣。此为人之常情。不独古人如此，今人亦何尝不如此？儒家讲亲亲之义，殆始于父子相亲，非必追溯至母子之亲也。

《丧服传》又云："野人曰：父母何算焉。"盖谓野人不别父母之尊卑也。据贾公彦疏，居于国外或城外者为野人，与"都邑之士"相对，盖远政化也。《春秋》谓周尚文，即崇尚等级尊卑也，而野人居于城外，不为周礼所化，故不知父尊母卑之义。可见，人类早期或曾有过男女平等的阶段，至少对子女而言，最初只知亲父，而不知尊父，而随着文明的演进，人类逐步发展出父尊母卑的观念。今日概谓父为"父亲"，而不知父亦当有"父尊"之名，则失之偏颇。因此，《丧服传》在解释为父何以服斩衰时，即以为"父至尊也"。可见孝道之义本为亲母、尊母，后来又发展出亲父、尊父的内涵。

《论语·为政》中有这样一段话：

> 子游问孝。子曰："今之孝者，是谓能养。至于犬马，皆能有养。不敬，何以别乎！"

关于此段之义，大致有二说，一说以为，人之养亲，若不能敬，则与养犬马无异；又有一说，古时多以犬马比人子，至今犹然，故人子事亲，当效犬马之劳。至于谄事他人，甚至认贼作父，亦多以此为喻。盖犬能守御，马能负乘，人子亦当如此而事其亲也。不过，此二说似未切中此段之实质。

《孟子·尽心上》有一段颇能说明其义，其曰：

> 食而弗爱，豕交之也。爱而不敬，兽畜之也。恭敬者，币之未将者也。

赵歧注云：

> 人之交接，但食之而不爱，若养豕也。爱而不敬，若人畜禽兽，但爱而不能敬也。

养犬马与养亲之不同，孟子乃以爱与敬以别之。首先，养豕与养犬马不同。养豕者，不过利其肉而食之而已，且人于豕之蠢垢，常怀憎厌之心，此所以"食而弗爱"也。若犬马则不然，观今人之畜宠物，则备极亲近，至于溺爱之，至于犬马之视主人亦然，此所以"爱而不敬"也。是以人若仅能爱亲，则与养犬马无异。观今日西人处父子关系，多以朋友之道视之，则唯取其亲爱而已。是以西方多有老人，无奈子之不孝，乃养犬马而自欢慰，盖犬马之亲犹子之亲，此视犬马若子也。可见，人与犬马之间，亲溺有余，而无敬意焉。

是以人子若仅视其父为"父亲",而不以为"父尊",则不论人子养其亲如犬马,抑或自比犬马而服事其亲,皆以亲溺之甚,而不能敬其父也。观乎日本封建社会,子敬其父,而过于亲其父,至于父之于子,幼小尚能亲之,至其稍长,则多以敬遇之矣。

综上言之,人类初时虽能孝其亲,不过亲爱其母而已,此乃孝道之至弱者也。其后,夫妻共居,且进而至于妻从夫居,夫妻不复为独立之个体,乃各为一半而"胖合"成一新的整体,此为个体家庭之形成。至此,子女从父而居,乃能亲父矣,且渐而知父尊于母矣。如是,孝道之内涵始为完备。虽然人类大多数民族皆进化至个体家庭,亦知亲亲与尊尊二义,然唯儒家能强化孝道,且推而视为普遍之社会、政治原则。故对儒家而言,孝道兼有亲亲与尊尊二义,子女不独亲父亲母,亦当尊父尊母,且以父为至尊,母为私尊,母尊实屈于父尊也。此义唯儒家能尽揭诸明白。

二、文质改制与古今异同

中国自西周以后,其发展道路已不同于西方。其时氏族虽亡,然周以封建之故,而有宗族以代之。宗族有大宗,又有小宗。共始祖之族人为大宗,至于小宗,同高祖者也,不出五服之内,而以亲亲相缀属焉,六世之外则亲尽矣,其性质犹后世之大家庭也。其时又有庶人之家庭,当与后世之小家庭相近。战国以降,宗法制度崩坏,不独大宗趋于瓦解,至于小宗之规模亦渐缩小,与庶人之家庭无异矣。

对于宗族而言,一族之长,亦即宗子,为有封邑之大夫。郑玄谓大夫有地者与天子、诸侯同,皆得称君,是以《丧服传》同谓天子、诸侯与有封邑之大夫为"至尊"。《丧服传》又以族人为宗子服斩衰,与庶人为国君服同,故大夫之家犹诸侯之国也,而族人与宗子之关系,犹庶人与国君之关系。族人敬宗,犹庶人尊君,此宗族之尚尊尊也。且族人之亲疏,逾五服之外,唯以敬宗之故而成一族。近世学者有家国同构之说,其根源正在于此。不独对于宗族如此,即便对于小家庭或累世同居之大家庭,父之对于子女乃至妻妾,首先是一家之长,即为"至尊",然亲属之间的亲亲之情,亦因以晦而不显。考乎日本、西欧之封建社会,尊尊之义尤过之而无不及,甚至有奴视其家人者。观乎此,可知周礼与宗族之等级关系相应,其精神在"尊尊"二字,此周之所以尚文主敬也。

大宗以尊尊为原则,至于小宗之亲,则在五服之内,故以亲亲为原则也。公羊家谓《春秋》尚质,盖据小宗而立论也。然小宗从属于大宗,家庭不过宗族之一分子而已,因此,家庭之亲亲原则亦从属于宗族之尊尊原则。《丧服传》有压降、尊降之例,如子为母服而压于父尊、父以己尊而降其子,诸侯与大夫又有绝期、绝缌之例,皆见亲亲之情常屈于尊尊之义也。春秋战国,儒家素以为礼崩乐坏之时,究其实质,不过周礼之社会基础,即宗法制度之崩坏而已。宗法既坏,而尊尊之义亦隳,家庭遂成为社会之基本单位，而素为压抑的亲亲之情亦因以彰显矣。此后 2000 余年，宗族虽然以某种新形态而继续存在，然而中国社会之基础始终是两世、三世同居的小家庭。因此，孔子之改制，不过是将基于宗族的周礼改造为基于家庭的《春秋》之礼，并将家庭中的亲亲原则发挥为普遍之价值，即"仁"，并进而将已然崩坏的周礼在"仁"的基础上重新建立起来。换言之，周礼以宗族为基础，而经过孔子改造的《春秋》之礼则是以家庭为基础。公羊家喜言孔子改制，其实质正在于此。

然而，孔子言"复礼"，言"从周"，言"尊王"，近世学者多不免误解，以为不过回到周礼之旧秩序而已。基于此种误解，学者多能认同孔子接续与保存旧文化之功，然而，此种"存亡继绝"之功，实与其建立新秩序、新制度之用心相关。盖孔子之"从周"，绝非仅仅回到周礼，实因周文疲敝，而对之进行"损文用质"的改造。公羊家谓孔子作《春秋》，乃为万世制法，又以《春秋》为礼义之大宗，因此，《春秋》较之周礼，可谓一种新的创造。

孔子既有改制之实，故周礼与《春秋》之间，实有古今之不同。自公羊家而言，孔子作《春秋》，而以《春秋》当一王之法，且垂法于后世，此为"今礼"。至于孔子所欲损益的周制，则为"古礼"。然而周礼虽有崩坏，犹"今用之"，乃时王之制，故孔子损周文而益以殷质，则以周制为"今礼"，而以殷制为"古礼"矣。孔子改制，固然以参用殷制之主，然亦折衷虞、夏之制，如韶乐、夏时之类，则尤为"古礼"也。儒家有"法先王"与"法后王"之说，当从此种角度而论。

不过，公羊家言孔子改制，多据《春秋》而论。今拟稍据《礼记·檀弓》一篇，考察孔子改制的实际情形。

《礼记·檀弓》云：

> 夏后氏尚黑，大事敛用昏，戎事乘骊，牲用玄。殷人尚白，大事敛用日中，戎事乘翰，牲用白。周人尚赤，大事敛用日出，戎事乘骓，牲用骍。

公羊家发明"通三统"之旨，谓夏、殷、周三代正朔实有不同，且不独正朔不同，至于三代之服色、牺牲亦因以异。《公羊传》隐元年何休注云："王者受命，必徙居处，改正朔，易服色，殊徽号，变牺牲，异器械，明受之于天，不受之于人。夏以斗建寅之月为正，平旦为朔，法物见，色尚黑；殷以斗建丑之月为正，鸡鸣为朔，法物牙，色尚白；周以斗建子之月为正，夜半为朔，法物萌，色尚赤。"此说可与《檀弓》之说相证，可见三代实有改制之义也。

若就《春秋》而言，其记事虽用周正，然孔子善夏时，至于今日，犹用夏时也。宋胡安国甚至有"夏时冠周月"之说，盖就胡氏视之，三代正朔自当不同，而孔子作《春秋》，明夏时当通于后世也，遂于"西狩获麟"以发其改正朔之微意，是以《春秋》之于周，亦改正朔而用夏时焉。

孔子又曰：

> 周监于二代，郁郁乎文哉！吾从周。（《八佾》）

周之文盛，盖借鉴夏、殷二代制度的结果，因此孔子此处"从周"之语，实未必尽从周礼之旧也，不过如《春秋》新周故宋之说，亦欲监于殷、周二代而成新制也。诸儒多以"从周礼"之义释之，非也。

今人概以"郁郁乎文哉"一语为对周礼之肯定，然而孔子又谓"文胜质则史，质胜文则野。文质彬彬，然后君子"（《雍也》），则孔子对周之文盛实有微辞也。孔子又曰："先进于礼乐，野人也；后进于礼乐，君子也。如用之，则吾从先进。"此章据《春秋》损文用质之意，而论周文之弊也。

至于公羊家，更是发"损周文益殷质"之论，则以周文太盛而当益以殷质也，即以殷礼之亲亲原则调和周礼之尊尊原则。是以《礼记》之《大传》、《丧服四制》诸篇皆以亲亲与尊尊并举，表明孔子《春秋》之新制实未必尽从周礼之旧也。

孔子改制，其仪文度数固然有监于二代，乃至虞、夏、殷、周四代之礼。然其改制之原则，《春秋》以为"损文用质"。质者，亲亲也，则孔子以亲亲为《春秋》之新原则。譬如，《春秋》中母弟称弟、大夫卒日不日、疾灭同姓之类，皆发亲亲之义。盖周礼之精神在于"文"，文者，尊尊也，故《礼记·曲礼》首句"毋不敬"一语，实道尽周礼之实质。至《论语》，则拈出一个"仁"字，作为礼之根本。《春秋》言"质"，《礼记》言"亲亲"，《论语》言"仁"、言"孝"，其旨若一，皆不过鉴于家庭为社会之新基础，而提出了一个新的精神，目的则在于改造基于宗族尊尊之义的周礼，使之成为适合家庭的伦理与仪节。因此，对于孔子及儒家而言，其仪文度数或袭周礼之旧，然其中之精神则为仁，而不复为敬矣。

三、家庭与宗族：孝道与弟道

孔子改制，周文疲敝尚是表面现象，其根本原因则在于当时社会基础之变化，即大宗统率众小宗这种宗法制度之崩溃，而代之以两世、三世之小家庭为基本单位之社会结构。具体言之，天子不复为诸侯之大宗，则周王不尊而夷为列国，诸侯僭天子而二伯兴焉；诸侯不复为大夫之大宗，则大夫专国政，而世卿旧制乃以讥矣；大夫不复为族人之大宗，则陪臣擅国命矣。宗族者，弟道也；家庭者，孝道也。春秋以后，儒家强调孝道，而少言弟道，其原因正在于此社会基础的变化。

对于家庭而言，因在五服之内，各以亲亲而相缀属，或为父子，或为兄弟，大致不出此二端也。是以大功以上称昆弟，小功以下则为众兄弟；生身者为父为母，至于父母之兄弟，则有诸父诸舅之名，而母之姊妹又有从母之名。可见孝道与弟道皆出于家庭也。然《丧服传》以首足喻父子之亲，以四体喻兄弟之亲，则父有首之尊，其统诸子为易；至于兄之于弟，不过如四体之等夷，其亲则有余，而尊则不足以率诸弟也。故对于家庭而言，唯有孝道可施，而弟道实不足以行矣。

至于大宗，则不然。大宗宗子，其尊虽可比于君，然与父祖之尊不同。父祖之尊，盖因其亲而加隆焉，至于大宗宗子，论亲则不在五服之内，与族人无异，然其所以称尊者，盖出于二端：

其一，宗子为继祖之正体。《礼记·大传》云："尊祖故敬宗。"盖族人尊其所自出之始祖，实属自然之理，至于始祖所出之正体，即宗子，遂因而为族人所敬焉。

其二，宗子又为继祢之正体。宗子之继祢，与继祖不同，其义有二：嫡子与众子，亲则同体，彼此相为服齐衰，而无嫡庶长幼之分，几无尊卑之殊也，故无加隆之义。唯嫡子承重为君，得臣其诸弟，乃得三年服也。此其一也。然嫡子继祖为大宗，世世为其族人为宗，诸弟则为别子，而自为小宗，为其五世之亲为宗。大宗当统众小宗，是以兄当统弟，此实为宗法之内在要求。此其二也。

是以宗子虽为继祢，然于诸弟为同体之亲，尊卑本不甚悬远，兄之统弟，实属难能。然宗子以继祢而为大宗，遂得称尊而率小宗。故《丧服传》以宗子之绝期、绝缌，盖自尊而别于卑者也，故尽臣其昆弟；若诸弟不得继祢，乃别为后世为始祖，此自卑别于嗣君。如是兄弟之情一转而为君臣之义，而有天尊地卑之势矣。是以兄弟不过相为齐衰期，然一旦君臣之分定，则弟为臣，而为兄服斩矣。可见弟道虽不行于小宗，然对大宗而言，君道实出于弟道，则弟道实行于大宗也。后世宗法废，而弟道亦废，若是，后世之君道不得不出于孝道也，古人有"移孝作忠"之语，其内中之缘由正在于此。

至于大宗之于族人，虽有共同始祖之亲，然皆在五服之外，俗语谓"远亲不如近邻"，可见族人之疏远也。族人之间既不复以血亲而相缀属，则推族人之始祖所出者为宗，尊祖故敬宗，是以族人之间血亲虽疏，然宗子以其尊而统率族人，若是同始祖者犹能相缀属也。因此，先秦以前之古国，大宗与族人之间虽疏，然犹以敬宗之故而尊其君，此为古代国家统一之基础。若后世之国家，国人之间更无亲亲之情，则不得不立一家一姓之君王以统国人，此实属必然之势。后世君王之孤寡如此，然又尊之无限，故自近代思想视之，亦不得不以君主专制之名丑诋之也。至于近现代国家，可谓"自由人之自由联合体"，个体间之疏远隔阂尤甚，然政府之权威亦当尊之至极矣，盖如此始能统御万民也。

诚若此论，群体愈小，且能相亲，则尊尊之义愈弱；群体愈大，彼此愈是疏远，则尊尊之义愈强。凡此，皆出于群体存在之必须也。是故对于家庭而言，至亲可服至周，甚而加隆至于三年；然对于宗族而言，正因族人之间不相为服，故定为宗子之服。宗子之尊比于国君，其服与庶人为君服同；宗子之亲疏于缌麻，故止为服三月。是以宗子之于族人，亲不过三月，而尊则至于齐衰矣。

因此，春秋以前，宗族犹在，小宗犹后世之家庭也。小宗有孝道，亦有弟道，而以孝道为主。至于卿大夫之家，乃至天子、诸侯，其义皆大宗也，上下君臣之义实出于弟道而已。战国以降，宗法制度崩坏，不独大宗渐趋消亡，而小宗之规模亦大为缩小，与庶人之家庭无异。若是，弟道不再扩充为君道，其意义亦丧失，而孝道之意义愈加凸显，虽然此时孝道犹未能与君道相联系。宋以后，随着新宗族的形成，不论在理论方面，还是在实践方面，都解决了移孝作忠的可能性。可以说，新宗族并无动摇秦汉以后以家庭为单位的社会结构，然而却在家庭与国家之间搭建起一座桥梁，即提供了把家庭伦理，亦即孝道，化成君道的可能。孟子"老吾老以及人之老，幼吾幼以及人之幼"这样一种理想，最终在宋儒那里得到落实。是以自宋以后，弟道不显，而孝道张扬，子由孝父进而至于忠君也。

秦汉以后，儒家不断强化孝道，然至晚清以降，或因传统社会结构之变化，或因西方文化之侵逼，孝道观念始受冲击。盖孝道与个体家庭之形成有莫大关系，正因如此，人类随着家庭的消亡，孝道亦失去其存在的必要，至少不再成为普遍的原则。康有为在其《大同书》中，设想了家庭的消亡，且设计了种种办法，以消除父母与子女之间的情感，从而彻底瓦解了子女对父母的孝道伦理。康氏殆视家庭为人类实现其大同理想之障碍。康氏之书实非出一己之臆想，考诸西方2000余年之发展轨迹，即以消灭家庭为理想。盖西方自古希腊罗马以来，虽以家庭为社会之基本单位，然常有瓦解家庭之倾向，此西方文化所以高标个体之自由也。因此，马克思主义欲实现西方文化之千年理想，以个体之自由与国家消亡为最终目标，然欲达成此目标，则必须以消灭家庭为必要前提。

然而中国2000多年的发展似乎提供了另一种可能性。古人并非没有自由观念，但是强调自由不离于家庭，甚至不离于宗族与国家而已，君臣之义或犹可逃，然而，"天下岂有无父之国"？此申生所以为恭也。可见中国人讲自由，与西方独立于家庭、国家之个体自由不同，并且西方人奉个体自由为最高理想，势必摧毁国家，最终亦将摧毁家庭。19世纪以来，无政府主义及共产主义皆发端于西方，实非偶然，不过是其西方精神的纯粹表现而已。毛泽东曾指出："康有为写了《大同书》，他没有也不可能找到一条达到大同的路。"① "文革"之时，妻告其夫，子证其父，如是种种悖离伦常的行为，正是西方精神在现实中的极端表现。因此，对儒家孝道的重新反思，或许能找到一条不同于西方的人类发展道路。

---

① 《毛泽东选集》第4卷，人民出版社1964年版，第1476页。

结　语

　　孔子改制之精神，诚如公羊家言，不过鉴于周文之疲敝，而益以殷质也。公羊家又以尊尊之义释周文，而以亲亲之情释殷质，亦得孔子改制之实也。至其所以然者，公羊家似未"打通后壁"言之。今日去孔圣时代已百年，或稍能以旁观之态度详考其说。

　　盖人类必然结成大小不同之群体，最小之群体莫过于夫妻同居之家庭，最大之群体则莫过于国家。就夫妻之两人世界而论，若能如胶似漆，你中有我，我中有你，两情欢悦，如此胖合为一体，夫复何求！且两人同心，其利断金，夫妻相亲如此，世人岂有难事哉！至其有子孙，则不免有东宫、西宫之别，而各成其私矣。群体既大，则不得不立一家之长，以率子侄诸妇，此所以尚尊尊也。进而宗族有宗子、国家有君王，皆出于群体存在之需要也。群体愈大，彼此愈疏，而尊尊之义益为群体所必须矣。

　　周礼以宗法制为基础。家庭犹有五服之亲，若宗族，诚为疏属，则不得不建尊尊之义以统率族人矣。至于天子、诸侯，有绝期以自尊，而别子及其子孙，不得祖先公先王，盖自别于天子、诸侯而自卑也。其义皆欲疏其族属，而明尊尊之义也。春秋以降，宗法不行，而周礼亦崩坏矣。是以孔子改制，不过因当时社会基础之崩坏，欲在家庭及孝道基础上建立起一种新的礼制而已。且周礼犹为时王所习用，孔子不过为之损益而已，而非取革命之立场，实为改良也。故孔子损益旧制，不过"温故而知新"也，盖就其形式而言，孔子多从周礼之旧，然若论其实质，则全然新矣，可谓旧瓶装新酒也。

儒学与国家文化软实力及公共文化空间建构

儒学启示与美利坚合众国的建立

美国乔治·梅森大学孔子研究院高级研究员　帕特里克·孟迪斯博士

引言：中美贸易往来

远在1766年开国元勋建立美国前，英国殖民者已经在寻觅经由美洲进入中国的途径了。现有证据表明，16世纪中期，莫斯科公国试图在斯堪的纳维亚半岛周围海域寻找一条东北向航道，以期与马可·波罗所描绘的美丽富饶的东方大国中国（或称"天朝上国"）建立贸易往来。从那时候起，与中国建立贸易关系就成了英国探险活动的主要目标。①

1607年，在伦敦弗吉尼亚公司的严苛要求下，英国上尉约翰·史密斯带着殖民队伍到达詹姆斯河三角洲，"寻找探入中国的近道"②。弗吉尼亚公司的特许状要求殖民队伍渡河"向西北前行，寻找另一个大洋（即太平洋），以成功寻得从詹姆斯敦殖民地进入中国的可能航道"③。对英国殖民者而言，340英里长的詹姆斯河就是指引他们航海寻宝的"圣杯"，他们要在这里掘金挖银，采集矿产，与中国进行贸易交换。④

在其令人耳目一新的《美国起源之河》一书中，鲍勃·迪恩斯写道："在该国巨大的内河航道中，存在着一条难以发现的通向中国的西北航道……一条人们长久以来苦苦寻找的通往亚洲财富的近道。"⑤ 英国殖民者逆流渡河直到詹姆斯河的源头，希望到达苦寻已久的中国。弗吉尼亚公司的命令相当明确——即便约翰·史密斯上尉在新大陆有着"果断严格的领导权"，但他依然"无权撤除该公司永无休止的命令"——寻找进入中国的近道。⑥ 但是"詹姆斯河将带领殖民者进入中国的错误信念"毫不意

---

① Wesley F. Craven, *The Virginia Company of London*: 1606—1624（Baltimore, MD: Genealogical Publishing, 2009）, 9.
② Bob Deans, *The River Where America Began*: *A Journey Along the James*（Lanham, MD: Rowman & Littlefield Publishers, 2007）, 65.
③ Craven, 10.
④ Craven, 10.
⑤ Deans, 39.
⑥ Deans, 94.

外地将他们带到了波瓦坦人的印第安王国。① 经由太平洋进入中国任务的失败给美国留下的,是波卡洪塔斯与约翰·史密斯之间半神话的英雄爱情传说,以及大西洋沿岸的 13 个殖民地。

从紧随而来的殖民岁月一直到美国革命前夕,美洲都陷在对中国财富、历代传奇帝王和他们的嫔妃以及异国陌生生活方式的痴迷向往中。欧洲和北美各国对中国的了解很大部分来自当时广为流传的关于威尼斯旅行家马可·波罗拜会中国元朝皇帝忽必烈(1215—1294)的伟大旅行的传奇记述、意大利传教士利玛窦关于中国明朝万历皇帝(1563—1620)的历史著作以及法国历史学家杜赫德的作品。在杜赫德的《中国通史》(1741)一书中,他这样描述中国:"与我们的文明国家相比……中国是目前所知所有国家中最广阔最美丽的。"② 在美洲殖民社会,中国的影响异常深远,中国茶叶、丝绸、瓷器、壁纸和中式齐本德尔家具等产品随处可见,殖民地人民试图以此来仿效中国的繁荣富裕。

就"现代美国对中国的文化债务"来说,韦慕庭证实,中国商品无疑丰富了"美国生活的方方面面"。③ 中国文化对这个清教社会的影响如此巨大,以至于饮茶甚至成了殖民社会基本社交和政治交往中普遍接受的风俗习惯。美国开国元勋之一本杰明·富兰克林就是一名资深茶饮爱好者,他曾估计在 18 世纪后半叶的美国,"有一百万的美国人每天要喝两次茶",要么是在家吃早餐的时候,要么是在下午社交的时候,要么是在晚饭后。④ 到 18 世纪 70 年代初,美国人每年要喝 10 亿多杯茶——平均每人每天要喝近两杯。⑤

和本杰明·富兰克林一样,乔治·华盛顿对中国茶叶和瓷器同样痴迷,他收集了一套又一套的瓷器。⑥ 为摆脱对英国进口的依赖,另一位开国元勋本杰明·拉什尝试在费城建立一个"服务美洲市场"的"中国瓷器厂"。⑦对美洲瓷器制造厂的进展,本杰

---

① Deans, 94.

② Jean-Baptiste Du Halde, *General History of China: Containing a Geographical, Historical, Chronological and Physical Description of the Empire of China* (London: J. Watts, 1741), 2.

③ C. Martin Wilbur, "Modern America's Cultural Debts to China," in *Issues and Studies: A Journal of China Studies and International Affairs*, Institute of International Relations, Republic of China, Vol. 22, No. 1, January 1986, 127.

④ Benjamin Franklin, *Preface to Declaration of the Boston Town Meeting*, Printed in The Votes and Proceedings of the Freeholders and Other Inhabitants of the Town of Boston. (London, 1773), i-vi. See Franklin Papers, http://franklinpapers.org/franklin/framedVolumes.jsp, accessed February 12, 2013.

⑤ Eric Jay Dolin, *When America First Met China: An Exotic History of Tea, Drugs, and Money* (New York: W. W. Norton, 2012), 58.

⑥ Susan Gray Detweiler, *George Washington's Chinaware* (New York: Harry N. Abrams Publishers, 1982).

⑦ Alice Cooney Frelinghuysen, *American Porcelain*, 1770—1920 (New York: Metropolitan Museum of Art, 1989), 8. Also see Benjamin Rush's letter to Thomas Bradford on April 15, 1768, in L. H. Butterfield (ed.), Letters of Benjamin Rush, (Princeton, NJ: Princeton University Press, 1951), Vol. 1, 54.

明·富兰克林专程从伦敦写信表达他的喜悦，表示他十分"高兴"，祝愿它"取得巨大成功"。① 同时，曾做过农场主和土地勘测员的华盛顿详细记录了他在弗农山庄用获赠的中国花种培植花卉的过程。② 从园艺到公司创办，再到饮茶，美洲成了中国商品的最大消费和进口地区之一。在那个时期，美洲人民对中国一切物品如痴如醉，从17世纪中叶一直到"波士顿倾茶事件"前夕，殖民地所用的中国产品几乎全部来自英国东印度公司。

一、植根美国文明的儒学基因

1777 年，身为华盛顿将军副官的亚历山大·汉密尔顿对来自中国的"成套诱人产品"记忆犹新，这个未来的美国第一任财政部长当时就打算为这个新生国家制定贸易和制造业政策，计划在欧洲贸易联系之外，与中国商业企业多联系。③ 这些开国元勋们普遍思想开明，对其他文化表现出极大的好奇心，并积极寻求美国发展的创新理念。例如托马斯·杰斐逊，据说他因弗吉尼亚公司寻求近道进入中国并与之建立贸易关系的任务目标而受启发，发起了刘易斯与克拉克远征，以探索出一条直接通往西海岸和太平洋的水路，在路易斯安那购地区域和太平洋西北地区"进行商业往来"。④

探险队经由俄亥俄河、密苏里河、哥伦比亚河和其他河流到达太平洋，之后，繁荣的东海岸跨大西洋贸易便开始向西转移，拓展到太平洋地区。杰斐逊向西拓展建立"自由帝国"的计划补充了汉密尔顿的商业贸易策略。在年轻的美国与英国断绝互惠关系后，理想主义的杰斐逊和现实主义的汉密尔顿制定出了独一无二的美国策略，旨在拓展与中国的联系。他们试图建立的和平贸易计划所基于的是中国这一古老国度与殖民时期美洲之间的互惠贸易经历。

在所有开国元勋中，"杰斐逊是中国及其古典文学方面的专家"⑤。在杰斐逊任美

---

① *Benjamin Franklin's letter to Deborah Franklin on January* 28 1772, in *The Works of Benjamin Franklin*, in *Benjamin Franklin*, Jared Sparks (ed.), Vol. 7, (London: Benjamin Franklin Stevens, 1882), 561.
② John C. Fitzpatrick (ed.), *The Diaries of George Washington*, 1748—1799 (New York: Published for the Mount Vernon Ladies' Association of the Union by Houghton Mifflin Company, 1925), Vol. 4, 392 – 393.
③ Dolin, 64.
④ U. S. Congress, *Congressional Record*: *Proceedings and Debates of the* 105*th Congress Second Session*, Vol. 144, Part 15, September 22, 1998—September 26, 1998, (Washington, D. C.: Government Printing Office, 1998), 21534.
⑤ Dave Wang, "Thomas Jefferson' Incorporating Positive Elements from Chinese Civilization," *Virginia Review of Asian Studies*, 143. http://www.virginiareviewofasianstudies.com/wp-content/uploads/2012/11/8.-wang-china-jefferson.doc, accessed January 26, 2013.

国驻法使节期间,詹姆斯·麦迪逊给他的这位挚友写信,索要中国的新书。① 具有欧洲思想的杰斐逊也是一位瓷器迷,甚至还收藏了美洲殖民时期非常时髦的中式齐本德尔家具。②热爱自然风光的杰斐逊还学习了中国园艺和建筑设计并在他蒙蒂塞洛的家中实践应用③。他丈量土地,希望建造一个"仅作装饰之用"的花园④,甚至他的圆顶式房屋中所用围栏和通道都结合了罗马和中式设计。⑤ 对现实的杰斐逊而言,将东西方的文化精髓结合起来创造全新的美国文化是再自然不过的一件事。

在《龙与鹰:美国启蒙中的中国因素》一书中,作者阿·欧文·奥尔德里奇讲述了中国深刻影响新生美国的其他例证。⑥ 除了中国文化的繁荣奢华,天朝上国的"软实力"——儒家道德哲学对殖民者也有深远的影响。文学巨著《常识》的作者、语言大师托马斯·潘恩让殖民时期的美洲人民了解到中国是"一个温和、道德素养良好的民族"⑦,本杰明·富兰克林则评价中国为"高度文明的古老国家",美国人民在建设自己的文明时可向其借鉴学习。⑧ 显然,在美国及其文化创建之初,提倡个人幸福感和社会和平的儒学中国所展现出来的行之有效的经济、社会和道德品质深深吸引了美国的建国一代。

二、儒学精神在美洲生根发芽

在所有开国元勋中,本杰明·富兰克林对美国文化的影响最为深远。这种影响源自孔子(前551—前479),他的道德哲学指引了富兰克林的一生。在一个主要由清教徒组成的国家,上帝的荣光是至高无上的,富兰克林所倡导的"道德完美"对他们所信奉的基督而言"毫无用处"。⑨ 在他1749年7月6日写给牧师乔治·怀特菲尔德的信

---

① James Madison, Letters from Madison to Jefferson, April 27, 1785, *Letters and Other Writings of James Madison*, Philadelphia: 1867, I, 146.
② Susan R. Stein, *The Worlds of Thomas Jefferson at Monticello* (New York: Harry N. Abrams Publishers in association with the Thomas Jefferson Memorial Foundation, 1993).
③ Douglass Lea, "Thomas Jefferson: Master Gardener," *Mother Earth News*, Feb – Mar 1999, Issue 172, 104.
④ Marie Kimball, *Jefferson: The Road to Glory, 1743 to 1776* (New York: Coward – McCann, 1943), 164.
⑤ Wang.
⑥ Owen Aldridge, *The Dragon and Eagle: The Presence of China in the American Enlightenment* (Detroit, MI: Wayne State University Press, 1993).
⑦ Thomas Paine, Philip S. Foner (ed.), *Completed Writings of Thomas Paine*, Vol. 2 (New York: Garden City Press, 1945), 737.
⑧ Aldridge, 67.
⑨ Jay Tolson, "The Many Faces of Benjamin Franklin," *U. S. News and World Reports*, June 23, 2003, Vol. 134, Issue 22, http://www.usnews.com/usnews/culture/articles/030623/23ben. Htm, accessed, February 5, 2013.

中，这位著名的自然神论者写道：

> 很高兴听到你能有众多机会给伟人们布道。如果你能帮助他们获得良好典范性的生活，那么低层人民的生活方式也将随之改观。这正是东方大改革家孔子所遵行的道路。在看到他的国家（中国）陷入堕落、万恶横行的时候，他开始专注于在贵族中讲学布道，感化德行，而后黎庶咸从之，他这种方式对人类社会意义重大。①

作为孔子的美国门徒，富兰克林在他自己的周报《宾夕法尼亚报》中宣扬中国道德哲学。1737 年，他向读者阐述了"孔子向诸侯倡议的治国方针"："根据这一（儒家）方式"，用德治"建立一个幸福繁荣的国家"②。为了在美国培养勤奋刻苦的品质，富兰克林开始向殖民地人民，尤其是面向年轻人，大力弘扬道德意识，在其广为流传的著作《穷理查年鉴》中，他还发表了儒家美德箴言。在他的经典散文《致富之道》中，富兰克林建议商人和殖民地种植园主将节俭作为创造并守护财富的方式，从而进一步改善他们勤劳的生活。③

纽约圣约翰大学中美关系学者 Dave Wang 认为，在富兰克林众多著名论述中，十三美德演化自孔子《论语》的第一本英文译本《孔子的道德》。④ 关于勤勉，他写道："不浪费时间，只做那些有用的事情，戒掉一切不必要的事情。"⑤ 关于节俭，他提出了更哲学但也更为实用的准则："为了年老和不时之需，要及时积蓄，因为早晨的太阳不会整天照耀。"⑥ 正如富兰克林自己在晚年时所说，这种"循序渐进以求完美的系统化美德养成方法"是他一生快乐长寿的秘诀⑦。富兰克林的传记作者沃尔特·艾萨克

---

① Peter Charles Hoffer, *When Benjamin Franklin Met the Reverend Whitefield: Enlightenment, Revival, and the Power of the Printed Word* (Baltimore, MD: Johns Hopkins University Press, 2011), 97.

② Benjamin Franklin, "The Morals of Confucius," Pennsylvania Gazette, February 28 to March 7, 1737, 56. 儒家哲学在 1706 年首次被引入英语国家。完整名称为 *The Morals of Confucius: A Chinese Philosopher, Who flourished above Five hundred years before the Coming of Our LORD and Savior Jesus Christ* (London: South Entrance into the Royal Exchange, 1706).

③ 富兰克林虽然没有援引孔子的原话，但《致富之道》一书却极尽体现了儒家思想，该书在 1758 年首次出版。Benjamin Franklin, *The Way to Wealth* (Carlisle, MA: Applewood Books, 1986).

④ Dave Wang, "Thomas Jefferson's Incorporating Positive Elements from Chinese Civilization," *Virginia Review of Asian Studies*, 144.
http://www.virginiareviewofasianstudies.com/wp-content/uploads/2012/11/8.-wang-china-jefferson.doc, accessed January 25, 2013.

⑤ Benjamin Franklin, *The Way to Wealth* (New York: Leavitt, Trow and Company, 1848), 7.

⑥ Benjamin Franklin, *The Way to Wealth* (New York: Leavitt, Trow and Company, 1848), 7.

⑦ J. A. Leo Lemay, *The Life of Benjamin Franklin*, Printer and Publisher, 1730—1747 (Philadelphia: University of Pennsylvania Press, 2006), Vol. 2, 207.

森总结道,"富兰克林对塑造平民智慧有着坚定的信念,他对民主可能性的鉴别与生俱来,美国正是由此在美德与中层阶级价值的基础上完成了其民族身份的设定",而非依靠杰斐逊和约翰·亚当斯所推崇的精英论。① 由初到费城时还是一文不名的毛头小子的富兰克林向读者传播儒家伦理思想是再自然不过的事情了。

同样,富兰克林还是一名实用主义者,这点在他极力反对将白头鹰作为美国民族象征的事件上得以印证:

> 我不希望把白头鹰选作我们国家的象征;它品德败坏,生活不诚实;它懒得自己捕鱼,就待在枯树枝上等着窃取渔鹰的劳动成果……相比之下,火鸡要更值得尊重,它是美国土生土长的诚实鸟儿……它英勇无畏,敢毫不犹豫地袭击英国卫队掷弹手。②

在散文《移民美洲须知》中,富兰克林特别表达了他对中层阶级吃苦耐劳品德的赞赏,他表示这种美德将培养出一种"普遍快乐中庸"的美国民族性格。③ 对他而言,儒家道德哲学就是灵感和创造的源泉,没有儒家道德哲学的指引,他的追求社会幸福的平等主义信仰就无法形成。

深深沉迷于中国古代哲学改造性能力的富兰克林借助其在费城的美国哲学会,进一步阐释了中国的重要意义,表达了他对中国的崇拜热爱。哲学会秘书查尔斯·汤森(即后来的大陆会议秘书)指出,美国的费城"和中国的北京一样都在北纬40°",相似的"土壤和气候"会让这个城市"如我们热切期盼的那样繁荣起来"。④ 他还表示,如果我们有幸引进中国工业、生活艺术和农业进步,以及他们的原生作物,"这个国家(美国)的发展或许会超出我们的预期",美国最终也会成为中国那样的泱泱大国——中国养活的人口比世界上任何类似条件的国家都多。⑤

中国当时的人口就已近3亿,而美国殖民地人口则刚过200万。《哲学会评论》概括总结了中国人民高昂的勤奋精神、富足的生活水平、先进的农业以及稠密的人口,明确清晰地表达了美国决意达到中国标准的信心。同一时期的《中国通史》一时间也

---

① Walter Isaacson, *Benjamin Franklin: An American Life* (New York: Simon and Schuster, 2004), 596.
② Benjamin Franklin, William Temple Franklin (ed.), *The Works of Benjamin Franklin* (Philadelphia, MD: William Duane, 1817), Vol. 6, 126–127.
③ Benjamin Franklin, Jared Sparks (ed.), *The Works of Benjamin Franklin*, (Boston: Whittemore, Niles, and Hall, 1856), Vol. 2, 467–468.
④ American Philosophical Society, *Transactions of the American Philosophical Society*, Vol. 1, (Philadelphia, PA: Aitken and Son, 1789), xix.
⑤ American Philosophical Society, *Transactions of the American Philosophical Society*, Vol. 1, (Philadelphia, PA: Aitken and Son, 1789), xix.

洛阳纸贵，富兰克林和杰斐逊都有其私人藏本。该书作者杜赫德在中国待了32年（其中有10年是在北京担任耶稣会神父），他在序言中写道："中国是目前所知国家中最非凡的。"① 其在美洲殖民社会中风靡流行的关键原因就在于此书的真实性和权威性。

就连欧洲读者也深受此书影响。与富兰克林同一时代的法国文学家伏尔泰就在他的《哲学辞典》（1764）一书中写道："在我们所谓的世界历史中……在我们拥有任何一项艺术之前，中国就已经创造发明了几乎所有的技艺。"② 富兰克林更像一位在美洲的儒教预言家，他将中国当作榜样，希望"美国最终能在工业上像中国一样富足"③。其他美国哲学会成员也和他一样，希冀勤劳的美国能够依靠与中国相似的个人提升能力和财富创造策略，最终创建自己的文明社会。

三、"革命性的"茶文化

就像茶文化推动了古中国文明一样，茶文化也推动了美国文化的发展。美洲的银匠们，例如著名的保罗·列维尔等，都在加班加点地赶制茶匙、茶壶和其他银器，以满足为茶痴狂的殖民地人们的需求。对中国货物的需求在欧洲国家和新大陆之间造成更大的竞争。中国货物，尤其是茶叶，对整个英帝国的影响颇深。这种颇受欢迎的饮品不仅与殖民地人民的生活以及鲜活愉悦的美国文化紧密相关，它还搭起了"美国革命的历史舞台"，也催生了新生美国"与中国的第一次商业探险"（"中国皇后号"在1874年2月22日华盛顿诞辰当日于纽约港前往广州）。"尽管美洲殖民地普通大众对中国——一个蒙着神秘面纱的奇异帝国——几乎一无所知"④，但对中国货物的渴望以及对古代儒家社会的文化共鸣无疑影响了"独特美国性格的初期发展"⑤。只有少数像富兰克林及杰斐逊这样的学者，以及独立战争资助家罗伯特·莫里斯和约翰·汉考克等富商对这个迷人的遥远国度及其与"波士顿倾茶事件"的联系有全面的了解。

中国茶叶是引发美国独立战争的诱因。到18世纪60年代，当时垄断国际贸易市场的英国东印度公司由于茶叶销售暴跌而急速衰落（茶叶销售是该公司的主要利润点，占90%），开始求诸英帝国政府帮忙减少其损失。而英国议会对此的回应则是通过《汤森法案》（1767）和《茶叶法案》（1773），向殖民地征税，这一做法彻底激怒了美洲。在意识到美洲只不过是大英商业帝国残暴垄断企业的炮灰后，追求自由的爱国战

---

① Du Halde, Preface.
② M. De Voltaire, *A Philosophical Dictionary* (London: W. Dugdale, 1843), Vol. 2, 12.
③ Dr. Ellis Paxson Oberholzer, 继富兰克林后在任时间最长的美国哲学会主席."Franklin's Philosophical Society," *The Popular Science Monthly*, Vol. 60, March 1902, 432.
④ Dolin, 55.
⑤ Dolin, 61.

士愤怒地将东印度公司船上的茶叶倾倒入海，这就是"波士顿倾茶事件"。为教训"在美洲的英国暴君、侵略者和压迫者"，爱国战士们用行动向侵略者申明"他们对自由的热爱远胜过对茶叶的喜爱"①。他们这一行动并不是针对中国人，而后者以茶叶和商品换取白银的做法给东印度公司带来了不利影响。

实际上，公司银库的空虚和逐渐加深的中英贸易逆差是导致美国独立战争爆发的根本原因②。因为当时没有中央银行体系，商人用白银进行贸易往来。英国最初想"增强中国人对英国货物的兴趣以取代其对银子的热爱"，但偏爱白银的中国人对此不为所动。1793 年，英国政府派遣马戛尔尼出使中国和乾隆皇帝进行贸易协商，而乾隆皇帝给乔治三世的回信十分明确直接："天朝物产丰富，无所不有，原不假外夷货物以通有无。"③

中国拒绝英国提出的其他交易付款方式后，东印度公司除了向殖民地倾售囤积茶叶以外别无选择，加之英国议会向殖民地征税，因此美国独立战争的序幕开启，英国也提高了向中国出口鸦片量以阻止白银的流失。最终，美国赢得了独立和自由，而中国则陷入了两次鸦片战争，受尽耻辱。

四、儒学中国的民主"公民"联盟

在那个年代，如同美国独立战争一样，中国各派领袖都希望通过革命将历经千年但已随着 1912 年清王朝倾覆而支离破碎的封建社会再次统一起来，以绣有龙纹图案旗帜为象征的天命道统是王朝统治和更迭的重要依据。和富兰克林一样，中国革命家们预见到必须废除封建道统思想禁锢。在儒家顺天和天人合一思想的教诲引导下，天命思想已深深扎根于封建社会，成为一种信仰，赋予了封建帝王极大的权威。

梁启超（1873—1929）是中国民主改良的积极拥护者之一，他是知名的知识分子，也是一位积极的政治活动家，对欧洲启蒙思想相当感兴趣。他翻译了大量哲学作品并做了批注，包括亚里斯多德、培根、边沁、达尔文、霍布斯、孟德斯鸠、康德、卢梭和斯宾诺莎等著名哲学家的著作。④ 梁启超是一位早期的民主先驱，但对于当时的中国历史和儒家文化来说，democracy，汉语翻译为"民主"或"人民当家做主"，还是一个完全陌生的政治概念。梁启超在 1895 年牵头参加"公车上书"，为中国民主联盟埋

---

① Dolin, 71.
② Dolin, 117.
③ Quoting Grant Hardy, Anne Kinney, *The Establishment of the Han Empire and Imperial China*（Westport, CT: Greenwood Publishing, 2005），99.
④ Chung - Ying Cheng and Nicholas Bunnin（eds.），Yang Xiao,"Liang Qichao's Political and Social Philosophy," in *Contemporary Chinese Philosophy*（Oxford, UK: Blackwell Publishers, 2002），15 - 36.

下了种子。

但革命家和知识分子按照梁启超的构想发起的"戊戌变法"遭到慈禧太后（1835—1908）的极力反对，对慈禧太后而言，他们的政治改良过于激进。① 她下令逮捕处决了 6 名知识分子。梁启超逃到了日本，在那里结识了当时还是实习医生的孙中山，在加拿大和夏威夷王国（在 1898 年成为美国的一个州），他还结识了另外一些中国知识分子和同样具有改革思想的革命家。梁启超开始其在美国为期 8 个月的游学，于 1903 年结识了银行家约翰·皮尔庞特·摩根和美国总统西奥多·罗斯福，他的革命民主思想此时已经深刻影响了孙中山以及其他流亡在外的革命党人。与此同时，中国国内反清起义都遭到了残酷镇压，但在 1911 年，武昌起义成功推翻了清王朝。帝制的历史性终结后，梁启超回到了孙中山创立的中华民国，孙中山也成为了现代中国的国父以及中国国民党的创建者。

作为一名多产的作家，身为清华大学教授的梁启超提出了共识民主思想，为孙中山的"三民主义"奠定了雏形，而"三民主义"是中国独有的民主国家思想体系。在其早期作品中，梁启超褒扬民族主义，大力宣扬儒家思想的优势，1899 年，他写道："西人果鲁士西亚、虎哥，皆以布衣而著万国公法，天下遵之。今孔子之作春秋乃万世公法也。今必谓孔子之智，会果氏虎氏之不若。此又何理也。"②

随后几年，他加紧研究世界历史，对儒家思想的尊崇也逐渐减弱，但民族主义仍是他关注的核心所在，1902 年，他写道："自十六世纪以来，欧洲所以发达，世界所以进步，皆由民族主义所磅礴冲激而成。民族主义者何？各地同种族、同言语、同宗教、同习俗之人，相视如同胞，务独立自治，组织完备之政府，以谋公益而御他族是也。"③

他的民族主义主张与现代中国和其他国家的关系同时起步发展，尽管各国的民族主义基本相同，但其在各国的实现过程却导致了不同的结果。

1922 年，梁启超认为中国之前 15 年取得的成就皆源自两方面的自觉，其一是"觉得凡不是中国人都没有权来管中国的事"，其二是"觉得凡是中国人都有权来管中国的事"④。他将这两大原则分别称为"民族建国的精神"和"民主的精神"⑤。为避免引起与少数民族和宗教传统的冲突，他将这一政治创新称之为适用于全国各族人民

---

① 除了梁启超，其他知识分子还有王国维（1877—1927）、张东荪（1886—1973）、胡适（1891—1958）、金岳霖（1895—1984）。
② Liang Qichao, Ling Zhijung (ed.), *The Collected Works of Liang Qichao* (Beijing: Beijing Publishing House, 1999), Vol. 1, 154.
③ Liang, Vol. 2, 656.
④ Liang, Vol. 7, 4031.
⑤ Liang, Vol. 7, 4031.

的"公民民族主义"。① 他认为，一个国家的政权是由百姓的权利和力量构建而成，要提高人民的力量，就必须增强国家政权，让民众有"自治的意愿"。② 然而梁启超的这种哲学形态却忽视了国家与人权之间可能存在的冲突。

五、人际关系的儒家治道

自治的基本思想是梁启超"民族复兴"的儒家思想的核心。儒家思想认为，自治权是人们普遍享有的权利，它是五大基本人际关系即夫妻关系、亲子关系、师徒关系、兄弟关系以及君臣关系的一部分。每个人都有修身的自治权，然而等级制度主导了人际关系。这种等级制度源自家庭关系中的自我意识，而后拓展至国家层面。

《大学》（儒家经典"四书"之一）中规定了这些伦理关系，作为治国、平天下的道德基础，而后者是帝国"天命道统"的职责。在美国游学期间，梁启超发现民国成立后，由于封建帝国不复存在，家和国之间缺少一个环节，那就是公民组织和团体。③

他的公民民族主义的思想将人的权利和国家的权利联系起来。他认为，两种权利都源自于自治、自由和独立的原则。梁启超写道："民族主义者，世界最最光明、正大、公平之主义也，不使他族侵我之自由，我亦勿侵他族之自由。其在于本国也，人之独立；其在于世界也，国之独立。"④

梁启超将公民民族主义引进中国，其本质是想凸显民权思想："民权兴则国权立，民权灭则国权亡。"⑤ 这表明民权是独立且至高无上的。这种权利来自于自由。为了使中国成为现代化国家，梁启超将公民民族主义提升为政治哲学，将儒家修身思想的一些元素和欧洲启蒙思想结合，形成了"新民"这一混合概念。⑥

作为立宪派，梁启超拥护自由、平等的思想，他说："人人于法律内享有自由；法律之下人人平等，此岂非人民所赖以托命者？"⑦ 梁启超随后抨击了新成立的共和政府，并发问："过去两年里，政府横征暴敛、搜刮民众，剥夺了人民的财产自由；监视民众，监听街坊言论，剥夺人民言论集会自由；伪造证据诱捕群众，不经审判就将人处死，剥夺人民生命自由；采取强制手段操纵群众意志，剥夺人民良心自由。在这样

---

① Liang, Vol. 1, 259.
② Liang, Vol. 1, 334.
③ See "Liang Qichao on His Trip to America" in Patricia Buckley Ebrey (ed.), *Chinese Civilization: A Source book* (New York: Simon and Schuster, 1993), 335 – 340.
④ Liang, Vol. 1, 459.
⑤ Liang, Vol. 1, 273.
⑥ See "Liang Qichao" in Bo Mou (ed.), *History of Chinese Philosophy* (New York: Routledge, 2008), 480 – 485.
⑦ Liang, Vol. 5, 2845.

的政治体制下,人们如何能过上有意义的生活?"①

这一连串批判思想不像出自儒家经典,而更像是托马斯·杰斐逊和詹姆斯·麦迪逊在《联邦论》中的论述。的确,中华民国与其说是一个崭新的事物,不如说更像美利坚共和国——不是一个民主国家,而是一个共和国家。

六、两种哲学的演化

除了民族主义者孙中山,共产主义者毛泽东也是梁先生著作的狂热追随者。受公民民族主义和立宪主义思潮的影响,年轻时期的毛泽东在梁启超1910年撰写的《论国家思想》一文中做了著名的注述:"正式而成立者,立宪之国家也:宪法为人民所制定,君主为人民所推戴。不以正式而成立者,专制之国家也。法令为君主所制定,君主非人民所心悦诚服者。前者,如现今之英、日诸国;后者,如中国数千年来盗窃得国之列朝也。"②

毛泽东和他的共产主义同仁在1919年发动"五四运动"时是信奉民主的,这一点不足为奇。"五四运动"是"新民主革命"的开端,直接影响着中国共产党的诞生和发展。孙先生和毛主席都是同意梁先生的观点的,那时的梁先生本质上在同腐败的封建制度作斗争,并在努力通过振兴民族团结实现政治改革。在打败蒋介石的国民党民族主义者后(国民党政权撤退至台北),共产党人于1949年执政。在这曲折命运中,毛泽东放弃了民粹主义的思想。

共产党人所信奉的国家权力(这是人民授予的权力,而非天命道统)应在中国共产党的指引下,维护无产阶级及其同盟所领导的工人阶级的利益。就党的领导而言,国家是治理的政治工具,它包括了除中国共产党及其组织团体之外的更宽泛的力量,如共青团。国家作为阶级关系的体现,必须把握群众的力量和利益诉求,使政府成为服务人民的更强大的共同体。不同于美国民主中杰斐逊式的天赋人权,中国共产党员认为每个公民都被赋予了集体权利,因此公民没有义务服务人民,而应由政党履行这一职责。换言之,美国维护国家之个人,中国维护个人之国家。

哲学观念上的根本区别必须从唯心论和唯实论这两个更宽泛的视角进行理解。梁启超通晓欧洲启蒙文学,他经常在批注中对其进行批判和评论。在美国之行之后,他对美国的看法发生了明显的变化。他的美国之行的主要目的是找到能使中国成为现代化强国的美国模式。法国著名学者 Alexis de Tocqueville 在距当时数十年前也曾游历美国,并怀着崇敬的心情创作了《美国民主》。不同于这位法国学者,梁启超"对美国

---

① Liang, Vol. 5, 2845.
② Quoting Yang Xiao (2002), 30. Also see Mao Zedong, Mao Zedong's Early Writings: 1912.6 - 1920.11 (Zhangsha, China: Hunan Press, 1990), 5.

民主大失所望。他发现美国到处都是平庸的政客，腐败、无序、种族主义、帝国主义及其他缺陷。总之，他对我们了如指掌，从而失去了信心"，哈佛大学著名历史学家 John Fairbank 如此写道。①

事实上，梁启超将他对欧洲启蒙思想的解读、对美国民主的洞察、对儒家思想的信仰，以及对佛教的尊崇结合起来。这位儒释并尊的学者最终"得出这样的结论：中国人不应效仿"美国，而应通过长期的教育"将中国人培育成为积极负责的公民"。②

在这方面，梁启超关于国家权力和教育的论述（《新民说》1902年）对中国的现代化有着特别的影响。③ 其著名论述就是："自由云者，团体之自由，非个人之自由也。野蛮时代，个人之自由胜，而团体之自由亡。文明时代，团体之自由强，而个人之自由灭。"④

因此，在20世纪，他的思想已经选择性地得到了运用；中国共产党也发扬了他提出的具有中国特色的公民民族主义和民主，即"没有控制的自由是对人民的掳掠，加以控制的自由是人民的财富"⑤。尽管对美国的民主很失望，但梁启超还是保留了欧洲启蒙哲学的影响，仍将个人权利和国家权利区分开来。

对当今中国而言，个人享有利益（而非权利）；国家有权利维护公民对社会保障以及自然和谐的利益诉求。在一段漫长曲折的历程后，中国整体思想传统就像是用水枪对着人类行为的瀑布射击。尽管儒家传统阐明了人的欲望本性，但近代中国两败俱伤的战争经历和昂贵的社会实践对推进实现大民主及个人权利这一明确目标的作用甚微。

然而，这些实践将普通民众从封建主义的束缚中解救出来，并以与法国大革命所释放的创造性毁灭形式相类似的方式转变着农村。法国大革命的失败某种程度上源于拿破仑的独裁以及君主制的死灰复燃；但是法国社会还是由此发生了永久性的转变。

七、儒家之道的回归

历史与文化的回响影响着各国在治国过程中探寻调和人性二元性的方式。中国人可能比大多数其他文明国家创作出了更多治国理论与实践方面的著作，他们相信儒家思想已经形成了"完善"的政治与社会体制，在这样的体制中，可以通过教育和戒律

---

① John Fairbank, *Great Chinese Revolution*, 1800—1985 (New York: Harper and Row, 1987), 151.
② John Fairbank, *Great Chinese Revolution*, 1800—1985 (New York: Harper and Row, 1987), 151.
③ Qian Suoqiao, *Liberal Cosmopolitan: Lin Yutang and Middling Chinese Modernity* (Leiden, The Netherlands: Brill NV, 2011), 31-32.
④ Quoting Luo Xu, *Searching for Life's Meaning: Changes and Tensions in the Worldviews of Chinese Youth in 1980s* (Ann Arbor, MI: University of Michigan Press, 2002), 9.
⑤ James Reeve Pusey, *China and Charles Darwin* (Cambridge, MA: Harvard University Press, 1983), 189.

来教化人们，使他们走上"真正道德"的人生之路。① 对中国人而言，道德是构建健全社会的驱动力，因此整个治理体系的基石就是有德行的统治者。当有人问政于孔子，这位圣人回答：为政在于教化。只要君主一心向善，民众自然会随之向善。"君主为政之德若风，小民从化之德如草，加草以风，无不倒伏；犹如化民以正，无不追随。"②

这些高尚的儒家名言的确影响着中国悠久的文化，但相较于天主教的教义，它们显得不够强势和实际。例如，西方国家仍有一项基本制度，就是徒劳地向基督徒布道，要求他们履行计划生育和自然避孕的措施。（在意大利、爱尔兰甚至是菲律宾等天主教国家，许多基督徒们基本不遵循梵蒂冈的教义，但是他们信奉罗马天主教会，视自己为天主教徒。）

此外，孔子高估了可能来自缺乏自律的外部辅助的人性力量，而且几乎没有认识到人的行为构成和性质中不同要素的二元性。实际上，统治者不会自然而然地拥有道德，因此圣贤本质上认为，败坏的道德和德政（或仁政）可能导致"独裁专制"，这是理所当然的情况。③ 由君臣关系承袭的固有人性对孔子而言是次要的，因为"保护子民的上天已经为他们指定了统治者和导师，他们会秉承天意，施恩环宇，康宁天下"。④

历史上出现的多起最高统治者腐败暴虐的事例使这一传统智慧被弱化。从某种意义上说，古时候，这种儒家秩序还是有效力的。当所谓的有德行的统治者没有秉承天意，忽视人民福祉时，他便会失去天子的名号，必然（公正地）被推翻。德行能博得人民的"尊重"，这是贯穿中国治理体制整个历史的政治资本。⑤

八、通过平权实现宪法的权力制衡

建国之初，美国宪法之父詹姆斯·麦迪逊提出了一项抑制人性、避免因利益分裂而导致不团结的计划。麦迪逊根据职能和人员进行分权的思想形成了三大政府部门和系统：国会立法、总统执法以及法院司法。当谈及由多数人统治且维护少数人利益的共和体制时，麦迪逊在《联邦论》里向国人做了著名的论述："如果人都是天使，就

---

① 孔子用这些词描述人性"完美"与"道德"的一面，它可以（应该）通过道德教育和伦理行为进行培育。See Confucius, James Legge (trans.), *The Confucian Analects*; *The Great Learning and the Doctrine of the Mean* (New York: Cosimo Inc., 2009), passim.
② Confucius, James Legge (trans.), *The Confucian Analects*; *The Great Learning and the Doctrine of the Mean* (New York: Cosimo Inc., 2009), 104 – 105.
③ 牛津大学理雅各博士在孔子著作批注中精准地使用了这个词，see James Legge (trans.), 105 – 106.
④ Quoting Shu – ching in Confucius, James Legge (trans.), 106.
⑤ Quoting Shu – ching in Confucius, James Legge (trans.), 106.

不需要政府了；如果由天使统治人间，就无需对政府施加外来或内在的控制。"① 麦迪逊的思想在治国方面总是比有缺陷的儒家德治思想精髓表现得更加实事求是。

和其他蓝图绘制者们一道，麦迪逊（表现得像一位古希腊的实践派哲人）为竞争性的治理结构做了理智的安排，例如在三个平等的政府部门安排监督与制衡。他说："野心必须由野心来抗衡。"② 野心，这种人性低层次的共性（见汉密尔顿有关牟利本性的阐述）是美国共和治理的指导要素，但是人们最向往的人文素质仍旧在杰斐逊的自由民主启示中有所体现。

源自野心的文明竞争必须遵守规则，这些规则是通过孔子所倡导的"道德"合作建立起来的。建立这样的制度是为了在混沌中实现有序，以爱神般的合作精神，朝着战神般的目标开展直接竞争，实现人类的创新和发展。正如法国哲人孟德斯鸠在他的著作《论法的精神》（1748）中所概述的那样，这被视为最理想的政府，最契合人们避免暴政、维护个人自由的天性。③

相反，失去规则控制的战神般的竞争会在民众、机构和国家间导致蛮化的好战行为和腐败。对美国而言，这在惨绝人寰的内战中成为了现实，这场战争发生在南方的美利坚联盟国和北方的美利坚合众国之间（至今仍是美国历史上伤亡最为惨重的冲突）。④ 在这场决定国家命运的战争前夜，亚伯拉罕·林肯针对竞争群体之间的不和谐发表了著名的讲话。他说："不和之家难长存。我相信这个政府不能永远维持半奴隶半自由的状态。"⑤ 即使是现在，南方的一些白人仍旧认为内战是为了争取脱离联邦的权利，维护奴隶制度（不是将其国有化），使其成为一项州的制度。许多来自前美利坚联盟国的南方白人在历史上一直将内战视为"南方独立战争"或者"北方侵略战争"⑥。但是抛开南北观点，战争前夜，有一件事实是清楚的，那就是一方竞争者会将另一方拖入冲突中，国家要么毁灭，要么全面自由。

战争的记忆和之后的战败创伤依旧萦绕在南方人（无论是非裔美国人还是白人）

---

① James Madison, "The Structure of the Government Must Furnish the Proper Checks and Balances between the Different Departments" in Federalist Paper No. 51, *Independent Journal*, February 6, 1788. See http://www.constitution.org/fed/federa51.Htm, accessed January 30, 2013.
② 同上。
③ 詹姆斯·麦迪逊和其他开国元勋都受到了法国哲学家孟德斯鸠的影响，后者在其著作《论法的精神》（1748）中倡导：治理除了合作以外还需要分权。See Charles de Secondat Montesquieu, Daniel Wallace Carrithers (ed.), *The Spirit of the Laws* (Berkeley, CA: University of California Press, 1977).
④ Drew Gilpin Faust, *This Republic of Suffering: Death and the American Civil War* (New York: Random House, 2008).
⑤ Doris Kearns Goodwin, *Team of Rivals: The Political Genius of Abraham Lincoln* (New York: Simon and Schuster, 2005), 198.
⑥ Hugh Tulloch, *The Debate on the American Civil War Era* (Manchester, U.K.: Manchester University Press, 1999), 104.

的潜意识里，因为与奴隶制度、战争、解放和重建经历彼此交织的还有文化敏感性。毁灭性的力量促成了一种怪异的合作（即，通过了美国宪法第十四修正案，赋予获释的奴隶以公民身份及保护），这彰显了人性的不完美。这种不完美也体现在之后的重建时期以及歧视黑人时期的种种暴行中。民权时代的合作竞争动态机制以及最高法院的司法裁判最终恢复了国家统一，更好地契合了开国元勋们关于美国民主制度的愿景。

受到亚伯拉罕·林肯总统追求国家统一的鼓舞，近代中国的开国元勋孙中山将新中国政府的创立原则建立在美国总统的葛底斯堡演说所阐述的思想基础之上。孙中山将他的"三民主义"归功于林肯，因为这一思想的提出借鉴了美国内战时期最著名演说中所提及的"民有、民治、民享"。① 这一政治思想是他在美国期间酝酿出来的，对此他写道："美国之所以富强，不是由于各邦之独立自治，而是各邦联合后的进化所成的一个统一国家的结果。"②

孙中山成为了南京民国临时政府（"南方首府"）大总统以抗衡北京临时政府（"北方首府"），他相信以南方为基地，通过武力能够实现中国统一。当时，北京的袁世凯自称"中华帝国皇帝"。在反抗袁世凯的斗争失败后，③ 孙中山同中国共产党开展积极合作，但是由于中国国民党在内的各派系之间的竞争冲突，使中国陷入内战。正如林肯总统所认为的那样，孙中山也意识到，美国的经验表明合作的力量对维护国家统一、稳定、和平至关重要。

九、寻求共同愿景

在诸多国际事务中，合作与竞争本能之间的平衡在人性的两极之间形成了创新性的张力。这些张力体现在有英国参与的中美历史中。正如马丁·路德·金所描述的，当所有国家都表现出"对人类高于一切的忠诚"时，这些国家就更有可能"保留各自最好的一面"。④ 美国开明的开国元勋们仿佛对美国商业共和国的成功也抱有类似的宏伟愿景，这似乎映射出儒家在《礼记》中提到的关于理想社会秩序的理论——"大同"。在《礼记》中，孔子说道："大道之行也，天下为公；选贤与能，讲信修睦。故人不独亲其亲，不独子其子。使老有所终，壮有所用，幼有所长，矜寡孤独废疾者皆有所养。男有分，女有归。货恶其弃于地也，不必藏于己；力恶其不出于身也，不必

---

① Lyon Sharman, *Sun Yat-sen: His Life and Its Meaning, A Critical Biography* (Stanford, CA: Stanford University Press, 1968), 271.
② Sun Yat-sen, Pasquale M. D'elia (trans.), *The Triple Demism of Sun Yat-sen*, (New York: The Franciscan press, 1931), 373.
③ Suisheng Zhao, *Power by Design: Constitution-Making in Nationalist China* (Honolulu, HI: University of Hawaii Press), 23.
④ 1967年4月4日，马丁·路德·金在纽约河畔教堂的演讲。

为己。是故谋闭而不兴,盗窃乱贼而不作,故外户而不闭,是谓大同。"①

儒家"天下为公"这一仁善的观点也可以解读为"让世界变得公平公正"。② 这显然同托马斯·杰斐逊在美国《独立宣言》中所提到的"人人生来平等"的观点有异曲同工之妙。他当时的愿景是通过贸易往来建立一个自由帝国。③ 因此,若这种精神升华为更高的愿望,即尊崇神灵,或是通过发扬合作竞争的精神克服人性弱点从而使自己更加接近神的境界,便会产生意想不到的结果,正如鸦片战争之前的早期中美和平贸易所呈现的那样。

孔子德治社会的思想常被我们的开国元勋们拿来作对照。本杰明·富兰克林得出的结论是:"只有道德的国家才能够驾驭自由。"④ 亚历山大·汉密尔顿提醒我们:"民众的声音被说成是上帝的声音;无论这样的格言被怎样广泛地引用和信奉,这都不是事实。民众都是易骚动、多变的;他们很难作出准确的判断和决策。"⑤ 当我们——尤其是年轻一代领导人——治国理政、处理国际关系、构建更加和平的世界时,我们一定要反思先辈们是怎样努力地将世上幸存的最古老文明之一的知识和智慧运用到一个最年轻国家的。

---

① See James Legge (trans.), *The Book of Rites* (*Li Ji*), "*Li Yun*," Section 1 (New York: University Books, 1967), Book VII, 364-365.
② Ruichang Wang, "The Rise of Political Confucianism in Contemporary China," in Ruiping Fan (ed.), *The Renaissance of Confucianism in Contemporary China* (London: Springer Science, 2011), 35.
③ Thomas Jefferson, The Works of Thomas Jefferson: Correspondence 1771—1779, the Summary View, and the Declaration of Independence (New York: Cosimo Books, 2009), Vol II, 200.
④ Benjamin Franklin, Albert Henry Smyth (ed.), *The Writings of Benjamin Franklin* (New York: The Macmillan Company, 1907), Vol. 9, 569.
⑤ Alexander Hamilton, Harold Syrett (ed.), *The Papers of Alexander Hamilton*, Volumes 1-26 (New York: Columbia University Press, 1962), 200.

The Confucian Inspiration and the Founding of the United States of America

Patrick Mendis, Ph. D. *

Abstract: The moral philosophy of Confucius and Chinese culture inspired the Founding Fathers of the United States as they learned more about Marco Polo's fabulous Middle Kingdom through the writings of Jesuit missionaries and others in the Ming and Qing Dynasties. Fascinated by China's ancient culture and moral teachings, the founding generation of America envisioned modelling the newly created republic after the Confucian civilization and its trade relations that had developed with the ancient Silk Road. Until the First Opium War in the 1840s, the mutually beneficial Sino – American commercial intercourse had made both countries prosperous. Afterwards, however, the United States and China began to take divergent paths as both nations turned inward to deal with the Civil War in America and the Taiping Rebellion in China in the 1860s. This paper presents an analysis of the less – known Confucian influence on the enduring American foundation beyond the well – known historiography of China's trade connection to the American Revolution through the Boston Tea Party. The author then explores the prospects for better governance in bilateral relations and greater understanding between the two nations for a more peaceful and prosperous world.

Key words: Balance of power, Benjamin Franklin, civilization, commercial intercourse, Confucius, Celestial Empire, democracy, Empire of Liberty, freedom, Founding Fathers, human nature, nationalism, Sino – American relations, shared vision, tea culture, virtuous society.

Introduction: Sino – American Commercial Intercourse

Long before the founding generation created the United States in 1776, British colonists searched for their way to China through America. The available evidence suggests that a trade relationship with "China had been a major objective of English adventure" since the middle of the sixteenth century when the Muscovy (or Russian) Company attempted to find a northeast passage around the Scandinavian peninsula to trade with Cathay—Marco Polo's fabulous Middle Kingdom or the Celestial Empire in the orient. [①]

Under strict orders from the Virginia Company of London, a group of colonists led by Admiral Sir John Smith arrived at the James River delta in 1607 to seek "a shortcut to China."② The Virginia charter provided explicit instructions to navigate through the river "toward the North – West" so that the colonists "shall soonest find the other sea [the Pacific]" in "the hope that a successful search for a passage to China might be based" in the Jamestown settlement.③ The 340 – mile James River was the navigational "holy grail" for British colonialists in search of gold, silver, and other minerals to trade with China.④

In his refreshing book *The River Where America Began*, Bob Deans writes that the nation's "vast inland waterway" would provide "the elusive northwest passage to China … [as] the long – sought shortcut to Asian wealth."⑤ By traversing upstream to the source of the river, the colonists hoped to reach the Middle Kingdom. The corporate mission was clear—even with his "decisive and stern leadership" in the New World, Admiral Sir Smith "lacked the authority to override the Virginia Company's incessant press" to find a shortcut.⑥ Yet, not so surprisingly, the "misguided belief that the James River could lead the colonists" to China eventually landed them in Powhatan's Indian kingdom.⑦ Instead of finding China across the Pacific, the failed mission left America with the heroic and partly mythical tale of Pocahontas and John Smith—as well as thirteen colonies on the Atlantic seaboard.

In the ensuing colonial years up until the American Revolution, America was fascinated by China's wealth and attracted to its ancient history of legendary emperors, concubines, and foreign way of life. Much of Europe and North America had been informed of China through the popularized fictional narratives of Venetian traveler Marco Polo's epic joinery to meet with the Emperor Kublai Khan (1215—1294) of the Yuan dynasty, the Italian Jesuit priest Matteo Ricci's historic work with the Wanli Emperor (1563—1620) of the Ming Dynasty, and a French Jesuit historian, Jean – Baptiste Du Halde. In his book *General History of China* (1741), the historian characterized China as "the largest and most beautiful Kingdom yet known…compared with our own civilized Nations" among all countries.⑧ The Middle Kingdom's influence was so remarkable that American colonial life was saturated with Chinese teas, silks, porcelains, wallpapers, Chinese Chippendale furniture, and other products—an attempt to emulate Chinese affluence.

Noting "modern America's cultural debts to China," Martin Wilbur confirms that Chinese goods certainly enriched "American life in many, many ways."⑨ The influence of Chinese culture in Puritan society was so enormous that tea drinking became a well – established colonial custom for social and political intercourse. A tea drinker and a Founding Father, Benjamin Franklin estimated at the second half of the eighteenth century that "a Million of Americans drink Tea twice a Day" either in the morning at home, socially in the afternoon, or in the evening after dinner.⑩ By the early 1770s, Americans consumed more than one billion cups of tea annually—close to two cups per person each day. ⑪

Like Benjamin Franklin, George Washington held affection for Chinese tea as well as porcelain, importing a number of collections of the latter. ⑫ To overcome dependence on British imports, Dr. Benjamin Rush, another Founding Father, attempted to set up "a china manufactory" for "the service of America" in Philadelphia. ⑬ Expressing his happiness on the "good progress made" in the new American China Manufactory, Benjamin Franklin wrote from London that he was "pleased" and wished its "success most heartily." ⑭ At the same time, Washington—a farmer and surveyor in his pastime—was keeping detailed records of his efforts to grow flowers from "Chinese seeds" that were given to him at his Mount Vernon estate. ⑮ Gardening interests combined with entrepreneurial activities and drinking habits made America one of the largest consumers and biggest importers of Chinese goods. During these years, Americans were tantalized by anything Chinese. From the mid-seventeenth century until the eve of the Boston Tea Party, the British East India Company supplied nearly all of these Chinese products (mostly tea) to the colonists.

Confucian Genes in American Civilization

While serving as aide-de-camp to General George Washington in 1777, Alexander Hamilton reflected on the "enticing suite of goods" coming from China; the future secretary of the Treasury then strategized a trade and manufacturing plan for the new nation that took advantage of Chinese commercial enterprises in addition to European trade links. ⑯ In general, the open-minded Founding Fathers were relentlessly curious about other cultures as well as innovative ideas for American progress. Thomas Jefferson, for example, was evidently inspired by the illuminating trade objective of the Virginia Company (and its quest for a shortcut to China), later launching the Lewis and Clark Expedition that similarly aimed to find a direct waterway to the West coast and the Pacific Ocean "for the purpose of commerce" in the area of the Louisiana Purchase and the Pacific Northwest. ⑰

Navigating through the tributary systems of Ohio, Missouri, Columbia and other rivers, the explorers reached the Pacific Ocean. The flourishing trans-Atlantic trade of the eastern seaboard was poised to expand westward into the Pacific. Hamilton's commercial and trade strategy for the development of the young nation was then complemented by Jefferson's vision of westward expansion to make America an "Empire of Liberty;" idealist Jefferson and realist Hamilton envisioned a uniquely American strategy for reaching out to the Middle Kingdom just as the nascent United States was severing its symbiotic relationship with the United Kingdom. Their joint efforts to establish a trade-for-peace plan was anchored on the trade foundations of the Sino-American experience—an experience that benefitted both the ancient nation and colonial America.

Among the founding generation, "Thomas Jefferson was an expert on China and its classical literature."[18] When Jefferson was the American envoy to France, James Madison wrote to his trusted friend for the latest publications on China.[19] The European-minded Jefferson was also an admirer of porcelain and even imported the Chippendale furniture that was so fashionable in colonial America.[20] A lover of earthly landscape, the famous Virginian also studied Chinese gardening and architectural design for use at his Monticello home.[21] Surveying his plot, he admired a garden "where objects are intended only to adorn;"[22] even the railings below the dome of his house and surrounding walkways were a blend of Roman and Chinese design.[23] For worldly Jefferson, it was natural to combine the best of both occidental and oriental civilizations to help create a new culture for Americans.

In his book *The Dragon and Eagle: The Presence of China in the American Enlightenment*, Owen Aldridge uncovers other examples of this extraordinary influence in the new republic.[24] Apart from the Chinese culture of opulence, colonists were also influenced by the Celestial Empire's "soft-power" of Confucian moral philosophy. Thomas Paine, a man of words and the author of *Common Sense*, informed colonial America that the Chinese were "a people of mild manners and of good morals."[25] Benjamin Franklin commented that the "Chinese are regarded as an ancient and highly civilized nation" from which Americans might learn in the formation of their own civilization.[26] The founding generation was obviously attracted to the useful economic, social and moral attributes of Confucian China, which offered up a sense of personal happiness and societal peace as they set about the development of the young nation and its culture.

Populating the Confucian Ethos in America

More than any other Founding Father, Benjamin Franklin left an enduring imprint on American culture. This imprint emanated from Confucius (551 – 479 BC), whose moral philosophy was the guiding principle of Franklin's life. In a society of largely Protestants, where God's grace counted supreme, Franklin's idea of "moral perfection" had "nothing to do with Christianity."[27] In his letter to Reverend George Whitefield on July 6, 1749, Franklin—a well-known deist—wrote:

> I am glad to hear that you have frequent opportunities of preaching among the great. If you can gain them to a good and exemplary life, changes will follow in the manners of the lower ranks; …On this principle Confucius, the famous eastern reformer, proceeded. When he saw his country [China] sunk in vice, and wickedness of all kinds triumphant, he applied himself first to the grandees; and having by his

doctrine won them to the cause of virtue, the commons followed in multitudes. The mode has a wonderful influence on mankind. ㉘

The American disciple of Confucius promoted Chinese moral philosophy in his own weekly newspaper, *Pennsylvania Gazette*. In 1737, Franklin explained to readers "what Confucius proposed to the princes:" moral governance "according to this [Confucian] model" for a "happy and flourishing empire."㉙ To cultivate industriousness in America, Franklin vigorously promoted awareness of morality, especially among younger colonists, and published Confucian virtues in his widely – read *Poor Richard Almanack*. In his classic essay *The Way to Wealth*, Franklin advised tradesmen and colonial planters that they should further improve their industrious life with frugality as the means of creating wealth and keeping it. ㉚

Among his many proverbial statements, Dr. Dave Wang, an American scholar on Sino – U. S. relations at St. Johns University in New York, identified Franklin's thirteen virtues as deriving from "The Morals of Confucius," the first English – language translation of *The Analects* by Confucius. ㉛ On industry, Franklin wrote, "Lose no time; be always employed in something useful; cut off all unnecessary actions."㉜ On frugality, he offered a more philosophical but practical maxim: "For age and want, save while you may; no morning sun lasts a whole day."㉝ This "systematic approach to virtue that emphasized a gradual, bit – by – bit approach toward perfection" was, as Franklin explained later in life, the cause for his happy and lengthy livelihood. ㉞ Franklin's biographer Walter Isaacson concluded that "Franklin's unwavering faith in the wisdom of the common citizen and his instinctive appreciation for the possibilities of democracy helped to forge an American national identity based on the virtues and values of its middle – class" rather than the elitist values pushed by Thomas Jefferson and John Adams. ㉟ It was natural for Franklin, who had arrived in Philadelphia as the penniless teenager, to introduce Confucian ethics to his many readers.

This same pragmatism was on display when Franklin famously questioned the selection of a bald eagle as the national symbol for the new republic:

I wish the bald eagle had not been chosen as the representative of our country; he is a bird of bad moral character, he does not get his living honestly; you may have seen him perched on some dead trees, where, too lazy to fish for himself, he watches the labor of the fishing – hawk ⋯The turkey is in comparison a much more respectable bird, and a true original native of America ⋯He is a bird of courage, and would not hesitate to attack a grenadier of the British guards. ㊱

In his essay *Information to Those Who Would Remove to America*, Franklin further expressed his keen preference for hardworking middle – class values that would yield "a general happy mediocrity" in America's national character. ㊲ His egalitarian conviction for greater societal happiness could not have resulted without the knowledge of Confucian morality—for him, a source of inspiration and innovation.

Fascinated by the transformative power of ancient philosophy, Franklin further demonstrated the relevance of—and his admiration for—China through his American Philosophical Society in Philadelphia. Its secretary Charles Thomson (later secretary of the Continental Congress) linked the two countries, noting that Philadelphia "lies in the 40 th degree of north latitude of very same as Pekin [Beijing] in China," and that the comparable "soil and climate" would help the city to "thrive in a degree equal to our warmest expectations." ㊳ Thomson went on to say, "This country may be improved beyond" what "might have been expected" if we could be

> So fortunate as to introduce the industry of the Chinese, their arts of living and improvements in husbandry, as well as their native plants, America might in time become as populous as China, which is allow to contain more inhabitants than any other country, of the same extent, in the world. ㊴

At that time, the Chinese population was approximately 300 million; the American colonies had only slightly more than two million. America's confidence in materializing Chinese standards was clearly reflected in the philosophical society's observations summarizing the industrial zeal of Chinese people, the high standard of living, the sophistication of agriculture, and the copious population. During the same time period, the Jesuit priest's book *General History of China* was popular among literary circles as both Franklin and Jefferson had personal copies. The author, who had spent thirty – two years in China (ten of which in Beijing where he was superior of the Jesuits House), began his preface with "China is the most remarkable of all countries yet known." ㊵ The credibility and authenticity infusing this volume were key to the influence it had in America's colonial society.

This was no surprise as even readers in Europe were influenced by the work. Voltaire, Franklin's contemporary in France, wrote in his *Philosophical Dictionary* (1764) that China "had invented nearly all the arts almost before we were in possession even of any of them … in our pretended universal histories." ㊶ Acting more like a Confucian visionary in America, Franklin considered China a role model and hoped that "America would in time come to possess much likeness in the wealth of its industries to China." ㊷ Likewise, the American Philosophical Society members also expected that an industrious America would eventually develop a civilization with comparable skills for personal improvements and strategies for wealth creation.

The "Revolutionary" Tea Culture

As in ancient China, tea culture advanced American civilization. Silversmiths—like famous Paul Revere—worked extra hours to provide tea – crazed colonials with teaspoons, teapots, and other silverware. Demand for Chinese products created greater competition between Europe and the New World and the British Empire in general was greatly affected by Chinese goods, primarily tea. The popular drink not only connected with colonial people and delighted American culture, but also served as "the stage for revolution" and the new nation's "first commercial venture with the Middle Kingdom" (as the *Empress of China* left New York harbor on George Washington's birthday, February 22, 1874, for Guangzhou, formerly Canton). [43] The desire for Chinese goods and the associated cultural ethos of ancient Confucian society undoubtedly influenced "the budding development of a uniquely American identity" although "the average American colonist knew almost nothing about China itself—an imperial, exotic empire that remained shrouded in myth." [44] Only a few intellectuals (like Franklin and Jefferson) and wealthy merchants (like the Revolutionary War financier Robert Morris and John Hancock) had a general understanding of the fascinating distant empire and its linkages to the Boston Tea Party.

Chinese tea was the brewing element of the American Revolutionary War. When the powerful British East India Company, which monopolized international trade, finally began to decline as tea sales (almost 90 percent of the company's profit) plummeted in the 1760s, the company turned to London to minimize the losses. British Parliament's response was to impose taxes on the colonies by passing the Townshend Acts (1767) and the Tea Act (1773), which outraged America. Realizing that America was just a wheel in the ruthless corporate monopoly of the British mercantile empire, liberty – seeking Patriots responded angrily by destroying tea—the Boston Tea Party. To teach "the British tyrants, plunders, and oppressors" of America, the actions of Patriots clearly stated that "their love of liberty exceeded their love of tea." [45] This statement was not directed at the Chinese, whose demand for silver in exchange for tea and other imports had adversely impacted the East India Company.

In fact, the lack of silver in company reserves and the widening trade deficit between China and Britain was the underlying cause for the American Revolution. Initially, one possible solution was to get "the Chinese more interested in accepting British manufactures in place of silver." [46] Since there was no central banking system, merchants used silver in business transactions. The Chinese were adamant about silver, however. When the British government dispatched Lord George Macartney to China to negotiate a trading arrangement with the Emperor

Qianlong in 1793, his message to King George III was clear and direct:

> Our Celestial Empire possesses all things in prolific abundance and lacks no product within its own boarders. There was therefore no need to import the manufactures of outside barbarians in exchange for our own produce. ㊼

With the Chinese declining to accept alternative means of payment, the East India Company had little choice; British Parliament imposed those taxes on the colonies—and the stage was set for the Revolutionary War as well as increased volumes of opium export to China (to reverse the flow of silver). The former ended up with independence and freedom; the latter succumbed to two Opium Wars and humiliation.

Democratic "Civic" Union for Confucian China

Over the years, like the American Revolution, various Chinese leaders sought after revolution to unite a divided feudal society, which lasted from ancient times until the end of the Qing dynasty in 1912. The Mandate of Heaven—symbolized by the cosmic dragon on the imperial national flag—provided a rationale for the balancing act of dynastic rule and change in governance. Like Franklin, Chinese revolutionaries foresaw the need to dismantle this Mandate for feudal mindsets—a belief that was reinforced by Confucian teachings of obedience and harmony that legitimated feudal authority by invoking a cosmic mandate.

One ardent advocate of democratic transformation in China was Dr. Liang Qichao (1873—1929). A public intellectual and political activist, Liang was interested in European enlightenment ideas. He translated a number of philosophic works by Aristotle, Bacon, Bentham, Darwin, Hobbes, Montesquieu, Kant, Rousseau, Spinoza, and other Western philosophers into Chinese with his own remarks for local adaptation. ㊽Liang was an early champion of democracy; however, the word "democracy" itself—translated into Chinese as *minzhu* or "people as masters" —is an alien political concept in Chinese history and Confucian civilization. Almost a century before the 1989 Tiananmen Square incident that galvanized the world in favor of Beijing's pro‐democracy movement, Liang had already laid down the seeds for a Chinese democratic union when he was involved in Beijing's protests against Qing rulers in 1895.

When the revolutionaries and intellectuals initially introduced Liang's "One‐Hundred‐Day Reform" agenda, Empress Dowager Cixi (1835—1908) opposed them as being too radical. ㊾Six of the intellectual leaders were arrested and then executed. Liang escaped to Japan where he met Dr. Sun Yat‐sen, a medical doctor by training. This foremost scholar also met with other Chinese intellectuals and reform‐minded revolutionaries in Canada and Hawaii (before Hawaii became an American state in 1898). By the time Liang embarked on his eight-month study tour throughout the United States, meeting with financier J. P. Morgan and President Theodore Roosevelt in 1903, his reform and democratic ideas had already influenced Dr. Sun and his revolutionary brethren in exile. During these years, revolts against the Qing dynasty were quelled by brutal suppressions; however in 1912, the Wuchang Uprising succeeded in overthrowing the dynasty. With the historic defeat of the imperial system, Liang returned to the Republic of China established under the leadership of Dr. Sun Yat-sen, the father of modern China and founder of the Chinese Nationalist Party.

With his illustrious career as an educator at Tsinghua University and a prolific writer, Liang's ideas of participatory democracy helped shape nationalist Dr. Sun's *Three People's Principles* as a uniquely Chinese ideology for a democratic nation. In his earlier writings, Liang invoked nationalism and promoted the superiority of Confucianism. In 1899, he wrote:

> The Westerners, such as Grotius and Hobbes, who were all ordinary people, have written the universal laws of all nations (*wangguo gongfa*), and the whole world obeys them. The *Chunqiu* written by Confucius was also the universal laws of all ages. How ridiculous for anyone to say that Confucius must not be as intelligent as Grotius and Hobbes! [50]

In the ensuing years, his admiration for Confucian ideals waned; nationalism remained his dominant interest as he studied more about world history. In 1902, he wrote:

> That Europe has arisen, and the world has progressed since the sixteenth century was all because of the rising power of 'nationalism.' …Those people from different places, who are of the same race, language, religion and custom, see each other as fellows, seek independent self-rule and organize a government in order to seek the common good and to conquer other races. [51]

His advocacy for nationalism began with modern China's relations with other nations. But while nationalism is common to all nations, the process by which it is achieved differentiates its outcomes.

In 1922, Liang argued that the progress China had made in the last fifty years was due to awareness of two principles. The first one was: "Anyone who is not Chinese has no right to govern Chinese affairs;" and the second was: "Anyone who is Chinese has the right to govern Chinese affairs."[52] He called the first principle "the spirit of nation-building;" the second, "the spirit of democracy."㊵ To avoid any conflicts with ethnic minorities and religious groups, he called this political innovation "civic nationalism" that applied to all people as one nation.㊾ For him, the rights and power generated from ordinary people comprised the power of state. To promote the power of the people, state power needed to increase so that citizens might have the "will to self – mastery."㊽ With this philosophical configuration, however, Liang overlooked possible friction between the state and the principles of human rights.

Confucian Mastery of Human Relations

The primordial concept of self – mastery was at the heart of Liang's Confucian idea of "Renewing the People." In a Confucian world, the right to self – mastery is a universal right that is part of the five basic human relationships: husband – wife, parent – child, teacher – disciple, elder brother – younger brother, and emperor – subject. Each person has rights of autonomy for self – cultivation; however, the authority of hierarchy supersedes everything else in relationships. This hierarchy begins with individual self in relation to the family, then to the state.

These ethical relations were formulated in the *Great Learning* (one of four books of the Confucian canon) for the governance of state and the maintenance of universal peace; the latter was a responsibility of the empire as the Mandate of Heaven. Since there was no empire after the establishment of the Republic of China, Liang reasoned that the missing links between the family and the state were civic organizations and associations, which he had observed during his study tour in America.㊿

His notion of civic nationalism was a device to connect people's rights with state rights. For him, both rights emanated from the principles of self – mastery, liberty, and independence. Liang wrote,

> Nationalism is the most just and grandest doctrine in the world: no nations should violate my nation's liberty, and my nation should not violate other nations' liberty. When this doctrine is applied to my nation, it means the independence of human beings (ren); when the doctrine was applied to the world, it means the independence of nations.㊼

When Liang introduced civic nationalism to China, he essentially presented the sovereignty of people: "When the rights of the people arise, national rights are established. When people's rights or powers (quan) vanish, national rights or powers vanish."㊿ This implied that the power of people was supreme and independent. That power must then come from freedom. To transform traditional China into a modern nation, Liang promoted civil nationalism as a political philosophy that combined several elements of Confucian self – cultivation and the European Enlightenment together for a hybrid concept of new Chinese people. [59]

As a constitutionalist, Liang also supported the concepts of liberty and equality, asking: "Everyone has liberty protected by the law; everyone is equal before the law – are not these two principles those on which people's lives rely?"[60] Liang was then critical of the new republican government and raised the question:

> In the last two years, the government has arbitrarily invented all kinds of taxes to exploit people, which has deprived people of the liberty of property; the government has put people under surveillance and spied on people's speeches in the streets, which has deprived people of the freedom of speech and association; the government has fabricated evidence to trap people and put people to death without trial, which has deprived people of the liberty of life; the government has used coercive force to manipulate people's will, which has deprived people of the freedom of conscience. How can anyone have a meaningful life under such a political system? [61]

This line of critical thinking more closely resembles the writings of Thomas Jefferson and James Madison in the *Federalist Papers* than those of Confucian antiquity. Indeed, the Republic of China seemed more like the American Republic – which was not conceived as a democracy but as a republic – than an entirely new creation.

The Evolution of Two Philosophies

Aside from nationalist Dr. Sun Yat – sen, communist Mao Zedong was also an ardent admirer of Liang's writings. Influenced particularly by the ideas of civic nationalism and constitutionalism, the young Mao wrote a famous note on the margin of Liang's essay "On National Consciousness" in 1910:

> When the country is legitimately founded, it is a constitutional nation: the constitution is made by the people and the crown is appointed by the people. When it is not legitimately founded, it is a totalitarian nation: the laws are made by the emperor who is not respected by the people. Today, Britain and Japan fall into the former category, while the dynasties in the long history of China fall into the latter. [62]

Not surprisingly, Mao and his communist comrades embraced democracy as they declared the May Fourth Movement of 1919 the beginning of the "New Democratic Revolution" and the Chinese Communist Party. Both Dr. Sun and Chairman Mao agreed with Liang, who had essentially battled against a corrupt feudalistic system and sought political transformation through renewed national unity. In an ironic twist of fate, Mao disregarded his populist vision for China when the communists came into power in 1949 after defeating Chiang Kai – shek's Kuomintang (KMT) nationalists (who withdrew to Taiwan to form the Republic of China in Taipei).

Communists believe in state power (authorized by the people, not the Mandate of Heaven) that serves the interests of a working class led by the proletariat and its allied masses under the Communist Party of China (CPC). For Party leadership, the state is a political instrument of governance that includes broader forces beyond the CPC and its corps of organizations, such as youth brigades. The state – by definition a manifestation of class relations – must harness the energies and interests of people to make government stronger as a collective entity that serves the population. Unlike American democracy where individuals have Jeffersonian "inalienable" rights, CPC members maintain that individual citizens are granted collective rights; therefore, citizens are not obligated to serve the people – the Party fulfills that responsibility. In other words, America protects individuals from the state whereas China protects the state from individuals.

This fundamental and philosophic difference must be understood within a broader context of idealism and realism. Liang was well – versed in European Enlightenment literature, which he critiqued with commentary. His enlightened vision of America evidently changed after his trip to the United States. The primary purpose of the visit was to find American models to make China a strong and modern nation. Unlike the famous French traveler, Alexis de Tocqueville who admiringly wrote *Democracy in America* decades earlier, Liang was "disillusioned with American democracy. He had found it shot through with mediocre politicians, corruption, disorder, racism, imperialism, and other warts. In short, he got our number, and it turned him off," wrote the noted Harvard historian John Fairbank. ⑥³

In fact, Liang combined his interpretation of European Enlightenment ideas with observations of American democracy, Confucian convictions, and admiration for Buddhism. The Confucian – Buddhist finally "concluded that the Chinese people should not imitate" America and instead "aim [for] the transformation of the Chinese people to become active and responsible citizens" through a long period of education. ⑥⁴

Chairman Mao exercised the power of education through rural development projects by sending educators to work in the countryside, for example, and re – education through labor camps for dissenters and defectors (a practice continued until very recently) during the Cultural Revolution and the Great Leap Forward. These two radical plans failed to achieve his stated vision of "great democracy."⑥ Mao almost undermined the power concentrated in the highest echelons of the CPC leadership itself. Deng Xiaoping – a creature of the privileged strata of the Party – opposed Mao's experiments in mass participatory democracy (i. e., the Cultural Revolution) and began to move away from efforts to remold Chinese culture after Mao's death. In its place, he introduced a series of economic reform policies alongside gradual public education campaigns to modernize China.

In this regard, the power of the state and education expounded by Liang Qichao (in his *Discourses on the New Citizen*, 1902) was particularly influential in shaping China's modernity.⑥ His well-known manifesto argues:

> Freedom means freedom for the group, not freedom for the individual. In the age of barbarism, individual freedom prevails and no collective freedom develops. In the civilized age, the freedom of the group develops while individual freedom decreases.⑥

Accordingly, his ideas have been selectively applied throughout the last century; the CPC has also promoted his civil nationalism and democracy with Chinese characteristics, which states that "freedom without control is the robber of the people. Freedom with control is the people's treasure."⑥ Having retained the influence of European Enlightenment philosophy despite his disappointment with American democracy, Liang still distinguished individual rights from those of the state.

For China today, individuals have interests (not rights); the state has the right to protect and defend their citizens' interests for the greater good of social welfare and natural harmony. This entire Chinese intellectual tradition, which has a long and torturous past, is akin to shooting a squirt gun into a waterfall of human behavior. Even with a Confucian past that illuminates the nature of human desires, the recent Chinese experience with internecine warfare and costly social experiments contributed little to advance the expressed goals of mass democracy and individual rights.

Nonetheless, these experiments did liberate ordinary people from feudal bondage and transform the countryside in ways that were similar to the creative destruction unleashed by the French Revolution. The failure of the French Revolution was reflected in some ways with the ensuing dictatorship of Napoleon and the reinstitution of the monarchy; yet French society was forever transformed by the event. The period of Mao's socialist state was like that of the French Jacobins (a political club of the French Revolution formed in 1789) sweeping away the past to start afresh with the people at the forefront of the political leadership.

The Return of Confucian Nature?

The ethos of culture and history influence the way in which nations seek to reconcile the duality of human nature in governing national affairs. The Chinese, who arguably produced more literary works on the theory and practice of governance than most other civilizations, believed that Confucius had developed "the perfect" political and social system in which man could (should) be civilized by education and discipline to pursue a life path that was "truly virtuous."⑥⑨ For the Chinese, virtue was the driving force of a healthy society; thus, the cornerstone of the entire system of governance was the virtuous ruler. When Confucius was asked about such government, for example, the sage replied,

> To govern means to rectify. If you [the ruler] lead on the people with correctness, who will dare not to be correct? …Let your evinced desires be for what is good, and the people will be good. The relation between superiors and inferiors is like that between the wind and the grass. The grass must bend, when the wind blows across it.⑦⓪

Although this and other lofty Confucian passages have certainly influenced China's perennial culture, they were less powerful and practical like the teachings of the Catholic Church; for example, a cornerstone institution of Western civilization still preaches ineffectively to Christian followers about birth-control practices and natural family planning. (Many Christian people in these Catholic nations like Italy, Ireland, and even the Philippines would hardly follow the Vatican teachings but they would like to profess their faith in the Roman Catholic Church andidentify as Catholics).

Moreover, Confucius overestimated the human strength that might emerge from self-discipline absent external assistance, and hardly recognized the duality of various elements in the constitution and nature of human behavior. In all reality, virtue does not naturally come to rulers at will; hence, the philosopher essentially legitimized instances in which corrupted virtue and disinterested (or "benevolent") rule might lead to "despotism."⑦① The innate human passions inherited by the rulers and subjects alike were secondary to Confucius as

> Heaven, protecting the inferior people, has constituted for them rulers and teachers, who should be able to be assisting to God, extending favor and producing tranquility throughout all parts of the kingdom.⑦②

Such traditional wisdom has been weakened by myriad historical examples of supreme – yet corrupt and oppressive – leaders. To some extent, this Confucian order was valid for ancient times when so – called virtuous rulers failed to minister the Mandate of Heaven (God) and overlooked the people's welfare; such emperors would cede the title of the Son of Heaven, resulting inevitably (and justly) in overthrow. The maintenance of "respect" for and from the people – an outcome of a virtuous life – has been political currency throughout the history of the Chinese system of governance. ⑬

Constitutional Balance of Power by Equal Power

At the founding of the new republic, James Madison – father of the United States Constitution – proposed a scheme to contain human passions while protecting unity from divisive interests. Madison's idea of the separation of powers by function and personnel resulted in three institutions and services of government: Congress passes, the president enforces, and the courts interpret the laws that govern all. Commenting on his proposal for a republican structure where the majority rules while protecting the rights of the minority, Madison famously reminded his compatriots in the *Federalist Papers*, "If men were angels, no government would be necessary. If angels were to govern men, neither external nor internal controls on government would be necessary." ⑭ The Madisonian notion has always been more realistic and practical in governance than the flawed but essential Confucian proposition of virtuous rulers.

Alongside the other founding visionaries, Madison (acting like an ancient Greek philosopher – in – practice) laid out the intellectual rationale for competitive governing structures, such as the checks – and – balances among the three equal branches of government, saying, "Ambition must be made to counteract ambition." ⑮ Ambition, the lower common denominator of human nature (expressed in Hamiltonian commercial instincts), acts as the ordering agent of America's republican governance; yet the most aspirational human quality is still represented by Jeffersonian inspirations of freedom and democracy.

Civilized competition emerging from ambition must be governed by rules that are established through more "virtuous" cooperation as Confucius advocated. Such a mechanism must be devised to find *Ordo ad Chaos* ("order out of chaos") and direct competition towards Mars – like ends tempered by Venus – like cooperation for innovation and human progress. This was envisioned as an ideal government, best suited to human nature in preventing tyranny and safeguarding individual liberty, as French philosopher Baron de Montesquieu outlined in his famous book *The Spirit of the Laws* (1748). ⑯

The alternative – uncontrolled Ares – type competition without rules – leads to uncivilized warlike behavior and corruption within and among people, institutions, and nations. For the United States, this moment was realized in the staggeringly destructive Civil War between the southern Confederate and the northern Union states (a war that remains the deadliest conflict in American history).⑦ On the eve of this defining national episode, Abraham Lincoln famously remarked on the incongruity of wholly competitive elements, saying, "A house divided against itself cannot stand." He continued, "I believe this government cannot endure permanently half *slave and half free*" (*sic*).⑧ For some white southerners even today, the Civil War was about the right to secede from the Union to preserve slavery (not nationalize it) as a state right. Many white southerners from former Confederate states have historically characterized the Civil War as "The War for Southern Independence" or "the War of Northern Aggression."⑨ But apart from southern or northern viewpoints, a fact remained clear on the eve of the war: one competitor would subsume the other in the conflict, and the nation would either perish entirely or become all free.

Memories of war and the aftermath of defeat still endure in the subconscious of southerners – both African – American and white – as cultural sensibilities hinge on the experience of slavery, war, emancipation, and reconstruction. Through destructive forces, a perverse cooperation (i.e., the passing of the Fourteenth Amendment of the United States Constitution granting citizenship and protection to freed slaves) emerged in an illustration of the less perfect attributes of human nature. This has, for example, been shown in the perceived excesses of both the Reconstruction years and the Jim Crow era that followed. The cooperative and competitive dynamism of the Civil Rights era and Supreme Court rulings eventually established a new national unity, one that better accorded with the enduring vision of the Founding Fathers in the American house of democracy.

Inspired by President Abraham Lincoln's quest to unite a divided nation, the founding father of the modern China, Dr. Sun Yat – sen, based his founding principles for the new Chinese government on the concept presented in the U.S. president's Gettysburg Address. Dr. Sun credited Lincoln for his "Three Principles of the People," drawn from the American Civil War's most famous speech: "Government of the people, by the people, and for the people."⑩ This political ideology was developed during his experience in the United States, of which Dr. Sun wrote,

> The U.S.'s wealth and power have not come only from the independence and self – government of the original states, but rather from the progress in unified government which followed the federation of the states.⑪

Dr. Sun – who became the president of the provisional government of the Republic of China in Nanjing ("Southern capital") as opposed to the other provisional government in Beijing ("Northern capital") – had become convinced that a unified China would come about through a military conquest from his base in the south. The revolt against Beijing's Yuan Shikai, who proclaimed himself "Emperor of China," failed.⁸² Dr. Sun began a policy of vigorous cooperation with the CPC but competitive impulses among factious groups, including the Chinese Nationalist Party (Kuomintang, KMT), drove China into a civil war of its own. As President Lincoln understood, Dr. Sun also realized that the power of cooperation exemplified in the American experience is vital in preserving national unity, stability, and peace.

In Search of a Shared Vision

In a world of international affairs, the balance between cooperative and competitive instincts hasestablished creative tensions between the poles of human nature. These tensions are illustrated in the histories of America and China, and England's involvement with each. When every nation develops "an overriding loyalty to mankind," as Civil Rights leader Dr. Martin Luther King, Jr. wrote, it is easier to "preserve the best in their individual societies."⁸³ Our enlightened FoundingFathers seemed to have adopted a similar grandeur vision for the success of America's commercial republic that seemingly mirrored the ideal Confucian theory of social order – the Grand Union – in *The Book of Rites* (Li Ji), in which Confucius (551 –479 BC) said:

> When the grand course was pursued, a public and common spirit ruled all under the sky (tian – xia – wei – gong), they chose men of talents, virtue, and ability; their words were sincere, and what they cultivated was harmony. Thus men did not love their parents only, nor treat as children only their own sons. A competent vision was secured for the aged till their death, employment for the able – bodied, and the means of growing up for the young. They showed kindness and compassion to widows, orphans, childless men, and those who were disabled by disease, so that they were all sufficiently supported. Males hadtheir proper work, and females had their homes. They accumulated articles of value, disliking that they should be thrown away upon the ground, but not wishing to keep them for their own gratification. They labored with their strength, disliking that it should not be exerted, but not exerting it only with a view to their own advantage. In this way selfish schemings were repressed and found no development. Robbers, filchers, and rebellious traitors did not show themselves, and hence the outer doors remained open, and were not shut. This was what we call the Grand Unity.⁸⁴

This benevolent Confucian concept of "tian – xia – wei – gong" can also be interpreted as "making the world under heaven impartial and common to all."⑥ This clearly resonates with what Thomas Jefferson wrote in the U. S. Declaration of Independence "that all men are created equal" in his vision of establishing an Empire of Liberty through commercial intercourse.⑦ Thus, when such human energy is channeled toward higher aspirations – to honor a deity, or to bring people in closer proximity to the divine by overcoming human flaws through exercising the virtues of cooperation and the spirits of competition – the result is often innovative, as early Sino – American trade – for – peace relations demonstrated until the Opium Wars.

The idea of a virtuous society as Confucius envisioned was often cross – referenced by our Founding Fathers. Benjamin Franklin concluded that "only a virtuous people are capable of freedom."⑧ Alexander Hamilton reminded us that "the voice of the people has been said to be the voice of God; and, however generally this maxim has been quoted and believed, it is not true in fact. The people are turbulent and changing; they seldom judge or determine right."⑨ Their collective efforts to adopt the knowledge and wisdom imparted by one of the world's oldest and still surviving civilization – states to the youngest one must be reflected upon as we – especially the younger generation of new leaders – try to govern national affairs and manage international relations for a more peaceful world.

* **Patrick Mendis** is a Rajawal Nonresident Senior Fellow of the John F. Kennedy School of Government's Ash Center for Democratic Governance and Innovation at Harvard University. He is also a Visiting Fellow of Peking University's School of International Studies, a Visiting Researcher at the Confucius Research Institute in Qufu, and a Distinguished Visiting Professor of International Politics at Zhejiang University in Hangzhou. Professor Mendis serves as a U. S. Confucius Institute's Distinguished Scholar and Senior Expert at George Mason University and a Commissioner of the National Commission for UNESCO at the U. S. State Department, an appointment by the Obama administration. This paper is developed from the author's most recent book, *Peaceful War: How the Chinese Dream and American Destiny Created a Pacific New World Order.*

Endnotes:

1. Wesley F. Craven, *The Virginia Company of London: 1606 – 1624* (Baltimore, MD: Genealogical Publishing, 2009), 9.
2. Bob Deans, *The River Where America Began: A Journey Along the James* (Lanham, MD: Rowman & Littlefield Publishers, 2007), 65.

3. Craven, 10.

4. Ibid.

5. Deans, 39.

6. Deans, 94.

7. Ibid.

8. Jean – Baptiste Du Halde, *General History of China: Containing a Geographical, Historical, Chronological and Physical Description of the Empire of China* (London: J. Watts, 1741), 2.

9. C. Martin Wilbur, "Modern America's Cultural Debts to China," in *Issues and Studies: A Journal of China Studies and International Affairs*, Institute of International Relations, Republic of China, Vol. 22, No. 1, January 1986, 127.

10. Benjamin Franklin, Preface to Declaration of the Boston Town Meeting, Printed in *The Votes and Proceedings of the Freeholders and Other Inhabitants of the Town of Boston*. (London, 1773), i – vi. See Franklin Papers, http://franklinpapers.org/franklin/framedVolumes.jsp, accessed February 12, 2013.

11. Eric Jay Dolin, *When America First Met China: An Exotic History of Tea, Drugs, and Money* (New York: W. W. Norton, 2012), 58.

12. Susan Gray Detweiler, *George Washington's Chinaware* (New York: Harry N. Abrams Publishers, 1982).

13. Alice Cooney Frelinghuysen, *American Porcelain*, 1770 – 1920 (New York: Metropolitan Museum of Art, 1989), 8. Also see Benjamin Rush's letter to Thomas Bradford on April 15, 1768, in L. H. Butterfield (ed.), *Letters of Benjamin Rush*, (Princeton, NJ: Princeton University Press, 1951), Vol. 1, 54.

14. Benjamin Franklin's letter to Deborah Franklin on January 28 1772, in *The Works of Benjamin Franklin*, in Benjamin Franklin, Jared Sparks (ed.), Vol. 7, (London: Benjamin Franklin Stevens, 1882), 561.

15. John C. Fitzpatrick (ed.), *The Diaries of George Washington*, 1748 – 1799 (New York: Published for the Mount Vernon Ladies' Association of the Union by Houghton Mifflin Company, 1925), Vol. 4, 392 – 393.

16. Dolin, 64.

17. U. S. Congress, *Congressional Record: Proceedings and Debates of the* 105 *th Congress Second Session*, Vol. 144, Part 15, September 22, 1998 – September 26, 1998, (Washington, D. C.: Government Printing Office, 1998), 21534.

18. Dave Wang, "Thomas Jefferson's Incorporating Positive Elements from Chinese Civilization," *Virginia Review of Asian Studies*, 143. http://www.virginiareviewofasianstudies.

com/wp‐content/uploads/2012/11/8.‐wang‐china‐jefferson.doc, accessed January 26, 2013.

19. James Madison, Letters from Madison to Jefferson, April 27, 1785, *Letters and Other Writings of James Madison*, Philadelphia: 1867, I, 146.

20. Susan R. Stein, *The Worlds of Thomas Jefferson at Monticello* (New York: Harry N. Abrams Publishers in association with the Thomas Jefferson Memorial Foundation, 1993).

21. Douglass Lea, "Thomas Jefferson: Master Gardener," *Mother Earth News*, Feb‐Mar 1999, Issue 172, 104.

22. Marie Kimball, *Jefferson: The Road to Glory*, 1743 to 1776 (New York: Coward‐McCann, 1943), 164.

23. Wang.

24. Owen Aldridge, *The Dragon and Eagle: The Presence of China in the American Enlightenment* (Detroit, MI: Wayne State University Press, 1993).

25. Thomas Paine, Philip S. Foner (ed.), *Completed Writings of Thomas Paine*, Vol. 2 (New York: Garden City Press, 1945), 737.

26. Aldridge, 67.

27. Jay Tolson, "The Many Faces of Benjamin Franklin," *U. S. News and World Reports*, June 23, 2003, Vol. 134, Issue 22, http://www.usnews.com/usnews/culture/articles/030623/23ben.htm, accessed, February 5, 2013.

28. Peter Charles Hoffer, *When Benjamin Franklin Met the Reverend Whitefield: Enlightenment, Revival, and the Power of the Printed Word* (Baltimore, MD: Johns Hopkins University Press, 2011), 97.

29. Benjamin Franklin, "The Morals of Confucius," *Pennsylvania Gazette*, February 28 to March 7, 1737, 56. The Confucian philosophy was first introduced to the English‐speaking world in 1706. Its complete title was *The Morals of Confucius: A Chinese Philosopher, Who flourished above Five hundred years before the Coming of Our LORD and Savior Jesus Christ* (London: South Entrance into the Royal Exchange, 1706).

30. Franklin did not cite the sources of his ideas but Confucian ideals were represented in Benjamin Franklin, *The Way to Wealth* (Carlisle, MA: Applewood Books, 1986). This classic was originally published in 1758.

31. Dave Wang, "Thomas Jefferson's Incorporating Positive Elements from Chinese Civilization," *Virginia Review of Asian Studies*, 144. http://www.virginiareviewofasianstudies.com/wp‐content/uploads/2012/11/8.‐wang‐china‐jefferson.doc, accessed January 25, 2013.

32. Benjamin Franklin, *The Way to Wealth* (New York: Leavitt, Trow and Company,

1848), 7.
33. Ibid.
34. J. A. Leo Lemay, *The Life of Benjamin Franklin*, *Printer and Publisher*, 1730 – 1747 (Philadelphia: University of Pennsylvania Press, 2006), Vol. 2, 207.
35. Walter Isaacson, *Benjamin Franklin: An American Life* (New York: Simon and Schuster, 2004), 596.
36. Benjamin Franklin, William Temple Franklin (ed.), *The Works of Benjamin Franklin* (Philadelphia, MD: William Duane, 1817), Vol. 6, 126 – 127.
37. Benjamin Franklin, Jared Sparks (ed.), *The Works of Benjamin Franklin*, (Boston: Whittemore, Niles, and Hall, 1856), Vol. 2, 467 – 468.
38. American Philosophical Society, *Transactions of the American Philosophical Society*, Vol. 1, (Philadelphia, PA: Aitken and Son, 1789), xix.
39. Ibid.
40. Du Halde, Preface.
41. M. De Voltaire, *A Philosophical Dictionary* (London: W. Dugdale, 1843), Vol. 2, 12.
42. Dr. Ellis Paxson Oberholzer, the second – longest served president after Benjamin Franklin at the American Philosophical Society in Philadelphia, wrote in "Franklin's Philosophical Society," *The Popular Science Monthly*, Vol. 60, March 1902, 432.
43. Dolin, 55.
44. Dolin, 61.
45. Dolin, 71.
46. Dolin, 117.
47. Quoting Grant Hardy, Anne Kinney, *The Establishment of the Han Empire and Imperial China* (Westport, CT: Greenwood Publishing, 2005), 99.
48. Chung – Ying Cheng and Nicholas Bunnin (eds.), Yang Xiao, "Liang Qichao's Political and Social Philosophy," in *Contemporary Chinese Philosophy* (Oxford, UK: Blackwell Publishers, 2002), 15 – 36.
49. In addition to Liang Qichao (1873 – 1929), other intellectuals included Wang Guowei (1877 – 1927), Zhang Dongsun (1886 – 1973), Hu Shi (1891 – 1958), and Jin Yuelin (1895 – 1984).
50. Liang Qichao, Ling Zhijung (ed.), *The Collected Works of Liang Qichao* (Beijing: Beijing Publishing House, 1999), Vol. 1, 154.
51. Liang, Vol. 2, 656.
52. Liang, Vol. 7, 4031.
53. Ibid.

54. Liang, Vol. 1, 259.
55. Liang, Vol. 1, 334.
56. See "Liang Qichao on His Trip to America" in Patricia Buckley Ebrey (ed.), *Chinese Civilization: A Sourcebook* (New York: Simon and Schuster, 1993), 335 – 40.
57. Liang, Vol. 1, 459.
58. Liang, Vol. 1, 273.
59. See "Liang Qichao" in Bo Mou (ed.), *History of Chinese Philosophy* (New York: Routledge, 2008), 480 – 485.
60. Liang, Vol. 5, 2845.
61. Ibid.
62. Quoting Yang Xiao (2002), 30. Also see Mao Zedong, *Mao Zedong's Early Writings: 1912.6 – 1920.11* (Zhangsha, China: Hunan Press, 1990), 5.
63. John Fairbank, *Great Chinese Revolution*, 1800 – 1985 (New York: Harper and Row, 1987), 151.
64. Ibid.
65. See Mao Zedong, Michael Kau, John Leung (eds.), *The Writings of Mao Zedong*, 1949 – 1976: *January* 1956 – *December* 1957 (Armonk, NY: M. E. Sharpe, 1992), Vol. 2, 158 – 179.
66. Qian Suoqiao, *Liberal Cosmopolitan: Lin Yutang and Middling Chinese Modernity* (Leiden, The Netherlands: Brill NV, 2011), 31 – 32.
67. Quoting Luo Xu, *Searching for Life's Meaning: Changes and Tensions in the Worldviews of Chinese Youth in 1980s* (Ann Arbor, MI: University of Michigan Press, 2002), 9.
68. James Reeve Pusey, *China and Charles Darwin* (Cambridge, MA: Harvard University Press, 1983), 189.
69. Confucius used these words to describe the "perfect" and "virtuous" aspects of human nature that could (and should) be cultivated by moral education and ethical behavior. See Confucius, James Legge (trans.), *The Confucian Analects: The Great Learning and the Doctrine of the Mean* (New York: Cosimo Inc., 2009), passim.
70. Confucius, James Legge (trans.), *The Confucian Analects: The Great Learning and the Doctrine of the Mean* (New York: Cosimo Inc., 2009), 104 – 105.
71. This word is accurately used in his commentary by Dr. James Legge of Oxford University in Confucius, see James Legge (trans.), 105 – 106.
72. Quoting Shu – ching in Confucius, James Legge (trans.), 106.
73. Ibid.
74. James Madison, "The Structure of the Government Must Furnish the Proper Checks and

Balances between the Different Departments" in Federalist Paper No. 51, *Independent Journal*, February 6, 1788. See http：//www.constitution.org/fed/federa51.htm, accessed January 30, 2013.

75. Ibid.

76. James Madison and other Founding Fathers were influenced by French philosopher, Baron de Montesquieu, who wrote the famous book, *The Spirit of the Laws* (1748), which advocated the separation of power but the cooperation is needed to govern. See Charles de Secondat Montesquieu, Daniel Wallace Carrithers (ed.), *The Spirit of the Laws* (Berkeley, CA：University of California Press, 1977).

77. Drew Gilpin Faust, *This Republic of Suffering：Death and the American Civil War* (New York：Random House, 2008).

78. Doris Kearns Goodwin, *Team of Rivals：The Political Genius of Abraham Lincoln* (New York：Simon and Schuster, 2005), 198.

79. Hugh Tulloch, *The Debate on the American Civil War Era* (Manchester, U. K.：Manchester University Press, 1999), 104.

80. Lyon Sharman, *Sun Yat－sen：His Life and Its Meaning, A Critical Biography* (Stanford, CA：Stanford University Press, 1968), 271.

81. Sun Yat－sen, Pasquale M. D'elia (trans.), *The Triple Demism of Sun Yat－sen*, (New York：The Franciscan press, 1931), 373.

82. Suisheng Zhao, Power by Design：*Constitution－Making in Nationalist China* (Honolulu, HI：University of Hawaii Press), 23.

83. Dr. Martin Luther King, Jr.'s speech at the Riverside Church in New York City on April 4, 1967.

84. See James Legge (trans.), The Book of Rites (Li Ji), "Li Yun," Section 1 (New York：University Books, 1967), Book VII, 364－365.

85. Ruichang Wang, "The Rise of Political Confucianism in Contemporary China," in Ruiping Fan (ed.), *The Renaissance of Confucianism in Contemporary China* (London：Springer Science, 2011), 35.

86. Thomas Jefferson, *The Works of Thomas Jefferson：Correspondence* 1771－1779, *the Summary View, and the Declaration of Independence* (New York：Cosimo Books, 2009), Vol II, 200.

87. Benjamin Franklin, Albert Henry Smyth (ed.), *The Writings of Benjamin Franklin* (New York：The Macmillan Company, 1907), Vol. 9, 569.

88. Alexander Hamilton, Harold Syrett (ed.), *The Papers of Alexander Hamilton*, Volumes 1－26 (New York：Columbia University Press, 1962), 200.

康有为与现代儒学思潮的关系辨析

北京大学儒学研究院教授　干春松

在我看来，确立现代儒学的开端并非单纯是一个学术问题，其内涵必然包括如何看待现代儒学发展的基础和其目标的综合性问题。如果将中国在西方殖民过程中所展开的现代性历程视为"现代"的话，那么1840年甚至都不具备开端性的意义，因为失败的鸦片战争并没有在人们思想中产生很大的冲击，也没有对儒学的合法性产生消解。而1894年的甲午战争则不同，战败于日本之后，中国人才真正意识到现代化不仅是一种冲击，也是中国向世界进行学习和模仿的契机，这种认识可以视为是中国真正开始应对现代问题的开端。如此，康有为通过公羊学体系而展开的制度变革设计和对儒家观念的重新解释，可以看做儒学全面应对社会变革的主动行为。

还有一点需要指明的是，对于儒家的理解应从儒学的内在生命和发展目标上来展开。现有的新儒学谱系将新儒家的人物框定于现代学科体系中的儒家学者，于是儒家的存在合理性就被局限于儒家学说的哲学化解读，脱离了作为儒学生命源泉的经学基础。或许哲学化或史学化的儒学可以看做当下儒学存在的一种特殊的方式，但其并不可能是唯一适当的方式。对儒家的社会意义而言，新儒学的兴起也并非是要证明儒家与西方民主政治的一致性，而是要对中国人的生活方式和社会秩序的重建发挥新的作用。由此，现代儒学要摆脱知识化自安的困境，必须以更为丰富复杂的思想作为其开端。如果立足于这样的标准，将梁漱溟作为现代新儒学的开端便不具备充分的学理依据和现实性意义。

因此，我们必须转移视角，即要将现代儒学的开端置于开启儒学与现代关系全面思考的第一代思想家这里。我个人倾向于将康有为视为现代儒学的开端。具体的理由可以分为以下几个方面。

一、经学的转型与康有为对儒学精神的新阐发

当然，如果我们把现代新儒学看做新的一次儒学复兴，那么便有理由要求这种新形态的儒学必须在儒家自身的理路进行新的发展。而如果儒学所要应对的西方挑战的基础来自儒家经典所包含的义理，而不只是一种论证中的辅助材料，那么从经典出发，从某种经学的立场出发，便是辨别是否属于新儒学的内在理路的必要条件。基于这样的条件，我们必须将现代儒学的开端上溯到康有为和章太炎，理由在于康、章是最后

一批从经学出发来应对西方冲击和现实的挑战的儒家学者,对现代儒学的发展具有十分重要的意义,而这种意义却没有得到学科化儒学的充分重视。

康有为和章太炎的经学立场不同,他们所开创的经学转化之路也不同,康有为基于"改制"立场,力图发挥公羊学的三世理论和《周易》中的"变"的哲学,将经学系统中的一部分经典视为"伪经"。而章太炎从更为激进的立场出发,希望从人类学和实证的思想出发,将经学史学化,从而成为从现代学科式的方式处理经学的滥觞。

在康有为这里,改制是最为迫切的任务,他的思考是如何将经典与当下的变革实践相融合。他所选择的是借助公羊学来重构经典系统,从而构建了他的经学体系。

在《春秋董氏学》自序中,康有为勾勒了"六经→春秋→公羊传"这样一个发现孔子之道的路径。康有为认为,孟子在传述尧舜禹汤文王到孔子这些圣人事迹的时候,独崇《春秋》。所以在《春秋》三传中,以公羊氏为贵。"孟子发《春秋》之学曰:其事则齐桓、晋文,其文则史,其义则丘取之矣。《左传》详文与事,是史也,于孔子之道无与焉。惟《公羊》特详《春秋》之义。孟子述《春秋》之学,曰:《春秋》天子之事也。《谷梁传》不明《春秋》王义,传孔子之道而不光焉。惟《公羊》详素王改制之义,故《春秋》之传在《公羊》也。"①

由于要突出孔子作为改制之新王的地位,所以其他的儒家经典则被视为是不同的"世"的治理之道,唯有《春秋》贯通道之始终。在《论语注》中,他说,《尚书》是为太平世而作,《诗经》则是针对升平世,而《礼》因为讲究上下尊卑,陈述的是小康世的法则。

为了证明其变革的合法性和变革步骤的合理性,康有为对《论语》、《孟子》、《中庸》等流传甚广的儒家著作进行了重新解读,在"四书"之外,他尤其重视《礼记·礼运》篇。在康有为看来,《礼运》所阐发的"人人皆公、人人皆平"的大同理想为孔子所寄托,所以孔子"三世之变,大道之真",尽在此书中。他指出:"吾中国二千年来,凡汉、唐、宋、明,不别其治乱兴衰,总总皆小康之世也。凡中国二千年儒先所言,自荀卿、刘歆、朱子之说,所言不别其真伪、精粗、美恶,总总皆小康之道也。其故则以群经诸传所发明,皆三代之道,亦不离乎小康故也。夫孔子哀生民之艰,拯斯人之溺,深心厚望,私欲高怀,其注于大同也至矣。但以生当乱世,道难躐等,虽默想太平,世犹未升,乱犹未拨,不能不盈科乃进,循序而行。"② 这段话最为震撼的并非是将朱熹和荀子、刘歆并列,而是将传统儒家的理想社会的典范三代之道,亦归

---

① 康有为:《春秋董氏学》,《康有为全集》第二集,第 307 页。丁亚杰说:康有为为首倡孔子之学的核心在改制,所以《春秋》的精神必集中于公羊。由此,康有为的经学路径必是由《春秋繁露》到《公羊传》再到《春秋》。见丁亚杰《清末民初公羊学研究——皮锡瑞、廖平、康有为》,台北万卷楼图书公司 2002 年版,第 214 页。

② 康有为:《礼运注》,《康有为全集》第五集,第 553 页。

入"小康",未入大同,由此可见,当三世说与进化论结合之后,在康有为这里,儒家的理想状态便不再存在于过去,而期冀于未来。

康有为所确立的新的经典系统以《春秋》公羊为本,以"四书"加"礼运"为辅翼,将三世说和进化论结合,以大同之公理来转化宋儒之"天理",如此,孔子之道才可以在现代保持不坠。下面这段话几乎可以看做是康有为经学体系的自述:

> 方今世变弥大,然孔子之道,圆周溥博,四通六辟,无所不在。其最要之旨。在《礼记礼运》之言小康、大同,在《春秋》言三世之据乱、升平、太平。夫《春秋》之义不在《左传》,而在《公羊》口说之董氏、何氏。若不知古文《左传》之伪,则不知今文《公羊》之真,则孔子之大道终无由明。但据诸经据乱之说,狭小孔子范围,则对于欧米民主之政,国际之学,及一切新说,皆不能范围,则孔子之道,岂不穷而将弊乎?……《伪经考》所以辨伪孔经之非而存其真,《论语注》所以考今文之说而存七十子之学,《春秋笔削大义微言考》则稍备孔子三世之学,庶几孔子之道不坠。①

很显然,康有为的新经学体系是要直面欧美民主之政和新的国际格局,也就是说要处理这些新的政治、经济问题,依然要依托经典。当然有的学者可能会怀疑儒家思想中并不可能蕴含了所谓"解决问题"的方法。但我要说明的是,如果人们已经不再相信从经典出发可以找到理解问题的思路的话,那么其所展开的思想何以能称之为"儒学"呢?

我们可以了解康有为对自己的定位,他将自己的使命定位于由据乱世向升平世转折之际,将儒家的学说从对据乱之法的固执中解放出来。既然孔子是因时立法,康有为就有理由认为自己就是这个时代孔子口说的传达者。即使人们对他的说法觉得非常异议可怪,他也在所不惜。

康有为的经学活动成为疑古派思想的重要组成部分,尽管这样的结果并不一定符合他的初衷。不过随着科举制度的废除和清帝国的终结,经学化的儒学亦难以获得制度性存在的基础,所以由经学向现代学科的转变似乎是不可逆反的"历史潮流"。1901年,蔡元培就曾主张:"是故《书》为历史学,《春秋》为政治学,《礼》为伦理学,《乐》为美术学,《诗》亦美术学。而兴观群怨,事父事君,以至多识鸟兽草木之名,则赅心理、伦理及理学,皆道学专科也。《易》如今之纯正哲学,则通科也。"② 基于这种考虑,蔡氏在执掌北京大学之后明确表示取消"经科"势在必行,他说:"我以为十四经中,如《易》、《论语》、《孟子》等,已入哲学系;《诗》、《尔雅》,已入文

---

① 康有为:《答李参奉书》,《康有为全集》第十一集,第244页。
② 蔡元培:《学科教科论》,《蔡元培全集》第一卷,浙江教育出版社1998年版,第337—338页。

学系;《尚书》、"三礼"、《大戴记》、《春秋》三传已人史学系;无再设经科的必要,废止之。"① 后起的儒家思想的同情者们,虽然身处由传统的儒家式教育向现代的学科型教育时代,但是在康有为和章太炎之后,大多数的思想者无论持何种价值立场,他们的思维方式均不再是将经学视为理所当然的价值基础,而是试图通过人文科学的解读方式,去阐发儒家的现代价值。冯友兰、贺麟如此,即使并没有受过完整的现代学术教育的熊十力和梁漱溟,也不排斥"知识化"的解决方式。

问题的悖论就在于,当越来越多的儒家学者认为缺乏对于儒学的价值认同的儒学研究和基于价值认同的儒家发展性思考是两种不同的思考路径,而儒家的价值要获得在社会建制、生活方式和价值理想上的影响力,仅仅通过学科化的方式是不可能的,基于此,20世纪20年代开始的学科化儒学的存在方式是否是最合理的形态就越发令人怀疑,这就要求我们更多地回望康有为和章太炎的工作,并重新思考儒家经学的现代形态的非知识化的可能性。这样,将康有为看做现代儒学的开端,则会启示我们重新思考经学和儒学发展的关系。

二、制度转型和康有为对立国之道的探索

经学的转型是儒学自身形态的转变,这种转变的动力存在于社会需求的转变,经学所提供的一般性原则必然要跟社会的需求相结合。而现代儒学之所以被冠之以"现代",关键在于其所要针对的问题与传统中国的农业经济和宗法社会面对的问题都截然不同,尽管沟口雄三等人提出明末以来中国自身社会存在着转向现代的依据,但是很显然,使中国社会产生众多变化的刺激因素来自于西方。现代性是一个系统的转变,而对于当时儒生而言,最为直接的忧患则是文明的延续和种族的保全。这些问题在外来的军事压迫下,体现为亡国灭种的强烈征兆,所以,康有为这里,保全国家和延续文明是一体之思,凝聚起来就是思考如何建立一个新的国家、一个能够与西方抗衡的国家。远在甲午战败之前,从类似《万国公报》等报刊书籍中,康有为就对国际格局有了超越同时代人的了解,他不再用原先的夷夏关系来理解中外关系的新格局,他意识到当下的世界是"万国竞逐"的态势,这样的局面是数千年所未曾有过的。1895年,在甲午战败之后,康有为在《上清帝第四书》中说,现在中国所面临的是数千年未有之大变局,以前外敌入侵,只是强兵相凌,而现在的泰西诸国除了坚船利炮,还有文学治法这样的"智学"上的优势,② 如此保全中国不仅是领土和主权的问题,还有种族和教化的全方面的危机。这也就是康有为之所以强调保国、保种、保教的整体

---

① 蔡元培:《我在教育界的经验》,《蔡元培全集》第八卷,第509页。
② 康有为:《上清帝第四书》,载孔祥吉编《康有为变法奏章辑考》,北京图书馆出版社2008年版,第74—75页。

性策略的原因。

那么如何构造一个新的国家呢？如果说康有为早期的论敌主要是清王朝中的顽固派的话，那么戊戌之后，主要的对象是革命派以及继承革命派社会变革逻辑的新文化运动者。面对革命派通过激化满汉矛盾而提出的革命主张，康有为的主张是强调民族融合，继承清王朝的人口和疆土。他通过对公羊学中夷夏观念的重新解释，认为中国历史上的夷夏之别主要是建立在文化基础上的，而不是以种族的差别来区分高下，而当下的"中国人"的种族构成则是历史各民族融合的结果。

康有为认为，保住现有的疆域和人民是国家强大的基础，他说：要接受满洲所开拓之疆土对于中国国家建立的意义。同时，国家之强大，必须"旁纳诸种"。"国朝之开满洲、回疆、蒙古、青海、藏卫万里之地，乃中国扩大之图，以逾唐、汉而轶宋、明，教化既益广被，种族更增雄厚。俄罗斯所以为大国者，岂不以旁纳诸种之故？然则满洲之合于汉者，乃大有益于中国者也。"①

现代国家必须具备两方面的功能，即对内治理和对外竞争的双重任务。从对外竞争的角度，一个统一的国家更具有竞争力。从对内治理的角度，中国数千年一直存在的"封建"和"郡县"之争，就是理解一统和分权的关键。即传统中国是采用中央集权和地方自治相结合的模式来治理这个超大规模国家的，那么民国建立之后，这样一套治理模式是否可以继续发挥作用，还是像革命派所主张的完全模仿美国的联邦制呢？康有为给中国开出的方略则是"增疆析吏"，即为防止地方势力的尾大不掉，主张拆分中国的地方区域，由元代开始的行省制回复至宋代的府州制。他反对以各省独立为特征的地方自治，认为这是军阀割据的原因之一。他用三世说来说明一统和分权的辩证关系，"康有为曰：据乱专制之世，君权过尊，则官制多为奉君而设；平世则民能自治，君长皆以民而立，不设多官以事君，故为民事之官制优于为君事之官制"。康有为又说，"野蛮之世，国治简略，故分职可少；文明之世，政治繁剧，故分职宜多，故多职优于少职。康有为又曰，据乱之世，道路难通，故不得不听外藩之分权；文明之世，道路通，机尤捷，故行中央之合权，故合权胜于分权"②。

康有为提出的"君主立宪"或"虚君共和"主张内含有解决国家一统的象征性的思路，在新文化运动的激进思潮面前，主张保皇和复辟成为康有为的政治污点，并连同其国家治理模式的合理性也被淹没在历史的风尘中。不过历史经常会出现"实与名不与"的悖论，如果我们思考1949年的民族区域自治制度，1978年之后的经济特区，以及一国两制处理香港、澳门、台湾问题的思路，借用传统的话语来说，就是寓"封建"于"郡县"之中，即在大一统国家的前提下，允许多种政治模式的存在，充分发

---

① 康有为：《答南北美洲诸华商论中国只可行立宪不能行革命书》，《康有为全集》第六集，第328页。
② 康有为：《官制议》序，《康有为全集》第七集，第231页。

挥地方的自主性和自治性。

在现代化的潮流中，没有一个国家可以闭关自存。所以吸收外来的制度因素乃是不可抗拒的潮流。康有为在戊戌变法前后，一度是民权自由的倡导者，不过康有为的民权和议会思想主要目的是"上下通"，即让最高统治者能够准确详细地了解民情，而不是西方现代政治意义上的民权和自由。民国之后，康有为对当时政治人物盲目迷信"共和"的现象提出了批评，在写于1913年7月的《中国颠危误在全法欧美而尽弃国粹说》中尤其反对因共和政体而对中国传统的教化、风俗、法度、典章，不论是非尽行扫弃的做法。指出传统的典章制度乃国家之魂，如果脱离这些道德和风俗的基础，任何新的政治形态则难以收效。他尤其批评了照搬西方政治法律制度的做法，认为这些抄来的东西"无如纸上之空文，而非政治之实事矣"①。康有为认为，任何制度的引入，都必须与本土的资源相结合，所以不能照搬，而须有所损益。他所担心的是国人普遍以西方为准则的思想方法：正是在这样的非此即彼的方法下，国人舍弃自家之传统而以西方之是非为是非。康有为所提出的是后发现代化国家制度建构的普遍难题，制度移植所带来的制度失灵是一个世界性的难题。一些在西方行之有效的制度，如不加分辨地引入，自然会造成橘生淮则成枳的困境。

后来的儒家学者中对这个问题有深入反省的是梁漱溟，他从1911年民国成立之后农村失败的惨痛教训中，开始了乡村建设的实践，并开始思考培育中国式政治习惯的问题。在梁漱溟看来，中国社会是一个伦理本位而非阶级社会，其特征包括更重视义务，而非权力关系；在政治秩序中重视领导人和贤能之士的领导作用；比起法治，看重礼治和人治；相对于个人自由，更看重集体的理念。因此，培育新的政治习惯要与固有的政治伦理风俗建立有机联系。

康有为所要反思的主要是民主宪政制度，而梁漱溟则面对的是社会主义的中国。其间差异巨大。但是透过表面的不同，我们可以发现他们之间的共同点。他们都坚信中国文化是中国人建构制度的价值基础，同样也是反思不同类型的现代性方案，都坚信儒家可以为人类探索新的出路作出贡献。这就是现代儒学的共同的精神气质。

关于孔教会的设想或许是康有为的思想中最富有争议的部分。康有为的孔教观念由来已久，最初是为应对晚清的教案而提出，而后来则是为了给新的国家提供一种认同的基础。

人们对康有为的儒家宗教化努力有很多的批评，有人认为儒家不是宗教，所以宗教化的努力注定不能成功；也有人认为相对于科学，宗教是一种落后的观念，因此认为将儒家宗教化并不是一种儒家新的发展，而是一种倒退。对于康有为而言，这样的批评算不上是有的放矢，因为康有为之孔教努力，最主要的是要为这个新的国家提供凝聚力。

---

① 康有为：《中国颠危误在全法欧美而尽弃国粹说》，《康有为全集》第十集，第131页。

1911 年之后，康有为致力于推动立孔教为国教。国教这个概念特别容易引起歧义，其实，在康有为那里，国教并不意味着对别的信仰的排斥的独占性宗教，而是在信仰自由的前提下，国民要建立起一种共同的价值观念，国教的作用更多是象征性的而非强制性的。

> 盖他教虽各有神圣，而中国数千年民俗之宜、功德之盛，无有如孔子者，此为吾国国教也。民间乡曲，宜尽废淫祠而遍祀之，立诸生以同讲劝焉，一如欧美人之祠耶稣，立祭司、牧师也。大中小学校，宜设殿拜跪，祭祀，敬礼，诵经道。创立经学科，尤宜尊崇，其诸生借以传道，如欧人学校之必有礼拜耶稣之殿以诵经讲道，又必有神学之科焉。宜立儒教为国教，而其余听民之自由信仰。①

在为孔教会的成立写作的两个序言中，康有为强调孔教是中国之为中国的依据。在写作于1912年的《孔教会序一》中，康有为明确地说，国家意识要立足于宗教之上，因为宗教的功能是政治活动所不能及的。他说：

> 夫国所与立，民生所依，必有大教为之桢干，化于民俗，入于人心，奉以行止，死生以之，民乃可治，此非政事所能也。……今中国人所自以为中国者，岂徒谓禹域之山川、羲、轩之遗胄哉？岂非以中国有数千年之文明教化，有无量数只之圣哲精英，融之化之，孕之育之，可歌可泣，可乐可观，此乃中国之魂，而令人缠绵爱慕于中国者哉？②

康有为与陈焕章所推动的立孔教为国教的活动，在两次制宪投票中均没有获得通过，而且他所着力解释的国教与信仰自由、孔教与神教之别亦没有被日趋激烈的知识人士所接受，反而因为袁世凯复辟和其他军阀在政治活动中反复利用孔子的符号，导致陈独秀等人认定孔子与现代民主和科学之间存在着根本的对立。陈独秀认定，如果信仰孔子，则必然会支持专制和皇权，并认为将孔教立为宗教则是与科学发展的大趋势背道而驰的，孔教活动反而导致了新文化运动将打倒孔家店作为宣传民主和科学的口号。在中西古今的关系因为各种原因难以获得协调性理解的近100年内，康有为被各种话语体系所包裹着。在革命的话语中，他是一个逐渐跟不上历史节奏的人；在观念史家眼里，他理论的激进性和实践的妥协性难以得到理解；在理性化和祛魅化的视野里，他力图拯救国家乃至苍生万民的希圣希贤的情怀是癫疯和狂妄的；在科学主义

---

① 康有为：《英国监布烈住大学华文总教习斋路士会见记》，《康有为全集》第八集，第 36 页。
② 康有为：《孔教会序一》，《康有为全集》第九集，第 341 页。

的波浪中，他立足于公羊三世的历史观则是不可思议的怪论；在道德家的眼里，他则是一个欺骗者和纵欲者。即便是儒学群体，也不愿意接纳这个试图将儒家与现代性进行对接的前驱。但是实际上后起儒家在实际理论开掘中却难以摆脱康有为的影子。以深受批评的孔教来说，后来的新儒家学者牟宗三先生就有人文教的设想，关注点就在体制性宗教对于儒家信仰落实的层面。而儒家宗教性的讨论则是港台新儒家和海外新儒家的主要议题。他对于西方政治体制的吸收和警惕也是后世新儒家的核心议题，虽然进入的方式有所差异。

所以我们认定，康有为是现代儒家的开创者，就是因为康有为是始终站在对儒家经典的重新解释的基础上展开儒家的现代性叙事的。

现代儒学发展应该是一种整体性的发展。由于新文化运动将儒家与现代政治秩序对立，儒家被窄化为道德学说和心性哲学，儒家在社会秩序乃至政治规则中的作用被质疑。这造成了政治儒学和心性儒学的割裂。即使在今天，港台新儒家和大陆新儒家依然在围绕心性儒学和政治儒学何者为重展开争论。其实，在儒学的现代发展中，这两者不可偏废。

基于对公羊三世的发挥，康有为对于历史的认识具有空间意义上的广阔性和时间上的延续性的统一，这就是说，他并不将儒家视为一种对于中国特殊性的自我证明，而是始终持一种普遍化的立场来看待儒家与其他文化之间的关系。儒家一直有修身齐家治国平天下的自我要求，有王者无外的普遍主义立场。因此，复兴儒家并非是狭隘民族主义的表现，而是要摆脱近百年来因应现代性挑战所带来的防御性论证的弱者心态，更是中国人期待一个良好的世界秩序和以天地万物为一体的博爱精神的呈现。从《大同书》到晚年的天游学说，我们可以看到康有为对于生灵共生的终极关怀。

汉语中心性的文化蕴含
——以汉字中的"易"、"仁"、"祖"、"是"为例

中国艺术研究院副研究员　王巨川

一个民族的凝聚力和向心力在于这个民族是否有意识共同性和意向共通感,从而最后形成意向共同体和意识共同体,是什么东西在这些构成意识要件的过程中起作用,什么就是这个民族的纽带和桥梁。笔者以为,文化(而不是语言)是凝聚并维系民族的真正向心力和生命力。自从汉语文字在汉民族集聚之地流行起来后,汉字就充当了文化的向心力和生命力的重任。虽然汉语的语音体系并不相同,但汉语的八大方言系统均使用同一种汉字是其中的关键。更重要的是,汉文化的核心观念和思想精髓完全蕴含在汉字之中,这一点,我们可以通过其中几个典型的汉字——"易"、"仁"、"祖"、"是"来证明。这些汉字分别代表着汉民族的宇宙观、社会观、伦理观和价值观,它们把汉民族文化的精神要义和现实操作原则像密码一样编排在自己内涵的生成过程之中,然后以"踪迹"的形式罗织成汉民族的文化范式,永恒地守护着汉民族的精神疆界。

一

"易"字的语义及其生成路径是汉民族的宇宙观,或者说是汉民族的世界图景。有学者认为:"中国古代的阴阳学说(包括老学和易学)将阴阳引申为宇宙生成的两个基本原理。"[①] 而汉民族语言中能够体现阴阳一体的汉字正是"易"字。汉字中的会意字有内在的结构,既有语义结构、语法结构,又有逻辑结构,因而,字的内部结构塑造其意义。"易"字是"日"与"月"这两个字的层次结构。《说文解字·易部》云:"日月为易,象阴阳也。"《易·系辞上》也说:"生生之谓易。"韩康伯注:"阴阳转易,以成化生。"我们深入分析就能看出其意义和其形式的联系。"易"有三义:一为变易,如"易,转也,变也"。(《广韵·音韵》)"易,交易也,改也。"(《易·系辞下》)二为简易,如"易,不难也"。(《广韵·阐韵》)"是故君子自难也易彼,众人自易也难彼。"(《墨子·亲士》)三为不易:"'不易'就是认为天地秩序和人们所

---

① 张世英:《阴阳学说与西方哲学中的"在场"与"不在场"》,《社会科学战线》1998年第3期。

处的社会尊卑地位不可改变。"① 显而易见，一义和三义是相互矛盾的。但是，我们从其结构中又能顺理成章地推导出来这三个既相互矛盾又相互联系的意义。一天之内日伏月出的变换直接产生一种隐喻的效果代表变化。日月交替，周而复始，又产生另一种隐喻的效果，即简单性。世界上只有一种循环模式，即日月交替，又通过换喻的形式来表达不变性。为什么会把"日"和"月"这两个图形重叠起来形成"易"字表达这三个意义，这是形而上学的前理解问题，我们不得而知。然而，一旦其结构形成了，其意义的生成路径就不再是一个谜。抑或说它的意义项是一个既变化又不变化的悖论的结合，只要我们了解它的组合方式，也不存在什么奥秘可言。

"易"作为中国人的元书写学，蕴含着"变"与"不变"的矛盾属性在中国典籍中早有体现。《易·系辞下》说："《易》之为书也，不可远，为道也屡迁，变动不居，周流六虚，上下无常，刚柔相易，不可为典要，惟变所适。"但是，"变化有常则，这就是由正而反，由反而证，所谓'物极必反'"。② 这又是一种彻底的不变性。对于"易"的此种含义，德国哲学家黑格尔和谢林早有敏感的观察："历史必须从中国说起。因为根据史书的记载，它是最古老的国家，而它的原则又具有那样一种实体性，成为这个古老同时又是最新的原则。很早我们就已经看到了中国发展到今天的状态。因为缺少客观存在和主观运动的对立，所以排除了每一种变化的可能性。"③ 这就是万能的阴阳学说和它的衍生物。它的所谓变化只是阴阳的交替或者是阴阳的互变，然而，作为阴阳的本体论学说，则是永恒的不变的。

在中国传统文化的思维中，"如果服从更高的原则，是一个过程，一种变化的根据，那么这个绝对设定的（排除一切对立的）根据便是绝对稳定性和绝对不变性的根据"。④ 这是从类型上考察的结果。而在殊型上，中国的事物变化则是经常性的，今天是阳在场，明天是阴在场，呈现出循环和震荡的模式。这其中的奥妙就体现在"易"字的结构上。"易"是由"日"和"月"组成的上下结合而成的结构字形，它不同于平行组合的汉字结构（如"明"字）。上下组合结构直接产生出一种隐喻的效果，即表达阴阳秩序和二元对立的主体。《易·系辞下》说："乾坤其易之门邪？乾阳物也，坤阴物也。阴阳合德，而刚柔有体，以体天地之撰，以通神明之德。"其中表达毫无疑义地象征着两性的结合和强弱的对峙效果。两性的对立和强弱的对峙区分为中心和边缘，体现在场和不在场。在场和不在场的争夺，当然就会出现胜者和败者。"天之常道，相反之物也，不得两起，故谓之一。……阴与阳相反之物也，故或出或入，或右

---

① 商国君：《中国易学史话》，黑龙江人民出版社 1995 年版，第 30 页。
② 张世英：《阴阳学说与西方哲学的"在场"与"不在场"》，《社会科学战线》1998 年第 3 期。
③ 夏瑞春编：《德国思想家论中国》，江苏人民出版社 1995 年版，第 144 页。
④ 夏瑞春编：《德国思想家论中国》，江苏人民出版社 1995 年版，第 146 页。

或左。……天之道有一出一入，一体一伏，其度一也。"① 这恰恰说明了中国政治思想的核心观念，即圣王创世和天命糜常。

从"易"的意义构成来看，我们有理由认为汉字的构成已经突破了索绪尔关于对立与互补关系的原则。董仲舒云："天道大数，相反之物也，不得俱出，阴阳是也。"② "日"和"月"在"易"字中首先代表两个互补的事物，而在形式的结合中它们同时又是对立的。因此，在符号和世界的同构关系中，便出现了互补和对立同被一个符号所兼容，由对立表达互补、由互补表达对立的特殊现象。索绪尔严格区分互补和对立关系的做法在此彻底破产了。同理，变化和不变化本来是互补关系，而在"易"之中却是严格的对立关系。变化和不变化本来是一种聚合体关系，但是，它们同样可组合成结构段关系。

二

"仁"字则是中国文化的人性观，或称中国文化关于人的类本质的哲学信仰。之所以将其界定为哲学信仰，是因为在本质上它是哲学的，同时，当它进入中国式的人文意识领域之后，就被人文意识背后的权力将其演变成了信仰。既是信仰，就蒙上了宗教的色彩。"仁"，就是中国的"人论"，但不像卡西尔的《人论》那样，在哲学上说明人的类本质，而是像《圣经·创世纪》中的人论那样，在发生学上定义"人"。不过，"仁"正好和《圣经》中关于人的看法针锋相对，就像《三字经》的开头便是"人之初，性本善"一样，足以看到"仁"的启蒙意义和发生学作用。而《圣经》则把所有的任何一切的人皆定义为天生的罪人和不完善的人。而中国的人论则是把人定义为一个既是发生学上的又是经验性的良善等级的阶梯，所有人都是天生良善的，但有的人既是天生至善的又是经验性完善的。

《说文解字》对于"仁"的解释是："仁，亲也。从人，从二。"杜维明曾经对"仁"的符号学分析有过一段总结性的话语，他说："一般说来，从汉字的形义上看，人由两部分构成，一部分是人性的简单符号，意味着自我；另一部分是平行的两横，表示人的关系。比特布特里尔格在《儒家若干基本概念的语义学分析》一文中，……把人解释成'共同的人性'。……提出仁的根本含义应当是温和软弱，而且我根据他的理解推测，还有柔顺的意思。"他根据方颖娴对于人的两点概括（一为人类情感的柔弱方面；二为对别人的利他主义关心，亦即人性成熟的表现）指出："孔子创造性综合灵巧地把作为'爱人'的仁和作为'成人'（伦理学意义上的完人或成人）的仁结

---

① 董仲舒：《春秋繁露·天道无二》。
② 董仲舒：《春秋繁露·阴阳出入》。

合起来了。"① 我们看到，所有这些关于"仁"的符号学分析都指向它的整体结构。左边的偏旁代表人，尤其相似性产生，"二"只能从"人"获得明确的所指，即两个以上的人或群体。这个结构中，给我们的第一个较深的印象当然是一个个体"人"和整体的对立，个体服从整体的整体主义观就是"仁"的一个解释。这就能理解了孔子关于"仁"的一句话："颜渊问仁。子曰：'克己复礼为仁。一日克己复礼，天下归仁焉。为仁由己，而由人乎哉？'颜渊曰：'请问其目。'子曰：'非礼勿视，非礼勿听，非礼勿言，非礼勿动。'"（《论语·颜渊》）"礼"就是维护整体性的工具，克制自己服从"礼"的需要，就是成就整体性。由此可见，孔子的确是充分理解了"仁"这个字在有声语言形成前的前理解范式。

理解了"仁"的结构意义，对以其结构而推导出的其他含义便能够更加容易认知。例如，"子贡曰：'如有博施于民而能济众，何如？可谓仁乎？'子曰：'何事于仁，必也圣乎！尧舜其犹病诸，夫仁者，己欲立而立人，己欲达而达人。能近取譬，可谓仁之方也。'"（《论语·泰伯》）这段话是在告诉我们为别人设身处地着想就能达到维护整体性的目的。再如"出门如见大宾，使民如承大祭；己所不欲，勿施于人"。（《论语·颜渊》）于是，像"仁者爱人"，"刚毅木讷近仁"等说法中都能看到"仁"字结构所传达的意义。而这些意义项的背后则是一个千真万确的信念——人是天生向善的。至此我们非常清楚地看到，汉字的形式编码本意就传达着汉人的思维范式和思维成果。

孔子以降的其他儒家学者对于"仁"的丰富和阐释都不能离开这个范式，只是逐渐逐渐明朗化了，特别是关于"仁"的等级含义，充分肯定了"仁"是在不同人身上有不同的表现，而最高的"仁"是天的赏赐。这样就把关于人性论的概念上升为政治学的概念了。孟子说："夫仁，天之尊爵也，人之安宅也。"（《孟子·公孙丑上》）因此，"天将降大任于斯人也，必先苦其心志，劳其筋骨，饿其体肤，空乏其身，行拂乱其所为，所以动心忍性，增益其所不能。"（《孟子·告子下》）荀子则区分"雅儒"与"大儒"："雅儒"是"其言行已有大法矣，然而尚不能齐法教之所及，闻见之所未至，则不能知类也"。而"大儒"则能"以古持今，以一持万，苟仁义之类也，虽在鸟兽之中，若别白黑；倚物怪变，所谓尝闻也，所未尝见也，卒然起一方，则举统类而应之"。（《荀子·儒效》）董仲舒把孟子的天之尊爵和荀子的类之大德的思想结合起来，组成自己的天命仁人的思想："仁之美者在于天，天，仁也。"因为"天覆育万物，既化而生之，有养而成之；事功无已，终而复始；凡举归之以奉人。察于天之意，无穷极之仁也"。"人之受命于天也，取仁于天而仁也。"② 董仲舒的仁人就真正成了由天塑造的超人。用西方哲学的术语来说，仁人就是上帝。而人格化的上帝只能是皇帝，他

---

① 杜维明：《儒家思想新论——创造性转换的自我》，江苏人民出版社1991年版，第80、83页。
② 董仲舒：《春秋繁露·王道通三》。

代表上天来统治世界，这就是人性本善论的必然结果。

今人总结历史上关于"仁"的意义谱系，更能让我们看清这人性观的线索。"'仁'的含义很广。孔子孟子视情而定，多端发'仁'，但两人都曾把'仁'解释为'爱'，汉唐儒一般均以'爱'名'仁'，至宋明儒，有以'无我一体'言'仁'者，有以'觉'言'仁'者，而朱子释'仁'为'心之德，爱之理'最兼顾也最通行，阳明则认为不必非韩昌黎'博爱之为仁'。"① 我们从中能清楚地确定人性善观念的踪迹，并能够从中理出人性善论导致皇权统治和皇权崇拜的线索。而这一切又都是"仁"字的象形意义生发出来的。汉字的文字中心性可见一斑。

三

"祖"字的形态结构及其演化的过程是中国传统文化伦理观的真实写照。《说文》中对"祖"字的解释是："祖，始朝也。"清代王筠在《说文句读》中说："《檀弓》：祖者，且也。钟鼎文凡祖字皆作'且'。"甲骨文、金文的"祖"初文作"且"，后加"示"旁。郭沫若认为"且"就是男根的象形，而"示"就是一个跪着的人。"祖"字原来只是一个阳具，后来又画一个跪着的人显示着向阳具叩拜的象形意义。如图：

（甲骨文）　　　　　（春秋）

一个象形的阳具代表祖先，既有隐喻的功能又有换喻的功能。隐喻产生的意义是生殖崇拜，换喻则意味着长着阳具的人才有资格当祖先。当"祖"字发生了第一次形式变化，即在阳具图形的旁边加了一个跪拜的人形之后，阳具的形式被涂抹了，但精神阉割术则以踪迹的效果残留下来了。同时这种新的组合又生发出新的意义。跪拜的人形既能代表自我又能代表他者；他者也可以代表长者，也能指同辈。而阳具可以是自己的阳具，也可以是他者的阳具；阳具既可以是跪拜者的阳具，又可以是非跪拜者的阳具。这几种组合方式皆有不同的象征。

首先，自我向自己的阳具叩拜的确是不可能发生在现实的语境里，但确实可以发生在我们潜意识的书写形式中，这正好是精神阉割术的表现形式之一，说明我们自己被阉割了还要向离我们远去的阳具叩拜。这就是说在精神上不能生育了。正如弗洛伊德所说的那样，我们永生的希望只能靠我们象征的生育来完成，这就像生物的生育是我们永生的希望一样。当失去了精神生育的希望之后，变得对现实十分迷恋，对死的

---

① 何怀宏：《良心论》，上海三联出版社1994年版，第106页。

敬畏，对肉体享乐的追求（正如福柯观察的那样），都较其他民族为甚。这正是"祖"字的潜意识编码给我们留下的精神遗产。

其次，如果是自我向他人阳具叩拜，阳具原来的所指即祖先又作为踪迹显现出来。一切和祖先同构的事物，诸如祖训和规约、社会权力和伦理戒命，都将是崇拜的对象。精神生活将呈现两种状态，即精神手淫和精神卖淫。前一种为自我满足的方式，鲁迅的《阿Q正传》揭示的正是这种精神手淫的现象。而后一种则表现在他者为了某种自我利益寻求精神上的谄媚。

第三，如果跪拜的人形代表的是一个抽象的人，阳具代表着一个抽象的阳具，这深刻反映了一个隐性女权的社会特征和俄狄浦斯情结的缺失。俄狄浦斯情结不仅仅是生理需求成熟的象征，更重要的是精神成熟的象征，它既是对女人的追求，又是对于权威的追求，是对永生的追求和对权力价值的追求。在传统父权的社会中，菲勒斯（Phallus）的隐喻转化为精神父亲。这位精神父亲可能以上司的权威形式出现，也能以丰功伟绩的祖先形式出现，单向性的精神乱伦使人不可能有显示男权社会的机会。男人从时间性的动物变成了一个空间化的容器。时间性表现为从未来到现在的倒时，每一寸微小的时间都能被激活，这是创造和奋进的动力机制。空间化是由现在去封闭过去，现实就是一潭死水，它像一个不能生育的子宫，一次又一次把虚假的孕育当成真实的胎儿，从而不再索取，只担心失去的东西。只习惯于寻找祖训、寻找根据、寻找先例，这不正是空间化的模式吗？

但是，作为精神阉割术的象形意义和其表达的"祖"字，当然还显示出精神阉割术的主动方和被动方。凡是和"祖"能沾得上边的人就都是主动一方，反之则是被动一方。主动者的社会群体表达就是优势群体，否则就是劣势群体。任何男人都有当"祖"的希望。这就是"祖"字能够成为中国伦理观的象形条件。

上文对于"祖"字的解读不正是中国伦理准则的"父子关系"的两面性反映吗？当我们不是"祖"的时候，就要向我们的祖先的阳具崇拜，我们是祖的时候，就接受别人的崇拜。所以，这个"祖"字就是中国历时机会均等伦理范式的最简洁、最概括、最深刻的表达。

四

"是"代表了中国文化学意义上的重要理念和范畴，那就是价值观。中国人价值生成问题直接涉及一个汉语中使用频率极高的汉字，它就是"是"。"是"的象形结构和会意方式，正是价值生成的源泉。

"是"这个汉语字和英语的（to be）或者德语的（sein）有相同之处。但是，英语的（to be）或者德语的（sein）是该种语言的词，我则认为汉语的"是"仅仅是一个汉字。它的语义包含在它的结构方式中。西方的哲学范式中的关键和核心就是哲学的范式以"是之所是和在之所在"作为终极目标来进行旷日持久的探索和追寻，并最终形成了一个解构的局面。这正是德里达在其解构主义文本中反复说明的书写学的最终结果。然而，汉语中和它们大体表达同样意义的"是"却不仅不能引导着使用者走上解构的道路，反而是给汉语本族语者一种特殊的价值生成方式，按着这种价值生成路径，则必然是谁作判断谁就是价值的载体。

"本在、存在、存在者"，在西语中不是体现为三个词，而是一个词，即系词 to be。"本在"（Being）又叫"本真"，指本真状态，即万事万物之最终的原因；"存在者"（beings）是本在所显现出的各种具体形态，亦即世界万事万物；"存在"（am/ is/ are）是本真状态的展现或外化于世。"存在"作为"本在"或"本真"的基本展示方式，其重要功能之一表现为"断真"。"在现代汉语中，'是'主要只用于断真，即只用作判断词，但在历史上，'是'却并非只有一种词性、一个意义，只是它的不同词性都只用'是'一个形式体现。"① 那么为什么汉语的"是"最后竟然演变为只有一个显性的用途，即作为判断的用语呢？"'是'产生之初即有名词性的本真义，即'实事求是'之'是'。《说文解字》：'是，直也，从日正。'段玉裁注：'为正则曰是。从日、正，会意。天下之物莫正于日也'；'以日为正，则正于日也。'《尔雅》：'是，则也。'郭璞注：'是，事可法则。'……仔细分析'是'字的形体和古人对它的解释，可以看出'是'包含两个因素：准则、断定。'日'即准则，以'日'为标准断定其他事物是否'直''正'即为断定。以'日'为准则，反映我们祖先原始时期的存在论观念的自然神崇拜。'日'即万事万物之源，即'本在'或'本真'。《尔雅》所谓'法则'，是将抽象的形而上学概念具象化的一种表述：'法'，《尔雅·释诂》：'法，常也。'这个'常'是常理、规律之意。"②

"是"在古代汉语中用于近指指代的例子屡见不鲜。如："弗遇过之，飞鸟离之。凶，是谓灾眚。"（《易经·小过》）"萋兮斐兮，成是贝锦。"（《诗经·小雅·巷伯》）"晋人御师必于殽。殽有二陵焉。其南陵，夏后皋之墓也；其北陵，文王之所辟风雨也。必死是间，余收尔骨焉。"（《殽之战》）"子谓颜渊曰：'用之则行，舍之则藏，惟我与尔有是夫！'"（《论语·述而十一》）所谓近指指代，用今天的话说，就是"这个"的含义。这是一个直觉现象学的问题。当使用近指指代的时候，则是一个在我们知觉中已经被认同的事物，或者说是我们的知觉已经认识了的事物。这正好符合"日正"的知觉内涵。也就是说，近指指代是一个被言说者的知觉认同的事物，即被言说

---

① 肖娅曼：《汉语"是"的形而上之谜——"是"为什么发展为判断词?》，《哲学动态》2003 年第 2 期。
② 肖娅曼：《汉语"是"的形而上之谜——"是"为什么发展为判断词?》，《哲学动态》2003 年第 2 期。

者当成带有价值性蕴含的事物。

作为近指指代,"此"与"斯"和"是"具有同样的功能。但是,在所有使用近指指代的地方,都可用"是";但是,有些地方用"是"完全畅然无阻,而用"此"或者"斯"就显得不太自然,甚至就根本不能替代"是"。如"夫人、大子犹在,而外求君,此必不行"。(《左传·文公七年》)"子曰:'因民之所利而利之,斯不亦惠而不费乎?……君子正其衣冠,尊其瞻视,俨然人望而畏之,斯不亦威而不猛乎?'"(《论语·尧曰》)这里的"此"和"斯"都可用"是"替换。这表明"是"具有"此"、"斯"的语义功能。但是,下面的句子中的"是"就绝对不能用"此"或者"斯"来替代,如"挟泰山以超北海,语人曰:'我不能。'是诚不能也。为长者折枝,语人曰:'我不能。'是不为也,非不能也。故王之不王,非挟太山以超北海之类也;王之不王,是折枝之类也。"(《孟子·梁惠王下》)"长沮曰:'夫执舆者为谁?'子路曰:'为孔丘。'曰:'是鲁孔丘与?'曰:'是也。'曰:'是知津矣。'问于桀溺。桀溺曰:'子为谁?'曰:'为仲由。'曰:'是鲁孔丘之徒与?'对曰:'然。'"(《论语·微子》)这告诉我们,"是"字由其象形的结构生发出的一种价值属性,"是"不仅仅是判断真伪,更有了"应该"或者"应是"的价值含义。

《老子》一书中共用了47个"是"字,其中不乏直接用于对于价值属性即"应该"和"应是"的强调。如"是以,圣人处无为之事,行不言之教,万物作焉而不为始,生而不有,为而不恃,功过而弗居。夫唯弗居,是以不去"。(《老子·二章》)如"宠为下,得之若惊,失之若惊,是谓宠辱若惊"。(《老子·十三章》)另外,"是"的象形结构所表达的"正确"、"无误"、"自我确证"等含义仍然不少见。如"不自见,故明;不自是,故彰;不自伐,故有功;不自矜,故长"。(《老子·二十二章》)"自见者不明,自是者不彰,自伐者无功,自矜者不长。"(《老子·二十四章》)

在漫长的历史演变过程中,"是"把自己那些表达"正确"、"无误"、"自我确证"等用法全然放在了历史储备箱中,作为踪迹在静悄悄地发挥作用。

综上所述,中国传统文化与汉民族文字有着内在的深层联系,对"易"、"仁"、"祖"、"是"等文字的简要分析足以证明这一点,文化与文字的交织生成了中国人特殊的宇宙观、社会观、伦理观和价值观,无时无刻地浸透于汉民族代代相袭的精神谱系之中。

对话、融合与引领：大众文化语境中的儒家文化

济宁学院儒学与地域文化研究传播中心教授　王钦鸿

我们目前正处于一个复杂、深刻而剧烈的文化转型期。随着改革开放的不断深化，特别是社会主义市场经济的逐步确立，大众文化的兴起和迅猛发展，大众传播媒介和互联网的广泛使用，使中国的社会和文化结构正经历着一场深刻的裂变和转型。中国的文化格局由过去的主导文化一枝独秀，形成目前的主导文化、精英文化、大众文化等众神喧哗、和而不同、多元并举的局面。特别是大众文化的异军突起，对其他文化形态、文化元素形成新的挤压和冲击。大众文化的商业化、世俗化、模式化、平面化、娱乐化、视觉化等特点，对传统的理想信念、价值观、人生观、审美观乃至整个文化心理结构，造成了前所未有的巨大影响。大众文化通过戏仿、调侃、过度娱乐化等方式和手段，对其他文化形态以及其中表现出的严肃、崇高等旨趣和价值观进行解构。在这种新的文化语境中，传承几千年、仍然具有巨大生命力并越来越受到重视的传统文化特别是儒家文化与大众文化之间的关系，就成为一个重要的研究课题。而且这不仅是一个理论问题，更是一个无法回避的现实和实践中极其重要的大课题。

但对于这样一个重要而又急迫的现实和理论问题，还没有引起学术界应有的重视，从宏观上思考和研究二者的关系的著作和论文还不是很多。

笔者认为，在充分肯定大众文化积极作用的同时，不能忽视它的负面影响和消极因素，应充分发挥儒家文化的积极作用，通过对话、融合，以其核心价值观对正在发展中的大众文化加以正确的引领和影响。

一、众神喧哗：和而不同的多元文化景观

随着全球化时代的到来，文化多元化已成为当今世界的客观现实和历史趋势。在我国，随着改革开放的不断深化，特别是社会主义市场经济的逐步确立，我国的文化形态、文化元素也逐渐由单一走向多元。这种文化形态的划分因标准的不同而被表述为不同的形态。在中国当下的社会语境下，文化的类型划分，在学术界主流的论述中，一般将其划分为五种类型或形态：传统文化、主导文化、精英文化、大众文化与民间文化。[①]

---

① 金民卿：《大众文化论：当代中国大众文化分析》，中共中央党校出版社2002年版，第157页。

传统文化是指任何民族国家在漫长的历史发展过程中积淀下来的古代的文化典籍、艺术样式、精神信仰和风俗习惯等。它是当代文化赖以产生的背景和土壤，也常常成为取之不尽、用之不竭的素材库和灵感源泉。传统文化特别是作为其核心部分的儒家文化，仍然对当下的社会产生着不可忽视的影响，它已经渗透到现当代文化的血液里，成为我们的文化基因，同时也是我们实现民族文化伟大复兴的重要资源和基础。①

主导文化，"是指体现特定时代的群体整合、秩序安定或伦理和睦需要的文化形态。这种文化文本的一个主要特征是教化性，也就是直接或间接地传达统治群体制定的社会规范，以便教育、整合或感化社会公众"②。每个时代的统治群体都会有意识地书写或制作这种文本，并大力鼓励原来属于高雅文化的文人作家来参与这种旨在巩固统治性规范的书写工作，再借助行政手段加以传输和推广，以便更有效地去达到教化公众的目的。

精英文化，也称"高雅文化"，是指主要表达知识分子的个体理性沉思、社会批判或美学探索旨趣的文化文本。这些知识分子融合了中西知识精英对政治民主、社会理想和个体自由权利的认识和理解，具有一定的忧国忧民的人文终极关怀气度，对现实的政治、经济、文化有着自己的独立的看法，并且拥有较高的话语权，通过著书立说，确立了他们对国家和社会的干预力度。精英文化作为知识分子文化的主要表现形态，在当代中国的社会文化生活中占有着十分突出的地位。随着我国计划经济向市场经济的社会转型，精英文化的独到价值被逐渐得到确认。精英文化在精神上与中国传统的士大夫文化一脉相承，"以天下为己任"，"承担着社会教化的使命，发挥着价值规范导向的功能。它得以获得如此地位的前提，是全社会确立了一种普遍的信念：真理和道义尽在其中"。③

民间文化，是指体现普通民众日常通俗趣味的、带有传承特色和自发性的文化形态。它往往与前辈具有传承关系，从日常生活中自发地生长出来，带有自娱特点。普通民众没有多高的文化教养，关注的主要不是知识分子标举的那种个体意识、自我实现欲望，而是日常生活过程及其自娱效果。在中国这个尚未完全现代化的国度，民间文化还有一定的地位和影响。

作为一种新兴的文化形态，大众文化是一个尚未达成完全共识的概念。一般认为大众文化主要是指随着现代大众社会的兴起而形成的、与当代大工业生产密切相关，以大众传媒为主要传播手段、进行大批量生产、按市场规律运作的当代文化形态，包括各类通俗诗、通俗报刊、畅销书、流行音乐、电视剧、电影和广告、选秀活动等不同形态。大众文化不同于过去所谓的"工农兵文化"或"群众文化"，它并不是任何

---

① 刘自雄、闫玉刚编著：《大众文化通论》，中国广播电视出版社2007年版，第12页。
② 王一川：《走向文化的多元化生》，《社会科学》2003年第1期。
③ 邹广文：《当代中国的主流文化、精英文化与大众文化》，《杭州师范学院学报》2002年第6期。

社会形态都必然伴随的现象，而主要是工业社会以来才出现的文化形态（尽管也有其发展与演化历程）。同时，它以大众传播媒介（机械印刷媒介、电子媒介）为主要传播渠道，作为文化产业的制作需要按商品市场规律去运作，作为社会都市化的产物，以都市普通市民大众为主要受众，它往往具有一种与权力斗争或理性沉思相对立的感性愉悦特性，它不是神圣的或精神性的，而主要是日常的甚至物质的技术的。

以上几种主要的文化形态同时存在于共时性的语境中，形成了当代中国文化形态的多元化格局。"文化多元化的内涵丰富，它具有多元共存、和而不同、融合创新、长期稳定等特点；文化多元化实质上是价值观和思维方式的多元化；文化多元化有利于增强文化的生命力、保持文化的生态平衡、反对文化霸权主义、化解民族冲突等。"①

自古以来，自然界和人类社会就是多元的。自然界正是因为有无数种类的生物共存才如此丰富多彩而又生机盎然；人类社会正是因为有不同的民族和文化同在才格外绚丽多彩。因而"多元共存"是一种理想追求。无论是孔子的"仁者爱人"，还是墨子的"尚同"和"大同境界"，还是霍布斯、卢梭的"社会契约论"，抑或普里什文的"和谐共创"，都是以自我与他人的同时共在为前提的。21世纪的今天，文化多元共存不仅已是重大的现实，而且是必然的历史趋势，也是未来文化存在发展的方式。

这几种主要的文化形态各自保持自己相对独立的特点和品格，而又相互影响，相互渗透，相互交织，相互借鉴，相互融合，打破了20世纪50—70年代主导文化或者说官方文化一支独大的局面，共同构成了一个"众神喧哗"、和而不同的多元文化景观，丰富了中华民族的文化大观园。

二、"胡解经书"：大众文化对儒家文化的戏仿与解构

上述几种主要文化形态在当前中国社会中的地位和影响并非平等的，它们相互之间的关系可以说是此消彼长。其中，大众文化自20世纪80年代在中国大陆兴起以来，到20世纪90年代得到迅猛而强势的发展，特别是在发达的东部沿海大中城市，甚至成为文化的主流形态，对其他文化形态造成严重的冲击和挤压。

如何评价大众文化在中国当代社会生活中的作用，这是一个不容回避的话题。社会转型期文化发展的复杂性，使得人们对大众文化产生了见仁见智的价值评判分歧。保守者将大众文化斥之为资本主义文化，精英文化层则将其视为文化的堕落。如此大相径庭的立场的确需要我们认真对待大众文化的价值定位问题。

首先须指出的是，大众文化作为和我国改革开放与社会转型几乎同时出现的一种文化现象，它的产生具有历史的必然性，正如丹尼尔·贝尔所说："市场是社会结构和

---

① 张红霞：《论文化多元化的特点、实质和意义》，《国外社会科学》2010年第4期。

文化相互交汇的地方。整个文化的变革，特别是新生活方式的出现之所以成为可能，不但因为人的感觉方式发生了变化，而且因为社会结构本身也有所改变。"①

客观地说，大众文化因为是现代人的生活方式，它"对现代社会、经济、文化，对人的精神、心理，以及对整个社会的价值取向都具有重要的作用"②。大众文化的价值意义主要表现在：它使现代人回到本真的日常状态；大众文化加速了当代中国文化的多元化发展进程，推进了文化向大众的渗透；大众文化通过"游戏"的形式消解了传统价值；大众文化扩大了大众的公共领域，是产生平民意识与民主意识的土壤。

但是正像著名学者童庆炳先生说的，大众文化"养眼"，但不"养心"，"中国多数的大众文化产品经过商家的运作之后，为了赚钱，都不能不、不得不迎合读者的口味，甚至迎合读者的低级趣味，在愉悦和'养眼'中潜藏着消极的不健康的因素，甚至隐藏着毒素"③。大众文化在消解神性的同时，也有可能形成新的文化专断和文化霸权；大众文化在一定程度上削弱着人们的批判能力；其商业价值取向导致文化理想的失落和文化创造性的削弱。

目前，我国的大众文化发展确实存在着较为严重的盲目性、低俗性、过度游戏化和过于商品化等倾向，缺乏真正的文化个性和创造性。

20世纪80年代中期以后，特别是90年代，改革开放和市场经济的建立，使得以利为上、漠视权威的大众文化得以全面地生长、发育和扩散开来。尽管中国话语中的大众文化有着后发式与舶来品的味道，但大众文化一旦在中国铺展开来，便立即获得了它自身的巨大的解构力、浸染力和吞噬力。大众文化的影视、音响等文化制品更是如洪水泄闸，以"排山倒海"之势不断更新换代，构成了崭新的文化时尚。应当承认大众文化的出现是一种文化进步，对于中国当前的社会发展阶段是必不可少的。但肯定大众文化的进步性并不意味着可以漠视大众文化的弊端给中国带来的负面影响。事实上，大众文化自身存在着严重的人文精神缺失等种种问题和不足。大众文化的人文提升已成为先进文化建设迫切需要解决的现实问题。

大众文化的世俗性与商业性，常常通过过度娱乐化、游戏化的方式表现出来。这种娱乐化、游戏化，除了浅薄地博取观众（听众）的傻笑的手段之外，较为"经典"的是以周星驰的《大话西游》和王朔的所谓"痞子文学"为代表的大众文化以调侃、戏仿等手段对传统经典的解构方式。

著名学者王一川先生在《大众文化导论》一书中曾提到《射雕英雄传》中一段"胡解经书"的情节：

---

① 丹尼尔·贝尔：《资本主义文化矛盾》，生活·读书·新知三联书店1989年版，第163页。
② 刘自雄、闫玉刚编著：《大众文化通论》，中国广播电视出版社2007年版，第177页。
③ 童庆炳：《美学与当代文化讲演录》，广西师范大学出版社2007年版，第249页。

《射雕英雄传》第 30 回《一灯大师》写郭靖护送黄蓉去寻找一灯大师治伤，一路闯过"渔樵耕读"四大高手中的前三个。面对最后的高手书生，小说这样写道：黄蓉……见那书生全不理睬，不由得暗暗发愁，再听他所读的原来是一部最平常不过的《论语》，只听他读道："暮春者，春服既成，冠者五六人，童子六七人，浴乎沂，风乎舞雩，咏而归。"读得兴高采烈，一诵三叹，确似在春风中载歌载舞，喜乐无已。黄蓉心道："要他开口，只有出言相激。"当下冷笑一声，说道："《论语》纵然读了千遍，不明夫子微言大义，也是枉然。"那书生愕然止读，抬起头来，说道："甚么微言大义，倒要请教。"黄蓉打量那书生，见他四十来岁年纪，头戴逍遥巾，手挥折叠扇，颔下一丛漆黑的长须，确是个饱学宿儒模样，于是冷笑道："阁下可知孔门弟子，共有几人？"那书生笑道："这有何难，孔门弟子三千，达者七十二人。"黄蓉问道："七十二人中有老有少，你可知其中冠者几人，少年几人？"那书生愕然道："《论语》中未曾说起，经传中亦无记载。"黄蓉道："我说你不明经书上的微言大义，岂难道说错了？刚才我明明听你读道：冠者五六人，童子六七人。五六得三十，成年的是三十人，六七四十二，少年是四十二人。两者相加，不多不少是七十二人。瞧你这般学而不思，嘿，殆哉，殆哉！"那书生听她这般牵强附会的胡解经书，不禁哑然失笑，可是心中也暗服她的聪明机智……①

　　王一川在书中说的是大众文化与高雅文化的一种互渗情况：大众文化常常在调侃的意义上戏拟高雅文化以便取悦于普通公众，这是当今大众文化惯用的经典戏拟，就是用戏谑的方式拆解经典，"造成化雅为俗和以俗戏雅的效果"②。但王一川没有认识到这种"胡解经书"的调侃和戏仿，如果运用过度，就会给主导文化、精英文化、传统的优秀文化带来腐蚀性的消极效应。

　　事实上，这些年荧屏上热播的抗日神剧、宫廷剧等已成为严重的文化垃圾，这反映出制作人员的价值观错位和历史虚无主义。

　　在当今后现代主义的文化语境中，拼贴、戏仿流行，无厘头搞笑受到追捧，消解真实的滑稽剧占领了大部分荧屏。20 世纪 90 年代末，香港电影明星周星驰主演的《大话西游》在大陆上映，开搞怪之先河。宁财神编写的电视剧《武林外传》中，人物身穿古装，说话行事却又极其现代，以一个小酒馆为场景，鸡毛蒜皮之事常常被搞得一本正经。近年的穿越剧《穿越时空的爱恋》、《步步惊心》更是将对历史之扭曲发挥得淋漓尽致。这些剧作虽令观众耳目一新，体现了编剧丰富的想象力，活跃了人们的文化生活，但对历史或历史元文本的无度阐释也显示了回避真实的虚无主义态度。

---

①② 王一川主编：《大众文化导论》（第二版），高等教育出版社 2009 年版，第 21 页。

新世纪以来，抗战作为重要的题材类型不断被搬上荧幕，这本是好事，但也出现了不少"神剧"、"雷剧"。攻打鬼子变得易如反掌，如同儿戏。有的抗战剧中甚至出现"手撕鬼子"、"裤裆藏雷"等荒诞离奇的情节。这种篡改历史、扭曲历史的态度看似是民族主义情绪的集中表达，实际是对历史的无知，是历史虚无主义在作祟，在这种自我想象中其实回避了应该认真对待的严肃的历史问题。

对这种大众文化现象，如果不能加以正确的引导，而任由其发展，将会对主导文化、精英文化和以儒家文化为核心的传统文化的传播与发展造成很大的负面影响，甚至会使作为中华文化命脉的儒家文化的核心价值观产生扭曲和变异，从而造成严重的文化生态失衡。

三、对话、融合：儒家文化对大众文化的引领与影响

习近平总书记执政以来，非常重视以儒家文化为核心的优秀传统文化在实现中华民族伟大复兴的中国梦这个过程中的重要价值和作用。在纪念孔子诞辰2565周年国际学术研讨会暨国际儒学联合会第五届会员大会开幕式上的讲话中，习近平指出："孔子创立的儒家学说以及在此基础上发展起来的儒家思想，对中华文明产生了深刻影响，是中国传统文化的重要组成部分。儒家思想同中华民族形成和发展过程中所产生的其他思想文化一道，记载了中华民族自古以来在建设家园的奋斗中开展的精神活动、进行的理性思维、创造的文化成果，反映了中华民族的精神追求，是中华民族生生不息、发展壮大的重要滋养。"

儒家文化在中国社会中的地位虽几经起伏，但历经2000多年而不衰，表现出强大的生命力，这充分反映了儒家文化自身的价值。由此，儒家文化也早已成为我们中华民族的文化命脉。

那么，在当今多元文化的格局中，特别是面对大众文化咄咄逼人的发展态势，儒家文化应采取怎样的态度和策略呢？

首先，包容与对话。中国文化的主体是儒家文化，儒家之所以延续2000多年而不中断，在于其宽广的胸怀和巨大的包容性。儒家先后与道家文化、佛教文化、伊斯兰教文化融合，形成了儒道互补、三教合一、四教会通等形态，繁荣了中国的思想文化。

在新的社会转型期，儒家文化应适应国家意识形态需要，与主导文化、精英文化，特别是与大众文化相互包容，交流对话。儒家文化与大众文化之间，并不存在一种天然的鸿沟、水火不相容。儒家文化应以其巨大的包容性姿态，主动接纳、吸收大众文化的现代性因素。

笔者认为，对儒家文化与大众文化的关系进行理性的思考与分析就会发现，两种文化既有冲突又有契合。儒家文化的精英立场与大众文化的平民立场之间，不仅没有

必然联系，而且是相互异质的，这就决定了两者在总体上必然存在着冲突。这种冲突主要表现在：

1. 两者在价值取向上相背离。儒家重义原则与大众文化的求利目的是相互冲突的。

2. 儒家伦理中表现出的一些精神倾向与大众文化的重物质、技术层面的追求不一致。如儒学的中庸、内敛、贵和倾向与大众文化的重"包装"、重炒作等便有着很大的差异。

3. 儒家的终极关怀和大众文化的当前效应有很多差异，等等。

然而两者也有相互契合的一面，诸如：两者都有"现世"的情怀；大众文化的"大众性"与儒家"以天下为己任"的情怀也有许多相似点和内在联系；儒家的"义利观"与大众文化的商业性追求之间有着广阔的对话渠道；大众文化的娱乐性与儒家的"礼乐诗教"存在着天然的内在关联，等等。儒家文化应以宽阔的包容性气度，通过沟通实现与大众文化之间的对话和交流。

其次，融合与创新。在文化多元化的过程中，处在同一时代、同一文化体系中的多元文化各自具有鲜明的特色，但各种文化之间也在时刻不停地进行着相互交流和相互作用的融合。融合是你中有我，我中有你。在相互融合的过程中，每一种文化都按照自己的价值观念和标准进行自主的选择，吸纳来自于异质文化的精髓，不断丰富和发展自己。因此，文化在任何时候都是一个动态的、开放的、不断变化着的系统，它的发展、壮大永远离不开与其他文化的交流、沟通和传播。多元文化在融合的过程中也会伴有冲突，没有冲突就没有融合，而且融合本身就包含着冲突或矛盾。然而它们之间不是一种天然对立的关系，而是一种相互渗透、对话、融合和竞争的和而不同的关系。多元化的文化保持其生命力的途径是正视冲突，吸收借鉴其他文化的有益成分，使自身得以更新和发展。

儒家文化要想在新的历史条件下获得发展的机会和可能性，就只有通过吸收包括大众文化在内的其他文化的珍贵养料取长补短，迎接挑战，特别是应在与大众文化的交流、融合中才能得以不断发展、繁荣创新。

但是在与大众文化的复杂关系中，儒家文化只有包容、对话和融合还不够，为了大众文化健康和更好的发展，儒家文化还应该充分发挥它的价值规范的引领作用。

如上所述，少数人基于商业盈利目的而快速合成的一次性消费的文化快餐，其对人生的理解、对情感的投入以及审美的体验往往大打折扣，甚至有诸多的虚假和矫情成分掺杂其中；它的过度娱乐化倾向，使大众文化往往为了它并不想执意去追求文化价值的永恒性，而更多的是给工作忙碌的大众一种经验上的娱乐和感官上的享受；它的技术性、流行性等特点，也都存在严重的问题。凡此种种，都会对其他文化形态造成很大的负面影响甚至本质性伤害，进而影响到文化生态的平衡。

儒家文化必须承担起本身的责任担当，以其核心的价值观及其规范发挥对大众文化的引领作用和积极影响。儒家文化的这种引领作用表现在许多方面，这里仅举几例：

1. 儒家"见利思义"的义利观可以促进大众文化向着健康正确的方向发展。儒家"见利思义"、"不义而富且贵，于我如浮云"的义利观，"君子爱财，取之有道"的正当经营思想，孔子的君子人格，孟子"富贵不能淫，贫贱不能移，威武不能屈"的大丈夫气概，应该成为大众文化发展的基本准则。否则见利忘义、唯利是图，大众文化就会走到邪路上去。

2. 儒家伦理道德观对大众文化发展应该发挥正面的价值引领作用。运用儒家伦理道德思想的精华部分，使之渗透到大众文化的运作过程中，不仅是必要的，而且是可能的。针对当前我国大众文化发展中存在的突出问题，需要特别强调儒家伦理道德思想中的行为，诸如：诚与信、和为贵、节且俭、仁和爱等。

3. 儒家"敬业"、"学而时习"的治事治学观对提高大众文化从业人员的思想技术素养有着积极的作用。提高大众文化从业人员的素质是提升大众文化价值的关键问题。运用儒家的"敬业"、"时习"精神不断加强技术业务的培养训练，使他们"乐业"、"敬业"，不断提高思想、技术素质，是提升大众文化品质的不可或缺的重要环节。①

---

① 邵汉明主编：《中国文化研究 30 年》（上），人民出版社 2009 年版，第 113—116 页；又见陈汉才：《略论儒家思想对市场经济的积极影响》，《中华文化论坛》1995 年第 3 期。

中国文化的三个预设与新文化运动的宿命

清华大学人文学院教授　方朝晖

新文化运动过去整整 100 年了,但它带给国人的深刻影响远远没有过去。如何才能真正走出新文化运动的困境?我认为,今天我们需要继续加深对我们自身文化和西方文化的认识。例如,过去数千年来,中国文化究竟建立在什么样的基础上?如果说建立在儒、道、释的基础上,那么它们的基础又是什么?

为了更好地理解中国文化,本文尝试回到"文化无意识"来思考其答案,并提出这样一种"假设性"观点,即过去数千年来中国文化赖以建立的一个基础是以此岸取向、关系本位和团体主义为主要特征的文化心理结构或文化预设。正是这一文化心理结构非常强大,决定了中国文化中有效的社会整合方式,也相应地决定了儒、道、释在中国文化中的主导地位,并决定了中国文化的核心价值系统。

一、中国文化的第一个预设:此岸取向

首先,一个几千年来支配中国文化方向的事实可称为"此岸取向"。所谓"此岸取向"(英文可称 this - worldly orientation),也可称为"一个世界"假定,即以人的感官所及的这个世界——它以天地为框架,以"六合"为范围——为唯一或最主要的世界,同时不以死后的世界或鬼神居住的世界为目标或指导原则。数千年来,中国人的世界基本上就是这一个世界,鬼神即使有也存在于这个世界上,只是其居所与人有别而已。葛兰言(Marcel Granet)、牟复礼(Frederick Mote)、史华兹(Benjamin I. Schwartz)、郝大维和安乐哲(Daveid Hall & Roger Ames)、张光直(Kwang - chihChang)、李泽厚、杜维明、张岱年均曾论及中国人世界观的这一特征。

中国文化的"此岸取向",可通过与希腊文化、犹太—基督文化、伊斯兰教文化、印度文化的对比得到说明。希腊文化的"彼岸取向"性质可从古希腊哲学区分"现象世界"与"本质世界"(柏拉图称为"可感世界"与"可知世界")得到说明。按照古希腊哲学家柏拉图的说法,可感世界即人的感官所及的这个世界属于现象范围,而哲学家的永恒任务是超越现象世界,通过灵魂的转向去发现现象背后的那个可知世界即本质世界。本质世界与现象世界的区分在于它的永恒不变性。按照这一观点,则中国人所谓的"天地"也罢,"六合"也罢,皆属于可感世界。不仅如此,无论是九重天外还是九泉地下,无论是蓬莱仙境还是昆仑之巅,皆属于可感世界范围,因而皆不

应当作为人们追求的理想世界，而追求与这个世界合一（所谓"天人合一"）至少在古希腊哲学家看来是非常不可取的。

在犹太—基督文化中，灵魂不死以及对于死后世界的设定是以一种末世论世界观为基础的。末世论（eschatology）相信这个世俗的世界迟早有一天将化为乌有，在那一天到来之时，每一个曾经活过或正在活着的灵魂都将根据其罪孽大小接受审判。末世论实际上是以道德眼光对世俗世界的彻底否定，这种世界观实际上在伊斯兰教中也得到了共享。按照这种世界观，人活着的目的是为了摆脱这个世界，活着的方向目标或最高原则也来自另一个世界。末世论世界观认为这个世界从本质上只是短暂的瞬间，注定了要从整体上消亡。按照这种世界观，任何把这个世界本身当作目标、当作最高理想或原则并追求与之和合（如"天人合一"）的观念，都是彻底堕落或无望的。

在以婆罗门教—印度教—佛教为代表的印度文化中，对现实世界的否定是通过"六道轮回"等信念而确立的，每个人的生命都是无限的，众生都生活在充满罪恶的生命轮回中，而宗教修行的根本使命无非是解脱——最高的解脱就是从六道轮回中解脱出来。印度人的世界想象比中国人丰富得多，他们认为世界不止有一个，也许有三千大千世界，也许有相当于恒河沙粒一样多的世界；但是所有这些世界无不是虚幻不实，也都是需要彻底摆脱的。这种"四大皆空"的思想与中国人把天地之内的这个世界当成唯一世界、唯一真实的来源、一切法则的根源，差别实在太大了。

相比之下，数千年来中国人的"世界"是比较简单的，世界只有一个，那就是以天地为框架、以六合为范围的这个世界是一切生命与非生命、活着的与死了的事物共同且唯一的家园。中国人也相信鬼神，不过并不认为鬼神生活在这个世界之外，天堂与地狱都是这同一个世界的一部分。不仅如此，中国人的多神概念让这个世界的真实性得到了加强，因为每一个神是一个自然物的主宰，是它的保护者。山神是保护山的，海龙王是管理海的，日月星辰也都有管理它们的神。有了这些神的保护或管理，其他力量就不能侵犯它们。万物亦然。另一方面，中国人并不认为鬼神代表什么值得凡人向往的理想世界。就人而言，他们死后变成了"鬼"。按照《易传·系辞》、《左传》、张载《正蒙》等的说法，鬼只是一些游荡于这个世界上的云气而已，亦可以说是魂离魄而后的飘散状态，故有"孤魂野鬼"之说。所以鬼的世界是恐怖、可怕的，是人需要竭力逃离的。也正因如此，汉语有关"鬼"的术语都是负面的：鬼头鬼脑、鬼哭狼嚎、鬼鬼祟祟、鬼迷心窍、鬼东西、见鬼了、鬼话……这样的鬼的世界怎么可能是人所追求的呢？又怎么可能成为我们生活原则的来源呢？

正因为中国人只相信一个世界，他们也把这个世界从整体上神秘化、崇高化，把它当作一种崇拜的图腾。他们相信，这个世界蕴含着一切原则、原理，一切事物的秘密终将可以在这个世界中找到。所以中国人相信所谓天道、天理、天则、天命、天意、天性……哲学家、思想家的宏伟使命就是发现天地之道，人间最高级的存在就是与天地法则一致。所谓"与天地合其德，与日月合其明，与四时合其序"（《周易·文言·

乾》),所谓"天何言哉?四时序焉,风雨兴焉"(《论语·阳货》),所谓"致中和,天地位焉,万物育焉"、"与天地参"(《中庸》),皆表达了中国人对于天地的无限崇拜。

如果说儒家的理想就是把这个世界本身当作最高目标来造就,从未把任何脱离这个世界的其他世界当作人类的理想,因而是高度入世的;道家也从未脱离这个世界来追求生命的理想。道家一方面以长生不老的方式来让人们摆脱对死亡的恐惧,因而它对死后世界其实也是极力回避的;另一方面,它的理想世界诸如昆仑之巅、蓬莱仙境之类也不过是这个世界的一部分。庄子"庖丁解牛"的养生之道,是提示人们延长此生生命或扩充此生生命意义的一种活法,实际上建立在对这个世界、当下生命形态的肯定之上。庄子"以天地为棺椁,以日月为连璧,星辰为珠玑,万物为赍送"(《庄子·列御寇》)的说法,正是建立在中国文化的一个共同假定之上:天地是最大的现实,每一个人都生来自于它,死回归于它。与其消极地面对这个现实,不如积极地参与这个现实,与之融合无间,从而不再惧怕死亡。这就是中国文化中对于个人生命意义的最高理解:天人合一。

二、中国文化的第二个预设:关系本位

中国文化的"此岸取向"在整个中华民族性格的形成中所造成的影响是极其深远的,它的一个直接后果就是导致一种我称为"关系本位"的深层文化心理结构的形成。所谓"关系本位",我指中国人普遍生活在人与人、人与物的关系而不是人与神的关系中,并在一种层级化的关系网络中寻找自己的生命意义和人生归宿,表现为人与人在心理上、情感上以及价值观上相互模仿、相互攀比、相互依赖的思维及生活方式。① 这种"关系本位",也被西方汉学家称为"相关性思维"(correlative thinking)。

对于中国文化中"关系本位"的研究,自从20世纪末以来取得了长足的进展,不过主要体现在人类学、心理学等学科中。虽然中国学者梁漱溟先生早在20世纪40年代就提出过中国文化"伦理本位"(梁漱溟同时也指出此即关系本位)说②,但真正用科学统计的客观方法研究这个问题的还是一批文化心理学家。特别是以美国学者 Rich-

---

① 我关于这个问题的较系统论述参见方朝晖《文明的毁灭与新生:儒学与中国现代性研究》,中国人民大学出版社2012年版,第73—87页;方朝晖:《"三纲"与秩序重建》,中央编译出版社2014年版,第181—188页。
② 梁漱溟:《中国文化要义》,《梁漱溟全集》(第三卷),山东人民出版社1990年版,第94页。

ard Nisbett 为首①，同时包括 Shinobu Kitayama、Hazel Rose Markus 等在内的一批心理学家②在这个问题上取得了重要突破。Richard Nisbett 明确提出东亚文化在思维方式上的"处境化、关系性和相互依赖性"（relational, contextual, interdependent）的特点。此外，杨美慧、Andrew Kipnis 等人通过实证调查方式研究了华北地区关系学盛行的具体情形。③ 中国学者中，杨国枢、杨中芳曾对中国文化中的"关系"进行过认真研究，翟学伟近来所做的有关人情、面子与权力再生产的研究也与关系本位密切相关。

这里一个非常重要的问题是，中国人因为相信只有一个世界，于是他们在精神寄托上所能依赖的也只能是这个世界上的东西。但是由于这个世界的万物与自己距离有远有近，关系有亲有疏，人们不可能以同样的方式依赖于所有人或物，于是他们也只能在一种层级化的关系网络中定位自己。这就是费孝通先生所谓的"差序格局"。其中最近的关系是与自己家人的关系，而最远的关系也许是自己与这个世界上与己完全无干的、陌生的人或物的关系。由于"鬼神"也生活在这个世界上，并且能直接或间接干预我们的人生，所以人与鬼神的关系当然也是最重要的关系之一（除非你是无神论者）。对于鬼神，中国人就用祭祀这种方式来处理，而中国人祭祀的方式正表明他们认为鬼神也不能脱离这个世界，也需要依赖人的供奉。这种"关系本位"直接导致如下一系列后果。

首先，中国文化中真正的力量永远是人际关系，其力量远比一切制度强大。在中国人的现实生活中，"关系学"之所以永远盛行，正是因为中国人真正信得过的是关系而不是制度。在中国人心目中，一旦"关系乱了"，世界也就乱了。也正因为如此，儒家主张天下治乱从关系做起。从《中庸》的"五伦"为"天下之达道"，到《白虎通》"三纲六纪"之说，都说明儒家早就认识道：在中国文化中，天下大治依赖于人伦关系秩序的建立，这绝对不能用现代人靠法治建立秩序的观念来理解。这就是为什么儒家有"治人"重于"治法"思想的深层来源。

其次，从根本上说，个人的人生安全感来源于自己与对象的关系是否和谐，因此"和"成为中国文化中的核心价值。体现在社会现实中，人们用风调雨顺、国泰民安、九州大同、保合大和等词语来表达他们对于理想生存环境的强烈渴望。而体现在个人

---

① Richard E. Nisbett, *The Geography of Thought*: *How Asians and Westerns Think Differently…and Why*, New York: Fress Press, 2003.

② Alan Page Fiske, Shinobu Kitayama, Hazel Rose Markus & Richard E. Nisbett, "The cultural matrix of social psychology," in: Daniel T. Gilbert, Susan T. Fiske and Gardner Lindzey, eds., *The Handbook of Social Psychology*, vol. 1, 4th ed., Boston: Mass., etc.: the McGraw – Hill Companies, Inc., 1954/1969/1985/1998, pp. 915 – 981.

③ Mayfair Hei – hei Yang, *Gifts, Favors and Banquets: the Art of Social Relationship in China*, Ithaca, N. Y.: Cornell University Press, 1994; Andrew B. Kipnis, *Producing Guanxi, Sentiment, Self and Subculture in a North China Village*, Durham and London: Duke University Press, 1997.

生活中，最理想的情况是我与整个世界都能和谐一致，这样才可能从根本上彻底消除人生的不安全感。所以"天人合一"成为中国文化中的最高理想，或者说最高人生境界。

其三，关系的"层级化"导致中国人在处理与对象的关系时形成"区别对待"的特点，其中关系越近的对象，我们与其感情也越深，由此导致"人情"和"面子"成为人与人关系的两个机制。情感因素的特殊重要性导致"仁"成为中国文化核心价值之一。"仁"并不仅仅是"爱人"那么简单的事，而是在承认差序格局，从而爱有差等的情况下的"爱"；更重要的是，"仁"代表一种情感，它来源于"恻隐之心"，"不仁"就是在感情上的"麻木"。然而"仁"不单纯是事实，更是一种规范，是站在更高立场对人情的"引导"。要求人们行"仁"，就是要把源于亲情的爱扩充到其他一切人身上，从而最终有效避免由"区别对待"所带来的关系的不稳定、不和谐问题。

其四，由于死后世界不明朗，中国人对于生命不朽缺乏信念，导致他们把生命不朽寄托于"关系"，其中最直接的后果就是将自己的子女视作自己生命的延伸，由此给自己带来某种情感上的慰藉。日本学者加地伸行曾指出，中国人的宗教体现在对待后代方式上，他们用这种方式来克服对死亡的恐惧。① 所以中国人本能地认为孩子的诞生使自己的生命有了希望，因为子女是自己生命的再生、扩大、伸展。所以中国人宁可牺牲自己的一切也要保全子女。另一方面，中国人在经营家庭和亲情中所获得的无限的慰藉和精神归宿感，牟宗三称其为"无底的深渊"、"无边的天"②，也不是其他民族所容易理解的。

为什么"孝道"在中国文化中如此有力？为什么会历朝历代都有人主张"以孝治天下"？因为中国人最真实的情感和状态是在家庭关系中、在亲情世界中体现的。从道德教化的角度讲，孝也是中国文化中最容易被接受，从而也最简便易行的。孝道早在儒家之前即已存在，而儒家对于孝的提升、规范正是因为没有比以此来完善人伦关系更好的途径了。儒家这样做不单是出于技巧、策略的考虑，可以说正是找到了中国社会人与人关系的基础。

三、中国文化的第三个预设：团体主义

当然，"关系"并非总限于与单个对象的关系，还可以指与一组对象的关系，而这组对象构成了自己的生存环境，所以许烺光称中国文化是"处境中心的"（situation-

---

① ［日］加地伸行著，于时化译：《论儒教》，齐鲁书社1993年版。
② 牟宗三：《历史哲学》（增订八版），台湾学生书局1984年版，第74页。

centred，与美国文化"个人中心"相对）①。当一组对象构成一个团体时，就形成了文化团体主义（collectivism）。所谓文化"团体主义"，是与文化"个人主义"（individualism）相对的，常常指把个人当作集体的一份子而不是独立的实体，因而更关心个人在集体中的位置和形象，而我则认为文化团体主义指个人本能地认为集体是个人人生安全感的主要保障或来源之一。正因为如此，他们对于集体的强调，包括今天从正面讲的民族主义、集体主义、爱国主义之类，以及从反面讲的帮派主义、山头主义、地方主义之类，其背后的文化心理源头都是一样的，即体现了他们追求个人心理安全保障的集体无意识。

20世纪70年代末，荷兰学者Geert H. Hofstede通过美国跨国公司HERMERS在全球66个国家（后来国家数量大幅增加）员工的大规模问卷调查，提出个人主义—团体主义作为文化的四个维度之一的观点。② 后此以美国学者Harry C. Triandis为代表的一批心理学家在这个问题上进行了大量实证研究，取得了丰富成果。③ 根据他们的研究，中国文化无疑是团体主义指数相当高的。与此相应地，欧美多数国家的个人主义指数比较高。2002年，美国密西根大学的三位心理学家Daphna Oyserman、Heather M. Coon和Markus Kemmelmeier撰文对过去20多年来个人主义—团体主义的研究进行了全面总结；④ 2007年，Marilynn B. Brewer和Ya‐Ru Chen撰文⑤指出，文化团体主义应当区分为两类：关系式团体主义（relational collectivism）与集团式团体主义（group collectivism）。这一发现在东亚文化中尤其有意思，那就是东亚人所表现出来的团体主义，其中是一种关系式的团体主义。换言之，是按照人际关系的原则来建立的团体主义。而在美国等个人主义指数高的国家，并非没有团体主义，甚至有非常强的团体主义，但不是按照东亚式的人际关系为基础而建立的。我认为这进一步说明中国文化的团体主义来源于关系本位的文化心理结构。

文化团体主义研究的一个突出成果就是说明了这种文化对于"自己人/外人"或

---

① Francis L. K. Hsu, *Americans and Chinese: Reflections on two Cultures and their People*, Garden City, New York: Doubleday Natural History Press, 1953/1970.

② G. eert H. Hofstede, *Culture's Consequences: International Differences in Work‐related Values*, abridged edition, Newbury Park, London, New Delhi: Sage publications, 1980/1984.

③ Harry C. Triandis, Christopher McCusker & C. Harry Hui, 1990: "Multimethod probes of individualism and collectivism," IN: *Journal of Personality and Social Psychology*, 1990, Vol. 59, No. 5, pp. 1006 – 1020; Michael H. Bond, Kwok Leung & Kwok Choi Wan (Chinese University of Hong Kong), 1982: "How does cultural collectivism operate? The impact of task and maintenance contributions on reward distribution," IN: Journal of Cross‐Cultural Psychology, Vol. 13, No. 2, June 1982, pp. 186 – 190. 等等。

④ Daphna Oyserman, Heather M. Coon, and Markus Kemmelmeier, "Rethinking Individualism and Collectivism: Evaluation of Theorectical Assumptions and Meta‐Analyses", *Philosophical Bulletin*, 2002, Vol. 128, No. 1, pp. 3 – 72.

⑤ Marilynn B. Brewer & Ya‐Ru Chen, "Where (who) are collectivism? Toward conceptual clarification of individualism and collectivism," *Psychological Review*, 2007, Vol. 114, No. 1, pp. 133 – 151.

者说"圈子内/圈子外"的区分（英文中称为 in-group/out-group 之别），其实是前面所说的差序格局下对不同人"区别对待"的另一种表现方式。文化心理学家据此解释了为什么二战期间日本人不把外国人当作"人"对待的现象。在中国文化中，同样是人，对于不视为"自己人"的人进行残酷虐待的现象是常见的。比如我们时常听说的继母虐待孩子的情况（前不久，陕西一位继母将一位年仅 6 岁的非亲生女孩虐待致死，死者身上布满了刀痕，外阴被剪开），其实正是这种区分的典型表现。又比如中国人钩心斗角常常在人际关系上以帮派的形式进行，这种帮派实际上是利益角逐的需要，而在帮派斗争中对不属于圈子内的人的要求，往往不是以正常、理性的心态来看待，而容易在一种仇视情绪支配下用过于挑剔、不近人情的方式来对待。

文化团体主义研究还证明，在团体主义越强的国家，权威的势力越大；团体主义越弱的国家，社会的势力也越大。这是因为团体主义强使得当权者容易以集体利益为借口来强化集权。我曾提出，这一结果有助于解释为什么中国历史有所谓有"分久必合"的规律，而欧洲的历史上虽也曾出现像罗马帝国那样的大帝国，但从古希腊以来，"分而不合"却是主流。这是因为中国人认为生活在一个强大的集体里，个人的安全感会更强。所以个人主义文化中，人们更多倾向在小型企业里工作；而团体主义文化中，人们更多倾向在大型企业里工作。与西方人的"分"可以相安无事相比，中国人"分"了之后，就会钩心斗角（关系本位的一种表现形式），兼并之所以有市场也是因为有广泛的民意基础，至少统一可能减少由于相互窥视而带来的巨大的不安全感。对于中国古代政治历来有所谓"外儒内法"的说法，其实无论是法家，还是儒家，都是认可集权的。儒家的"三纲"思想，我曾解读为"从大局出发"等，这种大局精神诚然是普适的价值，古今中外无不需要，但"三纲"在中国文化中取得了超绝一切的核心价值地位，则又只能诉诸文化心理来解释。

文化团体主义还表现在现代东亚等国所特有的民族主义、爱国主义，其具体体现形式为：一方面以各种方式把本民族说成是最优秀、最值得自豪的民族；另一方面把本民族的历史打扮成一个饱受欺压的历史，那就是自己永远是最热爱和平的，而自己在历史上的一切战争中从来都是受害者。这种爱国主义教育据说可以激发民族自豪感，产生强大凝聚力。这种"凝聚力"之所以被认为无比重要，是因为文化团体主义从来倾向于认为集体的力量才是真正的力量。然而这种教育也导致人们缺乏自我批评的精神，不能以公平、客观的心态来看待国际关系特别是国际冲突。不仅如此，当其本来带有误区的民族主义心理在国际交往中受挫时，会进一步激化一种非理性的、盲目的排外心理，其最激烈的形式甚至可以引发国与国的战争。因此，对于文化团体主义，与对于关系本位一样，本来是需要引导和管理的，任其发展就可能导致很多消极的后果。

四、文化预设与新文化运动

此岸取向、关系本位和团体主义并非任何人强加于中国人的文化心理，而是一个在漫长历史演化过程中不自觉地形成的文化无意识（或说文化的集体无意识）。本文中又称这种文化无意识为"文化预设"、"文化心理结构"。我们从殷周金文、《左传》、《国语》以及先秦诸子的材料足以说明它在西周时期就已基本定型，此后一直支配着中华民族的生活长达3000多年，即使在今天也没有明显的松动。

根据对这种文化心理结构的揭示，可以进一步回答新文化运动的挑战。新文化运动给我们带来了一系列新的价值，包括民主、自由、人权、平等、法治等。但是根据我们文化心理—文化无意识分析，很容易得出这样的结论：此岸取向、关系本位和团体主义的文化心理结构，决定了中国社会中有效的整合方式是治人而非治法、靠贤能而不是制度立国，以伦理、德性而非自由、权利为本；民主、自由、人权、平等等西方价值之所以难以成为中国文化的核心价值，因为它们不符合中国文化人追求心理安全的根本需要。

但这是不是说民主、自由、人权、平等、法治等在中国文化中可能完全被排斥呢？答案恰恰相反。就这些概念所代表的尊重人的个性、尊严、人格独立，以及在制度层面强调以民为本，以及反对专制独裁而言，我们完全可以说，这一思想不仅代表人类所有文化的普世追求，而且在中国古代思想传统中并非异类。我们应当承认人格独立性、个性、尊严这些概念是中国传统思想的基石之一。

本文最后的结论是，既然中国人的文化心理结构没有改变，对于中国人来说，真正有效的权威、制度及价值的模式也不会从根本上动摇。在历史上，此岸取向、关系本位、团体主义所构成的深层文化心理结构导致仁、义、忠、信、孝、礼、智等成为中国文化的核心价值；鉴于今天中国文化仍然不可能逾越这一心理结构，所以中国文化的核心价值也不会大变，但需要我们结合其固有的自由精神来重新阐释，即从人的尊严、价值与人格独立性的精神出发来发扬儒家价值系统，这大概就是新文化运动在中国的宿命吧。

孔子之学与人生境界

孔子研究院助理研究员　卢巧玲

研究孔子及其思想学说，首先会想到《论语》。但对于《论语》的解读及其材料到底是随意堆砌还是有着内在的编排逻辑，历来见仁见智，莫衷一是。《论语》记载子贡赞美孔子时说："夫子之墙数仞，不得其门而入，不见宗庙之美，百官之富。得其门者或寡矣。夫子之云，不亦宜乎！"(《论语·子张》)事实上，能否"得其门而入"或者"抓住理解的钥匙"正是正确解读《论语》进而理解孔子思想学说的关键。那么研究《论语》的"门"或者"钥匙"到底在哪里？我们认为，这可以从对《论语》首章首篇的理解谈起，而要正确理解首篇首章，对开篇的那个"学"字进行正确的解读是其关键。

一、"学"与孔子之学、孔子之道

"学而时习之，不亦说乎？有朋自远方来，不亦乐乎？人不知而不愠，不亦君子乎？"对于《论语》开篇这三句话的理解，历代存在颇多分歧。传统上一般是从"学习方法、交友、人不知的态度"三个方面来解读。"学而时习之"，传统上一般认为是一种学习方法，将"学"字解释为"学习、学了"，而整句意思是学习要经常去温习。温习的内容通常指的是常识性知识，因此将"学"字如此解读，很大倾向上是将孔子之学等同于小学阶段的"洒扫、应对、进退"，"礼、乐、射、御、书、数"等文化基础知识和基本礼节。此观点正确与否，应结合对孔子之学的整体把握来理解。

"孔子布衣，传十余世，学者宗之。自天子王侯，中国言《六艺》者折中于夫子，可谓至圣矣！"(《史记·孔子世家》)孔子一生弟子三千，大多在其身后弘扬其思想，实践其政治主张，为孔子思想流传百世作出了贡献。而这与孔子"有教无类"的教育主张和"诲人不倦"的教学品格是分不开的。当然，孔门的有教无类是有条件的，即必须达到一定的年龄。《论语》载："自行束脩以上，吾未尝无诲焉。"(《论语·述而》)对于其中的"束脩"，历来解读不尽相同，主要观点有两种：第一，干肉说；第二，束带修饰。本文从第二种观点，即孔子办学不分贵贱，但有年龄限制，只有束带修饰，到了一定年龄的人向我求学，我才"有教无类"、"诲人不倦"。

结合周代学制来看，周代学制分为小学、大学两个阶段。《大戴礼记》记载："古者年八岁而出就外舍，学小艺焉，履小节焉；束发而就大学，学大艺焉，履大节焉。"

(《大戴礼记·保傅篇》)由此可见,孔子从事的是"大学"之教。因此,也只有达到"成童志明"的束脩之年,有了明确的是非观念,才能够真正地学习孔门之学,接受"大学"之教。

何为"大学"之教?朱熹《大学章句·序》记载:"人生八岁,则自王公以下,至于庶人之子弟,皆入小学,而教之以洒扫、应对、进退之节,礼乐、射御、书数之文;及其十有五年,则自天子之元子、众子,以至公、卿、大夫、元士之适子,与凡民之俊秀,皆入大学,而教之以穷理、正心、修己、治人之道。"① 这里,朱熹从"大学"与"小学"对比的角度指出,8 岁入小学,学习的是"洒扫、应对、进退","礼、乐、射、御、书、数"等文化基础知识和基本礼节;15 岁入大学,教以穷理、正心、修己、治人的道理,即学习如何参与国家政治,是为政之学。《礼记》中更是指出大学教育的内容与目的:"比年入学,中年考校。一年视离经辨志,三年视敬业乐群,五年视博习亲师,七年视论学取友,谓之小成。九年知类通达,强立而不反,谓之大成。夫然后足以化民易俗,近者悦服,而远者怀之,此大学之道也。"(《礼记·学记》)这里所提的"大学之道",既是指儒家理想中的大学教育过程,更点明其"化民易俗"的教学目标。

孔子创办私学,对弟子的教导正是根据"依仁"、"立礼"而"文质彬彬"的君子标准,追求品德修养的内外和谐与统一,教授弟子"修齐治平"的君子之道、为政之道。所以将"学而时习之"译为"学了要经常温习"的观点,似乎对孔子之学的理解有狭隘呆板之嫌。

有学者结合经典,回归孔子思想,提出首篇首章之"学"字是名词,意思是"思想主张",且认为开篇几个分话连贯一致,层层递进,有一个统一的主题②。在此基础上,杨朝明先生在其主编的《论语诠解》中将首章译为:"孔子说:'如果我的学说被社会普遍接受,在社会实践中加以应用它,那不是很令人感到喜悦吗?即使不是这样,有赞同我的学说的人从远方而来,不也是很快乐吗?再退一步说,不但社会没采用,而且也没有人理解,自己也不怨愤恼怒,不也是有修养的君子吗?'"③ 显然,这种解读更加符合"孔子之学"、"孔子之道"。

但是也有学者持不同看法,如黎红雷先生认为,"作为'思想'含义的'学说',《论语》另有专门的名词指称,这就是'道'",且认为"将本章的'学'理解为'学

---

① 朱熹:《四书章句集注》,中华书局 1983 年版,第 1 页。
② 刘家齐:《"学而时习之"章新解》,《齐鲁学刊》1986 年第 6 期;李启谦:《关于"学而时习之章的解释及其所反映的孔子精神"》,《孔子研究》1996 年第 4 期;杨朝明:《新出竹书与〈论语〉成熟问题再认识》,《中国哲学史》2003 年第 3 期;杨朝明:《〈论语〉首章与〈孔子家语屈节〉篇——孔子政治命运悲剧的两个诠释》,庞朴主编:《儒林》第一辑,山东大学出版社 2005 年版。
③ 杨朝明:《论语诠解》,山东友谊出版社 2012 年版,第 4 页。

习'而不是'学说',更符合孔门师徒当时的真实状况"①。

其实,将"学"理解为名词并不是当代学者的创见,早有学者提出。清人毛奇龄在其《四书改错》中指出:"错矣!学者,道术之总名。"程树德《论语集释》肯定了毛奇龄的说法,指出:"'学'字系名辞,《集注》解作动辞,毛氏讥之是也。"② 按此解释,"学"不是动词,应作名词,与"道"相近,指思想主张及对社会、人生的总体认识。这样理解似乎更加符合孔子之学,并且这种用法在《论语》中也多次出现,如"德之不修,学之不讲"(《论语·述而》)中的"学"也是学说之义;另外,《论语》中有:

"吾十有五而志于学。"　　（《论语·为政》）
"士志于道。"　　（《论语·里仁》）

在此处,很明显,孔子所志于之"学"与"道"是同位词,作名词,意思是"思想主张"。

将"学"字用作名词不仅仅出现在《论语》中,在古代其他典籍中也多有运用。如专门记录孔子及孔门弟子思想言行的《孔子家语》一书,曾经作为"伪书"一度遭受冷落,但随着出土文献的发现与研究,终于在学术史上重新获得肯定。"《家语》不仅是专门的孔子儒学的记录,而且在规模上也超过了儒家'四书'中的任何一部。……孔子思想博大精深,要准确地理解孔子,要真正走近孔子,绝不能舍弃《家语》,《家语》可以当之无愧地被称为'孔子研究第一书'。"③ 这段文字对于《孔子家语》的真实性与重要性作出了合理的认证与充分的肯定。而正是此书中有记载:"孔子往过孔篾,而问之曰:'自汝之仕,何得何亡?'对曰:'未有所得,而所亡者三。王事若龙,学焉得习,是学不得明也。……'孔子不悦,往过子贱,问如孔篾。对曰:'自来仕者无所亡,其所得者三。始诵之,今得而行其中之,是学益明也。……'"(《孔子家语·子路初见》)此处,孔篾、子贱所关注的都是自己所学有没有得到实践。毋庸置疑,此处之"学",此处之"习",得到了孔子的认可,是对孔子之"学"与"习"的正解。很明显,此处之"学"作名词,指"思想主张",且孔子之"学"是"修齐治平"的为政之道,这恰恰是"学而时习之"的最好注解,同时又是对"学而时习之"传统解读的有力反驳。

---

① 黎红雷:《关于"君子学"的三种境界——〈论语〉首章集译》,《孔子研究》2014年第3期。他认为,将本章的"学"理解为"学习"而不是"学说",更符合孔门师徒当时的真实状况。
② 程树德:《论语集释》,中华书局1990年版,第4页。
③ 杨朝明:《孔子家语通解》代前言《〈孔子家语〉的成书与可靠性研究》,齐鲁书社2009年版。关于《孔子家语》的可靠性,杨先生在此文中有详细的考究、论述。

再如《礼记·学记》中记载：

> 安其学而亲其师，
> 乐其友而信其道。

意思是安心于自己的学说而又亲爱自己的老师，喜欢自己的朋友而又笃信自己的主张。很明显，此处"学"与"道"为同位词，用作名词，意思是"思想主张"。再如"百家之学"（《庄子·天下》）与"丘少而修学，以至于今，六十九岁矣，无所得闻至教，敢不虚心"（《庄子·天下》），此两处材料中的"学"也明显与开篇之"学"属同义，当"思想主张"讲。

众多的文献材料印证了开篇"学"字应该作名词来理解，指"思想主张"。也由此得出，对于"学"字的正确理解，我们不应仅从语意出发，更应该结合孔子的教育以及学术思想来分析问题，力争全面、真实地映射出孔子的生平思想。

二、孔子一生的追求与"学"

孔子向往三代圣王之治，希望王道大行，实现仁政德治。为了自己的政治理想，他一生坚持不懈，努力奋斗，干七十余君，却始终没找到能够推行自己主张的"有国者"，但孔子始终坚持自己的追求。这在文献记载中多有体现，如陈蔡绝粮时，"孔子不得行，绝粮七日，外无所通，藜羹不充，从者皆病。孔子愈慷慨讲诵，弦歌不衰"（《孔子家语·在厄》），充分传达了孔子为追求自己的政治理想矢志不渝的精神。

临终前七日，"孔子蚤晨作，负手曳杖，逍遥于门，而歌曰：'泰山其颓乎！梁木其坏乎！哲人其萎乎！'"意思是泰山大概要坍塌了吧！栋梁大概要折坏了吧！哲人大概要病逝了吧！"既歌而入，当户而坐。"他的弟子子贡听见了，快步走进去见孔子，孔子叹息道："夫明王不兴，则天下其孰能宗余？"（《孔子家语·终记解》）圣明的君王不出现，那么天下谁能尊崇我的学说呢？随后，孔子就病卧在床，七天后去世了。"人之将死，其言也善。"（《论语·泰伯》）在生命最后的界点，孔子的话意味深长，他知道自己将不久于人世，在即将撒手人寰的时刻，不无遗憾的临别之语中，以泰山、梁木、哲人自喻，感叹无道的现实，感慨自己的学说未能行世，体现了孔子对自己思想学说的认识，对自己人生际遇的思考，让我们真实地感受到了孔子的理想信念所在，"学行天下"正是其一生的追求所在，那么体现孔子此信念的"学而时习之"出现在《论语》开篇也就顺理成章。

而从《论语》的作者及其成书过程来看，"学"为"思想主张"的解读也是合理的。东汉班固的《汉书·艺文志》载："《论语》者，孔子应答弟子、时人，及弟子相与言而接闻于夫子之语也。当时弟子各有所记。夫子既卒，门人相与辑而论纂，故谓之《论语》。"可见《论语》是弟子们从孔子那里得来的"第一手材料"，但值得注意的是，这些材料虽来自众手，却是经过了认真拣选，上文所说"论纂"便可说明。

《论语》既是经过认真拣选之"正实而切事者"①，又是由子思等人编辑而成，而子思作为孔子的孙子，自然比常人更加了解孔子，更加懂得孔子的思想与追求，因此作为《论语》提纲挈领的首篇首章必然会与孔子最关注、最看重的人生理想相对应。那么什么才是孔子最关注、最看重的呢？根据孔子生平活动，他一生追求"学行天下"，而让自己的学说被"有国者"采用，为社会所普遍接受，是其最大的人生理想，这无疑是众弟子的重点记录对象，也必然成为《论语》开宗明义的首章选择。

另外，从首篇首章三个分句层层递进的关系看。从字面来看，"学而时习之，不亦说乎？有朋自远方来，不亦乐乎？人不知而不愠，不亦君子乎"（《论语·学而》），说，通"悦"，喜悦、高兴。三分句中，"悦"与"乐"（快乐）、"不愠"（不怨愤恼怒）都是表达人的内心感受，也表明《论语》首章三个分句不应割裂开来进行理解。另外从程度上看，三种感受并非完全一致，其中"不愠"在层次上的不同显而易见。就"说"与"乐"而言，也是存在差别的，谯周注解说："悦深而乐浅。"② 宋代朱熹也曾表示："说在心，乐主发散在外。"③ 可见此二字虽都是表达愉悦的心情，但从愉悦程度上看，"说"更胜一筹。可见从"说"到"乐"，再到"不愠"，对喜悦心情的表达力度是逐步减弱的。而按传统解读来看，与表达不同程度心情的"说"、"乐"、"不愠"分别对应的是"学习"、"交友"、"胸怀"，三者之间仿佛并无先后、高低等层次上的关系，使得前后衔接上过于牵强。而用不同的措辞表达自己学说分别处于为"有国者""推而行之"、"有朋自远方来"、"天下莫能容"三种不同境遇的心情，更能准确、细致地传达出孔子对自己学说的坚持及其君子情怀。同时，首章三个分句内在统一，也更加符合文本内容，更具有说服力。

可见关于孔子的学说、主张能否被社会普遍接受作为《论语》首篇首章，是《论语》编纂者的必然选择，更加符合孔子的生平追求，当然也进一步证实了开篇"学"字作为名词"思想主张"的正确性与合理性。

三、"学"与孔子的人生境界

"人不知而不愠，不亦君子乎？"面对"人不知"的境遇而"不愠"是孔子人生境界的真实写照，但此"人不知"到底是"别人对我了解"，还是"别人对我的学说不

---

① （宋）叶适：《习学记言序目》，中华书局1977年版，第231页。
② （蜀）谯周撰，（清）马国翰辑：《论语·谯氏注》，见《玉函山房辑佚书》。
③ （宋）朱熹：《四书章句集注》，中华书局1983年版，第47页。

理解"，是把握此问题的最大疑点。

其实关于孔子对待"人不知"的境遇在相关的文献中多有印证。文献表明，孔子对天是敬畏的，把行道作为天赋与自己的使命，希望自己的主张能够流行，实现大同理想。但"道之不行"的社会现实让孔子的理想难以实现，此时，孔子表现出的态度是"不怨天、不尤人"（《史记·孔子世家》）。所以陈蔡绝粮，从者皆病之时，面对子路"意者夫子未仁与，人之弗吾信也？意者夫子未智与，人之弗吾行也"的质疑和困惑，子曰："由未之识也……夫遇不遇者，时也；贤不肖者，才也。"面对子贡"夫子盍少贬焉"的提议，他指出："君子能修其道，纲而纪之，不必其能容。"他认为"君子博学深谋而不遇时者众矣"（《孔子家语·在厄》），说明孔子对于自己所处的时代以及自己的处境有清醒的认识。"道之将行也，命也；道之将废也，命也"（《论语·宪问》）但这并不意味着孔子会放弃行道的努力，《孔子家语》记载他的言论："芝兰生于深林，不以无人而不芳；君子修道立德，不为穷困而改节。"他认为，君子面对自己的人生态度是，不论人生显达，还是身处困厄，都不要改变自己的节操，反而应该坚持自己的追求，当然，这并不是"追求虚无缥缈的'喜悦'"，更不是给自己和弟子们开出"'我的学说被社会普遍接受'的空头支票"①，而是在对自己所处时代有着深刻认识的基础上，作出的择善而固守之坚持，可谓"为之者人也，生死者命也"（《孔子家语·在厄》）。

这与开篇中孔子面对"人不知"而"不愠"的人生境界恰好一致。自己的学说若能为"有国者"推而行之，是最理想的追求目标，"不亦说乎"；退一步，"天下莫能容"，"居之穷也"，但当听闻颜回"夫子推而行之，时不我用，有国者之丑也"的赞同，孔子欣然叹曰："有是哉。"一句"讲得有道理"的感叹，道出了"世不我用"，能有志同道合若"颜氏之子"者，"不亦乐乎"的欣喜；"不容"而不"病"，"然后见君子"，此处之"君子"与"不亦君子乎"之"君子"，从精神状态到境界完全一致。从而推知，"人不知"是别人对自己的学说不了解，也侧面印证了"学"字作为名词"思想主张"之解的正确性与合理性。

对于"人不知而不愠，不亦君子乎"中孔子自称"君子"的论述，黎红雷先生在其文中提出质疑与否定，他认为，孔子本人"很谦逊"，"不会自许为'君子'"②。其实孔子认为人可以分为五类：庸人、士人、君子、贤人、圣人。③ 孔子不以圣贤自居，但自己却是以"君子"自期、自许的。例如，在他们师徒"周游列国"陈蔡绝粮时，

---

① 黎红雷：《关于"君子学"的三种境界——〈论语〉首章集译》，《孔子研究》2014 年第 3 期。
② 《关于"君子学"的三种境界——〈论语〉首章集译》一文中认为"君子"确实是孔子办学的培养目标，但能否成为"君子"，孔子的标准是很严格的。
③ 《孔子家语·五仪解》："孔子曰：'人有五仪：有庸人，有士人，有君子，有贤人，有圣人。审此五者，则治道毕矣。'"

孔子就曾对子路说："君子博学深谋而不遇时者众矣，何独丘哉！"（《孔子家语·在厄》）毋庸置疑，在这句话中，孔子正是以"博学深谋而不遇时"的"君子"自居的。如果《孔子家语》这里的记载没有问题，那么说"孔子本人却不会自许为'君子'"就成了问题。

实际上对于孔子是否自称"君子"的问题在《论语》、《孔子家语》等文献中早已有了明确答案。"君子"一词在《论语》中出现107次。首先，作为孔门办学的培养目标，虽然孔子对君子的标准很严，但在《论语》中多次出现被孔子赞为"君子"的人，如子产、子贱、蘧伯玉、南宫适等四人："子谓子产：有君子之道四焉：其行己也恭，其事上也敬，其养民也惠，其使民也义。"（《论语·公冶长》）"子谓子贱：君子哉若人！"（《论语·公冶长》）"南宫适出，子曰：'君子哉若人！尚德哉若人！'"（《论语·宪问》）"子曰：君子哉蘧伯玉！邦有道，则仕；邦无道，则可卷而怀之。"（《论语·卫灵公》）。其次，《论语》中多次出现孔子面对"君子"的自谦之语，但不难理解，这是在具体情况下孔子对自己的严格要求，例如："躬行君子，则吾未之有得。"（《论语·述而》）"子曰：'君子之道三，我无能焉：仁者不忧，知者不惑，勇者不惧。'"但是，对此，子贡的话足以代表时人及孔门弟子的态度，"夫子自道也"（《论语·宪问》）。并且无论是君子标准严格还是自谦，都与孔子自称"君子"并不矛盾，且并不表示不能自称。《论语》中也有称孔子为君子者，如："仪封人请见，曰：'君子之至于斯也，吾未尝不得见也。'从者见之。出曰：'二三子，何患于丧乎？天下无道也久矣，天将以夫子为木铎。'"（《论语·八佾》）再如颜回回答孔子曰："夫子何病焉？不容，然后见君子。"老师，您有什么忧愁的呢？虽然不被接受，但是这样才显出了君子的本色。孔子欣然叹曰："有是哉。"（《孔子家语·在厄》）可见对于别人对自己"君子"的称呼，孔子也是接受的，并且此处与颜回的一问一答，与"人不知而不愠，不亦君子乎"的思虑相同，语气一致，体现了孔子的执著与君子境界，同时也印证了"不亦君子乎"之"君子"作为孔子自称是完全可能的。

结　语

研读《论语》，我们首先是为了了解孔子及其学说。孔子曰："不知言，无以知人也。"《论语·尧曰》）所以杨朝明先生指出："要正确解读《论语》，必须揭开《论语》的'秘密'，从而把握本书的整体结构，理解《论语》要表现的真正的孔子。其实，《论语》的'秘密'不在别处，恰恰就在人们最熟悉、人人都知道的《论语》开篇第一章，……理解这一章的关键在于第一句。"所以有了对开篇"学"字的正确理解，我们就拿到了把握《论语》全书乃至孔子思想的金钥匙，"得其门"而入，一切"宗庙之美，百官之富"尽收眼底。

如上文所述，《论语》开篇之"学"字的理解已经很清楚，"学"字确系名词，指孔子的思想学说与主张，首篇首章三个分句连贯一致，正与孔子的人生主题相应，是孔子一生追求"学行天下"的真实写照，也是其"人不知"君子品格的真实体现，开宗明义点明了整部《论语》的主旨。当然，对于《论语》中"学"字的把握还需要具体问题具体分析，视具体语境而定。

作为儒家和谐话语的内在超验

俄罗斯圣彼得堡马卡洛夫国立海运大学哲学与文化学系教授
尼古拉·米古诺夫（NIKOLAY MIGUNOV） 中共中央编译局
外国专家、哲学博士 凤 玲（OLGA MIGUNOVA）

我们很多人对四年前出版的论文集《重视儒家伦理》记忆犹新，然而应当注意的是，任何对伦理的思考都涉及有关其本体论和形而上学理性的严肃反思，以及对存在的天、地和人维度的探讨。儒家伦理中，问题的关键在于这三个基本的本体论原则的协调统一，而其中的重点是人。首先，一方面这是人的个人意志、抱负、态度和欲望协调统一的问题；而另一方面则在于天道或天命。众所周知，这个问题的答案可表述为天人合一，即天与人的统一。这种统一在人的内心进行，并由人来实现。

新儒家将这类以统一的形式表现出来的关系视为和谐，和谐就是众声交响而又调和。今天，这种理解比以往任何时候都更有意义。和谐的出现是因为多个声音产生了多样性，在中国传统中，和谐如宇宙一般辽阔包容，同时又具有社会性和人性。总之，在儒家思想看来，人的内在是一个社会实体，而反过来，社会实体（社会性）的内在也是一个人类实体。社会性是人类唯一可能的存在途径，但社会性显然具有各种形式，并在不同维度呈现出来。

这是否意味着在这种情况下，"仁"作为人类的本质之一，也是一种形式的社会性？如果我们仍然停留在西方占主导地位的二分逻辑框架里，很可能就会得出这样的答案。顺便说一句，这即是卡尔·马克思得出的结论。他完全将人类的问题简单地看作是社会关系的综合。在儒家思想中，尤其是在当代新儒家思想中，和谐问题——或者说天与人统一的问题被放在更为广泛的视域里加以观照，被看作是"天人合一"的问题，人不仅仅被当作社会的反射，还被视为参与全球宇宙创造进程的伙伴。

"天人合一"式的和谐问题是多维度的。在各个领域或维度中，无论是宗教的、形而上学的、伦理的、审美的、狭义社会的还是私密、个人的，都能发现它的踪迹。

但在任何情况下，和谐都表明在所有内在形式与超验形式之间，也即在内在与外在形式、世俗与神圣形式、现实与理想形式、当前和未来形式，以及凡俗和永恒形式之间，存在着深层本体论关系。

不论表现形式如何，在儒家对超验和内在的辩证关系的解读中，最重要的是，这两种存在形式不是毫不相关的独立实体。两者之间不存在等级关系，也就不存在任何冲突。这是一种非常独特的观点，当代新儒学将其称为"内在与超验的统一"或"内在超验"。

从新儒学的角度来看，总的来说，中国和西方代表了不同类型的世界关系，看待超验世界时尤其如此。新儒家的立场显然侧重于陌生的西方人类中心主义世界观——对世界抱有的宗教性的、充满敬意的态度基调。

因此，在西方和中国，动机和自我改造的发展并不相同，但这并不一定基于马克斯·韦伯假设（提出）的内在与超越的冲突，缺少这种冲突并不一定导致调整在世界上的位置。就中国人对世界的感知而言，更适宜的做法不是去探讨如何调整世界，而是如何与世界保持一致。这并不意味着屈服于世俗的世界，而是体现了一种不同的宗教信仰，它指引着中国人与世界的互动。这无关于对客体世界的统治，而有关于与所有生灵和事物的一致与和谐。

事实上，这种有力的论点从根本上改变了事物的本质。当然，无论是"调整"、"一致"或是"接受"，它们都是不同的东西。

如果说轴心时代的经典宗教性类别的典型特征是两个世界，即世俗世界和神圣世界的对立，那么儒家的宗教性就是基于基本的本体论和"天人合一"的伦理论。这种特殊的宗教性主要是内在的。在这里，生命本身因其自然、社会、宇宙和人文的形式，就已经是神圣化和崇敬的对象。尽管如此，这里对生命的崇敬与传统宗教中的崇敬不同。它的最高形式是生命的并存，即事物本质与个体自己的本性的共存，也就是个体中的自然。尽管如此，且让我们将生命理解为一种内在物质，它不仅显示为神圣化、尊敬和崇敬的对象，也是主动转型、"养育"和培养的客体，也就是"超验"的对象。

儒家认为生命的更高意义可以并且应当在"今世"实现，因此可以将超验理解为"内在的组成部分"，反之亦然，即认为日常生活中出现的万事万物，包括个体自己，除拥有个体和私密的意义圈子外，都拥有深刻的社会—宇宙意义和重要性。这个世界是一个整体，是一个内在超验的世界。这个结论是真正的儒家话语的最重要陈述。换而言之，它有关于现象的普遍联系、万事万物之间的相互联系，以及本质存在的和谐。

基督教文化假定超验世界与内在世界之间存在不可逾越的鸿沟，因而存在罪恶世界与神圣世界的冲突。与基督教文化相反的是，中国传统假设这两个世界存在密切联系，或者更准确地说，中国传统认为这两个世界是非二元的。这种非二元并非意味着对绝对性的亵渎和道德价值观的普遍化，恰恰相反，它意味着两者不再是故意从生活中分离出来的空洞抽象。事实上，从中国传统中可以发现，只有当超验和内在成为日常生活的规范，也即成为某种日常事务时，才能找到存在的全部意义。另一方面，世俗世界不再仅被视为此时此地的生活，而是将每个人的生活视为一个宇宙，并因最高的自我超验感也即仁的养育而神圣化。

内在超验具有包容性：仁的超验理想只能通过与他人的日常、持久的道德互动和为他人着想而实现。仁的事迹没有高下之分，从"天"的角度而言，这些事迹都是平等的。要培养仁，如果纯粹将其视为个人性的，或是只考虑某些人而不考虑其他人的话，就无法成功。相反，仁的培育，只能通过将他人当作自己而做出自发的伦理冲动才能实现。通过善待彼此，人类获得突破，进入超验，并成为道德世界的共同创造者，因为道德世界的创造并未完成。说得更详细一点，我们每时每刻都在创造这个道德宇宙。正如古人所说，"你中有我，我中有你"。这种超验—内在的非二元性/实体渗透了生活的各个层面（维度）——宇宙的、自然的、社会的和人类的层面。牟宗三适时地将这种在人类生活各个层面无所不在的超验伦理合一性称之为"道德的形而上学"。事实上，它就是真正的儒家和谐话语。

英文原文：

Immanent Transcendence as Confucian Discourse of Harmony

NIKOLAY MIGUNOV（尼古拉·米古诺夫）
OLGA MIGUNOVA（凤玲）

Many of us remember that the proceedings expressive named "Taking Confucian ethics seriously" has published approximately four years ago. However, it should be noted that any consideration of ethics involves serious reflection about its ontological and metaphysical reason, and discussions on the terrestrial, celestial and human dimensions of being as well. In Confucian ethics question is about of harmonization of these three fundamental ontological principles, the focus of which is a human being. First of all, it is a question of harmonization of his individual will, aspirations, attitudes and desires, on the one hand, and the heavenly Way – dao or the heavenly destiny – tianming, on the other hand. As we known, the decision of this question is expressed by the formula Tianren he yi – the unity of heaven and man. This unity is carried out in man and by man.

New Confucianism regards such a type of relations which takes a form of unity as the harmony, and the latter as a symphony. Today, such an understanding is relevant than ever. The harmony arise namely due to polyphonic voices' diversity, which in Chinese tradition has a cosmic and at the same time-the social and human nature. After all, in accordance to Confucianism, the person is internally a social substance, and in turn, the social substance (the sociality) is internally human one. The sociality is the only conceivable way of human existence, although the forms of the sociality are obviously diverse and materialize itself in a variety of dimensions.

Does this mean that in such a case, the essence of human being – ren, – is a form of sociality? Actually, the answer might be like that, if we stayed within the frameworks of the western predominantly dichotomous logic. By the way, this is namely the conclusion made by Karl Marx. He completely reduced the problem of human being to the totality of social relationships. In Confucianism, especially in the contemporary new Confucianism, the problem of harmony or, in other words, the problem of unity of heaven and man, is regarded much wider – as anthropocosmic one. Man is understood not as a mere reflex of society, but as a partner of the global cosmic process of creation.

The problem of anthropocosmic harmony is multidimensional one. It manifests itself in a variety of areas or dimensions religious, metaphysical, ethical, aesthetical, social in a close sense, private/personal, and so on.

But in any case, it expresses the existence of deep ontological relationships of all modalities of immanent and the transcendent – between inner and outer, the profane and the sacred, the reality and the ideal, present and future, mortal and eternal.

The most important thing in the Confucian understanding of the transcendent and the immanent dialectic, whatever specific forms it express, is that these two forms of being are not the autonomous entities without any respect to each other. There can be no hierarchy between them, and therefore any conflict. This is a very peculiar point of view, which was coined by contemporary new Confucianism as "the unity of the immanent and the transcendent" or "immanent transcendence".

From the new Confucianism's perspective, both the China and the West represent different types of world relationships in general, and to the world of the transcendent, in particular. Position of the new Confucianism obviously focuses the shade unfamiliar Western anthropocentric world view – the tone of religious and reverential attitude to the world.

As a consequence, the development of motivation and self-transformation in the West and China are different, not necessarily based on the conflict of the immanent and the transcendent, as Max Weber assumed (proposed). The absence of such a conflict does not necessarily lead to adjustment position in the world. In respect to the Chinese perception of the world, it is more fair to talk not about adjustment to the world, but more definitely about accordance with the world. This does not meant a surrender to this – worldly world, rather it is a different type of religiosity, which orients the Chinese to interaction with the world. This is not about of domination the world of objects, but about of accordance and harmony with all creatures and things.

Indeed, it is a strong argument, which is fundamentally changing the essence of the matter. Of course, these are different things – "adjustment" and "accordance or acceptance".

If the classic religiosity's types of Axial time are characterized by contrasting two worlds – the worldly one and the sacred, the Confucian religiosity is based on the fundamental ontological and at the same time ethical thesis Tianren he yi (Heaven and man are one). The religiosity of this special kind is predominantly immanent. The object of sacralization and reverence here is life itself – in its natural, social, cosmic and humane modalities. However, the reverence of life here is of different kind than in traditional religions. Its highest form is the life coincidence, corresponding the nature of things and one's own nature, that is, nature in oneself. However, let's understand that life as immanent substance appears not only as an object of sacralization, worship and reverence, but as an object of the active transformation, "nurturing" and cultivation, that is an object of "transcending".

Confucian belief that the higher meaning of life can and should be implemented in "this" life, makes it possible to understand the transcendent as "an integral part of the immanent" – or vice versa, – the understanding that everything that happens in everyday life, including me personally, has, in addition to the personal and intimate circle of meanings, a profound sociocosmic meaning and significance. The world is one, and this world is the immanent transcendent one. That conclusion is the most important statement of the genuine Confucian discourse. In other words, it is about the universal connection of phenomena, correlation of everything with everything, or the harmony of essence's being.

In contrast to the Christian culture, which posits an abyss between the worlds of the transcendence and the immanence, and as a consequence – the conflict between the worlds of sin and holiness, Chinese tradition postulates a close connection between these worlds, or to be more correct – a nonduality of these worlds. Such a nonduality does not means profanity of absoluteness and universality of moral values, – on the contrary, it means that they are no longer an empty abstraction which deliberately cut off from life. Indeed, they find full meaning of existence only when they become the norm of everyday life, i. e. something ordinary. On the other hand, this – worldly world ceases to be perceived as here – and – now life only, and the life of every person begins to be understood as a cosmic event, as sanctified by the highest sense of self – transcending – nurturing of benevolence – ren.

Immanent transcendence is inclusive: a transcendent ideal of benevolence – ren can only be achieved in daily persistent ethical interactions with others and for the sake of others. There are no low or high deeds for benevolence – ren, they are all equal in terms of Heaven. To nurture it, it is impossible to perceive this task as purely personal one, concerning someone only and no one else. On the contrary, this task could be implemented only in responsive spontaneous ethical impulse of the "another" which is like mine. To do good to each other, people make a breakthrough into transcendence, and are becoming co – creators of the cosmos as a moral universe, because its creation is not over yet. To say more, we create that moral cosmos every second. As the ancients said, "you are in me, and I am in you". This transcendence-immanence nonduality/entity penetrates all spheres (dimensions) of life – cosmic, natural, social, and human. In due time, MouZongsan called this all – pervading spirit of oneness of transcendent morality in all spheres of human life "a moral metaphysics". In fact, it is really the genuine Confucian discourse of harmony.

角色伦理：让中国哲学讲中国话的典范

北京外国语大学　中国文化走出去协同创新中心特聘专家　田辰山

在一次国家汉办主办、北京外国语大学承办的2013年暑期"中华文化跨文化传播师资班"课堂上，爱尔兰国立考克大学教授梅勒（Hans‐Georg Moeller）指出，新儒家在中国有一些影响，但对西方影响微乎其微。儒学及中华文化在西方被接受，安乐哲、罗思文的功劳很大。他二人讲述儒学，给西方一个具有信服力的文化复合体印象。"角色伦理"现已成为西方学术界的空前新词。它一改历来以西方概念讲述中国造成对中国思想曲解的老做法，特别是它不以西方概念为"高深"，而成功将儒学及中华文化"角色伦理"阐释为"中国人的生活"，使其成为全球性接受的道理。

作为讲述（传播）中华文化，"角色伦理"为什么能如此成功，是在于"阐释域境"（interpretive context）这一概念。"阐释域境"就是在你对待一件什么事物，对它加以分析理解时，需要将它放到它自己本来的语义环境中去（英文"contextualization"）。这就像中国人常讲的"不能只见树木不见森林"。在这里是说，无论讲西方还是讲中国哲学与文化问题，都不能把问题从它来自的语义环境中孤立和脱离出来，而是须通过它本身所处的语义环境将它阐释清楚。这个语义环境是为着与其他哲学传统的语义环境进行比照阐释而建立的，称为"阐释域境"。安先生说，区别于西方形而上学的中国自然宇宙观就是它的"阐释域境"，儒家哲学是在这个"阐释域境"发生出来的；着眼这个"阐释域境"，儒学才有可能在自己的语义话语中获得理解。①

"角色伦理"的成功，关键还在于安乐哲开发了一套适当话语。而话语的适当，就在于将中西两个不同的"阐释域境"作比照哲学的分析与由此而建立话语。其实不难懂，就是你讲西方哲学问题要把它放到西方的语义环境中去叙述，也即要去了解西方哲学体系是在讲什么故事的语义环境之中产生的。讲中国哲学与文化问题也一样，也要把它放到中华语义环境中去叙事，弄明白中国哲学与文化是在讲什么故事的语义环境之中产生的。西方和中国不同语义环境的不同叙事，各自具备一套适合自己叙事内容的语言、话语与术语概念。它关系到各自叙事所属的不同宇宙观、认识论、思维方式、价值观念以及承载着它们的语言结构。

安乐哲在用西方和中国两个"阐释域境"（语义环境）的比照中，叙述出能够帮

---

① Ames, Roger T.: *Confucian Role Ethics: A Vocabulary* [M]. Honolulu: University of Hawaii Press, 2011, pp. 1–40.（安乐哲：《角色伦理学》"导言"，第1—40页。）

助了解西方和中华哲学与文化体系各自的大故事。两个大故事各有根植于自己的语言结构。各自的特殊结构，从头到脚，将自己的特殊宇宙观、认识论、思维方法、价值观和语言话语构筑为一个整体，因而它也是各自的"阐释域境"结构。所以，搞懂各自的结构，进行比较结构的阐释，就建立了适当话语，就是在中西两大故事之间建立沟通的桥梁，就有了有效交流和把中华文化讲述（传播）出去的途径。

任何形式的中华文化，只要想让西方人更接近原汁原味地明白，有效的途径都必须首先考虑它是比较哲学阐释地向西方讲述。之所以是这样，因为语义环境的整体性比较中西哲学有以下三点发现：

（1）西方传统自古希腊一直延续至今，讲述的是围绕"一神"或"绝对真理"为前提意识的文化大故事；中华传统自古以来一直延续至今，讲述的是围绕"道"或"万物"间内在联系意识的哲学大故事；可以说古代先哲提出"世界万物是从哪里来的"问题，西方的回答是假设一个超然绝对的"神"或"真理"，在中国则是总结前人经验得出"道"（或万物之内在联系）的观念。

（2）一个超绝"神"或"真理"大前提，造成对西方哲学体系起主导的"超绝主义"（即一切话语在其深层都有"一神"或"唯一真理"的潜存涵义）与"二元主义"（即一切话语在其深层都有"独立个体"间"对立、冲突"的潜在涵义）意识；而"道"或"内在联系"的中国哲学，恰恰不是这种"超绝主义"和"二元主义"。

（3）因此，西方哲学体系结构（或说"阐释域境"、"语义环境"）可概括为"一多二元"；"一"即"一神"或"唯一真理"，"多"即众多"独立个体"，"二元"即"一"与"多"和/或众多"独立个体"之间，都是"对立、冲突"或单向线性的"甲主宰乙"关系；中华哲学与文化结构概括为"一多不分"；"一"即"道"或"内在联系"或"万物浑然而一"，"多"即"相系不分"万物（相系的多样性），"一"与"万物"或"万物"之间，都是"相互依存"、不可孤立分开的必然关系。

对于这三点基本发现，人们会说太抽象、深奥、艰涩、难懂，而一旦用它解释实例，就变得浅显易懂。比如汉语最为常用的"大家"，对应的英语是"everyone 或 everybody"（硬译是"每个一"或"每个体"）。在比较哲学阐释分析中，二者涵义原本风马牛不相及。把二者作为一对互译词汇，效果是：在英语文化中，人们以为"大家"即是"everyone 或 everybody"，在中华文化中，中国人以为"everyone 或 everybody"即是"大家"；在事实意义的比较哲学语言结构上，这种涵义相互理解其实是双向误解。"everyone 或 everybody"本身涵义是"不可分个体性"（individuality），作为语言或话语，它下意识地隐含"一多二分"结构的世界观主导性；世界由"独立个体"构成，"个体"是"二分"状态；人存在，是作为"个体"性、"独立"性，其作为价值观也隐含在内。

相反，在中国的汉语世界，表达"较多个人"，常用"大家"，因为它是"一多不分"世界观；"大家"表述：人与人的不作为绝对"个体"的"相系不分"。这是自古以来汉语言世界观、认识方法、思维方式、价值观的结构；汉语世界没有西方"everyone 或 everybody"深层隐含的超绝主义与二元主义。哲学与语义环境建立在这样的下意识上，不同文化的人在这种下意识阻绝之下，在内心思维上是分别处在不同的两个范畴世界中的。

结合具体实例，比较哲学阐释变得不抽象、不深奥、不艰涩与难懂了。"一多不分"与"一多二元"本身是高度概括的比较中西哲学的两大基本"阐释域境"（语义环境）。牵涉西方和中国两个哲学与文化转动的任何问题，在这两个"阐释域境"比照分析中，分清各自的大故事、各自宇宙观、认识论、思维方法、价值观和各自语言结构；这样建立起比较阐释话语，建立起中西两大故事之间沟通的桥梁；是如此，有效地交流和把中华文化讲述（传播）出去的途径被开通。现在可以理解了，安乐哲对西方阐述（传播）儒学"角色伦理"，就是这样的路径。为什么穆勒认为"角色伦理"的阐释一改历来以西方概念讲述中国造成对中国思想曲解的老做法，说它不以西方概念为"高深"，说它成功地将儒学及中华文化"角色伦理"阐释为"中国人的生活"，使它成为全球性被接受的道理？原因就在于，安乐哲是在比照分析中西哲学体系的两个基本"阐释域境"（语义环境）过程中把儒学"伦理"从西方"ethics"分析出来，而不是历来扭曲地用西方"ethics"概念的有色眼镜看和对待它。不以西方概念为"高深"，就是不用形而上学、超绝、二元的主导意识看问题，不以它为普适原理，而且明明白白地告知，儒学"伦理"不属于外在、超绝、"神为中心"的范畴，而是"人为中心"、经验的、内在范畴的。一句话，儒学"伦理"是关于人的生活的思考，不管是什么人，都会面对自己生活存在的与别人关系时所需要的适当角色功能。这自然是谁都能接受的，当然是全球的，所有人类的，原因是人类谁不生活？

安乐哲这样的比较哲学与文化阐释，令人信服展示的是如何才能达到"向西方讲述（传播）中华文化"实际效果。"角色伦理"这一概念本身就是比较中西哲学与文化的产物。安乐哲讲儒学为什么要使用"角色伦理"这个西方概念，而不干脆直接用中国人说的"儒学是以'仁'为核心思想伦理哲学"？牟钟鉴先生提出"仁学"，其实干脆用它也很好。但是这里存在一个无法克服的问题，就是翻译问题。儒学"仁"观念几乎用英语无法翻译。曾经流行用"benevolence"作为翻译"仁"的涵义，很不成功，因为它只表述很有限的一层薄薄的"仁"意思，却丧失"仁"绝大部分的丰富涵义。而发生这种失掉绝大部分丰富涵义的原因，就是因为汉语和英语是蕴含不同语义环境的叙述结构语言。英语是叙述本体超绝、二元、单向线性逻辑功能的语言，而汉语是叙述意象、类比、整体、多向多重、过程变化逻辑功能的语言。应该说"benevolence"表述一种"A→B"的单向线性逻辑，而"仁"是可用"通过森林看树木"比喻的，讲的是一棵树木与其所在森林环境各种层次、方向、动态的互为存在关系功能的语言，也即"仁"是表述人与他人、与物、与社会、与天地、与自然的全方位视角恰当关系的观念，这在西方语言体系中是找不到的。"仁"用什么西方概念翻译都不会成功的，而只能是阐释，这种阐释也须是对两个"语义环境"比照的阐释，才能将"仁"讲得更贴近它的原汁原味涵义。不光是"仁"，凡中国哲学与文化的关键观念，都存在这种问题。在这种情况下，安乐哲的新西方术语"角色伦理"才应运而生。

"角色伦理"是安乐哲力图通过比较阐释，将儒学"仁"思想与西方"ethics"相区分而创造的概念。西方"ethics"讲的是"以神为中心"、外在、普适性原理；而"仁"作为伦理道德，与那个"ethics"毫无瓜葛，而是"以人为中心"的经验、是"仁由己出"、是以人生存/生活所必须身在其中的关系出发的"得道"状态。这种区别在阐释中用英文表达，就成为一种介乎于纯"一多二元"（西方传统）与纯"一多不分"（中华传统）之间的新语言，或者说从一种形而上本体逻辑语言向过程性逻辑转化的新语言。在这个意义上，"角色伦理"是这种变化之中的一个典型范例。还比如安先生在这个节点上常用的"心场"（focus/field）、"域境化"（contextualization）、动名词化（gerundive）等都是他在比较阐释中处理语言问题的创新之处。安先生自己说，儒学谈的是人，它谈人的道德注重的是其整体性，这是由于需要对我们整个人的经验来思考、解决问题；儒学的生命力就在于它不离我们的日常生活，我们需根据我们自己、根据我们在社会关系网络中所处的地位和所扮演的角色来了解该怎么做（这与康德的伦理不是一回事）。康德要求依靠的是经验以外的东西，他在这方面跟西方哲学的整个形而上学的叙事传统是一致的。[1]

那么我们是否可以说"角色伦理"这一阐释学概念是可以等同"仁"观念了呢？我以为还是不能如此说。它是在向西方阐释（传播）儒家哲学"仁"观念之权宜意义上创建的术语，它的功能在于与西方哲学体系相区别地阐释"仁"观念，它不等于"仁"观念本身，但比起任何像"benevolence"那样用西方概念强加给儒学的做法，无疑是更理想地接近于原汁原味的儒学思想的语言。此外，它有能提升西方哲学，也能提升中国哲学的原因，也在于它是居于跨两个"文化域境"优势地位的。"角色伦理"是中国学者身居自己文化域境内所不可能想到和用来创新的词汇，而这正是启发中国学者从"庐山之外看庐山"的一种角度；它能让中国学者增加更宽阔的视野，对自己的文化理解得更为深刻。

"角色伦理"为什么对西方人讲儒学有效？是因为西方人在"一多二分""阐释域境"之中的思维，他们更熟悉基督教上帝伦理（ethics）或者康德的绝对普适伦理，而不知"仁"为何物。安先生把角色（role）与伦理（ethics）放在一起组建一个新术语，就是明显告诉人们，现在伦理（ethics）不是与上帝相关或者那个普适"ethics"，而是与人相关了。它不再是外在、超绝的，而是由人生存/生活所必须身在其中的关系而来的角色的适当性。一句话，伦理（ethics）现在成了人的关系适当性的道理与行

---

[1] 陈晨捷：《儒学：中国的与世界的——安乐哲先生访谈录》，载陈炎、颜炳罡《国际儒学报告2012》，北京大学出版社2013年版。

为。儒家汉语的"伦理"观念，本身就是关系。"伦"就是与不同远近人的关系；"理"就是适当关系，就是道或理，应当循此理而行。"角色伦理"，"角色"也是关系，是关系决定的地位身份。人有不同"角色"，是人有不同关系，人有不同关系的位置、身份。这个"角色"不是演戏的角色，因为演戏角色是"扮演"的，"扮演"就不是自己自然的适当身份，是与自己自然关系身份割裂、二元对立的。而由自己所处各种不同关系决定的角色，不是这样，它是自己自然适当的身份，不是"扮演"的，而是与自己自然身份是相系不分的。在这种意义上，角色就是自己的自然身份。这个身份与角色的统一，就是恰当关系的处理，就是伦理。

在这点上，安乐哲指出，明显差异的、关系观念的、承当各种该角色的人，与古代希腊开始就有的"原教旨一己主义"意义上所理解的人，是天壤之别的。对什么是儒学"人"的问题，安乐哲对西方人们解释说，像任何杰出儒学哲学家那样，罗思文精辟地告诉我们，看看我们作为人，事实上是如何在根本上是生存/生活于周边"域境"（contextualized）之中、特殊境况之中和各种关系结构之中的人。安先生继续引用罗思文的观点说，我们与生俱来就落在一个特定文化群体被抚养成人，使用它的语言，根据它的价值观，它的宗教倾向、习俗、规矩与惯例，秉持它的怎样做人的理念。在这个意义上，儒家一开始就认为从来不存在什么"孤立"的"我"，不是把"人"作为一个抽象概念去思考。"我"是什么？"我"不是什么一成不变"本质认同"（identity）。"我"是"我"在生活中与任何特殊周边之物存在的关系而我具有的所有"角色"。在全体上说，这些关系交织在一起，对我们每个人，都是一种独特的个人身份形式；"我"的角色变化着，也意味着别人也必然变化着，是这样变化的关系决定着"我"身份的不同。①

罗思文还精辟地论述，从人的"社会域境化"视角（socially contextualized way）看问题，就会很明显，在很重要的意义上，我自己的所谓"身份"（identity）不是我孤立地得到的；我自己是谁，不只是我"孤立的"自己所决定的。当然，为了做一个好人，需要从自己的角度做很大的努力，但到底会在多大程度上我是谁和我是什么，是取决于我与之互动的人们。这种情况下，我自己的努力只是在某种程度上决定了我是谁和我是什么，同时，我与之互动的人们也是一样，他们的努力也只是在某种程度上决定他们是谁和他们是什么。② 安乐哲说，我们作为人，不是我们与生俱来就具有一成不变地作为人的本质，而是我们所做的事情决定着我们是否是人。在这点上，安乐哲是从唐君毅先生提出的"一多不分"自然宇宙观那里获得的启示。他说，唐君毅有

---

① Ames, Roger T.: *Confucian Role Ethics: A Vocabulary* [M]. Honolulu: University of Hawaii Press, 2011, pp. 1–40.（安乐哲：《角色伦理学》"导言"，第1—40页。）
② Ames, Roger T.: *Confucian Role Ethics: A Vocabulary* [M]. Honolulu: University of Hawaii Press, 2011, pp. 1–40.（安乐哲：《角色伦理学》"导言"，第1—40页。）

一个十分坚实的儒学观点，就是说，我们是学习做人，在最根本上是个成人过程；这个过程需有一套术语，作为行为原则，实现做人。而且根据罗思文的儒学角色伦理论述，做人必定是我们在自己的角色上和关系中一起去做的事情，不然就谈不上"做人"。

从上述这些对"角色伦理"观念的"人"的深刻论点，都是在与西方哲学体系的"域境"结构相区别的阐释中独到论述的。为什么会这样论述，就是因为在"一多二分"的"叙事域境"中，"人"概念是抽象的、个体的，不是关系的，而是一成不变本质的，"我"的一切是"我""一己"的，与别人无关。与这种既成、特有的主导下意识剥离开来阐述，才是成为让人听得懂的，否则效果是达不到的。这些东西在"一多二分""叙事域境"是理所当然的，而儒家"人"观念是异样性的，不可思议的，所以必须作"阐释域境"比照才可成为使人懂得的。于中国人也一样，儒学"人"观念在自己"阐释域境"（语义环境）内是理所当然的，而抽象、个体、非关系、一成不变本质"人"的理念是异样性的。知道这点，就能理解为什么对西方人讲儒学，要提出那么多从中华文化角度让人感到异样性的观点，加以对比，去讲述儒学"人"的关联性，才会在西方叙事域境里讲明白。而这种阐释过程中论述的深刻观点，反过来也从儒学角度成为极有价值的看问题视野。

正如安乐哲所说，"角色伦理"是新伦理。为给人类的伦理生活阐发一种敞开心扉的新憧憬，力图把"角色伦理"讲得充分，我们必须要在怎样改善和评价人类行为的问题上，保持儒家哲学与现在西方思维方式之间的对话。个人价值的取得，是与个人所在的兴旺家庭共生的、分不开的，它也是与十分深刻的一种"人为中心"（其实无神的）"诚"（religiosity）天然联系的。恰恰是这种"人为中心"（无神的）"诚"生成儒学的"宗教性"（religiousness）。① 这个"宗教性"是对人与人相系不分的认可与崇信，它相对于教会性质的亚布拉罕"神为中心"的"宗教"，更构成一种重大意义、更现实（以人为本对非神、尘世）的选择。从这种考虑出发，安乐哲表示，哲学事业的责任，不仅应当帮助人们了解看问题的不同观点，而且还需向人们推荐，哪种理念才是我们该支持的。

很多人对汉语"传播"这一概念有误解，认为"传播"就是"宣传"，就同约瑟夫·奈所说"软实力"有关，是想方设法让一种文化能吸引人、政治价值观能吸引人。它是一种单向线性思维，这同安乐哲的用比较中西阐释摆脱西方中心话语，让中国哲学用中国话讲述、阐释自己，避免把中华文化强塞进西方概念和话语里，是两回事。中华文化"传播"须通过对中西两个不同哲学与文化的"叙事域境"（语义环境）进行比照阐释，通过这样建起的一座桥，目的同是了解另一种文化和让一种文化为别的

---

① Ames, Roger T.: *Confucian Role Ethics: A Vocabulary* [M]. Honolulu: University of Hawaii Press, 2011, pp. 1—40.（安乐哲:《角色伦理学》"导言"，第1—40页。）

文化所了解。这是相互的对话、交流，是相互达到理解，是一种建立在促进双方增进适当友好情谊关系之上的学术，而不是单向挑起的政治较量。尤其是中华哲学和文化的向西方"传播"，是讲述自己，是在西方不明或有人不屑明白自己的情况下把自己讲明白。中华文化跨文化"传播"，不是西方式地人为制造话语权斗争。

值得注意的是，由于缺乏比较中西哲学阐释理论方法，肤浅使用西方概念与简单地模仿西方行文叙述方法，有些中国说法也招致误解和不必要的被动。比如，传播中国哲学语文化不能轻易肤浅地与"提高软实力"、"公共外交"、"争夺话语权"等概念联系在一起。这些概念都是特定的西方政治理论术语，鲁莽地运用，起的作用是损害中华文化对外传播的良好意愿。

安乐哲的"角色伦理"论述，通过中西两种哲学与文化"阐释域境"（语义环境）之间比照分析，所实现的向西方"传播"中华文化，不是简单技巧、方法、方式、手册等的东西，而是智慧的哲学问题。其中必然牵涉语言哲学问题。所以用于中华哲学跨文化传播的语言问题是个敏感、严肃、慎重的问题。此处需提出的是，即使"传播"一词，也是不能不假思索地在英文中作为"transmission"、"dissemination"对待，不能用这两个词汇作为汉语"传播"的英语译法，而是应更恰当地理解为"communication"。原因就是"transmission"和"dissemination"都具有一厢情愿地单向线性 A→B 式地简单递送信息或目的性宣传。"dissemination"的定义是一种"广泛散布的行动"，是使其栽种、增殖（act of disseminating, or spreading widely; to plant, propagate）；"transmission"的定义也是单向线 A→B 式地递送，是使其散布、传送、递送（1. To send from one person, thing, or place to another; convey; 2. To cause to spread; pass on）。"传播"是交流、对话、聊事，在英语中更是"communication"和"conversation"（交谈、交际）。"communication"的定义是双向"交流"行为与过程（the act or process of communicating; fact of being communicated），是相互交流思想、意见和信息（interchange of thoughts, opinions, or information）；是"分享"（archaic: share or partake）；是"共同参加、交往"（to be joined or connected）。在中西两种哲学与文化"语义环境"间互相比照阐释的意义上，实现西方文化的向中国和同时中国文化的向西方双向"传播"，它不可能是一条线一个方向的"transmission"或"dissemination"，而只能是"communication"。

安乐哲先生常用"走出庐山"或"不识庐山真面目，只缘身在此山中"的说法，比喻在中西两种哲学与文化"语义环境"之间互相比照阐释、理解的必要。在这个比喻意义上理解，则所谓"传播"与其说是"让别人了解"，不如说是更意味着"自己要了解"。"庐山"比喻的是自己的文化域境；"走出庐山，在它之外看庐山"，是拿着自己已经清楚、了解的对方文化域境作为参照；以横跨反观作法以及比仅从自己文化域境更超越的角度，将自己的文化看得更清晰、更深刻。这样得到的对儒家哲学"仁"的观念或任何哲学文化意义的解读，都是在自己的文化域境中得不到的。此外，"走出庐山"的初衷，还更是为避免自己误读对方的文化；因为文化误读产生于只用自己文化语境的叙事所配备的语言、话语和术语来讲述，将对进行解读的哲学文化置入与其自身毫不相干的哲学与文化范畴和问题框架中加以讨论，导致把本来与自己不相干的范畴和问题，误读为自己文化语境的范畴和问题；轻易地忽略被解读对象哲学和文化及为解读它使用的语言，本是出于两种很不同的宇宙观、方法论、思维方式、价值观和话语结构的叙事语义环境。结果是，总是对解读对象文化扭曲和误读，把它讲述为面目皆非的东西。这种现象作为中西哲学文化的不对称接触历史，作为双边共同问题，已经存在数百年了。要想改变这种状态，目前要实行把西方哲学放回它自己的域境，讲西方话，让中国哲学与文化讲中国话，使各种中华哲学与文化问题回到自己原来的语义环境，是必须的。达到这种效果的做法，就是比照，搞清中西两个语义环境各自叙述的宇宙观、方法论、思维方式、价值观念和语言结构到底是什么；在对照视野下找到它们的差别在哪里，差别到底是什么。

从公共文化空间的建构浅议企业家文化责任

中国传媒大学商务品牌战略研究所山东中心研究员　刘　庆

一、公共文化空间渊源及在国内的现状

在谈公共文化空间之前，不可避免地要说到"公共领域"，尽管两者有着差别。众所周知，针对"公共领域"，德国当代大学者尤尔根·哈贝马斯（Jürgen Habermas）[①]进行过深入研究，但"公共领域"一词并非哈氏所创，其前的众多学者如熊彼特（Schumpeter）和布鲁纳（Brunner）[②]都有所涉及。犹太裔美国学者阿伦特（Hannah Arendt）[③]也从公共哲学的角度探讨过相关问题。

回望古老的东方世界，中国学者在这方面也有自己的思考。关于"公共领域"和"公共空间"的区别和联系，学者练娟指出："哈贝马斯的'公共领域'主要讨论的是一种社会和政治空间，'公共空间'主要讨论的是一种'物质空间'。"[④] 可以说"公共空间"是一个特别大且泛的概念，通俗来讲，任何有公众聚集的开放的场所均可视之为公共的空间。当从"公共空间"限制到"公共文化空间"，其所指范围也相应聚焦化，这也开始切入本文所要作出的论述。

文化，以文教化也。就公共文化空间而言，当欧洲大兴土木，构建公共博物馆时，相比之下，中国人对私人性和私人空间特别注重，我国的公共性跟欧洲比起来晚了许多。这是不是说明中国对公共性的认识属于先天不足抑或置之不顾呢？未必然也。如同著名学者陈来先生所说："儒士的政治、社会、文化的公共关切，往往借助于关于道、国家，特别是'天下'的论述形式表达出来。"[⑤] "古代儒家虽然在问题意识上没有提出公共性的问题，但在出世与入世、道与利等问题上的论述可以说都蕴含了儒家在公共性上的价值立场，即'天下'所代表的人民的、公共的利益始终是儒家的具有

[①] ［德］哈贝马斯：《公共领域的结构转型》，学林出版社1999年版。
[②] 张晓淑：《维多利亚时期公共领域的结构转型》，《兰州大学》2012年5月。
[③] 王宝霞：《阿伦特的"公共领域"概念及其影响》，《山东社会科学》2007年第1期，第14页。
[④] 练娟：《公共空间视角下的城市茶馆功能研究——以上海茶馆为例》，华东师范大学硕士论文，2010年12月。
[⑤] 陈来：《儒家思想传统与公共知识分子》，《孔夫子与现代世界》，北京大学出版社2011年版，第41页。

终极意义的关怀。"①仔细思量，陈来先生的话语意味悠长，耐人品味。

深谙中华文化精神的人，对陈来先生的此番论述，想必应该有着"体悟"般的共鸣。毫无疑问，儒学中富藏了对"公共关切"的终极情怀，"家、国、天下"在儒士脑海中有着挥之不去的情愫和信念寄托。我们未尝不可以说，我国的公共性的价值立场源远流长，深入儒士血脉，可以说早有其"神"，只是未有现代意义上或者西方式的"形"而已，应当看到这也源于东方和西方有着不同的话语体系。从这个意义上来讲，在公共性价值立场的角度而言，东方大可不必自惭于西方的面前。

二、建构公共文化空间中的企业力量

就国家特别是现代化的国家而言，公共文化空间对传统文化的展示、民族文化的传承、对国民文化素养的提升、对家国情怀的培养和塑造有着积极的、不可替代的、潜移默化的作用。但是一提到公共文化空间，很多人马上会想到建设更多的博物馆、美术馆、展览馆、公园或文化广场之类的物质空间，其实我们可以换一个角度来看这个问题。物质空间尽管必不可少，但绝不是也无法囊括公共文化空间的全部形式和内容。

就笔者浅薄的看法，公共文化空间不仅仅只是个实体的、地理的或者物质形态的概念，公共文化空间真正的核心要素是"人"，"人"才是公共文化空间的灵魂。有了人，才有了参与、交流与互动。如今，公共文化空间的形式也更加日趋多元化，例如各种企业自发组织的公益读书会，特别是随着移动互联网的兴起，传播传统文化的公共文化空间如微信群（社群），更是如雨后春笋般地走进你我的生活，成为我们汲取传统文化的一个重要渠道。多元化的公共文化空间的形式，可见一斑。拿上海为例，"据不完全统计，如今的上海，有大大小小的读书组织 3 万多个，而这个数字正随着时间的推进在不断地向上跳跃"。②这个数字足以引起我们的重视，更为值得注意的是，公共文化空间的缔造者，也非止于一端。作为依赖合作共赢共同发展、当今社会最重要人类组织之一的企业，也是其中的重要力量。

记得著名学者杜维明先生在接受《中国慈善家》采访时谈到一个观点，我深表赞成："对儒学进一步的发展，儒商起的作用会非常大。学术界从事研究可能很专业和深入，但影响不够。在政治方面发展儒学，将有很大的影响力，但受到很多现实政治的影响，包括意识形态的影响，真正能够发挥积极作用的还是企业界的人。现在中国的企业家有资源，也有国际视野，如果他们有为儒学创造条件的理想，动力就比较大，

---

① 陈来：《儒家思想传统与公共知识分子》，《孔夫子与现代世界》，北京大学出版社 2011 年版，第 43 页。
② 李婷：《上海书香地图：正在扩大的阅读"朋友圈"》，《文汇报》2015 年 4 月 23 日第 11 版。

影响力可能就更大了。"①

由此可见，历史创造的这些条件正可谓"天将降大任于斯人也"。作为企业家，理当群发善愿，当仁不让，善尽责任，同时历史的巨轮走到今天，时代也的确需要有更多对文化持有强烈责任感的企业家参与进来。在建构公共文化空间方面，企业家是一支不可忽视的重要力量，而且日益突出。

三、企业家的文化责任及实践

笔者认为，每一个有成就的企业家首先是一个思想家，企业的经营说到底就是企业经营者（经营团队）根据其对世界的认识（世界观）和对人生的认识（人生观）所采取的经营实践活动，企业经营的成功与否，不取决于企业家多努力，而取决于其实践活动是否符合了"道"——能够为顾客及利益相关者带来真正的价值，这个价值兼具物质财富和精神财富两个方面。企业家创造物质财富，毋庸赘言，创造精神财富，或许是容易被忽略的。

就创造精神财富而言，企业是社会的公器，企业由人群组成，人能弘道，企业亦能弘道，企业同样能够担荷着文化责任，这是一个简洁而明了的逻辑。

企业担荷着文化责任（精神财富）包含两个方面：第一，通过产品这个载体向世人传递某种普适精神或者思想文化，如苹果手机传达的"简约文化"。第二，企业是缔造公共文化空间的重要力量，如通过建构公益读书会、公益文化论坛，等等。一方面可以进一步充实配合和补充由国家层面提供的公共文化资源，另一方面对于企业来说则是一种更高层次的贡献。

（一）企业通过产品传递精神和文化

关于谈到企业家通过其所打造的产品这个载体向世人传递某种精神或者思想文化。值得一提的是，无论美国、日本，还是中国，都有案例所在。我们可以简单地看几个例子。

美国的乔布斯在做产品上有一种哲学和思想的高度——推崇简约，这源于乔布斯的禅修经历。禅修净化了他的灵魂，练就了一种独有的洞察力，剔除掉非本质的外相，从而形成了一种基于极简主义的价值观。乔布斯如其他禅修者一样，生活一切从简，产品也一切从简：只生产伟大的产品。纵观乔布斯重回苹果之后推出的一系列产品，如 iPod、iPhone、iMac、iPad 等，其中最核心、最一致、最鲜明的一个特点，就是始终如一的简约。干净利落的外观设计、简单明了的操作方式、触动人心的使用体验，这

---

① 杜维明：《目前中国没有儒商》，《中国慈善家》2013 年 7 月 1 日，第 99 页。

些我们都可以透过一个个产品而真切地体会到。"简约"不正是乔布斯通过产品这个载体而向世界传达的一种思想和文化吗？

日本的松下幸之助、稻盛和夫，前者通过对经营实践的总结和自己的感悟思考，提出来的"自来水哲学"，在一定时期里曾经引领过全球的商业思想变革；后者做了思想家做的事情，以盛和塾为道场，开坛传道，其思想格局、境界远远超出了一个企业经营者的范畴，其创办的京瓷作为一家企业可能终有一日不复存在，但其所传达出的"敬天爱人"、"利他经营"、"工作就是修行"的普适思想或者文化或许长留人间。

企业家创造精神财富，并不是大企业的专利，有些企业很小，但也通过自己的经营体会而作出精神层面的思考和实践，其所悟、所得、所行，同样给社会以启迪。

例如，相对于我们常说的"消费者"，中国的王成莹先生在经营企业的过程中，做了一个根本性的思考，人为什么购买东西？是为了让生活更美好，而非让企业赚钱，并据此倡导了有别于"消费者"的"生活者"① 理念（世界上只有生活者，没有消费者）。"生活者"理念的核心观点就是认为人活着本身就有价值和意义，不是因为消费才有价值和意义，因此不能把人看成单纯的消费者，而要从"生活的主体"的意义来理解。企业要让人因购买其产品，生活因此变得更加美好，而非为了赚钱可以无恶不作，甚至草菅人命。如果企业能够理解"生活者"理念的内涵，那么国内"毒奶粉、瘦肉精"这样的不把顾客当人、仅仅当成"消费者"的企业丑闻或许会少很多，乃至不会发生。想想近几年触目惊心的事件，对于"生活者"理念的指导意义，的确值得企业家们深思而践行之。

（二）企业打造公共文化空间，担荷文化责任的实践

企业打造公共文化空间，担荷文化责任，形式更是多种多样，构建公益读书会、公益文化论坛就是值得普及推广的方式。笔者就企业打造的传递"良知"文化的"公共文化空间"——"青岛致良知读书会"为例，着重探讨其价值和意义。

1. 背景：阳明学在日企开花结果，中国企业又当如何

明朝大儒王阳明是陆王心学之集大成者，非但精通儒、释、道三教，而且能够统军征战，是中国历史上罕见的全能大儒。阳明先生作为中国历史上罕见的"立德、立功、立言"三不朽的伟人，几百年以来，其思想绵延不绝，震古烁今。

王阳明的思想远绍孟子，提出的由"心即理、知行合一、致良知"三大结构组成的思想体系，对于中国、日本、朝鲜以及东南亚部分国家的社会和文化的发展都产生过巨大的作用。著名学者杜维明先生说："五百年来在东亚，儒家思想的源头活水就在

---

① 向林杰：《生活者主导网时代——专访智诚灵动董事长王成莹》，《广告主》2014 年第 12 期，第 44 页。

王阳明。"①

近几年，王阳明这一大儒的名字逐渐浮出水面，走进国人的视野，关于阳明心学的著作也是层出不穷，令人目不暇接。而在邻国日本，王阳明早就大名鼎鼎，仰慕者甚多，王学成为显学久矣。章太炎先生曾说："日本维新，亦由王学为其先导。"②梁启超先生对王阳明心学有如此评价："本朝二百余年，斯学销沈，而其支流超渡东海遂成日本维新之治，是心学之为用也。"③明治维新时期的军事家西乡隆盛对王阳明顶礼膜拜，东乡平八郎被阳明学说所折服，以至于特意佩一方印章，上面篆刻"一生俯首拜阳明"，崇拜仰慕之情，可见一斑。另外日本政商两界对阳明先生也是敬仰有加，视其为精神偶像，也同样受人瞩目。

说到传承，就日本企业而言，在学习和消化中国传统文化特别是儒家文化时，对阳明先生的思想尤为关注。在当今日本，对阳明学推崇备至的是称为日本"经营四圣"之一的稻盛和夫先生。观其言谈举止，能够深深地感受到王阳明学的影响。笔者近几年对其也做过一定的研究，也曾在 2015 年 5 月份，亲自在上海聆听过稻盛先生的演讲。稻盛先生常常表露出"致良知"对其产生的巨大影响："我从中国的典籍中最早学到的智慧，最核心的一条就是'致良知'，就是达至良知，按良知办事。'良知'又叫'良心'，用我的话叫'真我'，真正的我就是'良知'。遵循良知判断事物，我认为这是绝对性的东西。到达良知的境界，将良知付诸实行，就是至今我所有事业成功的最大的原因。"稻盛先生还曾说："我的家乡出了两位对日本近代史的明治维新作出过很大贡献的人物，他们就是西乡隆盛和大久保利通（明治维新三杰中的两位）。我非常喜欢西乡隆盛，他对中国的阳明学说有相当高的造诣。他曾经两次被流放荒岛，每次流放总会带上阳明学。他经常说，如果是施政的话，必须是那些不谈钱财、不求回报甚至能够舍却生命、忘却自我的人。"④

阳明学在日本企业界落地生根，开花结果。反观自身，中国企业界应该如何看待并汲取阳明学的智慧呢？

为了继承和弘扬阳明心学。2012 年年底，30 位中国企业经营者和管理者在贵州修文阳明先生"龙场悟道"所在地自发组织了"致良知小组"，修学阳明心学；2014 年，50 位企业经营者在北京联合发起成立了"北京知行合一阳明教育研究院"。阳明教育研究院致力打造一个开放的学习和实践平台，吸纳更多的企业经营者、管理者加入，通过研究、学习阳明心学，从中汲取智慧和力量，并将阳明心学运用到个人心性提升、

---

① ［日］稻盛和夫：《活法》，东方出版社 2012 年 7 月第 3 次印刷，第 10 页。
② 章太炎：《答铁铮》，《章太炎全集》（第一辑），上海人民出版社 2014 年 5 月第 1 版，第 386 页。
③ 梁启超：《论宗教家与哲学家之长短得失》，《饮冰室合集》之《饮冰室文集》之九，中华书局 2008 年 11 月北京第 5 次印刷，第 46 页。
④ ［日］稻盛和夫：《活法》，东方出版社 2012 年 7 月第 3 次印刷，第 8 页。

企业经营拓展当中，真正做到事上磨炼、知行合一。最终将"致良知"作为自我追求的目标，举办良心企业、幸福企业以造福于社会大众。目前，北京、青岛、济南、上海、广州、成都、福州、温州、郑州等地成立了致良知读书会。

2. 实践：青岛致良知读书会的运作

浮山脚下，黄海岸边，青岛大学瘦西湖畔，每周三晚，岛城的企业家，汇聚于智诚灵动品牌营销机构的有朋堂，同读阳明，共致良知。截至 2016 年 3 月，青岛致良知读书会已经举办了 100 多期，参学的企业家约有 300 余人。通过分析青岛致良知读书会如何运作，或许可以给其他企业建立公共文化空间——公益读书会以借鉴和启迪。

既然是公共文化空间，那就意味着要有一个开放的空间。企业家在这方面有着天然的优势，因其有着大量的独立的自己的场所，如厂房、茶室、会议室等。这些场所按照自己的设想和需求，稍加改造，就可以建构成一个读书会的道场。例如，上面所提的智诚灵动董事长王成莹就将自己的办公室做成了一个读书会的空间，青岛致良知读书会的书友们每周三晚上就开始在此诵读经典，共致良知。

青岛致良知读书会学习的形式多种多样，建立了线下和线上学习（微信群）的双学习系统。每周三晚上是线下学习，其他时间是线上学习（在微信群上交流）。无有规矩，不成方圆。这两种学习都有专门的人来负责，分为班长（负责学习课程的安排）、召集人（特定称谓，指为致良知而召集的人，职责是组织大家学习）、传播人（负责读书会的文字整理及传播）、摄影师（负责学习活动的拍照）等。读书会还制定了严密的学习计划、课程表以及学习的口号："一本正经，一门深入，长时熏修，诚得良友相聚会，共进此道，人间更复有何乐？"

我们先谈一谈线下怎么学习。

线下学习有几个固定的流程。第一，行礼（背诵学习口号）；第二，诵读原文；第三，理论结合实际工作和生活分享心得；第四，解惑或讨论；第五，结束行礼；第六，合影留念。

每周三晚上 19：00—21：00，召集人王成莹会在有朋堂扫洒沏茶以待，组织大家同参阳明心学。等大家到齐之后，会举行集体拜阳明先生画像的仪式，群体书友轻声起立，背诵学习口号一遍，然后面向阳明先师行三鞠躬礼，最后轻声落座，正式开启学习的环节。

在学习的环节里面，首先大家会根据课程表诵读阳明先生的原文著作，一般会集体诵读 1—2 遍。遇到特别难懂的篇章，会酌情多诵读几遍。等诵读完了之后，就开始了大家分享的环节。如何分享呢？就是根据对原文的理解，结合自己的工作和生活，轮流谈一下自己的应用及感受。在大家分享完后，大家会对某一个疑惑的问题进行公开的讨论，互相给予指导和分析。最后行礼、合影留念。

关于线下的学习，每 1—2 个月，还有一次线下大型学习交流分享活动，青岛的致良知读书会的同修们会与全国其他地区如北京、济南的致良知读书会的同修们一起交流和讨论。

简单地说一下线上的学习。

关于线上的学习，青岛致良知读书会在微信上建立了专门的学习群，大家在微信上进行感悟的分享和交流。

目前，线上微信学习群有兴趣群 317 人、骨干群 35 人、家书群 20 人。每周一至周五早上 5：30，15 分钟读书时间，配有要点提示和心得分享；每周六周日，同修进行家书分享。

3. 特点：强调直面经典，反躬自省，切实指导实践

青岛致良知读书会以及全国其他地区的致良知读书会，对于阳明心学的学习，最大的特点是强调直面经典，反躬自省，切实指导实践，即注重实修。不拘泥于文字解释，而是直接和阳明先生对话。理解一层的意思，就按照所理解的去做，在实际的生活和工作中落实、体会阳明心学的深意，从而不断提高心性，磨炼灵魂。

朱熹就说过，读书的目的之一就是让人变化气质。青岛致良知小组开展学习已有一年，在这其中，我们可以体会到阳明学带给企业家的心得和变化，以下为部分企业家的心得摘录：

> 我们的企业就是我们实现圣人之志的一种载体，为了更好地利他，就要把我们的能量最大化地去发挥，所以我们不仅要做有良知的企业，还要做世界上最大最好的企业。
>
> ——企业家姜丽
>
> 做商业时太过于逐利，发心有些偏。不要等到你挣到钱了再去做善事再去帮人，那还是"伪"，当下，尽自己的力量能帮多少人就去帮。不要等，也不要去想太多，只管坚持去做，循天理而行，相信得道者天助也。
>
> ——企业家黄维国
>
> 人生即工作，工作即修行，公司即道场，做良知的人，做良知的事，做良知的产品，做良知的企业。
>
> ——企业家马林
>
> 致良知就是治自己，拿着镜子照自己，找自己不是，看别人好处。当时时、事事内求于己时，就开始升发无穷力量，改变自己，感召他人。故知，致良知是一种伟大的力量！
>
> ——企业家张文利
>
> 要为员工创造物质和精神两方面的幸福，要拓展经营，真正聚焦在员工和顾客的满意度上，以良知成就企业！唯有良知，才能成就家庭的幸福，成就企业的长远发展。
>
> ——企业家刘芳

> 经营企业就是经营人，经营人就是经营人心。人心有善恶，经营人的欲望，是在经营人的恶。人的欲望，只能被不断刺激，永远不能被满足；经营人心可以经营人心的善——就是激发他向上的正能量。稻盛先生成就两个世界500强公司，讲工作就是修行，公司就是道场，等等，这样讲无疑对社会具有正能量。
>
> ——企业家王成莹

青岛致良知读书会是一个公益的公共文化空间，在这个平台上，没有地位的高低，没有企业的大小，统一称师兄师姐（都以阳明先生为师），大家只讲纯度，共致良知。如同王阳明所讲："圣人之所以为圣，只是其心纯乎天理，而无人欲之杂。犹精金之所以为精，但以其成色足而无铜铅之杂也。人到纯乎天理方是圣，金到足色方是精。"①斯之谓也。

4. 意义：青岛致良知读书会研修心学，洞察商业良知

众所周知，当今的中国，经济有些低迷，现实有些浮躁，人心有些涣散，企业家都在迷茫、焦虑、探讨，企业怎样才能冲出重围？怎样才能逆袭增长？我想，阳明先生的谆谆教诲或许能够给我们指明方向，安顿我们流浪的灵魂，让我们在风雨中立定精神。阳明先生曾说："用兵何术？但学问纯笃，养的此心不动，乃术耳。"②闻良言而深思之，我们可以得到某种启发，应对纷繁之世界，复归纯净之心灵，最根本的解决方法就是致良知，若我心如如不动，又怎么能够受到外界的诱惑和干扰？

大家都知道，王阳明核心的思想是致良知。良知就是天理，所有的天理都在良知里面。良知人人都有，是一种不假外力的内在力量，我们和万物本为一体，但因私欲的蒙蔽，使内在良知不能彰显。如何达致良知，找回丢失的本心，阳明先生留下了有名的四句教："无善无恶心之体，有善有恶意之动，知善知恶是良知，为善去恶是格物。"这是大家耳熟能详的四句名言。

王阳明强调做事只需要凭着良知去做。读懂了阳明心学，对于治理企业来讲，就会明白，所有管理、经营的道理，都是良知的一部分，在良知面前人人平等，人人皆可为圣贤，人人皆可卓越。经营企业就是经营人，经营人就是经营人心，破除外相，直达本质，企业经营管理的背后，说到底，是对人心的洞察和把握，而这种把握，却又以深层次的哲学和文化的积淀为支撑。企业家必须在本企业的管理之外，思考背后的文化认同感和归属感，强调吾性本自具足，强调文化的自觉和心灵的自觉，引导每一个同事彰显固有的良知，成就人生之事业。

---

① 王守仁撰，萧无陂校释：《薛侃录》，《传习录校释》，岳麓书社2013年版，第46页。
② 钱德洪：《平濠反间遗事》，《致良知是一种伟大的力量》，金城出版社2014年8月第1次印刷，第248页。

当今商业道德之沦丧，信仰之缺失，阳明先生的致良知，恰是根治时弊之良方。因此，让商业经营植根于良知、仁爱、平等、尊重等普适人文精神价值之上，回归经商大道，尊重个人生命，方可重塑商业之文明，开万世之太平。

尤为可喜的是，将"致良知"作为自我追求的目标，举办良心企业、幸福企业以造福于社会大众的致良知的企业家们，已经用自己的实际行动，通过构建公共文化空间——全国各地的致良知读书会，为天下企业家作出有意义的表率。亲近传统，提高心性，这无疑会对重塑商业文明和构建"富而好礼"的商业生态，产生积极的推动作用。因为企业家学习致良知，将会带动其职工的学习，小企业几十人，大企业几万人，致良知改变了企业家，企业家改变了企业，改变了整个利益相关者……这种作用也为文化责任做了最好的注脚和诠释。

人类要走向美好的明天，不仅需要经济，更需要精神。从本质上讲，一切企业都不是"老死不相往来"的"小国寡民"，都应是社会企业，诚然应以社会大义为使命。因此，洞见良知的力量，回归经商大道，是每一个有良知的企业家应该担荷的文化责任。我们呼吁更多中国企业家能够参与进来，同样，也希望专家学者加强对企业家这个群体及其文化责任的关注与支持。

综上所述，笔者认为，企业由人群组成，人能弘道，企业亦能弘道，企业同样能够担荷文化责任。企业打造公共文化空间——构建各种公益的读书会，毫无疑问，这是教化人心、传承圣贤教育的一个有效途径，也是一个非常重要的渠道。

结　语

以上便是笔者从公共文化空间建构的角度，略论企业家的文化责任。在最后，我还想重申一下，博物馆、美术馆、展览馆、公园或文化广场之类的物质空间尽管必不可少，但绝不是也无法囊括公共文化空间的全部形式和内容。如今，公共文化空间的形式更加日趋多元化，例如各种企业自发组织的公益读书会，特别是随着移动互联网的兴起，传播传统文化的公共文化空间如微信群（社群），更是如雨后春笋般走进你我的生活，成为我们汲取传统文化的一个重要渠道。更为值得注意的是，企业家是构建公共文化空间——公益读书会的非常重要的力量，我们呼吁更多有文化责任感的企业家参与进来，担荷文化责任。同样，也希望专家学者加强对企业家这个群体及其文化责任的关注与支持。

孔子、孔子学院的海外认同与中国文化的对外传播

首都师范大学文学院副教授　李　艳

文化传播是以一定的文化资源为基础的，与自然资源相对应，文化资源是人类在社会历史发展过程中所创造出来的资源，是人类文明传承的重要载体，包括历史人物、文物古迹、民俗、建筑、宗教信仰、语言文字等。当前，随着文化产业的发展，文化资源的外延已经拓展到自然资源领域，如云南怒江、澜沧江、金沙江"三江并流"被列为世界自然遗产，云南的石林被列为世界地质公园，这些自然资源已经成为当地发展文化产业的重要文化资源。

文化资源在转化为文化产品的过程中，需要借助一定的符号化处理，并且根据传播学的基本规律，在对自身资源有充分认知的基础上，还要对受众的认知特点、需求以及以往文化传播的效果进行科学的调查。

由于传播是发生在有主观意识的个体、群体之间的活动，传播者的编码能否被受众有效、准确地解码？受众的解码是否能够符合传播者的传播意图？不同国家、区域、民族、个体在接受中国文化的过程中有哪些明显的差异？如何根据这些差异相应调整传播方式，提高传播的有效性？

儒文化是中国传统文化的重要构成部分，孔子是中国文化对外传播的重要符号之一，孔子学院是中国语言文化对外传播的重要渠道。因此，对孔子、孔子学院的海外认同状况进行梳理和调查，有助于为中国文化对外传播的策略完善提供重要参考。

一、孔子形象的海外认同状况

北京师范大学文化创新与传播研究院 2015 年 6 月发布的《外国人对中国文化认知调研报告》（2014）将中国文化分为六个类别，每个类别设定三个文化符号，在"中国著名人物"这一项，选择的三个文化符号分别为"花木兰"、"孔子"、"李白"；"中国哲学观念"这一项，选择了"阴阳"、"孝顺"、"天人合一"三个文化符号；"中国艺术形态"这一项，选择了"京剧"、"中国水墨画"、"敦煌壁画"；"中国自然资源"这一项，选择了"熊猫"、"长江"、"香格里拉"；"中国生活方式"这一项，选择了"绿茶"、"唐装"、"面子"；"中国人文资源"这一项，选择了"功夫"、"春节"和《孙子兵法》。

对美国、英国、法国、日本、韩国、澳大利亚 6 个国家的取样调查，回收样本

2407 份，调查发现：一是对各项文化符号的认知度有较为明显的差异，其中"熊猫"、"绿茶"、"阴阳"的认知度较高，"天人合一"、"面子"、"敦煌壁画"的认知度最低。

"认知"与"认同"是两个层面的问题，一些符号的认知度高，并不意味着认同度或者喜爱度高。2012 年由察哈尔学会、中国外文局对外传播研究中心、北京华通明略信息咨询有限公司发布《中国国家形象调查报告 2012》，该报告表明："海外民众最喜爱的中国元素排名前十者依次是：熊猫、长城、成龙、中国美食、故宫、龙、茶叶、中国功夫、扇子和瓷器；相对来看，海外民众对京剧、孔子、旗袍、奥运场馆、姚明、中医中药、天安门广场和汉字等中国元素的喜欢程度较低。"① 这与北师大的调查结果也基本一致，北师大的调查发现，外国人对中国的自然资源、生活方式等具象的文化符号认知度较高，但对中国哲学观念、艺术形态等抽象的文化符号认知度整体偏低。

不仅在对不同类型文化符号的认知上存在差异，针对同一类文化符号，还存在着国家、区域间的认知差异。北师大的调查发现，不同国家、区域对于中国文化符号的认知度和认同度表现出一定的差异，比如同处于儒文化圈的韩国，在生活方式和思想观念上与中国较为相近，对孔子、李白、京剧、孝、面子、功夫等 9 个文化符号都比较熟悉；美国人通过好莱坞的电影等媒介产品，对花木兰、阴阳、天人合一等 5 个符号较为熟悉；法国人对中国文化符号的认知度则最低。

"孔子是中国文化中最复杂的文化符号，也是蕴含中国人情感和想象最复杂的文化形象"，有学者认为有必要从多元视角来解读孔子的形象，"师者、王者（素王）、至圣、学者、罪者和使者，这六张面孔是不同历史阶段的孔子的形象建构"，与中国文化对外传播相关的是孔子的"使者"形象："作为使者的孔子代表中国与世界对话，成为国际上认知度最高的一个中国文化符号。孔子的思想很早就传入朝鲜、日本、越南等国，在东亚形成儒家文化圈；16、17 世纪以后，孔子的学说和形象经由传教士的介绍和翻译传到欧洲，并且在欧洲文化中几经变化，成为代表中国文化最著名的一个符号。"但我们既要看到孔子形象在海外的高认知度，又要看到孔子形象在海外的变迁以及由此带来的中国文化海外认同度的变化。比如"17 世纪，西方对孔子极度崇拜，对中国也极度崇拜，认为中国是一个不需要借助宗教，用孔子的理性就能治理国家的地方。但到了 19 世纪，中国在鸦片战争中失败后，孔子的形象一落千丈，中国的形象就是停滞、落后、非理性、狂暴、停滞不前等。迄今为止，中国在世界文化中的形象并没有从根本上得到扭转"②。

因此，在进行孔子形象、儒学文化以及中国文化对外传播的过程中，首先要对目标国家原有的孔子形象认知与接受状况进行调查和尽可能准确地把握。针对目标国家对孔子形象的认同状况，有学者以美国为例进行了深入研究。

---

① 张蕾：《崛起的中国在海外是什么形象》，《中国青年报》2012 年 12 月 12 日第 4 版。
② 王德岩：《孔子的六张面孔》，《解放日报》2012 年 12 月 22 日。

四川外语学院教授张涛遴选19世纪中期以来美国《纽约时报》、《华盛顿邮报》、《洛杉矶时报》、《基督教科学箴言报》等代表不同地域和不同群体的几大报纸的共3000篇文献，对近代以来孔子在美国媒体上的形象进行了系统、细致的分析归纳，解析出美国社会所塑造的孔子形象和赋予孔子的文化含义。张涛认为从1849年至今，孔子形象在美国的变迁可以分为以下五个时段：

第一个时段，1849年，美国西海岸的加利福尼亚正掀起一股淘金热。大量华工的出现改变了美国人对中国的印象，美国人眼中的华人落后、愚蠢、迂腐而又狡黠，这些负面特质无一例外地被投射到孔子身上。否定孔子的思想，讥讽Confucius（孔子）实乃confuse（混淆、迷糊），甚至指斥孔子为"反文明"特性之源的声音甚嚣尘上。傲慢的美国人主张"去孔子化"、全盘接纳基督教文明才是中国进步的必由之路。

第二个阶段，1882年美国通过《排斥华人法案》，排华情绪上升至顶点。与此同时，美国进步主义思潮也波及全国，理性声音渐渐回归。在两种因素的共同作用下，美国的孔子观也呈现出两种不同倾向：既有斥责中国落后、贬损华人言行的内容，也有渐渐欣赏孔子思想，逐渐引用并以此鞭策美国政治与社会行为的一面。

第三个阶段，从1920年至1950年，在中国，孔子形象在一次次政治翻覆中震荡起落；在美国，孔子延续着美国政治监督者、评判者和启发者的角色，甚至被塑造为值得美国信赖和支持的中国文化符号。

第四个阶段，从1950年开始，因美国冷战时期的对华政策和国内变革，作为中国文化象征的孔子被用作美国对华冷战的舆论武器，发挥攻击中国大陆、支持台湾的重任，服务于美国的冷战利益。另一面，孔子仍然为美国人的日常生活、行为处事、个人修养提供指导，并逐渐渗透到日益发达的消费文化中。

第五个阶段，1972年，中美之间的坚冰开始融化，双方告别敌对状态，进入新的外交阶段。孔子成为两国增进对话了解的窗口，启发着美国人对当代中国的认知，更被认为是美国"打开东亚之门的钥匙"。但在一些美国人眼里，孔子作为扩展中国国家软实力的工具，也对美国文化的影响形成挑战。

历史证明，在美国的孔子形象至少受到四重因素的影响：中美关系的状况、美国国内政治与社会状况、孔子在中国国内的影响以及华人、华侨在美国的地位。今天，当我们在全球传播孔子及其思想时，应该考虑到这些错综复杂的因素，正视他国的中国观。①

---

① 曹静：《孔子，浮沉于美国人的中国观》，《解放日报》2012年2月3日。

在美国一般民众对于孔子的认识大多是模糊而又肤浅的，虽然孔子的雕像在一些高校和城市都可以见到，提起孔子，人们也普遍把他作为一个智者而尊敬有加，但他们倾向于用自己熟悉的宗教概念来理解孔子及其儒家教义。多数人只知孔子是个中国哲学家，至于他的哲学思想很多人并没有基本的了解。由此看来，孔子思想要真正为大众所接受，还有相当的一段路要走。①

因此，我们在孔子及儒学文化对外传播中要综合考虑目标国家、目标人群的历史、文化以及对中国文化符号的主观态度、客观接受能力等多种因素，相应采用有针对性的传播策略。

二、孔子学院的海外认同状况

我国政府于1987年成立了"国家对外汉语教学领导小组"及其办公室，简称为"国家汉办"，孔子学院就是由国家汉办承办并在全球予以推广的。"汉语国际推广"的正式确认以及被全面地采纳和实施，是在2003年《汉语桥工程》（2003—2007）颁布之后。作为我国第一个真正意义上的规范性的海外汉语推广培训机构，孔子学院在这一历史背景下应运而生。孔子学院总部（Confucius Institute Headquarters）设在北京，2007年4月9日挂牌成立。按照《孔子学院章程》规定，孔子学院总部是全球孔子学院的最高管理机构，是中国政府促进中外语言和文化交流、发展人类多元文化、共同构建和谐世界的重要机构。境外的孔子学院都是其分支机构，主要采用中外合作的形式开办。

孔子学院（Confucius Institute），秉承了孔子"和为贵"、"和而不同"的核心理念，推动中国文化与世界各国文化的交流与融合，以建设一个持久和平、共同繁荣的和谐世界为宗旨。它是一个非营利性的、推广汉语和传播中国文化与国学的教育和文化交流机构，一般下设在国外的大学和研究院里。全球首家孔子学院于2004年11月21日在韩国汉城（今首尔）正式成立。2004—2008年，短短4年间，孔子学院的数量迅速增长。2009年后，孔子学院开始进入内涵式发展阶段。截至2013年6月，孔子学院总部已在113个国家建立了420所孔子学院、591个孔子课堂。2012年，全球孔子学院注册学员达到65.5万人。其中，在欧洲的35个国家开设了140所孔子学院和126个孔子课堂，欧洲孔子学院的注册学员达到17.2万人，比上年增长79%。② 英国的孔子

---

① 王茜：《孔子学说在美国的接受》，《才智》2012年第34期。
② http://www.Hanban.edu.cn/article/2013 - 06/09/content_498782.Htm

学院数量居欧洲国家之首，2005 年，中国汉办与伦敦大学亚非学院签署合作协议，成立了英国第一所孔子学院；到 2012 年 4 月，英国已建有 19 所孔子学院和 63 所孔子课堂。① 在亚洲地区已有 90 所孔子学院，以柬埔寨王家研究院孔子学院为例，其自 2009 年成立至今，注册学员已超过 6800 人。②

"随着孔子学院在世界各地陆续开办，对它的一些异议也不时传来，或质疑其存在的目的，或戒惧它威胁西方学术自由和言论自由"③，有学者以美国媒体的相关报道作为切入点，对孔子学院的海外形象进行了研究，发现"外媒直接以孔子学院为主题的报道并不多，但在其他话题下谈及它的却不少。大体而言，外媒对孔子学院的评论主要围绕软实力、中文热、教育经费、学术自由、政治宣传工具等几个话题进行"④：在涉及孔子学院的报道中，软实力是出现频率最高的话题，如《华盛顿邮报》称孔子学院是"中国扩大其海外影响的一个手段"，是"增加其软实力'魅力攻势'的一个部分"，是"提升其软实力"的重要手段等；针对孔子学院的顾虑，一是担心其威胁西方的学术自由，二是担心其成为中国政府的政治宣传工具。有人认为，中方如此慷慨地资助建立孔子学院，必定有附带条件，如"一系列禁谈的话题，不能谈论达赖喇嘛、西藏、台湾等都是禁忌话题"，也有人认为，孔子学院与中国政府关系密切，缺乏独立性，因此很可能被中国政府用来干预美国校园的学术自由，影响学者的言论，如果你批评中国，那就"不能参与中国资助的与孔子学院合作的研究项目"，"得不到孔子学院提供的研究经费"，哥伦比亚大学的教师大卫·布兰纳担心"建有孔子学院的大学会因为依赖中国政府的经费而屈服于中国政府的压力，从而压制对中国不利的言论"。整体上看，外国媒体在传达对孔子学院的担忧的同时也提供了相对客观的评价，如指出"教授们警惕来自北京的对迅速发展的孔子学院的政治干预，但看来发生这种事的可能性微乎其微"，"孔子学院的急剧增加使一些人担心，有中国政府参与的办学模式可能会对学术自由造成威胁。但也有一些人认为这种担心纯属多余"。关于政治宣传工具的顾虑，在研究者看来已经形成了一个悖论，如果它谈论敏感的政治话题，那就是在把北京的宣传合法化，在进行意识形态的渗透；如果它避谈敏感话题，那也是在进行政治宣传，同时还破坏了言论自由。在一些人的思维中，中国政府已被妖魔化，只要是来自中国政府，必定是可疑的。

也有研究者通过梳理欧洲媒体中有关孔子学院的报道，对孔子学院在欧洲的形象进行了调查。"在法国媒体眼中，孔子学院的形象具有二重性：既是一个教授汉语、宣

---

① 《欧洲孔子学院数量英国居首 需求仍在增加》，中国新闻网，2012 - 06 - 03，http://www.chinanews.com/hwjy/2012/06 - 03/3934426.shtml.
② 冯辉：《2013 年亚洲孔子学院联席会议在柬埔寨召开》，汉办官网，2013 年 5 月 31 日，http://www.Hanban.org/article/2013 - 05/31/content_497505.Htm.
③ 叶英：《从外媒报道看孔子学院的海外形象》，《四川大学学报》2015 年第 3 期。
④ 叶英：《从外媒报道看孔子学院的海外形象》，《四川大学学报》2015 年第 3 期。

传中国文化的教学交流形象,也是一个承载着中国政府政治抱负、旨在推动文化外交和提升国家软实力的半官方形象。这两种形象的共存,也使得法国媒体对孔子学院呈现出比较复杂的态度。"[1] 与其他欧洲国家的媒体报道相比,"瑞士媒体的用语几乎是最为激烈的,孔子学院与中国政府(注:报道中常用'北京'代指)的关系常被强调;一些记者疑虑孔子学院的进驻会威胁海外合作院校的学术自由,批评类报道所占的比重也比较大"[2]。

研究者对美国媒体和欧洲部分国家的媒体相关报道的梳理,体现出一些具有共性的问题:一是由孔子学院的半官方背景所引起的防备心理;二是担忧孔子学院输出中国价值观以及带来的"文化扩张";三是批评孔子学院限制学术自由,影响合作院校的学术自由等。

三、孔子、孔子学院的海外认同与中国文化对外传播

孔子是中国文化的特定符号、孔子学院是中国文化传播的渠道,但同时中国文化对外传播的有效推进,也有助于使更多的外国人了解孔子及其学说,理解孔子学院的办学目的,所以说孔子、孔子学院的海外认同与中国文化的对外传播之间存在着正相关的互动关系。

由于孔子这一文化符号在海外的影响力,所以在中国文化对外传播中,可以进一步探讨如何更为有效地增进外国人对孔子形象的认知与认同;孔子学院先天负有传播中国文化的使命,目前需要研究的是如何消弭因"冷战思维"带来的戒备心理以及文化差异导致的刻板印象,使孔子学院能够更好地起到推动中国文化对外传播的作用。

又由于是在文化传播的语境中来进行探讨,所以还需要将以上问题纳入到传播学的范畴来予以研究。比如从"谁来说"、"对谁说"、"说什么"、"怎么说"等方面来对传播者、受众、传播内容、传播方式进行整合考虑、有效规划。

首先,在传播者方面,要进一步发挥民间主体与个人的力量,既形成对官方力量的有效补充,又避免因官方、半官方背景在传播中遇到的一些抵触情绪和有意无意的干扰。

拓展传播者范围,不仅包括鼓励国内更多的学术团体、文化传播机构以及有意愿的个体创造性地进行与海外的民间文化交流,使更多的海外民众了解孔子及其学说,同时还要充分发挥海外华人的传播力量。我们都知道语言传播与文化传播是同步的,掌握一种语言,有助于更好地了解这种语言所属的文化,但是在美国的体验调查中,

---

[1] 徐婷婷:《孔子学院的欧洲形象研究》,北京外国语大学2015届硕士毕业论文。
[2] 徐婷婷:《孔子学院的欧洲形象研究》,北京外国语大学2015届硕士毕业论文。

我发现华裔子女在中文学习上较为普遍地缺少积极性。

在加州，笔者曾在大学中文专业进行体验式教学，在课堂上发现积极参与课堂交流、课下还不停向老师提问的多为白人学生，而华裔学生多表现出一种被动、消极的学习状态。如果说这其中有不同种族在学习习惯、表达方式上的差异的话，我们可以再从其他角度进行补充观察。笔者分别在加州旧金山附近和密歇根州安娜堡的华人社区进行了走访，了解到华裔子女中有相当一部分不愿意学习中文，甚至表现出了与父母对抗的情绪，如果父母对子女学习中文不够重视，或者教育方法不够得当的话，这部分华裔学生基本上已经是既听不懂也不会说中文，更不用说书写和阅读了。稍微好一些的，可以做到能部分听懂，可以简单地说一些中文。这其中不仅包括在美国出生的，也包括在幼儿时期移民至美国的华人子女。究其原因，一是认为将来不会回中国，所以学习中文"没什么用"；二是对自己母国的文化不了解，更谈不上喜爱和认同。

这一现象值得我们进一步思考：首先，华裔子女对待汉语学习的态度和行为无疑会在一定程度上影响其周围的非华裔青少年；其次，在美国的华人已经在一定程度上融入了当地社会，具有更多的语言传播优势，他们的子女如果能够较好地掌握中文的话，在未来可以成为汉语传播、文化交流的桥梁。因此，我们在对外汉语及中国文化传播中应重视华人群体，特别是将华裔子女作为一个重要的传播目标。

其次，要从跨文化传播的角度做好国外受众的调查与分析，将群体特性与个体特征相结合，根据不同区域、民族、成长环境、教育背景、文化接受偏好等因素，制定更具针对性的传播策略。

北京师范大学的调查发现，外国受众在认知中国文化的过程中，超过60%的受访者认为媒介比较不可靠，而认为最为可靠的是家人与朋友间的人际传播，之后才是网络传播、大众媒体传播。从对各类文化产品的接触意愿来看，外国人对中国图书的接触意愿最高，其次是中国电影。但同时不同国家的受众在对中国文化产品类型的偏好上也表现出一定的差异，如英国人喜欢读中国书，美国人喜欢看中国演出，韩国人喜欢看中国的影视作品，法国人偏好中国的手工艺品。

影视作品对于塑造人物鲜活、生动的形象有先天的优势，特别是对于儒学所蕴含的中国传统价值观的跨文化传播，更宜采用较为轻松、"寓教于乐"的方式。为此，要努力扭转外国受众对中国电影的刻板印象、改变其先入为主的价值判断，否则从题材选择、生产制作再至营销宣传等环节的创新可能都难以收到预期效果。当然，改变人们的行为习惯是需要时间的，也是有风险的，但也并非无从着手，可以从影响目标市场的舆论领袖开始，比如目标国家的影评人、媒体记者以及文化学者等。同时要特别关注年轻受众，如高校中的在校学生，他们对事物具有好奇心，愿意接受新的观点。

在美国高校访学期间所参加的一个"日本文化节"活动引发了我对于此问题的思考。在"日本文化节"开幕的当晚，学校影厅放映了一部日本纪录电影《*jiro dream of sushi*》（中译名《寿司之神》），其传播目的不仅仅是通过镜头语言来渲染寿司的精致和美味，而更在于传达一种精神和信念，85 岁的主人公对制作美食孜孜以求、一丝不苟，他指导两个儿子以及几位店员，从食材的选择、座位的安排到寿司的制作和码盘等，无不细致严谨。用主人公的话说，寿司就好比他的爱人，做最好的寿司是他一生的事业。在表现主人公的信念和追求的同时，影片也没有忽视对人物性格的塑造，严谨但不刻板，思维活跃，语言幽默，是这位 85 岁的主人公留给观众的印象。在观看此片时，周围都是这所学校的老师和学生，以美国人为主，从他们发出的赞叹声和会心的笑声来判断，他们不仅看懂了这部片子，而且被影片的内容所打动，并颇为认同其所欲表达的主题。显然，一次愉悦和引人思考的观影活动，对于观众按照编码者的意图来定位和审视影片出品国的电影文化是有积极意义的。

日本作为亚洲国家，在文化上与中国有许多共性，在跨文化传播中，面临与中国同样的一些问题。但其所作出的调整和应对，无疑值得中国电影人借鉴。一是要对受众的接受习惯进行分析，相应调整编码方式、话语模式；二是要从影响有影响力的人入手，引导目标受众形成对中国电影与中国文化的新印象，使外国观众能够以一种开放的心态来重新审视中国文化。

再次，对孔子及孔子学说进行详尽、细致的符号梳理，在此基础上确定传播内容，再根据受众文化消费的特点与需求，开发相应的文化产品。不仅包括文化"走出去"，也包括"请进来"，通过开发曲阜的在地文化旅游产品，吸引更多的入境游客，使其在曲阜这一特定的空间中获得不可替代的文化体验。正如前面所提到的，多数外国人更愿意接受口耳相传的人际传播，那么每一位来过曲阜的外国游客都是一位传播者，而且具有不可低估的传播能量。外国游客在孔子故乡所亲眼看到的，比其他的说教更能产生影响力，也更能去影响更多的外国人对孔子及中国文化的态度。因此，做好文化"大本营"的建设，是当务之急，也是重中之重。

"言必信,行必果"与中日邦交恢复

曲阜师范大学教授 陈 东

一

问题的提出需要追溯到20世纪80年代的中日建交。中日建交谈判期间产生了不少有趣的插曲,有国人所熟知的所谓"麻烦"事件,也有国人不太留意,但在日本反响甚大的"言必信,行必果"的赠言问题。

1972年9月25日,日本首相田中角荣(1918—1993)毅然率团访华,开启了中日友好的新篇章。在当日欢迎晚宴上,田中在致词时说道:"遗憾的是过去几十年间,日中关系经历了不幸的过程。其间,我国给中国国民添了麻烦(日语原文'迷惑'),我对此再次表示深切反省。"田中的话引起在场国人的不满。次日,两国政府首脑会谈上,周恩来(1898—1976)坦诚地指出,田中首相表示对过去的不幸的过程感到遗憾,并表示要深深的反省,这是我们能够接受的。但是,"添了麻烦"这句话,引起了中国人民的强烈反感。"麻烦"一词在汉语里意思很轻,只有像不留意把水溅到妇女的裙子上表示道歉时才用这个词。9月27日晚,毛泽东(1893—1976)在中南海会见了日本代表团。田中解释道:"可能是日文和中文的表达不一样。日文'迷惑'有诚心诚意地表示谢罪并包含保证以后不重犯的意思。"并表示"如这样的表达不合适,可以按中方的习惯改"。毛泽东赠送给田中一套《楚辞集注》。据说在《楚辞·九辩》中有"慷慨绝兮不得,中瞀乱兮迷惑",那是"迷惑"一词的源头。

1972年9月28日下午,中日政府首脑第四次正式谈判在钓鱼台国宾馆18号楼举行。中日双方主要就以何种方式结束日台关系以及日台断交后双方非官方的经贸往来问题进行了沟通。日本外相大平正芳(1910—1980)表示日方将以对记者发表讲话的形式,声明日本政府与台湾断绝外交关系。双方约定此项约定不写入联合声明。周恩来总理对田中首相说:"……这证明你们这次来是守信义的,这是我们两国和平友好的良好开端。"又说:"我们重建邦交,首先要讲信义,这是最重要的。我们跟外国交往,一向是守信义的。中国有句古话说:'言必信,行必果。'你们这次来表现了这个精神。"周恩来当场将"言必信,行必果"六个字写出来交给田中。田中也将日本旧宪法上的一句话"信为万事之本"写成汉字交给周恩来。①

1972 年 9 月 29 日，两国政府发表了《中日联合声明》，中日邦交正常化的实现，标志着中日两国之间自甲午战争以来不正常状态的结束，从而开始了一个新的起点，确定了两国间的一种新的信赖关系，奠定了亚洲和平的基础。郭沫若（1892—1978）为祝贺这一历史性时刻写下了《沁园春·祝中日恢复邦交》词一首，最后一阕咏道：

　　喜雾霁云开，渠成水到，秋高气爽，菊茂花香；公报飞传，邦交恢复，一片欢声起四方。从今后，望言行信果，和睦万邦。

词中将"言必信，行必果"简称为"言行信果"。日本新闻媒体对中日建交也进行了盛大宣传。"言必信，行必果"被称为中日友好的纽带，但在日本汉学界却带来了一片哗然。

有"昭和哲人"之称的汉学家安冈正笃（1898—1983）感叹日本首相无知，竟然遭到中国领导人的戏弄。安冈正笃提醒日本政府"言必信，行必果"一语出自《论语·子路》，原文是：

　　子贡问曰："何如斯可谓之士矣？"子曰："行己有耻，使于四方，不辱君命，可谓士矣。"曰："敢问其次。"曰："宗族称孝焉，乡党称弟焉。"曰："敢问其次。"曰："言必信，行必果，硁硁然小人哉！抑亦可以为次矣。"曰："今之从政者何如？"子曰："噫！斗筲之人，何足算也！"

这段话记载的是孔子与弟子子贡关于"士"的标准的讨论。孔子认为，士分三等：行能知耻，出使四方能不辱君命，为一等之士；宗族称他孝顺，乡里称他敬爱兄长，为二等之士；出一言必信，做一事必果敢，不知变通，固执得像石头一样，那是一根筋的小人，勉强能算得上是三等之士。"言必信，行必果"是指"硁硁然小人"。中国领导人是在借用《论语》嘲笑日本首相为"小人"，属下三流人物。东京大学名誉教授、著名儒学专家宇野精一（1910—2008）表示，如果他跟随日本代表团参加这次谈判，他会让田中次日以"言忠信，行笃敬"回赠中国领导人。②

可惜，日本汉学界单方面的愤怒似乎并没有传达到中国。据说后来日本首相小渊惠三（1937—2000）访华时，朱镕基总理所赠题词也是"言必信，行必果"。2006 年 10 月 8 日，温家宝总理对日本首相安倍晋三也说过这句话。不知已经得知日本汉学界

---

① 中共中央文献研究室编：《周恩来年谱（1949—1976）》，中央文献出版社 1998 年版，第 554 页。
② "言忠信，行笃敬"语出《论语·卫灵公》，原文为："子张问行。子曰：言忠信，行笃敬，虽蛮貊之邦行矣。"意欲回骂中国为"蛮貊之邦"，无礼至极。

反应的日本首相再次听到这一古语时心中会是如何感想。

40多年后的今天，我们已经清楚日文的"迷惑"确实不像汉语翻译的"麻烦"那么轻，但也绝没有田中所言谢罪那么重，是日方出于既要表示歉意又要维护面子而处心积虑准备的一个词。那么"言必信，行必果"是不是中方在有意嘲弄对方呢？国人一定会觉得非常无辜，历史上国人也一直以"言必信，行必果"为人之良品美德，时常用以称赞他人或以要求自我。那么是不是日本汉学家对《论语》的理解有误呢？似乎至今尚无明确的解释。

二

让我们首先看看中国学者对《论语·子路》篇的注释。高尚榘主编《论语歧解辑录》一书汇集了中国历代学者对《论语》的不同注解。对《论语·子路》"言必信，行必果，硁硁然小人哉"一节，自郑玄（127—200），何晏（193—249）、皇侃（488—545）、朱熹（1130—1200）乃至近现代的杨伯峻（1909—1992）、李泽厚，解释的口径几乎一致，大意都是：

> 言语一定信实，行为一定坚决，这是不问是非黑白而只管自己贯彻言行的小人呀！①

唯有韩愈（768—824）《论语笔解》提出不同见解，认为：

> 硁硁，敢勇貌，非小人也。"小"当为"之"字。古文"小"与"之"相类，传之误也。上文既云"言必信，行必果"，岂小人为耶？当作"之人哉"，于义得矣。②

韩愈认为"言必信，行必果"怎么会是小人所为呢！此决非圣人所言，一定是后人传写失误。

但韩愈的善意误解很快被宋人粉碎，宋代学者发现孟子说过和孔子一样的话：

> 大人者，言不必信，行不必果，唯义所在。③

---

① 杨伯峻：《论语译注》，中华书局1980年版，第140页。
② 韩愈、李翱：《论语笔解》卷下，台湾艺文印书馆1966年版，第7页。
③ 《孟子·离娄下》。

宋代学者张九成（1092—1159）在《孟子传》中说：

> 昔子贡问士于孔子，其对凡有三等，而其最下者曰：言必信，行必果，硁硁然小人哉。言必信，行必果，谓之小人，则言不必信，行不必果之为大人可知矣。此孟子推孔子之意而为此说也。

张九成还举例说明孔子不仅在言辞上如此，在实际为人处世中也是如此：

> 孔子不以言为信而以义为信。如与蒲人盟不适卫而卒适卫，且曰要盟神弗听。岂非不以言为信而以义为信乎。孔子不以行为果而以义为果。如自卫而西见赵简子，至于河闻窦鸣犊舜华死，乃临河而叹曰：美哉水洋洋乎，丘之不济此，命也夫，非不以行为果而以义为果乎。不问言行之信果，而一以义断之，其比夫硁硁者固相远矣。兹所以谓之大人也。①

孔子称"言必信，行必果"为小人，孟子称"大人者，言不必信，行不必果"，完全是一脉相承。由此，北宋理学家张载（1020—1077）主张：

> 言不必信，行不必果，志正深远，不务硁硁信其小者。君子宁言之不顾，不规规于非义之信。②

《论语》载"子以四教：文、行、忠、信"（《论语·述而》），说明孔子对"信"的品德还是非常重视的，《论语》一书中"信"字出现28次，③多数都是褒义，如"自古皆有死，民无信不立"（《论语·颜渊》）、"信近于义，言可复也"（《论语·学而》）、"人而无信，不知其可也"（《论语·为政》）、"谨而信"（《论语·学而》）、"与朋友交，言而有信"（《论语·学而》）等。那么孔子为什么如此贬低"言必信，行必果"呢？

这是因为"言必信，行必果"中有两个"必"字，而孔子最讨厌极端，所谓"子绝四：毋意、毋必、毋固、毋我"（《论语·子罕》）。孔子儒家学说最重"中庸"，严忌"过与不及"。孟子倡导"惟义所在"，以义来衡量一切德目。义者，宜也，也是要求恰当适中。儒家对传统德目都有其新的诠释，都要求以礼来衡量其是否适中。儒家的"仁"与墨家的"兼爱"不同，讲究亲亲，以"克己复礼为仁"（《论语·颜渊》）；

---

① 张九成：《孟子传》卷十九，台湾商务印书馆1983年版。
② 张载：《正蒙·有德》。
③ 杨伯峻《论语译注》统计。

儒家的"孝"也不是一味的愚孝，而是按礼分有不同等级（所谓天子之孝、诸侯之孝、卿大夫之孝、士及庶人之孝）；儒家的"忠"也不是愚忠，而是"君使臣以礼，臣事君以忠"（《论语·八佾》）；此外，"恭而无礼则劳，慎而无礼则葸，勇而无礼则乱，直而无礼则绞"（《论语·泰伯》），"恭"、"慎"、"勇"、"直"等品格无一不要接受礼的检验，所谓：

> 非惟言也，行亦如之。得其所则尊荣，失其所则贱辱。昔仓梧丙娶妻美而以与其兄，欲以为让也，则不如无让焉；尾生与妇人期物水边，水暴至不去而死，欲以为信也，则不如无信焉；叶公之党其父攘羊而子证之，欲以为直也，则不如无直焉；陈仲子不食母兄之食出居于陵，欲以为洁也，则不如无洁焉；宗鲁受齐豹之谋，死孟絷之难，欲以为义也，则不如无义焉。①

孔孟儒家对"信"的观念也是如此。儒家不提倡"言必信，行必果"，主张"言中伦，行中虑"（《论语·微子》）或"言忠信，行笃敬"（《论语·卫灵公》）。儒家士大夫以义判信，将"信"分为大信（贞）和小信（谅），倡导"君子贞而不谅"（《论语·卫灵公》）。孔安国的解释是：

> 贞，正也；谅，信也。君子之人正其道耳，言不必有信也。②

朱熹解释说：

> 贞，正而固也；谅，则不择是非而必于信。③

翻译成现代汉语就是：

> 君子诚信，但不拘于小信。④

儒家不提倡甚至有些贬抑"言必信，行必果"，但并不反对或者抵制"言必信，行必果"。张载曾言：

---

① 徐干：《中论·贵言》。
② 邢昺：《论语注疏》，北京大学出版社1999年版，第217页。
③ 朱熹：《四书章句集注》，中华书局1983年版，第168页。
④ 孙钦善：《论语本解》，生活·读书·新知三联书店2009年版，第207页。

> 虽小道必有可观者焉。小道，道之小成者也。若言必信行必果是也。小人反中庸亦是也。此类甚多。小道非为恶，但致远恐泥。信果者亦谓士之次。反中庸而无忌惮者自以为是，然而非中庸。所谓小道，但道之小耳，非直谓恶。①

"言必信，行必果"依然属于善的品格范畴，是小道，不是恶，只是不符合儒家大道的要求而已，因此孔子将其列为士的最低等级。至于说其为"硁硁然小人哉"，也是以儒家中庸标准来判断的。所谓"君子中庸，小人反中庸"（《中庸》）。

儒家认为"反中庸"（与中庸之旨不合）的都是"小人"，并没有格外排斥或诋毁的意味。传统人格品行不符合中庸标准的非"狂"（进取）即"狷"（有所不为），孔子也曾言"不得中行而与之，必也狂狷乎"（《论语·子路》）。没有理想的中庸品格，也可以降而求其次。所谓"大德不逾闲，小德出入可也"（《论语·子张》）。孔子追求"君子贞而不谅"，也同时将友直、友谅、友多闻列为"益者三友"（《论语·季氏篇》）。但无论如何，"言必信，行必果"在儒家士大夫口中至少不是夸人。

中国历史上也经常有人引用这句话当作美德来肯定，有时用以赞扬别人，有时甚至是自我标榜。有人认为：

> 其实，引用者根本没有弄懂这句话，这句话不是在夸人，而是指人认死理，是稍差一点的人才，因为孔子在说完这句话后，还加上了"硁硁然小人哉"的评价。之所以被误用，是断章取义的结果。②

《论语歧解辑录》辑者对此也曾感到迷惑不解，最后得出的结论也是：

> 后世人们皆把"言必信，行必果"作为言行方面的美德，直取其褒义，大加提倡，甩掉了与"小人"的联系。③

三

如上所述，中国学者对《论语·子路》篇"言必信，行必果"的解释与日本汉学家的理解基本一致，日本汉学家似乎并没有误解。那么是不是世人根本就没有弄懂这句话，周恩来总理赠送田中的话也是断章取义呢？其实并非如此。

日本汉学家对《论语》的理解无误，但对中国传统文化整体的理解存在着偏差。

---

① 周德昌编：《北宋教育论著选》，人民教育出版社1998年版，第239页。
② 徐军：《"言必信，行必果"不是在夸人》，《中华活页文选》2013年第8期，第45页。
③ 高尚榘：《论语歧解辑录》（下），中华书局2010年版，第275页。

其实,"信"为中华传统美德,古已有之,"言必信,行必果"这句话也是古已有之。春秋战国时期百家齐鸣,对"信"的理解与发挥各尽所能,对"言必信,行必果"的评论也出现臧否两论。中国历史上既有儒家士大夫对"言必信,行必果"长期的贬抑,也有墨家侠士持续不断地对"言必信,行必果"精神的激扬。周恩来总理当时是说:中国有句古话说:"言必信,行必果。"周恩来总理此言并非出自《论语》,而是引自《墨子》。

我们来看墨家侠士一系是如何称颂"言必信,行必果"的。

墨子对"信"的定义与儒家孔孟不同,更为严谨,更为朴素。《墨子·经上》说:"信,言合于意也。"墨家的"信"是指言语真实地表达内心所想,不口是心非、言不由衷,亦即要用一颗至诚之心与人进行交流。《墨子·经上》又说:"信,不以其言之当也,使人视城得金。"是说"信"的衡量标准不是人的语言本身,不是看你的语言是否符合逻辑理论,而是看其实际效果,看其是否经得起实践的检验。比如告诉人城上有金,别人察看之后果然可以得之金,如此才可以称之为"信"。

墨子对"言必信,行必果"的评价也与孔孟明显不同。《墨子·兼爱下》说:

言必信,行必果,使言行之合犹合符节也,无言而不行也。

墨子说,出言一定要讲信用,行为一定要讲结果,言行一定要像符节一样相合,无言不信,无行不果。《墨子·修身》篇说:"志不强者智不达,言不信者行不果。"分析了"言必信,行必果"的因果联系。于光远(1915—2013)将此句简化为"志强智达,言信行果"[①] 八字格言。在墨家思想中,"诺"是与"信"密切相关的一个概念,《墨子·经说上》释之为"言务成之",意为说出来的话就务必实行,或曰作出的承诺必须兑现。一言九鼎、一诺千金是墨家对侠士的基本要求。

《吕氏春秋·上德》记载着墨家侠士"已诺必诚,不爱其躯"的传奇。墨家巨子孟胜与楚国阳城君是好友,阳城君外出时令孟胜守护其领地,并将一个叫璜的玉器分成两半当作信符,将一半交给孟胜并吩咐他"符合听之"。此时,楚悼王去世,吴起失势,之前妒恨吴起的众大臣群起作乱要杀这位名将,吴起故意伏在楚悼王遗体上,结果终被乱箭射杀,同时有些箭也射中了楚悼王的遗体。楚国有法律,毁坏王尸是大罪,罪连三族。楚肃王即位,宣誓要杀光"射吴起并中王尸者",共有70多个家族被牵连。阳城君也是其中之一。阳城君闻知消息后逃跑。楚肃王要收回阳城君的封地,当然并没有阳城君的"符令"。孟胜认为受阳城君所托,与阳城君有约,现无法守护其属地,只能以死示信。其弟子徐弱劝告孟胜,死亦对阳城君无任何益处,且此举将令墨家丧失巨子,有可能"绝墨者于世"。孟胜却认为他与阳城君的关系匪浅,若不死,将来恐

[①] 于光远:《细雨集》,重庆出版社 2003 年版,第 154 页。

怕没人会信任墨者；并说他会将巨子之位传给宋国的田襄子，不怕墨者绝世。徐弱听了孟胜的话，先去赴死。孟胜令三位使者传巨子之位于宋国的田襄子，然后赴死，跟随孟胜赴死者有 180 多人。三位使者在完成传巨子位于田襄子后，又要折返楚国与孟胜共同赴死。田襄子以刚接任的巨子身份命令三人留下，但三使者拒绝从命，依然慷慨赴死。

《淮南子·要略》说墨子曾学儒者之业，曾受孔子之术，但上述墨家为诚信而赴汤蹈火死不旋踵的精神恐怕是儒家所万万难以接受的。冯友兰（1895—1990）指出儒家与墨家同源，都出自春秋战国时期新产生的"士"阶层。儒是文士，教人读诗书习礼乐，红白喜事也给人赞礼。另有一类武士，是帮人打仗打架的专家，是"言必信，行必果"的侠士，组成了比较严密的团体，内部纪律严明。墨家即源出此等人中。① 有学者认为："墨子说'言必信，行必果'，不少人认为这是儒家信条，其实墨子可能提出得更早些。"② 其实应该说因为墨家天生的属性，其对"言必信，行必果"的精神更为执着。

继墨家之后而起的是游侠。司马迁（前 145—前 87）以其"救人于厄，振人不赡"，"不既信，不倍言"而特作《游侠列传》予以褒扬。司马迁由衷地称赞说：

> 今游侠，其行虽不轨于正义，然其言必信，其行必果，已诺必诚，不爱其躯，赴士之厄困，既已存亡死生矣，而不矜其能，羞伐其德，盖亦有足多者焉。③

郭沫若认为：

> 所谓任侠之士，大抵是出身于商贾。商贾而唯利是图的便成为市侩奸猾，商贾而富有正义感的便成为任侠。故在古时如聂政、朱亥、剧孟、郭解之流，都大大小小地经营着市井商业。直到现在的江湖人士也还保存着这个传统。④

"信"是商品贸易经济的命脉，由此不难理解秦汉时期游侠对"言必信，行必果"精神的坚持。

汉武帝独尊儒术之后，儒家思想逐步确立其支配地位，宋元以后成为中国上层文化的代表；墨侠精神受到统治者的贬压，成为中国下层文化或民间文化的代表。⑤ 有学

---

① 单正齐、甘会兵：《听冯友兰讲中国哲学》，安徽人民出版社 2012 年版，第 40 页。
② 杨一民：《兼爱非攻——墨子谋略纵横》，蓝天出版社 1997 年版，第 19 页。
③ 司马迁：《史记·游侠列传》。
④ 郭沫若：《十批判书》，东方出版社 1996 年版，第 71 页。
⑤ 张未民：《侠与中国文化的民间精神》，《文艺争鸣》1988 年第 4 期，第 10—12 页。

者将民间墨侠传统与上层社会泛儒文化进行比较，得出的结论是：

> 侠者儒之反。儒者有死容而侠者多生气，儒者尚空言而侠者重实际，儒者计利害而侠者忘利害，儒者蹈故常而侠者多创异。

侠"重然诺轻生死，一言不合拔剑而起，一发不中屠腹以谢"，甚至断言"国亡于儒而兴于侠，人死于儒而生于侠"①。这里有对墨侠的偏爱，但就儒墨对"信"的不同态度上有一定的道理。

儒家"信"的德目在理论上有气偏重道德伦理的特点，但在实践中存在着其致命的弱点。儒家"贞而不谅"的权变观与视"言必信，行必果，硁硁然小人哉"的态度，非常不利于中华民族诚信精神的健全。宋代学者张九成担心地说：

> 使学者鄙言必信行必果为小人，自好者将无所适从，而奸人者将假此言以济其诞妄滑稽之欲矣。②

严复（1854—1921）在其《原强》中更有详细的控诉：

> 今夫中国之詈诟人也，骂曰畜产，可谓极矣。而在西人，则莫须有之词也。而试入其国，而骂人曰无信之诳子，或曰无勇之怯夫，则朝言出口，而挑斗相死之书已暮下矣。何则？彼固以是为至辱，而较之畜产万万有加焉，故宁相死而不可以并存也。而我中国，则言信行果仅成硁硁小人，君子弗尚也。盖东西二洲，其风尚不同如此。苟求其故，有可言也。西之教平等，故以公治众而尚自由。自由，故贵信果。东之教立纲，故以孝治天下而首尊亲。尊亲，故薄信果。然其流弊之极，至于怀诈相欺，上下相遁，则忠孝之所存，转不若贵信果者之多也。③

晚清以来，墨学复兴。孙诒让（1848—1908）著《墨子间诂》，首倡墨子"勇于振世救弊"的入世精神和"摩顶放踵利天下而为之"的献身精神。梁启超（1873—1929）取墨者"任侠"之义，自名任公，极力鼓吹"墨学救国"。五四新文化运动中，李大钊（1889—1927）、胡适（1891—1962）、陈独秀（1879—1942）、鲁迅（1881—

---

① 壮游：《国民新灵魂》，张枬、王忍之编：《辛亥革命前十年间时论选集》，生活·读书·新知三联书店 1960 年版。
② 张九成：《孟子传》卷十九。
③ 严复：《原强》，内蒙古人民出版社 2009 年版，第 134 页。

1936）等人都极力鼓吹墨学的现代意义，尊墨抑儒已成为新文化阵营中的知识分子的基本共识。据说毛泽东的思想人格也深受墨家文化影响。毛泽东用"辩证唯物论大家"来形容墨子，称道墨子是劳动者，"是比孔子高明的圣人"。毛泽东思想性格中最具特色的几个方面，如任侠精神、实践精神以及重质轻文等都可以在墨家人格中找到源头。①

在上述墨学复归的影响下，反儒家《论语》之道而大引《墨子》名言也属于情理之中。梁启超在《近世第一大哲康德的学说、发端及其略传》中称赞传主之人品："正直谨严，言信行果。"② 毛泽东在《关于蒋介石声明的声明》文中自赞：

共产党的言必信行必果，十五年来全国人民早已承认。全国人民信任共产党的言行，实高出于信任国内任何党派的言行。③

毛泽东在《中国共产党在民族战争中的地位》一文中说：

共产党员在和友党友军发生关系的时候，应该坚持团结抗日的立场，坚持统一战线的纲领，成为实行抗战任务的模范；应该言必信，行必果，不傲慢，诚心诚意地和友党友军商量问题，协同工作，成为统一战线中各党相互关系的模范。④

这些称颂"言必信，行必果"的引文应该都是出自《墨子》，而不会是《论语》。有回忆文说 1972 年周恩来送给田中的"言必信，行必果"的古语其实也是毛泽东说的，更可以证明它只能是出自《墨子》。

中国传统文化博大精深，有其层级性及多样性。日本及国外汉学家往往只注意到中国传统文化中上层文化的泛儒特色，国内学者大多也只致力于儒释道融合的所谓"大传统"的解构与分析，长期忽视了以墨侠精神为代表的下层文化、民间文化的存在。"大传统"中也有不少糟粕必须予以剔除，"小传统"中也不乏精华需要我们予以继承和弘扬。不只是"言必信，行必果"，勤俭刻苦、强力从事、见义勇为、急公好义、一往无前、无私奉献、身体力行、肝胆相照、视死如归、舍己为人、除暴安良、雷厉风行、精诚团结、助人为乐、扶贫济困、急人所难，助人厄困，等等，都是墨子侠肝义胆精神的反映，都是中华民族传统文化精髓的一部分。

---

① 白燕、张敬军：《毛泽东人格理想与实践的墨学渊源》，《毛泽东思想研究》2005 年第 2 期。
② 梁启超：《饮冰室合集》第二册，广益书局 1948 年版，第 101 页。
③ 《毛泽东选集》第 1 卷，人民出版社 1991 年版，第 247 页。
④ 《毛泽东选集》第 2 卷，人民出版社 1991 年版，第 522 页。

儒学精髓在治国理政中的价值

同济大学马克思主义学院比较文化与道德教育研究所教授　邵龙宝

近年来，人们愈益认识到儒学精髓潜藏着尚未被人们深刻认识的巨大活力和治国理政的不竭资源。认真学习习近平总书记在曲阜有关中国优秀传统文化"四个讲清楚"的讲话和《习近平谈治国理政》著作，深感弘扬儒学精髓与创新治国理政关系的研究不仅是中国道路进程中的一个重大理论问题，更是一个实践问题。

儒学的治理理念的核心概念是"道、仁、义、礼、智、信、和、生、敬"。儒学精髓在当下的治国理政的价值必须面对现代性的矛盾和张力，在儒释道和马中西三者对话、融合中进行创造性转化。它的当代价值主要体现在：其一，建立在忧患意识基础上的道德自觉的人文主义精神可以指导每一个中国人，尤其是政治精英、企业精英和知识精英的精神重建，在改善生活方式的实践中提升生命的境界。其二，表征孕生万物的总根源，象征着宇宙自然社会人生的总规律和真善美精神实体的"道"文化是中华民族的最根本精神，对今天的内政外交、修齐治平具有诸多启示意义。其三，以儒家为主体的传统文化不仅是人文文化，同时是经济、政治、文化、生态的治国安邦的一整套理念和行动方案，其背后突出的是中华文化主体性、民族性、母体性、根源性的人文价值和经邦济世、治国理政等中国智慧。

一、儒学传统中治理理念的核心概念

学界对中国传统文化的核心价值已成共识，三代文明的精华保存在《六经》之中，传统社会的核心价值是"仁孝诚信，礼义廉耻"，有的概括为"忠孝仁爱，礼义廉耻"，有的直接指"仁义礼智信"。我把中国传统文化中的治理理念的核心概念概括为"道、仁、义、礼、智、信、和、生、敬"。

1. "道"——乃智慧、最高的认识境界。道的内涵十分丰富，在《易经》中有"一阴一阳之谓道"的哲学思想，在儒家有"天道是阴阳，地道是柔刚，人道是仁义"，强调"得道多助，失道寡助"，儒家的"道统"实际上就是指仁、义、礼、智、信的核心价值。朱熹很注重《中庸》的"尊德性而道问学"，重视格物致知，注重通过"道问学"来发展自己的精神世界，他强调的格物不是指一草一木的具体知识，而是要达到对"道"的领悟，也就是指向整个世界的天理。"道"在道家则是有六个方面的内涵：一是孕生天地万物的总根源；二是宇宙、自然、社会和个体人生运行的总规律；三是真善美的精神实体；四是指导社会人生的总原则；五是"道者反之动"，预示着一事物总是向相反方向演化，充满朴素的辩证法；六是最高的认识境界，能超越世俗的短见按照客观规律行事，消解自我中心的迷障。

2. "仁"——是儒家治理思想的人性假设。孟子的人禽之辨是四端说：恻隐、羞恶、辞让、是非，即仁义礼智。仁在儒家那里是最高的道德规范，仁的最高境界是"博施于民而能济众"，就是全心全意为人民服务。仁的核心是爱人。"己欲立而立人，己欲达而达人；己所不欲勿施于人"是仁者的崇高的人格境界，也是对真正的仁者的行为要求。子贡曰："如有博施于民而能济众，何如？可谓仁乎？"子曰："何事于仁？必也圣乎！尧舜其犹病诸。夫仁者，己欲立而立人，己欲达而达人。能近取譬，可谓仁之方也已。"（《论语·雍也六》）把仁的学说运用到具体的政治治理之中就是仁政德治，实行王道，反对霸道政治，使政治清平，人民安居乐业。

3. "义"——乃人之为人的表征。荀子认为人之所以为人者，不在于他是两足直立行走等自然属性，而在于有情义、道义和正义，有是非、善恶、荣辱等精神。荀子有一段著名的关于人禽之辨的话："水火有气而无生，草木有生而无知，禽兽有知而无义，人有气、有生、有知，亦且有义，故最为天下贵也。"义是社会治理中领导者最根本的品格。"己身正，不令而行；己身不正，虽令不从。"领导者必须清廉自持、接纳忠言、严谨庄重，方能使得治理有效。帝尧王天下之时，金银珠玉不饰，锦绣文绮不衣，奇怪珍异不视，玩好之奇不宝。以布衣遮体、吃糙米、喝菜汤，不在农忙时役使百姓。凡人恶死而乐生，好德而归利，能生利者道也，道之所在，天下归也。失其众则败，失民心则败。领导者能与众同好，与众同恶，与众同乐同忧才能治理好天下。"天下非一人之天下，乃天下人之天下也，同天下之利者则得天下，擅（夺）天下之利者失天下。"

4. "礼"——有四个内涵：制度、仪式、规范、品格。"礼"有三本：天地是生命的根本，祖先是种族的根本，君长是政治的根本。"礼有三本：天地者，生之本也；先祖者，类之本也；君师者，治之本也。"（《荀子·礼论》）"礼"不仅是人的立身之本，也是一个社会长治久安的政治基础。"礼"是治理民众的标准，是宇宙、自然和社会运行的规律，是天道、地道和人道的内在法则，最完备的"礼"使人依据自己的身份表达情感和礼节仪式，并且能发挥得淋漓尽致。"礼"是最高的准则、根本原则。荀子的"礼"的内涵和实质是"礼治"，而非"礼制"，"礼治"强调以仁义作为"礼"的根本，是软约束与硬约束的有机统一。荀子认为仅仅靠道德自觉和人性之善不能实现治理国家的目的，而要创设一种制度，进行一种制度安排来解决天下纷争和礼崩乐坏的社会状态，但他并非只强调制度的硬性教条，而是以"仁义"和"礼义"作为内涵来创设一套"礼制"即政治制度，用"仁义"和"礼义"使之深入到人心、道心之中，以达到善治的目的。"礼治"对今天的依法治国有诸多借鉴意义。

5. "信"——乃不欺暗室、不自欺欺人。孔子曾说过："人而无信，不知其可。"

孟子的道德修养六境界说中讲道"可欲之谓善,有诸己之谓信……""信"主要是指在与人交往中要讲信用,遵守诺言,诺言必须符合道义。"信"往往与"诚"结合即诚信,"信"以诚为基础,诚自然能信,离开诚无所谓信。"信"从根本上说是对自我讲信用,即不自欺,"推诚而不欺,守信而不疑"(林逋:《省心录》)。人为什么会自欺?一是为了贪名,二是为了盖过,三是明明不知,假装明白。"夫人之自欺非一,……实无是誉而贪其名,是自欺;实有是恶而辞以过,是自欺;实所不知而曰我知之,是自欺。"(范浚:《香溪文集·慎独斋记》,《宋元学案》卷四十五)夜来人静扪心自问,如能回答道"我没有做过缺德之事,没有做过欺天、欺地、欺人、自欺的事",这就是"信"。用孔子的话来说:"内省不疚,夫何忧何惧?"反省自己没有做过什么愧疚对不起人的事情,那么还有什么忧愁和恐惧呢?!

6."和"——和合、中和是天下之达道。"和"在天道方面表现为"万物并育而不相害,道并行而不相悖";在人道方面表现为"和而不同"、"执两用中";在艺术方面表现为"八音克谐"、"五色调和";政治上表现为"政通人和"、"老者安之、少者怀之"。"和"在现实社会生活中表现得最为充分,"和谐社会"、"和谐世界",以和为贵、和气生财。

7."生"——"生生之谓易"。儒学的根本实际上就是秉持天地良心,坚守生生之道。仁义礼智信、温良恭俭让、圣贤智仁勇,统统讲的都是对生生之道功用演化的描述与论证。《周易》认为宇宙最崇高、最可贵的品德是"生"。"生"即阴阳二物在不断交合变动之中的生化状态,万物生生不息,人是万物中最尊贵者,圣人之大宝,在于能"博施于民而能济众",所以有着崇高的地位。"天地之大德曰生","天"创生了日月星辰、雷鸣闪电之"大美","地"孕生万物,无需万物感激它、赞美它,而任万物自由自在生长,创生了"大爱",这就是"生"的力量和本质。"生"的本质含义是"创新",创新就意味着变化,正所谓"变则新,不变则腐;变则活,不变则板"。中华民族生生不息,才使得中国屹立于世界民族之林,日新之谓盛德,每天推陈出新,不断改革创新才称得上深厚的品德,生生不息,循环往复,革故鼎新是万事万物产生的本源。

8."敬"——诚敬,为人处世、治国理政要延续下去就要致诚,讲求"敬"。《庄子·渔父》云:"真者,精诚之至也,不精不诚,不能动人,故强哭者,虽悲不哀;强怒者,虽严不威;强亲者,虽笑不和。"讲的就是"诚敬"。中国有句俗语"精诚所至,金石为开",就是强调做人做事要讲"诚敬",要以真诚待人,表里如一,不可虚伪。朱子曰:"凡人所以立身行正,应事接物,莫大乎诚敬。诚者何?不自欺、不妄之谓也。敬者何?不怠慢、不放荡之谓也。"(《朱子语类》卷一一九)朱子强调内心和外在行为应主敬,不做事时内心总是处于一种警觉、警醒、敬畏的状态,做事时绝不怠惰放肆,处于一种专一、敬业的态度。对人对事都要讲一个"敬",人在做、天在看,"头上三尺有神灵"都是在讲"诚敬",这是中国人的信仰,这个信仰不能丢,如果丢了什么坏事情都敢做那就可怕了!

二、儒学精髓运用于治国理政的思考

1. 儒学精髓的创造性转化必须面对现代性的矛盾和张力问题，实际上是要处理好儒家文明与西方文明的关系问题。现代性之于中国传统文化既是批判的坐标，又有着自身的缺陷，恰好是弘扬传统文化精髓所要对治和克服的对象。传统文化之于现代性又是现代性的反思和批判的对象。传统文化的创造性转化有一个在传统社会始终没能解决的皇权体制的人治本质，在当代有一个人治本质的遗存与制度规范的法治要求的矛盾。在今天要实现德法兼治，就要找到克服当下腐败问题的文化根由。孕生中国传统文化的土壤和社会背景是宗法专制主义的自然经济，这与今天我们立足的现代性社会存在种种矛盾和拮抗。封建伦常的个人与社会的关系必然导致对个体主体性的戕害，而个体的生成则是现代性的标志。马克思曾说："我们越往前追溯历史，个人，从而也是进行生产的个人，就越表现为不独立，从属于一个较大的整体……产生这种孤立个人的观点的时代，正是具有迄今为止最发达的社会关系的时代。"① 作为传统文化表征的儒学的价值观在社会层面表现为"责任先于自由，义务先于权利，群体高于个人，和谐高于冲突"②，在精华中杂糅着糟粕。毛泽东曾说过，康德哲学与宋儒同。主要同在道德实践理性上。康德的绝对律令是建立在人是理性的存在物，人是有意志自律的自由主体，所以人能为自己立法。康德的义务论伦理学的一个最大弊端是把美德当知识，忽视了人的灵魂的非理性部分，忽视了人的感性欲望在道德实践中的意义和价值，实际上人是可以在道德行为即利他行为中同时感受到意欲、情感的满足的，在做了好事后会感受到心里愉悦和幸福的，以纯粹形式的普遍主义立场来对待个性迥异的每一个体是不合适的。宋儒朱熹等人也存在相似的问题，过分强调"天理"而扼杀了"人欲"。孔孟儒学原本是一套情理交融的中和的人文教化系统，孔子讲"兴于诗、立于礼、成于乐"，宋儒因受到佛家的影响，太偏重理智修身，对情与爱不太重视。现代性的科学技术和资本逻辑使得个体人越来越少地依附于血缘、地缘关系，主体性得到空前张扬，然而科技理性走向一个极端，就使人成为追求自身利益最大化的理性经济人，而资本逻辑将人和世界都变成了赤裸裸的利害关系和冷酷无情、锱铢计较的金钱关系。儒学的价值就是在这样一个传统与现代的矛盾和拮抗中展开的，一方面儒学要受到现代性的洗礼，要反思和批判扼杀个体主体性的弊端和糟粕；另一方面又要反思和批判现代性的科技和资本逻辑带来的导致人的金钱拜物教的异化现象，儒学的价值恰好就

---

① 孙德忠：《现代性出场的双重路径》，转引自《光明日报》2015年4月15日。
② 陈来：《人民日报》2015年3月4日第7版。

体现在这里，这是中国优秀传统文化创造性转化的一把关键的钥匙。要充分认识老传统的精华如仁爱、厚德、自强、和合等与近现代思想启蒙带来的科学、理性、民主、自由等积极因素的联姻，是中国道路的文化背景因素之一。而老传统的消极因素如等级结构、权大于法、封建迷信与新传统的理性、自由、民主走向极端的勾连，是今日社会腐败的文化土壤之一。中国优秀传统文化的基本精神"以人为本的主体精神，仁者爱人的人道精神，刚柔相济的坚韧精神，贵和尚中的中和精神，和而不同的包容精神"① 必须与西方文化的积极因素科学精神、法治、民主、自由和主体人格的独立进行综合创新，以培育具有中国灵魂和世界眼光、有仁爱之心和法权人格的现代公民。

2. 建立在忧患意识基础上的道德自觉的人文主义精神可以指导每一个中国人，尤其是对政治精英、企业精英和知识精英的精神重建，在改善生活方式的实践中提升生命的境界。儒学的仁义礼智信、四维八德是日用伦常的道德伦理形态，是德目，是一种伦理精神，在它的背后有一种精神力量支撑着，这就是关于儒家文明的一套信仰体系，它不同于西方基督教的纯精神性、彼岸性和超验性的基督教信仰，它是一套"信天、法祖、重生"的中华民族最根本的精神。儒家倡导吉凶由人，人是世间真正的主宰，人间的祸福不必求神弄鬼，取决于自己的行为。"天视自我民视，天听自我民听"。儒家不是宗教胜似宗教，虽然是要在人间建立道德王国，但孔子对"天"十分敬畏，中国传统有天命崇拜、圣王崇拜和祖宗崇拜的特征。"天"在孔子儒学中有着终极信仰的意味。中国民间信仰信奉"头上三尺有神灵"、"积善余庆，积恶余殃"、"人在做，天在看"、"因果报应"都和这个"天"即"老天爷"有关系。"老天爷"是道德的象征，对"老天爷"的敬畏是民间信仰的一个特点。"法祖"也就是我们"祖宗崇拜"的传统，中国人讲求父慈子孝，人活在世代相续之中，一个人做了坏事，子孙会被世人指着脊梁骨挨骂。做了好事的好人，就叫"立德"，在"人生三不朽"中占据第一位，《左传·襄公二十四年》有言，"太上有立德，其次有立功，其次有立言；虽久不废，此之谓不朽"。"重人"即"以人为本"、"以民为本"。"以民为本"的治理理念就是要官员懂得按照人的生命演化，即人的心性活动的规律来进行社会治理。要用自己的人心以及推想他人的心性良知去观照世界，去认知社会，当然也要注重社会和对人心的调查研究，要认识经济、政治、社会、文化的变迁，如此就能正确认知一切社会问题。社会的病症是多方面的，是极其复杂的，但均可在人的心性上去找寻，从经济结构上，从文化观念上，良知教育上去找。阳明的良知说就是建立在人有感恩天地生养之德的良知良心上。因此，"天良"即良知，也是"道"的同义词，也叫"道本"或"命本"，又可称为"本"体。《四库全书》中深藏着的主旨思想其实只有四个字："修心固本"。十八大报告指出："坚持以人为本，执政为民，始终保持党同人民群众的血肉联系。"同时强调"以人为本、执政为民是检验党一切政治活动的最

---

① 韩星：《中国传统文化的基本精神与现代传承》，《光明日报》2015年5月16日。

高标准"。治国理政的根本是各级领导人心中要有人民,能不能治好自己的心,领导干部的"人心"、"道心"主要体现在有没有对人民的敬畏之心,真正确立起中国人之为中国人的做人的信仰,确立起对中国特色社会主义制度的自信、道路的自信、理论的自信和文化的自信,老百姓自然就能确立起中国人的做人的信仰,也能对中国特色社会主义充满信心和信念。中国寺庙中的菩萨,全部都是由历史上的圣贤转变而来,是中国人的道德楷模或道德化身。拜这样的化身实际上是在拜道德,只是这里面有的有一点神秘色彩。国家治理是一种高度自觉的主体性行为,应该从政治精英、企业精英和知识精英的"人心"、"道心"的治理开始。"四个全面"是未来中国发展的总体规划和框架结构,也是更加宏观层面的顶层设计。学习贯彻这一精神需要政治精英、企业精英和知识精英对国家发展战略有高度的自觉,所有民众都应该对此有自觉意识,而最为关键的是上述三种精英能不能从自己开始"正心"、"诚意"、"格物"、"致知"、"修身"、"齐家",如此,方能取信于民。取信于民是社会治理的基础。

3. 表征孕生万物的总根源,象征着宇宙自然社会人生的总规律和真善美精神实体的"道"文化是中华民族的最根本精神,对今天的内政外交、修身治平具有启示意义。中国文化是"道"文化,是儒道互补形成的中国特有的文化传统,区别于西方的逻各斯文化和"神"文化,道文化的第一个内蕴是认为任何事物都离不开"一阴一阳之谓道"的朴素辩证法,《易经》的乾坤就是阳和阴组成八八六十四卦,以宇宙间万事万物为观察和研究的对象,用"阴"和"阳"两个基本要素,描述了一个阴阳变化的系统。它包含了对立统一、阴阳互根、阳逆阴顺、此消彼长、物极必反等规律,这些规律数千年沉淀和积累形成了自强不息、厚德载物、居安思危的儒学精神和无为而治、乐天知足、不争、明智的道家思想,融合为一形成了中华文化的基本精神特质和治理模式。

中国式治理的基本模式是儒道互补:儒家重教育、重修身、重家庭、重整体和社会、重群体,富有凝聚力,有一套组织民众的智慧,具有自强不息、积极有为、知其不可而为之,讲人生三不朽,儒家对群体的治理有自己独特的智慧,强调使命感、责任心;强调"人能弘道,非道弘人",肯定人的主体性和能动性。儒家代表社会发展的动力,代表阳刚,是人文主义的,讲忧国忧民、修齐治平、经世济民,主张社会文明的不断创造和不断进步,在社会发展中起到了动力机制的作用。道家在社会发展中起到了社会平衡机制的作用。道家的经典《道德经》说穿了还是体现在"君人南面之术",是一种政治哲学,其言说对象并非百姓,而是帝王将相,它的中心思想是用"道"的运行法则来劝说君王如何面对百姓、世界和自身的身心矛盾。它谆谆教诲君王不能骄狂,因为在这个世界上,王不是最大的,在王之上,还有地、天、道等需要敬畏和效法。它要君王懂得,任何事物物极必反、否极泰来、盛极必衰、弓满则折、水满则溢。老子认为"心顺自然,效雌而生"("自然"是"无"是"道","雌"是"有"是"生",是万事万物万理的生母,爱怜而不自有,这就叫效雌)。其所讲的全部道理都是围绕这一道理论证,旨在教诲列侯"既以为人己愈有,既以与人己愈多"(《道德经》第八十一章),这是作为领导干部务必懂得的治理哲学世界观。在这里,儒道的治理理念实现了高度的统一。

依法治国与以德治国的目标是建构中国公民的现代人格,社会主义核心价值观的培育就要从治理、管理、法理、伦理和心理五个方面互相依存和在互动中展开,要努力打破施治者、被治者和研究者之间的价值诉求,以形成最大限度的共识,把治理、管理变成自我在法律、伦理、心理层面的自理和自觉行为,通过制度化、规范化、程序化和心性化的道德人格修养的互动,让所有成员各知所需、各居其位、各司其职、各尽其能、各得其所,安居乐业,发挥出最大的潜能和创造性,在实现提高国家治理能力现代化的崇高目标的同时提升每个人的道德人格和法律意识和观念。

4. 以儒家为主体的传统文化不仅是人文文化,同时是经济、政治、文化、生态的治国安邦的一整套理念和行动方案,其背后突出的是中华文化主体性、民族性、母体性、根源性的人文价值和经邦济世、治国理政等中国智慧。如前所说,各级领导干部都要有"良知",要确立中国人之为中国人的做人的信仰,同时必须要确立民主法治观念,使民主制度化、法制化,防止知法犯法、以言代法、以权压法、徇私枉法。在日常生活中最难破的是看家长颜色行事的"习惯无意识"、唯长官意志为重,不知不觉中让传统中负面的东西成为破坏民主法治的祸根。要切实破除这一潜规则和"集体无意识"就要从制度机制上下工夫,从思想上牢固确立社会主义法治思维方式,深刻认识依法治国是党长期执政和国家长治久安的根本保证,从行动上对法律怀有敬畏之心,牢记法律红线不可逾越、法律底线不可触碰。从领导干部的特点出发正确认识和处理"法"与"权"的关系。要努力在治理中做到"以政务信用带动信用社会化,注重城市信用、行业信用、经济体信用、农村信用、个人信用、互联网信用六个方面,切实担当起政府的责任:一是建立社会信用管理和服务体系;二是选择有责任担当的服务机构作为信用信息服务主体"①。政府在履职时应注意防止出现两类错误:一是身兼裁判员和运动员,独揽社会信用管理制度设计和信用信息服务;二是用一般市场竞争原则管理信用服务机构,德法兼治,坚持系统治理,依法治理,源头治理。儒家以诚信为基础的信用规则较之现代信用体系在个体人的德性层面似乎更高,现代信用体系的优势主要表现在形式上和技术层面,它的实质是个体人的诚信德性与制度机制形成双向互动。儒家的礼乐教化的治政智慧源于家族的族规和家教,除了用调均来防止社会分配的严重不均,还在养老、救济弱者、赈灾与社会保障等方面进行制度设计,由此出发来解决传统社会最基本的民生问题。儒家也有类似于契约精神的立信、征信、结信的制度规范。相较于现代契约信用,儒家在"义利与秩序"、"诚信、契约与效益","贫富、调均与公正"等方面有自己独特的公正理念,体现为德法兼治的治理经

---

① 关键中:《信用管理是社会治理的基础》,《人民日报》2015年3月29日。

验，都是值得继承和转化的。

德法兼治即良法善治。良法是善人制定，对任何人具有普遍性特征，法的规则即权利和义务明确，权力不能侵犯公民的权利，法规之间不能相互冲突，且具有长期不变性和稳定性，还应有先在性、可行性和公开性的特性。良法一定能捍卫人们的权利和自由，体现正义性，保障人的生命、人身、财产的安全，维护社会成员在平等的基础上进行利益交往，对以侵害他人的方式而获得利益的人必须进行惩罚，体现和维护社会成员承担责任的平等，同时维护社会成员们的机会平等。

善治是"善者治理"，是温良公正的治理者；就治理目标而言，善治又是"仁爱的治理"。仁爱的治理应包括以下内涵：一是对大众的关爱，领导者自身具有仁爱之心，在品格上具有"恭宽信敏惠"各种德行，"仁"为众善之德；二是自爱，在金钱财富问题上洁身自好、廉洁正义；三是爱自己的亲人；四是"泛爱众"，尤其是对弱势群体有特别同情的恻隐之心和悲悯情怀；五是仁者与天地万物一体，在日常治理实践中让公众享有更充分的公共物品和更高满意度的公共管理，实现公众福利的最大化；六是以仁爱之心的善治还应讲究中庸之道。郑子产总结自己的为政经验时主张为政应"宽猛相济"，"唯有德者能以宽服民，其次莫如猛。夫火烈，民望而畏之，故鲜死焉。水懦弱，民狎而玩之，则多死焉，故宽难"（《左传·昭公二十年》）。孔子对此十分赞赏："政宽则民慢，慢则纠之以猛，猛则民残，残则施之以宽。宽以济猛，猛以济宽，政是以和。"这是善治的中庸之道，在《尚书》、《春秋左传》里有丰富的资源。"百姓足，君孰与不足？百姓不足，君孰与足？"（《论语·颜渊》）孔子要求治人者"敬事而信"，即对人民的承诺和责任必须信守且落实在行动上。

论儒家"大一统"思想

台湾中华孔子圣道会名誉会长　高秉涵

中国人有着悠久追求"大一统"的政治传统。早在西周时期,就已经有了"普天之下,莫非王土;率土之滨,莫非王臣"(《诗经·小雅·北山》)的说法。春秋战国时期,面对着礼崩乐坏、天下无序的混乱状态,孔子首先提出了"一匡天下"(《论语·宪问》)的要求;孟子接着便发出了天下"定于一"(《孟子·梁惠王上》)的呼喊;荀子则描绘了"四海之内若一家"(《荀子·王制》)的统一情景。儒家倡道于前,诸子百家群起响应于后。墨子提出了"尚同"的主张,并探讨了如何实现"一同天下"的途径和方法(《墨子·尚同》);法家主张"事在四方,要在中央"(《韩非子·物权》),于是形成了一股强大的要求统一、结束割据混乱局面的历史潮流。秦始皇正是顺应了这一历史潮流,才统一了中国。秦汉以后,历代思想家继承和发扬了"大一统"的理念,并不断予以充实、完善、提高,以至于大力宣扬,致使"大一统"的理念被普遍接受,深植于民族文化与民族心理之中,在2000多年的兴衰战和、分合聚散的过程中,获得了维护国家统一的巨大作用,让统一始终占据了中国历史的主流。

一、儒家"大一统"思想内涵具体而丰富

人们在讨论儒家的"大一统"思想时,往往多在疆域观念上,坚持"天无二日,土无二王"(《礼记·坊记》),反对分裂割据,要求国土统一;在民族关系上,坚持"四海之内若一家"(《荀子·王制》),"天下远近小大若一"(《春秋公羊传解诂》),各民族平等、和睦相处,共同促进民族的交流与融合;在政治观念上,坚持"要在中央",供奉君王,反对任何离心倾向。只着眼于国家和民族的统一,而在其他方面,却很少论及。其实儒家的"大一统"理念,内涵着两大要义,一是国家和民族的统一理论,二是社会制度统一理论。前者集中体现于孟子所提出的天下"定于一"的要求,后者集中体现于荀子所提出的"一制度"的主张。对儒家"大一统"思想来说,这两个基本重心犹如鸟之双翼、车之两轮,是缺一不可的。

"大一统"是平治天下的必由之道。天下大势有分有合、有乱有治。处于分裂时期,或者处于乱世,讲平治天下,讲"大一统",自然是以国家和民族统一为第一选项。处于统一时期,或者处于治世,讲平治天下,讲"大一统",自然是以整合社会,建立、健全和维护合理的社会制度和社会秩序为首要任务。儒家有"时中"、"时义"

之说，要求人们能够应时变化，因时制宜，知道什么时候提倡什么、强调什么。因此，儒家讲"大一统"，区分乱与治、分与合两个不同的历史时期，针对不同的历史时期，所强调的"大一统"的重点也就有所不同。

从一分一合、一乱一治的历史规律来看，分裂必然走向统一，乱世必然走向治世。这就决定了儒家宣道的"大一统"，一定是顺应历史发展的趋势，先有国家与民族的统一，再进而至于社会制度的统一。用荀子的话来说，首先是"一天下"，然后是"一制度"。国家与民族的统一，是社会制度统一的前提。没有国家和民族的统一，就谈不上社会制度的统一。这是"大一统"思想内在的固有的逻辑。

儒家是和平主义者，是道德与文明的守望者。儒家的性格被汉初大儒叔孙通总结为"难以进取，可与守成"（《史记·刘敬叔孙通列传》）。叔孙通所说的"进取"，是指逐鹿中原、兼并天下；"守成"是指平治天下、安定江山。这与后世唐太宗李世民所说的"创业"与"守业"大致相当。"难以进取"，决定了儒家在马上打天下的时候往往没有大作为；"可与守成"，决定了儒家到了下马治天下的时候将会大显身手。事实的确如此。儒家擅长于和平时期治天下，不擅长于战乱时期打天下。无论是打天下，还是治天下，都是以追求"大一统"为目标。儒家的性格决定了其更擅长于在治天下的时候，忠诚维护着"大一统"的强烈坚持。

二、天下"定于一"是"大一统"的第一要求

儒家认为"大一统"是一个"有道"社会的必备条件。在历史上，至少西周就是一个"大一统"的时代。孔子说的"天下有道，则礼乐征伐自天子出"（《论语·季氏》），就是对西周"大一统"的描述。后来，随着周王室衰微，权力下移，礼乐征伐渐渐"自诸侯出"、"自大夫出"，"大一统"局面被破坏，社会进入动荡不安的战乱时期。

到战国时代，齐、秦、楚、魏、韩、赵、燕七个大国相互攻伐，"争地以战，杀人盈野；争城以战，杀人盈城"（《孟子·离娄上》），人民流离失所，痛苦不堪。面对这种情况，孟子高瞻远瞩，率先提出了天下"定于一"的历史性要求，据记载，孟子与梁惠王讨论了如何才能使天下安定下来的问题：

> 孟子见梁惠王。……（梁惠王）卒然问曰："天下恶乎定？"吾对曰："定于一。""孰能一之？"对曰："不嗜杀人者能一之。""孰能与之？"对曰："天下莫不与也。……今夫天下之人牧，未有不嗜杀人者也。如有不嗜杀人者，则天下之民皆引领而望之矣。诚如是也，民归之如水之就下，沛然谁能御之？"（《孟子·梁惠王上》）。

战乱时期,人人盼望安定。如何安定,人人都在思考。孟子不愧为那个时代的先知先觉者,他第一个喊出了天下"定于一",才能结束战乱,安定社会,进入和平发展时期。"定于一"是天下大势,是春秋战国时期历史发展的不二选择,也是此后每一个分裂或战乱时期历史发展的不二选择。

孟子提出了天下"定于一"的问题之后,接下来又深入思考了"孰能一之"的问题。孟子没有指出当时哪个人能够统一天下,而是指出了能够统一天下的这个人,必须具备一个最低限度的条件:"不嗜杀人。"不嗜杀人、不残害生命,在和平时期容易做到,在战乱时期难能可贵。儒家虽然是和平主义者,主张非暴力,却也并非不加区别地反对暴力。儒家知道,在完成统一的过程中,使用暴力是不可避免的。"不嗜杀人",是使用暴力的底线原则。突破了这个底线原则,杀人如麻,就是独夫民贼。儒家赞赏仁义之师。仁义之师是解民于倒悬、救民于水深火热之中的。所以,仁义之师所到之处,人民无不箪食壶浆以迎之。孟子举商汤为例,说明仁义之师的征伐是为了解救人民,受到人民的欢迎。"东面而征,西夷怨。南面而征,北狄怨。曰:'奚为后我?'民望之,若大旱之望云霓也。归市者不止,耕者不变。诛其君而吊其民,若时雨降,民大悦。"(《孟子·梁惠王下》)吊民伐罪,虽然使用暴力,却具有正义性与合法性。儒家认同并称赞"汤武革命",认为商汤和周武王推翻桀、纣的暴虐统治,建立商、周统一王朝,是"顺乎天而应乎人"的革命壮举。

孟子在天下分裂时期呼吁"定于一",并且指出了如何"定于一"的路径与原则,充实和丰富了儒家"大一统"思想的内涵。从此,国家和民族的统一,深入人心,成为中国历史的主流。

三、"一天下"之后"一制度"是"大一统"的必然需求

汉初思想家明白"攻守异术"的道理。攻守之势不同,攻守之术也不同。马上打天下,不能马上治天下。从打天下到治天下,形势变,策略亦变。秦始皇不明白这个道理,导致二世而亡。贾谊作《过秦论》,曾对这一历史经验做过深刻的总结。"大一统"也有一个"攻守异术"的问题。在分裂或战乱时期,人们讲"大一统",重点是强调"一天下";到了天下安定时期,人们继续讲"大一统",重点是强调"一制度"。前后形势变了,"大一统"的重点也就随之而变。这是"大一统"的"攻守异术"。

荀子是战国晚期大儒,他在秦统一即将完成之际,不仅继孟子之后提出了"一天下"①的问题,而且更进一步提出了"一制度"的伟大命题。"法后王,一制度,隆礼义而杀诗书,其言行已有大法矣。……是雅儒者也","法先王,统礼义,一制度,以

---

① 荀子在其著作中,数次提到"一制度",见《荀子》书中的《强国》、《王霸》、《儒效》诸篇。

浅持博，以古持今，以一持万，苟仁义之类也。……是大儒者也"。(《荀子·儒效》)为什么"一天下"之后，还要"一制度"？这是因为，"一天下"仅仅是初步完成了国家和民族的统一，是一种浅层次的统一；由此继续向前迈进，达到社会制度和社会秩序的统一，这才是深层次的统一。"一天下"与"一制度"合起来，才是儒家眼中的真正的"大一统"。荀子敏锐地看到了"大一统"的这两方面的要义，说明他的历史眼光和政治眼光丝毫不亚于孟子。

"一制度"，简单地说，就是统一制度。在历史上，每一个新王朝的建立者，在其完成统一之际，必须立即着手收拾残破的局面，整合社会，恢复或者重建社会秩序。而且，必须从一开始就贯彻执行"一制度"的大政方针。制度是儒家政治学的重要范畴。在儒家那里，制度主要指"礼乐刑政"，相当于后世所说的典章制度，包括礼仪制度、政治制度、刑法制度、经济制度、教育制度，等等，总之，一切社会制度都可以包括其中。天下初定，整合社会既靠政令，尤靠制度。制度是社会秩序的基础，社会秩序是由制度安排的。制度的特点和优点是同一标竿、同一尺度。制度本身有可能是不公平的，但是制度的标竿、尺度在其适用的范围内，对任何人来说都是公平、划一的。因此，以制度整合社会，安排社会秩序，能够维持社会的大致公平，并保持其一贯性，从而也就能够奠定国家长治久安的基础。

建立了大致公平的社会制度之后，大力维护社会制度的统一，上下一套制度，普天之下一套制度，人无分男女老幼，地无分东西南北，都共同遵奉同一的社会制度。这是和平发展时期维护"大一统"的根本保证。当然，由于中国地域广大，民族众多，各地区各民族的社会发展水准不平衡，民风民俗有差异，各种制度的贯彻很难做到整齐划一；但是，根本的社会制度必须"一以贯之"，于有效的统辖范围内。因为根本的社会制度是国家和社会的基础，决定着国家和社会的性质。根本的社会制度不一致，人们缺乏制度共识，必然会埋下分裂的种子。荀子深刻地认识到了这一点，所以他向即将到来的"大一统"时代提出了"一制度"的建议。今天，我们不能不钦佩荀子的远见卓识。

四、"大一统"是中国历史永远不变的目标

儒家的"大一统"思想，深刻地影响了中国人的思想观念与思维方式，使得中国人有着牢固的"大一统"的情结和坚强的"大一统"的信念。这在世界各民族中是极为罕见的。因为有着牢固的"大一统"的情结，中国人无论在什么时候都不会放弃统一的诉求；因为有着坚强的"大一统"的信念，中国人相信无论什么时候的统一大业，也无论何种形式的统一战争，都具有正义性，都必将取得成功。"大一统"的思想能够凝聚人心，动员民力，以其强大的精神力量始终推动着中国历史朝着"大一统"的方

向发展。几千年中国历史的大势大局之所以是统一而不是分裂,"大一统"思想在其中起了关键性的作用。

统一的国家和社会,必须有统一的政权、统一的制度、统一的法律。古今一理,中外一例。秦始皇虽然是暴君,不知"攻守异术",但是,他却懂得统一之后"一制度"的重要性。他所实行的"书同文,车同轨",以及统一货币和度量衡,推行中央集权制和郡县制,等等,都是行之有效的维护"大一统"的有力措施。所以,尽管统一的秦朝二世而灭,但是,秦朝制定并实行的统一的社会制度,却保留了两千多年。谭嗣同说:"二千年之政,皆秦政也。"毛泽东说:"百代都行秦政制。"① 这与其说是秦政制的成功,不如说是"大一统"的成功。可以说"一制度"既是"大一统"赖以存在的基础,也是"大一统"借以长久维持的凝固力量。

五、"一国两制"是通往"一制度"的最佳捷径

今天,我们研究和讨论儒家的"大一统"思想,是要向儒家讨智慧,向历史与传统讨经验。2000余年凝聚的智慧,2000余年积累的经验,必对当今海峡两岸有所启示。而最大的启示莫过于:"大一统"是中国历史永远不变的目标,也是台海两岸关系的大纲和总纲,纲举而目张,当前最重要的是抓住"大一统"这个纲,在这个纲上凝聚海峡两岸人民的共识与信念。由于民族心理的作用,如今两岸在"一天下"上凝聚共识似乎不难,"九二共识"已经蕴涵了"一个中国"的概念,说明两岸可以在"一个中国"上达成共识。可是由于两岸分治已逾一甲子,这60年来,两岸在不同的道路上分别发展出不同的社会制度和生活方式,所以如今两岸在"一制度"上凝聚共识实非易事。在这里,仅仅依靠先人的智慧与经验,已显然不足。时代在要求两岸人民要共同奉献聪明才智,来解决当下两岸最棘手的难题。

对于这60年来两岸关系的主流来说,主张"一天下"不是问题,主张"一制度"也不是问题,真正成问题的是应如何"一制度"。在如何"一制度"的问题上还没有凝聚共识之前,为了破题,邓小平适时提出了"一国两制"的构想。在一个中国、两种制度并行之下,既合作,又竞争,优胜劣败,去芜存菁,始能逐步进入"一制度"的佳境。是为两岸通往"一制度"的最佳快捷方式,此不失为港、澳、台的最佳选择,也是中国将来和平实现统一的最佳选择。"一国两制"的构想,借鉴了历史经验。汉代以后,中国历朝历代,几乎都在实行郡县制的同时,也实行封建制。这是中国历史上的"一国两制"。其次,"一国两制"的构想,是从现实出发,以尊重港、澳、台的社会制度和生活方式为前提而提出的。当前,台海两岸最基本的现实是大陆崛起而强势,

---

① 谭嗣同、毛泽东对秦政评价不一,但是却都指出了秦政长久实行的历史事实。

在此情势下，大陆继续奉行"一国两制"的政策，这类似于孟子所说的"惟仁者为能以大事小"（《孟子·梁惠王下》）。立足现实，认清形势，台海两岸一方做仁者，一方做智者，仁者智者携手合作，没有解决不了的问题，没有克服不了的困难。

儒家为台海两岸逐步走向"一天下"、"一制度"提供了丰富的、有指导价值的思想资源。今天，台海两岸应如何走向"大一统"之路，实有赖两岸人民的智慧，开拓创新，异中求同，团结合作，和平发展，共同创造两岸共荣双赢，让中华民族的光辉再现于全世界。

儒学中的普世性价值

曲阜儒学新院教授　曾繁如

儒家学说是全人类的宝贵遗产，而不仅仅属于中国人。因为它说的是人性，而东西方的人性基本是相近的，不同之处在于文化和社会环境的差异。毕竟儒家学说是2500多年前的事，很多观点在今天是过时了。要欣赏儒家思想的精华，就必须将其提炼出来，并限定在能普遍适用的情况上。事实上世界正在变化，变得比孔子所在的纪元更容易接受儒家思想。

孔子历时14年宣扬仁政，收效甚微。统治者阶级更关注的是加强国防和君主特权，但他没有放弃信念，像苏格拉底一样，把他的主张说出来。苏格拉底宣扬主张，到头来被迫服毒自尽。而孔子也是终其一生宣扬仁政，在古今中外的圣人中，孔子思想关注人性，构成涵盖范围最广的智慧。

孔子思想里没有超自然的，不像一些宗教宣扬的现象——复活、升天、轮回。我并不是否定这些超自然现象，我只是指明孔子思想的全然世俗性。

孔子的学说属于哲学，而不是宗教。佛教原本也是哲学，然而哲学经过高度的热忱来信奉，就会成为宗教。因此，我一直思考如何"承东传西"？承东即为继承和光大东方传统文化精髓，传西即为把东方传统文化传播到西方。我尽我所能把儒家思想以一个新的方式来传向西方。所以，我在曲阜建立的学院取名"新院"。

《大学》、《中庸》、《孟子》等儒家经典都十分重要，我现在主要关注《论语》，当前最主要的任务就是把《论语》在外文界打通。这也不简单，因为做事要集中一点，才能做得透彻。

"透彻"就是让外文界（老外们），还有外国的华裔人群，他们能够吸收、能够遵循、能够让这些智慧打进他们的意识里面，这就是透彻。

中国现在儒学研究、传播机构众多，诸如儒学院、国学院、私塾、书院争奇斗艳，但这么多年来，儒学是不是好好地传到国外去了？儒学大有可为，可以与时俱进走向世界，融入世界文化并成为其中一个支柱之一。大家都说，走向世界，可怎么走啊？你看"争奇斗艳"都做不来，为什么没做到？我认为其中需有三个重要手段，要达到这个目标分为三部曲：

第一，严格地筛选

孔子的思想被弟子们编在《论语》中，有500个章节。其中有很多是过时的，成为累赘。我的书把这些文本浓缩成100多个章句。这些普遍适用的章节仅占论语全书内容的 20%，比起本文字数不到 10%。

我说好好筛选就是筛选到一个行得通的地步的意思，不是全套照搬，有没有考虑到外国人、外文界的人，他们能够接受到什么程度？他们不接受就没有用，一定要人家接受，那你才传得过去，所以缺少"筛选"这一步是不行的。因为孔子的学说就是提升人性，既然是针对人性，那么这些章句自然就具有普世性，因为人是大同小异的，就能够普及，能够得到更多人的理解。而且基于古时候的礼节、制度，外国人不易理解，但人性方面他们会理解。所以我的筛选主要依据"人性"这个原则。

以下举四句简短的例子供你们体会《论语》的意旨。

1. 君子不器

A gentleman ought not to be like an implement.

Comments：

An implement serves only a specific purpose. That's too narrow. He ought to be multi-functional（similar to a Renaissance man）.

2. 学而不思则罔，思而不学则殆

Learning without thinking will end up in bewilderment.

Conversely, thinking without learning will end up in peril.

Comments：

Consequence：one nerd, one nut.（一个是书呆子，一个是怪人。）

3. 德不孤，必有邻

Virtue（moral charisma）never stays alone. It is bound to attract companionship.

Comments：

These mere six characters convey an extremely profound phenomenon.

A virtuous person is akin to a magnet drawing people of similar wavelength toward him. Try it with patience. It is a slow stew.

4. 不愤不启

I do not enlighten any disciple until he gets stuck with a problem after a hard try.

Annotation：

Confucius's pedagogical（teaching）techniques are thus revealed. He made his pupils search hard for solutions before he gave them answers. He sifted them by testing their individual abilities to make intelligent inferences. Those who failed to visualize related angles were probably placed outside the circle of 72 accomplished disciples out of a total of 3,000 pupils. Incidentally, there was no admission test to begin with.

我不希望我的听众感到枯燥。公元前 6 世纪的社会和政治条件与今天相比都有很大的不同。

第二，翻译

英语与汉语截然不同，用英语来表达汉语的内在含义是一件艰难的事，尤其是用通俗的英语来传达底蕴。有时具有多重意义的汉字可以翻译成多个不同的字样。我这里举个例子，比如"仁、义、礼、智、信"五个意念，翻译要做到准确兼具美感，以便和儒家学说中的意念更紧密联系，需要在把握底蕴的基础上，进行准确传神的英语表达。我发现有些重要文本的翻译就不太好，你看有个"国际"化的作品中的翻译就出了严重的问题："礼"用"rituals"就不如用"propriety"，"rituals"是形式的，本旨是"propriety"。"仁"用"benevolence"就不如用"humaneness"，"benevolence"指的是仁政的"仁"，是对的，但最基本的意念是"humaneness"。"信"用"integrity"就不如用"credibility"，"integrity"是正直的意思，"信"应该是"credibility"。这样才能反映出孔子的儒学底蕴。外国的文化跟咱们的文化迥然不同，你要怎么汲取它的价值，同时要走向世界，创意诠释儒家文化的核心价值观念，传达中华民族的人生理念和生命态度十分重要。

第三，评论

评论是在一些段落中，将它们与现代的观点结合阐述。儒学的一些词句、一些章节是现代人们无法轻易了解的，要通过怎么样的评论，才能把现代生活、现代思路连贯起来，让现代人更容易了解？这也很重要。所以正是缺乏以上这三个手段，儒学在国外的传播还没有达到令人满意的地步，我在这方面的工作特别重视"筛选、翻译、评论"。

儒家学说传播到西方的目的是为了补充文化。我进一步提炼儒家学说到仅七个字，称为"曲阜精神"。作为对儒家思想的精髓："推己及人，宽、远、深"，前面四个字是取自"恕"，意谓人性彼此彼此，延伸意为"己所不欲，勿施于人"，这点与基督教的一句玉律很相似，"己所欲，施于人"，是另外一个角度而已。

第五个字是"宽"——这里说两点：宽宏，更包容和适应。它给人以平和的心态。另外一点是宏观。当前，全球是紧密联系的，某一地方发生的事情，很快就波及到世界各地。人应该有宏观的意识，以便在现今社会认清形势。

下一个字是"远"，能够看得远，有远见。换句话说："能预见未来。"任何事物的成败都需要一段过程，有些需要几年的时间。在事物未成熟之时做出判断是不明智的，这就需要耐心。

最后一个字是"深"，很明显，在观察和分析问题上，深度至关重要。孟子，孔子的越代弟子（相隔两个世纪），曾说："君子深造以道，欲其自得之也。"

"宽、远、深"三个字的提出，也表明了三维，包罗甚广。所以，七字曲阜精神也确实说出了儒家思想的精髓。

英文原文：

Universal concepts within Confucianism
Zeng Fanru

The heritage of Confucian doctrines belongs not only to the Chinese, but to humanity at large, because many of the doctrines relate to human nature. And human nature of the west and the east is basically similar, while the differences are caused by cultural and social circumstances. After all, these Confucian doctrines were developed 26 centuries ago, much of them are obsolete today. To appreciate the essence of Confucianism, it has to be distilled and limited to what can be universally applied. In fact, the world is gradually becoming more receptive than the region covered by Confucius to promote his principles 26 centuries ago.

He traveled for nearly 14 years to promote particularly the concept of benevolent governance with very little success, as the rulers of the states were unwilling to embrace benevolent governance. They were more concerned with defence and privileges. But he kept on his efforts like Socrates with his faith in promoting the need to speak up. Socrates ended up with the loss of his life whereas Confucius ended up with the loss of his years. Among the sages, ancient or modern, east or west, Confucius' sayings constitute the widest range of wisdom, relating to human nature, to this secular world.

Nothing paranormal, unlike certain religions with phenomena, such as resurrection, rise to Heaven or transmigration. I don't refute these paranormal phenomena. I merely try to point out the total secularity of Confucius mind.

Confucius' thinking is philosophy, not a religion. So is buddhism. however, if doctrines are embraced with a high degree of earnestness, it takes on the quality of religion.

Anyway, I'm making efforts to pass on Confucianism to the west with a new approach. That's why my institute in Qufu is called Neo – Institute. Neo means new. Three steps are taken to achieve this goal.

Severe selection

Confucius thoughts are mainly contained in the Analects compiled by his disciples. Among the 500 passages in the Analects many are antiquated and become an encumbrance. The passages have been condensed to just over 100 items. These universally applicable passages constitute just 20% of the complete works. In volume of text, it's under 10%. Here are four short examples to reflect some expects in order to exude a little flavour:

1. 君子不器

A gentleman ought not to be like an implement.

Comments：

An implement serves only a specific purpose. That's too narrow. He ought to be multi‐functional (similar to a Renaissance man).

2. 学而不思则罔，思而不学则殆

Learning without thinking will end up in bewilderment.

Conversely, thinking without learning will end up in peril.

Comments：

Consequence：one nerd, one nut.

3. 德不孤，必有邻

Virtue (moral charisma) never stays alone. It is bound to attract companionship.

Comments：

These mere six characters convey an extremely profound phenomenon.

A virtuous person is akin to a magnet drawing people of similar wavelength toward him. Try it with patience. It is a slow stew.

4. 不愤不启

I do not enlighten any disciple until he gets stuck with a problem after a hard try.

Annotation：

Confucius's pedagogical (teaching) techniques are thus revealed. He made his pupils search hard for solutions before he gave them answers. He sifted them by testing their individual abilities to make intelligent inferences. Those who failed to visualize related angles were probably placed outside the circle of 72 accomplished disciples out of a total of 3,000 pupils. Incidentally, there was no admission test to begin with.

I don't wish to encumber my audience with boredom. The social and political conditions of 6 centuries B. C. were quite different from today.

Translation into English

English developed in circumstances quite different from Chinese language. It's a task to express Chinese ideas, especially subtle ones, in clear English. Sometimes, Chinese characters with multiple meanings can be translated into several different versions. To make it simple, the five keywords in Confucius' thoughts are translated as below：仁（ren） = humaneness、义（yi） = righteousness、礼（li） = propriety、智（zhi） = wisdom、信（xin） = credibility. Underlying meanings are identified and put in proper English.

Next, commentary.

Comments are made on a number of passages to clarify the messages and to relate them to modern times.

The objective of transmitting Confucian doctrines to the west is to supplement, or to enrich culture. I have further distilled Confucianism to only 7 Chinese characters, aptly termed the Qufu spirit. This is the quintessence of the Confucian mind for quick grasp. The phrase reads like this: 推己及人，宽远深（tui ji ji ren, kuan, yuan, shen）. The first four characters are derived from the concept of 恕（shu）which means reciprocity or mutuality. It is extended to mean "do not do unto others what you do not want others to do unto you." This is the other side of the same corn as the Christian golden rule "do unto others what you want others to do unto you." The Confucian version is easier to keep up, because it is passive. It simply means "do no harm".

The fifth word 宽（kuan）means broad – there are two aspects to it. Broadmind that is more inclusive and accommodating. It gives a person more peace of mind. Another aspect is broad perspective. At the present time, the whole world is closely connected. An accident in one place sends ripples to other parts of the world. One has to keep broad perspectives in order to understand any situation in this interconnected world.

The next character 远（yuan）means afar. It is wise to look afar to have farsight. In other words: "what will be going on in the future." Any project takes time to mature, some will take years. It is unwise to judge anything prematurely. Patience is called for.

The last word 深（shen）means "deep" obviously to observe or analyse situations, depth is important. Mengcius, an atavistic（two centuries apart）disciple of Confucius used to say: "the gentleman cultivates morality in depth in other to attain self – gratification." It is a kind of solace, a happy frame of mind.

The last three characters – "broad、afar、deep" above also represent the three dimensions – encompassing a wide spectrum of matters. So, the Qufu spirit in seven characters is indeed the quintessence of the Confucian mind.

青年论坛

儒家思想在全球一体化格局下的意义与传播

[德国] 大卫·巴拓识博士（Dr. David Bartosch）

一

在启蒙运动时期，许多欧洲的大思想家都曾受到中国儒家思想的影响，这种影响源于耶稣会当时在中国进行的传教活动。这些欧洲传教士当时历经数年的艰难跋涉才能到达中国，他们长期在中国学习与生活，捕捉到当时中国思想文化中许多令人惊叹的成就，并且将其带回西方。儒家思想也成为他们研究的重点之一。1687年在欧洲第一次出现了对儒家经典的翻译行为。比利时耶稣会士柏应理（Philippe Couplet, 1623—1693）将《大学》、《中庸》和《论语》首次翻译成了拉丁语。20余年后，即1711年，另一位比利时耶稣会士卫方济（François Noël, 1651—1729）除了将这三部经典再次进行翻译之外，又翻译了《孟子》一书。这两个版本的儒家译著在当时欧洲思想界引起了极大反响。

莱布尼茨（Gottfried Wilhelm Leibniz, 1646—1716）在他的著作《中国近事》（1699）第二版的序言中将欧洲与中国夸赞为两个最先进的文明，并且提到这两个文明应该相互交流，在发展中互相支持。他还认为，欧洲在实践哲学、伦理学与政治的领域还需要向来自中国的儒家进行学习："由此我们可以从学习到对'自然神学'的实际运用。"①与他同时期的启蒙学者克里斯提安·托马西乌斯（Christian Thomasius, 1655—1728）也对中国儒家有一定研究，认为儒家思想应该在欧洲的高等与初级学校中进行深入讲授。②克里斯提安·沃尔夫（Christian Wolff, 1679—1754）是莱布尼茨的学生，同时也是康德的重要影响者之一。他曾经坚信他的哲学与中国儒家理学，特别

---

① Adrian Hsia: *China – Bilder in der europäischen Literatur*. Würzburg, 2010, P. 35. 。
② Wenchao Li: "Konfuzius in der deutschen Frühaufklärung." In: *Von mehr als einer Welt. Die Künste der Aufklärung*, für die Kunstbibliothek - Staatliche Museen zu Berlin, hg. von Moritz Wullen, Petersberg, 2012, P. 342.

是与朱熹的格物说之间，可以寻找到一个基本的契合点。[①]而他的《论中国的实践哲学》（1721）一书堪称是"德国启蒙运动的号角"[②]。沃尔夫的学生、来自符腾堡的彼芬格（Georg Bernhard Bilfinger, 1693—1750）也继续尝试过将儒家礼教与政治思想用当时欧洲的哲学方法论来进行系统梳理。[③] 而伏尔泰（Voltaire, 1694—1778）则更加强调儒家的宗教宽容性，并且想将此作为欧洲的模范。[④]魁奈（François Quesnay, 1694—1774），这位资产阶级古典政治经济学的奠基人一直被称为是"法国的儒者"，他受到孟子的启发提出了重农主义。他的"无干涉主义"思想也是一种对中国道教"无为"的欧式诠释，而这种思想曾对法国大革命产生过一定影响。西方经济学创始人亚当·施密特（Adam Smith, 1723—1790）也在此原则下建立起了他著名的自由市场经济基本理论。[⑤]这个阶段中欧洲学者对儒家思想的学习，对欧洲启蒙运动产生了深远的影响。从此视角出发，我们可以断定，欧洲的启蒙运动并非像许多学者认定的那样，是纯粹的西方思想的一次前行，而是一次在跨文化思想影响下的思想革新。

19世纪末期是欧洲智者们，特别是德国思想家们学习中国儒家的第二个高潮。其开端仍旧是对儒家经典的翻译工作。卫礼贤（Richard Wilhelm, 1873—1930）是以基督教会传教士的身份来中国的。他向当时中国学者请教，深入学习了中国思想的精髓。他反对当时流行的欧洲中心论的观点，并且不遗余力地向西方介绍中国文化，甚至还因为他的研究工作而受到过当时清王朝的嘉奖。卫礼贤在他的一生中写作了几部重要的中国经典的德语翻译版。这个翻译是之后很长时间中各种西方语言翻译版的蓝本与重要参考资料。他并非只是对中文经典进行翻译，还有意识地尝试建立一座连接德语与中文世界相互理解的桥梁。而第一次世界大战之后，整个欧洲进入重建阶段。1918年后的德国，面临很多社会问题。这些问题是用启蒙时期流传下来的国家体制无法解决的。由此一些思想家与实践家开始反思自身文化中的缺陷，并且尝试在精神上寻求新的社会制度定位。魏玛共和国期间，德国学者们对中国的治世之学的研究达到了一个新的高潮。这个时期的大思想家，例如诺贝尔文学奖获得者鲁道尔夫·欧肯

---

① Michael Albrecht: "Einleitung." In: Christian Wolff: *Oratio de Sinarum philosophia practica.* (*Rede über die praktische Philosophie der Chinesen.*) Lateinisch – deutsch. Hg. v. Michael Albrecht, Hamburg, 1985, P. XXXII.

② 同上：第 XLV 页。

③ Eun – Jeung Lee: "*Anti – Europa*". *Die Geschichte der Rezeption des Konfuzianismus und der konfuzianischen Gesellschaft seit der frühen Aufklärung.* Münster, Hamburg, London, 2003 (Politica et Ars; 6), P. 57.

④ Hyobom B. Pak: *China and the West. Myths and Realities in History.* Leiden, 1974 (Monographs and Theoretical Studies on Sociology and Anthropology in Honour of Nels Anderson), P. 56.

⑤ 同上，第 56—57 页；Gerlach, Christian (2005): *Wu – Wei in Europe. A Study of Eurasian Economic Thought.* London: London School of Economics, Department of Economic History (Working Paper; No. 12/05)，第 31 页。URL: http://www.lse.ac.uk/economicHistory/Research/GEHN/GEHNPDF/WorkingPaper12CG.pdf

（Rudolf Eucken，1846—1926）①、著名学者和人道主义者阿尔贝特·施韦泽（Albert Schweitzer，1875—1965）②，以及著名哲学家卡尔·雅斯贝尔斯（Karl Jaspers，1883—1969）都曾对儒家学说进行了研究。正如雅斯贝尔斯写道："在精神上，我很乐意停留在中国。在那里能寻找到人类共同的起源，而与一些其他地方的暴力相对抗。因此我从对中国哲学的钦佩转入了对中国人文主义的关注。"③这次学习中国的高潮可惜被随后到来的二战时期的纳粹主义的兴起扼杀掉了。

从以上欧洲对儒家的关注的历史信息中，我们可以得到一个结论：当某一种特定的社会环境生成时，欧洲人就会对中国儒家思想进行特别详细的研究。而分析上文列举的两个时期，可以发现其中的共性：这些特定的时期都是政治文化的变革时期。例如第一个时期，即启蒙思想早期，正是席卷整个欧洲的三十年战争（1618—1648）刚刚停息之时。通过这场惨烈的宗教争端，欧洲自身的文化与社会结构受到极大的摧残。战争过后，西方思想家开始对以儒家为基础的政教和谐、宽容、平和，并且具有可持续发展的经济环境的中国社会产生了很大的兴趣。这次对于中国的学习可惜在18世纪在天主教教廷引发的礼仪之争中被中断。而第二次学习的高潮仍然是在一个战后的变革时期。在一战的废墟上，人们发现自身的思想世界不足以解决社会产生的重大问题了。这时寻找一条新的出路就成了必要之举。而从中国古老的伦理思想和治世智慧中去寻找解决方法未尝不是一条值得思考的道路。

二

当下，人类社会正面临一次新的变革。这次变革是一次世界范围内的政治、经济、科技与人文精神力量的更新与转化。这样大规模的变革正在以前所未有的广度和深度改变着世界的格局。在这种形势下，无论是西方和东方文明都面临着新的考验。如何在全球化的大环境下重新定义人与人性？不同种族不同宗教之间如何和平共存？世界争端的根源在何处？人如何将在科技与自然中找到平衡点？不同文化的人与人之间如何更好地相互交流与相互理解？在国际化环境下的国家应该怎么样持续发展？而实现全球一体化下的人类应该何去何从？

歌德说："不识三千年者，仅是浑噩度日。"④在面临这次变革时，我们可以考虑借

---

① Rudolf Eucken；Carsun Chang：*Das Lebensproblem in China und Europa.* Leipzig，1922.
② Albert Schweitzer：*Geschichte des chinesischen Denkens.* Hg. v. Bernhard Kaempf u. Johann Zürcher. M. e. Nachw. v. Heiner Roetz. München，2002（Werke aus dem Nachlass）.
③ Karl Jaspers：*Philosophie und Welt：Reden und Aufsätze.* München，1958，P. 383.
④ Johann Wolfgang von Goethe：*West - östlicher Divan.* Mit Einleitung und erläuternden Anmerkungen von G. v. Loeper, V. 15, p. 91："Wer nicht von dreitausend Jahren, Sich weiß Rechenschaft zu geben, Bleib ' im Dunkeln unerfahren, Mag von Tag zu Tage leben."

鉴历史上的经验，再次从中国儒家学习经验。因此，我想从以下几点列举一下儒家在当代大环境下对西方文化的可鉴之处。

首先，儒家的宽容之道十分值得当今西方文化进行学习。当我们回顾西方对于宽容的发展史时，会发现宽容在欧洲是一种基于基督教的，并且在启蒙时期逐渐形成的人性关系。从其本质上来看，这种宽容有两种特性：其一，西方的宽容是以某一种抽象理论化的真理为前提下的，且自我在其中被视为此真理的唯一代表；其二，西方的宽容在很大程度上只是对于本文化传统内部成员的宽容。

这种宽容思维的形成是建立在西方文化的特殊背景下的，人们习惯于执着于某一种宗教信仰，抑或是某一种理念规则。例如一个人或是基督教徒，或是天主教徒，拥有某种信仰的同时，也就从根本意义上代表着要始终坚持这种信仰，并与除此以外那些异源观念进行斗争，消灭或是统治他们而获得最后的胜利。回顾西方的政治史，每每充斥了对于异源文化与宗教的抵制，甚至在本教派内部也爆发过激烈的战争。这种保守主义在西方是如此根深蒂固，甚至可以回溯到古希腊时代。柏拉图就曾经宣扬，接受任何外来的宗教和精神影响都应该被施以极刑。之后一些具有重要历史意义的基督教徒们也曾是异源文化的坚决反对者，比如保罗（Paulus，约3—67）和托马斯·冯·阿奎那（Thomas von Aquin，1225—1274）。可以说直到文艺复兴时期为止，在欧洲从未达到过真正意义上对其他宗教的认同。而随之而来的反宗教改革与宗教法庭更是将宗教的狭隘性发展到了极致。虽然当今西方文化与当时相比，对其他文化和宗教的宽容度已经大有改善，但是很多非基督教文化仍然难以得到充分的认知与接纳。①

相比之下，中国儒家的思维方式是不同的。儒家的处世观从一开始就并非是西方意义上所习惯的那样，是单纯追求某一种永恒唯一而抽象真理的宗教信仰。儒家的成员们并没有组成一个执着于某种单一原则的社会群体。他们更加注重从历史经验中进行经验推演，以确立对不断变化的人性之道的认知与实践。正如孔圣人一针见血地指出的那样："务民之义，敬鬼神而远之，可谓知矣。"②因此当欧洲在为文化间的差异性产生争斗，试图倾力贯彻自己独一无二的宗教信仰时，中国人却更加关注一种更高层次上的中立性的统一。值得注意的是，这种统一并非是教条地要求所有从属者必须保持原则的一致性，而是根据具体情况实施战略性措施，让具有差异性的群体在保留他们的差异性的同时，仍然能够被涵盖在一个更高层次上的统一体中。"天下大同"、"四海之内皆兄弟"都是在这种思维下的表述。为了这种人类社会的最理想境界得以实现，中国儒家从很早就开始对其他文化与宗教进行宽容接纳。

---

① David Bartosch；Harald Seubert："Toleranz in europäischen Traditionen."In：Hamid Reza Yousefi；Harald Seubert（Hgg.）：*Toleranz im Weltkontext. Geschichten – Erscheinungsformen – Neue Entwicklungen.* Wiesbaden，2013，PP. 53 – 64.

② 《论语·雍也》。

儒家以《易经》为理论指导建立了"天下大同"、"求同存异"的基本思维模式。儒家以谦逊宽容的态度积极灵活学习各种宗教文化。他们深刻地理解到，文化的多样性正是人类智慧的宝库。只有对不同的文化相互学习补充完善，才能共同达到人类文明的高峰。"学而时习之，不亦说乎？有朋自远方来，不亦乐乎？"①这其中包含了儒家博大而开放的胸怀。本着这种学习精神，让儒家从百家中的一个派别，在漫长的岁月中，通过儒者们各门各派思想的精髓的汲取，最终成为了领导中国，甚至东亚的精神力量。比如儒家千年中对佛教与道教的汲取与融合。直至20世纪，儒家还不断从西方汲取哲学与政治思想。例如对马克思主义的学习，就是一次跨越亚欧大陆的政治运动。而邓小平将儒家治世之道与西方市场经济理论的结合之举，也正是基于这种儒家活学善用的传统。在过去的几十年中，善学的儒家带来了如今多元化的中国社会。多种文化元素并存融合，为中国解决当代问题提供了多重的解决方法。中国在运用儒家传统文化的能力与策略后，逐步汲取西方社会系统中的优点，并将其运用于新式中国的建设。这就像中国既有西医又有中医，病人可以选择是看西医还是中医，而在西方就只有看西医了。

除了宽容善学之外，儒家还具有一个鲜明的特性，即是以"仁爱"为根本的治世方针。仁慈博爱虽然是许多宗教的基本教义，但是儒家的仁爱却又是相当独特的。这种仁爱并非是像其他宗教一样，首先基于至高无上的神对人的爱，而是始于天地与人心之间的紧密连接。基督教教义中对创世神的爱是首要的，对人之间平等的爱是由对神的爱的附属产物。而儒家所说的仁爱则是直接建立在人与人之间的，直接触及了人性中善的一面。这种以人为本的互爱以家庭为最小单位，复制到整个社会体系中。

三

几乎所有的人类文明都在寻求一个建立完美社会的方法。而我认为，如果有完美的社会的话，其体制只能是建立在接受与包容其他文化的基础上，而非是对其他种族与文化的灭绝。现今世界局势震荡，宗教战争与政治争端迭起，对人生命与文化的摧残屡见不鲜。儒家作为一个以"知行合一"为原则的精神团体，在21世纪世界政治、文化、经济以及宗教舞台上必将显现出越来越重要的作用。儒家的宽容与仁爱也与其他宗教，例如基督教、伊斯兰教、佛教等有着共同的精神诉求。由此出发，可以避开关于各教派创世论与各种神迹之间的争论，而以人的博爱为共同点出发进行讨论与交流，这样既不会触发各教的争端，又可以将世界众多教派从某种程度上联系在一起。各种文化宗教既可以保留自己的独特性，又能在人性的层面上与其他文化宗教相互

---

① 《论语·学而》。

对话。

　　"天下一致而百虑，同归而殊涂。"①儒家"求同存异"的治世观与"天下和谐"的理念正是中国当今参与世界政治文化宗教等领域的人文基础，由此可以让儒家在世界舞台上以和平、中立的身份，以全球一体化领导者的姿态出现。而灵活运用儒家特有的宽容仁爱的精神，每个儒者都要修身养性，关爱自己的小家庭，从工作岗位做起，用善举消除社会上的暴行。以"天下大同"的理想社会为己任，最终带领中国文化，用充满正能量的姿态面对世界其他文化。在国际上广行善事，推动促进各文化宗教间平等博爱地对话。

（彭蓓译）

---

① 《史记·太史公自序》。

孔子思想在问题解决中的应用

日本爱知工业大学助教　史文珍
日本东京福祉大学博士　汪　宇

一、前　言

习近平总书记在十八大召开以来提出了中国梦的理念①，为了实现这个中华民族共有的中国梦，首先必须解决好社会上的各种问题。现在社会上存在食品安全、社会的价值观失落、污染等问题，这些问题都影响着中国的健康发展，影响着中国梦的实现。

为了更好地解决现在所面临的问题，不仅仅需要科技，更需要去思考问题背后的根本原因和根本解决方法，因为问题背后会隐藏人性的、主观的、不可见的问题。为了解决好问题，在充分注重客观的、合理的、数理的方法同时，也要考虑用什么方法解决人的主观的、感性的、道德的、人性化的问题。这需要把合理的、客观的、理性的"理"和人性化的、主观的、感性的"情"相互结合，探讨一种"理"和"情"相互和谐的智慧的新问题解决体系②。

为了探讨和谐的智慧的问题解决方法，本文着眼于影响中华民族2000多年的智慧和经典思想——孔子思想，去孔子思想中寻求解决问题的方法和智慧。孔子思想历经2500多年，经久不衰。孔子的思想、智慧不仅深深地注入了中华民族的根，中华民族的魂，而且还对韩国、日本等东南亚各国产生了深远的影响③。影响力经久不衰的秘诀在于，为了解决个人的问题和社会问题，孔子从日常生活入手，以人的思考方式、生活方式等为切入口，提出了人的理想形象（君子）和社会的理想状态（老者安之，朋友信之，少者怀之），而且孔子还提出了如何达到目标的具体方法和途径。从问题的定义（问题是现状和目标之间的差距）④来看，孔子思想本身就是一个问题解决体系，就是问题解决的一部经典教科书。因此，本文立足于从问题解决的视点分析、归纳和体系化《论语》的先行研究的结果上来探讨孔子如何面对问题、如何思考问题、如何

---

① 《习近平关于实现中华民族伟大复兴的中国梦论述摘编》，中央文献出版社2013年版。
② ［日］史文珍、山本胜：《有关孔子思想的问题解决方法的研究》，《日本经营诊断学会论集》2012年第12卷，第47—52页。
③ 匡亚明：《孔子评传》，南京大学出版社1990年版。
④ 西蒙：《意思决定的科学》，产业能率大学出版部1979年版。

解决问题，即孔子思想在问题解决中的应用，并尝试提出孔子式问题意识构造。

二、孔子思想的概况

孔子思想主要记录在由 20 篇 500 章组成的《论语》中，《论语》记录孔子和其弟子在日常生活中的言行、对话和经验①。内容可以说包含当时日常生活的点点滴滴，非常全面，而不是深奥难懂的教条。因此，孔子思想并不是高高在上的、抽象的难懂的教条，恰恰相反，是每个人都能切切实实做到的行动指南。

但是现在看到的《论语》是经过多位前人的编辑而成的，这种编辑方式是按照当时的编辑者自己对孔子思想的理解而编成的，是在当时的社会环境、文化背景下的编辑方式，不是按照孔子讲话的时间顺序或某个规则来编辑的，不是按照孔子思想的重要性来编辑的，也不是按照思想的范畴来编辑的②。

对《论语》的各种注释也是同样如此，每个注释者对孔子思想的理解在一定程度上是反映了注释者自己的思想，而不一定是孔子的真正所想。③ 对孔子思想的理解和每个人的观念、时代、背景等有关，每个人所处的时代不同，对《论语》的理解也就不尽相同。2500 多年来，各个时代按照当时的社会需求展开了各种注经解释，这也就成为那个时代对《论语》的解释和理解。但这都是那个时代或那个注释者的对孔子思想的理解，并不一定是孔子的真正思想④。

虽然每个时代，每个人的视点和理解不一样，但有一点应该是相同的，那就是从孔子思想中吸收营养、能量和动力，从中得到借鉴和参考，从而解决个人问题和社会问题⑤。经典之所以为经典，就是一定能为各个时代提供智慧的源泉，提供解决问题的原则和方针。因此，从问题解决的视点出发，重新整理、分析、归纳和体系化《论语》是一个重要的课题⑥。而本文在体系化的基础上尝试提出孔子式问题意识构造，即孔子思想在解决当今社会问题中的思考方式。

三、孔子式问题意识构造

孔子式问题意识构造由五个组成要素构成，即"仁（个人的社会责任）、义（目

---

① ［日］金谷治：《论语》，岩波书店 1999 年版。
② ［日］宫崎市定：《论语的新读法》岩波书店，1996 年版。
③ ［日］加地伸行：《论语的世界》，新人物往来社 1985 年版。
④ ［日］子安宣邦：《思想史家读论语："学习"的复权》岩波书店 2010 版。
⑤ ［日］桥本秀美《论语：心之镜》，岩波书店 2009 年版。
⑥ ［日］史文珍《用 KJ 法体系化孔子思想的尝试》，《爱知工业大学经营情报科学》2011 年 Vol.7 (1)，第 37—49 页。

的)、知（知识和智慧）、时（时间）、名（立场）"。这五个组成要素不是静止的、独立的、不变的，而是相互作用、相互联系、相互依存，你中有我、我中有你，是变化的、动态的、系统的，它们影响人们对问题的认知和解决。

1. 仁（个人的社会责任）

"仁"在《论语》中多次被论及到，是孔子所倡导的一个中心概念，因此可以说"仁"在孔子的问题意识中也占有重要地位。但"仁"的定义却一直是一个让历代儒家所困惑的难题。因为孔子在回答弟子"仁"是什么的时候，对不同的弟子给出了不同的答案，而且即使是对同一个弟子的提问，不同的时候答案也不同。"仁"到底是什么？《论语》里没有一个明确的、本质性的说明，于是后世对"仁"的理解也各不相同①。那"仁"到底是什么？

颜渊问"仁"，子曰："克己复礼为仁。一日克己复礼，天下归仁焉。为仁由己，而由人乎？"孔子在自己最得意的弟子问"仁"是什么时，给出了上面的答案。"克己复礼"是要克制自己的行为不要违反社会共同遵守的行为，使其尽量符合社会共通认同的"礼"②。让自己的行为符合社会的"礼"，就是不要让自己的行为危害社会，也就是对自己的行为要有责任心，对自己的行为要负责任。而一旦你对自己的行为负有责任，你也就是对社会负责（不让自己的行为违反"礼"）。因此，克己复礼就是对自己负责的同时也要对社会负责。在这个意义上，"仁"可以说就是一种个人的社会责任③。

再来看看孔子回答弟子樊迟对"仁"的三次提问所给出的三种不同的答案。

①樊迟问仁。子曰："爱人。"

②樊迟问仁。子曰："居处恭，执事敬，与人忠，虽之夷狄，不可弃也。"

③樊迟问仁。子曰："先难而后获，可谓仁矣。"

第一句，"仁"是爱人。"仁"字由"人"和"二"两个字组成，即由自己和他人两个人组成，也就是说自己和他人之间要有爱。爱人是要帮助对方，对对方负责任，要对方也过得好，要保护对方。如果把他人扩大为社会上所有的人的话，那爱人就是让社会上的人都好起来，让社会好起来，对社会负有责任，对社会作贡献。

第二句体现了"仁"的具体的行为，即"恭"、"敬"、"忠"。这是为人处世的原则，也可以理解为和他人共事时要重视和他人保持良好的关系，以便和大家一起把事情做好。因为所做的事情是对社会有影响的，是对社会负责的，这也可以说做事要有责任心，要对社会有责任心。

---

① 周谷城：《孔子的政治学说及其演化》，《二十世纪儒学研究大系孔子研究》，中华书局2003年版，第186页。
② 李泽厚：《论语今读》，天津社会科学院出版社2007年版。
③ 史文珍：《孔子式问题解决体系之问题意识构造》，经济管理出版社2015年版。

第三句是先做事先工作，然后再拿自己的报酬，即强调了要先对自己所做的事负责，做好事后再拿报酬。而做事工作的目的是为了满足社会的需求，因此做好自己的工作就是要对社会负责，要有社会责任。

孔子的这三种不同的答案，以不同的表现反映了一个本质，就是要对自己所做的事有责任心，要承担个人的社会责任。

另外，司马牛问仁。子曰："仁者其言也讱。"曰："其言也讱，斯谓之仁已乎？"子曰："为之难，言之，得无讱乎？"在这里，孔子强调了要对自己说的话要有责任，自己说的话会影响他人、影响社会，不能信口开河，要有社会责任。"刚毅木讷，近仁"也是说明了这一点。还有，特别在过失面前，有没有社会责任一看就知，所以孔子强调："人之过也，各于其党。观过，斯知仁矣！"

孔子还从另外一个角度作了很好的说明，他在回答弟子子贡的问题时，作了如下解释。子贡曰："如有博施于民，而能济众，何如？可谓仁乎？"子曰："何事于仁，必也圣乎！尧舜其犹病诸！夫仁者，己欲立而立人，己欲达而达人。能近取譬，可谓仁之方也已。"这句话表面上看起来有点费解，什么叫"如果自己想成功要先让别人成功，自己想发达要先让别人发达"？如果从问题解决的视点来看，这句话可以说："仁"是要先满足别人的需求（或社会需求），帮助别人（或社会）达到他们的目的，然后才完成或达到自己的目标或目的。也就是自己的成功和发达必须要先满足社会或他人的需求后才能实现，也就是要先对社会负责或对他人负责后才能完成自己的目标，才能成功。与圣的不求回报不同，"仁"是有回报的，是要对自己的行为或工作负责，同时也就是对社会负责，不能让自己的行为危害社会，因此"仁"是个人的社会责任。

另外，孔子在回答弟子的问题时也间接地说到了对社会、对天下、对人类的责任。夫子怃然曰："鸟兽不可与同群，吾非斯人之徒与而谁与？天下有道，丘不与易也。"孔子把天下的问题当作自己应该解决的问题，终生为之奔波、奋斗，"天下有道，丘不与易也"就是"仁"的体现，即个人的社会责任。所以孔子才非常赞赏管仲的"仁"："管仲九合诸侯，不以兵车，管仲之力也。如其仁，如其仁！"

问题意识中的个人的社会责任是非常重要的。没有这份社会责任心，即使是非常严重的问题，也有可能跟自己扯不上关系。既然是别人的问题，跟自己无关，当然也就不会去管它，更不会去动脑筋、花时间去解决它。"仁远乎哉？我欲仁，斯仁至矣"和"为仁由己，而由人乎？"都强调了这一点。

2. 义（目的）

子曰："群居终日，言不及义，好行小慧，难矣哉！"在这里，孔子把"义"作为做事说话的目标或方向。那"义"到底是什么？"义"有多种解释，李泽厚在《论语今读》中，"义"被解释为道义、正义、合理、适宜、礼义、道理、正经事情、义务等。另外，在有些地方，其他注释者的解释不一样。比如在"言不及义"中，李泽厚把"义"解释为正经事情；钱穆在《论语新解》①中把"义"解释为道义；在"务民之义"中，李泽厚把"义"解释为适宜合理，钱穆把"务民之义"解释为只管人事所宜。在这些解释中，可能都有继续解释下去的必要，即什么是人事所宜、什么是正经事情。

在问题解决中，问题解决的目的是解决一个系统中存在的问题，使系统完成一定的功能，来满足社会的需求和需要，也就是要解决大众的问题，满足大众的需求。满足社会的需求、满足社会的公共利益，在孔子眼里，也许就是"务民之义"。因此，从问题解决的视点来看，"义"可以说是社会的需求、人民的需求。"务民之义"就是解决民生问题，满足社会的需求。"群居终日，言不及义，好行小慧，难矣哉！"大家聚在一起的目的一定要考虑到满足社会的需求。这个方向对孔子来说就是"义"，就是去完成社会上的需求、国民的需求。另外，孔子也说"修身以安百姓"，也就是学习知识、做事情是为了要让老百姓过上好日子，要解决社会上的问题，完成社会上的需求。因此义也是一种外在的客观标准，"君子之于天下也，无适也，无莫也，义之与比"。

另外，在谈到"义"和"利"的关系时，孔子说"义然后取，人不厌其取"，就是在满足社会的需求、人民的需求后，人民不会厌恶你得到利益。"见得思义"和"见利思义"等都是强调在满足社会的需求、人民的需求后，才讲自己的利益。

对于"义"和"利"的关系，孔子还从另外一个角度作了很好的说明，"夫仁者，己欲立而立人，己欲达而达人"。这句话的意思就是自己的成功和发达必须要先满足社会或人民的需求后才能实现，也就是在满足好"义"的同时得到"利"，自己得到利益的前提是必须满足社会的需求。"义"和"利"是一个统一体，是相互融合在一起的。现在的社会问题主要是把做事的目的误认为追求利，而没有看到社会的需求（义），同时没有看到"义"和"仁"的关系。

3. 知（知识和智慧）

"知"有多种意思，既用作动词表示知道、了解、学习等，也用作名词表示知识和智慧等意思。另外，知字，左矢右口，从字形上看，意为口中说出的话像箭一样击中目标。如果从问题解决的视点来看，知也可以理解为口中说出的话是信息、知识和智慧，击中要害，解决好问题。

"君子一言以为知，一言以为不知，言不可不慎也。"说出的话背后隐藏着说话者所拥有的知识和价值观等。如果没有相关知识，就没有相关视点看世界或者看社会，看到的世界也会比较窄，不全面，就不容易看清世界。同样，在处理问题时，可以说没有相关的信息和知识，就没有相关的视点，就看不到相关的问题点，就看不到问题，也就是没有问题意识，也就是无法判断事物，无法预知风险。因此，孔子非常重视知识，强调知识的重要性，甚至在评价自己时说自己只是好学而已："十室之邑，必有忠

---

① 钱穆：《论语新解》，生活·读书·新知三联书店2005年版。

信如丘者焉，不如丘之好学也。"

另外，在问题解决中，智慧也是被孔子多次提到。比如，弟子樊迟在请教孔子什么是知时，孔子这么回答："务民之义，敬鬼神而远之，可谓知矣。"即便在科学如此发达的现代，依然有很多无法用科学解释的现象，更不用说 2500 多年前，无法认识和解释的事物是非常多的。对无法解释的事物，孔子的态度是敬而远之，即与其把时间放在无法掌握的事物上，还不如把精力放在自己能够认识、能够理解、能够掌握的现实中去。

对于把精力放在神秘力量上的人孔子持批评意见。子曰："臧文仲居蔡，山节藻棁，何如其知也。"臧文仲养龟是用来占卜做迷信活动的，孔子批评他不智慧，因为他没有把精力用在"务民之义"上。另外，子曰："不患无位，患所以立。不患莫己知，求为可知也。"孔子的智慧是把精力和时间花在自己能用上力的地方、能改善的地方，因为这样才能得到改进，才能解决问题。

4. 时（时间）

孔子对时间的把握和理解是孔子式问题意识构造中一个必不可少的部分，在本文把孔子对时间的把握归纳为过去、时机、未来和持续。

（1）过去

时间从过去走来，又向未来走去。现在是过去的延续，过去的一种结果。对过去的理解和看法不同，会表现出不同的问题意识以及不同的处事方式。孔子又是如何面对过去的呢？"温故而知新，可以为师矣。"过去发生的事、过去的经验和历史，都是人类社会的一种积累、一种财富，值得充分利用。在孔子看来，过去可以分为每天的个人生活、他人的或社会的经验，以及历史。

（2）时机

子曰："可与言而不与之言，失人；不可与言而与之言，失言。知者不失人，亦不失言。"孔子非常重视把握时机。从问题解决的视点来看，时机是问题存在的时间或期间，具体来说是在现状和理想状态之间的差距所存在的时间。能够把握时机的人就是能看出现在已经存在的问题和事物本来所应有的理想状态，并且能够缩短其差距的人。而要具备发现时机和解决问题的能力就必须要有很强的问题意识。

（3）未来

子曰："人无远虑，必有近忧。"孔子非常重视从未来来考虑问题，而不是只站在现在的视点考虑问题，满足于现在的状态。时代和社会环境不断在变化，如果不提前站在未来来考虑问题，到时可能有很多新的问题突显出来。

（4）持续

子曰："善人，吾不得而见之矣；得见有恒者，斯可矣。"持之以恒做一件事其实是很难的，孔子自己评价自己时说："若圣与仁，则吾岂敢。抑为之不厌，诲人不倦，则可谓云尔已矣。"也就强调自己只是能持续地去做事而已。

5. 名（立场）

孔子式问题意识构造中也缺少不了立场的视点。人在生活中、在社会上扮演着各种各样的角色，孔子把人的各种社会角色总结为最基本的四种类型："君君，臣臣，父父，子子"，担任的角色不同，职能也就不一样。不管是哪一种角色，都是需要做好自己所扮演的角色的职能，也就是每一个角色都应有的责任和义务①。对孔子来说，从所处的位置立场去思考，尽力把事情做好，把本职工作做好，这就是"名"。因此做好"名"就是先明确立场，行使相应的权利和义务。在孔子的问题意识中具体有哪些立场？

子曰："参乎，吾道一以贯之。"曾子曰："唯。"子出，门人问曰："何谓也？"曾子曰："夫子之道，忠恕而已矣。""忠"和"恕"可以解释为孔子看事物的最基本的两个视点。"忠"是如何对待自己、如何站在自己的角度和立场看问题和世界，也就是如何用自己的价值观去看事物和世界、用自己的视点去看问题②。"恕"是如何对待他人，就是如何站在他人的角度、他人的立场、他人的视点上来看问题和世界。他人是个很广泛的概念，旁边的人是他人，周围的人是他人，地区和社会上的人也是他人，再扩大一点，整个国家和世界上的人都可以称为他人。为了方便解释，本文把他人的范围大致分为三种，他人（狭义的他人，以后简称他人）、社会、世界（或天下）。以下探讨孔子如何从自己、他人、社会、世界（或天下）四种立场来看事物和世界并进行探讨。

"吾日三省乎吾身。为人谋而不忠乎？与朋友交而不信乎？传不习乎？"都强调了"忠"，即要从自己的立场出发去考虑事情，去做事。必须考虑到自己的立场，行使相应的权利和义务。

除了从自己的立场，还需要从他人的立场来看世界。"其恕乎！己所不欲，勿施于人。""恕"是站在别人的角度来考虑问题或事情，而这对人的一生非常重要。一个人生活在这个世界上，肯定是要和别人相处的。在和别人相处时，有人可能觉得我是我，别人是别人，我做我的事，他做他的事，基本没有什么关系。但这种想法忽视了"恕"是双方向的，不是单方向的。这种理解可以在孔子回答定公的问题时看到，"君使臣以礼，臣事君以忠"，自己如何对别人，别人也会怎么样对自己。

"恕"是站在他人立场考虑问题时的一种理想状态，是一种互惠、双赢的关系。但这种双赢关系要有一个前提，就是要有社会贡献，要对社会有所贡献。或者说，狭义的双赢存在一定的局限，就是没有考虑到社会贡献，没有从社会的立场来考虑问题。

因为社会这个大系统隐藏在问题的背后，往往遭到忽视，在解决问题时，不仅仅

---

① 陈德述：《论孔子思想的现实价值》，《孔子诞辰2540周年与学术讨论论文集》，上海三联书店1992年版，第2451—2471页。
② 庞朴：《儒家辩论法研究》；中华书局1984年版。

要从个人和对方的角度，还要从社会这个角度去考虑问题。这也是孔子强调的，在考虑个人的荣华富贵之前，要有社会这个大前提，要从社会的立场来出发考虑问题："邦有道，谷。邦无道，谷，耻也。"

如果把社会的范围再扩大一点，那就是天下或世界了。随着通信科技、全球化的不断发展，地球已经成为地球村了。在一个国家发生的事可能在很短的时间内传遍世界。个人的一个小小的行为在某个时机下，会影响到整个社会，甚至整个世界。因此，在思考和解决问题时还需要从世界的角度来看问题。"鸟兽不可与同群，吾非斯人之徒与而谁与？天下有道，丘不与易也。"这也表明仁的表现是对天下有责任心。

综上所述，在处理问题时，不仅需要从自己和他人的角度来考虑，还要从社会和世界的角度来综合考虑。也就是说要把平时常说的"双赢"扩大成"四喜"，即从自己、他人、社会、世界四个角度去考虑和解决问题，结果要让四者得到满意和欢喜。

结　语

在这个社会变化激荡的时代，和新的科技一样，新的问题也不断涌现出来。如何解决这些问题需要重新认识和理解这个时代，需要以创新的视点去理解孔子思想，去读《论语》，更需要让孔子思想现代化。而本文从问题解决的视点来解释说明孔子思想，可以说是孔子思想现代化的一个尝试。

本文从"仁、义、知、时"和"恕"五个侧面来解释孔子如何面对问题和思考问题，并提出了孔子式问题意识构造。在孔子式问题意识构造中，特别提出了"仁"是个人的社会责任这一概念，强调了"仁"就是对自己行为负责的同时也必须对社会负责，在满足他人或社会需求（对社会负责）的同时完成自己的目标。另外，本文还提出了"义"是社会的需求这一概念。但本文只是简单地从五个侧面解释说明了孔子思想，有些概念并没有进行深入的解析，有必要在以后的研究中进一步分析说明。孔子式问题意识构造只是孔子式问题解决体系中的一部分内容，解释分析其他内容将是以后的一个重要课题。另外，如何运用孔子式问题意识构造到具体的社会问题解决中去将是一个重要的课题。

最后，本文并不排斥或反对先人的理解，旨在从不同角度解释孔子思想，而且从问题解决这个角度的理解正是建立在诸多先行研究的基础上进行的。另外，本文仅就《论语》一书来讨论孔子思想，不涉及其他记载孔子言行或思想的书籍，所以有一定的局限性。

儒家乐教思想的价值意蕴论析

黑龙江大学哲学学院　丛连军

儒家乐教思想十分丰富而深刻，它作为一种其他手段不可替代的教化方式居有极其重要的地位。在儒家看来，乐教作为治国理政、道德践履的一种重要方式，不仅含有陶冶个人情感、完善个体修养、安定人心的功能，还具有促进群体关系融洽、移风易俗、和谐社会的功效。本文试图从儒家乐教"治心"、"蕴德"、"易俗"、"知政"等方面来具体分析和阐释其对人和社会的重要性。

一、以乐治心

集儒家乐教理论之大成的《礼记·乐记》（以下简称《乐记》）首先从人性论的角度出发，揭示出了乐的起源和本质。"凡音之起，由人心生也。人心之动，物使之然也。感于物而动，故形于声。乐者，音之所由生也，其本在人心之感于物。"乐的产生，根源于人内心的活动，而人内心的活动，则是受外界环境事物影响而引发的心理反应。这种心理反应源自于乐本身所具有的十分丰富复杂的内涵。许慎在《说文解字》中释"乐"："五声八音之总名。象鼓鞞。木，虡也。""五声八音"，《尚书》载："予欲闻六律五声八音，以出纳五言，汝听。"而《说文解字注》却对"声"、"音"作了具体注解："宫商角徵羽，声也；丝竹金石匏土革木，音也。"[①] 从文献记载来看，"五声八音之总名"之"乐"专指音乐，是归于狭义范畴的。广义之"乐"，《尚书·舜典》记载："帝曰：'夔，命汝典乐，教胄子。直而温，宽而栗，刚而无虐，简而无傲。诗言志，歌永言，声依永，律和声。八音克谐，无相夺伦，神人以和。'"《尚书》："夔曰：'于！予击石拊石，百兽率舞，庶尹允谐。'"因此说，此"乐"是综合了"诗"、"歌"、"声"、"律"等因素于一体的艺术综合体。

作为一种综合性的艺术形态，儒家认为，乐具有强烈的感染人心的作用。"乐的这种感染作用表现为它能使个人的情感与乐所表达的情感相合，产生共鸣与联想。"[②] 同时还认为，乐的这种功能是由人的特定需求和乐自身的特点所决定的。对于人来说，人皆有求乐的欲望，有音乐审美的需求，有感受音乐带来情感愉悦的深切渴望；对于

---

① 段玉裁：《说文解字注》，上海古籍出版社1981年版，第265页。
② 张锡勤：《中国传统道德举要》，黑龙江大学出版社2008年版，第310页。

乐来说,"乐者,乐也",人们对乐有共同的美感,乐能给人以欢乐、惬意、舒适,在一定程度上讲,乐业已成为了一些人生命中不可或缺的情感体验、生活方式和价值体现手段,在现代社会这一点体现得更为显著。乐是人内心深处情感的吐露,人生活在不同的外界环境,自然受到外界外物的影响也不同,影响不同而情感反应也各异,因此由情感表象出来的节奏、拍子、调子也不同。这也是乐不同而要求"乐和同"的缘故。"是故其哀心感者,其声噍以杀;其乐心感者,其声啴以缓;其喜心感者,其声发以散;其怒心感者,其声粗以厉;其敬心感者,其声直以廉;其爱心感者,其声和以柔。六者非其性也,感于物而后动。"(《乐记》)即是说,如内心感到悲伤,其声音就焦急而衰微;内心感到快乐,其声音就宽绰而舒缓;内心感到欢喜,其声音就高亢而爽朗;内心感到愤怒,其声音就粗犷而猛厉;内心感到敬畏,其声音就虔诚而清白;内心充满仁爱,其声音就和谐而柔美。可见,乐能影响人的情感,触动、涤荡人的心灵,对人的思想感情产生潜移默化的陶冶、感染作用,进而达到"音成于外而化乎内"(《吕氏春秋·音初》),即外在的"乐"所表达的情感与人"心"的情感思索的高度契合,从而起到"治心"的功效。质言之,"情动于中,故形于声","乐之入人也深,其化人也速"(《荀子·乐论》),"致乐以治心"(《乐记》)。

所谓"致乐以治心,则易直子谅之心,由然生矣"(《乐记·乐太》)。"致乐",即从事于乐,源于推广乐之功用;"治心",即陶冶心性,调理人的内心情感;"易直子谅",即平易、正直、慈祥、豁达。"乐何以能教人,其机理何在?一言以蔽之,在于乐能正面引导人的性情。"① 而"从感化人心来说,乐正是一种使人们乐于行'仁'的最为有效的手段"②。乐着重于个体内心修养的培育和感化,以内心教化的方式引导和改善人的性情,使道德理念内化于心,进而实现个体道德品行的自觉规约。这种"道德规约"的形成,不是简单、一蹴而就的,是需要一个深刻"发酵"的过程。乐教,看似娱乐的过程,人们却不知不觉地接受着它的熏染,这种平和、温润、自由的独特教化方式,潜移默化地使人进入到了一个理想的"道德王国"中去。儒家恰恰看透了这一点,并在现实生活中努力将其发扬光大。

二、以乐蕴德

古圣先王作乐的目的,可以说并不是为了自己独自享乐,更为重要的是为了施行道德教化,不断引导人们向善,回归正道。乐与德的联姻,正如《乐记》中讲道:"心中斯须不和不乐,而鄙诈之心入之矣(鄙诈入之,谓利欲生也)……故乐也者,

---

① 彭林:《儒家乐教与德性圆满》,《文史哲》2013 年第 6 期,第 9 页。
② 郗爱红:《儒家乐教思想与和谐社会》,《中国人民大学学报》2007 年第 4 期,第 41 页。

动于内者也……乐极则和。"即是说一个人心中如果有片刻不和顺、不喜乐，那卑劣而虚妄的念头和想法就会趁机而入，此时各种利养贪欲就会产生。所以说，乐能够调理人的内心，只有乐至善至美，才能使人和畅、社会和谐。《论语》里说："兴于诗，立于礼，成于乐。"古代"乐治"① 传统告诉我们，乐教的内容应该是德音雅乐。如颜渊问教治国之道于孔子，夫子答道："乐则韶舞，放郑声。"韶舞，《何晏集解》释云："《韶》，舜乐也。尽善尽美，故取之。"孔子曾向著名乐师苌弘问教于乐：《韶》乐与《武》乐之别。苌弘答曰，《韶》乐是虞舜太平和谐之乐，曲调典雅优美；《武》乐是武王伐纣一统天下之乐，音韵豪放壮阔。就音乐形式来看，虽然二者风格不同，但二者都是美好的。而根本区别则在于二者内容各有侧重。《韶》乐侧重于温润祥和、礼仪教化；《武》乐则侧重于大乱大治、述功正名。如此看来，后者只是尽美而未能尽善，而前者则尽善尽美矣。《乐记》载："乐之隆，非极音；食飨之礼，非致味。是故先王之制礼乐，非以极口腹耳目之欲，将以教民平好恶，而反人道之正。"即是说音乐的隆盛，并非崇尚极致的钟鼓之音；盛大的宗庙祭礼，也不在于祭品有多么的美味。因此，古圣先王制定礼乐，目的在于引导人们从事道德实践，而不是所有的音乐都具这一功能。要实现音乐这一功能，需要对音乐进行严格筛选。进言之，并非所有的音乐都是德音，都能起到教人、育人、化人的作用。如战国时期魏国国君魏文侯问乐于子夏："吾端冕而听古乐，则唯恐卧；听郑、卫之音，则不知倦。敢问古乐之如彼，何也？新乐之如此，何也？"② 而"天下大定，然后正六律，和五声，弦歌《诗》《颂》。此之谓德音，德音谓之乐"，"夫歌者，直己而陈德也"，"为人君者，谨其所好恶而已矣"。（《乐记》）恰如孔子之弟子子贡所言"闻其乐而知其德"（《孟子·公孙丑上》），这充分表明了儒家乐教的价值取向和德之内涵，同时也说明了"只有具备'德'的精神内容与'中和'的情感特征之乐，才是教民育人之乐，才能提高人品行，使国家安定、社会和谐有序"③。

"蕴德"说的题中应有之义还包含着"伦理"。儒家一贯主张"寓德于乐"，即将伦理道德思想融入到乐中，使乐的内容与表达形式有机结合，进而实施有效的乐教，发挥乐教的教化功能和伦理价值，并一直在思想上强化这种功能和价值，其突出表现就是——"乐者，通伦理者也"（《乐记》）的论断。儒家强调要"使亲疏、贵贱、长

---

① 中国很早就有"乐治"的传统，早在五千多年前，舜帝便制作《韶》乐来治教天下。"乐治"是指用"良乐"（德音）作用于人，对人们施行伦理道德教化。《乐记》有云："礼节民心，乐和民声，政以行之，刑以防之。礼、乐、刑、政，四达而不悖，则王道备矣。"
② 孔颖达疏："言古乐何以朴素之如彼，使人不贪，至于卧也？新乐何以婉美，使人嗜爱志乐，不知其倦也？"这其中道出了古乐与新乐的本质区别：前者为德音、雅乐，乐中蕴德；后者为溺音、淫乐，沉迷放逸。
③ 田小辉：《〈乐记〉乐教思想论略》，《西北民族大学学报》（哲学社会科学版）2009年第3期，第155页。

幼、男女之理，皆形见于乐"，就是要使社会伦理关系在乐中得到充分的体现和彰显。即是说，真正的乐，其实发挥了极为强大的政治、伦理方面的行为规范功能，充分体现了乐教伦理化的属性和特征。"乐者，德之华也。"（《乐记》）在一定意义上讲，乐在本质上也是人的内在德行之表现，同时乐教是不会失去天地和谐、政治清明、人民安乐的实质的。因此，儒家认为"音乐的运用不可不慎重，应该选择那些风雅中正，足以体现人文精神，有助于人的心灵平和的乐曲在社会上推行。选择的核心标准是：它是否含有道德的内涵"①，这恰恰是儒家乐教"蕴德"说的精髓所在。

三、以乐易俗

众所周知，风俗具有传承性、变易性、公共性、强制性、民族性、地域性等特征。正因风俗具有以上一些特征，才致移风易俗并非一件易事。风俗的形成是有着历史的深厚的基础的，它集中体现了一个群体一定时期内的共同价值取向、思维习惯、文化积淀、心理机制等内容，也在一定程度上反映出社会的某些状况。如《乐记》云："移风易俗，天下皆宁"，"风行俗成，万世之基定"。宋朝楼纶论风俗纲纪曰："国家元气，全在风俗；风俗之本，实系纲纪。"② 黄中坚论风俗："天下之事，有视之无关于轻重，而实为安危存亡所寄者，风俗是也。"③ 由此观之，中国历代统治者都将风俗视为政治统治的基础，认为风俗的美恶关乎国之存亡兴衰。重视移风易俗、化民成俗的重要作用，是历代统治者治国理政的重要内容和首要政治任务。然而在这方面，儒家为统治者寻得了一剂良方——乐教。具体说来，一方面乐教对社会生活方式具有一定的改造功能。"生活方式改造包括两类：一是禁止与革除陈旧或不良的生活方式；二是倡导和树立良好的生活方式，化成积极文明的社会风俗。"④ 乐教通过陶冶、调理人的性情，使陈旧、不良的生活方式有所规约，返归到纯正的道德路途上来，从而有助于人们树立良好的、积极的、文明的社会风俗。另一方面，也是更为重要的一方面，乐教对社会精神秩序的建构与整合。一种生活方式总与一种特定的社会精神秩序相匹配，而社会精神秩序却又总是通过一定的生活方式体现出来。乐教通过深层次的陶染人的内心，或更深层次的灵魂，促进了社会群体的整体道德认知与道德体验，真正达到了整齐人心、化民成俗、移风易俗的目的，客观上推动了社会精神秩序的重构与调和，从而实现了维护国家统治和社会治理服务的重要功能。乐教的这一功能集中体现

---

① 彭林：《儒家礼乐文明讲演录》，广西师范大学出版社 2008 年版，第 58 页。
② 转引自应劭著，王利器校注：《风俗通义·序》，中华书局 1981 年版，第 1 页。
③ 转引自应劭著，王利器校注：《风俗通义·序》，中华书局 1981 年版，第 1 页。
④ 冯秀军：《教化·规约·生成：古代中华民族精神化育研究》，中国社会科学出版社 2009 年版，第 210 页。

在《孝经》、《汉书》等典籍中。如子曰:"教民亲爱,莫善于孝;教民礼顺,莫善于悌;移风易俗,莫善于乐;安上治民,莫善于礼。"(《孝经》)可见孔子对于音乐的教化功能非常赞叹,认为音乐是扭转社会风气、改变社会风俗的最有效途径。《汉书》里讲道:"声者,宫、商、角、徵、羽也。所以作乐者,谐八音,荡涤人之邪意,全其正性,移风易俗也。"这也说明了乐对于净化人们心里的邪思邪念,保全人们纯正的情性,改变风气、转换习俗的重要性。亦所谓"俗定而乐化之矣"(《吕氏春秋》)。《汉书二·志》亦云:"乐以治内而为同,礼以修外而为异;同则和亲,异则畏敬,和亲则无怨,畏敬则无争。"[①]

事实的确如此。乐教不仅能够提升个人的品德修养,陶冶个体的道德情操,还能够促进社会关系和谐、改变风俗。从人类社会的整体进步与发展角度来看,后者则占据了乐教的核心指向和中心功能。儒家乐教倡导社会伦理道德教化,它的教育对象不仅是活生生的个体,更是整个社会群体,其最终目的是要达到"乐行而伦清,耳目聪明,血气和平,移风易俗,天下皆宁"(《乐记》)的效果。在儒家看来,乐教不应仅仅停留在陶染和提升个人的品行修养上,进行审美情感与道德情感的调和与中节;还应有更为重要的使命——通达社会伦理道德,使各种人际关系和敬、和亲、和顺、和谐,从而形成人伦清明、教化风俗、天下治平的良好局面。"通过潜移默化的陶冶、熏染,使不同人得以和,这乃是乐的重要功能。"[②] 这恰恰印证了"乐教既满足了生命性情的抒发,又引导了生命性情的方向,这正是儒家乐教制度设计的理论合理性之所在"[③]。这也许就是儒家乐教的根本要旨和终极目标——实现个体道德修养提升与社会秩序和谐、风俗清正、天下大治兼顾。要完成这一宏伟目标,在儒家看来,乐教起到了至关重要的、不可替代的作用,尤其是对社会风俗的扭转与变易,更是功勋卓著。

四、以乐知政

中国古人认为,音乐与国家的兴衰有着密切的关联。不同的音乐体现出不同的社会风气,也在一定程度上反映出社会的治乱盛衰。"是故治世之音安以乐,其政和;乱世之音怨以怒,其政乖;亡国之音哀以思,其民困。音声之道,与政通矣。宫为君,商为臣,角为民,徵为事,羽为物。五者不乱,则无怗懘(弊败不和之貌也)之音矣。

---

① 在中国上古,乐、礼常不可分,二者之间关系十分紧密,文献中往往并提。因乐能够充当着社会伦理道德教化的重要工具,古圣先王常常将乐同礼、刑、法等一样对待,视为治理国家的重要组成部分和治政手段。
② 张锡勤:《试论儒家的"教化"思想》,《齐鲁学刊》1998年第2期。转引自其《一得集》,黑龙江大学出版社2010年版,第345页。
③ 余开亮:《〈乐记〉人性论新诠与儒家乐教美学理论体系》,《哲学动态》2014年第12期,第105页。

宫乱则荒（犹散也），其君骄；商乱则陂（倾也），其臣坏；角乱则忧，其民怨；徵乱则哀，其事勤；羽乱则危，其财匮。五者皆乱，迭相陵，谓之慢。如此国之灭亡无日矣（君、臣、民、事、物，其道乱则其音应而乱也）。"（《乐记》）可见"音乐的内在精神与政治息息相关"。而五音中的宫、商、角、徵、羽分别与君、臣、民、事、物相对应，如果后五者都不乱，那么社会就不会出现不和谐的音乐了；反之，五者皆乱，就会形成一种倾压凌越的"慢"音，如此一来国家就离灭亡不远了。从中这不难看出，"乐"与"政"之间存在着同构对应的关系，"五声之乱直接来源于其所对应的社会结构之乱"①。再者，"郑卫之音，乱世之音，比（犹同也）于慢矣。桑间濮上之音，亡国之音。其政散，其民流，诬上行私而不可止也"（《乐记》）。因此说："知声而不知音者，禽兽是也；知音而不知乐者，众庶是也。唯君子为能知乐。"（《乐记》）"颜渊问为邦。子曰：'行夏之时，乘殷之辂，服周之冕，乐则《韶》、《舞》。放郑声，远佞人。郑声淫，佞人殆（郑声淫，佞人危，俱能惑人心，使淫乱危殆，故当放远之也）。'"（《论语·卫灵公》）这说明孔子也将推行"雅乐"、"放郑声"作为其理想政治的重要组成部分。

"声音之道，与政通矣"，这只不过是看到了声音与政治二者之间有所关联，抑或说二者之间存在一定的互通性，并没有将音乐教化提升到一个更高层次——音乐教化的政治功能上来。可以说在中国古代，乐教的政治功能体现得较为明显。这方面，儒家的"审乐以知政，而治道备矣"说，可以说是鞭辟入里，见地深刻。"审声以知音，审音以知乐，审乐以知政，而治道备矣。是故不知声者，不可与言音；不知音者，不可与言乐；知乐者，则近于礼矣。礼乐皆得，谓之有德。"（《乐记》）这里我们不妨分步来看，首先，从"审声以知音"到"审音以知乐"，这是一个"声—音—乐"的过程，这个过程体现了音乐内在的三个层次。并且这个过程主要属于艺术层面的理解和欣赏过程，凸显了音乐本身的艺术性特征。其次，从"审音以知乐"到"审乐以知政"，这是一个由音乐审美上升到音乐政治教化的过程，即在音乐艺术性的基础上，赋予音乐以政治教化内容，使音乐不仅具有本身固有的艺术陶染作用，还具有强烈的含义、鲜明阶级性的政治意义和教化功能。最后，"审乐以知政，而治道备矣"，即是说，从乐律的和谐与否进而察知国家的治乱兴衰，那么治国之道就逐渐趋于完备了。这是从音乐的深层次内涵中体现出统治者的治政得失。乐，可以"兴"，可以"怨"，可以"观"，可以"群"。乐，属于社会意识形态，它与文学（诗歌）、哲学、宗教、伦理等一样能通过特定形式反映社会存在，并发挥其社会作用。

从乐教"知政"说而论，乐教也具有一定的规律性。这种规律性主要体现在以下两个方面：一方面，乐能直接或间接地反映出一个人、一个国家乃至一个时代的精神道德状况。一般情况下，一个社会的主流音乐，饱含积极性、思想性与艺术性，那么

---

① 祁海文：《儒家乐教论》，河南人民出版社2004年版，第230页。

这个社会往往就政通人和、安定有序，人们生活得往往就自由而快乐。反之，一个社会遍散溺音、淫音、乱音，乐中充斥着消极、腐朽、堕落与低俗，那么这个社会往往就反映出政治衰败、动乱无序的景象，人们也就往往会充满怨恨、愤怒和生活困苦。概言之，音乐的不同变化，能反映出民生、民风以及国家的治政兴衰来；另一方面，乐作为一种社会意识形态，其内涵是由一定社会的政治、经济和人们的生活状况而决定的，即唯物史观范畴中的社会存在决定社会意识；即是说有什么样的世情、国情、民情，就会有什么样的音乐产生。因此说，音乐与社会环境并不是彼此孤立的、相悖的，而是相互影响、相互映现的。没有一种音乐是不包含一点社会现实内容的，即便是虚构的，那也是映射现实生活的；而社会本身也是包含着"德音"与"邪音"的，二者互为表里。这充分说明，乐与政二者之间的紧密关系。"以乐观政，不只是旁观判断，更是发挥其指标的作用，以此来了解民情，而为知得失、修善政之前课。"①

儒家"乐教"，作为一种特殊的治国理政和承继优秀传统文化的方式，不仅反映出中国传统教育的治世方式，更体现出一种治国理政的价值取向和实践路径。从这个意义上讲，"音乐不能违背伦理社会的秩序，健康的音乐精神与健康的人文精神是人类通向理想社会的精神性基础"②。一言以蔽之，儒家乐教及其所体现的精神，对当代社会的文化建设、道德教化、社会综合治理等方面具有重要的指导意义和借鉴价值。

---

① 王玲：《乐教治国辨正——从〈礼记·乐记〉与〈荀子·乐论〉之别谈起》，《天府新论》2013 年第 5 期，第 3 页。
② 龚妮丽：《孔子乐教思想的现代意义》，《纪念孔子诞生 2555 周年国际学术研讨会论文集》（卷三），第 904 页。

精英政治（任人唯贤）的缺点

北京师范大学汉语文字学在读博士　冯海城（Igor Radev）

一、精英政治的优点

我们在此想阐明的一个观点是：与盛行的孔子和儒家思想的"民间知识"截然不同，通过"精英政治"实现社会和政治权威合法化的原则并不是早期儒家思想的显性特征；与此相反，世袭原则①不仅保留了其在儒家世界观中的重要位置，而且在重要历史场合儒家甚至不惜一切代价对其极力捍卫。我们之所以作出上述论述，主要存在着两个原因：

（1）在政治权威的最终来源和认可方面，儒家忠诚于西周历史时期理想化的基本宗教前提。

（2）儒家道德体系所包含的某些限制，它们会导致"纯粹精英政治"在道德上无法立足。

继续论述前，让我们先澄清一些基本的假设：

《牛津英语词典》通过以下三条，精确描述出了一般意义上所理解的"精英政治"的含义：

> 根据优点选择出的政府或人民权力。
> 根据优点选择出的人们所统治的社会。
> 受过教育、有能力的人所组成的统治阶层或影响阶层。
> （《牛津英语词典》，2005 年）

这里是否仍缺少些东西？一种社会政治制度要成为真正的精英政治，必须添加几

---

① 或许我们将它称为合法性原则才更合理，以此来表达儒家经传所保留的、与政治权威合法化有关的西周时期不言自明的文化态度。世袭被认为是这种合法性原则的主要渠道，但不是我们所认为的唯一渠道。

个前提条件①：

a）应引入"授权"的元素，即应完全根据或多或少自动展示出的"优点"数量，赋予拥有"优点"者（无论是何种定义）相应的社会或政治职位；事实上，掌权者进行选拔的职能纯粹是一种形式，因为它只能按照展示出的优点进行选拔，而缺少为空缺职位任意选择候选人的自由。

b）因此，社会内部需存在一种识别优点的客观和透明的方法，并在此基础上选拔任职者。通常而言，这意味着所设计的选拔考试制度应能明确量化获得相应职位所需的"优点"。

我认为，儒家思想根本无法满足这两个前提条件，除非损害它在《论语》里主要宣扬的一些基本的形而上学和道德前提。我们将在下文继续展开讨论，但首先让我们来说明下本文想要探讨的主要问题。

中国的知识分子和西方专家常会将孔子和儒家思想与精英政治联系在一起，这几乎已成为一种不言自明的断言。在此引用两位著名汉学家的言辞（作为一种泛泛的例证）已足够说明这个问题。

在其权威著作《Confucius: The Man and the Myth》（1949）第一章，H. G. 克里尔（H. G. Creel）就自己作品中的主人公断言道：

> 事实上，他倡导并推动完成了一次彻底的社会和政治改革，因此是一位伟大的革命家。在他去世后的几个世纪里，世袭贵族在中国几乎消亡，孔子对此的贡献超过了其他任何人……
>
> 他想掀起一场不流血的革命，希望剥夺皇帝继承得来的权力，转而交给按优点选出的臣子……

之后没过多少年，西蒙·利思（李克曼）也对这位主人公提出了假定看法：

> 与只有君子才适合做统治者一样，政治权威的下放应将道德成就和知识

---

① 为了说明精英政治是社会和政治权威合法化的一个原则，附加这些前提条件很有必要，因为所引述的词典释义在我看来并不完整。可以假想，拥有无限权力的专制帝王能根据自己的意志将权力下放给通过科举选拔出来的各级官员，而自己仍能做到在位期间不对朝政进行任何干涉。这种情况绝对符合《牛津英语词典》对精英政治所下的定义。然而在我看来，尽管这个例子构成了一种事实上的精英政治，但并不能代表"纯粹"或"真正"意义上的精英政治，因为掌权者只要愿意仍可作出其他的选择。大学招生委员会便是一个反例：它必须将下一学年的大学招生名额，全部分配给在入学考试中超过预设分数线的考生。在这种情况下，如果考生满足了相关条件，掌权者便无法作出其他选择。因此，我们这里出现了事实上的精英政治和法律上的精英政治；在这个时候，精英政治这个词的意义才完整。

能力作为唯一的标准。因此,在良好状态下,无论是出身还是金钱都不能成为获得权力的砝码。政治权威应只属于道德、才华均合格的优秀人才。

这种观点引发了革命性的后果:它是唯一一种最为致命的意识形态武器,加速了封建制度的灭亡,削弱了世袭贵族的权力,并最终导致了官僚帝国——即学者政府的建立。2000多年来,知识精英成为帝国的统治者,要成为其中的一员,芸芸众生必须参加面向全社会开放的科举考试,并在竞争中脱颖而出。

(孔子简介出自 *The Hall of Uselessness*: *Collected Essays*, Black 公司,2011 年)

我们在此得出的结论是:孔子,精英政治的革命者!然而当我们针对《论语》所表述的形而上学和道德的核心前提权衡这些立场时,一眼就会发现它们相当不足。通过仔细思索,你会发现许多常见的有关孔子/儒家思想和精英政治问题的论述似乎相当肤浅和轻率,难道这样说非常刻薄吗?然而撇开如此质疑的好处不谈,让我们先来这样设问:

——就儒家来看,什么才属于"优点",才是选拔掌权者应遵从的标准?
——从儒家的角度来看,在人才选拔中如何才能客观地衡量这种"优点"?

二、优点:"德"

对于儒家眼中的"优点",西蒙·利思将道德素质作为应最先考虑的要件,然后再把智力素质作为它的构成要件,我认为这些做法完全正确。很难不同意这种观点:就儒家而言,"德"应是构成所有优点的关键因素,远超智力资质或正规学习。[①] 这一点似乎在《论语》1.14 中得到了印证:"好学"纯粹是指履行道德责任的人,而不是能熟练获取知识的人。事实上,我们甚至可以说在孔子看来,学习的作用就是发挥"德"在个人生活和社会生活中的效能。只有为此目的,读书[②]才能有用:

[①] 顺便说下,这与现代的"优点"概念形成了明显对比。我担心混淆道德和合法性的概念会让"优点"变成一种危险的不道德现象。具有"优点"的人——我们这个时代的真正英雄(借用莱蒙托夫的话)——几乎可以做任何事情而不会受到社会谴责,直到他偶尔作出了一些违法行为或说了一些不合时宜的话。

[②] 我们该如何描述当代对读书的普遍态度?通过研究文学作品,尤其是进行学术研究,我们的理解会经历一种智力过程,会明白"这本书讲的是什么",作者采用了哪些语言和文体表达手法,其历史和社会背景如何,以及它能对广大读者产生怎样的影响等。

诗，可以兴，可以观，可以群，可以怨。迩之事父，远之事君。①

（《论语》17.9）

因此，学习的最终目的应是按照道德标准改变它的接受者，尤其是能让我们变"仁"的"德"。这种转变是通过文化的潜移默化而完成，其中包括古典文学、礼仪和音乐等，② 每种都是"道"的独特表现方式③。在这个意义上说，衡量学习的进度不能是所获的知识量，而应是一个人在上述文化模式的帮助下所达到的道德重建水平。主要是由于这种道德，即学习的变化维度，我们才能有把握地断定：与现代普遍存在的学术研究观念相比，儒家世界观中的"学"更类似于其他宗教传统的各种修行理论。

我们大费周折，首先探究了儒家世界观中学习这个概念，其原因很简单：在任何"精英政治"制度中，学习都被认为是获得"优点"的基本方法。因此，我们必须证明通过儒家的学习过程所获得的主要是"德"。其结果是，基于儒家原则的精英政治只会混淆优点与美德，因此也只能将客观反映出的道德水平作为准绳，为政治和社会权力职位选拔人才。但对于孔子来说，什么才是"德"呢？在此，我们不会纠结"德"在中国远古文明时的起源，也不会深究在当时以及到孔子和《论语》创作时期，这一概念所具有的宗教、政治和礼仪意义。相反，我们将会指出的事实是"德"是一种非常难以定义和量化的实体。我们知道，"仁"虽是儒家德教中的最高美德，但《论语》却从未给出明确的定义。《论语》至少在四个部分（《论语》6.22；12.1；12.22；17.6）对"仁"进行了描述，此外《中庸》（20）对它也有表述，但留给我们的感觉是就定义的明确性来看它仍缺少一些东西，不禁让人怀疑这是作者故意而为之。除此之外，我们还注意到孔子从来没有将"仁"的完全实现归因于他本人或其他的同

---

① 除非另有说明，这里及其他地方的译文均出自本人。
② 参见《论语》8.8：兴于诗，立于礼，成于乐。
③ 至于《论语》对"道"这个概念的利用，也许我不会完全同意 Routledge History of Chinese Philosophy（Bo Mou 编辑，2006 年）中，Slinegrland 有关孔子和《论语》（第 107—137 页）章节的观点，即孔子是第一位赋予这个词完全形而上学意义的思想家。"道"完全形而上学的意义可从《道德经》中找到。《论语》对"道"的诠释比较中性，即"道"还没有完全被"形而上学化"（周朝有关"天"的概念依然保留了其作为形而上学秩序之首的地位），因此"道"被理解为人类历史存在与上天之间的一种调和——最高的形而上学原则。因此，孔子所说的"道"可被恰当地解释为"人与社会和上天之间的调和原则"，这种调和原则表现在历史中的是人类社会一种正确的道德和礼仪秩序；而过去值得尊敬的圣贤便是正确实现这一秩序的范例。所以，儒家所说的"道"属于"中性"，用柏拉图的话来说就是 $\mu\varepsilon\tau\alpha\xi\acute{\upsilon}$，它具有两种特性：形而上学的特性和历史的特性。通过这种方式，我们便能调和《论语》看似矛盾的论述：一方面，在特定历史条件下现实"道"完全取决于天意，人对此无能为力（参见《论语》14.36）；另一方面，人作为一种历史存在，能够在自己的政体中通过道德和礼仪实现"道"（参见《论语》7.24；15.19）。

时代者。当然，可以说比其他"义"或"孝"等，更"现实"的"德"更容易定义和做到，但即便如此，"德"也无法被完全客观化。我们可以这样提问，来进一步说明我们对"德"与精英政治问题的困惑：能否设计一种客观和透明的方法，来识别和量化一个人所拥有的"德"？如果答案是否定的，而且我们已得出的结论是在儒家思想的范围内，作为承担社会和政治权威职务的前提的任何优点都必须与"德"共存，那我们不得不断言真正的精英政治制度根本不可能建立在儒家思想基础上。因此，企图通过公开竞争考试来从儒家核心理念的角度客观衡量一个人的道德水平，实则傲慢之极、荒谬之极；这好比是基督教堂通过正规考试来测量一个人的圣洁、在测试中填对所有答案的将会自动晋级为圣徒一样。① 再次强调下，儒家眼中"优点"的构成从本质上排除了实现基于精英政治的、可行的社会政治制度——一种量化这种"优点"的客观和透明方法——一个基本前提的可能性。若以学识（和实践能力）取代"德"，如科举考试在后期的做法，确实能缔造出精英政治，但倘若如此请往下看，我们精英政治的脚下会躺着死气沉沉的儒家。

儒家精英政治批判者应考虑的另一点，是任何精英政治制度所假定倡导的竞争要素。另一方面，我们还应注意到对于贤才，孔子非常排斥比赛和竞争这种概念：

君子无所争……

（《论语》17.9）

在后文中，他力争弱化竞争在箭术等贵族运动中的作用，而将礼仪元素作为其核心。这种主张在《论语》3.16 中再次被强调，不断暗示通过竞争获得佳绩并不是品格高尚者之所为。这种反对竞争的论调在中国几个先秦思想流派中已是老生常谈，《道德经》22、46 和 67 中对竞争就进行了直率的谴责：

……夫唯不争，故天下莫能与之争……

对于孔子时代为什么不肯接受竞争，我们不应猜测得太多。可以想象，那是因为竞争往往会使人变得更坏，破坏与同伴的关系，或让人产生嫉妒……然而，也应再次

---

① 来做一个儒家心理实验：两位学识水平相同的年轻学者一起进京，参加科举考试。在路上，他们发现有个顽童掉入了一口水井（使用孟子的例子），其中一人来到井边想办法救孩子，但知道这样做将会耽误考试，并最终失去获得功名的机会；另一位继续赶考并获得了出色的成绩，他的八股文《从顽童坠井感人性之善》大受好评。不用说，他得到了梦寐以求的乌纱帽。那么我们认为这两人中哪一位更具治国的品质？站在孔子的角度而论，我认为留下来挽救孩子的秀才表现出了真正的美德，因此与另一位相比更应赐予一官半职；然而他的这种美德无法进行客观、正式的衡量，而他的朋友通过考试所衡量的绝对不是一种美德。

指出，一个人可在美德和尚行方面进行竞争。孔子也许会说——但不会在这种情况下——四处炫耀你的美德与高尚，恰恰会让你丧失这两种品格。谦卑也是一种美德，而且根本不是微不足道的。

我们现在来总结一下到目前为止已阐述的问题：

只有当一个人的"德"能被客观衡量时，所谓的儒家精英政治系统才能成立；而这根本不可能。

只有当古典的儒家伦理视域认可竞争，将其作为一种重要的社会价值时，所谓的儒家精英政治系统才能成立；而这荒谬之极。

三、天下之"德"

你仍可坚持认为，没有确凿的证据表明儒家思想与社会政治领域的精英政治不相容。目前所提出的质疑，只是儒家缺少识别和量化"优点"的客观方法。即使我们承认这一点，一个人怎么能认为儒家思想不会在遵从继承等其他原则的同时，暗中遵循将社会和政治权威授予"优点"（它也是一种公认的"德"）者的原则？我们在此应忽略精英政治在这种情况下能否依靠一条腿站立，即建立一种公认的"优点"概念，将其作为获得官职的主要依据，然而却缺乏通过识别和量化这种"优点"进行选拔的技术。为了回答所提问题，我们现在必须弄清儒家世界观中"德"与政治合法性之间的相互作用。

我认为无可争辩的是，儒家在形成时期①所继承的政治合法性核心原则（包括众所周知的"天命"）源自于周代初期。②《诗经》和《尚书》等对这个概念进行了概括性描述：上天③——形而上学和人类自然秩序的统领者（参见《诗经》241，诗句1-2）——掌管着道德秩序；因此，为确保在人类社会实现这种道德秩序，上天通过超

---

① 鉴于儒家、道家、墨家和法家的必要告诫，对于这个问题它可能是指一群意见相歧的先秦思想家，他们被汉代太史令划分为各自独立的"家"，其中最著名的是司马谈的六家分类。
② 这也能用符合道德要求的词语解释权力从被打败的商朝向武王所带领的周朝的转移，这种范例也可追溯性地适用于早期阶段。
③ 在这里讨论对上天——从商代继承来的、在西周时期被视为上帝的同义词——的理解是否以及在何程度上被视为人，直至孔子和《论语》时代发生转变，这已超出我们的话题范围。尽管如此，我们也不能说儒家的上天已完全丧失了自己的特性，这是一种缺少鉴别的观点。我们应注意到在《论语》的几个段落（3.24、6.28、9.5）中上天被清楚描述为一个实体，而意志是人格的标志之一，我们对此应该同意。相比之下，我们从印度传统中的因缘和教规甚至中国的道教中，几乎找不到真正客观的宗教概念表述。虽然我们能听到"因缘怎么怎么样……"或"教规怎么怎么样……"等语句，但孔子却能自信地指出："天之将丧斯文也，后死者不得与于斯文也。"（《论语》9.5）然而，《论语》在任何地方都没有使用"道"的语言，由此我们可得出结论：对于孔子及《论语》的作者而言，前者的概念仍是或多或少从个人的层面来理解的，而后者显然不是。

自然的征兆和世俗的成功选择并任命了统治者（以及他的宗族），被"命"赋予统治权，由此成为"天子"。创始统治者根据他的杰出美德而被选定，执政方和上天在此基础上达成了一种盟约，而民众在执政过程中则要履行其道德责任，并执行某些礼仪，从而换得上天对既定秩序和国度繁荣的保护。自此以后，统治者便开始负责自己国家的道德状况：

> 俾予一人辑宁尔邦家，兹朕未知获戾于上下，栗栗危惧，若将陨于深渊。凡我造邦，无从匪彝，无即慆淫，各守尔典，以承天休。尔有善，朕弗敢蔽；罪当朕躬，弗敢自赦，惟简在上帝之心。其尔万方有罪，在予一人；予一人有罪，无以尔万方。① 呜呼！尚克时忱，乃亦有终。
>
> （《尚书》15，理雅各翻译）

应该考虑到朝代创始人所展示出的初级美德会被用作一种类似于金融资本的"道德资本"，它既可通过王室后代得到增值，也会因无法实现人们道德和礼仪的期待而贬值——这时上天便有权取消契约，将治国大权移交给其他宗族。如果合法权力能按照我们所称的级联主权进行移交，从天子（王）到地区统治者（公）再到更小的君主（侯）等，便能创建出一条政治合法性链，将上天与地球上最小的领土单位连接起来。

诚然，"德"是这个宏伟愿景的核心所在。如果文王和武王缺少"德"，他们就不会获得天赐的合法统治权。因此，"德"可被看作是一种"磁石"，在特定的历史环境中能吸引天命。能否从令人敬畏的经典所包含的意义推断出这样的结论：在任何历史条件下，拥有"德"的人在统治时不必依赖于特殊的天命和上文所描述的"合法性链"。孔子所说的"君子"，以及将其意思从宗族扩展至每个人的道德行为来确定今后的"君子"，难道不是这个意味吗？《论语》（2.4；20.3）中那些古怪的陈述，即每个人都应理解和听取天命，又该作何解释？在这一点上，我们可迅速指出我们眼前已有足够的旁证，而从中可推测出社会政治层面的儒家思想呼吁某种形式的"精英政治"，其优点便是"德"（或许将其称为"德治"② 更合适）。那么我们能否得出这样一个结论，让我们来一步步探究。

首先，用孔子的话来说，"德"本身被认为是一种天赐之物：

---

① 奇怪的是，从《道德经》78 中，我们也能找到这个观点，即真正的统治者应为自己臣民的道德越轨行为负责。

② 该术语出自亚当·K·韦伯在 2006 年的著作 *Beyond the Global Culture War*，由 Routledge 出版社出版。

> 天生德于予……①
>
> （《论语》7.23）

因此，几乎不可能从儒家的观点来论述个人的私德能够压倒权威的合法性链，而它被认为与同样来自上天的经典相一致。儒家学派的正典文学将统治宗族的更替描述为对天命的一种响应，而不是其自身的一种行动。没有理由认为儒家会否认他们权威著作所传递的这样一个明确指向。《孟子》（5B.9）中经常被误解（加上了太多其他含义）的段落神圣化了"革命权"，如果有的话，实际上是通过确定可推翻昏君的合格掘墓人的"诸侯血统"强化了世袭原则；因此即使被推翻这也不属于"革命"，而是一次宫廷政变，是一种不可冒犯的天命。孟子坚持认为权威地位必须以某种方式融入上述的"合法性链"，其基本轮廓继承自西周时期的宗教和政治共识：

> 天子能荐人于天，不能使天与之天下；诸侯能荐人于天子，不能使天子与之诸侯；大夫能荐人于诸侯，不能使诸侯与之大夫。昔者尧荐舜于天而天受之，暴之于民而民受之，故曰：天不言，以行与事示之而已矣。②
>
> （《孟子》5A.5，理雅各翻译）

我们可以看到，在社会和政治权威问题上，古典儒家思想的主要宣扬者（或至少是后期那些最受尊敬的人士）从来没有实质性超越他们从过去继承的宗教和形而上学的限制。诚然，"德"是担任权力职务的一个重要因素，但并没有预见到它无需"天赐"便能独立发挥作用。因此，在儒家思想中，社会有德之人的角色模型可通过 virtus

---

① 我们或许可以把《论语》中的这句话同《中庸》的开头语"天命之谓性"相提并论，这些说法与孟子有关人类所固有美德的主张相一致。

② 这种说法可矫正这样一种观点，即从有关尧舜统治的传说中可看出对"精英"政府的偏好，他们是从有德之人中选择自己的接班人，而不考虑其出身。将这种现象视为"精英政治"的例子，还需要相当多的想象力。与此相反，尧舜拥有不受约束的权力，人们认为他们是从上天获得了统治权，因此能够自由将其授予他人。因此，权力链仍是来自"上天"，尽管继任者仍是根据他们所显露出的"德"来选拔，但并没有什么制度能通过量化他们的"优点"——精英政治的真正标志——而自动赋予其继任权。转让君主制与世袭君主制不同，在位君主可自由将自己的权力移交给其他人，从而确定自己的继承人，而不会受到由自己的宗族成员继承王位这种习俗的约束。转让君主制这一原则也是罗马帝国的主要特点之一，安东尼"王朝"时期也许是最明显的例子。在郭店出土的《唐虞之道》中，继承和转让两种继承方式被视为两种特殊美德的代表，即"仁"和"义"。不过，我不会像肯尼斯·霍威那样（*Guodian: The Newly Discovered Seeds of Chinese Religious and Political Philosophy*，牛津大学出版社，2009年）将第一种描述为"贵族政治"，第二种为"精英政治"，因为适用于两种方式的基本原则并没有实质性区别——权力只能通过其合法继承者由上天赐予。事实上，我们更有义务将转让原则称为"贵族政治"，因为在这种情况下，从道德的角度看被视为"精英"的人士才有权继承。

sub Caelo 这个公式得到最好的描述,即德由天授。社会政治相互作用的两极——即人的美德和合法性的承载者——分别扮演着被动和主动的作用,也就是说前者不适宜仅凭一个人的美德和能力来武力夺取职权,而后者应寻找有德之人并委以治国重任。我们在权威的儒家文献中仍没有发现仅凭"德"便可赐予有德之人职权的建议,如果有,它便会构成儒家提倡精英政治的一种理由。然而,我们在《论语》中可以发现孔子至少有这种想法:

  公山弗扰以费畔,召,子欲往。子路不说,曰:"末之也已,何必公山氏之之也。"子曰:"夫召我者而岂徒哉?如有用我者,吾其为东周乎?"

(《论语》17.5)

  佛肸召,子欲往。子路曰:"昔者由也闻诸夫子曰:'亲于其身为不善者,君子不入也。'佛肸以中牟畔,子之往也,如之何!"子曰:"然。有是言也。不曰坚乎,磨而不磷;不曰白乎,涅而不缁。吾岂匏瓜也哉?焉能系而不食?"

(《论语》17.7)

前段(以及《论语》17.1)清晰地揭示了孔子对自己德和能的巨大信心,甚至认为自己能够重塑周朝的所有道德和礼仪。唯一的困惑是,从合法性链的角度来看,邀请他担任权力职务的人并不具有无可挑剔的资历。我们还注意到这一点成为了绊脚石,引起一些弟子的反感。我们从引文中似乎能够看出子路扮演的是苏格拉底 $\delta\alpha\mu\acute{o}\nu\iota o\nu$(希腊语)①的角色,他每次都劝阻他的老师不要施用有悖于"道"的行为。此外,我们在其他地方还发现孔子坚定地赞成"合法性链":在理想状态下,当"事情合道"时,政治和文化权力的引力中心便会落在垂直链的高位,很少需要根据"精英政治"或任何原则选拔的外部行为者的参与:

  孔子曰:"天下有道,则礼乐征伐自天子出;天下无道,则礼乐征伐自诸侯出。自诸侯出,盖十世希不失矣;自大夫出,五世希不失矣;陪臣执国命,三世希不失矣。天下有道,则政不在大夫。天下有道,则庶人不议。"

(《论语》16.2)

《论语》14.26 也表达了类似的情绪:

---

① 柏拉图认为,一种超自然存在的声音总是在劝阻苏格拉底所要采取的行动,而色诺芬认为它有时是在鼓励苏格拉底采取某些行动。

子曰:"不在其位,不谋其政。"曾子曰:"君子思不出其位。"

鉴于此,即使从最广泛的定义看也很难找到证据来支持这样一种观点:孔子的主要目的是为了推进我们今天所称的"精英政治"事业。这并不是说儒家的立场是一味屈服于权力,服从于在任何道德法律面前都不负责的人,因此无须参与"合法性链"之外的君子政府。很多误解都源自这样一个虚假前提:清官的权威和具有政治合法性的世袭官员的权威一定相互排斥。我认为儒家的社会和政治观点会比这更加微妙、更加复杂。事实上,我们可以把两者的互动放入一个由中国传统宇宙观所提供的范畴框架:来自天子、公、侯等权力世袭官员的权力最终源自天命,他们是执政过程中的主动因素;因此我们可以认为他们属于阳的范畴。因为德和能被政府雇佣的官员是被动因素,因此他们属于阴的范畴。前者的责任是通过识别和雇佣后者发挥主观能动性,即"尊贤";反过来,后者的职责是以完全的清廉协助政府实现共同利益,从而在人类社会实现"道"。这样,通过阴阳的动态平衡,便能实现治理层面的社会政治和谐(如果可以使用这个俗语的话)。儒家口中的贤人不会以"精英政治"为借口凌驾于腐朽但仍合法的政府之上,因为他知道从已践踏了其最初美德的宗族收回天命是上天的特权,因此如果他要擅自行事则必须相信这样做是在听从上天的旨意。这些都是基本的宗教限制,不容许按照通常所理解的"精英政治"原则为任何一个人赋予权利。孔子直到最后仍是一个世袭王位主义者,当看到继承自周朝的"合法性链"由于缺少"德"(或存在纯粹的恶)而快速腐朽时他痛心疾首;而"德"正是"合法性链"不可缺少的组成部分。事实上,在他生命的尽头,我们发现孔子曾极为罕见地呼吁使用暴力(如果我们忽略《史记》所讲述的几段故事的话;这些故事非常怪诞,我们姑且认为它们是杜撰而来)来保护合法性原则:在《论语》14.21中,他请求自己的鲁国出兵干预和讨伐齐简公(前484—前481在位)的谋害者和篡夺者。毫无疑问,我们能看出孔子是力争通过合法性而非精英政治来让世界更安全。

关于君子,毫无疑问孔子是从纯粹的道德范畴来进行定义的,而且君子是"学"和"修"的最终产品。其基本特点是"德",而他所扮演的社会角色纯粹是一种偶然。不过,如果说"德"在儒家思想中是权威的代名词,我们仍不会偏题太远。然而,这种道德权威并不一定涉及政治权威的赋予。因此,认为精英政治的概念是源自孔子的名言"有教无类"(《论语》15.39),是一种不合逻辑的推论。我们已经明白孔子实施教育的目的在于重塑人的道德,而不是传授可自动换取社会或政治官职的"市场所需要的技能"。关于平等的问题,我认为儒家的观点是所有人都有可能平等地决定自己能否遵"德"和守"道",以及遵守的程度。因此,建立起来的道德层次并不一定与社会等级呈对应关系。如果一个儿子懂得孝顺,而他的父亲却不称职,那么从道德的角度来看儿子的道德层次已超过自己的父亲;不过,这其中"看得见的"事实,即社会认可的父子之间的等级关系并没有发生变化。根据一个经典的儒家故事,舜帝传说有一位恶霸父亲，但他对不称职的父亲十分孝顺，因而成为孝道的楷模。因此，在作为儿子的道德角色中，舜几乎完美实现了该角色所需要的美德——孝，而他的父亲瞽叟却未能实现相应的为父之德。从道德的角度来看，舜已超过了自己的父亲，但他的社会角色仍是父亲的儿子。同样，臣民能以无可挑剔的忠诚和正直对待统治者，从而实现所有与臣民有关的美德；而统治者在美德践行方面却可能完败。这样，臣民的道德层次便超出了他的统治者，而同时他们之间"看得见的"礼仪层次却没有改变。可证明这一点的儒家思想范例，是商朝末年伯夷和叔齐之间的故事。据传，他们生活在商朝最后一位统治者——纣王的残暴统治时期，两人试图劝导他改邪归正，却因此吃尽苦头。武王伐纣建周后，两位忠臣却宁愿饿死也不愿侍奉新主。从道德角度来看谁的层次更高呢，是臣还是君？我们由此可得出结论：儒家的平等愿景并不在社会层面，而是在道德层面。这种平等不是每个人都能达到同样的道德层面，而是所有人都拥有作出道德决定的平等机会和自由，他们会据此不同程度地实现"德"，从而达到超越社会意义的道德层次。在某种意义上说，我们将"平等"当作了副词来使用，而不是形容词。只有在这个意义上我们才能谈论儒家的"精英政治"——在这种道德层次中，每个人的位置纯粹依靠"德"这种"优点"来获得。但是，这种"精英政治"并不需要任何竞争（除了必须通过修身来征服自己），而且在很大程度上都看不见。这是真正的Caelis式精英政治。这种方法可能有助于我们理解孔子所使用的"命"，如每个人生活中的"天命"，而不是指统治者进行统治的合法性。《论语》最后一章包含了这样一句话：

> 不知命，无以为君子也。
>
> （《论语》20.3）

这与《论语》2.4中孔子的自我描述相一致，他说在50岁时自己终懂得了天命。为了理解这句话的意思，一种观点是我们应认识到每个人无论扮演何种社会角色都被上天赋予某种道德意义，使美德的培养和道德行为合法化，就像天命赋予天子统治职责的合法性一样。因此，每个人在自己的道德行为范畴内都是自己的天子，这种道德行为通常指一个人在一生中应履行的社会责任。因此在这个意义上，天命被翻译为"上天分配的任务"才更合适。无论是家长和孩子、统治者和臣民还是丈夫和妻子，上天均已授权他们来计划和践行自己的道德决定，其现实化程度完全取决于他们的自由意志。另一种观点，它也是许多评论家在过去所青睐的一种观点，是用上文所说的"天命"来指代生活中人们无法控制的"所予"；由于人们无法控制的任何事情都是上天不可估测的意志之果，因此"命"这个词就非常接近"命运"的概念，也许与希腊语 μοῖρα 所表达的意思也大同小异。

四、儒家思想能否适应任何类型的硬件

我希望我们能够提出或多或少令人信服的示例，清楚阐述儒家思想与精英政治在现代意义上的批判性差别。从中国知识史的角度看，这种最先形成的混淆极具讽刺意味，因为在"精英政治应用"问题（主要理解为一种主要根据能力选拔官员、完全摒弃或绕过世袭贵族的规则）和合法性（主要理解为保持世袭贵族在各层面的政治和礼仪角色）上，与主要思想流派相比，先秦时代的儒家思想距离前者最远，而对后者最为同情。事实上，如果我们根据"精英政治"的原则，通过通读它们的代表作，如《论语》、《孟子》、《墨子》、《商君书》和《韩非子》等。对各大社会政治流派进行排名，便可能得出如下排序：

1. 法家。
2. 墨家。
3. 儒家。

此外，中国古典史学该如何看待秦朝在公元前 213 年臭名昭著的焚书借口？司马迁在有关秦始皇的传记中写道，当来自齐国（齐国是当时儒家思想的发源地）的儒家学者淳于越向秦始皇进谏，要求根据周朝古制、分封子弟时，法家李斯却提出了"焚书"的建议。所以，儒家的建议是我们所称的"封建"主义，而法家的立场是"官僚"主义。现在来看他们谁更倾向于"精英政治"，这还需要我们问吗？

在现代，儒家思想和精英政治的这种纠葛为何能主宰当代人类的想象力？从源自汉代、基本形成于隋朝、随后又逐步完善的科举制度，到中国历史上帝国时代的终结，答案不言而喻。此外还有近代早期第一批到达中国的欧洲游客的热情宣讲，其中最著名的是跟随神父利玛窦前来的耶稣会传教士，他们使用令人敬畏的称谓"philosophi"来指代中国明朝的官员，马上使欧洲读者想到了柏拉图哲学王。这种以科举选拔官员为中心的知识风尚被 18 世纪的大多数哲学家所接受，[①] 并一直影响到今天。不过，我相信有一个关键的误解造成了对科举制度和儒家思想的幼稚认知。这种误解隐藏在为参加科举考试所学习的课程中。诚然，考试的内容是儒家经典，但通过标准化竞争考试选拔官员的做法本身与法家关联更多，而不是儒家。我们知道，对孔子而言，任何种类的考试制度都不具可行性，因为这需要对"德"作出量化，还要参与无情的竞争。因此，孔子从来没有提出过任何客观的方法或特定的标准来衡量"尊贤"，他只是在《论语》13.2 中提出了一种主观认知：当仲弓问"焉知贤才而举之"时他回答道：

---

① 显然孟德斯鸠除外。

举尔所知。尔所不知，人其舍诸？

这种对才学的"认知"所基于的前提是：具有美德的统治者必能识别出手下高官的美德，而这些高官也能辨识出级别更低的官员之德。这种"办法"根本无法构成透明、客观的优点量化系统。相比之下，我们可以把科举考试的历史现象更好地描述为企图在法家硬件上运行儒家软件。事实上，为通过考试，一个人必须证明自己对儒家文献的博学，并不会使系统本身变为儒家思想！我认为，帝制中国的其他许多社会政治制度也可以这么描述。这种状况的内在矛盾，或许是中国后秦时代沉浮的原因所在。科举考试的竞争机制并不是以儒家思想为本质，这一点有时从一些流行文化中也能看出。流传最广的歌颂科举考试的小调当属宋真宗（968—1022）的《励学篇》：

富家不用买良田，
书中自有千钟粟。
安居不用架高堂，
书中自有黄金屋。
出门莫恨无人随，
书中车马多如簇。
娶妻莫恨无良媒，
书中自有颜如玉。
男儿欲遂平生志，
五经勤向窗前读。

从这种文章中，我们能否找到一丁点的儒家思想？这里为赶考者提出的动机均属于孔子所称的"利"，而我们要记住"利"是儒家道德规范最卑劣人物，即"小人"的区别性标志：

子曰："君子喻于义，小人喻于利。"

（《论语》4.16）

因此，我们的考试系统在形式上所塑造的动机，与顺利通过考试所需掌握文章的道德内容存在直接冲突。在这里，很容易陷入我所称的危险——"道德精神分裂症"。清代白话文学古典小说《儒林外史》中的一段话也许最能说明"道德精神分裂症"在此处的含义。文中角色杜少卿的父亲从儒家的角度来看是公认的有德之人，却被嘲笑：

做官的时候，全不晓得敬重上司，只是一味希图着百姓说好；又逐日讲那些"敦孝弟，劝农桑"的呆话。这些话是教养题目文章里的词藻，他竟拿着当了真，惹的上司不喜欢，把个官弄掉了。

（吴敬梓：《儒林外史》，第 431 页，杨宪益、戴乃迭译，
哥伦比亚大学出版社，1992 年）

因此，一种仅按照学识和技能来选拔公职人员，而唯一考虑的道德是"职业道德"的制度，从任何意义上都不能被视为儒家思想，无论是过去还是现在，都不认同所谓的"亚洲四小龙"，特别是地处亚洲热带地区的城邦国家。这是关键的争论点。更具历史性的争论是基于一种看法，即源于秦朝和中国帝制早期的职业官僚，与以前封建主权以学识为基础的分散下放模式形成了对比，这要归功于法家的合法性和治理理论。最初，秦王就是使用它来巩固其权力，从而屏蔽了其他所有地方的权威，按照周代的习俗来看，这些权威具有合法性，因而有可能与朝廷为敌。① 为了填补因取消官位世袭而产生的治理真空，秦国基本上建立了专业的官僚队伍。职业官员明显被认为比旧的世袭贵族更可靠，因为作为国家的雇员，他们自己缺少合法的权威来抵制中央政府日益专断的权力。也许我们能从欧洲找到类似的发展趋势（主要是在近代初期及以后）：每当国家将自己的权力扩大至接近庞然大物时，它总会努力遏制教会、世袭贵族、家族、协会、工会、其他中介团体等机构的权威。在后来的中国，科举考试被设置为选拔和延续官僚的一种方法。为什么从汉代开始这一制度的法家根系被刻意忽略，并为它套上了"儒家"的光环，我认为其中的原因不言而喻。秦朝的统治荒淫无度，为了证实汉朝将其推翻的合理性，就必须将它（中国的第一个帝制王朝）及其主导的意识形态——法家思想——妖魔化，因此从秦朝继承下来的意识形态层面的制度和做法便不得不被重新解释为"儒家思想"。就这样，中国和西方的学者便将科举考试制度看作儒家思想的精髓。再往后，这种体制便被看作成现已时髦的"精英政治"的古老范

---

① 也许在这里可以将古典儒学的社会和政治愿景形容为"独裁主义"，当然，这不是该词现所流行的含义——它通常被用来指代一种赤裸裸地玩弄权力、通过行为和语言进行专制暴力威胁的政体（即意识取决于宣传的形式）。所举的令人厌恶的现象使用形容词"potestarian"来描述最为贴切，因为它是建立在权力崇拜的基础上，而不是儒家思想所理解的权威。我们已明白，在儒家思想框架内"德"可以与权威画上等号；并且在理想的情况下，由礼仪（实际上，礼仪的一个主要作用是将"德"从内力转化成一种社会事实）塑造的权威，即"德"的引力，能够毫不费力地运行整个社会政治有机体，唯一的条件是所有掌权者都拥有"德"。权力需要行使（特别是进行惩罚和暴力威胁），这一事实证明了权力，即"德"的缺失。为说明这一点，让我们引入另一个潜在的儒家思想实验：有一位非常粗心的父亲，他对自己家庭的福祉毫不关心，甚至会虐待自己的孩子。有一天他生病了，蛮横地要求儿子去药房为他抓药。儿子并不情愿，但当父亲威胁要把他抛弃时，他还是屈服了。附近还有一位父亲，他堪称是愿意自我牺牲的楷模，对家人的照顾无微不至。有一天他也生病发烧，但儿子没等他开口就跑到药店给他买药。我们现在要问：在孩子的眼中哪一位父亲享有权威，谁养育子女的方式属于儒家的"独裁主义"？

例。就这样,儒家思想(这也是我们试图论证的观点)便开始与精英政治混淆在一起。

最近,当"精英政治"被用来指代不言而喻的善、美和公正时,源自辞书的最大讽刺在于这样一个事实:1958 年,迈克尔·扬(Michael Young)最初在中篇小说 *The Rise of the Meritocracy* 中提出这个概念时,将它用于讽刺意味。在男爵扬虚构的世界中,教育、经济和政治等精英原则得到了最大限度的落实,从而形成了人类历史上未曾见过的、牢固的社会分层和在生物意义上永久存在的统治阶级(在本书中所感知到的认知能力基因遗传),同时正确地认为其所享有的地位是理所当然的。新的精英政治被认为是继承了古老世袭贵族的一切缺点,却没有获得一丝优点,如地位高则责任重、对生命悲剧的意识和对美学的良好品味。我们都知道迈克尔·扬可能是错的,与他所担心的截然不同,精英政治制度的确会化身为社会中所有的善、美和公正……也许。但无论精英政治的真正化身是什么,都绝不可能是儒家思想。

参考文献

一次文献:

程树德:《论语集释》(全 4 册),中华书局 1990 年版。

朱熹:《四书章句集注》,中华书局 1983 年版。

司马迁:《史记》,中华书局 1982 年版。

二次文献:

Bo, Mou, ed. History of Chinese Philosophy; Routledge History of World Philosophies, Vol. III. Routledge, 2004.

Creel, H. G. Confucius the Man and the Myth; New York, The John Day Company, 1949.

Holloway, Kenneth. Guodian: The Newly Discovered Seeds of Chinese Religious and Political Philosophy, Oxford University Press, 2009.

Leys, Simon. The Hall of Uselessness: Collected Essays. Black Inc. , 2011.

Schwartz, Benjamin I. The World of Thought in Ancient China. Cambridge and London: Belknap Press, 1985.

Webb, Adam K. Beyond the Global Culture War, Routledge, 2006.

Wu, Jingzi (trans. Yang Hsien – yi and Gladys Yang). The Scholars; Columbia University Press, 1992.

Young, Michael. The Rise of the Meritocracy 1870—2033 An Essay on Education and Equality. London: Thames and Hudson, 1958.

英文原文:

DEMERITS OF MERITOCRACY
—A Confucian Critique —
Igor Radev

The Merit of Meritocracy

We shall attempt to articulate here the viewpoint that, contrary to the prevalent "intellectual folklore" concerning Confucius and Confucianism, "meritocracy" as a principle employed to legitimize social and political authority wasn't as prominent element of early Confucian thought, and that conversely, the hereditary principle① not only retained its vital place in the worldview of the Confucian school, but on important historical occasions it has been cogently defended by the Confucians even to their own immediate detriment. There are two main reasons in our opinion for the aforesaid state of affairs:

(1) Fidelity on the part of the Confucians to the fundamental religious presuppositions of the idealized Western Zhou historical period in regard to the ultimate source and sanction of political authority.

(2) Certain constraints contained within the Confucian ethical system, which cause "pure meritocracy" to be morally untenable.

Before we continue, let us first clarify some basic assumptions:

The meaning of "meritocracy" as generally understood could be delineated with a sufficient dose of accuracy by the following three descriptions contained in the *Oxford Dictionary of English*:

(1) "Government or the holding of power of people selected according to merit"

---

① Perhaps we are more justified to render it as the principle of legitimacy, meaning by this the axiomatic cultural attitude of Western Zhou as preserved in the Confucian Canon concerning the legitimization of political authority. Heredity has come to be the considered the main conduit of this principle of legitimacy, but not the only one as we shall see.

(2) "A society governed by people selected according to merit"

(3) "A ruling or influential class of educated or able people"

(*Oxford Dictionary of English*, 2005)

Doesn't it seem that something is still lacking here? In order a socio – political system to be considered *genuinely* meritocratic, it is necessary to add couple of preconditions:[①]

(1) The element of "entitlement" should be introduced, i.e. the holders of "merit" (defined in whatsoever way) should be *entitled* to a corresponding societal or political position based solely on the amount of demonstrated "merit" in a more or less *automatic* way; in fact, the function of the locus of authority that does the selection is purely formal, since it is authorized only to acknowledge the exhibited merit, while lacking the freedom to choose discretionally the candidate for the sought after position.

(2) It is therefore warranted to exist within the society an objective and transparent method of recognizing merit, on the basis of which the selection for an appropriate position is to be made. Most often this means a system of competitive examinations designed in such a way as to be able unambiguously to quantify the "merit" needed for acquiring a corresponding position.

I would argue that both of these preconditions are impossible to be met by Confucian doctrine without jeopardizing some of its basic metaphysical and ethical premises as expressed primarily in the *Analects*. We shall proceed with our argument in a short while, just after we had identified the main problem that calls for tackling in this article.

That Confucius the man and Confucianism the teaching are routinely connected with the notion of meritocracy within the intellectual discourse of both Chinese and Western specialists is an almost axiomatic assertion. It suffices to quote to that effect the statements of two well –

---

① These additional premises are needed in order to crystallize the notion of meritocracy as a principle of legitimizing social and political authority, since the mentioned lexicographical definitions in my view are somewhat incomplete. Hypothetically, an absolute monarch exercising a plenitude of power could voluntarily decide to give devolve power on all levels of governance to meritocratically selected officials through appropriate tests while he till the end of his days refrained from any actual interference in government affairs. Such a situation would definitely fall under the definition of meritocracy as articulated in the *Oxford Dictionary of English*. However, in my opinion, despite this example constituting a *de facto* meritocracy, it still doesn't represent a "pure" or "real" meritocracy, since the locus of authority that performs the selection could have chosen otherwise had he wanted to. An opposite example would be a University selection committee, which is *obliged* to allot places in the University for the next academic year to all those candidates, who have scored in the entrance exams above certain previously set limit. In this case, the locus of authority is unable to choose otherwise if the required condition is met. Thus, we have here both *de facto* and *de jure* meritocracy, meritocracy in the complete sense of the word.

known Sinologists just as a cursory illustration.

H. G. Creel in the first chapter of his magisterial *Confucius the Man and the Myth* (1949) confidently affirms regarding the subject of his work:

> In fact, he advocated and helped to bring about such sweeping social and political reforms that he must be counted among the great revolutionaries. Within a few centuries after his death hereditary aristocracy had virtually ceased to exist in China, and Confucius had contributed more than any other man to its destruction…
>
> He was trying to produce a bloodless revolution. He wanted to take the actual power from kings who inherited thrones and give it to ministers chosen on the basis of merit…

Making a not so great leap forward in time, let us hear what Simon Leys (Pierre Ryckmans) has to say on the presumed attitudes of the very same subject:

> As only gentlemen are fit to rule, political authority should be devolved purely on the criteria of moral achievement and intellectual competence. Therefore, in a proper state of affairs, neither birth nor money should secure power. Political authority should pertain exclusively to those who can demonstrate moral and intellectual qualifications.
>
> This view was to have revolutionary consequences: it was the single most devastating ideological blow that furthered the destruction of the feudal system and sapped the power of the hereditary aristocracy and it led eventually to the establishment of the bureaucratic empire – the government of the scholars. For more than 2000 years, the empire was to be ruled by the intellectual elite; to gain access one had to compete successfully in the civil service examinations that were open to all.
>
> (*An Introduction to Confucius*; from *The Hall of Uselessness: Collected Essays*. Black Inc., 2011)

Here we have it – Confucius, the meritocratic revolutionary! And yet, when we weigh stances such as these in view of the core metaphysical and moral presuppositions expressed in the *Analects*, it is hard not to find them to a substantial degree wanting. Would it be unkind to say that many oft encountered statements on the issue of Confucius/ Confucianism and meritocracy on a closer look seem rather one – dimensional and almost facile? However, not withholding yet from them the benefit of doubt, let us first enquire:

— What, then, constitutes "merit" in Confucian viewpoint, according to which the selection of people in authority should be performed?

—How from a Confucian perspective this "merit" could be objectively measured in order to achieve the desired selection?

The Merit of Virtue

I believe that Simon Leys is genuinely right when he puts at the forefront the element of moral qualification and only then the intellectual one as a constitutive element of what would be considered "merit" in Confucian terms. It would be hard indeed not to agree that virtue (德 de) should make up the key ingredient in any possible notion of merit within Confucian context, more so than any kind of intellectual aptitude or formal learning.[①] It seems that *Analects* 1.14 corroborates this when the lover of learning (好学 haoxue) is described purely as someone who fulfils one's moral obligations, rather than as someone who is skilful in acquiring intellectual knowledge. In fact, we could even claim that in Confucian view the role of learning is to make virtue efficacious in man's personal and social life. Only to this end the study of books[②] should be put to use:

> 诗,可以兴,可以观,可以群,可以怨。迩之事父,远之事君。
> The *Odes* shall teach you how to express your feelings, how to be perceptive, how to commune, how to show your anger, how to serve one's father close by, how to serve one's sovereign farther away…[③]
>
> (*Analects* 17.9)

Learning, therefore, at its higher end aims at transforming its recipients in accordance with

---

[①] Just for the record, this contrasts noticeably with the modern notion of "merit", where, I am afraid, by confounding morality and legality, "merit" becomes a dangerously amoral phenomenon. A holder of "merit", a real Hero of our times, let us accept Lermontov's helping pen, is allowed to do almost anything with virtually no societal censure until he perchance performs something *formally* illegal… or otherwise utters something that is deemed politically incorrect.

[②] Contrary to this, how would we describe the prevalent contemporary attitude toward book learning? To have studied a work of literature, especially in an academic context, we understand as mainly to have undergone an intellectual process by which we discover "what is the book all about", what linguistic and stylistic means have been employed by the author, what is its historical and social context, its impact on the reading public etc…

[③] If not stated otherwise, the translation here and in other places is mine.

the virtues, especially that virtue which makes us truly human (e) (仁 *ren*). This transformation is gradually consummated by threading the cultural patterns (文 *wen*), which as their vessels have the classical literature, the rites and the music,① all of which are expressive in a particular manner of the Way (道 *Dao*).② In this sense, the progress in learning cannot be measured by the quantity of acquired knowledge, but by the level of moral reconstitution of the person achieved with the help of the aforesaid cultural patterns. It is mainly due to this moral, transformative dimension of learning, we may safely conclude that the word "learning" (学 *xue*) within the confines of the Confucian worldview has far more in common with the different ascetic practices of other religious traditions than with the prevalent modern notions of academic learning.

We made this detour by exploring first the notion of learning in the Confucian worldview for the simple reason that in any system of "meritocracy" learning is considered the basic method of acquiring "merit". Thus, we had to demonstrate clearly that what is acquired through the Confucian process of learning is primarily *virtue*. Consequently, a meritocracy based upon Confucian principles could only be such that would identify merit with virtue, and hence select for positions of political and social authority by the yardstick of objectively demonstrated level of virtue. But what is virtue for Confucius? Here we shall not dwell in detail on the origins of the notion of virtue (德 *de*) in the earliest strata of the Chinese civilization, nor on the religious,

---

① Cf. *Analects* 8.8: 兴于诗, 立于礼, 成于乐。 – "Get stirred by the *Odes*, make your stand upon the rites, find fulfilment in music."

② As to the use of the concept of the Way (道 *Dao*) in the Analects, perhaps I would not completely agree with Slinegrland's claim in his chapter on Confucius and the Analects (pg. 107—137), as part of the Routledge History of Chinese Philosophy (edited by Bo Mou, 2006), that Confucius is the first thinker who has given this term a fully metaphysical meaning. A completely metaphysical meaning of the Way (道 *Dao*) is to be found within the Daodejing. The vision of the Way within the Analects is a more middling one – in the sense that Dao hasn't been completely "metaphysicized" (the Zhou concept of Heaven – 天 *Tian* still retains its position as the Head of the metaphysical order), and so the Way is understood as mediating between the human existence in history and Heaven – the supreme metaphysical Principle. Therefore, the notion of the Way as used by Confucius is best described as "principle of harmonization between man and society on one side and Heaven on the other", a principle of harmonization that is actualized in history as a proper moral and ritual order of the human community, while as a model for the correct realization of this order the example of the venerable sage – kings (圣 *sheng*) of the past is taken. So, the Confucian Dao belongs to sphere of "the middle", the $\mu\varepsilon\tau\alpha\xi\acute{\upsilon}$, if we are to employ Platonic terms, possessing a dual nature – a metaphysical one and historical one. In this way we can reconcile seemingly contradictory statements in the *Analects* when on one side the actualization of the Way within particular historical circumstances depends completely upon Heaven's will and men can do nothing about it (cf. *Analects* 14.36) and on the other side that human persons as beings of history are capable of realizing the Way within their polities by their own moral and ritual actions (cf. *Analects* 7.24; 15.19).

political and ritual imports this concept had then and up until the time of Confucius and the creation of the *Analects*. Instead, we are going to point the fact that virtue is an entity that is very difficult to define and then quantify. We can take into consideration here that humanness (仁 *ren*), the supreme virtue in the Confucian constellation of virtues, is never clearly defined in the *Analects*. The text contains at least four delineations of humanness (*Analects* 6.22; 12.1; 12.22; 17.6), to which we can add one contained in the *Doctrine of the Mean* (20) and yet we are left with the feeling that there is still something lacking in terms of a clear designation, suspecting a deliberate course of action to that effect on the part of the author (s). In addition to this, we can notice that Confucius never ascribes to himself or to any of his contemporaries the complete actualization of the virtue of humanness. Certainly, it could be argued that the other, more "realistic" virtues, such as righteousness (义 *yi*) or filial piety (孝 *xiao*) are somewhat easier to define and fulfil, but even so virtue resists complete objectification. We can further simplify our quandary about the issue of virtue vis-à-vis meritocracy by asking: Is it feasible to devise an objective and transparent method of identifying and quantifying virtuousness in a person? If the answer is negative, and we have already concluded that within the boundaries of Confucian thought any possible notion of merit as a precondition for holding a position of social and political authority must be concomitant with virtue, then we are obliged to conclude that a genuine system of meritocracy founded upon Confucian assumptions is impossible. Hence, organizing competitive examinations with the goal of objectively measuring levels of virtue from the standpoint of Confucian core beliefs wouldn't be any less hubristic, any less ridiculous than if the Christian Church were to set formal examinations for measuring sanctity and started automatically canonizing as saints all those who have checked in all the correct answers in such tests.[①] It could be stressed once again, the very nature of what constitutes "merit" from a Confucian viewpoint precludes the possibility of fulfilling one of the basic preconditions

---

[①] It's time for a Confucian mental experiment: Two young scholars of equal intellectual standing are travelling together to take their Civil Service Examinations. On their way they notice that a child has just fallen into a well (to use this Mencian example). One of them goes to the well to devise a way to save the child, but by doing this he is aware that he would be late for the Exams, and thus knowingly forfeits his chance of acquiring office. The other one hurries on to the Exams and passes them with flying colours, while earning a special praise for his eight-legged essay on the topic of "Sentiments in View of a Child just about to fall into a Well as Proof of the Inherent Goodness of Human Nature". Needless to say, he acquired the desired official post. Now, whom of the two we would judge worthier to take part in governing a country? Taking the liberty to speak for Confucius, I think it is self-evident that the scholar who stayed behind to save the child showed true virtue and thus merited more than his peer to acquire position of authority; however his virtue simply by being a virtue remained objectively and formally impossible to measure, while whatever got measured in his friend on the Exam was definitely not a virtue.

for achieving a viable societo – political system based on meritocracy – an objective and transparent method of quantifying this "merit". By substituting virtue with erudition (*cum* practical ability), as was indeed done in the later system of Civil Service Examinations (科举 *keju*), meritocracy could admittedly be saved, but in that case please look down – there is Confucianism lying lifeless under our meritocratic feet.

Another point a Confucian critique of meritocracy can take into account is the element of competitiveness that any meritocratic system *ex hypothesi* entails. On the other hand, we are to notice that Confucius is inimical to the very notion of contention and competition in regard to the virtuous person:

君子无所争……
The noble man does not contend…

(*Analects* 17.9)

In continuation, he endeavours to downplay the competitiveness even in such aristocratic sports such as archery by putting at the core of the matter their ritualistic element to the detriment of the competitive, something which is stressed once again in *Analects* 3.16, all the way being implied that striving for success in competition is incompatible with nobility of character. This anti – agonistic tenor seems to be a commonplace among several different systems of thought in pre – Qin China, since explicit statements denouncing competitiveness are also to be found in *Daodejing*（道德经）22：

……夫唯不争，故天下莫能与之争……
… Taking up contention with no one, no one under Heaven is able to overcome him either…

… and also in *Daodejing* 46 and 67.

We shouldn't speculate much as to why competitiveness is deemed unacceptable at the mainstay of social life for Confucius. Conceivably it is because it sometimes tends to produce in man the worst of him, to poison the relations with his peers or engender envy… And yet it could be argued again that men could also compete in virtue and noble deeds. Perhaps, but wouldn't in that case, Confucius might say, showing off your virtue and nobility of character devoid you of precisely those two qualities? Humility is also a virtue, and not at all insignificant one, isn't it?

Let us summarize then what has been concluded up to now:

——A purported Confucian system of meritocracy could exist only and only if personal virtue could be objectively measured. This represents impossibility.

——A purported Confucian system of meritocracy could exist only and only if the classical Confucian ethical vision could assent to competitiveness as a key social value. This is preposterous.

Virtue under Heaven

One could still insist that the case for the incompatibility between Confucianism and sociopolitical meritocracy hasn't been proven conclusively enough. What has been put into doubt so far is only the viability of an objective method under Confucian auspices of recognizing and quantifying "merit". Even if we would concede this, still, how can one argue that Confucianism doesn't *implicitly* adhere to the principle of entitling positions of social and political authority to those in possession of "merit", one admittedly defined as "virtue", but still overriding other principles, such as heredity, for example? We shall ignore here whether in such case meritocracy could be able to stand on only one of its legs, i. e. establishing a recognized concept of "merit" which serves as a main foundation for acquiring formal authority, but lacking a technique of selection through identifying and quantifying this "merit". In order to answer the posed question, we must tackle now the interplay between virtue and political legitimacy within the Confucian worldview.

I think it is beyond contention to say that the core principle of political legitimacy inherited by the Confucian school in its formative days[①]consists of the well known idea of the Mandate of Heaven (天命 *tian ming*) originating from the beginnings of Zhou Dynasty.[②] A short recapitulation of this concept as informed by sources such as the *Book of Odes* and the *Book of Docu-*

---

① With the necessary *caveat* of what counts as a Confucian School, or a Daoist, Mohist or Legalist one, for that matter, may refer more loosely to groups of divergent pre – Qin thinkers who have only retroactively been neatly grouped together into discrete "schools" (*jia* 家) by Han Dynasty doxographers, most notably by Sima Tan (司马谈) through his hexapartite (*liu jia* 六家) classification.

② And functioning in the immediate circumstances to explain in morally satisfactory terms the passing of authority from the defeated Shang Dynasty to the new one Zhou lead by King Wu, a paradigm that was then retroactively applied to earlier stages of history too.

ments would go something like this: Heaven,① the Head of the metaphysical and natural order of being (cf. *Book of Odes* 241, verses 1 – 2) presides over what is believed to be also an ethical order; therefore to guarantee the actualization of this ethical order within the human community, Heaven chooses and marks through supernatural portents and worldly success a ruler (and subsequently his lineage) to whom the authority to rule is bestowed by a decree (命 *ming*), who henceforward is known as "Son of Heaven" (天子 *tianzi*). The founding ruler is chosen on account of his pre – eminent virtue upon which a sort of covenant is built between the ruling house and Heaven, whereas the human party is expected to fulfil its moral obligations in the course of ruling the land, as well as to perform certain ritual acts, in return of which Heaven protects the established order and the prosperity of the realm. Henceforth, the ruler is taken responsible for the moral state of the body politic, which he leads:

俾予一人辑宁尔邦家，兹朕未知获戾于上下，栗栗危惧，若将陨于深渊。凡我造邦，无从匪彝，无即慆淫，各守尔典，以承天休。尔有善，朕弗敢蔽；罪当朕躬，弗敢自赦，惟简在上帝之心。其尔万方有罪，在予一人；予一人有罪，无以尔万方。呜呼！尚克时忱，乃亦有终。

It is given to me, the One man, to secure the harmony and tranquility of your states and clans and now I know not whether I may not offend against (the Powers) above and below. I am fearful and trembling, as if I were in danger of falling into a deep abyss. Throughout all the regions that enter on a new life under me, do not, (ye princes), follow lawless ways; make no approach to insolence and dissoluteness; let every one be careful to keep his statutes – that so we may receive the favour of Heaven. The good in you I will not dare to keep concealed; and for the evil in me I

---

① It is beyond our topic to discuss here whether and to what extent the understanding of Heaven, in Western Zhou taken most often as synonym for the Lord on High (上帝 *Shangdi*) inherited from the previous Shang Dynasty and clearly seen as Person, has been transformed till the time of Confucius and the writing of the *Analects*. Still, we cannot say that the Confucian Heaven has completely lost its personal character, as is often rather uncritically assumed. We should take notice of several passages in the *Analects* (3.24; 6.28; 9.5) where Heaven is clearly represented as entity that wills, and will is, we should agree, one of the hallmarks of personhood. For the contrast, we could hardly find that sort of expressions concerning truly impersonal religious notions, such as, for example, *karma* or *dharma* from Indic traditions, or even the Chinese *Dao* for that matter. While phrases such as – "had the *karma* willed this or that…" or "had the *Dharma* been bent on something…" immediately strike a strange note in our ears, Confucius confidently says – 天之将丧斯文也，后死者不得与于斯文也："Had Heaven willed for the culture to perish, how could a mere mortal of latter days graft himself onto it?" (*Analects* 9.5) However, nowhere in the *Analects* is such language used vis – à – vis the Way (道 *Dao*), so from this we can conclude that for Confucius and the authors of the *Analects* the former concept was still thought in more or less personal terms, while the latter one obviously not.

will not dare to forgive myself. I will examine these things in harmony with the mind of God. When guilt is found anywhere in you who occupy the myriad regions, let it rest on me, the One man. When guilt is found in me, the One man, it shall not attach to you who occupy the myriad regions. ① Oh! Let us attain to be sincere in these things, and so we shall likewise have a (happy) consummation.

(Book of Documents 15; James Legge's translation)

It should be taken into account that the preliminary virtue showed by the dynastic founder functions as a sort of "moral capital" that similarly to financial capital can be either increased by his royal progeny or squandered by their failure to fulfil the expected of them ethical and ritual duties, in case of which Heaven is entitled to cancel the covenant and transfer the Mandate to rule to a different lineage. On the ground the legitimate authority is devolved in what we would call cascading sovereignty from the Son of Heaven, the king (王 *wang*), to the regional rulers, the dukes (公 *gong*), and unto still lesser lords (侯 *hou*) etc, creating thus a chain of political legitimacy that quite literally connects Heaven to even the tiniest territorial unit on earth.

True, virtue lies at the core of this grand vision. Had king Wen (文王) and king Wu (武王) failed to acquire virtue, they wouldn't have been bestowed by Heaven the legitimacy to rule. Virtue thus could be seen as sort of "magnet" that in particular historical circumstances attracts the decree (命 *ming*) of Heaven. Couldn't be possible from these sprouts of meaning contained within the revered classics to infer the conclusion that holders of virtue in whatsoever historical circumstances should rule with no necessary reliance on special Heavenly sanction and in circumvention of the previously described "chain of legitimacy"? Isn't this implied when Confucius takes the term "nobleman" (君子 *junzi*) and transfers its meaning from the realm of genealogy into the sphere of each person's moral action, so as to designate henceforth the "noble man"? How about those curious statements in the *Analects* (2.4; 20.3) implying that each man is called to understand and heed the Mandate of Heaven (*tian ming* 天命)? At this point we could be fast indeed to claim that before our eyes there is enough circumstantial evidence, from which it could be surmised that Confucianism on the socio – political level calls for a certain form of "meritocracy", where the unit of merit is virtue (hence calling it "virtuocracy"② would perhaps do it more justice). Can we draw up such a conclusion then? Let us enquire step by step.

---

① Curiously, perhaps we could find echo of this notion that the true ruler should take upon himself the consequences of his subjects' moral transgressions in *Daodejing* 78.
② Term used by Adam K. Webb in his *Beyond the Global Culture War*, Routledge, 2006.

First, in the words of Confucius virtue itself is thought of as proceeding from Heaven:

天生德于予……
Heaven has engendered virtue in me…①

(*Analects* 7.23)

Hence, it could be hardly possible to argue from a Confucian point of view that personal virtue is capable of overriding the legitimate chain of authority believed in line with the classics that proceeds also from Heaven. In each of the accounts describing a change of a ruling lineage found in the canonical literature venerated by the Confucians human agency is represented as answering to the decree of Heaven and not acting out of itself. There is no reason to suppose that the Confucians could ever deny such a clear point transmitted in the texts they hold authoritative. The often misunderstood (through reading into it too much) passage from *Mencius* (5B.9) which allegedly sanctifies "the right to revolution", if anything, actually fortifies the hereditary principle by identifying the ones who are eligible to overthrow an extremely wicked monarch basically as "princes of the blood", so even in case of an overthrow, which is thus not a "revolution" but a palace coup, the rights of the lineage that has received the Mandate of Heaven are not infringed upon. Mencius persists that positions of authority must in some way fit into the above described "chain of legitimacy", whose basic contours were inherited from the religious and political consensus of the Western Zhou Dynasty:

天子能荐人于天，不能使天与之天下；诸侯能荐人于天子，不能使天子与之诸侯；大夫能荐人于诸侯，不能使诸侯与之大夫。昔者尧荐舜于天而天受之，暴之于民而民受之，故曰：天不言，以行与事示之而已矣。

The sovereign can present a man to Heaven, but he cannot make Heaven give that man the throne. A prince can present a man to the sovereign, but he cannot cause the sovereign to make that man a prince. A great officer can present a man to his prince, but he cannot cause the prince to make that man a great officer. Yao presented Shun to Heaven, and Heaven accepted him. He presented him to the people, and the people accepted him. Therefore I say, Heaven does not speak. It simply

---

① Perhaps, we could put this statement of the *Analects* together with the beginning phrase of the *Doctrine of the Mean* (*Zhong Yong* 中庸): 天命之谓性 – "What Heaven has bestowed is called nature", and get a claim in line with Mencius arguing for the naturalness of virtue in humans.

indicated its will by his personal conduct and his conduct of affairs.①

(*Mencius* 5A. 5; James Legge's translation)

We can see that the main players of the classical Confucian thought (or at least those who were most revered in later times) in regard to the issues of social and political authority never overstepped in any substantial manner the religious and metaphysical constraints they inherited from the past. True, virtue was deemed essential for holding position of authority, however it wasn't envisioned that it could act alone without sanction "from above". Therefore, the Confucian model of the role of virtuous persons in society could best be described by the formula – *virtus sub Caelo*, virtue under sanction from Heaven. The two poles of socio – political interaction, the man of virtue and the bearer of legitimacy, are assigned a passive and active function respectively, i. e. it is improper for the former to take by force a position of authority based simply upon the awareness of one's virtue and ability, while it is deemed proper that the latter should seek out virtuous men to be employed in governance. Once again, we never find in canonical Confucian literature any suggestion that a virtuous man only on account of his virtue is *entitled* to a position of authority, which if it were present, could constitute some ground for the

---

① This statement can serve as an antidote to the opinion that a preference for "meritocratic" government is to be seen in the traditional records of the rule of the legendary Yao and Shun, who have chosen their own successors among virtuous subjects of the realm with no regard to their own biological offspring. It requires a considerable stretch of imagination to see in this phenomenon an example of "meritocracy". Just the opposite, Yao and Shun acted with unfettered authority as ones conscious that they have received sovereignty from Heaven, so they felt capable of freely transferring that sovereignty to others. So, the chain of authority is still "from above", and although those chosen as successors were selected on account of their perceived virtue, there wasn't in place any system that could automatically entitle them to the succession by quantifying their "merit", which would be a hallmark of true meritocracy. What we have here is an example of transferable monarchy in contrast to hereditary monarchy, when the reigning monarch is free to transfer his authority to another person as his successor not being constrained by any custom to limit the succession to members of one's own lineage. This principle of transferable monarchy was also one of the main characteristics of the Roman Empire, finding perhaps some of its clearest demonstrations during the "dynasty" of the Antonines. In one of the Guodian documents The Way of Tang and Yu (唐虞之道 Tang Yu zhidao) the two types of succession – by inheritance and transfer are taken as representatives of two particular virtues – humanness (仁 ren) and righteousness (义 yi) respectively. However, I would not follow Kenneth Holloway (*Guodian*: *The Newly Discovered Seeds of Chinese Religious and Political Philosophy*, Oxford University Press, 2009) in describing the first as "aristocratic" and the second as "meritocratic", since there is no substantial difference in the underlying principle applicable to both cases that authority could only proceed from Heaven transferred through its legitimate bearer. In fact, we are more obliged to call the principle of transferability "aristocratic" since in this case the person who is quite literally perceived as ' ἄριστος *from a moral perspective is sought out in order to be bestowed the succession.*

claim that Confucianism promotes sort of meritocracy. And yet, reading through the *Analects* we can find traces that Confucius was at least tempted by this idea:

公山弗扰以费畔，召，子欲往。子路不说，曰："末之也已，何必公山氏之之也。"子曰："夫召我者而岂徒哉？如有用我者，吾其为东周乎？"

Gongshan Furao was in possession of Bi having rebelled. He sent for the Master to visit him, and the Master was willing to go. Zilu was however displeased, so he uttered: "There is no need to go anywhere, even less so to the sorts of Gongshan." The Master said in return: "This person has made an invitation, it must be for some reason. If he is with the intent of employing me, couldn't be just possible that I should recreate Zhou in the East?"

(*Analects* 17.5)

佛肸召，子欲往。子路曰："昔者由也闻诸夫子曰：'亲于其身为不善者，君子不入也。'佛肸以中牟畔，子之往也，如之何！"子曰："然。有是言也。不曰坚乎，磨而不磷；不曰白乎，涅而不缁。吾岂匏瓜也哉？焉能系而不食？"

Bixi made an invitation to the Master, and the Master was willing to go. Zilu said: "I have heard being said from the mouth of the Master that the noble man does not enter the house of a wicked person. Bixi has made a stand in Zhongmou having rebelled. How could be bearable that you, Master, should go to him?" The Master said in response: "Is it not also said that if something is hard enough, no grinding shall ever make it wear down. It is said too that there is such a white thing, that even if you were to throw it in mud, it will not get soiled. Am I to be a bitter gourd that is just hung up and not eaten?"

(*Analects* 17.7)

The preceding passages (together with *Analects* 17.1) show clear the immense confidence Confucius had concerning his own virtue and abilities, to the degree that he thought himself capable of remaking the idealized Zhou Dynasty in all of its moral and ritual glory. The only trouble was that the credentials of those persons that invited him to take position of authority were less than impeccable from the standpoint of the chain of legitimacy. We can also notice how this point became a stumbling block that scandalized some of his disciples. We nearly get the impression that in the quoted passages Zilu is assigned the role of the Socratic δαιμόνιον,[①] who on each occasion dissuades his master from a course of action deemed not in accordance with the Way. Furthermore, in other places we find Confucius represented as staunchly speaking in favour of the "chain of legitimacy" to the point that in an ideal state of affairs, i. e. when "the things go according to the Way", the gravitational centre of political and cultural authority is put higher on the vertical chain with less need of participation of outside actors chosen on "meritocratic" or whatsoever principles:

孔子曰："天下有道，则礼乐征伐自天子出；天下无道，则礼乐征伐自诸侯出。自诸侯出，盖十世希不失矣；自大夫出，五世希不失矣；陪臣执国命，三世希不失矣。天下有道，则政不在大夫。天下有道，则庶人不议。"

Confucius said: "When the Way prevails under Heaven, the rites and the music proceed from the Son of Heaven; when the Way does not prevail under Heaven, the rites and the music proceed from the lords and the princes; when their issuing comes from the lords and the princes, hardly they shall endure for more than ten generations; when, on the other hand, their procession is from the grand ministers, hardly they shall persist for more than five generations; when the state decrees become prerogative of mere chamberlains, it would be a real surprise if they endure more than three years. When the Way prevails under Heaven, governance is out of the reach of grand ministers. When the Way prevails under Heaven, the common folk do not argue over governing."

(*Analects* 16. 2)

A similar mood is felt also in *Analects* 14. 26:

子曰："不在其位，不谋其政。"曾子曰："君子思不出其位。"

The Master said: "When you don't hold an appropriate position, do not discuss matters of government." Zengzi said: "The noble man does not overstep his position even in thought."

In view of this it is hard to find substantial support for the case that Confucius' main aim

---

[①] A sort of supernatural being whose voice, according to Plato, always dissuaded Socrates of an intended course of action, and according to Xenophon, on the contrary, it sometimes encouraged him to take up a certain action.

was to further the cause of what we would nowadays call "meritocracy" even by a generous stretch of definition. This is not to say that the Confucian position is unthinking obedience to powers that be, who are unaccountable before any moral law, and no need for participation in government of virtuous men outside the "chain of legitimacy". A lot of misunderstanding springs from the false premise that the authority of the virtuous official and the authority of the hereditary holder of political legitimacy must be mutually exclusive. I believe the Confucian socio-political vision is much more subtle than this neat simplification. In fact, we could put the interaction of these two types of actors within a categorical framework provided by traditional Chinese cosmology: The bearers of inherited authority from the sovereign, through the dukes and the lesser lords downwards, whose rights ultimately proceed from the Mandate of Heaven, are the active factor in the governing process; therefore we could consider them to belong to the sphere of *Yang*. The office holders employed in the government on the account of their virtue and abilities are the passive factor, and thus they pertain to the sphere of *Yin*. The obligation of the former is to show initiative by recognizing and employing the latter, i. e. "elevating the worthy" (尊贤 zun xian), whose duty in return is to assist with total integrity the governance for the common good, so as the Way should prevail in the human realm. The socio-political harmony on the governance level is thus achieved (if we are allowed to use a *cliché*) by the dynamic balance of *Yin* and *Yang*. The worthy person in Confucian terms does not "meritocratically" impose himself even upon unworthy, but still legitimate government, since he is aware that it is Heaven's prerogative to take the Mandate from a lineage that has squandered its founding virtue, so if he acts independently, that could only happen if being convinced that by such deed he'll heed Heaven's will. Those are the basic religious limitations, which do not allow for any entitlement to power of a person in line with "meritocratic" principles as popularly understood. Confucius till the end remains a legitimist, who can be incensed at the sight of rapid decay of the "chain of legitimacy" inherited from the Zhou due to lack of virtue (or presence of sheer wickedness) in those supposed to be its very links. In fact, near the end of his life we find the Master in a rare instance of issuing calls to violence (if we disregard couple of episodes recounted in the *Records of the Grand Historian* - 史记 *Shiji* -, which due to their grotesqueness we better consider them apocryphal), done with the purpose to protect the principle of legitimacy when in *Analects* 14. 21 he requests that his native state Lu (鲁) intervene militarily and punish the murderers and usurpers of Duke Jian (简; 484-481 BC) from the neighbouring state of Qi (齐). In Confucius without doubt we have someone who would endeavour to make the world safe for legitimacy rather than meritocracy.

Concerning the noble man (君子 junzi), it is true that Confucius defines him in purely ethical terms, and it is true that he is the end product of the learning (学 xue) and the cultivation process (修 xiu). His essential characteristic is virtue, while the social role he holds is purely an accidental characteristic. Still, we wouldn't stray too far if we say that virtue could be synonymous with authority in Confucian thought. This moral authority, however, does not necessarily involve entitlement to political authority. Hence, the claim that the concept of meritocracy is to be found in the often quoted statement of Confucius – 有教无类: "In teaching no distinction in class should be made" (*Analects* 15. 39) is a *non sequitur*. We have seen that the goal of education for Confucius lies in the moral reconstitution of the person and not in acquisition of "marketable skills" that should automatically land someone in a position of social or political authority. Concerning the issue of equality, I believe the Confucian viewpoint to be that all people are considered equal in their possibility to decide whether and unto what degree they shall actualize the virtues and follow the Way. Thus a moral hierarchy could be established which does not necessarily correspond to the social hierarchy. So, if the son is a good son, realizing the virtue of filial piety, while his father fails miserably in his duties as father, then from a moral standpoint the son has become hierarchically superior to his own father, despite the fact that the "visible", socially recognized hierarchical relations between a parent and child remained unchanged. A classical Confucian paradigm is, of course, the legendary Emperor Shun, who according to the tradition had a wicked father, but he nonetheless remained a paragon of filial piety even toward an undeserving parent. Therefore, in his moral role of a son, which necessitates hierarchical deference to that of a father, Shun has realized almost to perfection the virtue required by that role – filial piety, while his father, the Blind Old Man, failed in realizing his corresponding parental virtues. From a moral perspective Shun has become superior to his father, while retaining the social role of a son, which is socially inferior to that of a parent. Similarly, a subject could act with impeccable loyalty and integrity toward his ruler, hence realizing all the virtues pertaining to a subject, while the ruler could fail utterly in actualizing the virtues expected of him. In that way the subject becomes morally superior to his ruler, while at the same time the "visible", the ritual hierarchy between them remains intact. A Confucian paradigm illustrating this particular point is the story of Bo Yi (伯夷) and Shu Qi (叔齐) from the end days of Shang Dynasty. According to the tradition, they lived in the times of the monstrously wicked last ruler of Shang – King Zhou (纣), whom they tried to dissuade from his iniquitous ways and under whom they suffered a lot, but who, after the evil prince's overthrow by King Wu of the Zhou Dynasty, have remained true to their old loyalty refusing to serve the new lineage even to the point of starving to death. Who is whose superior here from a moral perspective, the subject or the ruler? We can thus conclude that the Confucian vision of equality is not a social one but a moral one. Equality not in the sense that each person attains the same moral level, but equality in the sense that all people *equally* posses possibility and freedom to make moral decisions, according to which they realize the virtues in different measure, participating thus in a moral hierarchy that transcends the social one. In a manner of speaking, we have "equality" functioning as an adverb, not as an adjective. Only in this sense we can talk about a Confucian "meritocracy", where each person's place in this moral hierarchy is received purely on "merit", i. e. virtue. However, this "meritocracy" does not necessitate any competition, except in the sense that one has to overcome himself through self-cultivation, and in large part it stays invisible. It is really a meritocracy *sub specie Caelis*. This approach might help us understand Confucius' use of the term "mandate", "decree" (命 *ming*), as in the "Mandate of Heaven" (天命 *tian ming*) in the context of each person's life rather than in reference to the legitimization of sovereign rule on the part of the ruler. The concluding statement of the *Analects* contains the phrase:

不知命，无以为君子也。
Without knowing the Mandate, one cannot become a noble man.

(*Analects* 20.3)

This falls in line with the self-description of Confucius in *Analects* 2.4 when he says that at the age of fifty he has finally known the Mandate of Heaven. In order to understand such statements, one thread of thought leads us toward recognizing that each person, regardless of the social role one performs, is given a moral meaning proceeding from Heaven, legitimizing one's cultivation of virtue and moral action, just the way that the Mandate of Heaven had given legitimacy to the performance of rulership duties on the part of the sovereign. So, each man is king within his personal realm of moral action, usually defined in terms of the social responsibilities one is expected to perform during his lifetime. Thus, the Mandate of Heaven in this sense could better be translated as "task from Heaven". The parent and the child, the ruler and the subject, the husband and the wife etc…, each has been authorized by Heaven to make and put into practice moral decisions, whose degree of actualization depends purely on their own free will. Another thread of thought, favoured by many commentators in the past, is to take the abovementioned use of the expression "Mandate of Heaven" as referring to the "givenness" of circumstances of one's life which are beyond person's control; and since anything outside human control is by definition thought as consequence of the unfathomable will of Heaven, this word (命 *ming*) becomes close to the notion of "fate", "destiny", perhaps not too distant from the sense of the Greek $\mu o \tilde{\iota} \rho \alpha$ – "lot", "received portion".

Can Confucianism Run on Any Sort of Hardware?

I hope we were able to present more or less cogently the case for discontinuing the uncritical confounding of Confucianism and meritocracy in the contemporary sense of the word. That such confounding could arise in the first place represents an irony from the perspective of Chinese intellectual history, since on the issue of "applied meritocracy" (understood primarily as a rule through officials selected primarily for their ability while abolishing altogether or bypassing the hereditary nobility) and legitimacy (understood mainly as keeping the political and ritual role of hereditary nobility on all levels) Confucianism, relatively speaking, in the pre–Qin era among the main schools of thought was probably least in favour of the former and most sympathetic of the latter. In fact, if we were to rank the more socio–politically minded classical schools of thought regarding the principle of "meritocracy" following a cursory perusal of their formative texts – the *Analects*, *Mencius*, *Mozi*, *Book of Lord Shang*, *Hanfeizi* etcetera, we would probably end up with the following ranking:

1. Legalism (法家 *Fajia*).
2. Mohism (墨家 *Mojia*).
3. Confucianism (儒家 *Rujia*).

Furthermore, where does the classical Chinese historiography see the pretext on the part of the Qin government for the notorious burning of books in 213 BC? According to Sima Qian's (司马迁) biography of the First Emperor, the "book–burning" proposal of his Legalist chancellor Li Si (李斯) was given only after Chunyu Yue (淳于越), an obviously Confucian scholar from Qi, a traditional hotbed of Confucianism at the time, advised the Emperor to divide his newly founded Empire into fiefs given to members of his lineage and other retainers following the precedent of Zhou Dynasty as recounted in the classics. So, the Confucian proposal was what we would call "feudal", while the Legalist stance was "bureaucratic". Do we need to ask which of them nowadays would be considered more "meritocratic"?

Whence this modern association of Confucianism and meritocracy come to dominate the imaginations of modern men? The answer is too obvious – from the institution of the Civil Service Examinations, whose roots are in Han Dynasty, having taken a more or less completed shape during the Sui Dynasty (隋) and developed henceforth till the end of the Imperial era of Chinese history. To this assisted also the enthusiastic reports of the first European visitors to China in the Early Modern Period, most notably the Jesuit fathers, who following Fr. Matteo Ricci, used the august appellation of *philosophi* to refer to the civil servants of Ming China, immediately inflaming the imaginations of their European audience by associations with the Platonic philosopher – kings. This intellectual *Chinoiserie*, where the selection of civil service officials through competitive examinations stood as its centrepiece, was taken on by most of *les philosophes* of XVIII Century,① causing reverberation till today. However, I believe a crucial misunderstanding was at play that caused the rather naive identification of the Civil Service Examinations System with Confucianism. This misunderstanding lay in the curriculum studied for the Examinations. True, the content of the Examinations were the Confucian Classics, but their very form entailing selection of officials through standardized competitive examinations owe much more to Legalist ideas than to Confucian. We've already seen that any sort of examination system would be impossibility for Confucius since this would necessitate quantifying virtue and engaging in ruthless competition. Therefore, Confucius never gives any objective method, or specific yardstick of "elevating the worthy" beyond the subjective recognition as conferred in *Analects* 13.2, when faced with the question of Zhong Gong how to elevate the worthy ones （焉知贤才而举之）, he answers：

举尔所知。尔所不知，人其舍诸?

You shall first elevate those whom you know. Regarding those whom you still don't know, are they to remain in that case unnoticed by other people?

This sort of "recognition" of worthiness is based on the premise that a virtuous ruler would be by definition capable of recognizing virtue in his higher officials, who on their part would be able to recognize virtue in the lower officials and so on. This "method" could hardly constitute a transparent and objective system of quantifying merit. In contrast we could best describe the historical phenomenon of the Civil Service Examination as an attempt to run Confucian software on Legalist hardware. The fact that one in order to pass the Examinations must demonstrate erudition in Confucian literature does not make the system itself Confucian! I believe that this description holds true for many other socio – political institutions from Imperial China. The inherent contradiction of such a situation was perhaps responsible for many of the glories and failures of post – Qin history of China. The non – Confucian essence of the competitive system of Civil Service Examinations is at times reflected by some expressions of popular culture. It suffices to remind ourselves of one of the most popular ditties glorifying the Civil Service Examinations ascribed to the Song Emperor Zhenzong （真宗；968 – 1022）：

---

① With the notable exception of Montesquieu.

富家不用买良田，书中自有千钟粟。
安居不用架高堂，书中自有黄金屋。
出门莫恨无人随，书中车马多如簇。
娶妻莫恨无良媒，书中自有颜如玉。
男儿欲遂平生志，五经勤向窗前读。

To enrich a house you don't need to buy a fertile field,

In the books there are thousand piculs of grain;

To make your dwelling tranquil there is no need to set up a high hall,

In the books you shall find a mansion of gold.

Outside the gates do not regret there is no one to attend to you,

In the books you shall find an array of steeds and chariots;

If you wish to marry, don't care about matchmakers,

In the books you'll find a maiden with jade – like countenance.

If a youth desires to put his whole life in place,

Under a window he should study diligently the Five Classics!

Are we able to find anything distantly Confucian in the mentality promoted by this sort of texts? The motives put forward here to the candidates for the Examinations all pertain to what Confucius would call "profit" (利 *li*), which, let us remind ourselves, is the defining mark of that *bête noire* of normative Confucian ethics – the petty man (小人 *xiaoren*):

子曰："君子喻于义，小人喻于利。"

The Master said: "The noble man takes lead from righteousness, while the petty man takes lead from profit."

(*Analects* 4. 16)

So we have a testing system which by its form fosters motives that are in direct collision with the ethical content of the textual material needed to be mastered in order to successfully pass the Examination. Here it is easy to fall into the danger of what I dare to call – "moral schizophrenia". What is meant by moral schizophrenia in this context is perhaps best exemplified by a passage from a piece of Qing vernacular literature, the classic novel *The Scholars*, where the father of one of the characters Du Shaoqing, admittedly a virtuous man in Confucian terms, is derisively spoken of as:

While in office he showed no respect for his superiors but simply tried to please the people, talking nonsense about "fostering filial piety and brotherly love, and encouraging agriculture. " Such phrases are mere figures of speech to be used in compositions (bold mine), yet he took them seriously, with the result that his superiors disliked him and removed him from his post!

(Wu Jingzi: *The Scholars*, pg. 431; Yang Hsien – yi and Gladys Yang's translation; Columbia University Press, 1992)

The conclusion is that a system by which candidates for office are selected based merely on their erudition and know – how, while the only kind of ethics that ever comes into the equation is "work ethics" cannot be considered in any meaningful sense of the word Confucian, neither in the past not in the present, *pace* the so – called Asian Tigers and particularly a certain city state nestled in the tropics of Asia. This is the essential argument. The more historically minded argument is based on the perception that the rise of the professional bureaucracy starting from Qin Dynasty and Early Imperial China in contrast with the previous decentralized model of devolved feudal sovereignty on an intellectual level owes much to Legalist theories of legitimization and governance, which were used originally by the Qin Throne to augment its power by shuttering all other loci of authority that by the custom of Zhou times would be considered legitimate and thus potentially rivalling the Centre. [1] In order to fill the governance vacuum created by the elimination of the dispersed hereditary focal points of government, the Qin state basically crea-

---

[1] Perhaps it is warranted here to describe the socio – political vision of classical Confucianism as "authoritarian", of course, not in the prevalent sense of the word nowadays, when this term is typically used to designate a regime buttressed by exercise of naked power and threat of arbitrary violence in deed or word (i. e. conscious lies in the form of propaganda) . The cited repulsive phenomenon is better described by the adjective "potestarian" since it is based on worship of power and not on authority understood in Confucian terms. We have already seen that within the Confucian framework of thought virtue could be safely identified with authority, and in ideal circumstances the sheer gravitational pool of virtue, its authority, as canalized by the rites (in fact, one of the key roles of rites would be to transform virtue from inner force into a social fact) is capable of effortlessly running the whole socio – political organism, only if all persons put in positions of authority are possessed of virtue. The fact that exercise of power is needed (especially in the form of punishments and threats of violence) bears witness to the loss of authority, i. e. virtue. To illustrate this point, let's use another potentially Confucian thought experiment: There is a father, who is extremely careless and callous about the wellbeing of his family and even physically abuses his children. One day he falls ill and demands in rude terms that his son go to the chemist and buy him medicine. The son is reluctant, but when the father threatens him with trashing, he grudgingly obeys. There is another father in the vicinity who is a paragon of self – sacrificing love and care for his family. One day he also falls ill with fever, but his son do not even wait to be asked, instead immediately runs to the chemist to buy him a medicine. Let us ask now – which of the fathers enjoys authority in the eyes of his children and whose way of parenting is thus in Confucian terms "authoritarian"?

ted a corps of professional bureaucracy. The career officials were obviously deemed more reliable than the old hereditary nobility since as employees of the state they lacked any legitimate authority in their own right capable of resisting the increasingly arbitrary power of the state centre. Perhaps we could find similar tendencies in Europe (mainly in the early modern period and beyond), that whenever the state had tended to increase its *power* nearly to a level of Leviathan, it always endeavoured to curb the *authority* of institutions such as the Church, the hereditary nobility, the family, guilds, trade unions and other such corps intermediaries. Later on in China the Civil Service Examinations were instituted as a method of selecting and perpetuating the bureaucracy. Why from the Han Dynasty onwards the Legalist roots of this system were studiously overlooked, while a "Confucian" halo was given to it, I believe, is more than obvious. The excesses of the Qin regime and the need to justify its overthrow by the Han necessitated a demonization of China's first Imperial dynasty and its leading ideology – Legalism, so the institutions and the practices inherited from the Qin on an ideological level had to be reinterpreted as "Confucian". That is how both among Chinese interpreters and their Western counterparts the Civil Service Examination System began to be identified almost with the very quintessence of Confucianism. In later modernity this system came to be seen as an ancient precedent of what became fashionable to be called – "meritocracy". As a consequence, Confucianism itself (catachrestically as we tried to show) started to be confounded with meritocracy.

Well, one of the greatest lexicographical ironies in recent times, when "meritocracy" is taken to designate something self-evidently good, beautiful and just, consists in the fact that this concept was originally coined as a satirical word of abuse in Michael Young's 1958 novella – *The Rise of the Meritocracy*. Baron Young gives there a fictional account of a world where the meritocratic principles in education, economy and politics are implemented to the fullest possible extent, which results in creating ironclad social stratification not seen in previous human history with a biologically self-perpetuating ruling class (due to the perceived genetic hereditability of cognitive abilities within the plot of the book), which at the same time is rightly convinced that its status is demonstrably merited, i.e. deserved. The new meritocratic elite is represented as having inherited all the vices of the old hereditary nobility but none of its virtues, such as *noblesse oblige*, a capacity for tragic sense of life and a reasonably good taste in matters of aesthetics. For all we know, Michael Young could be wrong, and contrary to his fears, a system of meritocracy would indeed incarnate all that is good, beautiful and just in a society… Perhaps. But, whatever meritocracy does genuinely incarnate, it is not Confucianism.

古圣制器与儒家技术思想

北京大学哲学系　吕明烜

技术问题是当代的重要问题，同时也是儒家承担时代使命需要应对的问题。

工业革命以来，现代形态的新技术深刻地影响、塑造了人们的生活方式、社会形态。人类已经习惯于生活在工业化、信息化之中，世界根本不可能退回到从前的田园风光。①今日，技术还在不断演进变化，人们期待被技术领进更好的明天，然而技术光环下的几股暗流，却为我们带来挥之不去的阴影。一方面，技术发展生产了更多的社会财富，却也带来了更多的束缚与破坏，有学者认为，技术奴役了人性和思想，将原本生机勃勃的生活环境异化为一个压抑乏味的"单向度"社会，而且这种境况将随技术发展不断恶化。②另一方面，技术正在持续加速发展，且或将以指数级增长的速度跃进，但人们越来越强烈地感受到，技术本身具有内在的发展逻辑，正以不依人们意志为转移的方式来自我演进，人们对技术的主宰力量及其不可预知的发展未来感到迷茫恐惧。③这两种焦虑弥漫于各种舆论中，我们发现技术仿佛呈现出了摆脱控制的苗头，而人类的理解认识也似乎渐渐跟不上技术的变化。人们担忧技术的可爱面庞只是其恐怖脸孔的一张面具，担忧弗兰肯施坦因式的寓言成为现实——人类的苦心经营，究竟会不会孕育出一个不能理解、不能掌控的怪物？

这些人类共同面对的问题，促使我们不断反思机器和人类生存的技术环境，这不能仅仅停留在社会评论家所提供的意见或呼号上——现实要求我们对"技术"进行详细考察和深刻反思。对此，技术哲学自觉挑起重任。技术哲学勾勒了明确的技术话题，以开放的姿态，寻求各种方案，这正酝酿着一场跨文明的技术讨论。

近年来儒家复兴，人们盼望儒家在新时代承担起引领世界的使命。而要实现这样的期望，儒家必须对当代问题，尤其是对那些深切地关系人类生存的重大问题，给予关注、回应。在我看来，儒家应该参与技术哲学的讨论，为反思技术问题贡献力量。

我认为，先儒很好地回应了技术问题。他们对于技术的思考，具有非常重要的启

---

① 参考海德格尔对于现代技术社会的描述，见孙周兴《海德格尔选集》，上海三联书店1996年版，第1239页。
② 参考马尔库塞对于现代工业社会的"单向度"描述，见马尔库塞：《单向度的人》，上海译文出版社1989年版，"导言"第2—3页。
③ 参考埃吕尔对于技术自增性的描述，见乔瑞金《技术哲学导论》，高等教育出版社2009年版，第114页。

示意义。

在一般印象中，"儒家"与"技术"似乎是风马牛不相及的。人们觉得儒家的兴趣在制度建设、在政治批判、在心性修养，而非技术创造、机器生产，这是因为人们对技术的刻板印象遮蔽了人们去发现儒家的技术思想。

人们习惯了讨论技术的固定模式。这种模式首先表现为一种浓重的科学主义倾向。科学被树立为至高无上的真理，而学者讨论技术问题，总把科学与技术捆绑在一起，将这种联系视为不言自明的常识。然而，技术并非天然以科学为支撑。技术进入人类的视野要远远早于科学，而且各文明多元化的文化发展也证明，理解技术本就具有多方面的进路。对于科学主义的崇尚，仅仅体现了近代以来人们看待技术的一种眼光。尽管科学本身并非功利性的，但它在近代以来被强力地导向功利性方向，以至于改变了人类对技术的认识和态度，也大大激发了技术的物质生产力，诱发了人们的追逐物质利益的无穷欲望，让人们出于逐利心态而拜倒在"技术万能"的神话下。由此，把技术视为社会物质财富增长的不竭动力或源泉，渐渐成为看待技术的一种固定模式。20世纪后，这种认识在中国生根发芽。当我们戴上这种"有色眼镜"，反观自己的技术史、技术思想史，也就难免困扰于李约瑟的问题——为什么曾以技术发明为文明优势的华夏文明，[1] 竟然没有诞生科学思想？为什么古代典籍中对于促进技术的物质生产的理论表述似乎空空如也？却很少有人反思，仅从科学、物质生产力的角度审视技术、拷问历史，是否太过狭隘了。

这种大大窄化甚至扭曲技术的思维方式，受到了技术哲学的批判。仅看西方的研究，德韶尔以来的学者，已在不断提示，尽管近代以来科学极大地推进了现代技术的产生、发展，但是从本质上来讲，科学与技术是两个问题。而更有一批学者指出，过分痴迷于物质利益或物质生产的态度，正是现代技术造成人类异化的源头。[2] 从而还原发掘那些被蒙蔽的叙事，反思技术的本质，厘清技术与人类的关系，成为日益重要的时代话题——学者们呼唤对于技术的丰富理解，也期待对于现代技术的多元化批判。

正是在这一意义上，儒家思想大有可为。在笔者看来，技术反思本就是儒家思想的题中之义。我们要超越刻板狭隘的思维方式，去还原先儒对技术问题的思考。只要定位好视野角度，思想资源便会如源头活水汩汩涌出，予我们以滋润和启发。

当然，强调讨论儒家的技术思想并不意味着要立即回应现实热点。诸如"如何看待人工智能"、"克隆的伦理问题"等题目，无疑最能吸引观众的眼球，似乎社会公众

---

[1] 古代阿拉伯学者扎希兹（al‐Jahiz, 776—868）记录了一句萨珊王朝的俗谚："希腊人除了理论之外从未创造过任何东西。他们未传授过任何艺术。中国人则相反。他们确实传授了所有的工艺，但他们确实没有任何科学理论。"参见季羡林《东方文化集成丛书》"总序"。
[2] 参考马尔库塞对于社会财富增加导致奴役加强的论述，《单向度的人》第一编《单向度的社会》，第107页。

也热切期待某种答案。但是在眼下,如果只是期待一蹴而就、标榜功毕一役地来回答这类问题,就难免南辕北辙、缘木求鱼。在儒家视野中讨论技术哲学,不仅应该循序渐进、分清主次,更要立足根本。鉴于认识层面的深重遮蔽或扭曲,当前儒家面对技术的首要论题,恐怕是要回答,技术问题是怎样进入儒家视野的。这是展开所有相关问题讨论的前提性问题。

为了探讨这个论题,我们应充分重视起"先圣制器"的叙事意义。我们或许谙熟从伏羲到孔子的"圣王谱系",但是对其中的很多问题未必进行了深入而贴切的思考。

值得注意的是,西汉陆贾曾对"圣王谱系"做过重要的时代划分。他按照工作重心的不同,把圣王序脉划分为"先圣"、"中圣"、"后圣"三个阶段。① 这三个阶段各有其时代主题:"先圣"早于三代,其工作重心在于"制器成物";"中圣"包括三代,其工作重心是"设礼施政";"后圣"生于三代末尾,其工作重心是"修经明艺"。②

"设礼施政"、"修经明艺"的思想意义经过历代经师学者反复品读,至今为我们所重视。然而对上古先圣的"制器成物",关注尚不充分。眼下,我们恐怕需要认真追问圣王叙事中"制器"内容的意义是什么,也要追问"先圣制器"的叙事提出了什么样的要求。

翻阅有关上古叙事的记载,燧人、伏羲、神农、黄帝等上古圣王,在发明工具、创造器物上表现非常突出。传世文献保留了大量关于"制器"的材料,同时也保留了古人对于"制器"行为的认识。在我看来,圣王制器的叙事在儒家的思想版图中充分肯定了技术论题的地位,并包含了丰富的技术理论,极具思想价值。可惜的是,很长时间以来,这部分内容并没有得到足够的重视。对于古史问题,今人还很难摆脱古史辩式的问题意识,学者的工作不是埋头于疑古证古的细致考索,就是引用考古学、人类学的成果进行对比分析,再就是醉心于文学欣赏式的神话审美。而在思想领域,胡适截断哲学史的掌故至今还为人乐道③,很少有人把古圣制器当作重要的思想问题予以对待。面对这些材料,现代学者仿佛普遍忘记了圣王传统对于儒学的重大意义,忘记了"先圣"在圣王传统中的重要地位,进而忽略了圣王制器的叙事被经学、儒学所赋予的思想内涵。

---

① 《新语·道基》:"先圣乃仰观天文,俯察地理,图画乾坤,以定人道,民始开悟……""中圣乃设辟雍庠序之教,以正上下之仪,明父子之礼,君臣之义,使强不凌弱,众不暴寡,弃贪鄙之心,兴清洁之行……""后圣乃定五经,明六艺,承天统地,穷事察微,原情立本,以绪人伦"。参见王利器《新语校注》,中华书局1986年版,第1—20页。

② 《新语·道基》突出了先圣种谷物、制宫室、织衣服、造舟车的贡献,突出了中圣"正上下之仪,明父子之礼,君臣之义,使强不凌弱,众不暴寡"的贡献,突出了后圣"定五经,明六艺,承天统地,穷事察微,原情立本"的贡献,故其功绩可以分别用"制器成物"、"设礼施政"来总结。

③ 指陈汉章和胡适的授课对比。陈氏讲中国哲学史从"三皇五帝"讲起,胡适接手后,第一次运用近代西方的科学方法,删去那些神话传说的"三皇五帝",直接从老子、孔子讲起,并尽力找出中国古代哲学家著作思想的系统,及中国哲学发展的线索,形成了很大的思想震动。

倒是 100 年前的康有为触及了这个问题的思想意义，是他试图在思想层面利用上古叙事。

康有为于 1886 年左右创作的《民功篇》搜集了古书中有关伏羲（附燧人、女娲等）、神农、黄帝（附颛顼等）、尧、舜、禹的资料，并以注笺的形式，对这些材料进行了独特的解读。他围绕着"为民制作"的主题，展开了现实性极强的讨论。康有为后来引起轰动的主张，很多都能在《民功篇》找到源头。

笔者认为，对今天来讲，《民功篇》最大的意义，在于作者从思想层面发掘了上古叙事的价值。康氏试图借助上古圣王的威名，来肯定"制作"、"创造"、"发明"的重要性。他盛赞了充满活力的"创造"、"制作"对于文明发展的关键意义，进而暗示读者，"制作发明"早就是华夏文明的要义之一，而当代的发展正在呼唤一轮新的"制作"。《民功篇》尤其表现了对于机械创造、工具发明的兴趣。这表现在康有为对古圣的表彰，侧重于他们在器物、材用上的发明贡献。①

康氏将"制作造器"肯定为圣人的重要特征。他对黄帝的评价较诸圣尤高："治法永轨于万世，以上掩羲农，下启尧舜，当为中国圣而王者第一人也。"论其原因，在于"至今祀绵四千，制度皆用黄帝遗法。尧舜因而治加盛，孔子因而教加精，然考论民功，未有若黄帝至盛且远也"。这里所谓的"民功"，主要就是指黄帝发明的"宫室舟车，衣服文字，历数伎乐、什器礼治"②。用今天的话说，黄帝简直是古往今来第一大发明家、第一大工程师。康有为借用《系辞》表达了自己的圣人观："天地之大德曰生，人之大德曰仁，吉凶与民同患，备物致用，作成器以为利，谓之圣人。"③

康氏的这番论说显然基于强烈的现实关注。晚清外患纷扰，中国面临亘古未有之变局。西人凭借现代技术优势，挑战华夏文明，令康有为焦虑万分。《民功篇》中说："凡生民千制百学，至黄帝而大备，后世加者寡矣。岂为无加，又不能传之。……其地犹是，人犹是，然而中愚者，不讲民功，民不兴学故也。四千年神圣之教不传，而令裔夷得窃其绪，而擅其长，此亦为政者之耻也。"④ 康有为要求"制作"，表彰"黄帝"，都是在试图扭转人们的认识，呼吁当代的技术变革，以切实增强国力，抵抗外敌。从这个角度来说，《民功篇》的思路，与后来的《物质救国论》可谓一脉相承。救亡图强，是康氏必须应对的时代主题。因此，康有为用古王材料讨论现时所面临的

---

① 如他评价伏羲："人类稍积，羲圣首出，创作八卦，包象蕴教，开物成务，民物之理备矣。而所作不过作甲历，制嫁娶，造琴瑟，教佃渔而已，余事尚有待风气既开，人智不能自己。"评价神农："惟神农功至大，迹至奇。凡民患无食，悉材用器贿不备，悉疾病，神农备民材用，备民疾病，一身为帝、为农、为工、为商、为医，于是为神。"例子众多兹不赘述。见康有为《民功篇》，《康有为全集》第一集，中国人民大学出版社 1998 年版，第 68—69 页。
② 康有为：《民功篇》，第 70 页。
③ 康有为：《民功篇》，第 89 页。
④ 康有为：《民功篇》，第 75 页。

技术问题，无疑是卓识。然而这种讨论着重于技术救国的期盼，也就难免落入仅将技术、制器视作物质生产力的窠臼，而忽视了将"古圣王"与"技术制作"联系起来的更为深远的意义。如今，时势变化，要务也随之而变，现实需要身处当代历史情境的我们来作更全面、更深远的思考。为此而言，恐怕康有为的止步之处，应当成为我们前行的起点。

我们今天从技术角度重视圣王制器的叙事，不能仅用它为物质生产张目，更应以它反思技术的本质、追问技术的意义。我们应该思考古圣制器和儒家理论体系的对接关系，儒家视野下古圣制器的历史事件被如何诠释，其意义又从何种角度被彰显。

当然，圣王制器的叙事包括太多思想内容，一一揭示出来需要时日。本文拟先就一个基础性问题谈谈认识，那就是古圣王究竟"制作"了什么。这个看似不言自明的问题其实并不简单，因为这其中的制作的内容关乎我们看待技术的方式，并能折射出我们理解中的技术的意义。成见的惯性，往往使人们不假思索地得出不免片面的答案，在我们看来，古圣王发明了网罟、弓矢、衣裳，而这些产品不都是简单的机械吗？[①] 提供这些发明不正是为了改造自然、保障生存吗？这种回答恐怕过于武断片面，恐怕并非儒家本来的认识。

为了探讨这个问题，我们不妨认真考察一下《系辞传》。这一文本中保留了圣王制器的关键记载，同时也是系统展现古王制器脉络的最早材料。而儒家对技术、器用的很多重要认识，从这里其实已能窥见端倪。

《系辞下》的一段记载十分细致地描述了古圣们发明的各种器物、工艺。

> 古者包牺氏之王天下也……作结绳而为网罟，以佃以渔，盖取诸《离》。
>
> 包牺氏没，神农氏作，斫木为耜，揉木为耒，耒耨之利，以教天下，盖取诸《益》。日中为市，致天下之民，聚天下之货，交易而退，各得其所，盖取诸《噬嗑》。
>
> 神农氏没，黄帝、尧、舜氏作，通其变，使民不倦，神而化之，使民宜之。《易》穷则变，变则通，通则久。是以"自天佑之，吉无不利"。黄帝、尧、舜垂衣裳而天下治，盖取诸《乾》、《坤》。刳木为舟，剡木为楫，舟楫之利，以济不通，致远以利天下，盖取诸《涣》。服牛乘马，引重致远，以利天下，盖取诸《随》。重门击柝，以待暴客，盖取诸《豫》。断木为杵，掘地为臼，杵臼之利，万民以济，盖取诸《小过》。弦木为弧，剡木为矢，弧矢之利，以威天下，盖取诸《睽》。上古穴居而野处，后世圣人易之以宫室，上栋下宇，以待风雨，盖取诸《大壮》。古之葬者，厚衣之以薪，葬之中野，不封

[①] 如康有为语："结绳网罟，已为机器，岂待输墨之鸢，偃师之木人，张衡之地动仪哉！"康有为：《日本书目志》，《康有为全集》第三集。

不树，丧期无数。后世圣人易之以棺椁，盖取诸《大过》。上古结绳而治，后世圣人易之以书契，百官以治，万民以察，盖取诸《夬》。①

古圣	发明	意义
包牺氏	网罟	以佃以渔。
神农氏	耒耜	耒耨之利，以教天下。
	市集	致天下之民，聚天下之货，交易而退，各得其所。
黄帝、尧、舜氏	衣裳	垂衣裳而天下治。
	舟楫	以济不通，致远以利天下。
	牛马	引重致远，以利天下。
	重门	重门击柝，以待暴客。
	杵臼	杵臼之利，万民以济。
	弓矢	弧矢之利，以威天下。
	宫室	上古穴居而野处，后世圣人易之以宫室，上栋下宇，以待风雨。
	棺椁	古之葬者，厚衣之以薪，葬之中野，不封不树，丧期无数。后世圣人易之以棺椁。
	书契	上古结绳而治，后世圣人易之以书契，百官以治，万民以察。

以现代观点来看，古王的绝大多数发明，都可以归为"工具"，比如网罟、弧矢、舟楫、杵臼，等等。但是在《系辞传》中，有些制作并不属于现代一般意义上的"工具"。这当中尤以神农创立市集的例子最为典型：

日中为市，致天下之民，聚天下之货，交易而退，各得其所，盖取诸《噬嗑》。

神农并没有为市集规划具体的格局，他只是要求人们携带产品按时聚集、相互贸易，以完成财货流动、实现资源的合理分配。市集的发明更近于"规章制度"，从而，制度设计与工具发明一起，被统一进了古王制器的叙事之中——这无疑突破了将技术、器用理解为机械技术、生产工具，将制器理解为工具革新的狭窄思路，而展现了更丰

---

① 孔颖达：《周易正义》，北京大学出版社1999年版，第294—302页。需要说明的是，这段文字围绕着"取卦制器"的主题展开。"取卦制器"是古王制器的基本方式，这个主题也是技术哲学的重要话题。但是由于它并非这里的论述重点，因此不加以展开。

富的技术思想。

《系辞传》将"工具"与"制度"等量齐观,并用"器"来对它们进行统一描述。① 值得一提的是,尽管这个融合制度与工具的"器"有别于现代对"技术"的惯常理解,但是,它恰恰与一些现代技术哲学的技术定义构成共鸣。芒福德开创的技术哲学人文主义传统不断抨击技术定义中机械形象的独大,他强调,一个饱满的"技术"定义,在"机械技术"外,必须含纳包罗制度、礼仪的"社会技术",以及重视身体操控的"身体技术"。② 他特别重视发掘"机械技术"与"社会技术"的共同本质。③《易传》显然也从一定角度出发,认可了"制度"与"工具"的共性("都由圣王制作"当然不足以充分展现这种共性,因为从叙事关系上讲,是器物的利用展现了圣王的品格、手段,而并非圣王的光环在赋予器用以地位),它提示出"制度"、"工具"具有共同的社会意义。

《系辞》描述圣王制器,特别重视器物在社会中的效用。说杵臼,便讲"万民以济";说市集,便讲"天下之民、货,各得其所";说舟楫、牛马,便讲"利天下",等等。在对"利用"的不断申说中,诸事物"利天下"的共性得到凸显。同时,也正是因为诸物能够"利天下",才使得它们最终烘托了圣王的形象。"利用"由此成为"器"的关键。

《易传》在"利用"层面统一了"制度"、"工具"的制作。因此,"利用"的内涵直接决定了《系辞》语境中"制器"的意义,应该成为我们关注的重点。当然,"利用"问题十分复杂,想对其内涵进行全面分析必将引来繁重的论述,本文仅希望通过描述突出"利用"的一种倾向:《系辞》中的"利用"绝不仅仅旨在保障人类的生存,而更关心如何塑造人们合理的生活方式。

为了看清这一点,我们需要留心制器叙事的另一重特色。《系辞》为圣王制作划分了时代,而其意义解读多被历代经师所忽略。《系辞》划分了制器的三个阶段:伏羲时期、神农时期、黄帝尧舜时期。前儒看重这种划分在考证重卦问题上的作用④,但略于考察其反映的演进趋势。当然,这种趋势本来并非经生治《易传》的关键,但在我们审视技术的问题意识下,它透露的信息便显得格外重要。在笔者看来,这三个时代

---

① 《系辞传上》有"备物致用,立成器以为天下利,莫大乎圣人"、"以制器者尚其象"等说法,在古代经师的解经传统中,一直认为它正是对上引《系辞下》材料的总结。历代经师都用"制器"来称呼这段圣王制作,而用"器"来称呼制作的成果,最明显如孔颖达。孔疏:"'包牺氏'至'取诸噬嗑',此一节明神农取卦造器之义。一者制耒耜,取于益卦,以利益民也。二者日中为市,聚合天下之货,设法以合物,取于噬嗑。"
② 参考芒福德有关技术发展、技术分类的论述,见《技术与文明》,中国建筑工业出版社 2009 年版,第 7—8 页。
③ 参考芒福德把技术批判推进到社会文化范围的要求,《机械的神话》,黎明文化实业股份有限公司 1972 年版,321 页。
④ 孔颖达:《周易正义》卷首"第二论重卦之人",《周易正义》,第 7 页。

的制作有着演进关系。

我们先来关注黄帝尧舜时代的两个事例:"衣裳"的发明和"弓矢"的制作。按照我们的感觉,这两者都是典型的机械或工具:衣裳可以助人御寒蔽体,弓矢则应该用于捕猎。然而,《系辞》的记述却出乎意料之外。

先看衣裳,《系辞》讲:

> 黄帝、尧、舜垂衣裳而天下治,盖取诸《乾》、《坤》。

"天下治"一般用以描述秩序稳定、海清河晏之景象,那么衣裳如何能与天下大治发生联系?先儒注疏已从多个层面予以解读,虞翻说:"乾为治在上为衣,坤下谓裳。……乾为明君,坤为顺臣,百官以治,万民以察,故天下治。"而韩康伯说:"垂衣裳以辨贵贱,乾尊坤卑之义也。"两人的理解不同,但都本诸《乾》、《坤》的尊卑上下之义,将衣裳与等级制度联系起来。其中,韩康伯以"辨尊卑"直指衣裳的展示功能,与传统礼乐中通过服装纹饰彰显等级有着内在的一致性。

在笔者看来,先儒准确地把握了《系辞》的解读侧重,文本讲"天下治"、讲"《乾》、《坤》之义",确是在暗示一套治理方法。在这里,衣裳的主要功能,并未指向保暖护体,而是指向制度展示。衣裳的核心意义也随之发生改变,由保障生存变为象征秩序。这并非意味着先儒不要求衣裳保暖护体,而应该理解为他们在物用基础上更强调衣裳同时具有的利用于社会秩序建设的重要作用。

弓矢的例子同样如此,也被《系辞》作了社会意义的强调:

> 弦木为弧,剡木为矢,弧矢之利,以威天下,盖取诸《睽》。

与网罟的"以佃以渔"相比,"以威天下"明显侧重强调它对社会的震慑功能。韩康伯本于《睽》的"乖"义这样注解:"物乖则争兴,弧矢之用,所以威乖争也。"孔疏讲得更明白:"睽谓乖离,弧矢所以服此乖离之人。"在他们看来,《系辞》中弓矢被突出的职能不在物质生产,而在秩序维护。

衣服、弓矢的制作叙事,反映了儒家的全面技术观念——《系辞》削弱了两者作为保障物质生存和生产的工具的形象,却强化了它们作为礼器的形象。相比维系个体人的物质生存,《系辞》似乎更重视它们在辅佐人类社会秩序上的"利用"。

这种向社会秩序或"利用"的社会性方面的倾斜,是黄帝尧舜时期制器的一大特点。这一时期的制器被孔颖达总结为九事,[①] 其中五事都与社会秩序的建设具有明显关联。除了"衣裳"、"弓矢",《系辞》所涉及的还有"重门"、"棺椁"、"书契"等。

---

① 《周易正义》,第300页。

其中,"棺椁"的出现也十分值得探究:

> 古之葬者,厚衣之以薪,葬之中野,不封不树,丧期无数。后世圣人易之以棺椁,盖取诸《大过》。

棺椁的出现标志着丧仪的一次变革,它一变"厚衣之以薪,葬之中野,不封不树"的粗陋无序状态,而代之以明确考究的丧葬方式。值得强调的是,无论对亡灵还是生者,棺椁既不能保障安全,也不能保障温饱,它与现实的人的生存问题可谓无关。可《系辞》认为棺椁与其他发明同等重要,在叙述中,它与杵臼、舟车平起平坐,甚至着墨更多。棺椁是一种典型的礼器,其发明意图与实际功用正如孔颖达所言:"送终追远,欲其甚大过厚。"棺椁引导人们尊祖奉宗,同时强化其族群意识和历史意识。这种功用观深刻揭示了礼器的重要意义。它强调:礼器能引导人们以一定的方式理解世界,以一定的方式适应社会,让人们明白自己在社会、世界中所处的位置。《系辞传》在圣王制器的叙事中为棺椁留下位置,意味着《系辞传》所理解的器用,并非只承担生活保障的功能,"器"更要作为行为的重要引导,去塑造人们的生活方式。

纵观《系辞》的制器叙事,从伏羲到黄帝尧舜的制器之迹,透露出了重要的文明演进趋势。如果说伏羲制作网罟主要用于缓解人们的生存危机,神农的制作市集表现出开始关注到规章建设,那么通过上文的解读,黄帝尧舜时期的制器,已总体呈现出"礼乐化"倾向——工具被不断地赋予礼乐意义,制器的利用主题也转变为促进社会秩序的完善。而从着墨多少来讲,在《系辞》中,伏羲、神农几乎被一笔带过,记载的重点差不多全落在黄帝尧舜时期。通观材料,整个《系辞》的叙事给我们带来了这样的阅读感受:先王制作器物,是为了走向礼乐社会。

在《系辞》的记述中,器物作为物质生产生活工具的形象被弱化,而它们对社会秩序的辅助功能却被大大彰显。我们从这种叙述中可以感受到《易传》的强烈态度——它要求超越基于物质价值诉求的技术的自然意义,而格外重视技术的社会意义,并借此表达了一种深刻的技术发展观:借助高效的物质生产来挺立技术的自我价值绝非技术的唯一或根本发展方向,机械技术不能脱离社会技术,技术的根本使命是去完善社会秩序、塑造社会化的文明人性。简单来讲,就是说技术的归宿和目的不止于物质生产力,而是最终指向体现人性文明的礼乐秩序建构的文化生产力。①

将制器视作礼乐社会的先行准备是《系辞》叙事的重要暗示,它揭示了技术的意义与方向,指出技术要去服务于礼乐建设,而不能仅沉溺于生产财富。在我看来,这

---

① 需要说明的是,这种认识并不是反对物质生产力的,而只是认为技术呈现出的生产力形象是不充分的。《系辞》认为技术的发展方向朝向礼乐秩序,因此不能把物质生产力视作技术的归宿和目的。

种认识奠定了儒家对于技术的基本态度。

笔者认为，儒家对古王制器的解读，始终透露着这样的倾向。陆贾《新语》把圣王的一切制作归结为仁义精神，认为仁义贯穿了为圣王的制器成物、设礼施政和修经明艺，指引着人类不断追求和谐稳定的礼乐社会。① 谯周《古史考》细致地考证了古王的制作，而把关注重点放在诸礼的起源与演变上。② 这种认识似乎在孔颖达的阐释中达到一个高峰。孔氏批判地继承了郑玄、皇侃的认识，提出"礼理起于太一，礼事始于遂皇，礼名起于黄帝"，③ 他把制器发明看作礼事兴起的标志，更把整个历史发展看作是礼的不断彰显、不断完善的过程。④

将技术视作礼乐社会之先行准备的认识，无疑展现了儒家技术思想的全面性、丰富性，它显然有别于亚里士多德以及古代基督教不信任技术、轻视技术的态度，也有别于培根、笛卡尔提倡借助技术征服自然的态度。⑤ 儒家对技术的认识从一开始就表现出了与西方古典传统及近代传统不一样的思考方式，儒家在圣王制器的叙事中充分肯定了技术的地位，但又通过强调礼乐意义限制了技术的自我膨胀。

笔者认为，这种认识特别具有现实意义。"二战"以来，技术哲学挣脱了工程学的束缚，试图扩大技术定义的外延，努力将技术解释为人类的生存方式。芒福德、海德格尔等一批学者从不同角度进入，开辟了以人文关怀为特征的认识技术的西方现代技术哲学传统，他们关心人的现实命运，重视反思技术对人类的价值意义。想来，儒家思想保存了认识技术的丰富性，显示了技术观的全面性，这本就具有浓厚而深刻的人文主义特征。如果能够充分激发出思想活力，想必当代儒家将在这股认识技术、反思技术的现代思潮中，扮演着当仁不让的重要角色。

上古制器的叙事只反映出儒家技术思想的冰山一角，但它展现了技术问题与儒家思想间的双向准入，揭示了儒家对于技术深刻而全面的认识。通过发掘更多的经典、材料，我们必将获得更为丰富的思想资源。因此，我们需要高度重视儒家认识和阐发技术问题的当代哲学使命，深入探究儒家的技术思想，以为人类文明发展揭示一条光明大道。

---

① 《新语·道基》，《新语校注》，第47—53页。
② 谯周：《古史考》（章宗源辑佚），龙溪精舍刻本。
③ 参考"礼记"大题孔疏，《礼记正义》，北京大学出版社1999年版，第4页；《礼记·礼运》大题孔疏，《礼记正义》，第658页。
④ "礼记"大题下，孔疏："以伏羲俪皮制琴，为嫁娶嘉礼之始；神农燔黍捭豚，蕢桴而土鼓，为祭祀吉礼之始；黄帝制作九事，而后吉、凶、宾、军、嘉五礼始具。"《礼记正义》，第5—6页。
⑤ 对亚里士多德、基督教，及培根、笛卡尔的主张的具体分析，可参见卡尔·米切姆《技术哲学》的"历史概述"部分，吴国盛编：《技术哲学经典读本》，上海交通大学出版社2008年版，第4—6页。

率性与教化

——孟荀道德哲学研究

山东大学儒学高等研究院中国哲学专业博士生　任鹏程

如何做人一直是中国古代哲学所关注和探究的重要话题，然而有关这一问题的思考又是建立在人性论基础之上的。孟荀二人都曾对此进行过深入探讨，其思想被后人简单地概括为"性善论"和"性恶论"。千百年来，围绕孟荀人性论的讨论与争议从未间断，但结论不外乎两种，一是认为孟荀二人一个主张性善，一个主张性恶，进而断言二者截然对立，甚至是水火不容。① 二是认为孟荀二人之说看似对立，但问题的指向都是告诉人们如何进入走向圣人之域，实则殊途同归。② 由此可知，孟荀人性思想并非孤立的两种学说，而是具有逻辑上的内在相关性。按荀子的话说就是："凡论者贵其有辨合，有符验。故坐而言之，起而可设，张而可施行。今孟子曰：'人之性善。'无辨合符验，坐而言之，起而不可设，张而不可施行，岂不过甚矣哉！"（《荀子·性恶》）显然，荀子在对孟子作简单批判的基础上又试图进行理论上的创新和转换。那么孟子道德哲学的要旨是什么？荀子又是如何对其进行审视的呢？或者说荀子道德哲学的基本问题是什么？这便是本文所要思考并回答的问题。

一、顺由本性：孟子道德哲学的基本精神

孟子认为，人性就是人之所以异于禽兽者。或者说，性即性质。③ 他说："人之所以异于禽兽者几希；庶民去之，君子存之。"（《离娄下》）把握"几希"即为人，舍之

---

① 例如近代学人谢无量认为："自来论性者，孟子始言绝对之性善，荀子始言绝对之性恶，二家适相反。""一言性善，一言性恶，适成一反比例。"参见谢无量：《谢无量文集（第二卷）·中国哲学史》，中国人民大学出版社2011年版，第102、106页。
② 例如清代学者钱大昕认为："自仲尼既没，儒家以孟、荀为最醇。太史公叙列诸子，独以孟、荀标目。韩退之于荀氏，虽有'大醇小疵'之讥，然其云'吐辞为经'，'优入圣域'，则与孟氏并称无异同也。宋儒所訾议者，惟《性恶》一篇。愚谓孟言性善，欲人之尽性而乐于善；荀言性恶，欲人之化性而勉于善。立言虽殊，其教人以善则一也。宋儒言性，虽主孟氏，然必分义理与气质而二之，则已兼取孟、荀二义。至其教人以变化气质为先，实暗用荀子化性之说，然则《荀子》书讵可以小疵訾之哉？"参见王先谦撰，沈啸寰、王星贤点校：《荀子集解》，中华书局1988年版，第20页。
③ 沈顺福：《试论中国早期儒家的人性内涵——兼评"性朴论"》，《社会科学》2015年第8期。

即兽。故朱熹曰:"虽曰少异,然人物之所以分,实在于此。"① "几希"即"四端"。"恻隐之心,仁之端也;羞恶之心,义之端也;辞让之心,礼之端也;是非之心,智之端也。"(《公孙丑上》)从人类存在的价值或意义角度看,人之尊贵之处就是那一点点仅有的"善端","善端"是仁义礼智"四德"(性)发展的种子,或者说是人性的材质、材料,操之在己,无须外求。程伊川曰:"四端者便是为善之本。"② 故我们说"四端"为仁义礼智之原、人性之本。

依孟子所见,人类皆有善性之端,故曰:"人性本善。"就成圣的基础而言,德性养成并非难事,人人皆可为尧舜。然而孟子之际,真实的情况是很多人不仅不能成贤成圣,还肆意为恶作乱。对此,孟子认为,这是后天人为妄作以致四端陷溺的缘故。四端有失扩充涵养,善性的种子便会枯萎殆尽。反之,倘若能得以精心地滋养关爱,不受外力阻扰和干涉,善性的种子便会在心中自然而然地生长起来。孟子曰:"凡有四端于我者,知皆扩而充之矣,若火之使然,泉之始达。苟能充之,足以保四海;苟不充之,不足以事父母。"(《公孙丑上》)"充"与"不充"虽然只有一字之差,但后果却是天壤之别。君子之所以言行高尚、举止文明,正是由于他们内心充盈着人性之善端的缘故,即孟子所言"形色,天性也"(《尽心上》)。要言之,孟子在肯定人类有先天善性"四端"的基础和前提条件下,更加侧重和强调后天的扩充操练对德性成就的价值与意义。道德的沦丧、人性的扭曲恰在于人类忽视了存养天生之本心,或曰善端。

由此可知,孟子所提倡的做人之道很简单,循性而行,顺其自然,杜绝勉强、刻意,更由不得半点人之私意、成见或者说主观意识的参与!孟子之所以推崇尧舜,正是因为他们与常人相比,能将人之"几希"保存下来,听到善言,见到善行,便自然而然地去做。他称赞道:"舜之居深山之中,与木石居,与鹿豕游,其所以异于深山之野人者几希。及其闻一善言,见一善行,若决江河,沛然莫之能御也。"(《尽心上》)视、听、言、动皆源于本真情感的流露和呈现,毫无功利可言,这无须学习就会习得,不用思考就能产生,犹如孟子所称的良知、良能。四端非由外铄,顺着善端而行,方能成德成圣。或者说,自作聪明、玩弄小把戏,穿凿附会是孟子所厌弃的。尧舜圣贤正是由仁义而行,以致"从心所欲不逾矩"之境,故,孟子曰:"子服尧之服,诵尧之言,行尧之行,是尧而已矣。"(《告子下》)程颐曰:"吾道则不然,率性而已。"③朱熹曰:"尧舜所以为万世法,亦是率性而已。所谓率性,循天理是也。"④ 故我们可

---

① 朱熹:《四书章句集注·孟子集注》,中华书局1983年版,第293—294页。
② 程颢、程颐著,王孝鱼点校:《二程集》,中华书局1981年版,第253页。
③ 此处"吾道"即指儒家之道。原文曰:"释氏之学,于敬以直内,则有之矣。义以方外则未之有也,故滞固者入于枯槁,疏通者归于肆咨,此佛之教所以为隘也。吾道则不然,率性而已。斯理也,圣人于易备言之。"参见程颢、程颐著,王孝鱼点校《二程集》,中华书局1981年版,第74页。
④ 朱熹:《四书章句集注·孟子集注》,浙江古籍出版社2012年版,第175页。

以用"率性"二字来概括孟子道德哲学的基本旨趣。

二、无我：孟子道德哲学所存在的问题

孟子认为人性的基本内容即"四端"，故宣扬任由其成长，自然舒展的人生信条。这为人们如何做人提供了一条简捷路径：完全抛弃个人主观想法、私欲、人为刻意，言行举止皆模仿圣人，久之，自然而然就可成为圣人。此过程由不得个人自己做任何的选择。这不仅意味着对自我（独立之我）的否定，也是对外界知识、现实利益、礼义等规范制度研习的忽略。或者说理智之心在孟子道德哲学中成为难题。

孟子又曰："虽有智慧，不如乘势；虽有镃基，不如待时。"（《公孙丑上》）显然，他所欣赏的"智"是像大禹治水一般，利用"水之趋下"之性，依靠自然之势进行疏导，似乎并没有做什么特别之事，但结果却斐然！这无疑告诫我们：行为处事都不觉刻意便是最佳之策。此外，孟子曰："恻隐之心，仁也；羞恶之心，义也；恭敬之心，礼也；是非之心，智也。"（《告子上》）"仁之实，事亲是也；义之实，从兄是也；智之实，知斯二者弗去是也；礼之实，节文斯二者是也。"（《离娄上》）显然，孟子之"智"是内在于人性之中的，其作用是衡量道德行为是非的标准，确保仁与义的存在。故曰："智之实，知斯二者弗去是也。""智"并非逻辑推论意义上的认识，"这种'智'是服从于德的，它无法超越德的笼罩"①。也就是说，孟子话语里的"智"没有独立的资格与地位，其主要作用就是告诉我们最佳的做人办法在于顺性自然，任由本性。当现实利益与仁义之性之间存在着不可调和的矛盾与冲突的时候，孟子开出的药方是："舍生而取义者也。"（《告子上》）彻底放弃现实利益，率性而为，任由先天的超越的仁义呈现。德性修养的过程无不流露出对个人判断或者说独立之我的忽视。自我与刻意不仅无益，反而有害。德性养成更不能速成，"揠苗助长"（《公孙丑上》）的寓言故事恰恰是孟子对人们具有独立之我意识行径的嘲讽和戏谑！

实际上我们的生活一刻也离不开外部世界，包括道德修养在内的人类的认识与实践活动都离不开知识。而人类知识的获取、产生首先产生于生活经验，而后经过辨别分析、去伪存真、逻辑推理（reason）等一系列环节后，形成知识。知识作为人类的一种认知，形成的过程则是心灵理智力的体现。理智就是寻找联系的能力与过程。"这种能力正是人和畜类差异之点所在，而且在这方面，人是显然大大超过畜类的。"②也就是说，人类之所以与禽兽不同，在等级上高于禽兽，在于我们具有推论（inference）的能力。凭借着心灵的逻辑推理活动，人类可以认识所有的观念或证据之间的必然联

---

① 颜炳罡：《论孟子的主体哲学》，《孔子研究》1994年第1期。
② ［英］洛克著，关文运译：《人类理解论》，商务印书馆1959年版，第718页。

系或关联，或是相互融洽，或是相互违背，这也就是知识产生的过程。离开了心灵理智力的参与，道德知识不仅难以形成，而且圣人所制定的礼法等制度规范的存在和习得也就成了问题。

孟子简单地把成人之道归纳为涵养善端。换言之，率性自然否定了儒家道德文化知识和制度法规在成人过程中的重要地位和作用。但是在春秋战国这样一个战乱不断的社会环境中，率性做人根本就行不通，如果没有约束和规范，道德修养难以成为可能。故荀子对此批判曰："故善言古者，必有节于今；善言天者，必有征于人。凡论者贵其有辨合，有符验。故坐而言之，起而可设，张而可施行。今孟子曰：'人之性善。'无辨合符验，坐而言之，起而不可设，张而不可施行，岂不过甚矣哉！故性善则去圣王，息礼义矣。性恶则与圣王，贵礼义矣。故檃栝之生，为枸木也；绳墨之起，为不直也；立君上，明礼义，为性恶也。用此观之，然则人之性恶明矣，其善者伪也。"（《性恶》）他认为知识要经得起现实生活的检验和审视，而孟子的理论言说在现实生活中得不到经验的证实和验证，所以终究无法或难以使人信服。如果按照率性之道为人处世，那么圣王所制定的礼义等道德法规就失去了存在的理由和意义，缺乏了外在的法律等威慑性、强制性措施，社会岂不变得一团糟？进一步试想：在现实中，如果人们屡次作出道德败坏的言行举止，我们如何能坚信人性为善呢？这必然是对孟子人性论问题的一个巨大挑战！因此，我们可以说孟子哲学存在着致命的缺陷：缺乏现实性与操作性，或者说存在有头无尾、重本轻末之弊。

三、理智与教化：荀子对孟子道德哲学的改造

针对孟子率性哲学的精神，荀子"恐人持性善之说，任自然而废学"①。他认为，道德修养与文化知识是密不可分的。道德观念、礼法知识的获取和良好行为举止的出现源于后天的灌输、教化。相比于孟子由仁义行，荀子则更侧重把道德修养建立在理智认知的基础之上，他认为包括道德修养在内的人类的认识和实践活动都离不开外部知识。换言之，荀子认为，离开了刻意和自我，人之言行难以成为可能。

正是因为如此，荀子特别重视对文化知识的学习，《荀子》一书开篇即为《劝学》，而后又有《正名》、《解蔽》等文章告诉人们探求和研习知识的正确方法。在此基础之上，荀子建立了比较完备的儒家哲学认识论体系。

在荀子眼中，正确知识的获得必须经过两个阶段。首先，感官通过与外界接触，获得感觉材料，比如色、声、味，等等，这是人类感性认识的来源。其次，感性认识是人类认识的初步，离开感觉人类不可能获得知识。但简单的感性认识还存在许多狭

---

① （清）王先谦撰，沈啸寰、王星贤点校：《荀子集解》，中华书局1988年版，第13页。

隘和不足，全面认知的形成必须依赖于心，即理智力。心，荀子称之为"天君"，《天论》曰："心居中虚，以治五官，夫是之谓天君。"《礼论》曰："君者，治辨之主也。"许慎解"君"字曰："君，尊也，从尹，发号故从口。"① 由此可见，"君"身居显要，占据统治之位。荀子"以君喻心"意在告诫人们：心灵操纵和掌控着人类的认识和实践，理智之心是产生正确认识的基础条件。感性知识历经心灵的辨别、取舍、推论等步骤后才能上升为正确的认知，如果过分注重感觉经验而忽视理智思维，只让五官和外界接触而没有心灵的参与，这往往会因为各种条件的限制和制约形成错觉、假象而得不到正确的认知。② 人类正确知识之路必经这两个层次，缺一不可。

在此基础上，对于知、行与心灵三者之间的关系，荀子作了详细论述。

一方面，知是实践和行为的前提或基础。荀子曰："博学而日参省乎己，则知明而行无过矣。"（《劝学》）知晓得越多，越有利于自己正确的行为。没有正确的认识，合理的行为不会产生。正确知识产的前提条件是心，或心虑，即理智与思考。在理智力的指导下的行为便是事、行。心智或理智力是人类正确行为的前提和必要保证。经过心灵理智力权衡之后，人类的认识和行为才会毫无闪失。相反，仅靠感觉求知，心灵容易被蒙蔽，如此正确的认识就难以产生。没有正确的认识，人类的言行举止便会失误，更为严重的甚至会带来性命之危。"涓蜀梁"的寓言故事（《解蔽》）便说明了这一点。故人类合理的行为基于正确的知识，而正确知识的缺席，难以确保人类合理地视听言动。

另一方面，理智之心会下达指令，能够使人类作出正确的判断、合理的选择与有效的行为。离开了理智之心的正确指导，人类的行为和实践活动也就变得毫无价值可言。故，荀子曰："今夫亡箴者，终日求之而不得；其得之也，非目益明也，眸而见之也。心之于虑亦然。"（《大略》）人类最大的欲莫过于对生的渴望和喜爱与对死的厌恶和恐惧。但在心灵的指导下，人们甚至可以舍生取义、从死忘生。以荀子眼光看，这便是心的功劳与成效，他将其称之为"伪"："心虑而能为之动谓之伪。"（《正名》）"伪"是心灵推敲和斟酌能力的体现。尽管死是人们所厌恶的，生是人们所喜爱的，然而"求"却是受心灵的指导，在心灵的驾驭下，人们才会作出一些不符合本性之事。荀子曰："圣人纵其欲、兼其情，而制焉者理也。"（《解蔽》）圣人不排斥感性认知、

---

① 许慎著，徐铉校订：《说文解字》，中华书局1963年版，第32页。
② 《荀子·解蔽》篇云："凡观物有疑，中心不定，则外物不清。吾虑不清，则未可定然否也。冥冥而行者，见寝石以为伏虎也，见植林以为后人也；冥冥蔽其明也。醉者越百步之沟，以为跬步之浍也；俯而出城门，以为小人之闺也；酒乱其神也。压目而视者，视一以为两；掩耳而听者，听漠漠以为呴呴；势乱其官也。故从山上望牛者若羊，而求羊者不下牵也，远蔽其大也；从山下望木者，十仞之木若箸，而求箸者不上折也，高蔽其长也。水动而景摇，人不以定美恶，水势玄也；瞽者仰视而不见星，人不以定有无，用精惑也。有人焉，以此时定物，则世之愚者也。彼愚者之定物，以疑决疑，决必不当。夫苟不当，安能无过乎？"

情感欲望，而是能够合理地控制个人言行。想必荀子此举正是着重凸显心灵对于知和行的作用和意义。

荀子又认为，心灵乃形神之君，是之则受，非之则辞，即"其择也无禁"（《解蔽》）。由此使其陷入了另一个困境：心灵容易自以为是、自行其是。心灵每时每刻都处在活动的状态，它容易自我役使，自我谋划，故是靠不住的。如配以性情之欲，心灵便会肆无忌惮地追名逐利。所以人心存在着危险，"心灵之危"即"邪心"。"邪心"即不正之心。它的存在难以确保人类认识和实践活动的有效和安全。依荀子所见，"人心之危"即贪心。他说："目好色，耳好听，口好味，心好利，骨体肤理好愉佚，是皆生于人之情性者也；感而自然，不待事而后生之者也。"（《性恶》）好利之心归属于人类的情性，自然发生，非待人为。然而人性乃是天生的，人皆有之，不可除去。"性者，天之就也。"（《正名》）人性是人类与生俱来的资质，毫无人为的矫饰。人性的内容是由各式不同的情所构成的，"性之好、恶、喜、怒、哀、乐谓之情"（《正名》）。关于性、情、欲三者之间的关系，荀子曰："性者，天之就也；情者，性之质也；欲者，情之应也。"（《正名》）简言之，人性是天赋的，其本质在于情，而欲望的产生是随情而来的。虽然他把性情欲三者分别加以述说和阐发，但实际上在他看来三者本质上是同一个东西，大体可以等同。所以人心好利是天生的自然本能。但是人们之所以会有追名逐利的举止，不仅是人之本能的缘故，更是有意识的行为，它们的出现获得了心灵的认可。诚如《正名》曰："求者从所可，所受乎心也。"在荀子看来，人类的欲望和渴求并不限于饥而欲食、寒而欲衣等维持人类基本生活的需求的状况，而是越多越好，也包括对功名利禄等。当利益和欲望满足人心之后，另一个欲求便会随之出现，此即是贪心。①

倘若任由此种情欲和利心自然发展而不加节制，必然会带来不良的后果，小则出现争夺侵轧和危及性命之灾；大则导致天下暴乱以致国家灭亡。故荀子曰："今人之性，生而有好利焉，顺是，故争夺生而辞让亡焉；生而有疾恶焉，顺是，故残贼生而忠信亡焉；生而有耳目之欲，有好声色焉，顺是，故淫乱生而礼义文理亡焉。然则从人之性，顺人之情，必出于争夺，合于犯分乱理，而归于暴。"（《性恶》）人类天生之性情和利心是有害的。此即是荀子主张的性恶论。

人心好利，人情不美，人欲不善，故要对其进行改造。通过改造人性和引导情欲，人类就能达到高尚品格和道德情操。故荀子宣扬"化性起伪"。"伪，为也，矫也，纠其本性也。凡非天性而人作为之者，皆谓之伪。故伪字人旁也，亦会意字也。"② 简言之，"伪"即"人为"，它是相对于自然而言的，同时也是人们的主观刻意之举，它源

---

① 《荀子·荣辱》篇云："人之情，食欲有刍豢，衣欲有文绣，行欲有舆马，又欲夫余财蓄积之富也；然而穷年累世不知不足，是人之情也。"
② 王先谦撰，沈啸寰、王星贤点校：《荀子集解》，中华书局1988年版，第434页。

于理智之心的指导，强调对人类的本性的改造和修理。"伪"的过程即是"教化"。"教而化之"重在"化"，《说文解字》曰："化，教行也，教行也。从匕从人。"① 而"匕"字的意思，《说文解字》曰："变也。"② 即说"化"含有改变、改造等意思，这与原初的状态或形态已经有所不同。对荀子而言，"教化"就是采取强制性、强迫性等外在措施，向民众灌输道德伦理纲常和礼法知识，使其逐渐形成与礼教规范相符的行为，从而实现社会治理的目的。

改造的第一步是"虚壹而静"。荀子曰："人生而有知，知而有志。志也者，臧也。然而有所谓虚，不以所已臧害所将受谓之虚。心生而有知，知而有异。异也者，同时兼知之。同时兼知之，两也，然而有所谓一，不以夫一害此一谓之壹。心卧则梦，偷则自行，使之则谋。故心未尝不动也，然而有所谓静。不以梦剧乱知谓之静。未得道而求道者，谓之虚壹而静。"（《解蔽》）通过此种修养功夫，便为"心知"活动的正确性提供了前提和保障，也为人们改造和整治自己的心灵奠定了基础。

空虚之后的心灵需要被"占领"。荀子认为，要以仁义之道充实人心，此称之为"心术"。"相形不如论心，论心不如择术；形不胜心，心不胜术；术正而心顺之，则形相虽恶而心术善，无害为君子也。"（《非相》）"心术"的主要内容便是"道"。"道也者，何也？曰：礼让忠信是也。"（《荣辱》）"先王之道，人之隆也，比中而行之。曷谓中？曰：礼义是也。"（《儒效》）显然，荀子之道的基本内容即礼义法度等外在的道德行为规范。

虽然心知的能力为人们知"道"（礼义法度等）提供了前提条件，但外在的强制之力才是人心知"道"的保障。否则"涂之人能为禹，则未必然也"（《性恶》）。常人纵容本性，知晓礼仪而不为。故必须采取强制措施和手段，对常人之性情加以引导和约束，整治人心，使其心知"道"。荀子曰："治之要在于知道。"（《解蔽》）作为道德实践主体的个人凭借理智之心接受以礼乐法规为内容的教化指导，使外在的制度规范内化为心灵的自觉，方可成为君子、成为圣人。故《性恶》曰："今人之性恶，必将待师法然后正，得礼义然后治。今人无师法，则偏险而不正；无礼义，则悖乱而不治。古者圣王以人之性恶，以为偏险而不正，悖乱而不治，是以为之起礼义，制法度，以矫饰人之情性而正之，以扰化人之情性而导之也，始皆出于治，合于道者也。"历经道德教化，言行举止都合乎道义，"以心合道"（诚）之境由此产生，此便是"养心"："君子养心莫善于诚，致诚则无它事矣。惟仁之为守，惟义之为行。诚心守仁则形，形则神，神则能化矣。诚心行义则理，理则明，明则能变矣。"（《不苟》）荀子言诚，就是以仁义之道清洁人们的意志、涤除污弊、整治人类之心，从而使心灵达到"守道以禁非道"之境地！

---

① 许慎著，徐铉校订：《说文解字》，中华书局1963年版，第168页。
② 许慎著，徐铉校订：《说文解字》，中华书局1963年版，第168页。

通过教化进行学习，切实践行，转化心性，心灵的缺陷得以弥补，最终成为君子。故，荀子曰："学至于行之而止矣。行之，明也，明之为圣人。"（《儒效》）显然，这是孟子所漠视或忽略的。所以我们说，在荀子的视域里，道德情操的修养和完美健全人格的塑造完全在于后天的努力修为。

结 论

孟子倡导率性而为、顺其自然的做人道路，反对刻意和自主的行为。由此，外在的道德观念、礼义文化知识等制度规范的存在与研习便失去了理由。春秋战国时期，战火纷飞、争夺不断，在这样一个混乱的年代，没有教化学习与外在制度规范对人类的约束，社会难以安稳。荀子洞察到孟子思想所存在的漏洞，从而试图作出修补与超越。

荀子认为，文化知识和道德修养密不可分，而理智之心是人类认识与实践的基本条件，人们离不开它。与此同时，他又认为，人心惟危。对此，荀子开出了药方：首先，历经"虚壹而静"的环节，心灵达到通达空虚之境。其次，外在的道德权威向空虚的心灵灌输仁义之道。此即"教化"。故在荀子的视野里，完美人格的塑造离不开外在礼仪知识的灌输和对社会规范制度的遵循。

从儒学发展的理论脉络来看，孟子倡导率性而为即是成人之道，彰显了人的道德价值尊严与向善的信心。荀子对儒家经典知识学习的注重及对教化的高度崇尚，表现了对理智之心在德性成就中的厚爱。他认为持率性之说的会导致教化荒废，不利于社会秩序的建构，故倡导为学，想必这与其敏锐地洞察到孟子的学术不足而试图矫正有关。所以我们可以说荀子道德哲学是对孟子之说的批判性扬弃和创造性发展。

儒学抑或儒教

——儒家传统全球化范式比较研究

湖南衡阳师范学院讲师、哲学博士 李栋材

在全球化背景下,儒家传统文化面临着全球化的压力和机遇。全球化压力表征为儒家传统文化一方面遭遇西方文化解构,儒家传统被无情消解的威胁;一方面承担着社会价值重建的历史使命。作为一种综合性文化存在,儒家传统文化具有全球性的普适性价值,全球化给予儒家传统向世界拓展的机遇。在全球化背景中,儒家传统文化世界化发展成为可能。

有效发掘儒家传统文化的历史价值的途径是多样的。可以将儒家传统整合到中国当前的价值构建活动中,为构建中国特色社会主义核心价值体系提供有效资源。同时我们也应该关注儒家传统的世界价值,将儒家传统整合到世界文化价值体系中。我们认为儒家传统文化价值并不是单维度的,其可以为中国社会提供价值观照的同时,也可以为世界人类历史发展提供价值观照。作为一种区域文化,儒家传统的局限性表现在它的区域性实践经验。故而有学者认为,儒家传统只适合于自然经济,与全球化和资本主义生产方式是格格不入的。但是倘若我们能够公允地评价儒家传统文化,我们认为此种判断在一定意义具有明显的局限性,是对儒家文化价值认识不足造成的,是把儒家传统脸谱化的结果,这种判断必然遮蔽儒家传统文化的历史价值。

一

全球化对人类的形塑效用具有双向性。首先,全球化对主体生活实施影响并不局限于主体的物质生活,同时必然还涉及主体的精神生活。道理很简单,主体生活具有整体性,这种整体性包括了主体的物质生活和精神生活。比如2015年6月10日,美国好莱坞影视作品《侏罗纪世界》内地首映,首日内地票房高达1.1亿。其次,文化全球化也意味着全球化影响下区域文化的发展机遇。文化伴随着人类生活的全球化拓展,文化也必然全球化发展。文化的这种发展模式为区域文化向世界发展提供现实路径。我国著名社会学者费孝通先生前瞻性地描述人类社会发展时指出:"未来的21世纪将是一个个分裂的文化集团联合起来,形成一个文化共同体,一个多元一体的国际社会。而我们现在的文化就处在这种形成的过程中。"① 费孝通先生所指出的文化共同体的产生过程以及结果与马克思的理论预计完全相同。

对文化全球化的进一步研究仍然是必须的。在文化全球化发展过程中，区域文化的出路，特别是处于守势的区域文化的发展和文化共同体的文化构建等需要我们投入更多的关注。正如费孝通先生指出的一样，20 世纪是一个世界性的战国世纪。② 就以中国文化的发展为例，19 世纪到 21 世纪，中国文化经历了大起大落的历史发展过程。19 世纪，中国文化达到历史的巅峰，中国封建文化发展到了极致。在荣极一时之后，中国文化在 20 世纪初立即转向了衰败，跌落谷底。这是我们当前研究儒家传统全球化的历史逻辑基础。

改革开放和全球化发展为中国传统文化发展提供了历史机遇和历史压力。改革开放之后的社会价值重塑为中国传统文化发展提供合适的内部环境，儒家传统文化应该紧抓时机主动纳入到社会主体价值构建活动中去。全球化的拓展为儒家传统文化世界化发展提供恰当的历史机遇。在当前的历史发展阶段，儒家文化传统价值构建直接压力来自于民族内部的价值构建，同时也来自人类价值构建的外部压力。现当代，中国社会主体价值重构必然要求构建涵摄包括优秀儒家传统价值在内的文化价值。对内，儒家传统文化扮演着价值重构的主体的历史责任；对外，儒家传统文化扮演着向世界传递中国价值和向世界言说中国的双重历史责任。全球性的危机需要全球人类共同的文化价值参与，也需要各民族为世界贡献优秀文化价值。我们认为作为有历史担当的儒家传统文化，务求能够将自身优秀文化价值服务于人类历史发展，能够为世界文化构建提供自身优秀价值智慧。同时包括儒家传统文化在内的中国文化也有向世界言说中国的历史角色。中国崛起需要有文化参与，文化的交往往往更利于消解彼此的敌意，充分体现中国崛起的历史价值。中国崛起并不仅仅是向世界输送物质生活，也能够向世界传递有效的文化价值。儒家传统文化最初发源于亚洲大陆的腹地小国，是典型的区域文化。经由上千年的融合，儒家传统文化的局限性得到有效消解。随着这种地方文化不断向外扩展，儒家传统文化不断地吸收其他文化价值，鲁地区域文化发展成为现当代呈现出统一的中国文化外观，其区域性文化面貌得以完全解构，融合到更广泛的区域文化之中去。从而我们完全相信，在全球化背景中，中国文化要进一步抛弃局限性，必然可以为世界文化贡献既有的智慧和经验。

---

① 费孝通：《从反思到文化自觉和交流》，载《读书》，生活·读书·新知三联书店 1998 年第 11 期，第 8 页。
② 费孝通：《从反思到文化自觉和交流》，载《读书》，生活·读书·新知三联书店 1998 年第 11 期，第 8 页。

二

　　西方文化也有人文主义内在价值，但是与东方人文主义价值崇尚不同，西方人文主义过度地将人的价值高扬，过于追求主体价值实现，造成主体价值凌驾一切的发展态势。随着西方文化经过历史性演变，西方文化逐渐形成了以"个体"的人为中心的人文主义文化价值取向。这种价值取向伴随着人文启蒙化发展得到进一步加强，最终形成了整个西方文化的价值核心。这是西方文化在20世纪能够独霸全球化市场的秘密所在。因为注重个体的价值，转向为人类中心主义，这正是西方人文主义的价值逻辑结构。人类中心主义，也就是古希腊哲学家普罗泰戈拉的名言"人是万物的尺度"的具体化。在此种价值观指引下，主体与自然的关系成为征服和被征服关系。西方人文主义发展，一方面极大地改善了人类物质生活水平，表现为封建主义生产方式替代奴隶主义生产方式，进而资本主义生产方式替代封建主义生产方式。这种替换，核心的表现就是物质生产方式的更替，具体结果就是物质生产方式的改进和物质产品的极大丰富。由于物质产品的丰富，人在自然面前获得更多的发展自由。从而人们认为人定能战胜自然，自然也能满足人的所有需要。另一方面，西方人文主义的科学主义化发展也造成不可逆转的自然灾难，全球性危机得以形成。它表现为西方文化与自然之间那种征服和被征服的关系的反动。随着西方文化的全球化发展，自然生态危机也自然全球化。不可再生的自然资源的广泛开采和利用，超越既有承载能力的生态废物的增加，全球性气候问题，全球性的贫富差距鸿沟，这些问题的出现与人类全球化生活有着密切联系，同时也与当前居于主导地位的西方人文主义传统之间有着必然的联系。

　　在这种历史环境中，儒家的人文传统自然有了历史机遇，或者说儒家传统的内在价值有了全球化的历史条件，这是我们主张儒家传统文化全球化的现实逻辑基础。

　　与西方人文主义传统不同的是，儒家人文主义价值构建基础是非人类中心主义。在儒家传统来看，天是道德观念和人伦原则的基础，是外部自然的具体化存在；与之相对应的人是相对天的群体存在，是实践的主体，是能够将主体意志贯彻到具体实践活动中的个体。儒家传统的人文主义认为，人与天的关系是相互适应的。这成为西方人文主义与儒家传统人文主义的最大分野，也成为儒家传统在全球化时代承担历史责任的价值基础。儒家传统的这种态度能更好地诠释人与自然的和谐相处，进而演化出东方人文主义。在东方人文主义观念中，天地和人是相适应的而不是一方克服另外一方，或者一方控制另外一方的绝对对立关系。比如《周易》中有强调所谓的三才之道学说中将天、地和人并立起来，并将人放在中心地位，强调作为实践主体的人的重要性。三才之道说认为，天有天之道，天之道在于"始万物"；地有地之道，地之道在于

"生万物"；人有人之道，人之道的作用就在于"成万物"。① 从而构建一个关乎天地人三者，虽各有其道，但又是相互对应、相互联系的学说体系，一种关于实践主体和客体间内在的生成关系和实现原则。

三

西方人文精神滋养出的资本主义生产方式因为极大地提高人类的生产能力而风靡全球。关于这点，马克思也不得不赞叹资本主义生产方式的卓越效能："资产阶级在它的不到一百年的阶级统治中所创造的生产力，比过去一切世代创造的全部生产力还要多，还要大。自然力的征服，机器的采用，化学在工业和农业中的应用，轮船的行驶，铁路的通行，电报的使用，整个大陆的开垦，河川的通航，仿佛用法术从地下呼唤出来的大量人口——过去哪一个世纪料想到在社会劳动里蕴藏有这样的生产力呢？"② 伴随着资本主义生产方式的全球化发展，原本相对独立的不同民族的文化渐渐走向前台，也逐渐走向世界。随着实践主体交往的世界化发展，民族文化交流与渗透日益普遍，这也渐渐向人们提出这样一个问题——全球文化的构建。

东方人文主义在文化全球化过程中应该扮演重要的替代角色，这个过程在未来即将发生。这为我们讨论全球化背景下东方人文主义的世界发展路径的问题，具体而言，这里论述儒家传统的全球化路径问题提供理论愿景。

首先，儒家传统全球化的目的。我们认为当前推动儒家传统全球化的目的有三个方面。第一，推动儒家传统全球化在于推动中华文化的世界认同。现当今世界各地海外华人共计7000万人。以儒家传统为代表的中华文化传统是这些海外华人的精神皈依和认同基础，具有相同的文化核心价值，具有相同的语言工具，具有相同的文化渊源，这些文化资源成为凝聚海内外中华民族的强有力的核心和纽带。第二，推动儒家传统全球化的发展在于为全球化背景下为世界未来发展贡献东方民族的智慧。20世纪是西方主导的世纪，具体而言是西方资本主义文化主导的世界。20世纪是人类历史上最富有的世纪，但是20世纪也是人类面临最大困境的时代，全球性的生态危机③、绵延不

---

① 黄寿祺：《周易译注》（修订本），上海古籍出版社2001年版，第273页。
② 《马克思恩格斯选集》（第一卷），人民出版社1995年版，第236页。
③ 全球性的生态危机主要表现资源短缺、温室效应和大气污染三个方面。资源短缺表现为不可再生资源的短缺，同时还表现为资源的分布不合理等。我们认为这与西方生产方式主导下的生产全球化是相联系的。资本主义生产方式主导性的全球化发展范式过于强调人的中心地位，所以不少国家和地区为了满足人的发展欲望过度地挥霍自然资本，造成全球性的资源短缺。

断的战争①、全球性的贫富差距鸿沟②和全球性的经济危机。我们认为，20世纪是人类灾难与西方文化主导的世界化是相关联的。上述的全球性的危机，其文化渊源均在西方人文主义上，这点在上面已作了较为细致的解析。20世纪，西方国家挨着个轮流主宰着全人类的生活，但是由于其内在的文化价值逻辑是一致的，其局限性也是一致的。基于人类20世纪的实践经验反思，我们认为西方文化不能够继续主导世界发展，这种范式是时候也应该得到反思和扭转。20世纪的全球性危机昭示着，人类必须调适自己的文化价值基础，从而强调人与自然和谐的相处的东方人文主义就有极高的社会价值，我们也有义务为人类提供我们的文化价值。第三，中华文化应该为中国崛起做好注脚。中国崛起成为21世纪的世界格局的重要战略力量。炮制"中国威胁论"者认为，中国崛起只为复仇③和殖民。但是纵观中国历史，中华民族最强大的时候也没有对外进行侵略和殖民。④但是"中国威胁论"的出笼并在某些场合有一定市场，这也并不是偶然。在人们接受旧有世界格局的同时，对打破旧有格局的行为和实施总存在戒心。所以中华文化全球化担负着向世界解释中国的环境观、价值观和历史观等的任务，为中国和平崛起做好世界解说。

其次，儒家传统全球化的实施路径。

儒家传统全球化考量的是在全球视野中，儒家传统对世界文化人类历史发展的贡献。儒家传统作为一种综合性的文化形态，涵摄着某些益于人类社会未来发展的文化价值。

当前，儒家传统全球化实践实际上存在两种路径：儒教和儒学。儒教是以儒家传统为核心，以宗教为表现的文化形态，比如孔教和德教等；儒学是当前存在于国内外儒学精英致力于向世界传递儒家文化价值的文化形态，他们通过广泛地开展文化对话，积极推动儒家传统参与世界文化构建。儒家传统的这两种全球化范式在受众、传播区域和表现形式都有差异，但是其传递的价值核心、构建的文化空间、承担的历史责任

---

① 两次世界大战均发生在20世纪。世界大战跟资本主义生产方式的世界化是有着紧密联系的，资本主义生产方式深刻改塑世界格局。所以马克思指出，在世界历史阶段，战争往往也是一种交往方式。

② 全球性的贫富差距鸿沟是资本主义生产方式全球化负面影响的又一体现。西方资本主义生产方式在范式构建中存在着加大贫富悬殊的制度预设。因为资本主义生产方式往往伴随自由市场的流行，自由市场在实现公平预设的同时，往往导致社会资源的不公正分配，这种分配机制往往加剧了贫富差距。

③ 20世纪的上半叶，在东西方文化交往中，西方的崛起和中国文明的没落成为20世纪全球化的基调。在"中国威胁论"者看来，20世纪中国遭受了历史所未见的屈辱，这段屈辱的历史正是中国崛起的唯一动力。所以中国一旦强大，必然要对此前有过节的国家和人们实施报复。

④ 中国近代最强大时期，对外重要活动是郑和下西洋。但是稍微有历史常识的人就不难发现，郑和下西洋并不是为殖民而去，而是宣示德化。其后中国历史上最辉煌的时候是在清中期，一度中国的物产达到世界三分之一多，但是该时期中国对外关系是收缩时期。

等方面完全相同。当然在具体表现形式,受众分布,实践范式等方面有着差异。

表现形式的分化。儒学更多地倾向通过儒学精英积极主动地参与到与其他文化互动之中,通过广泛的文化间互动,在发现和更新自有文化体系的同时,关注将自身文化传递到其他文化之中,推动儒学参与世界文化构建。比如海外儒学研究重镇哈佛燕京社。通过杜维明和李泽厚等现当代儒家学者不懈地努力,儒学在海外获得越来越多的关注,是为儒学全球化的有效实践路径。与此同时,在儒教的全球化实践方式中,海外儒家包括孔教、一贯道、德教等。儒教的实践方式是通过把儒学宗教化,通过把儒学经典,价值核心等物化为教规、教义等具体表现形态。

文化受众主体的分化。主体受众是对某种核心文化的吸收和接纳对象等现象的考量,受众主体的文化层次、社会地位和现实环境等不同,对选择文化客体有着重要的影响。海外儒学的主体受众是世界各国的文化精英,通过积极构建儒学与其他文化载体的互动、融合和对话,儒学不断地吸收其他文化要素,构建积极全球化的文化形态。比如波士顿儒学的出现。① 儒学更多地关注人的理性追求、文化交往价值等层面。而儒教的受众在文化层次上相对要平民化,他们更多地关注生死、富贵和解困等世俗化的价值目标。同时在种裔上的分化来看,儒学的受众主体包括有华人精英,他们在政界、商界、学界均有分布,同时也涵括非华裔精英。比如上述波士顿儒学研究团体中的乐南山,其本人是波士顿神学院院长。相对而言,儒教的受众目前主体是以华人为主,当然儒教也在积极地推动非华裔信众的加入。从受众主体来分析,注重非华裔受众的开发有利于儒学的国际化和全球化战略的实施,通过构建这种整体化的文化受众体系,利于儒学与其他文化价值主体的互动和共建。

展示形式不同。文化的展现形式这里是指文化在实施传播战略过程中所呈现的具体形态。儒学的全球化实践是通过文化精英间的普遍交往,通过文化对话的具体形式来传递文化价值和文化核心。儒学全球化过程中的主体展示方式是通过海外儒者与其他文化形态之间的对话、会议等形式,向国际间的文化精英申明儒学文化价值。而儒家一般是通过宗教的特有的表现形式,形成对受众主体的世俗化诉求回应获得更多的认可和接纳。具体表现形式中,儒家通过宗教的教义、教仪来展开儒教的文化价值。儒教宗派通常是通过占卜等传统的仪式来表现,但是受现代化的影响某些受众较窄的宗教仪式越来越倾向于没落,渐渐被其他方式所替代。比如不少儒教宗派开始舍弃传统的展示方式,转而积极发展慈善、关注政治等方式获得社会关注。

价值观照不同。儒学的全球化实践更注重主体的理性价值传输,具有超验和精神化倾向,关注人类更为宏大的价值选择。比如儒学第三期学者中杜维明就一直致力于

---

① 波士顿儒学是在美国波士顿形成的儒学研究学派。2000 年已经出版了南乐山的《波士顿儒学》的著作,正式宣告了这一学派的确立。波士顿儒学以查尔斯河为界,形成以南乐山与白诗朗为首的河南派,以杜维明为首的河北派。

开展文化间的对话,向世界传递儒家传统中的"天人合一"、"理一分殊"等文化价值。通过广泛的文化对话,儒学精英推动世界文化精英开始审视和接纳中国文化传统价值。比如孔汉思所就用孔子的核心价值作为重要的理论支持其全球伦理。① 而儒教更多地关注受众主体的世俗化价值目标,通过关切他们的世俗化诉求,比如不少信众到儒家庙馆祈求财富、平安和好运。

当然,在比较儒学和儒教的全球化实践中的差异的同时不难发现也有一致的方面。

首先,他们传递的文化价值核心是相同的。不管是儒学还是儒家,这二者的文化核心均为儒家文化传统。比如不管是儒学还是儒家均把天人合一作为价值体系核心。所以在实践效果而言,儒学和儒教都是儒家传统全球化的具体实践形态,他们均向世界传递儒家文化价值中的天人合一等核心价值。

其次,在实践意义上而言,儒学和儒教均是推动中国文化全球化实践。现当代中国的和平崛起需要向世界说明中国崛起的和平意义,推动中国的世界和平形象的构建。

综上所述,儒学和儒教是当今儒家传统全球化实践中的重要两种形态,他们各自的实践方式、实践经验均有差异,但是作为儒家传统的世界化范式,他们对传递核心价值有着相互补充、相互支撑和共同促进的作用,对向世界传递中国文化价值有着重要的意义。

总之,儒家传统的全球化无论从其文化形态自身还是从文化母体自身,均在于努力向世界陈述其文化价值,获得世界认可。中国推动传统文化的世界化愿景并不在于某种霸权,而是为人类整体贡献自由文化价值和智慧。具体实践中,儒学和儒教扮演了中国儒家传统世界化的两种现实路径,也是中国传统文化世界化的有益尝试,通过推动传统文化全球化实践,也为构建更加广泛的、更加丰富的中国文化提供实践经验。

---

① 1993 年 9 月 4 日,在美国芝加哥,世界宗教会议通过《全球伦理宣言》,从世界各大宗教和文化的道德准则中,提出了全人类都应当遵循的一项基本要求:每个人都应受到符合人性的对待!并以耶稣的名言"你们愿意人怎样待你们,你们也要怎样待人"和孔子的名言"己所不欲,勿施于人"作为理论支持。

《颜氏家训》的哲学超越及当代意义

韩国首尔国立大学哲学系　李浩然

　　《颜氏家训》作为南北朝最重要的文本之一，其哲学价值一直没有被学界充分地考察过。这一方面涉及中国哲学对自身研究边界确立的模糊性，另一方面也涉及研究方法的单一性。近20年，中国大陆学界对于《颜氏家训》的研究的最大特点（同时也是最大问题）在于仅仅把目光集中在教育学、语言学、社会风俗考证以及文学等方面[①]，涉及儒家思想及哲学层面的很少[②]。实际上《颜氏家训》作为经久不衰的文化典籍，它所包含的个人思考的背后丰富地反映着儒家哲学内部概念的损益以及主题的流变。更重要的一点在于，家训作为一种具有悠远历史传统的构建于儒家理念与日常实践交互中的教育方式，一直都以多变而灵活的形式传播着我们这个民族最为温暖而高贵的品质。《颜氏家训》就是一个范例，它证明了即使在一个纷乱的时代，儒家精神仍可以成为一个人心灵的底色。而在今天的中国，传统的真正回归在精英知识分子的呼唤之外，更需要普通民众在生活节奏上的契合。这种契合首先需要改变一部分人对于儒学价值的误判，而后需要在新的时代环境下扬弃出可被实践的新的儒学。《颜氏家训》便是在这样的旨趣下，向我们展现了哲学是如何通过被超越而把一种形而上的理念落实到具体的新的人伦日用之中的。

[①] 我们也不能忽视今人在哲学领域以外对《颜氏家训》研究取得的成果，比如张学智在《〈颜氏家训〉与现代家庭伦理》（《中国哲学史》2003年第2期）中从家庭教育、兄弟关系、前后妻及其子女的关系和治家四个方面重新还原了《颜氏家训》的内容，并通过论述现代家庭形式的变化过程来指出《颜氏家训》的借鉴意义。鲁国尧在《"颜之推谜题"及其半解》（上、下）（《中国语文》2002年第6期、2003年第2期）两篇论文中通过对《颜氏家训·音辞篇》的详尽考证证明了南朝通语乃江淮方言之源。唐长孺在《读〈颜氏家训·后娶篇〉论南北嫡庶身份的差异》（《历史研究》1994年第1期）中详细考证了《颜氏家训·后娶篇》中"江左不讳庶孽"的风俗，指出从汉至魏晋"不讳庶孽"的风俗已存在，但河南地区并不严苛，庶子仍可通过自身努力列身显贵。

[②] 对于《颜氏家训》哲学方面的研究，钱国旗的《在礼与情之间——〈颜氏家训〉对礼俗风尚的论述和辨正》（《孔子研究》2004年第5期）与杨民的《〈人物志〉与〈颜氏家训〉才性观之比较》（《西南交通大学学报》（社会科学版）2008年10月第5期）是较有价值的两篇，前者从"礼"与"情"这两个儒家哲学的基本概念范畴出发，得出颜之推调和礼与情以达到"义"的规定性的观点；后者从"才性观"这个全新的视角比较了《颜氏家训》与《人物志》，提出前者是站在"德"的角度重视"才"的实际功用，后者是站在"才"的角度重视"德"的规范作用。

一、《颜氏家训》哲学超越的前提

（一）历史语境：儒学的发展与转型

孔子殁后，儒分为八。这一观点最早出自《韩非子·显学》，后世有学者怀疑"儒分为八"尚不能概括儒家内部思想的迁延流变，有一定的道理。因为从《汉书·艺文志》中"昔仲尼殁而微言绝，七十子丧而大义乖。故《春秋》分为五，《诗》分为四，《易》有数家之传"，便可以看出儒家内部的分歧已经相当严重了①。儒家哲学学派内部的矛盾其实前秦已有，比如孟子与告子的四组辩论，荀子称子张、子夏为"贱儒"（《荀子·非十二子》），等等。秦汉一统后，儒、道、法、阴阳等诸家合流，以致有《吕氏春秋》、《淮南鸿烈》、《春秋繁露》这样的文本出现。到了颜之推所生活的魏晋南北朝时代，儒学更是面临着学术转型的内在要求。其实早在东汉中后期对于贾逵、马融、郑玄等这批被看作"通人"的思想家的推崇中，我们便可看到士大夫在今古文争辩之后对于百科全书式的学术领袖出现从而重新规定学术标准的热切盼望。随着大一统帝国解体，魏晋南北朝的个体知识分子的孤绝感使他们开始了对生死问题的敏感思考，道教的逍遥长生思想便乘虚而入且大行其道。三国时沐并便言："此言儒学拨乱反正、鸣鼓矫俗之大义也，未是夫穷理尽性、陶冶变化之实论也。若能原始要终，以天地为一区，万物为刍狗，该览玄通，求形景之宗，同祸福之素，一死生之命，吾有慕于道矣。②"魏晋时代个体知识分子通晓道家思想本是想用其生命论弥补儒学的不足，但后来却发展成自然主义对礼教思想的批判；另外佛教抓住了由于胡族入侵战乱频繁给民众造成强烈的"拔苦"愿望的机会，借自身三世轮回说慰藉人心，广揽信众，终于成为可以与儒家哲学分庭抗礼的一种思想。这些外在的历史因素作为一种集体无意识的社会资源使得《颜氏家训》的哲学超越从一开始便打上了时代的烙印。

（二）逻辑方法：中道的回归

颜之推生活在这样的时代，他所秉承的儒家哲学与汉代的哲学风貌已经大相径庭了，本文最想说明的一点便是颜之推虽然并没有如宋明理学般创立了很多新的名相概念（如程颐说："吾学虽有所受，'天理'二字却是自家体贴出来。"《二程外书》卷十

---

① 《隋书·经籍志》记载："惠帝除挟书之律，儒者始以其业行于民间。犹以去圣既远，经籍散逸，简札错乱，传说纰缪，遂使《书》分为二，《诗》分为三，《论语》有齐、鲁之殊，《春秋》有数家之传。"儒家思想的分化有一个很重要的外在原因就是秦代的"焚书事件"，它使汉代重新回到学术视野中的不同版本不同章句的五经给儒家学者很多新的阐释空间，于是学派进一步分化。

② 陈寿：《三国志》卷二三《魏志·常林传》注《魏略》，中华书局2011年第二版，第662页。

二),却把不大被汉代儒学强调的"中道"思想重新运用到自己的思想体系中。虽然"中道"观发端于先秦,并不新鲜,但一旦颜之推把哲学上的"中道"置于逻辑的起点,我们便会发现一直以来被作为道德准则的"忠"、"孝"等概念和被作为行为规范的"礼"都是可以被扬弃的,比如颜之推写道:"礼云:'忌日不乐。'正以感慕罔极,恻怆无聊,故不接外宾,不理众务耳。必能悲惨自居,何限于深藏也?"(《颜氏家训·风操第六》)也就是说在颜之推这里,除了逻辑形式上的"中道"观可以作为第一原则以外,任何其他带有质料性的道德原则都不可以作为意志的动因,比如若以情、礼为二端,当因情而动的时候就会有"亲以噎死"而"绝食"的迂腐,而因礼而动的时候就会有因避讳而"下笔即妨,是书皆触"的麻烦(《颜氏家训·风操第六》)。而之所以说"中道"可以被看作是逻辑形式上的,是因为"中道"的确立可以让矛盾双方拥有一种统一性而形成新的整体,如下图:

$$A \frac{中道}{统一性} -A$$

图 1

"中道"这种高度抽象思辨的思想来源于《周易》的阴阳观,而儒家哲学与《周易》思想的联系又非常密切[①]。事物之间的对立关系,在哲学上是一直被人关注的,比如黑格尔曾把这种对立归纳成"殊异"、"相反"、"相关"三种形式[②],但在中国哲学中这种"对立"成了"对待","待"字表明对立的双方不仅相反而且相成,而正因为可以"相成",其结果便出现了一个新的统一,儒家哲学中称其为"中庸"或者"中道"。世界的复杂性在于对待关系的不断重叠,中国哲学尤其是儒家哲学,总是在对待关系中发衍,《易传·系辞》首章劈头便讲"天尊地卑,乾坤定矣。卑高以陈,贵贱位矣。动静有常,刚柔断矣"。总之,"二"是哲学分析的重要视域,颜之推的《颜氏家训》便有这个显著的逻辑特点,即不断地在对待的哲学范畴中探寻中道的分限。

二、《颜氏家训》哲学超越的建构

儒家哲学看到了人性之中不仅仅有自利的层面,更有"舍生取义"的光辉,在这

[①] 当然,与《周易》联系紧密的还有道家,比如陈鼓应先生认为先秦经历了老子"引易入道"和《易传》"引道入易"这两个过程从而完成了易学的哲学化,详见陈鼓应《先秦道家易学发微》,载于《道家易学建构》,商务印书馆2010年版,第1页。

[②] 黑格尔:《哲学史讲演录》第1卷,生活·读书·新知三联书店1956年版,第227页。

里"义"是"正当",当自我与他者产生利害矛盾时,道德主体的选择既不是自我(极端的功利主义者),又不可能是他者(道德纯粹主义者,如康德),而是处于自我与他者之间的"正当",即"中道"。至此,我们把儒家"孝敬父母"、"尊敬师长"这些被黑格尔理解成"道德箴言"的本土道德原则上溯到了追求"正当"的哲学原理上。后世对儒家的很多误解在于没有看到"正当"或"中道"在儒家哲学的核心地位,而错把"孝"或者"忠"理解成绝对的定言命令,以至于出现忠孝不能两全的"舜窃父而逃"的道德困境①,实际上以"正当"或"中道"为标准,五伦之中的任何条目都是可以被损益,都是可以在具体的道德情境中被设定的。在《颜氏家训》中,颜之推便从对"中道"的正当裁定出发,对与以情感原则为基础的"忠"、"孝"、"敬"等伦理概念重新做了考察与定义。

(一)对于君臣关系的超越

在君臣关系上,颜之推认识到了臣对于君主的"忠"并非是绝对的:"自春秋以来,家有奔亡,国有吞灭,君臣固无常分矣。"(《颜氏家训·文章第九》)秦汉大一统以后,对于君主权力的系统理论构建,盛于董仲舒,成于白虎观会议。董仲舒的哲学特点是把儒家哲学的基本概念范畴配以阴阳五行学说②,使得前秦儒家从政治哲学、道德哲学与认识论又过渡到了世界观宇宙论的大全体系。他的初衷本是想通过对"天意"、"天志"等概念的确立既能论证君主权力的合法性,又可限制君主的滥用权力,但后者显然没有实现(比如因为讲灾异说而差点丧命)。等到了东汉建初四年的白虎观会议③,则以国家法典的形式正式议定五经异同,把"君臣"作为三纲之首,确立了"忠"对于"孝"的僭越,于是"立爱自亲始"的道德原则至此开始瓦解。颜之推的君臣观以及他"三为亡国之人"的经历即便在今天仍有学者认为是他作出的道德妥协,殊不知这是与儒家哲学的本质有违的。儒家哲学确立"忠"、"孝"、"信"、"勇"等概念是为了使"情"节于文,使"性"还于淳,使"命"合于道,换句话说,"忠"的情感和行为是手段,通过"忠"所达到的不偏不倚的理性状态是目的。所以儒家确实在某种程度上肯认"忠",比如在《颜氏家训》中颜之推也承认"士君子之处世,

---

① 《郭店楚墓竹简·语丛三》:"父亡恶,君犹父也;其弗恶也,犹三军之旌也,正也。所以异于父,君臣不相戴也,则可已;不悦,可去也;不义而加诸己,弗受也。"这说明在纯粹的儒家哲学中"立爱自亲始"(《礼记·祭义》)的原则使忠与孝的悖论不能成立。

② 庞朴:"直到《春秋繁露》里,我们才看到董仲舒在前人的已经足够庞大的五行大系上,更增加了这个新项目,拿仁智信义礼配木火土金水。这是董仲舒的发明。"详见庞朴《帛书五行篇研究》,齐鲁书社1980年版,第82页。

③ 白虎观会议究竟是哪年召开,召开过几次,学者尚有争论,见雷戈《白虎观会议和〈白虎议奏〉、〈白虎通义〉之关系考》,《首都师范大学学报》(社会科学版)1997年第6期。这里姑且从于学界普遍认可的说法。

贵能有益于物耳，不徒高谈虚论，左琴右书，以费人君禄位也"（《颜氏家训·涉务第十一》），并且详细阐述了作为臣子如何尽忠，比如"谏诤之徒，以正人君之失尔，必在得言之地，当尽匡赞之规，不容苟免偷安，垂头塞耳；至于就养有方，思不出位，干非其任，斯则罪人"（《颜氏家训·省事第十二》）。但问题是儒家哲学注意到不能把作为手段的"忠"直接作为目的，所以不能只用"忠"与否来作为道德评价的标准，是故孔子面对子路和子贡对于管仲相桓公的质疑，仍然给出了"如其仁，如其仁"，"微管仲，吾其被发左衽矣。岂若匹夫匹妇之为谅也"（《论语·宪问第十四》）的肯定。颜之推首先为行"忠"加了条件："畜价待时"，再此基础上把正当的中道设立为"守道崇德"。"畜价"说明尽"忠"不仅需要动机，更需要一种能力，也和以"名实关系"为代表的儒家实用理性相一致，"待时"说明尽"忠"不仅需要道德主体，还需要对道德的客体作认真地考察，换句话说一个世风日下的朝代和一个昏庸的君主是无法让人尽忠报国的，孔子说只有"君使臣以礼"的时候才能"臣事君以忠"（《论语·八佾第三》）。孟子说："君之视臣如手足，则臣视君如腹心；君之视臣如犬马，则臣视君如国人；君之视臣如土芥，则臣视君如寇仇。"（《孟子·离娄下》）所以在颜之推看来真正的"忠"必须从"忠"的情感中超越出来在时间与空间中达到"守道崇德"的正当性，如下图：

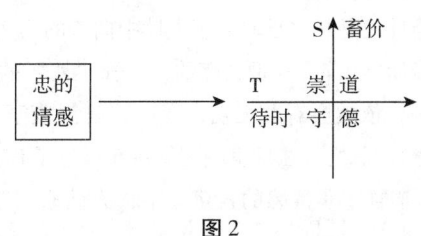

图2

（二）对于父子关系的超越

在父子关系上，颜之推首先对于"孝"给出了两个前提条件，其一是父母的"慈"："是以父不慈则子不孝"（《颜氏家训·治家第五》，以下简化，皆引篇名）；其二是父母的"教"："子生咳提，师保固明孝仁礼义，导习之矣。"（《颜氏家训·教子第二》）这里很重要的一点是颜之推并没有像宋明心学那样把"孝"作为一种先天的道德情感，如王阳明说的"都只在此心，……以此纯乎天理之心，发之事父便是孝"（《传习录卷上·徐爱录》），"孝"虽然确实不能"去父上求个孝的理"，但也绝不是先天包含在心中的，很多人认为"孝"是道德情感却没有意识到任何"情感"在本质上都是趋利避害的，所以便需要父母的"慈"。更何况"孝"不仅仅需要"慈"的原因是"孝"不仅仅是情感，更是具体的道德实践，与具体的事父之礼相连，不学习是不能具有的。这样一方面原始儒家对于学习的重视（比如《论语》的第一篇是《学而》，《荀子》的第一篇是《劝学》）在颜之推这里得到了延承，另一方面也为"克己复礼"的道德要求提供了一种正当性。接下来颜之推看到了尽管"教"与"学"确实贯通了作为对待关系的父子，但在具体的操作中又会有"狭"与"简"的两端出现："父子之严，不可以狎；骨肉之爱，不可以简。简则慈孝不接，狎则怠慢生焉。"（《颜氏家训·教子第二》）于是就必须为这个对待关系权定一个中道，这便是"严"，如下图所示：

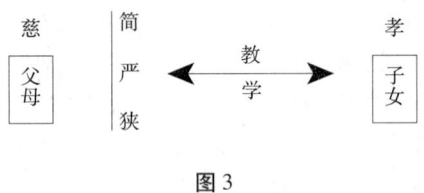

图3

也就是说，在颜之推看来如果作为一体两用的"教"与"学"可以成为连接父子这种对待关系的中道，那么在这个中道具体落实的过程中，"严"又成为为"简"与"狭"的新中道，所以颜之推的逻辑特点便是不断地权定中道而找到解决问题的办法。而"严"作为中道的正当性便是颜之推看到了人性中向善的禀赋①（"知人喜怒"）与为恶的倾向（"忿怒日隆而增预怨"）是共存的，尽管"教"的目的是发显向善禀赋，但如果不以"严"来限制，依然会有劳无功，变成"笞怒废于家，则竖子之过立见"（《颜氏家训·治家第五》）。总之，在这里颜之推重新反思了具有绝对化倾向的父子关系，把作为行仁之本的孝道置于非情感的权定之下，为儒家的道德哲学在起点上注入了更多的理性。

（三）对于兄弟关系的超越

在兄弟关系上，颜之推从经验事实中注意到作为"三亲"之一的兄弟关系在实际的伦理关系中是很脆弱的："兄弟者，分形连气之人也，方其幼也，父母左提右挈，前襟后裾，食则同案，衣则传服，学则连业，游则共方，虽有悖乱之人，不能不相爱也。及其壮也，各妻其妻，各子其子，虽有笃厚之人，不能不少衰也。"（《颜氏家训·兄弟第三》）对悖乱的人"相爱"对笃厚的人"少衰"，这种道德哲学无法接受的事实使

---

① "向善的禀赋"一般用来描述人为善的动因，康德认为有三：动物性的、人性的与人格性的。其中人格性的禀赋是真正的道德追求，用康德的话说就是"一种易于接受对道德法则的敬重、把道德法则当作任性的自身充分的动机的素质"。详见康德著、李秋零主编：《康德著作全集》第三卷《纯粹理性批判》（第二版），中国人民大学出版社2007年版，第26页。

得颜之推再一次看到了儒家情感原则的问题所在。如果把儒家哲学的初始原则追溯为情感，那么伦理学上所讲的"应该"便来源于主体而不是来源于主体与客体的关系，罗素说："当我们断言这个或那个具有'价值'时，我们是在表达我们自己的感情，而不是在表达一个即使我们个人的感情各不相同但仍然是可靠的事实①。"但如果真是这样的话，那道德价值便失去了可以普遍化的功能，因为首先作为对具体事件的反应的情感，它永远是以质料的本质出现，是故千差万别的质料内容根本无法保证作为道德准则的简约性与逻辑性。其次情感本身若有什么形式的话，也只能是"趋利避害"（正因如此才需要理性），所以"爱"并非是绝对的善，这还要看爱的对象和爱的方式是什么，所以"兼爱"的墨家思想和以"爱"立身的基督教思想都在不同程度上存在着问题。于是当把趋利避害的情感作为行为动因后，自然会有颜之推所列举的问题。颜之推的解决办法还是在兄弟的伦理关系中设定一个中道，这个中道首先要在对待关系之外找到一个第三者：父母之血气。（"爱先人之遗体，惜己身之分气，非兄弟何念哉？"《颜氏家训·兄弟第三》）也就是说兄弟之间的矛盾可以被重新统一的原因在于两人从父母那里获得了一种同源性："兄弟者，分形连气之人也。"（《颜氏家训·兄弟第三》）在拥有这种认识之后，兄弟便具备了某种意义上的同一性，尊敬兄长便是尊重自己，更是尊重作为同一源头的父母；反过来说，对父母的孝就自然转化为对兄长的敬了，或者是对子女的慈转化为对弟弟的恩："人之事兄，不可同于事父，何怨爱弟不及爱子乎？是反照而不明也。"（《颜氏家训·兄弟第三》）于是一体两面的"敬"与"恩"便成为兄弟伦理关系的中道原则，而彻底超越了由于"前襟后裾"或"各有妻子"而产生的亲疏爱怨的情感。

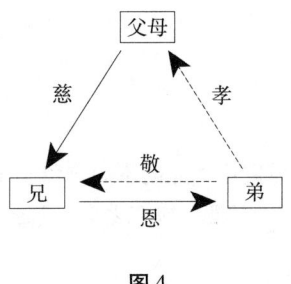

图4

---

① 罗素：《宗教与科学》，商务印书馆1982年版，第12页。

三、《颜氏家训》哲学超越的当代意义

在人文学科的领域研究像《颜氏家训》这样一个文本，总要以一个视角、一种方法去进行分析与评价，这既是必须的又是无法避免的，因为前者涉及学术规范（方法论）的问题，而后者涉及哲学史中更为深刻的一系列问题的探讨：我们自觉地或者非自觉地所使用的研究哲学史的方法的背后所依据的"先天条件"① 是什么？更复杂的是，这些"先天条件"似乎并不能真的像康德所说的"先验形式"一样成为我们研究哲学史时普遍必然的"可能性条件"（condition of possibilities），因为从人类的文化史来看，人文学科的方法论似乎只能形成长时期的"范式"而不会变成永恒的公理。这是因为哲学史的研究方法一方面受到研究对象不断变更的影响，另一方面也会受到不同社会条件、政治背景的制约与改变。当然一种更明显的观念认为哲学史的对象和研究哲学史时的当下背景的联系更为紧密，比如民国时期为了与西方的科学观念抗衡而发生的"墨子热"② 和"文化大革命"时期对儒学的种种批判，所以哲学史研究的背景、对象与方法之间互有影响，从而构成了如下的三角关系：

图 5

这样一来，如果哲学史的研究是如此的不确定以至于探讨它与研究对象、研究背景的同构关系都成了广义哲学史③的题中应有之义，那么我们不得不承认当今学界对于

---

① 借用康德的话说，"先天"（a priori）意味着"可能性条件"（condition of possibilities），参见赵敦华《西方哲学简史》，北京大学出版社 2001 年版，第 306 页。当我们追问哲学史研究方法的"先验条件"时，也就是从思考哲学史得出的结论在内容上可以成立，转化成思考得出此结论的方法在形式上何以可能。

② 牟钟鉴：《〈墨子〉一书的要点》，载于张岂之、杨君游主编《众妙之门——中国文化名著导读》，清华大学出版社 2003 年版，第 20 页。

③ 目录学最早出现应该是汉成帝时刘向的《别录》，后经其子刘歆《七略》而至班固《汉书·艺文志》时方有"经史子集"的四分类法。参见张舜徽《中国古代史籍校读法》，云南人民出版社 2004 年版，第 71 页。

《颜氏家训》的哲学研究，尚没有到自觉的状态。其研究的主题也仅仅局限在儒家哲学的道德原则上，并没有上升到哲学原理的层面，更毋庸说对于实践的指导意义了。可是家训在当今时代的意义正是在古老的思想传统中找到可以直指实体实事的实践的智慧，这些被一家家一代代传下来的智慧对于构建中国在当今世界上的文化大国的世界形象有着极其重要的作用。我想被大部分学者忽视的一点在于，当他们面对《颜氏家训》这样一个虽然著名但却不受学界重视的文本时，少有人有胆量与能力用像研究《道德经》、研究《论语》一样的态度与方法去对待。没有胆量是因为长期以来我们有一个"经典意识"的"大传统"，似乎"价值"仅仅存在于被我们预设的经典之中，而不问这种判断的标准何在，当然，打破这样的思维传统并不容易，尤其当常识变为知识、知识变为权力之后。没有能力，除了因为研究者的专业背景以及学术功底外，更重要的是缺少一种对历史的洞见，因为不得不承认我们尚未在基础国民品德教育的现状与断裂了的传统之间找到一条行之有效的对应途径。颜之推在《颜氏家训》中所表现出的中道思想把看似古老的儒家精神与当时复杂的政治环境结合起来，使得作为民族精神源头的仁义孝悌在新的社会模式中仍能发挥教化的作用，而这个任务仍是我们今天并未完成的使命。因为正如中国政府强调的那样，国家的繁荣总是以文化兴盛为前提，提高国家文化软实力，要努力展示中华文化独特魅力；培育和弘扬社会主义核心价值观必须立足中华优秀传统文化。在佛教屡入、道教兴起的六朝，颜之推用他的中道思想使得儒家思想仍能作为修身之本而发挥新的社会功效，这就好像当代中国在西方价值观的冲击下只有在薪火相传的传统文明中重新树立中国精神，才能让社会主义核心价值焕发不朽的生命力一样。中国哲学不仅是理论，而且还是（更多的是）具体的实践功夫（修养实践与道德实践）。从《论语》中的"省身"到《孟子》中的"养气"[1] 再到宋明理学中的"主静"，那种从个人修养到贡献家国的指向成了每个中国人骨子里的情怀。当现代人面对历史长河中的儒家精神时，全盘接受或者全盘抛弃的绝对主义态度是不可取的，《颜氏家训》就为我们提供了一种范式，告诉我们一个民族的哲学应该如何被超越又应该如何被应用到具体的生活中。

---

[1] 《论语》中虽然对道德实践（"为政"、"事人"等）谈得很多，但仍有"修己"、"克己"甚至具体的"三省吾身"这样的修养实践出现，到了《孟子》则十分明晰地把"不动心"、"善养浩然之气"这样的修养作为一种必须的实践了。就像"勇"的概念对应着"养勇"的很多方法（见《孟子·公孙丑上》第二章"北宫黝之养勇"一段），"仁"、"诚"、"忠"这些儒家哲学基本的概念可能同样有着具体的修养办法，这种修养实践未必是道家、阴阳家或者后来的道教、佛教的专享，很可能是当时社会普遍的共识（比如北宫黝、孟施舍虽然不是儒家，但也"养勇"），至于具体的修养内容则会根据门派而异。从这个角度来讲，颜回"坐忘"不是没有可能，但这个"坐忘"是不是《庄子·大宗师篇》中颜回的"坐忘"还有待探讨，而说儒自颜回传于庄子而入道（见章太炎《国学述闻》，陕西师范大学出版社2008年版，第32页）则更欠缺根据。

参考文献：

[1] 蔡仁厚：《中国哲学史》（上）第四章至第六章，台湾学生书局 2009 年版。

[2] 陈平原：《魏晋玄学研究》，湖北教育出版社 2008 年版。

[3] 冯友兰：《中国哲学史》（上）第五、六章，华东师范大学出版社 2011 年版。

[4] 葛兆光：《中国思想史第一卷：七世纪以前中国的知识、思想与信仰世界》，复旦大学出版社 2011 年版。

[5] 怀特：《描绘逝去时代的性质：文学理论与历史写作》，载于拉尔夫·科恩编《文学理论的未来》中译本，中国社会科学出版社 1993 年版。

[6] ［日］吉川中夫：《六朝精神史研究》，人民出版社 2012 年版。

[7] 罗宗强：《玄学与魏晋士人心态》，天津教育出版社 2005 年版。

[8] 牟宗三：《才性与玄理》，吉林出版集团有限责任公司 2010 年版。

[9] 任继愈：《中国哲学史》第二册第四篇，人民出版社 2010 年版。

[10] 汤用彤：《魏晋玄学论稿》，上海古籍出版社 2005 年版。

[11] 唐长孺：《魏晋南北朝论丛》，商务印书馆 2010 年版。

[12] 田余庆：《秦汉魏晋史探微》（重订本），中华书局 2004 年版。

[13] 汤一介：《魏晋玄学论讲义》，鹭江出版社 2006 年版。

[14] 许抗生：《魏晋玄学史》，陕西师范大学出版社 1989 年版。

[15] 余敦康：《魏晋玄学史》，北京大学出版社 2004 年版。

[16] 颜普元：《颜氏家学与风徽》，岳麓书社 1999 年版。

[17] 周一良：《魏晋南北朝史论集》，北京大学出版社 2010 年版。

公共之美：礼与自由、平等的商谈
——以《孔子：即凡而圣》为中心的考察

华东师范大学哲学系博士研究生　杨　柳　宋　健

一、引　言

在正式"商谈"①之前，似乎应先言明动机、澄清目的——"礼学"为何要与"自由"、"平等"商谈？此场商谈的必要性，至少可从"历史选择"与"学理困境"两个方面略作说明。

（一）历史选择

中国素有"礼仪之邦"的美誉，然自近代以降，礼学传统非但未受珍视，相反成为"现代化"的夙敌。

> 孔二先生的礼教讲到极点，就非杀人吃人不成功，真是残酷极了！一部历史里面，讲道德说仁义的人，时机一到，他就直接间接的都会吃起人肉来了。②

"礼教吃人"一经提出，可谓"天下云集响应"——迅速从书斋走向社会，由个人观点演变为国民共识。"冲决伦常之网罗"③渐成风尚，集中反映在白话文学多以"废家"为母题，旧式家庭几乎沦为万恶滋生的温床。在对礼教的挞伐声浪中，值得留意的"当代新儒家"，此即引出下一个问题。

（二）学理困境

当代新儒家素来被贴上"保守主义"的标签，然其学人于"礼"非但没有固守疆

---

① 拙文所谓的"商谈"，虽然源自哈贝马斯（Jürgen Habermas）的"商谈伦理学"（die Diskurs-ethik），但目的并不指向任何策略性的博弈或相互妥协，而是侧重学理的商榷——诘问与论证。
② 吴虞：《吃人与礼教》，见《吴虞文录》，黄山书社2008年版，第31页。
③ 谭嗣同："今中外皆奢谈变法，而五伦不变，则举凡至理要道，悉无从起点，又况于三纲哉！"（谭嗣同：《仁学》，见《谭嗣同全集》，中华书局1981年版，第351页。）

域，相反大有倒戈相向之意。如熊十力先生即言：

> 古代封建社会之言礼也，以别尊卑、定上下为其中心思想，卑而下者以安分守志、绝对服从其尊而上者。虽其思想行动等方面受无理之抑制，亦以为分所当然、安之若素，而无所谓自由独立。①

当"礼"被置于"自由"、"平等"的对立面，而"自由"、"平等"又被奉为不证自明的普适价值时，儒家之"礼"的学理意义，即使没有荡然无存，也是气若游丝。"当原来的'仁'、'礼'、'学'三个支撑点只剩下道德哲学和学术，儒学是否还有生命力呢？"②

总的说来，"晚清以来百年中国的文化处于艰难的解构与重建的过程之中。这其中的问题多到不知凡几，但最为人所忽略也是最重要的，是代表一个民族文化秩序和文明程度的礼仪问题"③。

二、自由与型塑

芬格莱特为《孔子：即凡而圣》的中译本特意写了《致中国读者》一文，除表达喜悦和感谢外，还概述他对孔子思想的理解："在孔子思想中，我发现了一种人性的视域，这种视域在哲学上是深刻的，在心理学上是真实的，在社会学上它也是既富有洞见又发人深省的。"④ 芬格莱特所发现的"人性的视域"，即"人类生存的圣神性"。因此，该书开篇点题，强调"有必要在某种程度上强调《论语》富有神奇魅力（magical）和宗教性的维度"⑤，反对把《论语》"化约"（reducible）⑥ 为日常经验的道德说教。

> 孔子认为，人类的道德和精神成就并不依靠欺骗或幸运之神的降临，也

---

① 熊十力：《十力语要》，上海书店出版社2007年版，第250页。
② [美] 狄百瑞：《儒家的困境》，黄水婴译，北京大学出版社2009年版，第52页。
③ 刘梦溪：《礼仪与文化传统的重建》，《光明日报》2004年4月28日。
④ [美] 赫伯特·芬格莱特：《致中国读者》，见《孔子：即凡而圣》，彭国翔、张华译，江苏人民出版社2002年版，第1页。
⑤ [美] 赫伯特·芬格莱特：《孔子：即凡而圣》，第1页。
⑥ [美] 赫伯特·芬格莱特："现代阐释者一般都竭力淡化《论语》中实际上不可化约的（irreducible）神奇魅力的思想成分。因为在我们的时代，由咒语和礼仪的姿态而导致的直接的行为目标，不能够被作为一种严肃认真的可能性，这是大家普遍接受的一条公理。"（《孔子：即凡而圣》，第5页。）

不依赖神秘咒语（esoteric spells）或者任何纯粹外在的力量。这种思想加深了《论语》的现实的、务实的人文主义色彩。……然而，尽管孔子执著于这种充满修身色彩的和具有世俗倾向的道德说教，但我们还是发现《论语》中偶尔有些言论，似乎透显出对那种具有深远意义的神奇魅力的力量（magical powers）的信念。我所谓的"神奇魅力"（magical），是指一个具体的人通过礼仪（ritual）、姿态（gesture）和咒语（incantation），获得不可思议的力量，自然无为地直接实现他的意志。①

在经由启蒙思想洗礼的"现代人"看来，"礼"是一种剥夺人性或非人性化的形式主义；芬格莱特却不以为然，指出："只有当其原始冲动受到'礼'的型塑时，人们才成为真正意义上的人。""'礼'是人与人之间动态关系的具体的人性化形式。"②从中不难看出，"礼"的神奇魅力至少表现为"型塑性"与"行动性"（下节详）两个方面。

言"礼"有型塑（或塑形）意义，可以说毫无理论新意，因为否定"礼"学的人，也正是有鉴于此，才展开对礼教的强烈批判。所以，真正值得思考的问题在于：经由礼型塑后的"我"，是否还是"真实的"自我？而"自由主义"的思想基础恰恰亦在"个人主义"（Individualism）或"自我主义"（Egoism）。可见"自我"是构成礼学与自由商谈的平台。

所谓"真实的自我"，在芬格莱特看来，早已不再囿于认识论，而是关涉本体论："'自我问题'可能不是指一个知性问题，而是指人的一项任务。"③ 人的任务，就消极方面而言，有助于我们"从一种自我的幻象即我们最深沉的痛苦的渊薮中解放出来"④；就积极方面而言，任务促使自身达到完善的境界。

> 我认为，要试用这种方法，必须特别考察《论语》中意欲或意志（will）的角色，从而显示：在孔子的习惯用语中，意欲或意志的不同维度究竟是怎样的，我们又如何依据我们视为立足点的这种维度，获得对个体自我及其重大意义的一种不同看法。⑤

孔子关于自我完善的"习惯用语"，至少与"己"、"身"、"欲"、"志"相涉。

---

① ［美］赫伯特·芬格莱特：《孔子：即凡而圣》，第2—3页。
② ［美］赫伯特·芬格莱特：《孔子：即凡而圣》，第7页。
③ ［美］赫伯特·芬格莱特：《孔子：即凡而圣》，第122页。
④ ［美］赫伯特·芬格莱特：《〈论语〉中自我的问题》，见《孔子：即凡而圣》，第122页。
⑤ ［美］赫伯特·芬格莱特：《孔子：即凡而圣》，第125页。

"己"作为人称代词，在古代汉语中常与"人"相对，如此意味着自我与他人存在着或多或少的冲突与对立；然而在孔子哲学中"自我的利益应当在理想上与他人的利益相协调，或者甚至多半会迁就他人"①。与"己"相比，"身"则更为复杂：一方面，身体使"自我"成为具有时空广延性的有限的存在，也就是说"身"与一个人的生命息息相关——"志士仁人，无求生以害仁，有杀身以成仁"（《论语·卫灵公》）；另一方面，身体又进一步牵涉自我修养的问题，如"吾日三省吾身：为人谋而不忠乎？与朋友交而不信乎？传不习乎？"（《论语·学而》）就后一个方面而言，自我修养集中表现在"欲"（wanting）与"志"（willing）两个层面。

"欲"与"志"的具体涵义虽有差异，但两者总与"自我"难解难分。"就像'欲'是个人的欲一样，'志'也总是一个特定的人的志。"在集中考察《论语》中"欲"和"志"的使用后，芬格莱特总结出孔子的"自我"概念"是一个自我省察和自我调节的个体"；而全部调节的动力（dynamism）都是由自我所产生和控制的，"总而言之，这个自我的特征是有意志的"②。接下来，芬格莱特区分了"自我中心者"（egoists）的意志与"君子"的意志：

> 要考察一个自我中心者的意志根据，就必然要考察这个自我或私我（ego）；而要考察一个君子的意志根据，所要考察的就不是这个人，而是其所行的道。如果有人想深入地理解一个自我中心者的意志的内容，那么，他就务必要理解这个特定的人，他的动机、渴望和希望，以及他有助于弄明白这个人行为的个人资料。然而，一个人越是深入地探寻君子的意志，那么，君子的个人维度就越是显现为纯粹的形式。③

可见"个人中心者"会将"私我"系缚和执著于各种事情上，而"君子"的目标则指向尊礼与成仁。因此，前者往往过分关注行为的决定理由是否自身起了主导作用，相比之下，后者却以谦让（yielding）成就他人或实现自己。其实，所谓"真实的自我"往往嵌套在"个人"与"社会"两分的理论预设内，芬格莱特则有意颠覆与解构此种两分模式，并进一步申言："在《论语》中，孔子并不谈论社会和个体。孔子谈论的是做人意味着什么，并且发现人是一种独特的存在，具有一种独特的尊严和力量，这种尊严和力量源自于礼，同时也镶嵌在礼之中。"④

综前所述，芬格莱特的突出贡献并不仅仅在于提出"礼"的型塑作用，而是在

---

① ［美］赫伯特·芬格莱特：《孔子：即凡而圣》，第 126 页。
② ［美］赫伯特·芬格莱特：《孔子：即凡而圣》，第 130 页。
③ ［美］赫伯特·芬格莱特：《孔子：即凡而圣》，第 133 页。
④ ［美］赫伯特·芬格莱特：《孔子：即凡而圣》，第 75 页。

"自我（意志）"与"礼"之间架起了一座桥梁。"对于人类完善，尤其是属于人所特有的美德和力量而言，依'礼'而行的能力和克己复礼的意志乃是最基本的。"①"礼"不再是扼杀"自由"（意志）的教条，"人们应当尽其本分的理由，是因为这正是人类事物的礼之所在，并且，从理想上所有人都是出于他们自己的意志来参与礼仪的活动"②；相反，"自我"可能仅是一种幻想，甚至是阻碍境界提升的一把枷锁，"个体既不是真正人性的终极单位，也不是人的价值的终极依据"③。

三、平等与典范

与型塑作用紧密相关的当属行动，因为在成己与成物的过程中，无论"欲"（求）还是"志"（向），都不可能只停留在观念或语言层面，而是必须也只能落实在行动中。

> 人的道德是在人际交往的具体行为中实现的，这些行为都具有一个共同的模式。这些模式具有某些一般的特征，所有这些模式的共同特征在于"礼"：它们都是"人际性"（man‑to‑man‑ness）的表达，都是相互忠诚与相互尊重的表达。④

人与人之间的相互尊重，敦促人类不能把彼此当作工具来对待。即使如此，也同样可以达到"物理性努力"的结果——如果我希望把一本书从办公室带到教室，一条途径是我亲自走到办公室，推开门，拿上书，然后把它带回教室；另一条途径是我礼貌性地向班上的一位同学求助，本人不必亲力亲为，同样可以如愿以偿取得图书。后者可说是人类特有的一种行动方式，借助这个浅近的例子，大致可以领略"神奇魅力"在日常行为中的神奇之处。正如一些研究者所论，芬格莱特关于"礼"的解释，实际上受到"日常语言学派"代表人物奥斯汀（J. L. Austin）学说的影响。传统哲学家或语言学家通常认为，语言的主要功能是描述世界；而在奥斯汀看来，语言是实施某些行为而非描述某种事实。《孔子：即凡而圣》一书的确也征引了奥斯汀"施事话语"（performative utterance）这一核心概念，但芬格莱特并没有继续在语言与行动之间

---

① ［美］赫伯特·芬格莱特：《孔子：即凡而圣》，第6—7页。
② ［美］赫伯特·芬格莱特：《〈论语〉中自我的问题》，见《孔子：即凡而圣》，第133页。
③ ［美］赫伯特·芬格莱特：《〈论语〉中人性的音乐》，见《孔子：即凡而圣》，第90页。
④ ［美］赫伯特·芬格莱特：《孔子：即凡而圣》，第7页。

打转①，而是旗帜鲜明地亮出"人是一个礼仪性的存在（a ceremonial being）"②。对此标志性观点，当然可以继续沿着"日常语言学派"的思理作出多方面的细致解读，但笔者更为关心的是与此相关的另一问题："典范"在日常行动或生活世界中的意义。

具有神奇魅力的"礼"，显然会导致伦理或政治的差序结构，等级森严似乎是"礼"留给人们最为普遍的印象。差序或等级常与权力、理性、道德等因素结盟，并在历史进程中不断"人格化"（personalistic），进而形成各式各样"典范的权威"（authority - as - model）。如犹太教、基督教传统中的上帝。"权威"犹如一柄双刃剑，在帮助民众作为正确选择的同时，也形成了一种有形或无形的压力——禁忌、戒律甚至是命运。然而，无论是积极意义上的施援解困，还是消极意义上的束手束脚，都还只属于"典范"的工具性意义。芬格莱特重视区分"工具性典范"与"价值性典范"（或"圆满的典范"）：

> 比如，我们说到一对典范的父母、堪称楷模的父母时，我们也许是在工具性的意义上来说的——这里所说的父母经验丰富，技巧纯熟，其他父母都很有可能加以仿效。但是，我们也许还有别的意义，即这样的父母完美地实现了我们有关作为父母应该是什么样子的那种理想，由此充分认识到——并且实现了——作为父母的内在价值。也就是说，作为父母，是被视为人性某些方面的圆满实现（fulfillment），而不只是偶然发生的任何逻辑上和因果关系的可能性。就术语的这种意义而言，典范本身就是有价值的。③

所谓"工具性典范"，用孔子的话说就是"器"。"君子不器"（《论语·为政》）一语说明：当"君子"以"典范"（model）的面貌出现时，并不在于其精通任何实用性技能，也不意味其能满足人们的功利需求，而是提供了一种"可能"的存在范式——人类如何尽善尽美。当然，还需进一步澄清："君子不器"着重强调的是君子不以"器"为旨归，而非君子"不能"器。也就是说，"工具性典范"并不与"价值性典范"完全对立——当说某些事情或某些人是一个圆满的典范时，并不刻意排除其在某些方面同样是一个工具性典范。分言二者是为了更好地彰显儒家君子理想的价值维度：

> 仅仅通过当下的存在和以身作则，以及通过启发他人的意志，从而参与

---

① ［美］赫伯特·芬格莱特："在奥斯汀教授的推理中，对语言及其'礼仪'情境的这种研究取径的结果，是自相矛盾的。"（芬格莱特：《孔子：即凡而圣》，第13页。）
② ［美］赫伯特·芬格莱特：《孔子：即凡而圣》，第14页。
③ ［美］赫伯特·芬格莱特：《〈论语〉如何描绘理想的权威及其作用模式》，见《孔子：即凡而圣》，第150—151页。

这种生活之道，这种可以充分实现人性的天赋的生活之道，而不是通过一味的宣传说教，这样的典范人格便可以起到教育的作用。①

简而言之，"价值性典范"的意义在于激发人们自觉自愿的完善自我，而非借助外力横加干涉。如此便涉及"典范"与大众的关系问题。首先，就地位而言，君子不是凌驾于大众之上和大众对立的孤独个体，正所谓"君子周而不比"，君子并非一个封闭的团体，而是与大众有机地融为一体。"君子的存在体现了公共的价值。正是由于君子尽善尽美地将这些公共价值个性化，也正是由于他是个性和人类社群的结晶，因此，君子在其他人当中唤起了尊敬、快乐以及分享其生命形式的意愿。"② 其次，就方式而言，正因为君子不凌驾于他人之上，所以君子并非填鸭式的布道说教，或借助某种外力逼迫大众服从，而是通过内心感召引发大众"关联性"（correlative）的响应。芬格莱特特别指出"关联性"的响应并不等于机械模仿："即使在人们确实响应完善的典范的地方，这种响应也不必或者经常不具有模仿的性质。我也许崇拜某位妇女，将她视为正是那种母性的典范的体现。但对我来说，模仿是不可能的事。换一种方式来说，模仿也许是可能的，但却是不适当的。"③

此外，典范与大众之间的关系同样涉及"自我"问题，人们是否可以"选择"典范？芬格莱特一方面承认在《论语》中，孔子没有对有关选择或责任的语言加以详细阐述，只是偶尔使用类似语词；另一方面鉴于西方长期深入地沉浸在一个由选择和责任这样的词语所构想出的世界中，采取孔子的方式看待世界是十分有益的。孔子哲学中的选择和责任，似乎仅表现为"守死善道"（《论语·泰伯》）的方面；但"道"正是最富启发的核心意象——"人生之正道"、"治国之道"、"人的存在的理想大道"、"宇宙之道"以及"存在本身创生性—规范性（generative - normative）的方式（模式、途径、路线）"。

对孔子来说，核心的道德问题不是一个人要对出于自由意志选择的行为负责，而是他所面临的这样一种实际问题：一个人是否适当地得到"道"的教育，以及他是否愿意勤奋地学习行道？对于不能遵守道德秩序（礼），恰当的回应不是因为一种虽然邪恶但却自由的负有责任的选择而自我谴责，而是自我的再教育，以便克服一种单纯的缺陷、一种力量的不足——总之是在"塑造"过程中的缺陷和不足。在这一点上，西方人倾向于强调由于缺乏勤勉的个人责任的问题。而在《论语》中，恰恰是这一类的问题，却甚至从来

---

① [美] 赫伯特·芬格莱特：《孔子：即凡而圣》，第155页。
② [美] 赫伯特·芬格莱特：《孔子：即凡而圣》，第158页。
③ [美] 赫伯特·芬格莱特：《孔子：即凡而圣》，第153页。

没有被提到过。①

西方尤其自笛卡尔以来，常常视"选择"为一种神秘的内心、私人或精神活动；芬格莱特却认为"选择"同样可源于美德的"能动性"（dynamic）和社会性。"礼"充当了"道"的地图或更为具体的道路系统，内在地涉及一种与他人的动态关系，此即美德的能动性与社会性。"像纯洁或者天真（purity or innocence）那样'静态的'或'内在的'美德，在《论语》中则没有扮演任何角色。"② 反过来说，道德与社会的唯一必要性，最终是要在"礼"中完善自我与成就他人。

结语：公共性愿景

百余年来，"西学东渐"构成了中国最为独特的学术生态，上演着一幕幕爱恨交织的悲喜剧。国人时而额手称庆，高扬西方思想的启蒙意义，视华夏文明为亟需砸烂的"铁屋子"："我以为要少——或者竟不——看中国书，多看外国书"③；时而扼腕叹息，指摘西方学术的殖民祸心，丧失对本国传统应有的"温情与敬意"："在崇西潮流中懵懵懂懂地就丧失了清明的思想良知，以很不合适的西方传统哲学的方法来切割中华古学，而毫不意识到其中的不合适，于是做出了不少焚琴煮鹤、买椟还珠的事情"。④ 当神州大地还在各据所本，继续谱写自由主义、保守主义、激进主义的新"三国"时；大洋彼岸早已是"看风景的人在楼上看你"⑤，中国传统文化正在装饰"别人的梦"。芬格莱特眼中的"礼"，正是"他者"（the other）之梦的典型"显象"⑥。

《孔子：即凡而圣》中有关"礼"的诸多论述，对中国读者而言或许并不熟悉，甚至可能是完全陌生的。造成这一现象的原因无疑是多方面的，但最为重要的一点是：海外汉学虽然是"中国"学，但其本质仍是一种"西学"。具体说来，芬格莱特研究的虽是孔子之"礼"，却难逃美国学术的底色。当德国哲学家哈贝马斯的著作译成英文后，其对"公共领域"的思考迅速引起美国学者的注意，而后者又将此兴趣与各自研究的领域相绾合。

---

① ［美］赫伯特·芬格莱特：《孔子：即凡而圣》，第35—36页。
② ［美］赫伯特·芬格莱特：《孔子：即凡而圣》，第55—56页。
③ 鲁迅：《青年必读书》，见《华盖集》，人民文学出版社1958年版，第7页。
④ 张祥龙先生语，引自张志扬：《偶在论谱系：西方哲学史的"阴影之谷"》，复旦大学出版社2010年版，封底。
⑤ 卞之琳：《断章》，见《十年诗草：1930—1939》（增订本），安徽教育出版社2007年版，第24页。
⑥ "显象"一词借自萨特："如果我们不再相信'显象背后的存在'，那么显象就成了完全的肯定性，它的本质就是这样一种'显现'，它不再与存在对立，反而成为存在的尺度。"（萨特著，陈宣良等译：《存在与虚无》修订译本，生活·读书·新知三联书店2012年版，第2页。）

无论如何，我最为诚挚的希望是：我这里所写的东西是为了我的某些读者，西方的以及东方的，它不仅是一部学术著作，更是带有人类兄弟之情和公共之美的哲学信息的一部著作。而那种人类兄弟之情以及公共之美，正是我在孔夫子的《论语》中所发现的。①

正如"生活中从不缺少美，而是缺少发现美的眼睛"，《论语》中的"公共之美"之所以被芬格莱特发现，是因为他具有一双追寻公共性的眼睛。时至今日，"公共性"早已不再是美国汉学的底色，而成为世界思想的愿景与难题——近年来，"亲亲互隐"的问题之所以备受关注②，亦源于此。芬格莱特从《论语》中"自家体贴"出：圆满完成之人，如同一樽神圣的礼器③。如此熟悉而又陌生的比喻，或许正是开启"公共之美"的锁钥。

---

① ［美］赫伯特·芬格莱特：《致中国读者》，见《孔子：即凡而圣》，第2页。
② 相关讨论亦可参见拙文：《判界与融通——儒家伦理争鸣中的两类思想》，载《当代儒学》第4辑，第237—251页。
③ ［美］赫伯特·芬格莱特：《孔子：即凡而圣》，第78页。

《论语》"克己复礼"章本意发微

《人民日报》理论部　萧伟光

《论语》"克己复礼"章千古聚讼。与朱子同时代之杨慈湖①就曾慨叹："大哉克己复礼之训乎！由孔子而来至于今千有余岁，学者罕有知其解者。"②而于朱子《论语集注》之注解，当时就有弟子提出疑问，认为朱子之说"似与诸公之意全不相似"③。日本的龟井鲁④更是对"历二千余年来溃溃自若"之此章进行了苦心孤诣之探索：

> 余往年读此章，未得其解……取诸家之注阅之，率皆牵强傅会，非肤浅诬圣贤则高妙不近人情，何足以辨吾惑哉！于是捃摭诸章语及颜子者，两合以考之……由是推之，颜子之贤而明哲，盖不在皋陶、伊吕之下矣，则夫子导以礼者，岂徒以其修身制心等事乎？至如朱熹"人欲净尽、天理流行"之言，则所谓高妙不近人情者，非夫子之旨必矣。⑤

钱宾四先生《论语新解》有云：

> 宋儒以胜私欲全天理释此克己复礼四字，大义亦相通。然克己之己，实不指私欲，复礼之礼，亦与天理义蕴不尽洽。宋儒之说，未尝不可以通《论语》，而多有非《论语》之本义，此章即其一例，亦学者所当细辨。⑥

---

① 杨简（1141—1225），字敬仲，号慈湖，陆象山之高足。
② 然慈湖纯以心论仁论礼，其论为朱子所掊击，兹择要摘录如下："己本无过，本与天地为一，亦能范围天地，亦能发育万物，不独圣人有此，夫人皆然，尧舜与人同尔。孔子曰：'心之精神是谓圣。'孟子亦曰：'仁，人心也。'道在我矣，何假他求？我即道矣，何必复求？颜子劳于钻仰，欲从末由，尚疑道之在彼，孔子于是教之以至易至简之道曰：'能己复礼，则为仁矣。'礼亦非己外之物。礼者，我之所自有。凡礼之所有，皆我心之所安。复我本有之礼，斯己矣，复何所为！是己尚足以范围天地，则天下安有不归吾仁！"慈湖之解与下文吕与叔"洞然八荒，皆在我闼"之论有相似处，实乃朱子防范遏制之对象。
③ 黎靖德编，王星贤点校：《朱子语类》，中华书局1986年3月第1版，第1066页。
④ 龟井鲁（1742—1814），字道载，号南溟。
⑤ ［日］龟井鲁：《论语语由》，《无求备斋论语集成》第十五函，台北艺文印书馆1966年版第203—204页。
⑥ 钱穆：《论语新解》，生活·读书·新知三联书店2002年9月第1版，第303页。

钱先生此论颇有启发性,但可惜的是钱先生的白话试译仍未脱宋儒窠臼:"只要一天能这样,便见天下尽归入我心之仁了。"①

1991年至1992年期间,在何炳棣与杜维明、刘述先诸先生之间,围绕如何读解孔子的"克己复礼"一语展开了一场笔战。针对杜先生从"修身"的角度解释"克己复礼",何先生撰文强调礼是"具有顽强约制性的","孔子以维护西周礼制为一生重要使命",这才是"克己复礼"的"真诠"。为此,刘先生站在杜维明一边,对何文进行了反驳,明确提出:"'克己复礼'明显是讲个人的道德修养功夫,别无异解。"②

纵观多数古注新考,"也自说得,只是圣人本意不如此"③。兹事体大,不容不辨,必为之澄清而求得圣人之本意而后可,是以区区不揣谫陋,尽力搜罗古今中外明体达用之通论而融会之,以求余之心安理得,并公诸天下,以期共讲此学,共明此道。

一、朱注检讨

朱子《论语集注》有云:"归,犹与也。""天下归仁焉"释为"天下之人皆与其仁",士人克己修身是否有如此"甚速而至大"之功效暂且不论,此论有诱人以名之嫌则无疑。

朱子在注解"子张问达"章引程子之语曰:

> 学者须是务实,不要近名。有意近名,大本已失,更学何事?为名而学,则是伪也。今之学者,大抵为名。为名与为利虽清浊不同,然其利心则一也。④

名利之心不去,何以治"为己之学"?"为仁由己,而由人乎哉","为仁"是自己之事,他人无法替代。"为仁"亦是"为己",倘有意于为名,何以为颜子?何以为孔子?⑤

在注解"患得患失"章时引用胡氏之语曰:

---

① 《论语新解》,第304页。
② 参阅何炳棣《"克己复礼"真诠——当代新儒家杜维明治学方法的初步检讨》,刘述先《从方法论的角度论何炳棣教授对"克己复礼"的解释》,何炳棣《答刘述先教授——再论"克己复礼"的诠释》,刘述先《再谈"克己复礼真诠"——答何炳棣教授》,分别载《二十一世纪》第8、9、10、11期。
③ 《朱子语类》,第898页。
④ 《四书章句集注·论语集注·颜渊》,第138页。
⑤ 《孟子·万章上》:"若孔子主痈疽与侍人瘠环,何以为孔子?"此语颇妙,非深知圣人者,何以语此?!孟子自道:"乃所愿,则学孔子也。"是以心知圣人之意。

许昌靳裁之有言曰:"士之品大概有三:志于道德者,功名不足以累其心;志于功名者,富贵不足以累其心;志于富贵而已者,则亦无所不至矣。"①

颜子安贫乐道,所谓"一箪食,一瓢饮,在陋巷,人不堪其忧,回也不改其乐"(《论语·雍也》),与其师之"饭疏食饮水,曲肱而枕之,乐亦在其中矣;不义而富且贵,于我如浮云"(《论语·述而》)相得益彰,后世并称为"孔颜乐处"。颜子岂为功名之士?孔子岂为功名之士?"名"本为中人以下而设②,孔子岂肯以此来诱导最善学、最肖己之颜子?是以朱子诱人以名之说必不通。倘置之他处,朱子必于此诱之以名之论痛加挞伐,但于"传授心法切要之言"的"克己复礼"章,却不期然地弃外王而专言内圣,以致不近人情焉,此乃朱子之前后失照处。

朱子释"归"为"许"既不当,然则"归"究竟何意?《论语》有载:

樊迟请学稼,子曰:"吾不如老农。"请学为圃,曰:"吾不如老圃。"樊迟出,子曰:"小人哉,樊须也。上好礼,则民莫敢不敬;上好义,则民莫敢不服;上好信,则民莫敢不用情。夫如是,则四方之民,襁负其子而至矣,焉用稼?"

樊迟提出的这个问题很重要,引出了孔夫子的孔门旨归之论。这里不存在孔子对农夫的歧视,孔子只是认为,我是老师,你们是学生,你们主动跟随我学习,这很好,但是我这里"唯有先王之典籍,非耕稼之所"③,我这里培养的是君子——"君子喻于义,小人喻于利"(《论语·里仁》)。这句话以位言,无有贬义,正如《大学》所云:"君子贤其贤而亲其亲,小人乐其乐而利其利。"各安其位即天下太平——小人之术不在讲习范畴。你要"学稼"、"为圃",可以找这方面的行家。樊迟出去之后,孔子的解释非常重要,"上好礼,则民莫敢不敬;上好义,则民莫敢不服;上好信,则民莫敢不用情",这里考虑的立足点都是"上",是"君上"之事④,是治民之术,这也正是孔门六艺之学的指向所在。也就是说,孔子"有教无类"(《论语·卫灵公》),所学皆为"小人"先前无法学习的"先王典籍","学而优则仕"(《论语·子张》),这是一个基本方向。此类表述在《论语》中触目皆是,聊举一二以说明之:

---

① 《四书章句集注·论语集注·阳货》,第179页。
② 《近思录·为学》有伊川先生语:"名者可以厉中人,君子所存,非所汲汲。"
③ 《论语集解义疏》,《丛书集成初编》,商务印书馆1937年版,第178页。
④ 《论语集解义疏》,《丛书集成初编》,商务印书馆1937年版,第178页。

子曰："上好礼，则民易使也。"（《论语·宪问》）

子谓子产："有君子之道四焉：其行己也恭，其事上也敬，其养民也惠，其使民也义。"（《论语·公冶长》）

孟氏使阳肤为士师，问于曾子，曾子曰："上失其道，民散久矣。如得其情，则哀矜而勿喜。"（《论语·子张》）

子之武城，闻弦歌之声，夫子莞尔而笑曰："割鸡焉用宰牛刀。"子游对曰："昔者偃也闻诸夫子曰：'君子学道则爱人，小人学道则易使也。'"子曰："二三子，偃之言是也。前言戏之耳。"（《论语·阳货》）

这里暗含了先秦社会很重要的社会间架：上（君）—士—民，孔子培养的是"士"或者说"君子"（尚且无位），其职责便如名臣子产之所为，"事上"与"养民"（包括"使民"在内），伊尹所谓"为上为德，为下为民"①。"士志于道"（《论语·里仁》），此"道"即为"礼"，亦即为"仁"——孔子说过"上好礼，则民易使也"，还说过"小人学道则易使也"（《论语·阳货》），显然所学之"道"即为"礼"，然而"人而不仁，如礼何？人而不仁，如乐何"（《论语·八佾》），"礼云礼云，玉帛云乎哉？乐云乐云，钟鼓云乎哉"（《论语·阳货》），"礼"即"仁"之外化，"仁"即"礼"之精神，"克己复礼为仁"，仁体礼用，体用一源。《三字经》对此有个概括，"上致君，下泽民"，这正是孔门教化理念之具体体现。

明乎此，我们就能明白，孔子所说的"夫如是，则四方之民，襁负其子而至矣，焉用稼"之真义——稼穑之事，自有"小人"为之，孟子所谓"劳心者治人，劳力者治于人；治于人者食人，治人者食于人：天下之通义也"（《孟子·滕文公上》），这在孔子那里也是天经地义的，其实即便是今天仍然如此，稼穑等生产活动由老百姓承担，国家事务由政府人员承担。孔子培养的是为出仕治民作准备的士君子，在上位者如果能够"好礼"、"好义"与"好信"，老百姓自然就会归往，所谓"四方之民，大小归化，故并器负其子而来至也"，"天下归仁焉"，此即正解②——日本人伊藤坦《论语栏

---

① 《咸有一德》，《尚书正义》，上海古籍出版社2007年版，第323页。伪孔传注云："奉上布德，顺下训民。"

② 丰干《论语新注》有云："'一日克己复礼，天下归仁焉'，此句举人君之行事，晓其效验之速而大也。'归'者，'仁人以为己归'之归，谓归服也。邢氏曰'言人君若能一日行克己复礼，则天下皆归此仁德之君也'，此解正矣。"参见［日］丰干：《论语新注》，《无求备斋论语集成》第二十七函，第105页。

外书》有云："'归'字如'众水归于海'之'归'，不必释为'称许'。"① 民国时期的张鼎在《论语说遗》中也说，"归"字"训为'称许'，似太浅，不如训为'归服'"②。——"好礼"、"好义"与"好信"可一言以蔽之，曰"复礼"③，亦即"行礼"④，所以"天下归仁焉"之"归"，当解为"归往"、"归服"，心有所归向，行有所归往，归往于有德有位之人，皆题中应有之义。

朱子在《孟子集注》中注解"孟子见梁襄王"章"孰能与之"时有云"与，犹归也"⑤，与朱子《论语集注》中注解"克己复礼"章"天下归仁焉"时所云"归，犹与也"，二者在训诂方面恰好相照应，但也正是在此处我们可以看见朱子义理方面的失照之处：孟子在回答梁襄王"孰能与之"的问题时明确指出："天下莫不与也。王知夫苗乎？七八月之间旱，则苗槁矣。天油然作云，沛然下雨，则苗浡然兴之矣。其如是，孰能御之？今夫天下之人牧，未有不嗜杀人者也，如有不嗜杀人者，则天下之民皆引领而望之矣。诚如是也，民归之，由水之就下，沛然谁能御之！"朱子也注解道："能行仁政，则天下之民归之矣。"⑥ 这里的"民归之"是指民归服、归心和归往于有德之君，其旨不言而喻。《孟子》的语脉较《论语》清晰，所以朱子无法完全作内圣的解释，如朱子还说过，"好乐而能与百姓同之，则天下之民归之矣"⑦。

以朱子之贤，此种瑕疵完全可以避免，但是吾人以为，这正是朱子之苦心孤诣处，朱子如此注释固非孔子本意，然却有自有其用意在：

"天下归仁"，言天下皆与其仁。伊川云"称其仁"，是也。此却说得实。至杨氏以为"天下皆在吾之度内"，则是谓见得吾仁之大如此，而天下皆囿于其中，则说得无形影；吕氏《克己铭》，如"洞然八荒，皆在我闼"之类

---

① "归"字如"众水归于海"之"归"，即如孟子"民归之"之"归"，此论是也，然下文又云："天下归仁，言感应之速，天下沛然归于我仁也，此语其理，不可涉行迹做诠。"则大误：一则受到巨大的惯性推动，重新回到宋儒的解释语境之中，此可不表；二则以为孔夫子会跟其爱徒谈玄说妙，只是说一些理论上可行、"不可涉行迹做诠"的高论，此则难免龟井鲁所谓"肤浅诬圣贤"之讥。参见伊藤坦：《论语栏外书》，《无求备斋论语集成》第二十八函，第65页。
② 张鼎：《论语说遗》，《无求备斋论语集成》第二十六函，第12页。页码严灵峰先生作第4页，似误，当续接上半部《论语》的第8页而编为第12页。
③ 朱子注解《论语·学而》"信近于义，言可复也"时云："复，践言也。""复礼"之"复"亦当解为"践"。至于释"复"为"反"，"反于礼"与"践礼"可通，不必舍本逐末，在此斤斤计较。而至于"礼"是完全的周礼还是有所损益的"礼"，这个答案也是很明显的，孔子告颜子以四代之礼乐时即给出了明确的答案。
④ 《中庸》："践其位，行其礼。"
⑤ 《四书章句集注·孟子集注·梁惠王上》，第206页。
⑥ 《四书章句集注·孟子集注·梁惠王上》，第206页。
⑦ 《四书章句集注·孟子集注·梁惠王下》，第214页。

同意。①

朱子认为，伊川云"称其仁"比较实在，所谓"于这事做得恁地，于那事亦做得恁地，所以天下皆称其仁"，"若有一处做得不是，必被人看破了"②，吕与叔"洞然八荒，皆在我闼"与杨氏所谓"天下皆在吾之度内"皆说得"无形影"，也就是说得过高，无法让人切实用功夫，这是朱子自从逃禅归儒之后、一生所高度提防之处，可谓不肯越雷池半步。

问："《克己铭》：'痒痾疾痛，举切吾身。'不知是这道理否？"曰："某见前辈一项论议说忒高了，不只就身上理会，便说要与天地同其体，同其大，安有此理！如'初无吝骄，作我蟊贼'云云，只说得克己一边，却不说到复礼处。须先克己私，以复于礼，则为仁。且仁譬之水，公则譬之沟渠，要流通此水，须开浚沟渠，然后水方流行也。"③

朱子这里将问题意识说得很清楚，所谓"论议说忒高了，不只就身上理会"。不仅如此，朱子严防死守，防止儒学同道说得过高，也是为了自别于佛家。

林正卿问："吕与叔云：'痒痾疾痛，举切吾身。'不知此语说'天下归仁'如何？"曰："圣人寻常不曾有这般说话。近来人被佛家说一般大话，他便做这般底话去敌他。"④

佛家好说"大话"，儒家内部"便做这般底话去敌他"，"说得来恁大，故人皆喜其快"⑤，但在朱子看来，这样反而失了儒学矩矱，有削足适履、邯郸学步之嫌，因为"圣人寻常不曾有这般说话"。

朱子的担心不是无谓的：

又问"天下归仁"。曰："'克己复礼'，则事事皆是，天下之人闻之见之，莫不皆与其为仁也。"又曰："有几处被前辈说得来大，今收拾不得。谓如'君子所过者化'，本只言君子所居而人自化；'所存者神'，本只言所存

---

① 《朱子语类》，第1066页。
② 《朱子语类》，第1068页。
③ 《朱子语类》，第1067页。
④ 《朱子语类》，第1068页。
⑤ 《朱子语类》，第1068页。

主处便神妙。横渠却云：'性性为能存神，物物为能过化。'至上蔡便道：'唯能"所存者神"，是以"所过者化"。'此等言语，人皆烂熟，以为必须如此说。才不如此说，便不快意矣。"①

前辈解圣人之意，务为高远，"才不如此说，便不快意矣"，所以有好些地方"被前辈说得来大，今收拾不得"，朱子在涉及孔门传授心法的"克己复礼"章，自然要"悬崖勒马"、遏制理学内部务高远近、喜虚厌实之趋势，此乃朱子之苦心孤诣，吾人不得不对此表示一番敬意。倘没有朱子在南宋之"克己"，理学之走入狂禅末流，恐怕不必等到明末阳明后学才兴起。

二、"天下归仁焉"本意

尽管如是，朱子对"克己复礼"章的探讨仍然是在理学矩矱之内而论，虽然朱子明明也说过"孔子直是以二帝三王之事许颜子"②，但朱子所论仍旧是"去位化"或者说"去政治化"之论，仍旧是以德性为主、个人修身为主，仍旧没有指出此章实虽然和"有德"相关，但同时也是和"有位"相关的。"天下归仁焉"当解为孟子的"民归之"，是指民归服、归心和归往于有德之人、有德之君。

此解并非吾人向壁虚造，亦非只有孟子如是论述，自古就有此论，只是湮没无闻而已。梁代的皇侃《论语义疏》即云："人君若能一日克己复礼，则天下之民咸归于仁君也。"③ 北宋的孙奭《论语注疏》亦云："'一日克己复礼，天下归仁焉'者，言人君若能一日行克己复礼，则天下皆归此仁德之君也；一日犹见归，况终身行仁乎。"④ 朱子《论语集注》后来居上，以至于后人几乎完全在朱子的注解中理解孔孟，圣人本意反不能自行体认而得之。

我们再撷取古今中外内圣外王兼顾注解此章之有代表性的论说来证明此种理解虽然自朱子以后在中国不占主流⑤，但仍然不绝如缕。

唐人皇甫湜有云："臣闻'一日克己复礼，天下归仁焉'，王者之谓也，故人不从

---

① 《朱子语类》，第 1068 页。
② 《朱子语类》，第 1066 页。
③ 《论语集解义疏》，第 162 页。
④ 李学勤主编：《论语注疏》，北京大学出版社 1999 年版，第 157 页。
⑤ 朱子之学"致广大而尽精微"，不可能不知道前人注疏之义。事实上，朱子也从外王面论说过"克己复礼"章："圣人说'克己复礼'，便是真实下功夫。'一日克己复礼'，施之于一家，则一家归其仁；施之一乡，则一乡归其仁；施之天下，则天下归其仁。是真实从手头过，如饮酒必醉，食饭必饱。"这里的"天下"就是与家国相对的天下，是外王层面的意涵。只是此种解说未被采纳进《论语集注》，只在师徒之间的讨论中偶尔出现而记录于《朱子语类》中，是以知之者甚少。

上之令而从其所行。"① 在皇甫氏看来，"天下归仁焉"的主语正是"王者"，以"君君臣臣"（《论语·颜渊》）、君臣一体的关系及孔子"梦周公"而言，则是辅相之臣引导人君"克己复礼"，而有"天下归仁焉"之效。

也有以"天下归仁焉"之主语为颜子者，宋光宗时位居宰辅之位的黄祖舜②有云："颜回问为邦，夫子尝以四代之礼乐告之，而此曰'克己复礼，天下归仁'，盖其德行纯备，心不违仁，可以为人上矣，故以是道明之也。"③ 又云："惟自反而充于礼，不役耳目，乱之不作，好恶扰之，正心诚意于上而天下安于无事，风俗自是归于淳厚矣。"④ 这里将"天下归仁焉"释为"天下安于无事，风俗自是归于淳厚矣"，是指上行下效，《大学》所谓"一家仁，一国兴仁；一家让，一国兴让"，在上位者"克己复礼"，在下之百姓就会安分守己、民风淳朴，有"人人皆以仁德为归"之意。钱逊先生认为，"这里'克己复礼'的主语似不是指个人，而是泛指众人，即如果大家都能做到克己复礼，天下就都归于仁了"⑤。这是很有启发性的说法。

孔子有云："如有王者，必世而后仁。"（《论语·子路》）正如程子所云："渐民以仁，摩民以义，使之浃于肌肤，沦于骨髓，而礼乐可兴，所谓仁也。此非积久，何以能致？"⑥ 子曰："善人为邦百年，亦可以胜残去杀矣。诚哉是言也！"（《论语·子路》）即便是圣王，也要"世而后仁"，天下人人皆以仁德为归，这恐怕不是一时就能做到的，孔子最重因材施教，所谓"因其材而笃之"（《中庸》），自然不会以此来指点颜子。所以区区以为，"天下归仁焉"当取天下之民归心和归往于有德之君之意，恐怕更切合实际。

与朱子同称为"东南三贤"的吕祖谦在解说《尚书·伊训》中的"古有夏先后，方懋厥德，罔有天灾。山川鬼神，亦莫不宁，暨鸟兽鱼鳖咸若。于其子孙弗率，皇天降灾"一段时有云：

> 德者，天地万物所同得实然之理，圣人与天地万物同由之也。此德既懋，则天地万物自然各得其理矣。夏之先后，懋德如此，宜可以凭藉扶持，固亿

---

① 皇甫湜：《制策一道》，《皇甫持正集》卷三，景印文渊阁《四库全书》第1078册，台湾商务印书馆1986年版，第79页。
② 黄祖舜（1100—1165），字继道，晚号巩溪宫人。绍兴三十一年（1161），为同知枢密院事兼权参知政事。《宋元学案·武夷学案》于叶氏（指胡文定之同调叶廷珪）门人下有云："（黄祖舜）……进《论语讲义》，词义明粹，下国子监梓行。"《论语讲义》一书，"朱子多引用之"。《朱子语类》卷第十九载："《集注》（光按：指《论语集注》）中曾氏是文清公，黄氏是黄祖舜，晁氏是晁以道，李氏是李光祖。"
③ 胡宏：《知言》，转引自《论语指南》，中华书局1987年版，第311页。
④ 胡宏：《知言》，转引自《论语指南》，中华书局1987年版，第311页。
⑤ 钱逊：《论语浅解》，北京古籍出版社1988年版，第186页。
⑥ 《四书章句集注·论语集注·子路》，第144页。

万年之基本。子孙才尔不率，天遂降之以灾，天理感应之速，反覆手间耳。非特人君，学者亦有此理。盖"万物皆备于我"，"一日克己复礼，天下归仁"，但匹夫无位，未必有此事。"方懋厥德，固有天灾"，感应之理，存于懋德之中也；"子孙弗率，皇天降灾"，灾咎之理，存于弗率之中也。①

此论可谓合情合理，所谓"非特人君，学者亦有此理"，所谓"匹夫无位，未必有此事"，理事二分而论乃宋儒所常用之思维方式，原则上有，但事实上不一定有，关键就在于"匹夫无位"，这也是对朱子注解之最佳评判。孟子曾经引用过《论语》中未记载的一句话："孔子曰：'德之流行，速于置邮而传命。'"② 这句话和朱子所谓"极言其效之甚速而至大也"有相通之处，但我们不要忘记，孟子引用此语的语境是，齐国"地不改辟矣，民不改聚矣，行仁政而王，莫之能御也"，"德之流行"虽速，然是对齐王而言而非对"无位匹夫"之境界而言，亦是在外王层面来论说。

三、《论语》之外的证据

"求观圣人之道者，必自孟子始"③，孟子乃孔子嫡传血脉，知孔子者，莫若孟子。孟子中对"克己复礼"章多有呼应，特别是对我们理解"天下归仁焉"的本意极有启发性，姑举数例如下：

> 王无罪岁，斯天下之民至焉。（《孟子·梁惠王上》）

"王无罪岁，斯天下之民至焉"是教导齐王反求诸己，不为"五十步笑百步"之事，施行仁政，自然就会有"天下之民至焉"之功效。"天下之民至焉"与《论语》的"天下归仁焉"相比，点出"民"字与"至"字，必为孟子对孔子"一日克己复礼，天下归仁焉"的阐扬。然则，此种功效之具体体现如何？

> 今王发政施仁，使天下仕者皆欲立于王之朝，耕者皆欲耕于王之野，商贾皆欲藏于王之市，行旅皆欲出于王之途，天下之欲疾其君者，皆欲赴诉于王。其若是，孰能御之？（《孟子·梁惠王上》）

这里将"民"的具体内涵细化。我们再看一则材料：

---

① 吕祖谦撰，时澜增修：《增修东莱书说》卷八，景印文渊阁《四库全书》第57册，第219页。
② 《四书章句集注·孟子集注·公孙丑上》，第229页。
③ 韩昌黎语，转引自《四书章句集注·孟子集注·孟子序说》，第198页。

孟子曰："伯夷辟纣，居北海之滨，闻文王作，兴曰：'盍归乎来！吾闻西伯善养老者。'太公辟纣，居东海之滨，闻文王作，兴曰：'盍归乎来！吾闻西伯善养老者。'二老者，天下之大老也，而归之，是天下之父归之也。天下之父归之，其子焉往？诸侯有行文王之政者，七年之内，必为政于天下。"（《孟子·离娄上》）

这里展现的是文王兴起时"天下之父归之"的情形，必定是有德有位者行王道，方能风闻天下。

　　有为神农之言者许行，自楚之滕，踵门而告文公曰："远方之人闻君行仁政，愿受一廛而为氓。"文公与之处。其徒数十人，皆衣褐，捆屦、织席以为食。陈良之徒陈相与其弟辛负耒耜而自宋之滕，曰："闻君行圣人之政，是亦圣人也，愿为圣人氓。"（《孟子·滕文公上》）

这个例子是孟子同时代的史实，可谓"一日克己复礼，天下归仁焉"的最佳历史注脚，从中我们也可以看到，孟子极力鼓吹时君行仁政与王道，如是就可以使得"民归之"，这正是对孔子"一日克己复礼，天下归仁焉"的积极阐释。

以上所列论据为《论语》本身及后世之注解与阐扬，在《论语》之前，亦有证据。

《尚书》中记载伊尹对太甲的训诫时说："民罔常怀，怀于有仁；鬼神无常享，享于克诚。天位艰哉！德惟治，否德乱。"① 这里讲的意思与"天命靡常"（《诗经·大雅·文王》）、"皇天无亲，惟德是辅"（《尚书·蔡仲之命》）相同。伪孔传注"民罔常怀，怀于有仁"句云："民所归无常，以仁政为常。"② 释"怀"为"归"，老百姓并没有一定要归附谁，谁有仁德、行仁政就归往谁，正是"天下归仁焉"的意思。

释"怀"为"归"乃常训。《尚书》中还记载了大禹谦退而推重皋陶的话："朕德罔克，民不依。皋陶迈种德，德乃降，黎民怀之。"③ 伪孔传注云："怀，归也。""言己无德，民所不能依；皋陶布行其德，下治于民，民归服。"④ 这里的"民不依"对应着"朕德罔克"⑤，"黎民怀之"对应着"德乃降"，"民不依"之"依"与"黎民怀

---

① 《太甲下》，《尚书正义》，第317页。
② 《太甲下》，《尚书正义》，第317页。
③ 《大禹谟》，《尚书正义》，第129页。
④ 《大禹谟》，《尚书正义》，第129页。
⑤ 顺便提及"克"的解释，孔冲远正义有云："我德实无所能"，"克己复礼"之"克"有多种解释，但窃以为，释为"能"当为正解。

之"之"怀"相对应，就是归依、归服①、归心之意。《诗》云："岂弟君子，民之攸归。"(《诗经·大雅·泂酌》)仁德君子为百姓所归往、归附之对象。

日本人龟井鲁有云："颜渊问为邦，闵子、仲弓为费宰，是德行不外乎政事也；子贡历相鲁卫，而游、夏宰与莒父、武城，言语、文学以资政事，可以见已。"又云："诵《论语》而不问事业、唯理义是讲者，人谓之孔门之学，吾不信也。"② 此论乃内圣外王兼顾之全论也，颇契合笔者之意。此论乃作者所发凡例之一，足见日儒为学之规模。

至此，我们可以说，"一日克己复礼，天下归仁焉"不仅"克己复礼"为孔子引用之古语③，"天下归仁焉"亦为孔子继承先王典籍精神并对此下中国之思想发生了极大影响，孟子所谓"得天下有道，得其民，斯得天下矣；得其民有道，得其心，斯得民矣"的思想被后人概括为"得民心者得天下"，为儒家民本思想之精髓所在，其重要精神源头即在《论语》此章。孔子所说的"天下"实则是"天下之民"，只是引而未发而已，孟子特别点出"民之归"，指出民归服、归心和归往于有德之君，这也和《大学》所谓"君子先慎乎德。有德此有人，有人此有土，有土此有财，有财此有用"同意，而这里的"君子"正是"治国平天下"之有德有位者，并非宋儒理解的一般士人之谓。朱子以修身来解"克己复礼"章，不可谓无道理，但非孔子本意则可断言。

---

① 中井积德有云："'归'，如字，服也，《孟子》：'其身正而天下归之。'与此同，极言其效也。"参见［日］中井积德：《论语逢源》，《无求备斋论语集成》第二十七函，第225页。
② ［日］龟井鲁：《论语语由·凡例》，《无求备斋论语集成》第十五函，第5页。
③ 《左传·昭公十二年》有载："仲尼曰：'古也有志："克己复礼，仁也。"信善哉！楚灵王若能如是，岂其辱于乾溪？'"

早期中国哲学中"地"的观念

新加坡南洋理工大学哲学系　何　繁

前　言

"天人合一"常被视为中国哲学所特有的一个重要观念。然而，刘笑敢认为"天人合一"这个术语并不含有任何特定的、深刻的以及系统的意涵；很多对"天人合一"的论述都忽略了此词演变的历史背景，因而其重要性与哲学意义被夸大，甚而被认为是中国哲学的代表观念[①]。李晨阳持与刘笑敢相近的观点。李认为《易经》的一大特色是其连贯的"三才"（天、地、人）观念，因此那些认为"天人合一"源于《易经》，或《易经》的一个主要观念是"天人合一"的看法是没有根据的。围绕李与刘的观点所产生的一个问题是：若"地"在"三才"观念中本占据重要地位，为何在后来的"天人合一"的术语中却失去位置？

为探索此疑问，在下文中，我将首先考察作为实体的"地"如何演变为一个抽象的哲学观念。其次，我将对"天地人"与"天人"的术语分别进行考察，且论证两个术语皆含有政治与个人道德的两个层面。就两术语而言，早期哲学文献对政治层面的讨论远较个人道德的层面为多。此外，早期哲学文献对"天人"术语讨论时，"地"其实也常常出现在讨论中，且并未被忽视。结合以上的考察，我将在本文的最后部分认为，早期哲学文献对"天人"的论述着重于其政治层面，但是当代学者对"天人合一"（早期哲学文献中没有"天人合一"这个表述，只有"天人"的表述，在此我们姑且视现代学者所认为的"天人合一"的观念与早期哲学文献中出现的"天人"的表述有某种关联）的讨论则侧重于其个人的道德层面，而忽略此术语在早期哲学文献中常被论述的政治层面。但是，我同时认为，如果"天人合一"仅仅视为一种思维方式，而不是一个具有特定意涵的观念，那么当代学者对"天人合一"的不同认识可以得到调和。最后，我提出，"地"与"天人"构成的"天地人"的整体哲学对个人、社会、自然界乃至整个宇宙的和谐仍有启发性的意义。

[①] 刘笑敢：《天人合一：学术、学说和信仰》，《中国哲学与文化》第10辑，2012年，第71—102页。

一、作为实体的"地"与作为哲学观念的"地"

"地"字本身就有多层涵义。其中的两层涵义与本文的论述有关。其一是指作为实体的"地",如"土地"的"地"。古代的中国人每天的生活几乎都与农业有关,如灌溉、耕作、收获,等等。因此,"地"最基本的含义指的是土地、大地。此与古代中国人的生活与劳作息息相关。"地"也具有哲学的含义,即"地"不是指涉实体,而是作为一个普遍性的概念。作为哲学的"地"常常在早期哲学文本中与"天"连用,如"天地"。

我们先论述作为实体的"地"。动植物与各种不同的生命皆仰赖于"地"而生存。作为农耕民族的早期中国人格外体会"地"与其生活息息相关。比如,《礼记·月令》描述春天的万物生长之初的景象,"天气下降,地气上腾,天地和同,草木萌动"①。来自于天与地的气相交相合正是万物生长的激发因素。据此论述,可知天与地提供万物生存的最基本的元素。类似的描述,也可见于《管子》,"天生四时,地生万财,以养万物"②。天与地对于万物生长的贡献不同。天提供的是时间的变化,而地提供的是万物生存的养料来源。但是很明显,天与地所提供的乃是万物生存的来源。此外,《春秋繁露》认为"天、地、人,万物之本也。天生之,地养之,人成之。天生之以孝悌,地养之以衣食,人成之以礼乐,三者相为手足,合以成礼,不可一无也"③。对于董仲舒而言,万物与世界的和谐来源于天、地、人各自发挥不同的功能。天提供的是法则(孝悌),地提供的是物质(衣食),人汇合天地的资源而成万物的和谐(礼乐)。可见,"地"在董仲舒的观念中对于万物的生存与"天""人"同具根本性。据以上论述可知,早期中国的思想者意识到,作为实体的"地"是人类生存的基础。

农耕的人们每天的生活直接与天、地相对。那么,早期的中国人对天、地致以崇拜,其进而发展成系统的礼仪,此亦为情理之必然。《春秋繁露》记载,"所闻古者天子之礼,莫重于郊。郊常以正月上辛者……祭天地"④。对于天子而言,一年中最重要的礼乃是在岁初祭祀天地。但值得注意的是,除天子之外,任何人皆不得祭祀天地。"天子祭天地,诸侯祭社稷,大夫祭五祀。"⑤那么,若其他身份的人,如诸侯,祭祀天地,将是严重的僭越。从"地"唯有天子方得祭祀可知,"地"在古代的政治观念中亦得到极大的尊崇。

---

① 孙希旦:《礼记集解》,中华书局 1989 年版,第 417 页。
② 黎翔凤:《管子校注》,中华书局 2004 年版,第 1179 页。
③ 苏舆:《春秋繁露义证》,中华书局 1992 年版,第 168 页。
④ 苏舆:《春秋繁露义证》,中华书局 1992 年版,第 414 页。
⑤ 孙希旦:《礼记集解》,中华书局 1989 年版,第 347 页。

由此，"地"观念逐渐从实体的"地"演变为哲学意涵的"地"。此抽象观念的"地"由于崇拜（如天子的祭祀）而具有神圣与超越的意涵。作为哲学观念的"地"常常与"天"所连用，如"天地"。此种连用在《礼记》中多有记载。比如，"人者，其天地之德"①；"大乐与天地同和，大礼与天地同节"②。"地"不再是单纯的物质的提供者（如大地），而是与"天"同具有超越性，代表着世界法则（如德、乐、礼）的来源。

作为哲学观念的"地"，《荀子》中也多所体现。比如，"道者，非天之道，非地之道，人之所以道也，君子之所道也"③；"天地者，生之本也；先祖者，类之本也；君师者，治之本也"④。对于荀子而言，"地"不仅有其自身的法则，"道"，同时也因是万物"生"之本而具有神圣性。

据以上论述可知，作为实体的"地"乃提供人类生存的物质基础。早期的中国人深知人类之受惠于"地"以及"地"对于生存之重要性，因此通过仪式而对"地"致以崇拜。而亦正是因为"地"之重要与神圣，其被视为有其自身的"道"且是世间法则的来源。以此而言，"地"观念具有哲学的含义。

二、天地人相参

为了彰显"地"观念对于中国哲学的意义，李晨阳论证《易经》的主旨不是"天人合一"，而是"天地人"三才观念。那么，《易经》之外，"天地人"的表述在其他文献中是否出现，又作何讨论呢？

《左传》与《国语》中讨论"地"多与"天"并列论述。比如，"夫礼，天之经也，地之义也"⑤；"天事武，地事文，民事忠信"⑥。"天"与"地"分别与某种准则相连（经与义，文与武）。值得注意的是，《左传》认为礼不仅体现的是天地的经义，同时可以被人所遵循以治国，并且与天地相并列，"礼之可以为国也久矣，与天地并"⑦。礼乃由人类的行为所体现，礼与天地相并，从某种程度可认为是人类的某种道德准则与天地相并。《国语》之"天事武，地事文，民事忠信"，亦可见"民"与天地相并列，天、地、民三者遵循各自不同的准则。无论"礼"还是"民"，正可见与天地相并列的都是人类或者与人类的行为有关。而在《逸周书》，"人"直接地与天地相

---

① 孙希旦：《礼记集解》，中华书局1989年版，第608页。
② 孙希旦：《礼记集解》，中华书局1989年版，第988页。
③ 梁启雄：《荀子笺释》，香港中华书局1974年版，第82页。
④ 梁启雄：《荀子笺释》，香港中华书局1974年版，第256页。
⑤ 杨伯峻：《春秋左传注》，中华书局1990年版，第1457页。
⑥ 徐元诰：《国语集解》，中华书局2002年版，第520页。
⑦ 杨伯峻：《春秋左传注》，中华书局1990年版，第1480页。

并列,"天道曰祥,地道曰义,人道曰礼"①。"天道""地道"与"人道"相并列,那么此处的天、地、人也是并列的关系。"人"在此处所指涉的不是具体的客观的对象,而是抽象的全人类。对"人"类似的用法还可以见于《国语》。此书中,范蠡说,"夫人事必将与天地相参,然后乃可以成功"②。至此,我们可以清晰地观察到,与天地相参的对象,从与人类活动相关的"礼"、特定群体的"民"演变为更为全体的"人",即全人类。《左传》《国语》与《逸周书》成书与流传不晚于《易经》。那么,"天地人"相参的观念也当在《易经》成书之前即形成。

但是,需要注意的是,自战国中期起,与天地相参乃属于一特殊群体:王与圣人。《礼记》记载,"圣人参于天地,并于鬼神,以治政也","天子者,与天地参"。③ 很明显,此处的"天子"与"圣人"都是与政治相关,是治理天下之人,而与天地相参。与《礼记》相同,《管子》中与天地相参的圣人、明主也是与政治有关。比如,"是以德之流润泽均,加于万物。故曰圣人参于天地"(此句出于《宙合》篇,据文本背景也是讨论"圣人"与政治的关系);"明主配天地者也"。④ 政治上的圣人或天子方能参于天地的观念到董仲舒仍然存在。《春秋繁露》不仅认为"王者参天地矣"⑤,且进一步言"取天地与人之中以为贯而参通之,非王者孰能当是"⑥。可见,在董仲舒的观念中,王者不仅与天地相参,甚至是天地人相通的关键。许慎所持之观点与董仲舒相同。在《说文解字》,许解释"三",认为"三,天地人也",且进一步认为"叄通之者,王也"⑦。很明显,许一方面认为天地人三者乃并列关系,同时认为王者的特殊角色乃沟通天、地、人。于此可见,自春秋到两汉,天地人(此处的"人"指的是全人类)相参的观念一直存在,而同时又存在与天地相参的"人"乃为政治的圣人或王者的观点。

与之对比的是,作为普通的"人"与天地相参的例子甚少。所能找到的例子仅在于《楚辞》与《荀子》。比如,屈原写道:"秉德无私,参天地兮"⑧;刘向亦写道:"欲与天地参寿兮。"⑨ 对于屈与刘而言,通过内在或外在的修养,普通的个人可以与天地相参。这种看法也与《荀子》相印证。《荀子》认为,"并一而不二,则通于神明,参于天地矣"⑩;"今使涂之人伏术为学,专心一志,思索孰察,加日悬久,积善

---

① 黄怀信等:《逸周书汇校集注》,上海古籍出版社2007年版,第310页。
② 徐元诰:《国语集解》,中华书局2002年版,第582页。
③ 孙希旦:《礼记集解》,中华书局1989年版,第604—1255页。
④ 黎翔凤:《管子校注》,中华书局2004年版,第227—1179页。
⑤ 苏舆:《春秋繁露义证》,中华书局1992年版,第468页。
⑥ 苏舆:《春秋繁露义证》,中华书局1992年版,第329页。
⑦ 段玉裁:《说文解字段注》,台北艺文印书馆1964年版,第9页。
⑧ 黄灵庚:《楚辞集校》,上海古籍出版社2009年版,第868页。
⑨ 黄灵庚:《楚辞集校》,上海古籍出版社2009年版,第1499页。
⑩ 梁启雄:《荀子笺释》,香港中华书局1974年版,第95页。

而不息，则通于神明，参于天地矣"①。对于荀子，个人可以通过不懈地学习，自我的钻研，日积月累，最终可以达到与天地相参的精神境界。作为普通的个人最终可以与天地相参的看法，当与战国中晚期士人阶层的崛起，并在政治、社会、文化中占据重要地位有关。与天地之相参不再为政治的圣人与王者所独占，普通的个人通过自身的学习与不断地加强修养最终亦可以达到此境界。

总而言之，"天地人"相参的观念自春秋即开始形成，而到两汉仍然存在。与"天地"相参的"人"一方面可指抽象的全人类，另一方面更多指涉的是政治意涵的"圣王"。而一般的个人与天地相参的观点，在早期的文献中并不常见。换言之，"天地人"相参有两种意涵：政治意涵与个人道德意涵。政治意涵的"天地人相参（"人"指涉的是圣王）较个人道德意涵相参（"人"指的是普通个人）在早期文本中更常为论述。

既然"天地人"相参的观念一直在早期的文献中存在，"天人"观念在此时期如何发展呢？

三、政治与道德意涵的"天人"观念

"天人"术语并不如"天地人"在早期的文献中所常出现。"天人"表述的出现主要是在《荀子》和《庄子》。但此表述也呈现的是两种意涵：政治的意涵与个人的道德意涵。

我们先看"天人"的政治意涵。《荀子》言，"天行有常……受时与治世同，而殃祸与治世异，不可以怨天，其道然也。故明于天人之分，则可谓至人矣"②。对于荀子而言，客观规律的变化乃天之道，如治世与乱世。那么，"天人"关系表达的是政治社会的治与乱。则"天人"在此包含的是政治含义。道家文本《文子》成书于西汉初期，其中颇采老子之说。比如，其借老子之口论述"天人"，"老子曰：凡学者，能明于天人之分，通于治乱之本，澄心清意以存之，见其终始，反其虚无，可谓达矣"③。"天人"在此与"学"有关。但是"学"的目的是"治乱"，那么，"天人"关系在此最直接的关联仍是政治的意涵，但是"天人"关系直到董仲舒方得到最为明确与系统的论述。董认为，"天亦有喜怒之气，哀乐之心，与人相副。以类合之，天人一也……与天同者大治，与天异者大乱"④。此处的"天人"关系很明显涉及的是政治的治乱。

---

① 梁启雄：《荀子笺释》，香港中华书局1974年版，第334页。
② 梁启雄：《荀子笺释》，香港中华书局1974年版，第221页。
③ 王利器：《文子疏义》，中华书局2000年版，第463页。
④ 苏舆：《春秋繁露义证》，中华书局1992年版，第341页。

董进一步认为天与人的关系是,"不顺天道,谓之不义"①。]人唯有顺应天之道,天下方能大治。以董的话说,"事各顺于名,名各顺于天。天人之际,合而为一"②。在早期的文献中,"天人合一"的表述至此才得到完全与直接的表述。但是值得指出的是,董仲舒的"天人合一"是从性、情而言,天与人"类同"的合一;且此处的"天人合一"乃与政治的治理有关(人与天的性情相通,人因此只有顺天的性情与规律,社会才能得到治理),换言之,董仲舒的"天人合一"乃是政治方面的"天人合一"。

直到东汉,董仲舒的"天人"观仍颇有影响。河上公在其《老子》注认为,"天道与人道同,天人相通,精气相贯。人君清静,天气自正,人君多欲,天气烦浊"③。河上公的"天人"观很明显地延续了董仲舒的观念。天与人的相通是因为"精气"的贯通,故人的行为与天相互感应。因此,人(河上公此处尤其强调"人君")行为的端正与否,也反映在天之气的清浊。由此可见,河上公的"天人"观具有很强烈的政治意涵。成书于东汉早期的正统经典《白虎通》对于"天人"关系也有近似观点,"天子所以有灵台者何?所以考天人之心,察阴阳之会"④。天与人因具有相同的"气"而贯通,因此天人之间的性情与行为也可以互相交感。天子的行为与政令与社会的治乱关系密切,而社会的治乱也正与天相交感。因此,天子乃是协调"天人"关系的关键角色。那么,从董仲舒、河上公到《白虎通》,"天人"关系即"天人感应"。"天人感应"之所以具有强烈的政治意涵,乃在于与天感应的最相关的"人"还是天子,是天子的行为与政治影响及整个社会的治乱,进而与天感应。这种强烈的政治观到东汉后期仍然存在。比如,王符写道,"天人悦喜,符瑞并臻"⑤,即,政治的清明必然因"天人"的交感,而呈现各种符瑞。可见,政治意涵的"天人"观念自始至终在两汉颇为流行。

相比而言,尽管个人道德意涵的"天人"观念在早期的文本中也有出现,但是远远不如其政治意涵的论述为多。最早从道德意涵论述"天人"观念的是《庄子》,"天在内,人在外,德在乎天。知天人之行,本乎天,位乎德"⑥。"天人"的表述很明显的是与个人的行为及德有关。郭店竹简《穷达以时》篇认为,"有天有人,天人有分。察天人之分,而知所行矣。有其人,无其世,虽贤弗行矣"。此处"天人"的表述也与个人的行为有关,即虽有才德与善行,如果没有合适的时机,个人也很难有所作为。因此,"天人"在此也与道德意涵有关。除以上两处之外,道德意涵的"天人"关系没有在其他早期的哲学文献中出现。如此而言,在早期的"天人"论述中,政治的意

---

① 苏舆:《春秋繁露义证》,中华书局1992年版,第472页。
② 苏舆:《春秋繁露义证》,中华书局1992年版,第288页。
③ 王卡:《老子道德经河上公章句》,中华书局1993年版,第184页。
④ 陈立:《白虎通疏证》,中华书局1994年版,第263页。
⑤ 王符:《潜夫论笺校正》,中华书局1985年版,第207页。
⑥ 陈鼓应:《庄子今注今译》,台湾商务印书馆2004年版,第445页。

涵远远超过个人道德的意涵。

此外，两汉对"天人"政治意涵多有讨论，但是这并不意味"地"在两汉的政治论述中被忽略。比如，董仲舒一方面讨论"天人"之间的感应，另一方面也同样认为"地"是万物之本。"天地人，万物之本也，天生之，地养之，人成之……三者……不可一无也"①；"天地与人，三而成德"②。对于董而言，天地人是万物生存的基础，缺一不可。董并没有忽视"地"对于万物生存的重要性。那么，董对"天人"关系只是从人的政治与行为的层面讨论，其对宇宙万物的认识仍基于天、地、人的结构。以"天地人"的结构认识外在的自然世界必然会影响到政治观念与行为。比如《白虎通》认为，"王者受命，为天地人之职，故分职以置三公"③；"三军者何法？法天地人也"④；"教所以三何？法天地人"⑤。很明显，从《左传》以来形成的"天地人"观念作为早期中国人对外在宇宙万物的认识，仍然影响着两汉的政治观念。

到此，通过对早期哲学文献的梳理，我们可以得到认识如下。其一，无论是"天地人"观念还是"天人"观念，在早期的哲学论述中，其政治意涵的讨论远多于个人道德意涵。其二，"天地人"的观念乃为早期中国人对外在宇宙万物结构的认识，而"天人"乃更强调的是"天人"之间行为的感应，两观念并行不悖。

四、当代研究的反思

"天地人"与"天人"观念在早期中国的演变如上所述。那么，"天人合一"在当今哲学的论述，其内容究竟为何呢？

对"天人合一"最具代表性的论述当推钱穆。钱认为，"道家观念重于虚，虚而后能合天。儒家则反身内求，天即在人之中"⑥。很显然，钱所论述的"天人"观念侧重于个人道德意涵。余英时进一步发展了钱的论述，且从历史的角度探讨了"天人合一"的根源。对于余而言，"天人合一"与早期的巫礼传统有关，即早期的"绝地天通"的观念有关。余认为，由于春秋战国时期的轴心突破，"天人合一"作为一个精神运动在诸子百家中皆得到展现。对于孟子而言，"天人合一"是"万物皆备于我"；对于惠施是"泛爱万物，天地一体"。余认为，孟子与惠施的"天人合一"着重的是个人的道德，而庄子的"合一"更侧重政治与社会层面，但是三者都从个人的层面追

---

① 苏舆：《春秋繁露义证》，中华书局1992年版，第168页。
② 苏舆：《春秋繁露义证》，中华书局1992年版，第216页。
③ 陈立：《白虎通疏证》，中华书局1994年版，第130—131页。
④ 陈立：《白虎通疏证》，中华书局1994年版，第199页。
⑤ 陈立：《白虎通疏证》，中华书局1994年版，第371页。
⑥ 钱穆：《中国思想史》，台北联经出版公司1998年版，第84页。

求一种精神上的"天人合一"。余敏锐地观察到，先秦的思想者不仅追求个人的"道"，更希望通过自我的修养达到"天人合一"的精神境界，进而建立一个理想的政治与社会秩序。[1]

由余和钱的论述可知，二者皆没有对"天人"的政治与个人道德意涵进行区分。但是从二者的论述而言，其对"天人"的诠释皆侧重于个人道德意涵，即，"天人合一"是一种个人通过自我修养达致的理想精神状态。钱和余很深刻地指出了个人道德意涵的"天人合一"是如何出现、发展并形成一个观念。[2] 但是，"地"没有在二者的"天人"论述中提及，因此也没有去区分天、地、人三观念各自包含的意涵。比如，余英时认为，孟子、惠施与庄子的"天人合一"是一种与"天地"的合一，与"万物"的合一。但是问题是，就字面而言，"天人合一"并不等同于与"天地合一"或与"万物合一"，三者并不等同。因为，"人"与"天"的合一不等同于"人"与"天地"的合一，也不等同于"人"与"万物"的合一，即，"天""天地""万物"三词的意涵并不相同。

此外，正如前面诸节所讨论，"天人"在早期文本中更侧重于政治意涵，而余与钱更多的是讨论"天人"的精神与个人道德的层面。那么，是什么原因造成现代学者对"天人"的理解不同呢（比如，刘笑敢、李晨阳认为"天人合一"没有具体的观念内涵；钱穆、余英时很详尽地讨论个人精神的"天人合一"）？我想，问题在于"天人合一"是否可视为一个观念。余英时即认为，"'天人合一'不是一个具有特定意涵的观念，应该只是一种思维方式"[3]。如此而言，学界所争论的"天人合一"的议题应该可以得到调和。比如，李晨阳与刘笑敢认为"天人合一"不是一个具有特定意涵的观念，很明显，余也同意二者的看法。如果认为"天人合一"仅仅是一种"思维方式"，那么，"人"与"天地"、与"万物"合一，并不与作为思维方式的"天人合一"相矛盾。换言之，钱与余从个人精神与道德意涵的层面认为，早期的中国人具有"天人合一"的思维方式。此观点与李、刘的观点并不矛盾。

如果"天人合一"仅仅是一种思维方式的话，那么李晨阳认为"天地人"三才作为一个有具体内涵的观念，更有显著的哲学价值与意义，这种说法是有说服力的。"地"与"天""人"构成的"天地人"的结构呈现的正是早期中国人如何看待外在的宇宙秩序，以及人如何与外在自然关联。这种"天地人"三者不可或缺的观念，也有助于当代环境哲学的发展。李晨阳认为，"相对于大地伦理学（Land Ethics）与深层生态学（Deep Ecology）等西方的整体性环境哲学而言，儒家整体性的环境哲学赋予人

---

[1] 以上论点参见余英时《论天人之际》，台北联经出版公司2014年版，第171—188页。
[2] 钱穆：《中国思想史》，台北联经出版公司1998年版，第65—100页。余英时：《论天人之际》，台北联经出版公司2014年版，第171—218页。
[3] 余英时：《人文与理性的中国》，上海古籍出版社2007年版，第14页。

类在宇宙间以一个更崇高的地位。儒家非人类中心主义的环境哲学是一个整体性的系统，天、地、人三者一起组成了至大至尊的'和谐'共同体。按照儒家'和谐'观的设想，天、地、人各自都有其适当的功能，而且都在自身的范围以内对宇宙的总体和谐运作做出积极的贡献。它们在相互之间的促进中推动整个宇宙的和谐化进程。总而言之，'天''地''人'三个原则共同促成儒家宇宙观的高度和谐"①。正如本文所已论述，"天地人"的观念不仅如李所言为《易经》之主旨，更是早期中国人普遍接受的宇宙观。在此宇宙观中，天、地、人一方面作为万物生存的根源，不可或缺；另一方面又相互联系，相通相感。这种"天地人"的观念不仅反映在早期中国人的观念中，更影响当时的政治，以及个人的道德生活。换言之，个人内心的和谐、社会的和谐、人与大自然的和谐，进而至宇宙的和谐，诸和谐层次不同，但都可以"天地人"的和谐包含而贯通之。"地"正是"天地人"哲学中的核心观念。

---

① 李晨阳：《"天人合一"还是"天地人"三才》，《周易研究》2014年第5期。

英文原文：

The Concept of "Earth" in Early Chinese Philosophy

HE Fan (Ph. D Candidate)

Philosophy Division, School of Humanities and Social Sciences

Nanyang Technological University, Singapore

Introduction

The concept of "heaven and humanity in oneness" (*tianren heyi* 天人合一) has been considered as a most important and typical concept in Chinese philosophy. However, Liu Xiaogan has argued that the term "heaven and humanity in oneness" does not containany specific, thoughtful and systematic contents; previous studies using the term "heaven and humanity in oneness" have usually neglecteditshistorical background, and hence this term has been exaggerated and considered as a representative in Chinese philosophy (Liu) (2012: 71 – 102). Li Chenyang furtherargues this argument by examining the *Book of Change* and suggesting that in this book the thought of "three essentials" 三才, i. e., heaven, earth and humanity, is coherent and instructive to a Confucian environment philosophy. Li further argues that it is baseless to attribute the origin of the concept, "heaven and humanity in oneness", to the *Book of Change* or to consider this concept as apivotinthis book (Li 2014). A key question about this issue is how and why the concept of earth disappeared in the term, "heaven and earth in oneness".

In what follows, I will trace the concept of earth first as a real entity and its developing into a philosophical concept. Then I will proceed to examine the terms, "heaven, earth and humanity" and "heaven and humanity" respectively. I will suggest that both terms, "heaven, earth and humanity" and "heaven and humanity", have two senses, that is, political sense and individual ethical sense. And for both terms, the political sense had been more discussed than the ethical sense in early Chinese texts. Also, earth had been usually discussed even in the term "heaven and humanity". I will argue in the last section that most discussions on "heaven and humanity in oneness" are more in ethical sense rather than in political sense, and the fact that the political sense of "heaven and humanity" had been more prevalent in early China has been neglected by many discussions. The concept of earth should be included in the discussion of "heaven and humanity".

Earth as a real entity and a philosophical concept

The word "earth" has multiple meanings. Two of these meanings are directly relevant to my study. One is earth as a real entity. Most of everyday lives for ancient Chinese people were involved in agriculture, such as irrigation, planting, harvesting, etc. For ancient people, earth basically meant the land in which they lived and labored. The second meaning is in philosophical sense. In this sense, "earth" is usually used together with heaven, that is, "heaven and earth"（天地）.

Let me first examine earth as a real entity. Plants, animals and various other forms of life rely on earth to exist. Early Chinese because of centering on agriculture exactly understood the essential role of earth in human lives. For example, the chapter "Commands by Seasons" (*yueling* 月令) in the *Book of Rites* (*Liji* 礼记) describes that *qi* (气) in spring gradually falls down from heaven and rises up from earth respectively; the two mix; consequently, heaven and earth are in harmony with each other and everything becomes activated （天气下降，地气上腾，天地和同，草木萌动）(Sun1989: 417). The unifying of earth and heaven together is the origin of lives. Based on this understanding, it is earth and heaven that provide essential elements for beings to live in the world. The same understanding also appears in the *Guanzi* 管子 that heaven generates four seasons and earth generates wealth to nourish ten thousand things （天生四时，地生万财，以养万物）(Li 2004: 1179). Also, the *Chunqiu Fanlu* （春秋繁露）suggests that filial piety and fraternal duty are generated from heaven; clothing and food are supplied from earth; and humanity lastly harmonizes ten thousand things by rituals （天生之以孝悌，地养之以衣食，人成之以礼乐）(Su) (1992: 168). The thesis for these claims is that all of essential substance comes from heaven and earth. According to such view, heaven, earth and humanity are the basis for ten thousand things for their existences. The discussions above demonstrate that thinkers in early China had recognized that earth as a real entity is essential in human activities.

Living between heaven and earth, humans' everyday lives rely closely on the two. Hence, it is understandable and necessary for early Chinese to develop a sense of reverence and gratitude to heaven and earth through sacrifice rituals. According to the *Chunqiu Fanlu*, the most important sacrifice in ancient China had been performed at the beginning of every year to sacrifice heaven and earth （所闻古者天子之礼，莫重于郊。郊常以正月上辛者……祭天地）(Su1992: 414). The *book of rites* also echoes this view by specifying that emperors should perform sacrifices to heaven and earth every year（天子祭天地……岁遍） （Sun1989： 150）. It is worth noting that only emperors had been qualified to carry out sacrifices to heaven and earth. It would be a severe transgression for others, like vassals, to perform the same sacrifices as emperors（天子祭天地，诸侯祭社稷，大夫祭五祀）（Sun）（1989：347）. The fact that emperors exclusively perform the sacrifices to heaven and earth shows that earth enjoys great reverence from politics at the time.

In the meantime, earth had gradually transcended the meaning as a real entity, and become a philosophical concept with a sense of sacredness and transcendence. Earth as a philosophical concept has been usually used together with heaven, i. e. "heaven and earth"（天地）. In the *Book of Rites*, there are numerous examples about this usage. Humanity, for example, have been considered as the virtue of "heaven and earth"（人者，其天地之德）（Sun1989：608）; the great music and ritual can be in harmony with "heaven and earth"（大乐与天地同和，大礼与天地同节）（Sun1989：988）. Earth in such cases clearly as an abstract concept with a degree of sacredness has departed the meaning as a real entity.

Many cases for earth used in abstract sense also could be found in the *Xunzi*. Xunzi suggests that the Way（道）is not of heaven, nor of earth, but is the principle that humanity should follow in their lives（道者，非天之道，非地之道，人之所以道也，君子之所道也）（Liang1974：82）. In another place, *Xunzi* claims that there are three origins for rituals, that is, heaven and earth, ancestry, the mentors of emperors（天地者，生之本也；先祖者，类之本也；君师者，治之本也）（Liang1974：256）. ForXunzi, earth is sacred and running in its own Way. At this point, the concept of earth has been in philosophical sense

From discussions above, earth as a real entity provides various essentials for the existence of humanity. Early Chinese believed that earth is extremely important for their lives and had benefited greatly from it. Hence they rendered reverences and gratitude to earth through rituals. Because of its greatness and sacredness, earth was considered as running in its own Way and an essential for all lives in cosmos. Hence, earth has acquired a philosophical meaning.

Parallel between heaven, earth and humanity（天地人相参）

As Li Chenyang argues, the concept of "three essentials", heaven, earth and humanity, is a core thesis and consistent in the *Book of Change*（Li2014）. Thus, besides the *Book of Change*, how has the expression, "heaven, earth and humanity", or "three essentials", been discussed in other classics?

First, forthe *Zuozhuan*（左传）and the *Guoyu*（国语）, heaven and earth relate to certain principles, such as rule（经）, rightness（义）（夫礼，天之经也，地之义也）（Yang1990：1457）, force 武 and letter 文（天事武，地事文）（Xu）（2002：520）. Rites in *Zuozhuan* are considered as rules from heaven and rightness from earth, and in another place, rites should be employed to govern states and coordinate with heaven and earth（礼之可以为国也久矣，与天地并）（Yang1990：1480）. In this respect, rites are analogue with heaven and earth.

In the *Yizhoushu*（逸周书）, there is a similar expression in sentences that "the principle of heaven is auspicious 祥; the principle of earth is rightness; the principle of humanity is rites"（天道曰祥，地道曰义，人道曰礼）（Huang, Zhang, Tian 2007：310）. In this expression, heaven, earth and humanity are parallel together. Also, in the*Guoyu*, there is an explanation of "three affairs"（三事）, i. e. heaven is engaged in "force"（武）; earth is in "letter" 文; and people are in "loyalty and trustiness"（忠信）（天事武，地事文，民事忠信）（Xu2002：520）. For this discussion, heaven, earth and people are parallel.

From the above examples in classics, all of which had been completed before the *Book of Change*, though rites（礼）, humanity 人 and people（民）are different words, all relate to humanity or activities of humanity. That is to say, the expression, "heaven, earth and humanity" had formed before the *Book of Change*. In fact, other evidence from the *Guoyu* could strengthen this view. Fan li（范蠡）admonishes to his king that only do humans'activities follow heaven and earth, success might be achieved（夫人事必将与天地相参，然后乃可以成功）（Xu2002：582）. Thus, it is safe to say that the parallel between "heaven, earth and humanity" had appeared before the *Book of Change*.

Further, it also should be noted that heaven, earth and humanity hold respective principles, and the parallel for humanity with heaven and earth represents moral principles. For example, in the *Yizhoushu*, humanity refers to rites, in the *Guoyu*, refers to loyalty and trustiness, and in the *Xiaojing*（《孝经》）, humanity refers to filial acts（夫孝，天之经也，地之义也，民之行也）（Jin）（2009：28）. In addition, the meaning of humanity in parallel with heaven and earth is in abstract sense, rather than refers to specific persons.

However, there had been two trends regarding the specific category of people parallel with heaven and earth since middle Warring – states. One is regarding sages or emperors or kings; the other is regarding ordinary people. In the *Book of Rites*, sages and emperors are considered to parallel with heaven and earth（"圣人参于天地"；"天子者，与天地参"）（Sun1989：604；1255）. The *Guanzi*, a book completed in late Warring States, argues that because of their（sages'）virtues influencing on ten thousand things equally, sages are parallel with heaven and earth, and that the wise emperors are the ones parallel with heaven and earth（"是以德之流润泽均，加于万物。故曰圣人参于天地"；"明主配天地者也"）（Li2004：

227；1179）. Obviously, sages and emperors are considered by the *Guanzi* as parallel with heaven and earth. Dong Zhongshu in the *Chunqiu fanlu* asserts that the great emperors are parallel with heaven and earth（王者参天地矣）（Su1992：468）. Itis worth noting that Dong further states that the king is the one who can connect heaven, earth and humanity（取天地与人之中以为贯而参通之，非王者孰能当是）（Su1992：329）. This viewpoint is also echoed by Xu Shen 许慎 of the later Han in *shuowen Jiezi*（《说文解字》）. Xu explicates that the meaning of the word "three"（*san* 三）is the Way for "heaven, earth and humanity"（三，天地人也）（Duan 1964：9）, and in another place, cites Dong's saying that "three" is "heaven, earth and humanity" and those who connect them are kings（三者，天、地、人也，而参通之者王也）（Duan1964：9）. In this sentence, kings seem not parallel with heaven and earth, but also connect heaven, earth and humanity. This trend of kings parallel with heaven and earth is clearly in political sense.

In comparison with the first trend, the other trend is in individual ethical sense. This trend could be found in some writings of late Warring – states. Quyuan（屈原）in the *Chuci*（《楚辞》）wrote that holding selflessly onto virtues will be parallel with heaven and earth（秉德无私，参天地兮）（Huang2009：868）. Liu Xiang（刘向）also in the *Chuci* dreams of living as long as heaven and earth（欲与天地参寿兮）（Huang2009：1499）. This suggests that individuals through arduous self – cultivations, internally or externally, could ultimately be parallel with heaven and earth. The *Xunzi* also reinforces this trend by asserting that those who concentrate on one thing and do not distract to others could connect with gods and be parallel with heaven and earth（并一而不二，则通于神明，参于天地矣）（Liang1974：95）. In another place, the *Xunzi* even suggests that anyone on the street could connect with gods and be parallel with heaven and earth, only if he/she strives to learn, concentrates on one thing, reflects and investigates deeply, and persists on incessantly（今使涂之人伏术为学，专心一志，思索孰察，加日悬久，积善而不息，则通于神明，参于天地矣）（Liang1974：334）. This means that an individual could be parallel with heaven and earth through continuing endeavors. This ethical trend that encourages ordinary individuals to perfect themselves through self – cultivations, should be understood in the historical background that *shi*（士）from the lower stratums since late Warring – states had taken key positions in governments and played important roles in education.

Hence, the two trends suggest that individuals have various approaches to be parallel with heaven and earth. Also, the ability to be parallel with heaven and earth has not been exclusively possessed by a certain categories of people, such as kings or sages. At this point, humanity being parallel with heaven and earth here refers to human beings as a whole. The *Book of Change* has systematically and clearly expressed such universal sense of humanity. As Li Chenyang argues, humanity are the most important existence between heaven and earth; humanity and their parallelling with heaven and earth contain the meaning of undertaking the great mission of judging and assisting heaven and earth (Li 2014). ForLi's interpretation, humanity in the *Book of Change* actively participate in the process of interactions between heaven and earth. The expression "heaven, earth and humanity" also can be seen in other texts that were completed after the *Book of Change*, such as the *Chunqiu fanlu*, the *Baihutong* (白虎通), the *Shuowenjiezi*. The *Chunqiu fanlu*, for example, suggests that "heaven, earth and humanity" are the origins of ten thousand things (天地人，万物之本也) (Su) (1992: 168), and the word humanity here likewise is in an abstract meaning and refers to human beings as a whole.

Hence, it could be clearly seen from discussions above that the things parallel with heaven and earth before the *Book of Change* were humans' virtues, such as rites, the Way of humanity, loyalty and trustiness, or humans' conducts. Thenceforth, there had been two senses regarding humanity parallel with heaven and earth. One is in political sense, in which kings or sages had been usually considered to be parallel with heaven and earth with special abilities. The other is in ethical sense. And individuals through arduous self-cultivation also could be eligible to be parallel. This implies that those who can be parallel with heaven and earth had not belonged to any particular groups or individuals, such as sages or kings. The universal meaning of humanity parallel with heaven and earth was systematically discussed in the *Book of Change* and could be found in other texts afterwards. Hence, it is safe to that the expression "heaven, earth and humanity" has become a philosophical concept since later Warring-states.

"Heaven and humanity" in political and ethical sense

Like "heaven, earth and humanity", there are also two senses regarding "heaven and humanity", i.e. political sense and ethical sense. The expression, "heaven and humanity" 天人, primarily appeared in the *Xunzi* and the *Zhuangzi*. Both represent the two trends respectively.

For the *Xunzi*, the Way of heaven operates constantly; if people face with a comfortable climate but suffer from disasters, it is because of the Way and should not complain about heaven; so those who comprehend the differences between "heaven and humanity" could be considered as "perfect persons" (至人) (天行有常……受时与治世同，而殃祸与治世异，不可以怨天，其道然也。故明于天人之分，则可谓至人矣) (Liang) (1974: 221). In this discourse, the expression "heaven and humanity" relates to govern, that is, political sense. The *Wenzi* (文子), a text generally considered as being completed in early Han, cites-

the *Laozi*'s saying that any learners who can understand the differences between "heaven and humanity", the principles of stability and instability, could be considered as the wise (老子曰：凡学者，能明于天人之分，通于治乱之本，澄心清意以存之，见其终始，反其虚无，可谓达矣) （Wang2000：463）. The term "heaven and humanity" here involves learning. This learning could be applied to ruling and this means that the expression "heaven and humanity" contains a political sense. Also, this learning could be applied to self-cultivation in minds, which suggests "heaven and humanity" has an ethical sense.

It is until Dong Zhongshu that the expression "heaven and humanity" had been systematically discussed. Dong argues that heaven has *qi* with happiness and anger, has heart with joy and sorrow, which matches with humanity; hence, "heaven and humanity" are considered as being "in oneness" (合一)（天亦有喜怒之气，哀乐之心，与人相副。以类合之，天人一也……与天同者大治，与天异者大乱）（Su1992：341）. In this understanding, emperors should follow heaven to rule. Further, if they do not abide by the Way of heaven, their acts would be considered as injustice（不顺天道，谓之不义）（Su1992：472）. Hence, Dong warns that all of the affairs should be in harmony with heaven; and "heaven and humanity are in oneness" 天人之际合一（事各顺于名，名各顺于天。天人之际，合而为一）（Su1992：288）. In this respect, the political sense of "heaven and humanity" has been fully presented. And this concept since Dong has greatly shaped the discourses of political philosophy afterwards.

"Heaven and humanity" remained prevalent in political discourses in later Han. Heshanggong（河上公）on his commentaries on the *Laozi* asserts that the Way of heaven is the same as the Way of humanity; "heaven and humanity" connect with each other; the conditions of climate are closely related with emperors（天道与人道同，天人相通，精气相贯。人君清净，天气自正，人君多欲，天气烦浊）（Wang1993：184）. This concept of "heaven and humanity" is clearly associated with Dong's view. Another example is in the *Baihu tong*, an orthodox text interpreting Confucian thoughts sanctioned by emperor Zhang（章帝）of the later Han. It suggests that emperors are those exploring the hearts of "heaven and humanity", and investigating the meeting of yin and yang（天子所以有灵台者何？所以考天人之心，察阴阳之会）（Chen1994：263）. The expression of "heaven and humanity" here is also related to emperors in political sense. Further, investigating the meetings of yin and yang for emperors here suggests that this discourse also has some links with Dong's discussions. Even in the late of the later Han, Wang Fu 王符 also follows Dong's philosophy by claiming that when "heaven and humanity" are joyful and in well-being (due to good rulings), there are many auspicious signs（天人悦喜，符瑞并臻）（Wang1985：207）. Hence, the political sense of "heaven and humanity" had dominated political discourses throughout Han.

Compared with the political sense, the ethical sense of "heaven and humanity" was not frequently discussed. The ethical expression primarily appeared in the *Zhuangzi*. The *Zhuangzi* suggests that there are distinctions between the external and the internal; heaven is the internal and humanity is external; the virtue 德 is in heaven; knowing the acts of "heaven and humanity" is based on heaven and positioned on virtue (天在内,人在外,德在乎天。知天人之行,本乎天,位乎德)（Chen2004：445）. This expression "heaven and humanity" is closely related to individuals' acts and virtues. The Guodian bamboo strips records that there is heaven, and there is humanity, and each ("heaven and humanity) has its separate destiny. Once one has examined the divisions between heaven and humanity, one will know how to conduct. Being the right man but not in the right time, though being worthy, he will be unable to do (有天有人,天人有分。察天人之分,而知所行矣。有其人,无其世,虽贤弗行矣). "Heaven and humanity" here also refers to an individual ethical sense. Besides the two sources, it is hardly to find any other evidence regarding the ethical sense of "heaven and earth".

Thus, it can be seen form discussions above that the expression "heaven and humanity" had been far more discussed in political sense than in the ethical sense.

The political sense that the concept of "heaven and humanity" refers to had been prevalent throughout Han dynasty. Yet this does not mean that the concept of "earth" was not important in these discourses since Han. For example, Dong Zhongshu argues that "heaven, earth and humanity" are the bases of ten thousand things. That is, heaven nurtures, earth raises, humanity accomplish; hence "heaven, earth and humanity" cannot be separated from each other (天地人,万物之本也,天生之,地养之,人成之……三者……不可一无也)（Su1992：168）. In another place, Dong claims that only has heaven, earth and humanity been considered together, virtues could be achieved (天地与人,三而成德)（Su1992：216）. Clearly, earth in both the real entity sense and the philosophical sense, for Dong, is as essential as heaven and humanity. The *Baihutong* also stresses importance for earth in political philosophy. It suggests that political activities should refer to the three of "heaven, earth and humanity", that is, "three prime ministers" 三公, "three armies" (三军) and "three teachings" (三教)（王者受命,为天、地、人之职,故分职以置三公;三军者何法？法天、地、人也;教所以三何？法天、地、人）（Chen 1994：130 – 131；199；371）. Therefore, this suggests that earth had always been considered as an essential concept by thinkers in early China.

Contemporary reflections

As discussed above, the expression "heaven and humanity" in political sense was more prevalent than in ethical sense. Thus, why has the expression "heaven and humanity in oneness" been so prevalent in philosophical discussions over recent years?

An influential discussion on "heaven and humanity in oneness" is from Quan Mu（钱穆）. Qian suggests that the concept of Taoism focuses on emptiness and being emptiness could be in oneness with heaven; Confucian tend to pursue internally and heaven is in the internal of mind-hearts（道家观念重于虚,虚而后能合天。儒家则反身内求,天即在人之中）（Qian1998:84）. Obviously, "heaven and humanity in oneness" discussed by Qian here is in individual ethical sense. Heaven is an abstract concept and the highest principle; by contrast, earth is not a significant concept in this discourse and hence has been neglected in the discussion of "heaven and humanity in oneness".

Yu Yingshi follows Qian's interpretation and explicates more deeply and systematically. For Yu, the concept of "heaven and humanity in oneness" relates to the tradition of witches and rituals, more specifically, to the concept of "separation between heaven and earth" [*JuediTiantong*（绝地天通）]. Yu suggests that because of the "axis breakthrough"（轴心突破）during *Chunqiu* era, the concept of "heaven and humanity in oneness" as a "spirit movement" was presented by various Pre-Qin schools. Yu claims that for Mengzi's "heaven and humanity in oneness" is "ten thousand things are in self（万物皆备于我）", for Zhuangzi is "heaven and earth are coexisting with self, ten thousand things and self are in oneness（天地与我并存,而万物与我为一）", for Huishi is "love ten thousand things, and heaven and earth are in oneness（泛爱万物,天地一体）". Yu concludes that though Mengzi and Huishi's "heaven and humanity in oneness" emphasizes on ethical virtues and Zhuangzi's oneness is more in political and social dimensions, all of them as individuals seek a state of "heaven and humanity in oneness" in minds. Yu insightfully asserts that those thinkers care to not only achieve the Dao for individuals, but also set up an ideal political and social system through the self-cultivation of "heaven and humanity in oneness"（Yu2014:171-188）.

For both Qian and Yu, however, they do not distinguish the concept of "heaven and humanity" in political sense and in individual ethical sense. Regarding their interpretations, the meaning of "heaven and humanity" refers to ethical sense. And "heaven and humanity in oneness" is for individuals to achieve a state of being in oneness with heaven through self-cultivation. Qian and Yu have powerfully shown how "heaven and humanity in oneness" in ethical sense had appeared, developed and formed as a core concept in Chinese tradition (Qian1998: 65 – 100; Yu2014: 171 – 218).

However, regarding their arguments for the "heaven and humanity in oneness", the concept of earth has been neglected. For example, for Yu's interpretation, Mengzi, Zhuangzi and Huishi's "heaven and humanity in oneness" is based on "oneness with heaven and earth, with ten thousand things" (与天地一体 or 与万物一体). For this expression, "humanity, earth and heaven" are in oneness. But "earth" is neglected in Yu's interpretation of "heaven and humanity in oneness". Earth is equally important as heaven and humanity. And it is not persuasive for me to treat "oneness with ten thousand things" here as a kind of "oneness with heaven and humanity". "Ten thousand things" is not literally equivalent with "heaven". Therefore, "earth" should not be skipped from the discussions on "heaven and humanity", since the concept of three essentials, heaven, earth, humanity, as discussed, was always important for thinkers in early China. In addition, the concept of "heaven and humanity" until late Han was more directly and frequently referred to political sense, and was not so significant in ethical sense. But Qian and Yu have paid more attentions on the ethical sense of "heaven and humanity". Hence, the political sense of "heaven and humanity" in early China also deserves more discussions.

For the environment philosophy in traditional China, Li Chenyang insightfully argues that "earth" has played a cardinal role. As opposed to the holistic environment philosophy such as land ethics and deep ecology, Li further argues that heaven, earth and humanity has formed together as a great community of harmony, in which the three undertake their respective and suitable roles to contribute to a holistic harmony in universe. Further, Li suggests that Confucian not only consider everything in the world as things that merely satisfy humanity's desires, but also endow ethical values to the non – human. As a result of including the concept of "earth", the community of heaven, earth and humanity is more balanced and stable. Furthermore, Li traces the concept of heaven, earth and humanity back to the *Book of Change*, from which Li suggests "heaven, earth and humanity" are "three essentials" and cannot be overlapped or replaced by each other (Li2014).

Tracing the concept of "earth" above, I suggest that the environmentphilosophycan be not only traced back to the concept of "heaven, earth and humanity" in the *Book of Change*, but also based on the intellectual, political and social history in early China and before the *Book of Change*. Simply put, there is numerous evidence supporting the environment philosophy of "heaven, earth and humanity" in early China. Further, I suggest that "earth" as both a real entity and a philosophical concept parallel with heaven and humanity contributes not only to an environment philosophy, but also to early Chinese political and ethical philosophy.

Bibliography

Chen Guying. 2004. *Zhuangzi jinzhu jinyi*. Taibei: Taiwan shangwu yinshuguan.

Chen Li. 1994. *Baihutong shuzheng*. Beijing: Zhonghua shuju.

Duan Yucai. 1964. *Shuowen jiezi duanzhu*. Taibei: Yiwen yinshuguan.

He Ning. 1998. *Huainanzi jishi*. Beijing: Zhonghua shuju.

Huang Huaixin, Zhang Maorong, Tian Xudong. 2007. *Yizhoushu hui jiao jizhu*. Shanghai: Shanghai guji chubanshe.

Huang Linggeng. 2009. *Chuci jijiao*. Shanghai: shang hai guji chubanshe.

Liang Qixiong. 1974. *Xunzi jianshi*. Hongkong: Zhonghua shuju.

Li Chenyang. 2014. "Tianren heyi haishi tiandiren sancai", in *Zhouyi yanjiu*, No. 5.

Li Daoping. 1994. *Zhouyi jijie zuanshu*. Beijing: Zhonghua shuju.

Li Longji. 2009. *Xiaojing zhusu*. Shanghai: Shanghai guji chubanshe.

Li Xiangfeng. 2004. *Guanzi jiaozhu*. Beijing: Zhonghua shuju.

Liu Xiaogan. 2012. "Tianrenheyi: xueshu, xueshuo hexinyang". In *Zhongguo zhexue yuwenhua*, Vol. 10: 71 – 102.

Qian Mu. 1998. *Zhongguo sixiangshi*. In Qianbinsi xiansheng quanji No. 24: 65 – 100. Taibei: Lianjing chuban gongsi.

Sun Xidan. 1989. *Liji jijie*. Beijing: Zhonghua shuju.

Su Yu. 1992. *Chunqiu fanlu yizheng*. Beijing: Zhonghua shuju.

Wang Fu. 1985. *Qianfulun jianjiaozheng*. Beijing: Zhonghua shuju.

Wang Liqi. 2000. *Wenzi shuyi*. Beijing: Zhonghua shuju.

Wang Ka. 1993. *Laozi daodejing Heshanggong zhangju*. Beijing: Zhonghua shuju.

Xu Weiyu. 2009. *Lvshi chunqiu jishi*. Beijing: Zhonghua shuju.

Xu Yuangao. 2002. *Guoyu jijie*. Beijing: Zhonghua shuju.

Yang Bojun. 1990. *Chunqiu zuozhuan zhu*. Beijing: Zhonghua shuju.

Yu Yingshi. 2007. *Renwen yu lixing de Zhongguo*. Shang hai: Shang hai guji chubanshe.

Yu Yingshi. 2014. *Lun tianrenzhiji*. Taibei: Lianjing chuban gongsi.

《礼记》的祭祖仪式与成德思想

中南财经政法大学历史文化学院　黄燕强

祖先崇拜及作为其主要表现形式的祭祖仪式，是商周礼乐文明的重要组成部分。从甲骨文、金文及先秦礼书和《诗经》、《尚书》、"春秋三传"、诸子典籍等文献材料来看，祭祖是商周时代最普遍的宗教、社会活动，而祭祖礼在商周礼仪制度中具有重要位置。尽管祭祖活动带有浓厚的宗教性质，但也蕴含强烈的理性精神和现实情怀，如祭祖的内容与目的就不完全地指向往生对象和彼岸世界，俗世生活与俗世中的人伦关系是祭祖活动所最为关切者。这体现在祭祖礼蕴含的家文化中，及其家文化所包含的伦理思想和道德修养功夫论。目前，学术界对商周祭祖礼的研究主要集中在制度形态、仪式过程、宗教观念等方面，[①] 而其中的家文化与伦理道德思想则较少关注。本文根据《礼记》载录的祭祖礼，从中选取二则规范性的仪式，即"孙为王父尸"和"亲亲以三为五以五为九"来论述祭祖礼蕴含的历时性家庭化与共时性家庭化思想及其成己与成人的道德哲学。

这里引用"共时家庭化"与"历时家庭化"的概念，商周的祭祖礼就体现了这样的"共时与历时家庭化"思想，由此揭示出人的存在之源、道德善性之源及天下秩序的实现方式。这两个概念来自杨效斯的《家哲学——西方人的盲点》一书。前者指个人角色水平上的家庭化，因个人在家庭中与诸成员血缘密切，故单位个人家庭角色的完成，同时也促成了其他成员的家庭角色的完成；后者则指单位个人及家庭成员间的不同年龄阶段的家庭化是一个历时的过程，包括个人诸角色历时性家庭化、长幼间互相影响的家庭化和代际遗传的家庭化。故家庭化就是家人意识到"我"是来自"家"的，"我"的最终归属也是"家"，"我"的存在感、幸福感与安全感均寄寓于家庭之中，所以"家"的完与缺、和谐与破碎就关系到家人的存在感、幸福感与安全感指数。

另外，本文对共时家庭化和历时家庭化的概念作了更为具体的分梳，我们把家庭化细分为"成己"与"成人"的道德哲学及由此推演而来的"成物"的政治哲学。同时，我们更强调家庭是一个共时性的和历时性的单位，即家庭在纵向与横向维度中的时间性。换言之，我们尝试把共时与历时家庭化概念一分为二，一是共时性与历时性的家单位存在，一是成己与成人的家庭化活动。前者体现于祭祖的仪式中，后者寄寓在祭礼的内容里。

[①] 关于祭祖礼的研究情况，参见刘源：《商周祭祖礼研究》，商务印书馆2007年版。

一、"孙为王父尸"与历时性家庭化

关于商周祭祖礼的目的，《礼记·郊特牲》概括为"报本反始"①，其意如《檀弓》云："礼，不忘其本。"《乐记》云："礼报情，反始也。"本和始指存在之源，人的生命来自父母而非上帝。祭祀的目的不是希望自我被神（祖先或上帝）所拣选，或被神的力量所抓住、所充满，而是怀着感恩情怀向养育我们的祖先致敬、致谢，即"礼报情"之谓。又如《礼记·大传》曰："人道亲亲也，亲亲故尊祖。""亲亲"指家族成员之间的情感联系与伦理名分，"尊祖"的根据是因"人道亲亲"，而祭祖活动就是为了在家族成员间传递亲亲之道，即通过祭祀共同的祖先而使家人体认到自身存在之所由来，及其在家庭中所处的伦理名分，令彼此分享和增进情感，从而保证家族在共时与历时的时间维度里，和睦相处而互助互爱，即《大传》"合族"之谓。

举例而言，商周的祭祖礼必须有"尸"，扮演尸之角色者是"孙"。《礼记·曾子问》曰："祭成丧者必有尸，尸必以孙。"《祭统》曰："夫祭之道，孙为王父尸。"尸者，主也，神像也，这是在祭祖活动中用孙子（尸）来扮演逝去的祖先而享受祀品。当然，享受祀品只是形式而已，其深层的寓意乃如郑玄说的："孝子之祭，不见亲之形象，心无所系，立尸而主意焉。"② 设立"尸"的目的是让家族成员在祭祖时，见尸如见先祖的形象，令心有所攸系（"祭如在"），亲近"我"之所从来的"本"和"始"，在追思已逝时空的人和事时，体认到我之所以存在的合理性根据，并为了保护这一合理性的事实，尽心地维系家族荣誉及其源远流长的历史，由此激发出强烈的为家族与家人奉献自我的精神。

从先秦礼书的记载看，"孙为王父尸"包括以下六方面的含义。

一者，祖先是家的本和始，是家的存在之源，祭祖是对自身之存在及存在之源的体认和肯定。

二者，由祖、父、孙三代共同组成的家庭，反映的是过去、现在和未来的整体而连续的时间维度，能造成一个共时性与历时性家庭的直观效果，每代人由此体认到自我合理性存在的"本"和"始"，并萌发要保护之的责任意识。

三者，孙是祖的延续，也是家庭的延续，作为现在时的父，爱护孩子和教育孩子在一定程度上就是孝顺父母（祖），为家族的繁衍生息而尽心尽力地奉献。

四者，由第三点可知，在过去、现在和未来的时间维度里，过去是现在的根据，未来又是现在的目的，组织好当下的家庭生活，是对过去和未来的负责，故"现在"

---

① 以下所引《礼记》篇章，只出篇名，不另详注，参考《礼记正义》，阮元《十三经注疏》本。
② 郑玄注，贾公彦等撰：《仪礼注疏》卷四十二《士虞礼》，阮元《十三经注疏》本，上海古籍出版社 1997 年版，第 1168 页。

是最重要的一维,"现在"必须为了家而努力耕耘,现在维度里的家庭成员应该怀抱一种不愧于过去(祖先)且有助于未来(后代)的态度和意识来生活。而且"现在"实际上包含了祖、父、子的代际关系,现在的共时而存在的家庭之幸福与否,在很大程度上是系于祖、父、子之间的和谐与否,故家是所有家庭成员所共同拥有和维护的港湾。

五者,不仅父是权利与义务的主体,母也是如此,因家的幸福与和谐需要父和母来共同完成和持守。所谓父严母慈,严肃和慈爱结合成家庭情感的协调机制,让代际关系无过与不及,常常保持和睦的融洽状态。甚至在孩子的教育中,母亲占的分量和发挥的作用较父亲还要大。这可征诸古人对胎教的重视程度,如《诗经·大明》赞扬文王之母太任的"维德之行",《列女传·周室三母》以太任为胎教之始,而《大戴礼记·保傅篇》和贾谊《新书·胎教篇》都有关于胎教理论的详细阐述。古代思想家很早便认识到母亲是孩子的第一个启蒙者,是孩子的知识与价值的直接源泉,皮亚杰的"发生认识论"研究就证明了这一点。

六者,处在未来的时间维度的"子",在祀礼中体察父侍奉祖的虔诚心意和勤勉行为,乃反躬自省而从中理解到自己在家庭中的伦理名分,督促自己认真地学习如何孝顺父母,如《祭统》说的"以明子事父之道"。然后履行维护家庭共时性与历时性延续的义务,并通过观察尸饮爵之数和昭穆之辨,理解家庭伦理关系的远近长幼亲疏的顺序,各思其位,以行其事,令家庭秩序井然而不混乱。这是家人角色之间的互为同化的家庭化运动,即成己与成人的"继善成性"行为。

通过对"孙为王父尸"仪式的解析,我们知道商周祭祖礼的目的,不仅在于"报本反始",且在于"合族"、"聚族",由此形成和巩固历时性的家庭存在,使家族成员在完成自身家庭化时,修养德性而成己成人,并因此而齐家而治国、平天下。所以祭祖礼的宗教性是很淡薄的,其终极指向是当下社会,而非超自然、超现实的天国。近人以宗教色彩浓厚的"祖先崇拜"来称谓中国古代的祭祖、尊祖文化,其实不大合适。

二、"亲亲以三为五以五为九"与共时性家庭化

在宗教神学里,无论是一神教,或是多神教,都把至上神抽象为宇宙的绝对精神,神的启示是历史秩序(包括社会秩序、价值秩序和心灵秩序等)之建构所唯一合适的精神要义,历史过程必须遵循这一精神要义来展开,是说人类社会的经验、法律、伦理、制度等认知和组织世界的行为与形式,无不依照神的精神本质所显示的教义来建构一个井然有序的现实世界和意义世界。故人的性命源自上帝,人的生存价值和理想是保持对神的绝对依赖感及与神的生动联系,时刻祈求吾心能被神所充满,就是依赖宗教教义来使主体心灵去体知那超越的、外在的实体,在人与神的相契中,达致合一

的境界。因此，基督教的圣礼是神为增耀自己的荣光而制定的，一切宗教仪式的目的都是出于"人为神而在"的信念而设计的。

然商周祭祖礼奉祀的对象不等同于神或上帝，且其对象不是单一的，不存在唯一至上神的观念。即便勉强地称之为多神信仰，这个"多"的范畴也不是无限的。虽然从历时性维度看，祖先谱系可以不断地往上追溯几千几百年而有几十上百位，但祭祖礼讲究"亲亲之杀"，而建立一定昭穆之数的宗庙系统①，即《丧服小记》说的"亲亲以三为五以五为九"。三、五、九之数就是"多"的有限性范畴。宗庙昭穆之"多"似乎是多神教的特征，实则也不尽然。因"多"固然是祖先数目的象征性符号，但其实质性的意义指向，则是时间之维的有限规定性，即"多"代表了一个时间尺度，以表明祖先乃是无限性时间维度上的一个有限的单位或段落，祖先谱系相对于立足现实生活的宗族成员来说，只有"划单位（时间）意义"，没有无限延伸的价值。② 这意味着祖先缺乏宗教至上神所拥有的普遍的精神本质属性，祖先是虚悬的，现世才是目的，人虽因祖先而来，在某种程度上也要为祖先而生存，③ 但祖先并不给人以历史精神的启示。祭祖虽有"报本反始"之义，却不是为了从祖先那里获得现实秩序的根据，而是利用祭祀活动来联系家族成员之间的感情。

《丧服小记》曰："亲亲以三为五，以五为九。上杀，下杀，旁杀，而亲毕矣。"郑玄注："已上亲父，下亲子，三也。以父亲祖，以子亲孙，五也。以祖亲高祖，以孙亲玄孙，九也。杀，谓亲益疏者，服之则轻。"此段经文讲丧服之轻重与亲疏的关系，因恩谊之隆杀而著服之节由齐、衰、期、大功、小功、缌麻而依次递减，至亲恩完尽乃止而无服丧。"毕"的尺度是三、五、九之数，三代是父、我、子，五代是祖、父、我、子、孙，九代是高祖、曾祖、祖、父、我、子、孙、曾孙、玄孙。自上而下的血亲和自左而右的旁亲（属亲），凡超过九、五之数的（血亲九、属亲五）族亲，皆为恩谊断尽，不必著服。这样，人们就把丧服制度规定在有限的时间维度里，由丧服之轻重形式而体现的亲疏关系，也在一定的时间之维中获得其有限性的家族内容。

从家哲学的角度考察，三、五、九之数的祖先谱系是一个有向度意义的共时性与历时性概念，蕴含着共时与历时家庭化的思想。

一者，纵向地看，三代、五代、九代所含括的老少同处、生死同在的平行关系，这是一个共时性的时间概念；横向地看，三代、五代、九代所显示的自少而老、生而死的时间序列，是一个历时性的时间概念。然则，三代、五代、九代的家庭是一个有

---

① 《礼记·王制》："天子七庙，三昭三穆，与太祖之庙而七；诸侯五庙，二昭二穆，与太祖之庙而五；大夫三庙，一昭一穆，与太祖之庙而三；士一庙，庶人祭于寝。"
② 民族的始祖及"法施于民"、"以死勤事"、"以劳定国"、"能御大灾"、"能捍大患"者除外，"非是族也，不在祀典"，详见《国语·鲁语上》展禽论"海鸟爰居"章。
③ 《礼记·祭义》："父母既没，慎行其身，不遗父母恶名，可谓能终矣。"

限性的共时与历时的存在体。

二者，三、五、九之数是以"我"为中心而上下对称的家庭关系，如父、我、子；"我"代表现在的时间之维，而家庭的时间性圆心是"现在"，由此出发而回顾过去（父）和前瞻未来（子），却又不得超过九代的范围，避免把家的根柢付诸衰杀已尽的情感境地。

三者，"我"既是家庭的中心，便须履行相应的义务，以维护家的共时与历时的正常运转，这就要求作为现在维度的"我"，尽心尽力地确保三代、五代、九代的血亲和属亲都完整无缺，不能发生断代的事情。于是，老者要善养之，少者要善教之，弱者要善助之，无后者要善续之，凡鳏寡孤独病残者皆应抚恤之，这些都是"我"所必须承担的伦理义务，故《祭统》曰："祭者，所以追养继孝也。"

四者，家族是一个同心圆，但圆心（"我"）不是全部，也非家中的绝对主宰者，凡是共时与历时而存在的家族成员，都应当相互地来持守三代、五代、九代的延续，也都拥有相应的伦理权利和义务。经文"上杀、下杀、旁杀"就规定了各级血亲和属亲所应该承担的义务分量，这是根据人情亲疏的常理而设立的，其目的不仅在区分血亲和属亲之恩谊的差等，且在强调家族成员的团结互相精神，号召五代的属亲和九代的血亲患难与共、忧乐同享，一起来维护家族的荣誉与延续，使家的存在保有恒常性。

五者，由第四点知，基督教把人的存在之源寄托于上帝，假如上帝的有无成了问题，如尼采宣称的"上帝死了"，那么上帝的不在场必然会令信众的存在感出现危机，人就要重新思考自身存在的合理性根据。儒家的"亲亲之家"是共时性与历时性的存在，家在时间维度里永恒地存在着，家的恒常性给予人的存在感以必要的保证，只要家在人就在。正因中国人以家为存在之源，中国哲学才不会像近代西方哲学那样，因上帝的不在场而引起的关于人的存在的忧虑感，而中国人的家总是在那儿为家人提供港湾式的保护，让家人时时刻刻享受着舒心的温暖和无尽的安全感。

总之，儒家把亲亲式的共时性与历时性家庭当作修身、齐家、治国、平天下的社会基础，祭祖则是维护"亲亲之道"的有效性方式。祭祖还是道德哲学和政治哲学的起点，因祭祖礼的成己与成人的道德培养可以开出成物的天下秩序，故《大传》曰："上治祖祢，尊尊也。下治子孙，亲亲也。旁治昆弟，合族以食，序以昭穆，别之以礼义，人道竭矣。"祭祀的功能是，引导上下旁系的族人皆循守"亲亲、尊尊之道"，并以聚食之礼而会合三代、五代、九代的属亲和血亲，又以昭穆之序而让族人理解长幼尊卑的礼义伦常，从而建立和谐的家族秩序和心灵秩序。因而人道尽在祭祀仪式与内容之中，遵循亲亲之理而行就是行仁政，可令国治、天下平。

三、祭祖礼的成己与成人思想

孔子曰："不学礼，无以立。"学礼而立人是因礼而培养人的道德善性，使人立足于天地间而无愧，故曰："礼者，养也。"养指修养德性。由学礼而修养仁、义之性，这样的"立人"就是"成己"与"成人"。①关于祭礼中成己与成人的道德哲学，以下从三方面来论述。

第一，祭祀是孝的表现方式和培养"孝"之德性的教育方式。《祭统》曰："祭者，孝之本也已。"人的存在源自家单位的存在，祖先又是家的本和始，没有祖先则家和家人都将丧失存在基础。所以，当家单位或个人在享受存在的意义，追求存在的价值时，我们应该对祖先心存感恩，在接受祖先的恩谊时，给予相应的情感回报。这种回报不仅是祖先在世时的行为，还必须延续到祖先逝世后的祭祀活动中。如《祭统》曰："是故，孝子之事亲也，有三道焉：生则养，没则丧，丧毕则祭。"生养和守丧是孝的表现，祭祀父母同样是孝的表现。一者，祭祀时的酳尸、饮尸、献尸、哭尸、乐尸等活动，对"尸"恭敬而周到地侍奉，如同亲身而真切地孝顺父母，是对自我生命之源的体认，由此而修养仁之"本"（始基）的孝悌德性，这是"成己"的过程。二者，祭祀是家族的集体性行为，是对家族成员进行家庭伦理道德的教育机会，可让每一单位个人都深切地体认到家的存在和自身的存在之源，在孝悌的修习与践行中，将自我完全地与家庭同一，与家人心心相契而融为一体，是乃"成人之道也"（《祭义》）。

第二，祭祀是仁、义、忠、敬等道德伦理的表现和教育方式。《礼器》曰："祀帝于郊，敬之至也。宗庙之祭，仁之至也。丧礼，忠之至也。备服器，仁之至也。宾客之用币，义之至也。"祭祀能培养人的仁、义、忠、敬等德性，祭礼也是仁、义、忠、敬的表现，故"君子欲观仁义之道，礼其本也"。因"道德仁义，非礼不成，教训正俗，非礼不备"（《曲礼上》），仁义之道就在祭礼中，祭礼是修养仁义、表现仁义和普适仁义的方式。如"仁"，孝是"仁"之"本"，祭又是孝之"本"，故祭祀也是"仁"之始基，可以兴起仁心。孔子说"克己复礼为仁"的"礼"，自然包括祭礼，要人从祭礼的学习和实践中，养成"仁"的德性。

如"义"，义者，宜也，使万事万物各得其所宜。因男属阳、女属阴，为父服丧是修习阳之道（《昏义》"服父之义"），为母服丧是修习阴之道（《昏义》"服母之义"），故服丧而祭就是修习阴阳之道，随顺阴阳之所宜，使阴阳调和则天地归于中正而生生不息，万物万事因而欣欣向荣。先秦儒者相信，阴阳和合才能发挥化生的功能，孤阳

---

① 杨国荣指出："早期儒家已提出了成己与成人之说，成己主要是自我在道德上的完善，它表现了儒家对个体性原则的理解；成人则是首先实现社会群体的价值，它所体现得更多的是群体的原则。当然，在成己与成人之间，后者往往被赋予目的的意义，所谓'修己以安人'，便表明了这一点。"（杨国荣：《科学的形上之维：中国近代科学主义的形成与衍化》，华东师范大学出版社2009年版，第280—281页。）

或独阴皆不能生物，故不可尊阳而卑阴，或贵阴而贱阳。① 人道法阴阳，属阳之父与属阴之母，其义皆不可偏废，父母在家庭的角色应如阴阳之在天地自然，各处其中正适宜的地位，互相平等、彼此尊重。

如"忠"，所谓"忠信，礼之本也"（《礼器》），忠、信和孝一样，都是礼义的开端、始基。人有忠信之德乃能学礼，"苟无忠信之人，则礼不虚道"（《礼器》）。这表明了礼与忠信之间的紧密联系，故祭礼毫无疑义地能够培养人的忠信之德。《礼器》描绘大庙之祭的情形，主祭者和与祭者都要"洞洞乎其敬也，属属乎其忠也"，从而习得敬和忠之德。

如"敬"，从"备物"、"奠器"、"请神"、"酬尸"到"送神"等活动中，主祭者和与祭者都要对神和尸怀揣一份"齐敬之心"，行为也要恭谨慎重。② 祭祀完毕后的"因其酒肉，聚其宗族"（《坊记》），还要排列长幼尊卑之序，幼者卑者之于长者尊者及平辈之间，彼此都要怀有"齐敬之心"而相亲相爱，这就把"敬"内化为德性而成己，又因共时家庭化而把"敬"升华为家人所共享的家格，将家格转化为人格而安顿于家人的心灵而成人。

第三，祭礼的学习和实践能够陶冶人的情感。《檀弓下》载子游曰："礼道则不然，人喜则斯陶，陶斯咏，咏斯犹，犹斯舞，舞斯愠，愠斯戚，戚斯叹，叹斯辟，辟斯踊矣，品节斯，斯之谓礼。"这里的"礼道"当然包括祭礼之道。人们在祭祀礼仪中完全有可能经受喜、陶、咏、戚、叹等情感体验，如初见神来飨则喜，心中欢喜而未能舒畅是为郁陶，于是禁不住地要歌咏神灵，让欢喜之情得以发舒。乐极乃生悲，思及与祖先父母相隔阴阳，不能服侍左右，于是又叹息、又哀戚。《坊记》曰："礼者，因人之情而为之节文，以为民坊者也。"祭礼不是要煽动人的情感，使之放肆而无所收束；祭礼在陶冶人的情感的同时，也起了节制情感的过与不及的效用。故祭礼中的情感是不偏不倚、无过与不及的合乎中和之义的。

总之，道德秩序和心灵秩序是因祭礼而"成己"的结果，和谐的家庭秩序是家庭化机制良好运作的必要条件，然后由家庭化而"成人"，己与人同化即是宗族成员和睦相亲。这是修身和齐家的二重维度。然则，祭祖礼如何从身之修和家之齐而推出国治、天下平，也就是如何从成己、成人的道德哲学而推出成物的政治哲学。

谨以《祭义》篇而言，一者，"先王之所以治天下者五：贵有德，贵贵，贵老，敬长，慈幼。此五者，先王之所以定天下也。……是故，至孝近乎王，至弟近乎霸"。

---

① 《仪礼·丧服》规定子为父服斩衰三年，为母乃服齐衰三年，如果父尚在则为母服一年。这有点男尊女卑的意思。不过，明代朱元璋时有所变化，乃规定子为父为母皆服斩衰三年，打破了尊卑有别的礼仪而实现父母（男女）平等。

② 《仪礼·祭统》："孝子之祭也，尽其悫而悫焉，尽其信而信焉，尽其敬而敬焉，尽其礼而不过失焉。进退必敬，如亲听命，则或使之也。孝子之祭，可知也，其立之也，敬以诎；其进之也，敬以愉；其荐之也，敬以欲；退而立，如将受命；已彻而退，敬齐之色不绝于面。"

尊重有德者是对道德秩序和心灵秩序的肯定和提扬，尊老敬长和慈爱幼小是家庭秩序的要求和体现。这样，祭礼是孝悌之"本"（始基），孝悌又是仁之"本"，人人孝悌而尚德即是天下归仁，王者以此"领天下国家"，王道政治，垂拱而得。

二者，"立爱自亲始，教民睦也；立敬自长始，教民顺也。教以慈睦，而民贵有亲；教以敬长，而民贵用命。教以事亲，顺以听命，错诸天下，无所不行"。情感（爱亲、敬长）的熏化和陶冶是从存在之源的家开始的，家庭关系和谐有助于家人情感的正常发展。这里的假定是：家是善的，以此为开端而习得的人性也是善的，没有原罪感的心灵就是和谐而没有内在的冲突，表现为人际交往与社会关系，则民众也和睦亲顺。故心灵秩序与家庭秩序的完美结合是天下之达道，放诸四海而皆可以成就王道之治。

三者，"天下之礼，致反始也，致鬼神也，致和用也，致义也，致让也。致反始，以厚其本也；致鬼神，以尊上也；致和用，以立民纪也；致义，则上下不悖逆矣；致让，以去争也。合此五者，以治天下之礼也，虽有奇邪，而不治者则微矣"。祭礼的功能有五，"致反始"是报答父母的养育之恩，"致鬼神"是让人心存敬畏、尊老敬长，"致和用"是使百姓和谐、财用富足，"致义"是指公平正义、赏善罚恶，"致让"是令民不尚争斗、互惠互利。祭礼能达致这五个目标，即便社会上还有奇异邪恶之徒，但毕竟是绝对的少数，不足以干扰天下秩序。由此可见，《大学》"修身、齐家、治国、平天下"的四维政治哲学，完全贯彻到了祭祀礼仪中，故祭礼的宗教性实在薄弱得很，现实的人文政治关怀才是其意向性逻辑的必然归宿。

同时，祭礼的实践能够培养人的理政素养。《祭义》曰："孝子将祭祀，必有齐庄之心以虑事，以具服物，以修宫室，以治百事。"古代祭礼仪式繁复、服饰物品众多、庙堂宫室讲究，主祭者必须心思缜密、虑事周到，不可丝毫马虎，不能因细节之失而败坏了整个祭祀活动。故主祭者要了解丧服制度、每个季节的时令果蔬及宗庙的建筑方法与标准等，凡百事情都要考虑得面面周详，而所有这些都完完全全地是现实性的而非宗教性的，目的在使人从祭礼的主持和实践中，积极地发挥主观能动性，训练自己的分析、综合、判断和推理的思维能力，从而对客观世界有了更深入的认识，把握到事物的本质和规律性联系，实事求是地遵循规律来研究情况、解决问题。

结　语

现代学者从宗教学角度来解释商周的尊祖、祭祖文化，然佛教、天主教传入中国之初，又往往指责中国的尊祖、祭祖文化与其教义冲突，魏晋南北朝时期和明清之际就发生过儒释、儒耶之间就祭祖问题进行论辩的事。① 这提醒我们反思，尊祖、祭祖在多大程度上具有宗教性？从本文的分析看，尊祖、祭祖的内容与目的指向现世，指向家庭，其看似神秘的仪式也立足家人和家庭，是为了使家族成员实现家庭化而"成己"、"成人"，修养德性而令家齐、国治、天下平。如果说祭礼中有宗教性色彩，那就是要培养人们的"涵养须用敬"的敬畏之心。敬畏祖先也是敬畏天地自然，如《周易》所谓"乾为天，为父；坤为地，为母"，天地自然是人类最原初的先祖。所以，祭祀天地与祭祀祖先的性质是一样的，或者保留了一些神秘仪式，但却不具有宗教性目的——祈求上帝的充满、洗净原罪的负疚感，而是蕴含着正心、诚意的效用，使人先天具足的善性得以扩而充之，以保四海、以事父母，达致身修、家齐、国治和天下平的目的。

因祭祖仪式是家族性的集体行为，每一个家人既独立地学习和实践礼仪，培养自我的道德善性而成己。所有的家族成员又共时与历时地努力完成自我的家庭角色，并在此过程中成就其他成员的家庭角色的完成而成人。可见家庭化首先是自我主体性的道德化。没有道德修养的基础，家的稳定性与和谐性是怎么也建立不起来的。反过来，和谐的家庭秩序与家庭情感也有助于诚意、正心，即道德善性的培养。所以，商周的祭祖礼是把身、家、国与天下等贯通起来，让人们在践行仪式时，自觉而自愿地修养心性，成己、成人而成家、成物，由此而实现天下大同。

---

① 参阅任继愈主编：《中国佛教史》第四章，中国社会科学出版社1985年版。邢福增、梁家麟：《中国祭祖问题》，香港：建道神学院，2002年第2版。

魏晋南北朝国家祭孔释奠考略

孔庙和国子监博物馆副研究员　常会营

一、祭孔释奠的历史追溯

所谓"祭孔释奠仪",是指祭祀至圣先师孔子的典礼。释、奠都有陈设、呈献的意思,指的是在祭祀典仪中,陈设音乐、舞蹈,呈献牲、帛、酒等祭品,对孔子表示崇敬之意。释奠仪的形成和发展,应该说经历了一个很长的历史时期。根据《礼记·王制》:

>　天子将出征,类乎上帝,宜乎社,造乎祢,祃于所征之地,受命于祖,受成于学。出征执有罪,反释奠于学,以讯馘告。

古代天子将要出征的时候,要以此事告上帝,需要祭天,同时还要告自己的祖先,师祭于所征之地。因为受命于祖,兵谋成于太学。出征俘虏有罪之人,返回来要释奠于太学,以所生获及断耳者告祭先圣先师（报告俘虏及歼敌情况）。这种礼仪的顺序应该是先在大祖之庙占卜吉凶,然后再去大学之中定兵谋,谋定之后行类天、宜社、造祢之礼,而奉社主与迁庙主以行。正所谓"礼有三本：天地者,生之本也；先祖者,类之本也；君师者,治之本也。无天地,恶生？无先祖,恶出？无君师,恶治？三者偏亡,焉无安人。故礼,上事天,下事地,尊先祖,而隆君师。是礼之三本也"（《荀子·礼论》）。因为出师之时,兵谋成于太学,所以有功而返,则释奠于先圣先师而告之以克敌之事。一般告祭,地位轻微者释币,重要的则用释奠。值得一提的是,北京孔庙和国子监博物馆中矗立有多座清帝征伐平叛获胜归来所立的告成太学碑（地方庙学中亦刊立）。这些石碑,一方面固然有对士子宣谕圣功、夸示勋德之目的,但无疑更从根本上是秉承《礼记·王制》上所载的这一释奠礼仪。

另据《礼记·文王世子》：

>　凡学,春,官释奠于其先师,秋冬亦如之。凡始立学者,必释奠于先圣先师,及行事,必以币。凡释奠者,必有合也。有国故则否。
>　……

  天子视学，大昕鼓征，所以警众也。众至，然后天子至，乃命有司行事，兴秩节，祭先师、先圣焉。有司卒事反命，始之养也。适东序，释奠于先老，遂设三老、五更、群老之席位焉。

  由此可知，释奠仪这一仪式早在周朝已经产生了。那时的学校，春、秋、冬三时都要释奠于先师。释奠有五，始立学，一也；四时有三，四也；《王制》师还释奠，五也。而释菜是两次，即开始立学校之时以及每年仲春上丁日之释菜。

  后来，由于孔子生前非常重视教育，在教育事业上成就很高，影响极为深远，所以释奠的对象逐渐以孔子为主。先秦至两汉的祭孔释奠，笔者已有专文发表①，在此不再赘述，本文主要论述和探讨魏晋南北朝时期的祭孔释奠。

二、魏晋时期的祭孔释奠

  在魏晋时期，儒家在维护社会统治方面仍然发挥着不可替代的历史作用。据孔德平先生主编之《曲阜孔庙祭祀通解》："魏晋南北朝时期，有时以孔子为先圣，以颜回为先师奉祀。拜孔揖颜之礼更多是在国家太学举行，往往是国子监祭酒负责典礼。"② 据清人孙承泽《春明梦馀录》："魏文帝黄初元年（220），令郡国修起孔子旧庙。"③ 孙承泽此处记载错误，应为黄初二年。④

  如果说魏文帝曹丕发布尊孔诏书、重修孔庙，还是停留在话语层面的话，二十年后，魏齐王曹芳更是以身体力行的形式实践了尊孔读经的政治文化宗旨。

  魏国齐王曹芳正始二年（241）二月，齐王讲《论语》通，五年（244）五月，讲《尚书》通，七年（246）十二月，讲《礼记》通，并让太常释奠，以太牢（牛羊猪俱全）祭祀孔子于辟雍，以颜回配享。西晋武帝泰始七年（271），皇太子讲《孝经》通。咸宁三年（277），讲《诗》通。太康三年（282），讲《礼记》通。惠帝元康三年（293），皇太子讲《论语》通。东晋元帝太兴二年（319），皇太子讲《论语》通。太子亲自释奠，以太牢祭祀孔子，以颜回配享。成帝咸康元年（335），元帝讲《诗》通。穆帝升平元年（357）三月，穆帝讲《孝经》通。孝武宁康三年（375）七月，帝讲《孝经》通。释奠如故事。穆帝、孝武权借中堂为太学亲自释奠。为什么以中堂为太学释奠呢？因为东晋孝武时，太学在水南很远，有司议依照穆帝升平元年，于中堂

---

① 常会营：《先秦至两汉国家祀孔考略》，载李文主编：《孔庙文化功能的当代价值——中国孔庙保护协会第十七届年会论文集》，广西人民出版社2014年版，第222页。
② 孔德平主编：《曲阜孔庙祭祀通解》，现代出版社2007年版，第3页。
③ （清）孙承泽：《春明梦馀录》（上册），北京古籍出版社1992年版，第294页。
④ 参见《三国志·魏书·文帝纪》。

权立作太学。当时没有国子生，有司奏："应须复二学生百二十人。太学生取见人六十，国子生权铨大臣子孙六十人，事讫罢。"皇帝同意了。释奠礼毕，皇帝会见六品以上文武百官。①

魏正始中，齐王曹芳每讲经遍，就让太常释奠先圣先师于辟雍，不亲自行礼。等到了西晋惠帝、东晋明帝为太子，及西晋愍帝、怀帝太子讲经结束，亲释奠于太学，太子进爵于先师，中庶子进爵于颜回。东晋成帝、穆帝、孝武三帝，亦皆亲释奠。皇帝包括皇太子每于太学讲经通，亲自释奠孔子，这就更显示出晋代皇帝对孔子的尊崇程度。这一传统一直延续至清代，"临雍释奠大典"即由此而来。

据钟涛先生《魏晋南北朝的释奠礼与释奠诗》一文考证，"东汉时期祀周公为先圣，孔子为先师，但后代的释奠礼多数情况下都只祀孔子，不及周公。三国齐王芳正始时释奠礼停祀周公，专祭孔子于辟雍，以颜回配享。自此，整个六朝释奠均只祭孔子。其后，在唐高祖武德二年和唐高宗永徽中，曾短暂恢复祀周公为先圣、孔子为先师，但很快就停周公祀，只祀孔子为先圣，以孔门弟子和儒学经师配享"②。

晋武帝泰始二年（266，按：唐杜佑《通典》"泰始"为"太始"，盖古"泰""太"通假也），令太学及鲁国四时备三牲以祀孔子及七十二弟子。泰始三年（267），改封孔子二十三代孙宗圣侯震为奉圣亭侯，拜太常卿、黄门侍郎。食邑二百户。又诏大学及鲁国四时备三牲以祀孔子（按：三年之事据唐杜佑《通典》，与上孙承泽《春明梦馀录》所载二年之事有重复，待考）。七年，皇太子亲释奠于太学，讲孝经，通也。自是，咸宁三年，讲诗通；太康三年，讲礼记通，并亲释奠，以颜子配。③ 晋惠帝元康三年（293）春闰月，皇太子释奠于太学。舆驾亲次，宫臣毕从，主祀孔子，颜回配享。潘尼在其《释奠颂》一文中，详细地描述了其时庄严隆重的情景。④

晋元帝太兴三年（320），太子亲自释奠。⑤

东晋明帝太宁三年（325）增为"四大丁"（农历二月、五月、八月、十一月上旬第一个逢丁日），"八小祭"（每年的清明节、端午节、六月初一、中秋节、重阳节、十月初一、腊月初八、除夕）。盛行时期，又加上每月的初一、十五，甚至二十四个节气也进行祭祀。但不论怎样增加，在孔子的生日（农历八月二十七日）这天必举行大

---

① 参见《三国志·魏书·三少帝纪》，《晋书卷一九·志第九·礼上》及《晋书卷二十一·志第十一·礼下》。
② 钟涛：《魏晋南北朝的释奠礼与释奠诗》，《文史知识》2009 年第 4 期。
③ （清）孙承泽：《春明梦馀录》（上册），北京古籍出版社 1992 年版，第 297 页。
④ 参见《晋书卷五十五·列传第二十五·潘尼传》。
⑤ 参见《宋书·志第八·礼五》。

祭大典。① 又据唐杜佑《通典》："明帝太宁三年（325），诏给奉圣亭侯四时祀孔子，祭宜如太始故事。"陈戍国先生评价曰："我们曾经说过：汉以来尊孔即尊师，尊师必尊孔。历史似乎已经证明：先师孔子是否受到尊重（包括旧社会的祭祀），可以作为教师在中国社会所处地位的标尺之一，至少在封建社会是如此。西晋朝廷尊孔之礼不全废，尊师之礼还算是讲究的。东晋版图不及鲁，其不行阙里祭孔礼可知。"②

成帝咸康元年（335）二月，帝讲诗通，亲释奠。穆帝升平元年（357）三月，帝讲孝经通，释奠于中堂。时议以太学在水南悬远，依穆帝故事，于中堂权立太学，释奠。礼毕，会群官于六品以上。③ 这些史料可以互相印证。

根据韩国赵骏河教授之考察，晋朝武帝时，四季皆由帝王亲自奉行释奠；东晋从成帝、穆帝到孝武帝，也都是由帝王亲身行释奠的。④ 通过上面所列资料可以看出，西晋惠帝、东晋明帝为太子，及西晋愍帝、怀帝太子讲经结束，亲释奠于太学，太子进爵于先师，中庶子进爵于颜回。东晋成帝、穆帝、孝武三帝，亦皆亲自释奠。

三、南北朝时期的祭孔释奠

魏晋之释奠礼，在南北朝得到继承。《宋书》卷十四："元嘉二十二年，太子释奠，采晋故事，官有其注。祭毕，太祖亲临学宴会，太子以下悉豫。"《南齐书》卷三："冬，十月，壬戌，诏曰：'皇太子长懋讲毕，当释奠，王公以下可悉往观礼。'"《梁书》卷八："八年九月，于寿安殿讲《孝经》，尽通大义。讲毕，亲临释奠于国学。"《陈书》卷五："秋八月辛丑，皇太子亲释奠于太学，二傅、祭酒以下赍帛各有差。"又《晋书》卷一一三载："坚于是行礼于辟雍，祀先师孔子，其太子及公侯卿大夫士之元子，皆束脩释奠焉。"《魏书》卷九载："正光元年春正月乙酉，诏曰：'建国纬民，立教为本；尊师崇道，兹典自昔。来岁仲阳，节和气润，释奠孔颜，乃其时也。有司可豫缮国学，图饰圣贤，置官简牲，择吉备礼。'"卷一一又载："二月……丙子，帝亲释奠礼先师。"

宋文帝元嘉八年（431），奉圣侯有罪，夺爵。至十九年，又授孔隐之之兄子熙先，谋逆，又失爵。（据唐杜佑《通典》）宋文帝元嘉十九年（442）十二月，建孔子庙，

---

① 袁宝银、张晓玉：《颂先师丰功厚德　扬儒学励世真谛》，《走向世界》1995 年第 6 期。按：孔子生日这天举行大祭典礼，此处笔者查考，可以追溯到雍正五年（1727），东晋时是否于此日进行祭典，待考。
② 陈戍国：《中国礼制史》（魏晋南北朝卷），湖南教育出版社 1993 年版，第 190 页。
③ （清）孙承泽：《春明梦馀录》（上册），北京古籍出版社 1992 年版，第 297 页。
④ ［韩］赵骏河：《朝中释奠与祭孔大典》，《孔学论文集》（一）（暨孔子圣诞 2553 周年，曲阜祭孔纪念特刊），马来西亚孔学研究会，2002 年 9 月 25—10 月 2 日，第 532 页。

置守坟户。① 孔子二十六代孙孔鲜袭封奉圣亭侯。元嘉二十年（443），皇太子刘劭释奠于国学，颜延之有《皇太子释奠会作诗》。该作在释奠诗中很有代表性，是萧统《文选》唯一选入的释奠诗。②

中祭规格始于南朝宋文帝元嘉二十二年（445），祭孔规格定为"依上公之礼，舞用六佾，设轩悬之乐，乐陈三面"，牲牢、器用悉如上公，从裴松之之议也。此年皇太子释奠用乐奏登歌。学者一般认为此为释奠用乐之始。

据唐杜佑《通典》：宋文帝元嘉二十八年（451），更以孔惠云为奉圣侯，后有重疾，失爵，孝武大明二年（458），又以孔迈为奉圣侯。迈卒，子荂（诩俱反）嗣，有罪，失爵。后魏封孔子二十七世孙乘为崇圣大夫。孝文帝太和十九年（495），改封二十八世孔珍为崇圣侯。文成帝诏其宣尼之庙当别，敕有司行荐享之礼。北齐改封三十一世孙为恭圣侯。后周武帝平齐改封邹国公。隋文帝仍旧封邹国公，炀帝改为绍圣侯。大唐贞观十一年，封孔子裔德伦为褒圣侯。

宋孝武帝孝建元年（454），诏建孔子庙，制同诸侯礼。③

南朝齐高帝建元四年（482），诏立国学，置学生一百五十人。高帝驾崩后乃止。

南朝齐武帝永明三年（485）正月，诏立学，创立堂宇，召公卿子弟下及员外郎之胤，凡置生二百人。其年秋中悉集。尚书令王俭在平衡诸方意见基础上认为："皇朝屈尊弘教，待以师资，引同上公，即事惟允。元嘉立学，裴松之议应舞六佾，以郊乐未具，故权奏登歌。今金石已备，宜设轩县之乐，六佾之舞，牲牢器用，悉依上公。"其冬，皇太子讲《孝经》，亲临释奠，车驾幸听。

南齐武帝永明年间，朝廷颁布祭孔用"轩悬之乐"（古代诸侯用乐规格，其乐队所用乐器排列三面）、"六佾之舞"（古代诸侯用舞规格，其舞队陈设六行，每行置六人，共计三十六人）。据清孙承泽《春明梦馀录》：齐武帝永明三年（485）正月，诏立学。是年秋，集有司议礼。冬十月，皇太子讲《孝经》，亲临释奠，车驾幸临。尚书令王俭议，周礼：春，入学，释奠，合舞；学记云：始教，皮弁祭菜，示敬道也；又云：始入学，必祭先圣先师。中朝以来，释菜礼废，今之所行，释奠而已，金石俎豆，皆无明文。陆纳、车胤谓宣尼庙宜依亭侯之爵；范宁欲依周公之庙用王者仪；范宣谓当其为师，则不臣之，释奠日，备帝王礼乐。车、陆夫（注：失）于过轻，二范伤于太重，引用上公，即事惟允，宜设轩悬之乐，六佾之舞，牲牢、器用悉依上公。④ 正如江帆先生所言，"南齐武帝永明年间是祭孔祀典表演舞蹈的开端，也是历史上在孔子庙

---

① （清）孙承泽：《春明梦馀录》（上册），北京古籍出版社 1992 年版，第 294 页。
② 钟涛：《魏晋南北朝的释奠礼与释奠诗》，《文史知识》2009 年第 4 期。
③ （清）孙承泽：《春明梦馀录》（上册），北京古籍出版社 1992 年版，第 294 页。
④ （清）孙承泽：《春明梦馀录》（上册），北京古籍出版社 1992 年版，第 297—298 页。

堂使用歌、舞、乐三位一体的综合艺术形式之始"①。

南朝齐明帝建武四年（497）正月，诏立学。明帝永泰元年（498）三月，复孔子祭秩。②

南朝齐永泰元年（498），明帝去世，东昏侯即位，尚书符依永明旧事废学。领国子助教曹思文上表反对："古之建国君民者，必教学为先，将以节其邪情而禁其流欲，故能化民裁俗，习与性成也。是以忠孝笃焉，信义成焉，礼让行焉，尊教宗学，其致一也。……永明以无太子故废，斯非古典也。寻国之有学，本以兴化致治也，天子于以谘谋焉，于以行礼焉。《记》云'天子出征，受命于祖，受成于学。执有罪反，释奠于学'。又云'食三老五更于太学，天子袒而割牲，执爵而酳，以教诸侯悌也'。于斯学，是天子有国之基，教也或以之。所言皆太学事也，今引太学不非证也。据臣所见，今之国学，即古之太学。……古之教者，家有塾，党有庠，术有序，国有学，以讽诵相摩。今学非唯不宜废而已，乃宜更崇尚其道，望古作规，使郡县有学，飨（注：乡）闾立教。请付尚书及二学详议。"有司奏。从之。但学竟最终不立。③

又据南朝齐礼制，新立学，必对先圣先师行释奠礼，每岁春秋二仲，常行其礼。每月旦，祭酒领博士以下及国子诸学生以上，太学、四门博士升堂，助教以下、太学诸生阶下，拜孔揖颜。④

梁武帝天监四年（505）六月，初立孔子庙于江左。⑤

梁武帝天监八年（509）九月，皇太子释奠。从周舍议，太子着绛纱襮，乐用轩悬。预升殿坐者，皆服朱衣。有司以为："今先师在堂，义所尊敬，太子宜登阼阶，以明从师之义。若释奠事讫，宴会之时，无复先师之敬，太子升堂，则宜从西阶，以明不由阼义。"吏部郎徐勉谏议："请释奠及宴会，太子升堂，并宜由东阶。若舆驾幸学，自然中陛。……请自今东宫大公事，太子升崇正殿，并由阼阶。其预会宾客，依旧西阶。"⑥

梁武帝大同七年（541），皇太子释奠国学。⑦

敬帝太平二年（557），访孔子后修庙堂，备四时祭。

陈宣帝太建三年（571）八月，皇太子释奠于太学。

陈后主至德三年（585），亲行释奠礼，毕，设金石之乐于宴王公卿士。⑧

---

① 江帆、艾春华：《中国历代孔庙雅乐》，中国国际广播出版社2001年版，第4—5页。
② （清）孙承泽：《春明梦馀录》（上册），北京古籍出版社1992年版，第298页。
③ 参见《南齐书·志第一·礼上》。
④ 参见《隋书卷九·志第四·礼仪四》。南朝齐之天子讲学具体礼仪，亦可同参。
⑤ （清）孙承泽：《春明梦馀录》（上册），北京古籍出版社1992年版，第294页。
⑥ 参见《隋书卷九·志第四·礼仪四》。
⑦ 参见《隋书卷九·志第四·礼仪四》。
⑧ （清）孙承泽：《春明梦馀录》（上册），北京古籍出版社1992年版，第298页。

据陈成国《中国礼制史》（魏晋南北朝卷）："释奠之仪史书不载，但我们从别的文献了解若干情形。譬如《艺文类聚》卷三十八收录徐陵《皇太子临辟雍颂》，提到'侍中、国子祭酒、新安王'，'粤以十一年三月二十一日受诏弘宣，发《论语》题'，与《陈书·徐伯阳传》所述此事正合，可知其文必与陈朝皇太子临辟雍事有关。《陈书·徐伯阳传》：太建十一年春，皇太子幸太学，'命伯阳为《辟雍颂》，甚见佳赏'。《初学记》卷十四收录徐伯阳《皇太子释奠颂》，严铁桥疑徐氏《辟雍颂》即此文（见《全陈文》卷十二）。文中'储驾戾止，和鸾有声；宏风讲肆，崇儒肃成'云云，总该不是杜撰。"陈成国先生评价曰："从来尊师之礼的兴废与学术事业的荣衰、国运的隆替紧密联系在一起。南朝国力不振，然而较北朝为稳定一些。就中国文化传统而言，南朝毕竟是当时较为先进的汉族文化的代表。就经济生产而言，南朝亦较北朝为先进。南朝统治者确有重视学术（主要指经学）的时候。但是南朝的政治稳定、经济发展都是有限的，最高统治者并非人人、也不是时时都重视文化教育和学术事业。因此，南朝国学时立时废，师道与尊师之礼或行或废。此种情形在中国历史上倒是屡见不鲜的。"①

南朝梁、陈释奠之服饰，《隋书卷十一·志第六·礼仪六》中有详细记载。

北魏时期，于道武帝天兴年四年（401），按《周礼》"春入学合舞，秋颁学合声"之制，朝廷"命乐师在春仲入学之际习舞，释菜"（《周礼·春官·大司乐》）以祭祀孔子。这是一种起自周代的文化传统，也即在每逢开学之始，在学校范围内举行具有一定规格（摆上供品、伴有歌舞）的仪式，以示对先师——孔子的尊崇和追思。②

北魏主拓跋焘始光三年（426），起太学于城东祀孔子，以颜子配。③ 北魏文成帝拓跋濬（440—465）诏宣尼庙，别敕有司行荐享之礼。

又据孔祥峰、彭庆涛《衍圣公册封与孔庙祭祀》一文，孝文帝延兴二年（472）春二月，定孔子庙之制。延兴三年（473），诏授崇圣大夫，食邑五百户。④

北魏孝文帝太和十六年（492），孝文帝元宏称孔子为"文圣尼父"。朝廷曾经指令御用礼乐官吏们制定祭孔祀典，规定祭孔用诸侯的享乐规格，即"轩悬之乐"、"六佾之舞"，并行"三献礼"（即初献、亚献、终献），而舞蹈是置在"三献礼"的仪程中表演。而且孝文帝对于祭孔典礼设在每年仲春和仲秋（农历二月和八月）举行，作了明文规定。江帆先生认为："古代的舞蹈伴随'三献礼'，乃是对于受祭者以顶礼膜拜的艺术化表演。孝文帝关于释奠孔子增加'三献礼'以及对奏乐规格（包括舞蹈编制）的明确规定，使祭孔礼乐在前代基础上，继承了规格适中，礼乐谐调，歌舞相融，

---

① 陈成国：《中国礼制史·魏晋南北朝卷》，湖南教育出版社 1993 年版，第 346 页。
② 江帆、艾春华：《中国历代孔庙雅乐》，中国国际广播出版社 2001 年版，第 4 页。
③ （清）孙承泽：《春明梦馀录》（上册），北京古籍出版社 1992 年版，第 294 页。
④ 孔祥峰、彭庆涛：《衍圣公册封与孔庙祭祀》，中国孔庙保护协会编：《中国孔庙保护协会论文集》，北京燕山出版社 2004 年版，第 4 页。

娱神悦人的古制。充分体现了孝文帝时期的祭孔祀典达到了礼明乐和的历史规格。"①

据陈戍国《中国礼制史·魏晋南北朝卷》:"据史书记载,北魏自拓跋珪以下,历代皇帝在位期间不祭孔圣人者居少数。有亲临孔庙者,有派遣使人致祭者,也有在位期间似乎不知有祭孔一事者。尽管孝文帝元宏即位之初为祭孔庙定下若干制度,然而整个北魏时期祭孔有无定制很难说。但既然北魏历代皇帝多行其事,就不能因为其制未定(假如此说成立的话)辄谓无礼仪可言。"②

东魏孝静帝兴和元年(539)兖州刺史李珽修建孔子及十弟子容像,立碑于庙庭。

北齐显祖天保元年(550),诏郡国各于坊内立孔颜庙。制:春、秋二仲,释奠于先圣先师;每月朔,祭酒领博士以下及国子诸学生、四门博士、升堂助教及太学诸生阶下拜孔圣,揖颜子;其郡学,则博士以下每月朔朝。③

北周大象二年(580),静帝宇文阐追封孔子为"邹国公"。长孙承袭邹国公,邑数如旧。其子孔嗣悊在隋文帝时应制登科,授泾州司马参军,迁为太子通事舍人。隋炀帝大业四年(608)被封为绍圣侯,食邑百户。④

结　语

综之,在魏晋时期,儒家在维护社会统治方面仍然发挥着不可替代的历史作用。皇帝包括皇太子每于太学讲经通,亲自释奠孔子,这就更显示出晋代皇帝对孔子的尊崇程度。三国齐王芳正始时释奠礼停祀周公,专祭孔子于辟雍,以颜回配享。自此,整个六朝释奠均只祭孔子。由此,孔子基本取代周公,在国家释奠中取得独尊地位。

正如陈戍国先生所言,尊师之礼的兴废与学术事业的荣衰、国运的隆替紧密联系在一起。南朝国力不振,然而较北朝为稳定一些。南朝统治者确有重视学术的时候,但南朝的政治稳定、经济发展都是有限的,最高统治者并非人人,也不是时时都重视文化教育和学术事业。因此,南朝国学时立时废,师道与尊师之礼或行或废。但由南朝之国家祭孔释奠历史来看,这种祭孔释奠礼仪即便时断时续,仍然被历代继承并持续下来,北朝亦是如此。特别值得一提的是,北魏孝文帝关于释奠孔子增加"三献礼"以及对奏乐规格的明确规定,并将舞蹈置于"三献礼"的仪程中表演,使祭孔礼乐在前代基础上,继承了所谓"规格适中,礼乐谐调,歌舞相融,娱神悦人"的古制,充分体现了孝文帝时期的祭孔祀典达到了"礼明乐和"的历史规格。

---

① 江帆、艾春华:《中国历代孔庙雅乐》,中国国际广播出版社2001年版,第5页。
② 陈戍国:《中国礼制史·魏晋南北朝卷》,湖南教育出版社1993年版,第453页。
③ 孙承泽:《春明梦馀录》(上册),北京古籍出版社1992年版,第298页。
④ 孔祥峰、彭庆涛:《衍圣公册封与孔庙祭祀》,中国孔庙保护协会编:《中国孔庙保护协会论文集》,北京燕山出版社2004年版,第4页。

儒家思想视域下的公共文化空间构建

潍坊市委党校马克思主义理论教研部讲师　盖立涛

一、儒家思想的近代转变

儒家思想是传统文化的主体，在中国的历史发展中起着举足轻重的作用。但近代以来，由于西方的入侵，清王朝无法应对世界局势的变化，随之而来的辛亥革命、五四运动和新文化运动深刻改变了人们的社会观念，人们开始通过新的视角审视传统文化，特别是五四运动、新文化运动以后，人们开始激烈地批判传统文化。儒学在此过程中也发生了巨大的变化，在传统社会中由起着匡正政治、维系人伦秩序的主导思想转变为被批判的对象，人们以西方的自由、民主、科学为标准，系统批判儒家思想，认为儒家思想是传统封建社会的意识形态，是为封建专制统治服务的。在此过程中，儒家思想成为落后思想的代名词。

新中国成立以后，马克思主义成为我国的指导思想。在儒学研究中，虽然人们认为儒家思想有积极意义，但主要还是认为儒家思想是传统封建时代的思想，是为封建统治阶级服务的。改革开放后，中国主动打开国门，加强了与世界各国的交流，西方的各种社会思想进入中国，港台新儒家思想引入到大陆。儒学在此过程中也获得了巨大的发展，人们开始以客观理性的态度审视传统文化，更加重视儒学学理的梳理，儒学也迎来了新的发展。同时，巨大的社会变化也为儒学发展带来了新的考验。例如，社会结构发生了变化，公私领域出现了分离，思想多元时代来临，出现了相对独立的公共文化空间，特别是信息时代的来临，人们进入到数字化时代，文化传播方式、人们接受信息的方式发生了根本的改变。儒学如何应对这些变化，如何实现自身转变，特别是儒学如何融入到公共文化空间建设中成为儒家思想发展的新课题。

可以说传统社会中"政教相维"视野下的儒家思想到了近代被演绎成维护封建专制的意识形态，成为被批判的对象，我们审视儒学的视角发生了很大的变化。改革开放后，人们进入到了思想多元时代，特别是当前的传统文化复兴形势下，儒家思想如何主动应对新变化，如何主动融入到公共文化空间建设中，为儒学自身赢得了发展空间，同时为公共文化空间建构提供基本原则，成为当前的重大课题。

二、公共文化空间的形成

我们首先考察一下"公共"这个词的起源。"公共"（public）在古希腊语汇中有两个起源。"首先是起源于古希腊词汇'pubes'或者'maturity'（成熟），强调一个人从只关心自我或自我的利益发展到超越自我，能够理解他人的利益。公共（public）意味着个人在身体上、情感上或智力已经成熟，能够理解其行为对他人所产生的结果。第二个来源是古希腊词汇'Koinon'，而'Koinon'则来源于希腊语的另一个词汇'kom-ois'（意为'关心'）。英语词汇'ommon'也起源于该词。"① 可以看出"公共"的含义是对个人的超越，是对他人，对人与人之间关系的重视。随着西方近代以来新的发展，人们不再像古希腊人一样用城邦政治的视角看待"公共"话题，人们审视"公共"话题的视域发生了变化。

西方自近代工业文明以来慢慢出现了公共文化领域，18、19世纪欧洲的社会结构出现了新的变化，出版印刷业的发展，报纸业的繁荣，人们获取信息的方式发生了根本的变化，沙龙、咖啡馆的普及，使人们有了交流的公共空间。哈贝马斯认为公共空间是"一个私人集合而成的公众的领域；但私人随即就要求这一受上层控制的公共领域反对公共权力机关自身，以便就基本上已经属于私人，但仍然具有公共性质的商品交换和社会劳动领域中的一般交换规则等问题同公共权力机关展开讨论"②。可以说公共空间在政治权力之外，是公民自由讨论公共事务，通过理性对话参与到公共讨论中，并通过公共舆论，影响政治、参与政治。公共领域是"一个私人集合而成的公众的领域"，公共领域不属于政治领域，但又具有公共性，公共领域对于培养公民的公共理性，促进公民意识觉醒有重要意义。公共文化空间就属于公共领域的一部分，公共领域的形成也带来了社会思想的多元化，马克斯·韦伯称这种现象为"诸神的斗争。"③ 这也是现代社会不同于传统社会的地方所在。

改革开放后，中国又一次与西方发生了思想遭遇与经济遭遇。社会主义市场经济的建立促进了社会经济的发展，同时，市场经济不仅带来经济的发展，还促进了整个社会结构的变化。市场经济体制的建立使中国由"简单的一元结构的功能普泛化的封闭社会向复杂的多元结构的功能专一化而又高度整合化的开放社会的转变"④。政治经济文化一元的社会逐渐成为政治经济文化逐渐分离的多元社会，在此过程中，逐渐出现了公共文化空间。新中国成立后形成的奉献伦理逐渐被解构，新的伦理还有待形成，

---

① 孔兆政、柏维春：《儒家"公"观念的公共考量及其社会化路径》，《天府新论》2010年第5期。
② ［德］哈贝马斯：《公共领域的结构转型》，学林出版社1999年版，第32页。
③ ［德］马克斯·韦伯：《学术与政治》，生活·读书·新知三联书店1998年版，第45页。
④ 罗荣渠：《现代化新论》，商务印书馆2004年版，第160页。

社会中出现的各种思潮，在公共文化领域有了对话与碰撞。人们出现了价值观的冲突与分裂，价值观多元时代来临。

公共文化空间的出现是改革开放后带来的新变化，也是社会发展进步的表现。在公共文化空间中出现了新的公共话题，出现了新的讨论方式，这个空间有民众的参与和公民的理性对话。公共文化空间有很强的公共性，民众可以参与到公共话题的讨论中，普通的民众、知识分子能够灵活和频繁交换意见，通过理性讨论，形成社会共识和社会舆论。在理性讨论的过程中，形成了公共文化空间中的讨论规则，公民首先要尊重规则，在规则之下讨论问题。

思想的多元带来了价值观的对抗与分裂，而消解价值观的对抗与分裂需要经历长时间的理性交流和公共讨论，各种不同的观点通过公共文化空间的理性讨论达成社会共识。这个过程也可以促进民众的公民意识、公共意识的觉醒。公共舆论可以传达到政府决策中，推动政府对民意的把握，也推动社会的良性发展。公共文化空间的交流和讨论，也推动着重建普遍的道德共识，重建公共理性和公共伦理，也在重建公共话语体系。儒家思想应积极应对这些新的变化，在公共文化空间建设中，在凝聚社会共识中贡献儒家思想的力量。

三、儒家思想与公共文化空间原则的契合

公共文化空间不属于政治空间，也不是个人空间，它有民众的参与，有独立的讨论方式，有讨论问题的规则。在公共文化空间，不是某一种思想压制其他思想，也不是用政府的决策直接干预思想的对话和讨论，而是在思想多元中求得社会共识，促进社会的良性发展。我们反观中国传统社会，就是儒释道三教和合共生的社会，在这里，儒家思想主张的"和而不同"、"宽容异端"，为思想多元共生提供了基本的原则。同时，儒家的公共精神和主张公私领域的不同原则，也是公共文化空间建设所需要的。

（一）和而不同

"和"的观念在中国产生很早，其最初含义是指音乐之和。音乐就是由不同的声构成，音与声相和，才构成自然界和谐的音律。第一个对"和"概念进行理论提升的是西周时期的太史官史伯。太史官史伯与郑桓公说："夫和实生物，同则不继。以它平它谓之和，故能丰长而物生之。若以同裨同，尽乃弃也。故先王以土与金、木、水、火，杂以成百物。"（《国语·郑语》）在史伯看来，"和"是指不同事物达到的和谐统一，"同"是指无差别性的单一事物，自然界就是万物和合生成的结果。政治亦然，直言进谏才能弥补政治过失，君主正是采纳不同政见实现国家政事之和。

《论语·子路》中说："君子和而不同，小人同而不和。"以"和"、"同"来判定

君子小人之别。朱熹认为："和者，无乖戾之心。同者，有阿比之意。"（《论语集注·子路》）儒家强调君子要"和而不同"，君子要有原则，不阿比，正是在不同中才能实现人际关系的和谐。"礼之用，和为贵。先王之道，斯为美；小大由之，有所不行。知和而和，不以礼节之，亦不可行也。"（《论语·学而》）儒家强调"礼"的运用以和为贵，但又认为不能为和而和，和谐也需要有原则的"和"。"礼"主分别，"贵贱有等，长幼有差，贫富轻重皆有称者"（《荀子·富国》）。"礼"的分别需要"和"的精神作为调节，才能实现人际关系的和谐。"'和而不同，群而不党'的人际关系是一种和谐的人际关系。这个原则的确立，同时也说明了儒家并不会天真地认为天下只有一种学说、一种信仰、一种意见。因为和谐之所以称为和谐，正由于各个部分互有差异，当差异能彼此调和以产生和平共存的状态时，才是所谓和谐。"[①] 可以说"和而不同"的原则为多种思想理性对话提供了可能。

（二）宽容异端

对于异端思想，儒家持宽容态度。《论语·为政》中说："攻乎异端，斯害也已。"对此一章的理解，存在着多种不同的解释。"攻"字在历代的注疏系统中有"治"、"击"等解释。"斯害也已"的"已"字也有二解，有的学者解释为语尾助词，有的解释为"止"。历代的注疏因为对"攻"与"已"的不同解释，对"攻乎异端，斯害也已"这一章出现了几种不同的解释。我们要解释"攻"字的含义，就要从《论语》本书中寻找。例如在《论语·先进》篇中，冉有作为季氏家臣，为季氏搜刮钱财。对此，孔子非常地生气，"非吾徒也，小子鸣鼓而攻之，可也"（《论语·先进》）。此处的"攻"字就是"攻击、责备"的意思，朱子认为"小子鸣鼓而攻之，使门人声其罪以责之"（《论语集注·先进》）。刘宝楠认为："说文'攻，击也。'此训责者，引申之义。"（《论语正义·先进》）在《论语·颜渊》篇中，孔子曰："先事后得，非崇德与？攻其恶，无攻人之恶，非修慝与？一朝之忿，忘其身以及其亲，非惑与？"朱子认为："专于治己而不责人，则己之恶无所匿矣。"（《论语集注·颜渊》）朱子在此处解释"攻"字，包含了"治"与"责"两种含义。刘宝楠认为："'攻其恶，无攻人之恶'者，攻犹责也。"（《论语正义·颜渊》）这两处的"攻"字主要是"击"与"责"的意思。"已"字在《论语》中出现了很多次，很多地方都是以"也已"的形式出现在句尾，如："何事于仁？必也圣乎！尧舜其犹病诸。夫仁者，己欲立而立人，己欲达而达人。能近取譬，可谓仁之方也已。"（《论语·雍也》）"敏于事而慎于言，就有道而正焉，可谓好学也已。"（《论语·学而》）在这里，"也已"都是作语尾助词。如果就语词的用法来看，"攻乎异端，斯害也已"的意思应该是"去攻击那些与自己立场不

[①] 江宜桦：《儒家思想与东亚公共哲学——以"和而不同"意旨之分析为例》，《华东师范大学学报》（哲学社会科学版）2007 年第 6 期。

同的偏颇言行,是有害无益的事情"①。从中可以看出孔子不主张攻击与自己立场不同的思想,正是在不同中实现思想的和合共生。

这种宽容异端的态度在《中庸》中有更为深刻的表达:"万物并育而不相害,道并行而不相悖。小德川流,大德敦化。此天地之所以为大也。"万物生长于天地之间而不相害,日月运行、四时更替而彼此不相违背,天地之所以为大就是因为天地的包容,小德与大德可并立,万物可并育而不相害,道并行而不相悖。在这里,儒家的宽容态度,对多元的包容,这也是与仁学思想密切相关。仁的概念异常丰富,合而言之,仁者"爱人"(《论语·颜渊》)(分而言之,则是"忠恕之道"(《论语·里仁》)。"忠"即"己欲立而立人,己欲达而达人"(《论语·雍也》)。"恕"则强调"己所不欲,勿施于人"(《论语·颜渊》)。爱人、宽容他人、宽容异见也是儒家仁学思想的基本要求,而在多元思想时代,宽容让彼此理性对话成为可能。

(三) 公共精神

公民在公共文化空间中需要有公共精神,需要关心公共事务,参与公共事务,有天下关怀,追求公共之善。当然,公共精神需要在公共领域中培养,在传统社会,儒生是社会建设的主体力量,他们参与政治,参与社会教化,也参与到民间伦理的建设中;儒生通过儒家伦理规范社会风俗,规范政治。春秋时期郑国的子产就是很有远见的一个政治家,当时郑国有"乡校","乡校"既是教育场所,也具有某种"公共场所"的功能,人们在"乡校"议论政治的得失,表达自己的意见。有人向子产提议毁掉"乡校",子产认为:"夫人朝夕退而游焉,以议执政之善否。其所善者,吾则行之。其所恶者,吾则改之,是吾师也。若之何毁?"(《左传·襄公三十一年》)子产看到了庶民议政的价值,通过让人们在公共场所表达意见,可以了解民意,疏通民情。黄宗羲也设想把学校作为议政的场所,"梨洲讥斥以往政治家对于学校认识的错误,彼以为学校之用不仅在于'养士',而亦在于培养健全之舆论"②。

《论语·微子》中云:"不仕无义。长幼之节,不可废也;君臣之义,如之何其废之?欲洁其身,而乱大伦。君子之仕也,行其义也。道之不行,已知之矣。"长幼之节,君臣之义,都是不可废的,参与到人伦关系、政治关系中,行其义也,这也是君子的责任。积极参与公共事务,这与现代社会需要的公共精神也是一致的。到了宋朝,范仲淹在《岳阳楼记》中提出了"先天下之忧而忧,后天下之乐而乐",儒生的天下担当精神呼之欲出。在《日知录》中,顾炎武亦云:"保天下者,匹夫之贱,与有责焉。"儒生把天下的兴亡当作自己的道德责任,这种公共精神依然是现代社会所需

---

① 江宜桦:《儒家思想与东亚公共哲学——以"和而不同"意旨之分析为例》,《华东师范大学学报》(哲学社会科学版)2007 年第 6 期。
② 萧公权:《中国政治思想史》,新星出版社 2010 年版,第 399 页。

要的。

(四) 公私领域的不同原则

"门内之治,恩掩义;门外之治,义断恩。"(《礼记·丧服四制》)"为父绝君,不为君绝父;为昆弟绝妻,不为妻绝昆弟;为宗族杀朋友,不为朋友杀宗族。门内之治仁掩义,门外之治义斩仁。"(《六德》)儒家强调门内、门外之别,处理门内、门外的原则与方式也是不同的,门内主恩,门外主义。《礼记·檀弓上》:"事亲有隐而无犯,左右就养无方,服勤至死,致丧三年。事君有犯而无隐,左右就养有方,服勤至死,方丧三年。事师无犯无隐,左右就养无方,服勤之死,心丧三年。"《礼记·曲礼下》又谓:"为人臣之礼,不显谏。三谏而不听,则逃之。子之事亲也,三谏而不听,则号泣而随之。"什么是"有隐而无犯"?郑玄曰:"隐,谓不称扬其过失也。无犯,不犯颜而谏。"① 父子主恩,在外不可扬父之过,要和颜悦色地进谏。什么是"事君有犯而无隐"?事君有犯也就是直谏,君臣以义合,君有过,臣子当以道匡君。

儒家认为私领域应秉持情感原则,公领域应秉持道义原则,父子主恩,子不可不重视恩情,君臣主义,臣子不可违背道义。儒家处理门内和门外,处理家庭和政治秉持不同的原则。随着社会的发展,社会出现了公共文化空间,公共文化空间有自己的独立原则,这与儒家强调的门内、门外之别不同,但儒家处理公领域问题的方式依然有借鉴意义。

四、儒家思想与公共文化空间的融合发展

儒家思想提倡的价值原则不仅不会阻碍公共文化空间的发展,而且可以为公共文化空间建设提供基本原则。同时,公共文化空间的建设也为儒家思想提供了新的发展空间,可以说儒家思想与公共文化空间有原则的契合,又可以相互促进。

(一) 公共文化空间建设促进了儒家思想的转变

儒家思想在近代发生了巨大变化,由社会占主导的思想转变为被社会批判的对象。在当前传统文化复兴中,儒家思想又面临新的机遇,儒家思想应与时俱进,适应新的变化,积极融入到公共文化空间的建设中。儒家很早就提出公私领域的不同,并提出了处理公私领域问题的不同原则。但现代社会不同于传统社会,公共文化空间既不属于政治领域,也不是私人领域,在公共文化领域中,儒家思想需要积极转变,秉持了公共理性原则,尊重公共规则。

---

① (清) 孙希旦:《礼记集解》(上册),中华书局1989年版,第167页。

同时，儒家思想在公共文化空间建设中，应积极促进公共话语体系的形成和完善，现代儒生通过重新解释经典，更新其诠释方式，激活传统，不断创造，在新的历史境遇中，生成和发展出新的话语体系。这套话语体系指向公共文化领域的公共问题，并以儒家的视角对公共问题发表观点，在公共舆论中表达出儒家的声音。可以说公共文化空间建设促进儒家思想自身的转变，通过积极转变，获得新的发展空间，不断凝聚儒家力量。

（二）儒家思想也为公共文化空间建设凝聚着社会共识、提供基本原则

儒家思想的介入使中国的公共文化空间呈现出不同的样态。目前思想界存在着价值观的对立与冲突，特别是目前的"左右之争"，难以达成理论共识。儒家思想已经融入每个国人的心灵深处，是每个人日用而不知的，也为当前的价值观由对立达到融合提供了可能性，儒家提倡的"和而不同"、"宽容异端"，都为当前达成共识奠定了基础。达成共识是通过各种意见的交换、观点的交流、思想的碰撞的结果，各种思想都需要在公共文化空间中平等交流和理性对话。

在公共文化空间中，也会产生很多亲近儒学的公共知识分子，儒学所特有的伦理品质会培养知识分子的君子人格和公共精神，公共知识分子关注公共事业，坚持"和而不同"的原则，使公共讨论更容易展开。可以说通过儒家思想，可以凝聚社会核心价值，整合社会伦理，推动社会和谐发展。

（三）培养有儒家情怀的公共知识分子与现代儒生

在公共文化空间的建设中，会产生新的儒生群体，也会产生很多亲近儒家的公共知识分子，公共知识分子和现代儒生关注公共事业，重视内在公德心的培养，同时也重视外在公共组织的建设。通过高等院校、科研机构，他们组成一种学术共同体，在学术共同体，他们砥砺德性，提升知识，他们以儒学为普遍的知识背景，构建新的话语体系，使公共讨论更容易展开，每个知识分子通过儒学，建立文化的认同感，并积极参与公共文化空间建设，在公共领域中发表儒家的声音。"故国文明中作为儒家担纲者的传统士君子，发展出了一套文明的公共整合机制。基于对民俗民情的承认和提升，能够在智识上包容百家诸子，在社会机理上整合四民诸业，在政治上捍卫共治。"①

儒家向往的是"郁郁乎文哉"的礼乐文明，在礼乐文明中的每个人得到心灵的舒展和自由。礼乐文明与现代社会秩序不矛盾，可以为现代社会秩序提供参照，重建当前的公共生活，让公共文化空间更有规范。礼乐文明中的个人首先要学会懂得文明礼让，礼的内涵就是敬，在相互礼让中，让秩序更富有了文明内涵，这种公共秩序不再是强制的秩序，而是彬彬有礼的新秩序。在公共文化空间中，人们之间更多的是理性

---

① 任峰：《政教相维下的"兼体分用"：儒家与中国传统的文教政治》，《学海》2014年第5期。

交流与对话，人们的讨论更符合文明礼仪，而不是相互的憎恨和价值观的对抗与分裂。

可以说公共文化空间的建设是现代社会的需要，儒家思想可以为公共文化空间的建设提供基本原则。而公共文化空间的建设也可以为儒家思想的发展提供新的机遇，为儒家思想的转变提供一个契机。建设一个使社会各界人士都能够参与的、开放的、有良性秩序的公共文化空间，也是儒家的历史使命。

儒学作为"文化信仰"的内涵与特质

西南政法大学哲学系讲师 董卫国

现代社会以来,虽然传统儒学常常被纳入西方哲学的学术范式下研究,但是儒学与西方哲学有着根本的旨趣的差异,传统儒学的根本精神在于教化[①]。儒学作为一种教化的哲学,其根本关切不在于成立一套知识理论形式的道理,知识理论无法从根本上安顿人生价值。作为人生价值最后之安顿之所的必需是信仰。儒学是传统文化的主流,是陶铸两千多年民族精神的主要文化因素。在传统社会,构成社会信仰的主要因素就是儒学。儒学作为信仰的含义和教化机制与西方宗教信仰不同,所以长期以来,作为信仰的儒学被忽视了。

一、信仰的四个层面

对信仰概念的阐释,古今学者的讨论可谓不胜枚举,在此我们不能一一列举。在综合前人观点的基础上,并且考虑日常生活中"信仰"一词的语义,我们认为信仰应该包含以下四个层面的含义:

第一,信仰必须以超越性或终极性的价值为最终诉求。超越是对世俗而言,终极是永恒之义。世俗的价值观念,即功利性的价值观念。超越性价值诉求即超越功利的价值诉求。功利性的价值观念都是相对而言的价值诉求,不是永恒的价值根据。而信仰必须要找到终极性的价值依托,这是信仰最为根本的含义。信仰的超越性与终极性自然将一些世俗性的信念和信条排除于信仰概念之外了。

第二,信仰必须为心灵生活或精神生活提供意义感和价值感,以及解释超越存在的形上学。对超越者和永恒者之意义的理解,对超越或永恒价值的追求,必然提供给信仰者源源不断的价值感,成为信仰者生命的意义来源。对超越者的理解不能仅仅有感性的体验,还要有理性的认识即形上学的理论。

第三,信仰必须能够给出一套可以普适化的价值规范和行为原则。所谓"普适化"即这些价值原则能够具有一定的普适意义。信仰不能仅仅是主观的心灵体会,对超越性存在的体会必须落实为一套伦理价值规范和一系列的行为原则。信仰者靠对这些价值规范的持守和践行来实现对超越性价值的追求。

---

① 李景林:《教化的哲学》,黑龙江人民出版社2006年版,第1—6页。

第四，信仰必须给出一套解释生活的理论和安顿日常生活的仪轨。这是从信仰的社会功能来谈信仰的内涵。信仰与迷信不同。所有的信仰都不能是盲目信从。信仰与理性并不矛盾；相反，信仰必须建基于一定的理性思考之上，否则就是迷信。因此，信仰必须提供一套解释生活的道理。道理肯定是建立于理性之上，但是这套道理的核心价值却又超出了理性思考的范围，而必归于信从。同时，信仰要实现其安顿日常生活的作用，必须有一套历史传承之中的仪轨。通过这套作用于日常生活的仪轨，信仰的价值理念才能与社会生活发生直接的关联和作用。

显然，信仰的这四个层面是内在统一的，是一个有机的整体。具备这四个方面的意涵，才能称得上真正意义上的信仰。就个人来说，才可以说找到了最终的安身立命之所。对于一个民族或社会来说，才能作为最后的价值和最稳固可靠的价值秩序的依托。

二、作为信仰的儒学

依照我们对信仰四个层面的界定，我们来看看儒学能不能作为信仰。在讨论这个问题之前，必须划分信仰的精英层面和大众层面，作为精英层面，信仰之实现可以为纯粹的道理，而作为大众层面，信仰则表现为一些世俗的文化的样式。这两个层面是内在一致的，精英层面是大众层面的核心。但为了说理的清楚，我们需分开来讨论。

从儒家思想的核心义理来看，儒学完全符合信仰之四个层面的内涵。首先，对超越性或永恒性价值的追求，是儒学最根本的价值取向，这是毫无疑问的。儒家常常说天命，说道体，即是此意。孔子说："知我者其天乎？"（《论语·宪问》）实际上，视天为最终的生命价值依托。又说"朝闻道，夕死可矣"（《论语·里仁》），反复教导学生说"志于道"，说"笃信好学，守死善道"（《论语·泰伯》），可见视道为根本的生命追求。从终极意义上说，此"道"当然是人生宇宙的根本道理，以及终极性永恒性的价值依托。从根本上说，此"道"当然是来源于天。董子所谓"道之大原出于天"①，即是此意。当然，孔子上接西周以来人文主义思潮，对天的理解已经逐渐淡化了其人格神的意味，但是天的神圣性意义却是没有动摇的。及宋明理学，天的含义则更为彻底地被理解为一种创造性的本体，但是天作为超越性、永恒性的价值依托，并未有改变。这是儒家的通义。有人认为儒学缺少超越性的价值诉求，仅仅具有世俗性，这是对儒学的严重误解。

其次，儒学提供给人以精神生活的意义支撑这更是毫无疑问的，并且传统儒家建立了完备的形上学，这是古今学者之共识。哀公问曰："敢问君子何贵乎天道也？"孔

---

① 《汉书·董仲舒传》。

子对曰:"贵其不已,如日月东西相从而不已也,是天道也。不闭其久,是天道也。无为而物成,是天道也。已成而明,是天道也。"① 创生万物而无私,健动不息,这是孔子对天道之内涵的体认。而此体认直接构成了支撑其精神生活的德性——仁道。孔子之"学如不及,犹恐失之"(《论语·泰伯》),孔子之"学而不厌,诲人不倦"即体现了仁道"全体不息"的精神内涵,孔子之"己欲立而立人,己欲达而达人"(《论语·雍也》),孔子之"修己以安人","修己以安百姓"(《论语·宪问》)即体现了仁者"浑然与物同体"的精神内涵。宋儒张子曰:"意、必、固、我有一焉,则与天地不相似。"② 天道就是一个无私成化,"往者过,来者续,无一息之停"③,因此私意、期必、固执、私己即是体道的障碍。天道性命之理,这是儒学最为精神之处,自先秦儒学开始,即存在一个"道德的形上学"系统,这一系统及宋明理学则得意充分阐发,而大放异彩之处则是其系统完善的心性之学。④

再次,儒学提供给人一套伦理规范和行为原则,这是显然之事。对于超越者的体认并非仅仅是内心体验之事,必要在实践层面见诸行动和社会伦理关系的原则性规范。在儒家即是五伦之道。《易传》说:"有天地然后有万物,有万物然后有男女,有男女然后有夫妇,有夫妇然后有父子,有父子然后有君臣,有君臣然后有上下,有上下然后礼义有所错。"⑤ 夫妇、父子、君臣,这是儒家所言五伦之中最为核心的三伦。儒家认为五伦关系乃是本于终极的天道秩序。在五伦关系之中,人们必须要坚持一定的伦理要求,《礼记·礼运》将之概括为"十义":"父慈,子孝,兄良,弟悌,夫义,妇听,长惠,幼顺,君仁,臣忠,十者谓之人义。"就群体来说称伦理规范,就个人的行为来说,可称为道德原则,主要的就是仁义礼智信五方面的德性要求。而这些都是天所赋予人的德性,孟子说:"仁义忠信,乐善不倦,此天所与我者。"⑥ 即是此义。

最后,儒学给出一套解释生活的义理体系,并提供一套安顿日常生活的完备仪轨和制度,这也是明显之事。儒家具有完备的解释生活的道理,这就是儒学的教化的哲理系统。这个哲理系统是完备的,其集中的表达就是儒家的经典体系。古人说:"经所以载道。"⑦ 即是此义。并且儒家的教化哲理系统与西方哲学的差别在于,前者是开放的义理系统,其哲理的演进是在保持连贯性之中的经典诠释完成的,并非如西方哲学史上一个哲学系统推翻另一个哲学系统。

同时,儒学提供了最为完备的礼乐教化仪轨和政治制度的理念,这些都足以作为

---

① 《礼记·哀公问》。
② 朱熹:《论语集注》,中华书局1983年版,109页。
③ 朱熹:《论语集注》,中华书局1983年版,113页。
④ 牟宗三:《心体与形体·综论》,上海古籍出版社1999年版。
⑤ 《易传·序卦》。
⑥ 《孟子·告子上》。
⑦ 《近思录》卷二,小程子语。

安排和安顿人间生活的文化形式。礼乐文化是儒学文化的根本特质。儒家的理想，实际希望以礼乐来规范人生的各个阶段、社会的各个方面。让人的生活完全处于礼乐的教养之中。例如，就一个人的人生历程来说，冠、婚、丧、祭之礼最为重要，这些都在人生的各个阶段起到教化和赋义的作用。就社会来，礼仪教化可谓面面俱到，所谓："道德仁义，非礼不成。教训正俗，非礼不备。分争辩讼，非礼不决。君臣、上下、父子、兄弟，非礼不定。宦学事师，非礼不亲。班朝治军，莅官行法，非礼威严不行。祷祠、祭祀、供给鬼神，非礼不诚不庄。"①

综上，我们说，儒学实际上是一套健全的信仰机制。以上偏重于从儒学之义理的层面谈儒学之所以符合信仰的含义，并且在传统社会，儒学一直都是儒家知识分子下学上达、尽性成德的安身立命之道。就其对于社会大众的意义来说，传统儒学实际上一直充当维系民众信仰的精神家园的作用，对儒学的信仰实际也构成了传统中国人信仰观念的核心精神。

对于普遍的社会大众来说，对终极价值的追求，必形象化为神灵。传统的儒家最高的神灵即是天。如前所述，儒家对天神的理解中，人格性并不非常突出。但是天的内涵确实非常明确，即所谓"天道福善而祸淫"，"奖善而惩恶"。由于其人格性不突出，对天神的理解更强调其道理上的意涵，所以儒家的在终极价值方面具有较强的包容性，即它能包容其他宗教的神灵。只要这些信仰的终极存在者，其在道理的层面与儒家所信仰之天道相通，即一般不会排斥。这大概也是传统中国各种宗教和睦共处，亘古不见宗教战争的文化层面的原因。

经过儒家文化的教养，在大众信仰的层面，常常形成对天理的朴素的理解。中国人常常说"天理良心"。天理良心的并称，可见对终极存在者的体会体现为良心的道德意识和道德情感，这为形成社会的道德伦理底线起到重要的作用。

总之，无论是从精英的义理层面，还是从普遍而言的大众文化的层面，在传统社会中，儒学实际上真正支撑着中国人的信仰。然而儒学作为信仰，其特殊性何在呢？如前所言，儒学作为信仰，其与宗教信仰、政治信仰不同。儒学可以说是一种"文化"信仰。今天我们常常在与政治、经济等相区别的意义上使用"文化"一词，而我们这里所用"文化"则有更深刻的含义。

三、儒学作为"文化信仰"的特质

"文化"即人文教化之义。今天，我们使用"文化"一词多是在与政治、经济相区别的意义上使用，此时"文化"一词其语义偏重于西方。其实在传统儒家的语境中，

---

① 《礼记·曲礼》。

"文化"一词即"人文教化"或"人文化成"之省称。《贲·彖辞》："刚柔交错,天文也。文明以止,人文也。观乎天文以察时变,观乎人文以化成天下。"此文即纹理、条理、性质之义(《国语·周语下》："经之以天,纬之以地,经纬不爽,文之象也。"经纬皆有标准、规范之义)。所谓"人文",即依照对人生之全面的省思和理解而觉悟的人性或人道。所谓"全面之人生",即古人将人关联于天地视为一系统的、立体的存在,而不是把人隔离于自然之外来作抽象的分析。《说卦》："昔者圣人之作《易》也,将以顺性命之理,是以立天之道曰阴与阳,立地之道曰柔与刚,立人之道曰仁与义。兼三才而两之,故《易》六爻而成卦。"其实三才之道是内在统一的,而非割裂的。

要把握儒家信仰的核心义理,最精要者莫过于《中庸》的纲领。《中庸》开篇曰:"天命之谓性,率性之谓道,修道之谓教。"毫无疑问,天命是终极的价值依托。"天命之为性",性者,人之所以为人之理(此理非生命结构之理,而是人之所谓为人的价值根据)。天命之谓性,即是在人的命运之中,逐渐体会到天所赋予人的道德使命才是人生命的根据。率,即循也。自觉其"人之所以为人之理",循而行之,即表现为一些普遍的价值规范,所谓三达德(知"仁"庸)、五达道(父子、君臣、夫妇、昆弟、朋友)者即是。这些伦理价值规范必须靠文化生活样式来落实于生活之中,于是就表现为"礼乐刑政之属"①,《中庸》本文所谓"悠悠大哉,礼仪三百,威仪三千"。《中庸》开篇这句话可以说最集中地表达了儒学信仰的核心观念,也最为明显地体现了儒学信仰的特点。

首先,寻其理论根源,儒学信仰的特质由"天命之谓性"一语而决定。在孔子时,尤其在孔子之前,天命即上天之意志或命令。天命是客观的。人性观念虽为后起,但其主观性则是毋庸置疑的。但到《中庸》说"天命之谓性"一语,这在孔子之前,恐怕是很难理解的一句话。性,即人之所以为人之理,此"性"虽具有抽象的意味,但是落实在主体的道德修养之中,即"我之所以为我"的必然性道德要求。当人在具体的实践境遇之中,体会到内心道德律令的必然要求时,即将之归于上天之所命,所以说"天命之谓性"。② 天命本是超越的、客观而真实存在的。但是儒家因逐渐弱化了上天的人格神意味,而将天命更多地理解为创生性的本体,所以对天命之理解不能通过宗教式的神谕或神启,而必须求之于道德实践中不断把握到的道德必然性要求。故而

---

① 朱熹:《中庸章句》,《四书章句集注》,中华书局1983年版,第17页。
② 举例来说。例如,《论语·宪问》第十四:陈成子弑简公。孔子沐浴而朝,告于哀公曰:"陈恒弑其君,请讨之。"公曰:"告夫三子!"孔子曰:"以吾从大夫之后,不敢不告也。君曰'告夫三子'者!"之三子告,不可。孔子曰:"以吾从大夫之后,不敢不告也。"朱子注:"大夫谋国,义所当为。"孔子并非不知道鲁国当权者听从他的可能性极小,但是他还是处于道义尽自己的职责。子路说:"君子之仕也,行其义也,道之不行,已知之矣。"(《微子》第十八)儒者入世,是从内心道德原则的角度考虑其可否,而不从效验来比较。故有"知其不可而为之"之说,所谓"知其不可而为之",即其行事是处于内心不容已的道德要求。

在这个层面上最终体会到作为本体的天命,实际即内在于我的生命,并作为生命存在之价值根据。此即所谓即内在即超越之义。^① 所谓"即内在",即超越,即是说超越的本体不外在于人的生命存在本身。人对超越性价值的追求,不是通过向外作理智的认识,也不注重向外作情感上的呼救和对神灵的祈祷②,而是强调通过道德实践功夫和礼乐文化的教养而不断在生命中呈现本体的意义。当然,这个体现本体之意义的过程实际上是没有尽头的。曾子说:"士不可以不弘毅,任重而道远,仁以为己任不亦重乎,死而后已,不亦远乎。"(《论语·泰伯》)因为所谓超越性价值不是现成的,而恰是在主体连续不断的道德实践的过程之中体现出本体的创造性,这与宗教信仰重视通过向神的祈祷来实现个体的救赎是不同的。梁漱溟先生概括中国人普遍的人生态度称之为"向内用力的人生"③,在一定程度上说,也体现了儒家即内在即超越的信仰理念对民族精神的影响。

由此,也可见处在儒家视野内对信仰观念的理解。牟宗三先生认为,儒家的信仰是一种"内信内仰"④,与宗教信仰多信从于外在的偶像有别。在儒家文献的视域之中,"信仰"二字恰好表达了这种精神。"信"有两义,本义为实,即实有,引申义为约信和信从。两义本相关,唯其实有,所以才能信从。孟子曰:"可欲之谓善,有诸己之谓信,充实之谓美,充实而有光辉之谓大。"张横渠曰:"诚善于身之谓信。"⑤ 所谓"信",即是人生命中善德的真实展现。所谓"仰",即仰望、敬仰。《孔子世家》引《诗经》赞孔子曰:"高山仰止,景行行止,虽不能至,心向往之。""仰"即代表对某种至高价值或至高境界的憧憬。信义为实有于己者,仰为景仰其在外者。敬仰连言,其意看似矛盾,其实并不矛盾,恰体现了儒家道德性上学的根本精神⑥。"仁"为孔子所认可的最高的道德境界,孔子几乎从不许任何活着的人以仁德,自己也不敢以仁圣自居,这似乎说明仁乃遥不可及的超越的理想。然而孔子又说:"仁远乎哉,我欲仁斯仁至矣。"(《论语·述而》)由此看来,"仁"似乎又是最为切近的事情。这种遥不可及而又当下即是,正是即内在即超越之信仰精神的一种体现。所谓"遥不可及",是说超越性价值作为整体,对于当下的生命存在而言,还存在相当大的距离。所谓"当下即是",即是主体通过道德实践的功夫,本身必然体现着超越性价值的部分内涵。所以从根本上说,儒家的信仰乃是一种内信内仰,它必然要求人由道德实践的功夫,反身内求来提高生命。也因此,儒家与基督教所谓他力救赎不同,从根本上说,乃是强调自力的生命超越。同时,这里亦需注意,按照传统儒学的正统观念,主体与超越的

---

① 牟宗三:《中国哲学的特质》,上海世纪出版集团2008年版,第19页。
② 牟宗三:《中国哲学的特质》,上海世纪出版集团2008年版,第86页。
③ 梁漱溟:《中国文化要义》,世纪出版社、上海人民出版社2005年版,第171—173页。
④ 牟宗三:《中国哲学的特质》,上海世纪出版集团2008年版。
⑤ 《孟子·尽心下》,并见朱熹:《四书章句集注》,中华书局1983年版,第370页。
⑥ 牟宗三:《心体与性体》,上海古籍出版社1999年版。

终极存在道理上说是可以达到统一的。但是现实上，人毕竟是有限的存在，人只能无限趋近于道体，是否真得"道体"，这只能留于后人评说，是不可以自封的。

其次，与西方宗教信仰往往排斥理性不同，儒学作为信仰恰恰需要建立于人文理性的教化之上。如孟子所言"有诸己之谓信"，善德在人生命中的真实显现即所谓信，但是并不是说信是每个人身上都现成的状态。善德虽是人性之中天生本有，但必须要在人文的学习中，在身心的修养和反省中来不断去蔽，逐渐呈现。所以孟子一方面强调"仁义礼智"乃是"天所与我"，"我固有之也"；另一方面又强调"思则得之，不思则不得"（《孟子·告子上》）。这个思即是反省和觉悟。《论语》中孔子对子路说六言六弊，其中之一就是"好信不好学，其蔽也贼"。"贼"，朱注："伤害于物。"① 对于一对象之笃信虽然是好的品质，但是如果不通过学习来反省和理解，那么其弊端就容易伤害到他人。这就是批评缺少理性精神的信仰所流变的迷信盲从。比如"二战"时期罪行滔天的纳粹和日本兵，以至于今天极端宗教信仰的恐怖主义分子，不能说他们完全没有信仰，但他们的"信"是一种集体吞没个体，话语和幻象吞噬道德心灵的迷信。究其意义，信仰之理本不能是外在的，若完全是外在的，于人心则无法得以最终的确证。儒家认为，信仰之理虽本于天，但亦备于我。② 同样终极价值之路，或者说信仰之路，虽不能不借助于既有的成文的教条和规范，但是究其极致，必须是内心之道德理性的呈露。信仰之教化，其根本的目的也是如此，即不是要通过一系列的教条来控制人，而是启发一个人的道德自觉。由此之故，儒家信仰在其基本教理上也具有相当的包容精神，只要具备道德理性精神者，皆可以相互融通。

第三，儒家作为信仰，其所开出的价值规范即生活中的人伦规范，同时，其对生活的教化并不追求日常生活之外独立的仪轨。简而言之，作为信仰的儒学，其并没有独立于世俗伦理之外单独的"教义"。儒学对社会的教化，也没有独立于日常生活之外的教化体制。正如牟宗三先生所言："在中国，儒教之为日常生活轨道，即礼乐（尤其是祭礼）与五伦等是……此与基督教及佛教另开日常生活的轨道者不同。"③ 这个观点是非常恰当地把握了儒家信仰的基本特征。当然，也正因此，很多人忽视了儒学在价值追求方面的超越性。其实儒学可以称之为"即世俗而即超越"。贺麟先生在20世纪40年代重新考察儒家的五伦关系，阐明其中的绝对性意义，为理解此义作出了重要

---

① 《论语·阳货》第十七。子曰："好仁不好学，其蔽也愚；好知不好学，其蔽也荡；好信不好学，其蔽也贼；好直不好学，其蔽也绞；好勇不好学，其蔽也乱；好刚不好学，其蔽也狂。"朱熹：《四书章句集注》，中华书局1983年版，第178页。
② 朱熹《中庸章句》："人之所以为人，道之所以为道，圣人之所以为教，无一不本于天而备于我。"从哲学根源上说，这是其体用一元论的必然要求。同上注，第17页。
③ 牟宗三：《中国哲学的特质》，上海世纪出版集团2008年版，第81页。

贡献。① 此外，关于儒学作为信仰关联于社会生活的载体的问题，对当下的儒学复兴来说具有更为现实的意义。如前所述，在传统社会，儒学并无独立于日常生活之外的教化机制，儒学以普遍的社会生活本身为载体。这种信仰的模式也有缺陷，即如果遇到社会转型，旧的社会体制解体，儒学的教化就失去了托身之所，现代学者所谓儒学的"博物馆化"（列文森）、"游魂化"（余英时）都表达了儒学在现代社会的困境。②

综上而言，我们说儒学与宗教信仰、政治信仰不同，其可以称之为一种文化信仰。所谓文化信仰，即以兼括天地人三才之道的人文教化之理为信仰的核心。超越的天道、文化的历史传统以及人现实的心灵体验、世俗生活乃是内在统一的。

当代学者有以儒学为人文宗教的说法。若其"人文"一词乃是在《易传》"人文化成"意义上使用，则与本文所言文化信仰无别。但是若在西方思想背景的意义上使用人文一词，则恐怕不能成立。西方语义的"人文主义"即 humanism，一般翻译为"人文主义"或"人本主义"③，此词在西方文化中渊源虽深远，但其义理之凸显莫过于启蒙运动。启蒙运动思潮中，人本主义多取与"神本"主义相对之义。追溯其思想发展之历史，西方的人文主义或人本主义一反中世纪神学思潮中重视神、轻视人的态度，进而肯定人的价值和人性，推崇人的理性和个性解放。若从《易传》看，我们所理解之人文，不是在与天地之道相对立的意义上使用这个词。人文恰需要在天地之文的参照中来确定其自身的意义。或者说，超越性的天地之道，本为人生应有的一个存在维度。所以，儒家言人文教化，不是抛开了超越性的天道和永恒性地道以言教化，相反，必由人而上溯于其终极存在的根据，以天道作为教化立基之本。所以《中庸》说："君子之道，本诸身，征诸庶民。考诸三王而不缪，建诸天地而不悖。质诸鬼神而无疑。百世以俟圣人而不惑。"

由此，我们基本阐明了儒家作为文化信仰的含义。所谓文化信仰，包含三义：其一，信仰的核心是人文教化的理念，此人文教化的理念核心精神即是贯通于天地人的即内在即超越的精神。其二，信仰建立于人文教化的基础之上。人文教化的核心目的在于成就此信仰。因为唯独信仰才能从根本上安顿生命价值。因此，信仰与教化是相

---

① 贺麟：《文化与人生》，《五伦关系的心检讨》，商务印书馆1988年版。我们亦需要注意，所谓对超越性价值的追求，本不能偏离生活太远，否则容易走向极端。
② 有鉴于此，自康有为开始即主张仿照西方耶稣教会体制建立独立的儒教，但是具有独立体制依托的儒教，即也有了文化上的界限。所谓"界限"，是说因为儒学在过去以普遍的社会体制为依托，因此可以说没有有形的儒教，但是儒学的教化又无孔不入，没有文化上的界限，这也是中国传统社会各种宗教能够相互融合、和睦相处的文化原因之一。若是建立具有独立体制依托的儒教，虽然暂时找到了儒学教化的脱身之所，但是从长期来说，是否有益于儒学信仰的传达，则是值得担忧的事情。
③ 从西方语境而言，还是翻译为"人本主义"比较好，取"人文主义"或容易造成话语混乱。当时的翻译者或许是为了文化的沟通和嫁接，但是实事求是地说，人文主义与儒家思想视域中"人文化成"之义差异殊大。

需而行的。换句话说，就是信仰与理性是相辅相成的。其三，此信仰的超越性精神，是靠依托于普适生活中的人文教化（伦理规范和礼乐仪轨）而不是靠宗教的形式来传达的。

综上所述，儒学毫无疑问符合信仰的含义，当然能够支撑社会的信仰。儒学作为"文化"信仰与普通宗教信仰不同，儒学是依"人文"——人性、人生之基本规律而立教，无有独立于生活之外的文化载体；其实现超越性价值诉求的方式，亦不超出日常生活之外，所以儒学与宗教信仰不同；同时，儒学亦别于政治信仰，历史上，儒学虽然可以依靠官方的体制为依托而得以传播，但是儒学的教化形式，并不完全依赖政府，只要政府给予活动空间，儒学的教化依然能在民间立足；同时，儒家虽然有政治理想，但是其将政治理想建立于对心性人伦的实现之上，即外王以内圣为价值基础，所以，其并不以寡头的政治理想为超越的价值诉求。作为"文化"信仰的儒学，不同于宗教信仰，但可以渗透和融合于不同的宗教；不同于政治信仰，但是可以借助政治的力量而得以推行教化，甚至进而对现实政治进行指导和鞭策。

儒学是传统社会中起主导地位的文化因素，可以说在传统中国，儒学是支撑国人信仰的主要的和关键性因素，儒学塑造了中国人基本的信仰理念。因此，在传统中国，我们可以说，中国人是以儒家文化为信仰的。这个说法并不排斥中国人有其他的宗教信仰，如佛教、道教等，但是儒学作为一种文化信仰，实际上具有更为根本的意义和更为普遍的社会基础。也正是在这个意义上，有的学者认为传统中国的信仰结构为"一种文教，多种宗教"[①] 是非常有道理的。

[①] 姚中秋：《一种文教，多种宗教》，《天府论坛》2014 年第 1 期。

"现当代新儒家"的使命与前瞻
——从"波士顿儒家"与全球化下的儒学价值谈起

台湾政治大学中国文学系兼任讲师　曾暐杰

一、前　言

儒学作为中国文化传统，如上溯至孔子，至今也有 2500 年以上的历史与传承，有其丰富的意涵及价值。尽管曾历经"五四"学人大声疾呼抛弃儒学、全盘西化[①]；中西学者亦多有人提出儒家已走入博物馆——只具有历史意义而无现代价值的疑惑与质疑。[②] 然而时至今日，显然过去这些预言与论断皆未实现，儒学不仅没有退出中国文化的舞台，反倒继港台新儒家兴起后，海外新儒家、大陆新儒家甚至是西方世界之儒学相继如雨后春笋般蓬勃发展，竞相争鸣。儒学不仅仅在中国持续发展，还在东亚形成一个跨国界的儒学文化圈历久不衰[③]；更甚者在非东亚文化圈近来亦对中国儒家文化有着高度的兴趣与发展，其中"波士顿儒学"（Boston Confucianism）就是一个最显著的例子。

也就是说，中国的儒家文化在今日不只是关系中国自身的发展，儒学更是超越地区与国家的界线，被认为具有普适价值，得以在各文化圈融合、开展。如此一来，儒学不只是中国的文化，还是东亚的文明资产，更是世界文明发展的重要资源。那么作为儒学的发源地与引领者的中国，就更有责任与使命在新世纪推展儒学的当代价值。

据此，在大陆新儒家方兴未艾、呈现百家争鸣之态；港台新儒家在卓然挺立一甲子后欲兴还衰。而前者与后者亦在发展上有其歧异性以及谁是真正"当代新儒家"之争议，中国"现当代新儒家"未来该何去何从，又应该担负什么样的使命，与世界文明共创和谐的新世纪，值得我们省思与探讨。

[①] 唐君毅等：《中国文化与世界》，收入唐君毅：《说中华民族之花果飘零》，三民书局 2011 年版，第 161 页。
[②] ［美］李文逊：《儒教中国及其现代命运》，中国社会科学 2000 年版，第 372—373 页。
[③] 黄俊杰：《东亚文化交流中的儒家经典与理念：互动、转化与融合》，台大出版中心 2011 年版，第 7—22 页。

二、"波士顿儒家"的启发：全球化视野下的儒学意识

孔子有言："礼失而求诸野。"（《汉书·艺文志》）在 21 世纪初，当代中国的新儒家要扮演什么样的角色、如何发展，实可借镜于西方儒学文化圈的"波士顿儒学"，即时任波士顿大学神学院院长南乐山（Robert Cummings Neville,1939）在 20 世纪 90 年代所提出，乃查尔斯河两岸的一群心系中国文化的学者。①

（一）何以为鉴？以"波士顿儒学"作为方法

为什么"波士顿儒学"可以作为中国"现当代新儒家"的借镜与中国儒学未来发展的参考方针？第一，波士顿属于英美基督文化圈，与东亚儒学圈在文化上的涵摄性不同。正因为其文化差异与中国最远，在全球化的世代，儒学如何能够在异文化中开展，如何让两种文化交融共存、共创世界和平的愿景，这是值得我们深究的。第二，根据中国社科院 2010 年发布的《中国宗教报告》，中国信仰基督教的约有 2305 万人，且相信在不久的将来会成为世界基督教信仰人口最多的国家。在这样的情况下，实有必要将基督教文化纳入未来儒学发展的考虑之中。

（二）以何为鉴？"波士顿儒家"的儒学典范

"波士顿儒家"足以能够在非中华文化圈，以基督教文化认同儒学并开展儒学流派，究其原因，基本上可以归纳为以下几点思维与特色。

1. 普适价值：儒学的可携式传统

"波士顿儒学"之所以得以成立，很重要的因素即在于南乐山肯认儒家思想中具有某种普适价值。这样的普适价值是超越历史、区域及语言的限制，因此具有跨越民族、国界的可能。②此一儒学的普适性，即类似于荀子所说"言之千举万变，其统类一也"（《性恶》），是在各种具体的历史脉络中可以抽绎出超越时空限制的行事法则。

也就是说，儒学并非全然依附于中国历史的脉络之中，而是具有作为全人类行为准则的核心价值。《论语》中虽然记载着孔子与师生之间的具体互动情境，每一段话都有其相关人、事物的时空背景，但是这之中却不妨碍我们从中吸纳行为准则，亦即

---

① ［美］白诗朗：《波士顿儒学：对北美"新儒家"的思考》；黄万盛：《编者手记》，哈佛燕京学社主编：《波士顿的儒家》，江苏教育出版社 2009 年版，第 13 页，编者手记第 1 页。
② 郑家栋：《儒家思想的"历史性"与"真理性"——以"波士顿儒学对话"为例》，《鹅湖月刊》第 27 卷第 3 期（2001 年 9 月），第 52 页。

儒学经典中具有"历史叙述"与"普遍理则"相互渗透的传统。①

如《论语》中看似具有针对性对象的"孝"之定义，其中却都蕴含"放诸四海而皆准"的理则，即是所谓"具体的普适性"②，也是"波士顿儒学"向我们证明，儒学是可以运用于西方社会与文化的"可携式传统"(portable tradition)。

2. 儒耶互通：儒学的跨文化互动

既然儒学具有普适价值，那么对于不同文化之间的认同与交流也就不会有在实践之前所想象得那样大的鸿沟。南乐山就认为，儒学能够从古代北京传到今日的波士顿而为其所用，就如同柏拉图哲学能够从古城雅典传到今天的北京一样，并没有什么不妥。③ 也因为如此，南乐山身为一个在美国的基督徒，乐于作为一个儒者，并以作为"优秀的儒家"感到自豪。④

但为什么我们会为此感到不安与扞格？如同余英时先生怀疑欧美的环境、语言与文化，是否真的能够进行跨文化的传播去掌握复杂的儒学之道？⑤ 然而却没有人会质疑在中国基督信仰的可能及"汉语神学"的正当性。

因此，我们应该一方面跳脱西方学术的框架；另一方面放下主（中国）客（西方）对立的思维，与西方进行平等的互动。如南乐山所说："基督徒在这个多文化的世界中所应有的生活方式和儒家没有什么两样。"⑥ 好比《论语》中有"己所不欲，勿施于人"，而基督教中亦有"你要他人怎样待你，就要这样对待他"（《路加福音》6：31）之教诲，同属"道德黄金律"（The Golden Rule）。

3. 开展礼学：儒学的交融性媒介

"波士顿儒学"在证明西方文化与儒学的可交融性，寻求其共通的普适理则的同时，并没有忽略各文明宗教间的差异，这在当下全球化的处境中十分重要。因为这意味着能够理解彼此的不同，并给予尊重，如此也才不会重蹈18世纪以降，西方以强势霸权，强行将西方文化灌输于中国、灌输于第三世界的路径，而能够真正开展平行而对等的文化交流。

而如何让各种不同的文化以相互尊重的态度去进行互动与交流，是"波士顿儒学"关注的核心议题。而他们所采取的途径，正是利用荀子所谓的"礼"作为交流的

---

① 黄俊杰：《儒家论述中的历史叙述与普遍理则》，黄俊杰编：《中国经典诠释传统（一）：通论篇》，台大出版中心2006年版，第429—431页。
② 同上注，第431页。
③ ［美］南乐山：《波士顿儒学具有讽刺性的几个方面》，哈佛燕京学社主编：《波士顿的儒家》，第1页。
④ ［美］南乐山：《波士顿儒学具有讽刺性的几个方面》，哈佛燕京学社主编：《波士顿的儒家》，第1页。
⑤ ［美］白诗朗：《波士顿儒学：对北美"新儒家"的思考》，第16页。
⑥ ［美］南乐山著，辛岩译：《在上帝面具的背后》，社会科学文献出版社1997年版，第31页。

重要媒介；故查尔斯河南岸的波士顿大学学者，在孔子之外特别推尊荀子，因其继承发扬了孔子的"礼"学面向，故而自称"荀子的儒家"。①

南乐山与白诗朗教授都认为，荀子的"礼"具有批判综合的效用，可以使不同的社会阶层共处而不发生冲突。② 正如荀子所说"制礼义以分之"，足以"养人之欲，给人之求"；而"礼"除了"养"之外，亦重其"别"，使贵贱长幼皆能有等，这也就是孔子所说的"老有所终，壮有所用，幼有所长"（《礼记·礼运》）。在全球化脉络下，就意味着彼此的差异能够被看见，在文化的交流求同存异，和谐与共。

4. 超越家派：儒学的多元化价值

"波士顿儒学"由波士顿神学院院长南乐山所创发、定义，这本身就是一个跨文化与多元共存的典范；也因为如此，"波士顿儒家"有着更为广大的包容性。如其内部本身就基本上分为两支：南乐山所处的查尔斯河南岸的"荀子的儒家"，以及查尔斯河北岸的以杜维明等人为首的"孟子的儒家"，甚至是夏威夷大学的安乐哲（Roger T. Ames，1947—）也被接受加入这样的群体。③ 虽然这样的划分并非全然为人所接受，但至少可以见到其兼容并蓄的胸襟。

除了在内部的多元性外，当然"波士顿儒学"作为基督教徒所创发的儒家，其跨文化的容受性自然不在话下。他们借由荀子的"礼"，企图去尊重各种不同的流派、文化与宗教；他们没有中国思想史上的包袱，没有朱陆之辩、没有派系之争斗。就如白诗朗所说，无论是孟、荀，不论程朱、陆王，甚至是退溪、栗谷，对他们而言都是极具吸引力的，都是可以为北美世界所用的珍贵资源。④ 这就是其身处中国以及东亚之外的一个优势，以及可以为我们所吸纳与敬重的特点。

然而所谓的包容与容异并不意味着其无党无派，毕竟世界不可能完全的同一化；过度强调绝对的超然态度，其实是一种虚伪。正如白诗朗自己所说，学者们往往自称"价值中立"（value free），但我们根本很难理性地去推荐一个我们并不认同的学说或传统。⑤ 与其如此，不如大方地承认自己的立场——就如同南乐山与安乐哲表明赞同荀子多于孟子，但只要同时尊重尊孟的杜维明教授，抱持开放与交流的态度，那么并无不可。否则当我们虚伪地强调同一性，那么随之而来的就是霸权宰制下的沉默。⑥

---

① 哈佛燕京学社主编：《波士顿的儒家》，《编者手记》第 1 页。
② 哈佛燕京学社主编：《波士顿的儒家》，《编者手记》，第 7、19 页。
③ ［美］白诗朗：《波士顿儒学：对北美"新儒家"的思考》，第 19 页。
④ ［美］白诗朗：《波士顿儒学：对北美"新儒家"的思考》，第 19 页。
⑤ ［美］白诗朗：《波士顿儒学：对北美"新儒家"的思考》，第 21 页。
⑥ John D. Caputo, *Radical Hermeneutics: Repetition, Deconstruction, and the Hermeneutic Project* (Bloomington and Indianapolis: Indiana University Press, 1987), p. 40.

三、"港台新儒家"的转型：多元化发展的儒学道统

在梳理了"波士顿儒家"的理念及其特色后，可以了解到其何以能够以基督宗教信仰者的身份开展儒学，而卓然挺立于北美世界的波城。由此，我们可借此来检视中国"现当代新儒家"的当前状况，并思考其未来发展的方针及展望。

（一）解构道统：消解"港台心性儒家"的一元权威

谈到"现当代新儒家"，就无法跳过"港台新儒家"的问题。因为自1958年唐君毅、牟宗三、徐复观与张君劢在《民主评论》发表《为中国文化敬告世界人士宣言》后，"港台新儒家"①便逐渐成形，并自许上继孔孟—宋明儒学道统，担负儒学在当代发扬的责任群体。

自此，"当代新儒家"这个称号即被狭义化、特殊化、专有名词化，专指唐牟徐一系的港台儒者，"当代新儒家"也就等同于"港台新儒家"，具有强烈的道统意识。也就是说，只有唐牟徐一系的弟子，并且服膺孟学、奉阳明心学为儒学的最高成就与完满形态，肯认心性之学为儒学的精髓与第一义，除此之外，皆非"当代新儒家"。②

但是仅仅以"心性"为依归，单提阳明心学为判准，进而批判不为此路者不为正宗、不是正统，不能称为"当代新儒家"，在这21世纪当代社会氛围中似乎不必树立如此强烈的道统。正如余英时先生所说，"心性之学乃中国文化之神髓"乃熊十力的特殊观点；"港台新儒家"视为理所当然的"真理"，在"家"门外者却有着一连串的疑问。③

当然，"港台新儒家"向世界宣扬中国文化及儒学的理念及价值，其精神与贡献实不可抹煞。然而在迈入21世纪的多元化与全球化的脉络下，或许应该开放儒学的诠释权，共同解决当前的危机，一起前瞻未来！

（二）回归普适性：开展"现当代新儒家"的多重诠释

也就是说，如今不仅两岸儒学风起云涌、百家争鸣，就连西方儒学亦蓄势待发，"港台新儒家"是否有必要继续独守"当代新儒家"这个名号？是否应该在这新世纪多元价值的时代，让"当代新儒家"这个称号回归正常化、普遍化——也即作为这个时代倾心于儒学、致力于发扬儒学精神的士人之通称；过去习称的"当代新儒家"

---

① 在香港、台湾一般习惯称此社群为"当代新儒家"，另参见余英时《犹记风吹水上鳞》，三民书局1991年版，第57—58页。
② 梁家荣：《仁礼之辨——孔子之道的再释与重估》，北京大学出版社2010年版，引言第8页。
③ 余英时：《犹记风吹水上鳞》，第68页。

（只唐牟徐一派），应如余英时先生所说，只是继陆王心学而起的一个流派①；或如李泽厚所言，仅仅是"儒学第四期"的一个流派，因为第四期儒学可以有很多流派②。

这并不是要抹煞"港台心性儒家"的时代之功与学术成就，而是随着时代的推演，实有不同的应对之道。也就是说，当初世界一味地西化，"港台心性儒家"可说是当时"唯一"而难得的儒家代表，故没有分系分派的必要；但当今日各门各路的儒学竞相争鸣，自然需要为"当代新儒家"再加缀"限定语"才不致混淆。

（三）多元开展：放弃门户之见的"和平主义本质"

就"波士顿儒家"给我们的启发，分门分派不是不可，而且在全球化多元价值的时代，还颇有必要。如前所述，"波士顿儒家"虽分为"孟子的儒家"与"荀子的儒家"，但两支派彼此相互尊重、承认，处于一个良性的互动，而非互相指摘对方不为正统，是为歧出。

也就是说，同样是"波士顿儒家"，他们可以容受不同的进路，选择遵循不同的文本与哲人。③ 但"港台心性儒家"有着太强烈的道统意识，批判不讲形上心性之学的儒者，将道统严格限定在心性论之上④，也就不能容受非孟学思维、非心学理路、非心性论儒学，而将儒学定为一尊。如此，就不会认可港台儒学中不一样的声音，亦不认为"大陆新儒家"可称为"当代新儒家"。

因此，我们应该汲取"波士顿儒家"的"和平主义本质"，跳脱传统中国文人相轻的陋习。如白诗朗即看见了中国流派争斗的弊端，他说："波士顿儒学家们根本不会继续耗在门户之争的泥坑之中，而这是宋以后许多哲学知识分子的特点。"⑤ 我们又怎么能不警醒呢？

（四）和而不同：建构"百花齐放"的儒学样态之展望

在儒学于当代社会逐渐发展的当下，借由波士顿儒学及全球化下的文化交流，我们应该理解企图将所有人、所有群体划归为一个系统中是不可能的，甚至会造成时代的霸权与无形中的文化霸凌。我们应该牢记西方文化曾经对中国的霸凌，而不要让这样的情形发生于儒学内部的纷争。

孔子即言："君子和而不同。"（《子路》）因此即便是在港台地区，也并非所有人都是走唐牟徐的路子，如此说"港台新儒家"甚且不够准确。像是钱穆先生相较于阳

---

① 余英时：《犹记风吹水上鳞》，第78页。
② 李泽厚：《历史本体论·己卯五说》，三联书店2008年版，第140页。
③ ［美］白诗朗：《波士顿儒学：对北美"新儒家"的思考》，第19页。
④ 余英时：《犹记风吹水上鳞》，第79页。
⑤ ［美］白诗朗：《波士顿儒学：对北美"新儒家"的思考》，第20页。

明对于朱熹有更多的认同；刘又铭教授自觉地企图超越"尊孟抑荀"的意识形态，思考开创"当代新荀学"的可能①，这都是不同诠释脉络下有意义的进路。

四、"大陆新儒家"的崛起：制度化体系的儒学前瞻

（一）自成一系：开展"大陆新儒家"的独立性地位

当我们理解了，过去所说的"现当代新儒家"，应该只是继承宋明心学以来的一个流派，或应可指称为"港台心性儒家"，而让"现当代新儒家"具有普适性意义地去包容钱穆先生这样的儒家、刘又铭先生的"当代新荀学"以及其他各类型的儒学。

当然，除此之外，一般以蒋庆、陈明、康晓光等学者为代表的"大陆新儒家"，亦应名正言顺地称之为"现当代新儒家"，而且有着独立的思路与价值。因为他们同样具有儒家情怀与理念，而积极发扬儒家在当代社会的可能与价值，这是身为当代儒者的共同立场，不能因为单一流派的道统而将之排除在外！

基本上如同王达三教授所说的，方克立先生将"大陆新儒家"冠上"第四代新儒家"的称号是不合适的。②"大陆新儒家"作为"现当代新儒家"的一种形态，应该具有独立的意义与价值。③正如刘述先先生所说，当今接受了西方多元主义的框架，则不需要再强调儒家的正统在中国④，中国儒学内部的开展更应如此。

（二）心性之外：跳脱"港台心性儒家"的形上哲学

而"大陆新儒家"之所以成立与必要，在于他们亦自主地去思考"港台心性儒家"的不足之处，而自觉地认为自身应该与其走不同的路。如干春松先生就认为"港台心性儒家"的问题在于"退守心性"⑤；黄玉顺教授则说牟宗三的问题在于未能脱离两千年来的"形上—形下"架构⑥；陈明教授亦言"港台新儒家"的努力使人以为儒

---

① 刘又铭《儒家哲学的重建——当代新荀学的进路》，汪文圣主编：《汉语哲学新视域》，学生书局2011年版，第158—161页。
② 王达三：《"大陆新儒家"与"现代新儒家"——方克立先生信读后》，任重主编：《儒生》（第一卷），中国社会科学出版社2011年版，第121页。
③ 曾暐杰：《回归、跨越与开放："现/当代新儒家"的普遍化意义及其多元化策略》，广西师范大学出版社2014年版，第146—149页。
④ 刘述先：《作为世界哲学的儒学：对波士顿儒家的响应》，《哲学与文化》第卅卷第五期（2000年6月），第17页。
⑤ 王廷智：《"解体"与"重建"——评干春松的"制度儒学"思想》，崔罡等：《新世纪大陆新儒家研究》，安徽人民出版社2011年版，第221页。
⑥ 黄玉顺：《生活儒学讲录》，安徽人民出版社2011年版，第104页。

学就是道德哲学。① 这当然不是否定"港台心性儒学"在学术上的巨大成就与贡献，而是点出了在当代社会中其可能会面对的问题。虽然"港台心性儒家"并不认同这样的提法，但这也的确是其必须正视与面对的关键。

也就是说，其过度强调《孟子》所谓"先王有不忍人之心，斯有不忍人之政"（《公孙丑上》）的面向，认为只要内心完满，外在的政治制度自然水到渠成。问题是当这个世界的人永远无法达到"港台心性儒家"完满的状态时，那么就永远停留在"内圣"的阶段而无法过渡到"外王"。

（三）"外王"事业：立定"大陆新儒家"的制度性建构

正因为"港台心性儒家"过度强调内在心性，开创了"道德形上学"（moral metaphysics），因而总是企图提出纯粹而无关利益的理性。② 而"大陆新儒家"的陈明教授强调儒学的政治性，反对"港台心性儒家"过度膨胀儒学中的心性论。③ 蒋庆"理想的政治儒学"，试图创建具有中国特色的三院制议会④，康晓光"激进的政治儒学"的目标是"儒教国教化"，"儒化共产党"⑤，都可看见其强烈的外王事业体系。其他如干春松教授的"制度儒学"、黄玉顺教授的"生活儒学"，无一不是超越心性而言儒学从现实生活中的实际面向着墨。

"大陆新儒家"这个"外王"的方向是有价值的。正如殷海光所体认到的：心性论把内在道德良知当成万灵丹是不恰当的，现代社会与人类的心灵更加曲折、委曲、游移，不是传统那样单纯的心性道德能够解决的。⑥ 所以如同南乐山所提出的，我们应该要超越"存有论式的儒学"（existential confucianism），发展可以作为人类文明互动基础之"礼"的学说，才能够在这个多元化的以及充满冲突的时代，更有效地去开创一个准则（norms）。⑦

结 论

诚如法国学者杜瑞乐所说，今天的中国成了"后儒家"（post‐confucéen）的时

---

① 陈明：《大陆新儒学略说：蒋庆、陈明、康晓光之分析与比较》，任重主编：《儒生》（第一卷），第 5 页。
② John D. Caputo, *Radical Hermeneutics*: *Repetition, Deconstruction, and the Hermeneutic Project*, p. 262.
③ 陈明：《儒学的历史文化功能》，中国社会科学出版社 2005 年版，第 321 页。
④ ［加］贝淡宁：《中国新儒家》，上海三联书店 2010 年版，第 20 页。
⑤ 陈明：《大陆新儒学略说：蒋庆、陈明、康晓光之分析与比较》，第 3—43 页。
⑥ 殷海光：《道德的重建》，周阳山编：《文化传统的重建——中国文化的危机与展望》，时报文化 1982 年版，第 91—93 页。
⑦ Refer to Tu Wei‐Ming, Foreword, in Robert Neville, *Boston Confucianism*: *Portable Tradition in the Late‐Modern World*. Albany: State University of New York, 2000, p. xvii.

代,儒学处于一个分崩离析的状态①,这也意味着这是个儒学风起云涌、百家争鸣的时代,这不是坏事,反而展现了中国对于儒学价值的重视。在全球化与多元化的时代,应该有更多的人能够以更友善的态度去面对他者与异文化的接触与交流,"波士顿儒家"以北美基督徒的身份去理解儒家、认同儒家进而倾心儒家,就是一个平等交流与融通的典范。因此,在这个多元价值的时代,我们应该跳脱单一"道统"的追求,不再执着于派系间的斗争,而应该彼此尊重他者的立场与进路。为了因应全球化世代,"港台心性儒家"可以深耕与发扬儒学的心性传统,但同样的,"大陆新儒家"也可以开展儒学的政治、制度与外王路向。甚至在台湾地区,也可以存在不同于唐牟徐的"当代新荀学"之发展。"大陆新儒家"底下亦可有各种进路与支派。当今中国儒学呈现如此多元并进的状态,是摸索出一条未来儒学在当代价值的重要过程。我们的使命就是尽力去开展自己所认为"正确"的儒学道路,并带着包容与开放的态度去进行交流与融通!

---

① [法]杜瑞乐:《儒家经验与哲学话语:对当代新儒学诸疑难的反思》,哈佛燕京学社主编:《波士顿的儒家》,第66页。

第七届世界儒学大会学术论文集

学术综述

世界的儒学
——第七届世界儒学大会学术综述

中国艺术研究院副研究员 任 慧

2015年9月27日，秋高气爽，惠风和畅。为了弘扬中华民族优秀传统文化，促进国际间文化交流与合作，推动中华文化走向世界，"第七届世界儒学大会暨2015年度孔子文化奖颁奖典礼"在孔子故里隆重举行。

世界儒学大会（World Confucian Conference）是由中华人民共和国文化部、山东省人民政府联合主办，中国艺术研究院、山东省文化厅、山东大学儒学高等研究院、中国孔子基金会、国际儒学联合会、济宁市人民政府和孔子研究院共同承办的国际儒学盛会，其宗旨是在世界范围内组织、举办儒学研究活动，推动各国、各地区儒学研究的深入发展，传承、弘扬中国优秀传统文化，促进人类不同文明之间的对话与交流，增强各国各民族人民之间的相互理解和信任。"孔子文化奖"（The Confucius Culture Prize）作为儒学研究界的最高奖项，旨在鼓励世界儒学研究者、机构或非政府组织，站在时代的高度，深入发掘研究孔子思想文化精髓，加快儒学研究成果的不断创新，加强儒学研究成果的国际交流，扩大儒家文化的传承和普及，推动世界多元文化建设和发展，促进人类社会的和谐发展、文明进步。孔子文化奖的参评者为从事孔子文化研究并有重大研究成果和在孔子文化交流、传播、普及方面有重大成就的个人、机构和非政府组织。2015年度"孔子文化奖"的获奖者为清华大学陈来先生和台湾政治大学董金裕先生。

自2007年举办发起国际会议以来，世界儒学大会至今已成功举办了七届八次，业已成为一个弘扬儒家思想、研讨中国传统文化的国际高端学术交流平台。本届大会秉承以往各届大会的一贯宗旨，营造思想独立、对话平等的学术氛围，邀请国内外知名学者、儒学团体和机构参会，鼓励跨地域、跨学科、跨行业的儒学研究，既关注儒学的基础理论研究，更将儒学研究与当今社会价值建构紧密结合，探讨儒家思想在当代社会价值建构中的意义和作用。来自中国内地、台湾、香港、美国、德国、俄罗斯、马其顿、埃及、澳大利亚、新加坡、韩国、日本、马来西亚、越南、蒙古等15个国家和地区的150多位儒学研究者汇聚一堂，在民主、开放、和谐的学术氛围中，根据"儒家思想与当代价值建构"这一主题，围绕"儒家思想的当代哲学使命"、"儒学与国家文化软实力建构"、"礼乐文化与社会道德"、"儒家思想与公共文化空间"等议题展开了广泛而深入的交流与探讨，为新世纪人类社会的和谐进步发掘重要的思想文化资源，推动了世界范围内儒学的进一步发展。

一

20世纪20年代，著名学者柳诒徵曾撰文指出："今日社会国家的重要问题，不在信孔子不信孔子，而在成人不成人，凡彼败坏社会国家者，皆不成人者之所为也。苟欲一反其所为，而建设新社会新国家焉，则必须先使人人知所以为人，而讲明为人之道，莫孔子之教若矣。"由孔子所创立的儒家学说和后世不断丰富形成的儒家思想体系，立足于人之本体，构成了中华传统文化的主流和根基，对于中华民族的形成、稳定和屹立于世界民族之林发挥了重大作用，对人类的文明和社会进步作出了重大贡献。与会专家学者首先就"天"、"道"、"仁"等相关问题展开了深入的讨论。

清华大学张岂之认为，中国作为在氏族、血缘关系的基础上建立起的国家组织，形成了以宗法制度为核心的政治制度体系。周人在此基础上提出敬天、孝祖和保民这一政治伦理范畴，是中华文化较早的理论基石。而根源于漫长的农耕历史所形成的中华文化主题，即天道与人道的关系，强调的是天与人的和谐（不是对立，也不是相互排斥），以及人的地位、人的责任和人的特点。湖南大学朱汉民在文章中也强调，在儒家思想中，"天下"是一个涵盖又超越了个人、家庭、民族、区域、国家的宏大的空间概念。在这个空间中，应该追求、信仰同样超越具体区域、国家权力利益的普适性文化理念和最高的文化价值——"道"，也即意味着"天下"首先是一个文化空间，而非政治空间。所以"孔子追求的最理想的世界就是'天下有道'，这个道的具体思想内涵和价值体系包括'仁爱、民本、仁政、大同、忠恕、中和、道义等一系列价值理念'"，而这些都具有普适价值，可以亘古流传，有益于四方。中国社科院研究员李存山则具体总结出"崇尚道德、以民为本、仁爱精神、忠恕之道、和谐社会"这五点内容作为中国优秀传统文化的"常道"。他说："习近平总书记在2014年2月24日政治局集体学习时指出：'培育和弘扬社会主义核心价值观必须立足中华优秀传统文化。牢固的核心价值观，都有其固有的根本。抛弃传统、丢掉根本，就等于割断了自己的精神命脉。'"这里说的"固有的根本"、"自己的精神命脉"，应当就是中国文化的"常道"。"'讲仁爱、重民本、守诚信、崇正义、尚和合、求大同'这六句话，可以说是对儒家文化乃至中国文化之'常道'的一个精辟概括和表述。"

"仁"作为孔子所创立的儒家核心思想，来源于人。但"仁"却从未局限于人之本体，而是延展至国家社会，不仅是基础的做人准则，也是普遍的道德精神，更是社会的治理良策，对此中外学者皆有共识。中国人民大学宋志明认为孔子把"仁"视为一种内在的价值源泉，一种普遍的道德精神，一种"人之所以为人"的本则。"孔子以后，儒家皆围绕着'仁'字作文章。儒学从'仁'讲出'和'，再讲出'礼'，进而讲出'用',从'点'到'线',再到'面',乃至'体',形成完整的理论体系。'仁'既是儒学的核心,也是中华民族价值观的核心。一个'仁'字,把古今中国人的精神世界打通了,它是我们无法割舍的精神基因。"中国政法大学林存光指出儒家在历史上建构了一套以"仁"为核心的话语、理念与实践,"通过回顾仁学思想的发生与开展,其实践论意义体现为历史上的儒家大都强调自家庭之孝亲开始,而逐渐由近及远地不断扩充践行仁道的范围,推己及人乃至于最终达到以天地万物为一体的高远境界",只有"从仁学实践论的进路推进和深化儒家仁学思想的新开展,才能真正实现其在当代的创造性转化与创新性发展"。

首届"孔子文化奖"获得者、北京大学人文讲席教授、国际哲学学院副主席杜维明先生在开幕式上的主题演讲中对"仁"的解读更为深刻、更具国际视野,指出"面向未来,何为仁"是当今哲学研究的重大课题。当孔子与颜回提出"仁"的时候,没有阶级性,没有地域性,也没有其他特殊性,所以"仁"能够体现人文精神最高的价值,这一做人道理本身也具有普适性。同时在各大轴心文明中,儒家传统没有排他的原教旨主义,自始至终都体现出开放多元的大气。"儒家传统虽然是跨时代的多元的,但有它的核心价值,且这一核心价值有走向普世的倾向。所以在文明对话中间,涌现了一批自我定义为儒家式的基督徒,儒家式的伊斯兰教徒,儒家式的犹太教徒。不是儒家有什么特殊性,正因为大家都在呼唤一种人类都能接受的具有精神性质的人文主义。"在"仁"的基础上,儒家创造的"己所不欲,勿施于人"思想,不仅是其深刻的批判精神和自我反思的反馈系统,更是人类社会最基本的金科玉律。在文明对话的过程中,大家逐渐了解和尊重对方,发展自己倾听的能力,拓展自己的视野,共同创造我们更伟大的事业(人类和平相处之道),这才是文明对话的目的。"仁、义、礼、智、信"作为几千年来根深蒂固的、塑造中华民族精神素质的道理,相信也是将来人类共存共生不可或缺的学做人的道理。

此外,与会部分专家学者坚守学术原点,扎根基础研究,对于儒家学术和思想的基本义理、基础问题追本溯源,孜孜以求。大连大学葛志毅以"《春秋》素王说"为例,通过汉儒的视野,考察孔子地位在汉代得到官方确认的历程,展现其与汉代社会之关系。山东师范大学王钧林对孔子"用之则行"和"舍之则藏"的两种为政方式进行了颇具意味的论述。北京大学朱雷提出应该以儒家形而上学为新的人类经验奠定基础。山东大学邹晓东通过辨析《大学》"教—学"论与《中庸》"教—化"论,力图剖析传统儒家政治的困境与出路。中国人民大学梁涛对王安石的政治哲学、北京大学张学智对王夫之的《大有》卦阐释、台湾政治大学陈逢源对朱子后学北山一系的学术思想、上海师范大学石立善对万斯同的儒学史表《儒林宗派》、中国石油大学张瑞涛对黄宗羲的《孟子师说》、陕西师范大学李敬峰对李二曲《中庸》学、台湾中国文化大学王俊彦对程瑶田著作《论学小记》、台湾铭传大学田富美对方宗诚等宋元明清时期儒家思想发展历程中的特色问题也分别进行了细致的考察和阐述。

二

习近平总书记在 2013 年 11 月视察山东时特别提到修道立德的重要意义，指出"国无德不兴，人无德不立"。何为"德"？孔子研究院杨朝明先生回忆总书记在孔子研究院座谈会上的讲话精神，认为中国传统的"八德"（即孝、悌、忠、信、礼、义、廉、耻）是儒家道德学说的深刻凝练，其中"孝、悌、忠、信为第一个层面，即正心诚意的内在修为；礼、义、廉、耻为第二个层面，是个人修为的外化，是修身的体现"。二者紧密相联，层层递进，可谓"融入了古代中国思想精英关于德性问题的全部思考"。作为最具代表性的中华传统美德，"八德"已经沉淀为中华民族的精神基因，构成我们中华民族独特的精神标识，因此我们不能淡忘"八德"的历程，应该继续讲好"八德"的故事。

礼是古代圣人使人自别于禽兽的文明标志，也是道德成熟的重要标志。中国人民大学韩星认为"礼教的目的，就是要让人在礼仪形式中懂得做人的道理，更好地完成人生的责任和义务，塑造高尚的人格，完成健全的人生"。对于充满糟粕的封建礼教我们应该摒弃，但对于人文礼教，因为它"反映的是人类生存环境的共性，反映的是人的共性，反映的是中华民族的共性"，我们应该尊重和倡导，尤其是早期儒家思想强调礼教内在的精神价值——仁，更是当今社会重塑道德共创和谐的必由之路。韩国中央大学梁承武对近代以来韩国传统礼义教育的衰微进行反思，指出东方文化圈在 21 世纪进入知识信息社会后，"整个社会领域都以为西方化就是先进化、发展的终极，自顾不暇地奔跑，甚至达到丧失自我认同性（正体性）的地步。虽有失时之叹，还是醒悟到这一点，正在为找回自我文化的正体性而东奔西走"，而解决之根本还是应该从为人教育开始。马来西亚孔学研究会陈启生也认为"孔子视推行礼乐为达到国泰民安的最佳法门"，建设礼乐社会，应该从教育着眼。教育是立德树人的基础。曲阜师范大学李建从教育的资源着眼，指出儒家仁礼传统展现了从自我人格修养向家庭、社会、国家、自然乃至宇宙天道扩展的过程，强化了人的道德自主和社会承担意识，奠定了儒家道德人文主义的思想基调，是当代中华优秀传统文化教育可以依托的重要文化资源。2012 年度"孔子文化奖"获奖者、中央民族大学牟钟鉴先生从教育的目标考虑，呼吁重铸君子人格——"有仁义，立人之基；有涵养，美人之性；有操守，挺人之脊；有容量，扩人之胸；有坦诚，存人之真；有担当，尽人之责"，以此"六有"培养道德精英，肩负孔子所言"人能弘道"之重任，礼仪之邦的和谐社会一定能够实现。

传统礼教思想精华不仅对于教育而言是宝贵的财富，对于法律和商业也极具资源意义。西南政法大学余荣根指出，"依法治国"是现代政治文明的一大标志，也是走向政治文明的必由之路。中国百余年移植西方的法制建设取得了巨大成就，但"现代民主法治作为一种制度和机制，需要文化内核的支撑，需要道德文明的基础。没有这些基础的承载和依托，民主法治就只是空中楼阁"。所以我们需要尊重以儒家思想为灵魂的中华"礼法"文化的智慧。"礼法"作为古代"礼乐政刑"治国方式的统称，其中蕴含的"良法善治"思想正如习近平在中共中央政治局第十八次集体学习时所提到的"我国古代主张民惟邦本、政得其民，礼法合治、德主刑辅，为政之要莫先于得人、治国先治吏，为政以德、正己修身，居安思危、改易更化"等概念经验。因此我们应该融汇中西文化创建新的中华法系，从而实现中国特色的注重依法治国的成功。山东师范大学丁鼎也对中国古代"礼法合治"思想的形成和发展进行了介绍，认可其对构建和谐社会具有提供宝贵的政治智慧和法律资源的巨大作用。山东工商学院房秀丽和杨家珍则认为"现代商业伦理的构建具有传承性和延续性"，积淀为中国人的文化基因的儒家文化，尤其是"以义取利，仁者爱人，诚实守信，忠恕之道，正己修身，自强不息及以和为贵"七个方面的思想作为儒家伦理思想的精髓，对现代商业伦理的建构具有重要影响，对市场经济也是有益的文化源头和智慧宝藏。

礼乐文化是中华民族文化传统的基础和标志，多位与会学者也从乐的角度对此进行解读和阐释。华侨大学冯兵将以礼乐为研究对象的思想上升为礼乐哲学体系。吉林师范大学丛连军认为乐教作为治国理政、道德践履的一种重要方式，具有"治心"、"蕴德"、"定俗"、"知政"等功能价值，足以彰显出其对人与社会的重要性。陕西师范大学李河对"乐治"在法理社会中的可能性进行了探讨。中央财经大学左汉林具体介绍了唐代郊庙雅乐的创立与沿革及祭孔礼乐的相关问题。北京大学吕明烜以《系辞传》中"圣王制器"所表现的将技术视为礼乐社会的先行准备为例，证明儒家理论中含有丰富而独特的技术思想。台湾佛光大学李纪祥、台湾师范大学林素英、孔子研究院孔祥林、济宁学院刘振佳则聚焦于孔庙，对台北孔庙尊崇六艺文化的成功再生经验、"孔庙世界"与"乡祠先贤世界""祭如在"如何可能的形上学议题、明朝嘉靖九年的厘正文庙祀典事件、孔庙展现出的民族文化信仰等问题进行了深入浅出地阐释。

孝作为礼的重要分支，在传统道德层面发挥了重要作用。同济大学曾亦认为孔子依据"亲亲"精神提出孝道原则，并折中四代之礼改造周礼，这一过程对儒学之今日转化有所借鉴。孔子研究院刘续兵也认为儒家孝悌之道来自"亲亲"、"尊尊"，其所内含的"爱"和"敬"这两种深刻的情感展现儒家由"内圣"到"外王"的发展里路。曲阜师范大学周海生则强调义对于孝的维系意义，"谏亲从义"才能彰显传统孝伦理文化的真谛。此外，还有一些学者从经典出发对"礼"进行基础研究，《人民日报》萧伟光对《论语》中"克己复礼"的本意式微、中南财经政法大学黄燕强对《礼记》的祭祖仪式与成德思想、浙江大学杨逸对朱熹的鬼神观及其《家礼》实践等问题的阐释都令人耳目一新，华东师范大学杨柳和宋健则介绍了美国学者芬格莱特对"礼"的重视以及其所充满的"公共之美"，借此反思国人对礼的历史批判并以之追寻"公共性"表现人类思想的愿景与难题。

三

儒家思想的发展在中国历史上并非一帆风顺，尤其近代以来面对外来文化，由内而外争议不断。在新时期新形势下，如何客观、深入地认识儒家学说，如何使之实现创造性的价值转化，从而造福大众，这些与时俱进的问题激发了与会学者的兴趣。

北京大学干春松从传统儒学和现代儒学的概念争议着眼，认为现代儒学的百年历程十分复杂，伴随中国文化和社会遭受到的前所未有的冲击，许多问题并没有真正地展开。"如果我们期待儒学思想的现代展开，那么重新厘定现代儒学的开端，是其必要的一步。"而"康有为立足于经学的立场，试图在坚持儒家立场的基础下消化西方的政治理念，进而建构中国国家形态。他提出的孔教观念和政治儒学的方案都构成了现代儒学的基本议题"，实为现代儒学的起点。台湾政治大学曾暐杰则透过西方"波士顿儒家"的发展，提出"当前儒学的发展应该放弃单一道统，从过去港台心性儒家的一元线性发展，转为百花齐放的现当代新儒家的多元发展样貌"，只有港台心性儒家、当代新荀学、大陆新儒家并列齐鸣，在彼此交流与互动中，才能激荡出最适宜儒家在当代中国发展的准则。清华大学方朝晖分析得出中国的文化心理结构虽然经过新文化运动以及社会结构和制定模式的改变却依然无所动摇，从而证明以"仁"为代表的中国文化核心价值依然具有权威性，"未来中国文化中的秩序问题，即权威、制度及价值建设的方向，应当从中国过去的历史传统特别是充满了深厚自由精神的儒家传统中来寻找"。同济大学邵龙宝认为"道、仁、义、礼、智、信、和、生、敬"作为儒学治理理念的核心概念，在当代中国治国理政路径中的价值实现必须面对现代性的矛盾和张力，在儒释道和马中西三者对话、融合中进行创造性转化。曲阜师范大学邱文元也提出通过马克思主义中国化来重构大同儒学的观点。华东师范大学陈乔见则对儒家公私理念的历史误解进行了厘正，他提出"儒家'公私'之辨的主要内涵是'合私成公'，所表达的是藏富于民的社会理想和治理方式"以及"儒家的道德体系中亦充满了社会性公德的元素，如仁义礼智信忠恕等都具有非常鲜明的社会性和公共性"等观念都表明儒家具有充分的公共性，对现实社会中的诸多乱象具有针砭时弊的意义，对现实中存在着的一些结构性问题的解决和改革具有范导性意义。

文化软实力作为党的十八大以来治国理政思想体系重要内容，关系"两个一百年"奋斗目标和中华民族伟大复兴"中国梦"的实现，也成为与会学者关注的焦点。济南大学赵薇从古老的《周易》出发对"保合太和"、"遵道贵德"、"盛德大业"等思想进行具体分析，指出《周易》与文化软实力的体用关系以及相关启示。中国艺术研究院王巨川通过分析"易"、"仁"、"祖"、"是"及其分别代表的汉民族的宇宙观、社会观、伦理观和价值观，认为汉文化的核心观念和思想精髓完全蕴含在汉字之中，汉字以"踪迹"的形式罗织成汉民族的文化范式，永恒地守护着汉民族的精神疆界。首都师范大学李艳详细梳理和调查中国传统文化对外传播的重要符号孔子和重要渠道孔子学院的海外认同状况，指出孔子和孔子学院与中国文化的对外传播之间存在正相关的互动关系，并提出具体的应对方案。济宁学院王钦鸿从大众文化的负面影响着眼，认为儒家文化必须以其核心的价值观发挥对大众文化的引领作用和积极影响，使当代社会文化朝着健康正确的方向发展。此外，中国传媒大学刘庆从公共空间的建构与企业家的文化责任、潍坊市委党校盖立涛从儒家思想视域下的公共文化空间构建、山东社会科学院孙聚友从儒家养民富国思想对于社会经济发展的巨大意义、济宁市委党校胡爱敏从"一带一路"背景下儒家文化的传承、孔子研究院李翠从孔孟之乡的文化软实力建设等角度也进行了有益的探索。

与时迁移，应物变化。儒家思想凭借自省的态度和审慎的精神，彰显出穿越时空地域的生命力量。2015年度"孔子文化奖"获奖者台湾政治大学董金裕先生探究了《尚书·尧典》五伦之教的含义，澄清质疑，认为五伦作为各种人际关系所应遵循的代表，由父子、夫妇、长幼推及之社会朋友进而扩展至国家、君臣之伦理，"最强调推己及人"，"重在化除'百姓不亲，五品不逊'的疏离现象"，百姓人民若能"各安其位，社会群体也就可以维持和谐的关系"。曾经入选"2012年度感动中国十大人物"的台湾中华孔子圣道会高秉涵详细论证了儒家"大一统"思想，指出孟子提出的"一天下"和荀子提出"一制度"思想，作为国家、民族统一理论和社会制度统一理论，是长久维持"大一统"的根本保证。"'大一统'是中国历史永远不变的目标，也是海峡两岸关系的大纲和总纲"，这是历史给予我们的最大启示，也是"凝聚海峡两岸人民的共识与信念"。

四

孔子降于中国，儒学属于世界。《世界儒学大会发起宣言》曾提出世界儒学大会是世界各国儒学团体与学者进行交流的国际平台，是不同文化与思想相互沟通的世纪桥梁，是儒学研究通向未来世界的通衢大道。在全球化的时代，与会学者尤其是海外学者有感而发，纷纷提出儒家思想应为当今世界提供正心正德的文化维度和兼济天下的精神力量。

首届"孔子文化奖"获得者、北京大学人文讲席教授、国际哲学学院副主席杜维明先生提到1948年联合国起草《世界人权宣言》时，中国代表张彭春先生以其深厚的儒学素养，创造了《宣言》第一句话"人人生而自由，在尊严和权利上一律平等。他们富有理性和良心，并应以兄弟的精神互相对待"中的"良心"二字，强调所有的人都应该获得尊重，而这正是仁爱价值的世界体现。2013年度"孔子文化奖"获奖者、美国夏威夷大学安乐哲先生亦从全球视野出发，指出自由主义和民主理念在21世纪所具有的明显局限性，认为"当我们在考虑可用来应对全球困境必需的文化资源时，首当其冲要想到的是，是要摒弃人们熟悉的、个体玩家竞争模式的、只追求一己私利的文化资源，代之以协同合作形式的、加强对跨民族、伦理和宗教的界限协调可能性的、恰当文化资源。正像当今为人广为理解的，儒家文化弘扬谦恭与相互依存关系的价值观"。韩国首尔大学郭沂也认为现代化导致精神的失落、人的异化和个人主义的泛滥，全球化引发了价值的冲突，如何化解这两大当今世界的主要趋势所带来的巨大挑战，需要寻求不同文明的共同价值基础，他在真善美的基础上根据儒家思想提出"安"字从"静"，"定也"，足以代表人类终极价值追求。俄罗斯圣彼得堡马卡洛夫国立海运大学尼古拉·米诺夫和中国中央编译局凤玲则从文化比较的角度，辩证地探究儒家思想是为一种和谐而内在超越的话语体系。

越南历史研究院阮国生回顾了儒学思想传入越南2000多年来的发展历史和对越南民族文化留下的深刻印记，特别强调儒家仁政思想、重视教育和注重道德等有助于社会和谐发展的理念，提出为了实现越南现代的社会目标，需要利用儒家积极点与现代社会思想的交流融合，使儒学思想重新迸发出无尽的生机活力。德国大卫·巴拓识通过回顾欧洲对儒家思想的接收和认识历程，提出儒家的宽容之道和以仁爱为根本的知世方针，超越教派争端，具备作为国际化思维的天然优势。儒家"求同存异"的治世观与"天下和谐"的理念，作为中国在世界舞台上以和平、中立的身份参与各项活动的出发点，充满正向能量，有利于领导并解决当代与未来各种国际问题。澳大利亚邦德大学李瑞智对此深有同感，他说面对中国的觉醒，西方很多人还没有做好准备，所以他们有意识地拒绝了解中国文化，其表现就是目光短浅，掠夺有限的资源，利用金融杠杆，追求短期利益，而这些人就是儒家传统理论中的"小人"。与之相反，儒家思想的发源地中国和东南亚一些国家坚持"君子"政府，基于合作，超越宗教，实施善政，带领人民过上繁荣富强的生活，这个对比是非常鲜明的。而"君子"的概念正是来自于《论语》，是中国传统文化的核心价值的代表。日本爱知工业大学史文珍也以《论语》为载体，力图从孔子思想中寻求人和社会的理想状态以及实现的方法和途径。美国乔治·梅森大学帕特里克·孟迪思则从中美关系角度首先回顾了儒家思想的传播对美国建国所产生的相关影响，并借此表达希望儒家思想对推进双边关系以及推动建设更加和平繁荣世界的美好展望。

结　语

习主席在视察世界儒学大会承办方孔子研究院时曾提出研究孔子和儒家思想要坚持历史唯物主义立场，坚持古为今用，去粗取精，去伪存真，因势利导，深化研究，使其在新的时代条件下发挥积极作用。第七届世界儒学大会在此背景下召开，不仅具有强烈的使命感，也具有引领世界儒学研究的重要作用。为此在会议的形式上，大会首次推出了"中秋儒学夜话"、"青年博士论坛"、"中日韩青年儒学之旅"等活动，使高端学术研究与普及考察活动相互结合，进一步提升和扩大了世界儒学大会的社会影响。同时，由世界儒学大会专家委员会委员——山东大学王学典和孔子研究院杨朝明分别在开幕式发布了"国际儒学研究十大热点"和《孔子文化奖学术精粹》丛书，进一步提升了大会的学术权威性和影响力，受到与会专家学者和嘉宾的广泛好评。

感悟传统，融汇新知。第七届世界儒学大会倾力建立儒学研究、交流、合作的国际化平台，在各方代表的交流和沟通中取得了丰富的学术成果。立足当下，展望未来，正如中国艺术研究院贾磊磊在开幕式的主旨讲话中所言："儒学只有植根于当代中国，当代世界，才能实现其创造性转化和创新性发展。儒家确立的许多价值观念不仅依然对我们个人产生着深刻的影响，而且也成为我们治国理政的重要思想资源。儒家学说对于我们不仅意味着藏书阁中奉为经典的历史文献，它还寄托着我们中国人对理想社会的美好向往和精神追求。这种具有独特文化魅力的思想是中华民族乃至人类社会宝贵的精神财富。"世界儒学大会将继续发扬筚路蓝缕、以启山林的奋斗精神，为推动世界范围内儒学研究的深入发展以及传承弘扬中国优秀传统文化作出不懈的努力，为促进人类不同文明之间的对话与交流作出更大贡献！

图书在版编目（CIP）数据

第七届世界儒学大会学术论文集/贾磊磊，杨朝明主编.
—北京：文化艺术出版社，2016.10
ISBN 978-7-5039-6205-9

Ⅰ.①第… Ⅱ.①贾…②杨… Ⅲ.①儒学—国际学术会议—文集 Ⅳ.①B222.05-53

中国版本图书馆CIP数据核字（2016）第244028号

第七届世界儒学大会学术论文集

主　　编	贾磊磊　杨朝明
摄　　影	杨慧峰
责任编辑	帅　克　赵　月
特邀编辑	任　慧
装帧设计	姚雪媛
出版发行	文化藝術出版社
地　　址	北京市东城区东四八条52号　100700
网　　址	www.whyscbs.com
电子邮箱	whysbooks@263.net
电　　话	（010）84057666（总编室）84057667（办公室） （010）84057691—84057699（发行部）
传　　真	（010）84057660（总编室）84057670（办公室） （010）84057690（发行部）
经　　销	新华书店
印　　刷	国英印务有限公司
版　　次	2016年12月第1版 2016年12月第1次印刷
开　　本	710毫米×1000毫米　1/16
印　　张	42.5
字　　数	870千字
书　　号	ISBN 978-7-5039-6205-9
定　　价	75.00元

版权所有，侵权必究。印装错误，随时调换。